北京师范大学刑事法律科学研究院
中 国 刑 法 学 研 究 会 组织编写

中国刑法学研究会推荐教材

LAW
现代刑事法学系列教材

刑事执行法学

（第三版）

主　编　吴宗宪

撰稿人　（以撰写章节先后为序）

吴宗宪　王利荣　翟中东

冯卫国　郭晓红　阴建峰

中国人民大学出版社

·北京·

撰稿人简介

吴宗宪　男，1963年生于甘肃省永登县。法学博士，北京师范大学刑事法律科学研究院二级教授、博士生导师，犯罪与矫正研究所所长、社区矫正研究中心主任，北京师范大学中美刑事司法心理学研究中心主任，北京师范大学法学院学术委员会主任。曾任中国政法大学法律系犯罪心理学教研室讲师，司法部预防犯罪研究所研究员和监狱学研究室主任。兼任中国犯罪学学会副会长、中国预防青少年犯罪研究会副会长、中国监狱工作协会常务理事。曾在英、德、美、挪威等国学习和访问研究，到美、加、澳、日等国考察。主要从事犯罪学、监狱学、社区矫正、法律心理学等方面的研究，出版个人专著《西方犯罪学史》（1997、2010，四卷本），《西方犯罪学》（1999、2006），《国外罪犯心理矫治》（2004），《当代西方监狱学》（2005），《罪犯改造论》（2007），《社区矫正比较研究》（上、下卷，本书入选《国家哲学社会科学成果文库》，2011），《监狱学导论》（2012），《犯罪心理学总论》（2018），《犯罪心理学分论》（2018）等；主编和参编专著30余部、专业辞书10多部；主译、合译专业书籍10多部，发表文章多篇。主持、参与多项国家级和部级课题的研究，参与犯罪和刑罚执行领域的多项重大调查。曾获国家司法部“杰出青年”“中央国家机关优秀青年”称号；享受国务院政府特殊津贴；为国家人事部、科技部、教育部等七部委等组织评定的“首批新世纪百千万人才工程国家级人选”；入选“新世纪优秀人才支持计划”。

王利荣　女，湖南衡阳人。法学博士，西南政法大学教授、博士生导师。长期从事刑罚学、刑事执行法学、犯罪学研究。近年出版个人专著《行刑法律机能研究》等；先后在《法学研究》《中外法学》《法学》《政治与法律》《法律科学》《现代法学》《人文杂志》《探索》等中文核心期刊上发表学术论文50余篇，主持国家社科基金项目、最高人民检察院重点研究项目、司法部重点科研项目若干。

翟中东　男，1964年生于内蒙古。法学博士（中国人民大学），获澳大利亚矫正管理高级岗位资格证书（ADCM），现任中央司法警官学院教授，《中国监狱学刊》主编。重要学术经历包括中国人民大学社会学系博士后研究人员、爱尔兰科克大学访问学者、澳大利亚布鲁斯·法尔姆矫正学院访问学者、美国山姆·休斯敦大学访问学者。已出版个人专著：《刑罚个别化研究》（2001）、《刑法中的人格问题研究》（2003）、《犯罪控制——动态平衡论的见解》（2004）、《国际视域下的重新犯罪防治政策》（2010）、《生产、销售伪劣商品罪立案追诉标准与司法认定实务》（2010）、《刑罚问题的社会学思考：方法与运用》（2010）、《减刑、假释制度适用》（2012）、《社区性刑罚的崛起与社区矫正的新模式——国际的视角》（2013）、《矫正的变迁》（2013）、《中国社区矫正制度的建构与立法问题》（2017）。

冯卫国 男，1969年生于山西省阳泉市。北京大学法学博士（2002）。曾任教于中央司法警官学院。现任西北政法大学教授，博士生导师，刑事法学院院长。2008年当选陕西省首届优秀中青年法学家。2015年入选陕西高校人文社科英才支持计划。兼任吉林大学等校兼职教授、中国法学会审判理论研究会理事、中国监狱协会监狱法学专业委员会委员，陕西省政法委、陕西省人民检察院等机关专家咨询委员，陕西省公安厅法律顾问、陕西省监狱管理局执法督察员等。出版专著4部，合著10余部，公开发表学术论文80余篇，其中有15篇论文被《人大复印报刊资料》《高等学校文科学术文摘》转载或转摘。曾主持国家社科基金课题《兵团调犯与易地改造问题研究》及《个人暴力极端犯罪的防控与治理研究》，教育部课题《社区矫正的风险评估与管控机制研究》等。论文及论著曾获全国优秀刑法著作一等奖、中国法学会优秀刑法论文二等奖、陕西省哲学社会科学优秀成果二等奖等。

郭晓红 女，1979年出生于江西省九江市。法学博士，江西财经大学法学院副教授，硕士生导师。曾在美国学习和访问一年。主要从事中国刑法和犯罪学等方面的研究，出版个人专著《当代老年犯罪研究》；先后在《法商研究》《政治与法律》《法学杂志》等发表论文多篇，主持、参与多项国家课题和部级课题的研究。

阴建峰 男，1973年9月生于江苏省阜宁县。北京师范大学法学院副院长暨刑事法律科学研究院中国刑法研究所所长、教授、法学博士、博士生导师，《刑法论丛》副主编，韩国刑事政策研究院访问学者，兼任中国刑法学研究会常务理事暨常务副秘书长，中国法学会立法学研究会理事等。曾任北京市石景山区人民检察院副检察长。主持国家社科基金重大专项课题、国家社科基金项目等各类课题10余项，协助主持或参与教育部重大攻关项目等课题30余项。出版个人专著3部；主编、副主编、合著其他学术著作80余部、教材10余部；发表学术论文百余篇；向中央政法领导机关提交研究咨询报告10余份；参与的教学、科研成果曾获得10余项省部级奖励。主要研究领域为中国刑法、国际刑法、比较刑法、刑事执行法。

总　序

通过法律和法治实现正义、维护秩序、保障自由，已经成为全人类的共识。依法治国是人类社会，也是我国迄今能够选择的最佳治国方略。在建设社会主义法治国家的事业中，刑事法治建设是重要的领域之一。刑事法治建设所具有的这种地位，是由刑事法所保护法益之广泛性与重要性、所采用的违法制裁手段之严厉性和所剥夺权利之至关重要所共同构筑而成的。“法律不理会琐碎之事。”① 相对于民事法而言，刑事法无疑更有力地诠释了这一法律格言。当看到刑事司法实践中，那些被判处死刑的人从死亡的恐惧、绝望和痛苦中重获新生，或者就此走上生命的终点，恐怕没有任何其他部门法学者敢说他所研究的法律较之刑事法所保护的权益或者剥夺的权利更加重要。刑事法所关涉的问题如此重要，以致在一些国家，刑事法的重大问题被直接规定在宪法当中。例如，1789年法国《人权宣言》第8条规定：“法律只应规定确实需要和显然不可少的刑罚，而且除非根据在犯罪前已制定和公布的且系依法施行的法律以外，不得处罚任何人。”而在美国的宪法修正案中，刑事法的内容占据着相当大的比重。在人权保障已成为全球主题话语的今天，刑事法作为保障善良公民权利和犯罪人权利的宪章，其重要性又从维护上层建筑和巩固经济基础之外的另一个方面得到突显。

在梳理刑事法“家族”的主要成员——刑法与其他部门法的关系时，也能感受到刑事法在整个法律体系中的重要性。当各个部门法所调整的社会关系或者保护的权益遭到严重的破坏或者侵犯，以致其他法律制裁手段已经明显力量不足时，它们的一致选择都是从刑法这里得到最后的保护。正如卢梭所言：“刑法在根本上与其说是一种特别法，还不如说是其他一切法律的制裁力量。”② 显然，刑法与生俱来的“众法之保障法”的地位，也是其他部门法所无法相提并论的。基于刑事法所具有的特殊

① 张明楷．刑法格言的展开．北京：法律出版社，1999：102.

② 卢梭．社会契约论．何兆武，译．北京：商务印书馆，1962：63.

地位和作用，人们对从事刑事法治工作者也提出了更高的要求："施行刑罚的人，必须本身已意识到一种更高的使命。'一种没有替天行道意念的人类力量，不足以挥起行刑的刀剑'。"①

显然，无论在过去、现在，还是在未来相当长的时间内，刑事法作为并且仍将作为仅次于宪法的重要的基本法律群矗立于法制之林，刑事法治的现代化对于当代中国社会主义法治现代化建设至关重要。相应地，为刑事法治发展起着建言献策作用的刑事法学事业的重要性也不言而喻。

中国有着悠久的刑事法制发展史，也形成了丰富的刑事法传统文化，其中不乏真知灼见。但是，建立在封建专制主义基础之上，浸染于重刑威慑氛围之中的传统刑事法文化能够为中国刑事法治现代化建设提供的营养十分有限。近代文人政客也曾探索过变法维新之路，并且从刑事法入手尝试过中国法制现代化，但风雨飘摇之中的没落帝国已经无法为这种尝试提供更多的机会，变法维新的努力也就未能给我们留下多少有价值的遗产。此后动荡不定的社会环境也使得刑事法治建设和刑事法学发展长期处于萧条停滞状态。真正具有现代化意义的刑事法治发展和刑事法学研究应当是始于新中国成立后20世纪70年代末期"文化大革命"结束之后。自1979年首部刑法和刑事诉讼法颁布后，新中国终于高扬起法治建设与发展的风帆，中国刑事法学也步入发展的春天。从那时到现在，中国刑事法学从复苏到全面繁荣，已经走过将近三十年的路程。刑事法学这一极具思辨色彩、蕴涵深刻哲理、富有实用价值的研究领域，以它无穷的魅力吸引了众多有志于促进中国法治现代化的学者关注的目光，并使其为之付出了宝贵的精力。在他们的努力下，刑事法学的发展由小到大，由弱到强，由局部到整体，由偏重注释到注释与思辨并重，迄今已经初步完成学科体系的构建和研究方法的转型。在此基础上，富有远见的刑事法学人提出了"刑事一体化"的刑事法学发展方向。刑事法实践本就是一项刑事实体法与刑事程序法并行，刑事立案、刑事侦查、刑事起诉、刑事审判与刑罚执行继起，犯罪预防、犯罪惩治与罪犯矫正并重的法律实践活动。在此过程中，刑法、刑事诉讼法、犯罪预防法、刑事执行法等刑事法律被同时或者先后运用，互相配合、互为补充，共同编织成一张严密的刑事法网，以实现一个共同的目标——预防和控制犯罪。"刑事一体化"的刑事法学发展思路和发展方向，可谓最符合刑事法实践需要，最有助于理论与实践的统一和结合，因而得到了刑事法学界的广泛认同。

"虽有佳肴，弗食不知其旨也；虽有至道，弗学不知其善也。"尽管刑事一体化的刑事法学发展方向得到了刑事法学人的广泛认同，然而，刑事一体化的精髓何在？如何整合刑事法学各分支学科的资源，以开展刑事一体化研究？如何在具体的刑事法研究中贯彻刑事一体化的精神，使刑事一体化的构想变为现实？如何在刑事一体化的进程中更充分地实现各刑事法分支学科的价值，而不是在此进程中迷失自我？这一系列问题目前都没有得到妥善解决。这在一定程度上阻碍了刑事一体化目标的实现，削弱了刑事一体化命题的价值。而实践的需要和为刑事法治服务的使命，又在催促我们更加努力推动刑事一体化的进程。

---

① 拉德布鲁赫．法学导论．米健，朱林，译．北京：中国大百科全书出版社，1997：87.

在我们看来，刑事一体化的实现建立在两个基础之上：一是刑事法分支学科的全面成熟；二是各刑事法分支学科相互协作，形成合力，共同应对和解决刑事法治发展中面临的问题。应当说，上述第一个基础在我国目前已经基本奠定，以刑法学、刑事诉讼法学为龙头，以犯罪及刑事政策学、刑事执行法学为两翼的刑事法学体系，目前已经基本成型，并且在每一个法学分支学科中，都已经有一批才思敏捷、学识渊博、治学严谨、成果丰硕的学术中坚力量支撑起整个学科，并不断推动本学科研究水平的提高。而受不同刑事法分支学科的具体内容之间存在巨大差异的制约，各分支学科在相互协作、形成合力、共同应对和解决刑事法治发展中面临的问题方面还做得很不够。因此，刑事一体化的上述第二个基础，目前还远未形成。当务之急，乃是建立起一种体制和机制，帮助不同刑事法分支学科之间的交流与合作，并产出一批这方面的高质量的学术成果，以促进刑事一体化第二个基础的形成。

北京师范大学刑事法律科学研究院（以下简称为刑科院）正是基于这一刑事法治发展的现实需要应运而生。刑科院作为北京师范大学重点建设的专门从事刑事法学研究的，中国刑事法学领域首家且目前唯一的具有独立性、实体性、综合性的新型学术研究机构与研究生培养单位，自2005年8月成立以来，主动把自身发展置于学校发展和国家刑事法治建设的大格局中，以北京师范大学深厚的学术积淀、悠久的历史传统和浓郁的文化氛围为依托，沿着刑事一体化的发展方向，积极探索，努力进取，逐步全面发展相关学术领域，稳步朝着建成全国领先、国际知名的刑事法学研究机构、高层次人才培养单位以及国家刑事立法和司法决策咨询服务基地的目标迈进。目前，刑科院已经设置了覆盖刑事法所有分支学科的六个研究所，并引进了一批刑事法学领域的优秀人才负责各研究所学术事业的发展，从机构设置到人才配备为践行“刑事一体化”奠定了基础。

教材编撰无疑是学科建设的重要环节。为了贯彻“刑事一体化”之思路，推动“刑事一体化”的进程，刑科院显然有必要编撰一套内容充实、新颖、学术性较强的，介于理论著作与传统教科书之间的教科书型著作。有鉴于此，刑科院在机构设置和人才引进工作初步完成后，便开始全面规划刑事法系列教材的建设。刑科院在刑事法教材编撰方面有其优势，突出表现在刑科院的主要成员均担任过刑事法教材的主编工作，对于教材的编写颇有经验和心得。特别是刑法学方面，刑科院的主要成员主持了晚近十余年来几乎各种类型的全国刑法学统编教材中多数教材的编写工作。在刑科院下属的六个刑事法研究所成立并且引进了一批刑事法各个领域国内知名的专家学者后，编撰一套刑事法系列教材的组织机构条件和人员条件均已具备。

中国人民大学出版社是新中国最早成立的中央级大学出版社。该社立足于高等教育，以为教学和科研提供优质服务为己任，是我国人文社会科学，特别是文科教材出版中心。近年来，中国人民大学出版社出版了一大批具有文化积累、文化传播价值的优秀法律图书，其中，法学系列教材的出版成绩显著，有目共睹。在刑科院成立后，中国人民大学出版社的领导和法学编辑聪敏睿智地看到了建设社会主义法治国家进程中刑事法系列教材的市场潜力，并基于对刑科院学术团队的充分信任，与刑科院积极协商，决定结合刑科院在刑事法领域的整体学术优势和中国人民大学出版社的法学出版力量，双方合作编著出版这套“现代刑事法学系列教材”。

之所以将这套系列教材冠名为“现代刑事法学系列教材”，是因为这套教材以现代刑事法治理念为指导，注重吸收当代刑事法学发展的最新研究成果，并且不再像以往的刑事法教材那样只关注刑法和刑事诉讼法两个方面，而是本着“刑事一体化”之精神，覆盖大部分刑事法学学科。具体而言，该系列教材拟包括：《刑法总论》《刑法各论》《国际刑法学》《外国刑法学（英美法系）》《外国刑法学总论（大陆法系）》《外国刑法学各论》《犯罪学》《刑事政策学》《刑事执行法学》《刑事诉讼法学》《刑事证据法学》《刑法总则案例分析》《刑法分则案例分析》《中国区际刑法学》《被害人学》《国际刑事诉讼法学》《犯罪心理学》《中国刑法史学》《外国刑法思想史》《比较刑法学》《刑事立法学》《经济刑法学》《台港澳刑法学》等。同时，该系列教材还将根据学科发展的新情况，不断予以充实、完善。

为了保证教材的质量，并借此提升刑科院的整体实力，刑科院与中国法学会刑法学研究会开展合作，以刑科院的学术骨干力量为基础，并邀请了部分在我国刑法学、刑事诉讼法学界有较大影响的学科带头人和学术骨干参与，共同组织编撰这套刑事法学系列教材。刑科院为此成立了专门的编审委员会，并聘请了老一辈著名刑事法学家担任学术顾问，由本人担任总主编，由全国刑事法学界知名专家学者组成学术委员会。学术委员会负责该系列教材的审稿、鉴定工作。为了保证教材内容的新颖性和学术性，我们在编撰这套系列教材时，在体系结构和内容上将全面、充分吸收、反映近年来我国刑事法学研究的新进展和新成果，准确地反映和论述立法、立法解释及司法解释的内容，运用案例和举例，适当反映司法实务的经验和情况。

本套教材是我国迄今为止最全面、最系统、最新颖的刑事法学系列教材。我们期待并相信，在刑科院及我国刑事法理论和实务界的有关专家学者们的共同努力下，在中国人民大学出版社的鼎力支持下，“现代刑事法学系列教材”将成为我国刑事法领域最权威的精品教材。

中国刑法学研究会会长　赵秉志教授
2007 年 5 月

第三版前言

本书第二版于2013年4月由中国人民大学出版社出版。自第二版出版以来，我国在相关立法、刑事司法和经济社会等方面有了不小变化与发展，适时修订书稿能够反映这些变化与发展，保持论述的准确性。因此，在本书第二版出版数年之后，进行了修订书稿的工作。

此次修订的主要内容主要包括四个方面。

第一，反映立法的新变化。这些年来，国家立法机关通过和修订了不少法律，其中的大量内容与本书论述的内容密切相关，在此次修订中认真反映这些法律方面的变化。

第二，反映制度的新发展。除了国家立法机关通过和修改的法律所发生的变化之外，这些年来，在具体的工作层面，也有不少制度方面的变化。这些制度变化不仅体现在监狱和社区矫正工作的主管部门（司法部及其所属的司法部监狱管理局、司法部社区矫正管理局）所进行的制度改革方面，还体现在其他中央机关发布的部门规章和规范性文件中。在此次修订中，努力反映这些方面的制度变化。

第三，反映认识的新进展。自本书第二版出版以来，学术界和实务部门的研究者对本书涉及的主题进行了大量的研究工作，提出了不少新颖看法、改革思路和具体建议，在此次修订中也着力反映对这些认识的探索成果。

第四，反映情况的新特点。这些年来，我国刑事执行领域的很多情况有了新的变化，呈现出新的特点，在此次修订中，通过更新统计数据等方式体现这些方面的新特点。

此外，此次修订还努力解决在不同部分论述相同内容时产生的内容交叉和重复问题，例如，第二章、第三章、第四章与后面的第十三章的交叉和重复问题。

在开始修订工作时，本人将第二版书稿定稿的电子版发给各位修订者，以此作为修订的基础。同时，本人将收集的最新版法律、法规、规章和其他规范性文件的电子版发给各位修订者，供其在修订时参考。

与本书第二版相比，此次修订在修订者方面有一个变化，即承担第二版中“第十七章　非刑罚裁决执行与相关问题”撰稿任务的蔡雅奇博士因故未再参与本书的修订工作，这一章的修订工作由郭晓红博士承担。

第三版修订工作的具体分工是：

吴宗宪：第一、二、三、四、九、十、十二、十三、十五、十九章；

王利荣：第五、七、十六章；

翟中东：第六、十一章；

冯卫国：第八、十四章；

郭晓红：第十七章；

阴建峰：第十八章。

在修订稿初稿完成之后，由笔者修改定稿，并对部分章节的内容进行了较大修改。在修订本书的过程中，继续保持本书第一版确立的力求全面、力求新颖、力求准确和力求规范的目标。

在修订的过程中，笔者指导的博士研究生张雍锭、白海娟、张旭芳，博士后研究人员李岚林，硕士研究生崔雨桐、王力达、余频、牟双武、杨晓庆、李方圆、王可人、王亚琳、陈芳菅、于任涵、翟祎、陈敏、王晓朦、夏梦实、钟镇等提供了帮助，参与了相关修订工作。湖南司法警官职业学院唐贵平老师参加了相关修订工作。

在修订任务即将完成之际，向各位修订者以及对修订工作给予帮助的所有人士表示诚挚的谢意。

尽管各位修订者和撰稿人做了很多补苴罅漏、纠错矫偏的努力，但是，由于多种原因，错漏之处仍在所难免。欢迎广大读者批评指正，意见和建议请发送邮件（电子邮件地址：zongxianwu@126.com）或者直接邮寄到笔者所在单位。

北京师范大学刑事法律科学研究院　吴宗宪

2019年7月26日

立法和规范性文件简称索引

2010年《安置帮教工作意见》——《中共中央办公厅、国务院办公厅转发〈中央社会治安综合治理委员会关于进一步加强刑满释放解除劳教人员安置帮教工作的意见〉的通知》（中办发〔2010〕5号）。

2016年加强衔接配合意见——最高人民法院、最高人民检察院、公安部和司法部2016年8月30日发布的《关于进一步加强社区矫正工作衔接配合管理的意见》。

保外就医严重疾病范围——最高人民法院、最高人民检察院、公安部、司法部、国家卫生计生委2014年10月24日印发的《暂予监外执行规定》的附件。

出境入境管理法——全国人民代表大会常务委员会2012年6月30日通过的《中华人民共和国出境入境管理法》。

法官法——第十三届全国人民代表大会常务委员会第十次会议2019年4月23日修订的《中华人民共和国法官法》。

法院组织法——第十三届全国人民代表大会常务委员会第六次会议2018年10月26日修订的《中华人民共和国人民法院组织法》。

妇女权益保障法——第十三届全国人民代表大会常务委员会第六次会议2018年10月26日修正的《中华人民共和国妇女权益保障法》。

公安部1982年《细则》——公安部1982年2月18日颁发的《监狱、劳改队管教工作细则（试行）》。

公安部《程序规定》——公安部2012年12月3日修订的《公安机关办理刑事案件程序规定》。

公务员法——第十三届全国人民代表大会常务委员会第七次会议2018年12月29日修订的《中华人民共和国公务员法》。

关于特赦部分服刑罪犯的决定——第十二届全国人民代表大会常务委员会第十六次会议2015年8月29日通过的《全国人大常委会关于特赦部分服刑罪犯的决定》。

国家赔偿法——第十一届全国人民代表大会常务委员会第二十九次

会议2012年10月26日修正的《中华人民共和国国家赔偿法》。

检察官法——第十三届全国人民代表大会常务委员会第十次会议2019年4月23日修订的《中华人民共和国检察官法》。

检察院组织法——第十三届全国人民代表大会常务委员会第六次会议2018年10月26日修订的《中华人民共和国人民检察院组织法》。

监狱法——第十一届全国人民代表大会常务委员会第二十九次会议2012年10月26日修正的《中华人民共和国监狱法》。

监狱罪犯死亡处理规定——最高人民检察院、民政部、司法部2015年3月18日发布的《监狱罪犯死亡处理规定》。

教师法——第十一届全国人民代表大会常务委员会第十次会议2009年8月27日修正的《中华人民共和国教师法》。

警察法——第十一届全国人民代表大会常务委员会第二十九次会议2012年10月26日通过的《中华人民共和国人民警察法》。

警械和武器条例——国务院1996年1月16日发布的《中华人民共和国人民警察使用警械和武器条例》。

看守所留所执行刑罚罪犯管理办法——公安部2013年修订的《看守所留所执行刑罚罪犯管理办法》。

看守所条例——国务院1990年3月17日发布的《中华人民共和国看守所条例》。

劳动法——第十三届全国人民代表大会常务委员会第七次会议2018年12月29日修正的《中华人民共和国劳动法》。

劳动改造条例——政务院1954年9月7日发布的《中华人民共和国劳动改造条例》。

立法法——第十二届全国人民代表大会第三次会议2015年3月15日修正的《中华人民共和国立法法》。

两院两部《扩大试点范围通知》——最高人民法院、最高人民检察院、公安部和司法部2005年1月20日联合发布的《关于扩大社区矫正试点范围的通知》。

两院两部《实施办法》——最高人民法院、最高人民检察院、公安部和司法部2012年1月10日联合发布的《社区矫正实施办法》。

两院两部《通知》——最高人民法院、最高人民检察院、公安部和司法部2003年7月10日联合发布的《关于开展社区矫正试点工作的通知》。

两院两部《意见》——最高人民法院、最高人民检察院、公安部、司法部2009年9月2日联合发布的《关于在全国试行社区矫正工作的意见》。

律师法——第十二届全国人民代表大会常务委员会第二十九次会议2017年9月1日修正的《中华人民共和国律师法》。

民事诉讼法——第十二届全国人民代表大会常务委员会第二十八次会议2017年6月27日修正的《中华人民共和国民事诉讼法》。

司法部1991年《三分意见》——司法部劳改局（即后来的司法部监狱管理局）1991年10月印发的《对罪犯实行分押、分管、分教的试行意见（修改稿）》。

司法部2016年《计分考核规定》——司法部2016年7月22日印发的《关于计分

考核罪犯的规定》。

司法部《教育改造规定》——司法部2003年6月13日发布的《监狱教育改造工作规定》。

司法部《暂行办法》——2004年5月9日司法部发布的《司法行政机关社区矫正工作暂行办法》。

宪法——第十三届全国人民代表大会第一次会议2018年3月11日修正的《中华人民共和国宪法》。

刑法——第八届全国人民代表大会第五次会议1997年3月14日修订的《中华人民共和国刑法》及以后通过的各个修正案。

刑事诉讼法——第十三届全国人民代表大会常务委员会第六次会议2018年10月26日修正的《中华人民共和国刑事诉讼法》。

义务教育法——第十三届全国人民代表大会常务委员会第七次会议2018年12月29日修正的《中华人民共和国义务教育法》。

暂予监外执行规定——最高人民法院、最高人民检察院、公安部、司法部和国家卫生计生委2014年10月24日发布的《暂予监外执行规定》。

执业医师法——第十一届全国人民代表大会常务委员会第十次会议2009年8月27日修正的《中华人民共和国执业医师法》。

治安管理处罚法——第十一届全国人民代表大会常务委员会第二十九次会议2012年10月26日修正的《中华人民共和国治安管理处罚法》。

中央政法委等《刑事被害人救助意见》——中央政法委、最高人民法院、最高人民检察院、公安部、民政部、司法部、人力资源和社会保障部7部门2009年3月9日联合发布的《关于开展刑事被害人救助工作的若干意见》。

中央政法委等《完善司法救助意见》——中共中央政法委员会、财政部、最高人民法院、最高人民检察院、公安部、司法部2014年1月17日联合发布的《关于建立完善国家司法救助制度的意见（试行）》。

综治委等八部门《意见》——中央社会治安综合治理委员会、司法部、公安部、劳动和社会保障部、民政部、财政部、国家税务总局、国家工商行政管理总局等八部门2004年2月6日发布的《关于进一步做好刑满释放、解除劳教人员促进就业和社会保障工作的意见》。

最高人民法院1997年《规定》——最高人民法院1997年10月29日公布的《关于办理减刑、假释案件具体应用法律若干问题的规定》。

最高人民法院2012年《解释》——最高人民法院2012年12月20日发布的《关于适用〈中华人民共和国刑事诉讼法〉的解释》。

最高人民法院2016年《规定》——最高人民法院2016年11月14日发布的《关于办理减刑、假释案件具体应用法律的规定》。

目　录

第一编　总　论

第二编 监禁刑执行

第三编　社区矫正

第四编　其他刑罚执行与相关问题

第一编

总论

第一章

刑事执行法学概述

内容导读

刑事执行法学是研究刑事执行的理论、制度与实践的学科。刑事执行法学是刑事法学的重要组成部分，是侧重研究刑罚执行问题的刑事法学学科，是刑事法学学科体系中的最后环节，这门学科的研究与发展，对于落实和实现其他刑事法学学科的内容和研究成果，具有十分重要的意义。本章论述刑事执行法学的基本问题，主要包括五部分：第一部分是刑事执行法学概述，介绍了刑事执行和刑事执行法的概念、刑事执行法学的概念、刑事执行法学的学科体系、研究刑事执行法学的意义；第二部分是刑事执行法学的研究对象，论述了刑事执行法学研究的三种主要对象，即刑事执行理论、刑事执行制度与刑事执行实践；第三部分论述了刑事执行法学的研究方法，包括方法论原则和具体研究方法；第四部分论述了刑事执行法学的学科地位以及刑事执行法学与相关学科的关系；第五部分论述了刑事执行法学的历史与现状。通过这些内容，可以对刑事执行法学有一个基本的了解。

第一节　概　述

一、基础性概念

从字面来看，刑事执行法学应当是研究刑事执行法的学科，它的主要内容应当是研究刑事执行法，而刑事执行法又是规范刑事执行的法律。因此，在了解刑事执行法学之前，应当对刑事执行和刑事执行法的概念有一个基本的了解，刑事执行和刑事执行法是理解刑事执行法学的基础性概念。

（一）刑事执行的概念

刑事执行是指刑事司法机关依照法律执行刑罚和相关裁决的工作。其中，“刑事司法机关”是指依法查处犯罪和执行刑罚的国家机关，“查处”包括调查犯罪案件和处理犯罪案件；刑事司法机关包括公安机关、检察机关、审判机关和司法行政机关（刑罚执行机关）。“刑罚”是指审判机关依照刑法规定剥夺或者限制犯罪人一定权利的制裁措施。“相关裁决”包括与犯罪及刑罚有关的裁定和决定。

在过去，将刑事执行等同于“刑罚执行”①，这是不准确的。的确，刑事执行的主要部分是刑罚执行，但是，刑事执行不能仅仅局限于刑罚执行。实际上，除了刑罚执行之外，刑事执行还应当包括也包括对非刑罚方法、无罪判决和免除刑罚判决的执行以及对犯罪被害人的救助等内容。

作为刑事执行主要部分的刑罚执行，是指刑事司法机关依照法律执行刑罚的工作。

如果仔细考察“刑罚执行”与“刑事执行”，可以发现它们是一对既有联系又有区别的概念。

刑罚执行与刑事执行的联系主要体现在下列方面。

第一，执行内容交叉。刑罚执行与刑事执行的内容是相互交叉的，刑罚执行是刑事执行的主要部分。所谓刑事执行，主要应当是指对于审判机关判处的刑罚的执行。

第二，执行依据类似。刑罚执行与刑事执行的法律依据大体上是类似的，其中的一部分依据是相同的，这些相同的依据是已经生效的判决、裁定和决定。

第三，执行主体重叠。刑罚执行和刑事执行的一部分执行主体是重叠的。无论是刑罚执行，还是刑事执行，都要由公安机关、人民法院和司法行政机关负责。

但是，刑罚执行与刑事执行是有区别的。这种区别主要体现在下列方面。

第一，包括范围不同。刑罚执行顾名思义，应当仅仅是指对所判处的刑罚的执行。与此相比，刑事执行的范围或者外延更广，应当包括对所有生效判决、裁定、决定的执行，不仅包括刑罚执行的所有内容，也包括对非刑罚方法、无罪判决和免除刑罚判决的执行，其中还应当包括恢复冤假错案被告人名誉、对被错误追究刑事责任的被告人的国家赔偿，此外，还应当包括对犯罪被害人的救助等内容。

第二，法律地位不同。由于刑罚执行的内容复杂，一些刑罚的执行时间很长，执行地点独特（在监狱中执行），因而刑罚执行在刑事司法活动中的独立性更为明显，与刑事诉讼活动的关系较远。与此相比，一些刑事执行活动在刑事司法活动中的独立性较弱，与刑事诉讼活动的关系较为密切，甚至可以说是依附于刑事诉讼活动而存在的。例如，对于罚金、没收财产刑罚的执行，对于无罪判决和免除刑罚判决的执行，都是紧随刑事诉讼活动之后进行的。

第三，法律依据有别。刑罚执行活动的法律依据仅仅是刑事司法机关判处和确定犯罪人有罪并且判处刑罚以及与执行刑罚有关的判决、裁定和决定②，而刑事执行活动的法律依据，则是刑事司法机关做出的所有判决、裁定和决定，其中既有判决有罪、判处刑罚和与

---

① 吴宗宪．刑事执行法学．北京：中国人民大学出版社，2007：35.

② 把刑罚执行的法律依据仅仅局限于审判机关做出的判决和裁定，是不全面的。应当说，审判机关做出的判决和裁定，是刑罚执行的主要依据，但不是全部依据。除了审判机关做出的判决和裁定之外，其他有关机关做出的相关决定，也可以成为刑罚执行的依据。例如，刑事诉讼法第 265 条第 5 款规定，“在交付执行后，暂予监外执行由监狱或者看守所提出书面意见，报省级以上监狱管理机关或者设区的市一级以上公安机关批准”。这意味着，“省级以上监狱管理机关或者设区的市一级以上公安机关”做出的批准暂予监外执行的决定，也是开展相关刑罚执行工作的法律依据。

执行刑罚有关的，也有不判决有罪、不判处刑罚和与执行刑罚无关的。①

第四，执行主体有别。刑罚执行的主体包括公安机关、审判机关和司法行政机关，而刑事执行的主体不仅包括公安机关、审判机关和司法行政机关，还包括其他主管部门。所谓的"主管部门"，是刑法第 37 条规定的管理犯罪人的部门。

由此可见，可以把刑事执行分为两类：广义的刑事执行是指对所有刑事判决、裁定和决定的执行；而狭义的刑事执行，就是指刑罚执行，或者说是对被判处刑罚的判决以及与刑罚执行有关的裁定和决定的执行。②

(二) 刑事执行法的概念

刑事执行法是指规定刑事执行制度与活动的法律规范的总和。

在过去，将"刑事执行法"等同于"刑罚执行法"③，这是不全面的。可以说，刑事执行法的主要部分是刑罚执行法，但是，刑事执行法绝不等同于刑罚执行法。在理想的情况下，刑事执行法还应当规定与刑事案件有关的非刑罚执行的内容。

大体而言，刑事执行法的内容主要包括两部分：第一部分是有关刑事执行制度的规定，包括执行组织、设施与人员以及执行程序和执行经费等内容；第二部分是关于执行活动的规定，包括执行方法、执行活动的规则和具体注意事项等内容。由于刑事执行是一项复杂的工作，单一的法律往往很难详尽规定所有的问题和方面，因而在很多国家，往往由若干甚至很多相关立法共同构成一个刑事执行法律体系。

刑事执行法律体系是由规定刑事执行问题的各种相关立法构成的一个有机整体。

刑事执行法律体系的构成有不同的情况。从一些国家的立法来看，一般可以分为三类情况。

(1) 以完整而独立的刑事执行法为主体构成的刑事执行法律体系。在这样的国家中，制定了完整而独立的刑事执行法或者刑罚执行法，对刑事执行或者刑罚执行的各种主要问题，都做了详细的规定。例如，俄罗斯就是这样。俄罗斯国家杜马 1996 年 12 月 18 日通过、联邦委员会同年 12 月 25 日批准的《俄罗斯联邦刑事执行法典》，分为总则和分则两部分，共八编，总则即第一编是基本规定，分则包括七编，分别规定了不将被判刑人与社会隔离的刑罚的执行，拘役刑的执行，剥夺自由刑的执行，限制军职刑、拘役刑和军纪营管束刑的执行，免于服刑、对服刑后获释的被判刑人的帮助和监督，死刑的执行，对被判缓刑人员的监督等内容。又如，1992 年 6 月 18 日通过的《加拿大矫正与附条件释放法》，基本上也属于这类，该法是加拿大联邦系统的基本刑事执行法律。此外，挪威、德国、波兰、土耳其、保加利亚等国，也属于这种情况。同时，在这样的国家中，还有一些别的相关立法作为补充。

(2) 以监狱法为主体构成的刑事执行法律体系。监狱是执行自由刑的场所，而自由刑

---

① 例如，审判机关做出的关于救助刑事被害人的决定，就是与执行刑罚无关的决定。

② 有的作者认为，刑事执行有广义和狭义之分。广义的刑事执行是指执行机关对人民法院所做出的一切刑事判决和裁定中所确定的内容的执行，不仅包括对包含刑罚内容的判决和裁定的执行，也包括对无罪判决和免于刑罚处分等非刑罚内容的刑事判决和裁定的执行。狭义的刑事执行只是对具有刑罚内容的判决和裁定的执行（俞静尧．刑事执行权机制研究．北京：群众出版社，2005：4）。在这里，将"非刑罚内容的刑事判决和裁定的执行"纳入刑事执行的范围，是恰当的；不过，将决定机关仅仅局限于人民法院，将执行依据仅仅局限于判决和裁定，则是不全面的。

③ 吴宗宪．刑事执行法学．北京：中国人民大学出版社，2007：4.

曾经是很多国家的主要刑罚，因此，在一些国家，执行刑罚的主要场所是监狱，而规定监狱及其刑罚执行问题的立法——监狱法，也就成为这些国家刑事执行法律体系的主体。日本、芬兰、比利时、意大利、印度、西班牙、阿根廷、阿尔及利亚等国大体上属于这种情况。同时，在这样的国家中，还有一些别的相关立法规定了监狱法中没有规定的内容和非监禁刑的执行。

(3) 由多种立法共同构成的刑事执行法律体系。在这样的国家中，缺乏规定刑罚执行事项的基本法律或者骨干法律，刑罚执行的不同内容，分别规定在相关的立法中，包括刑法、刑事诉讼法以及其他单行立法。美国、英国、澳大利亚等国大体属于这类情况。

中国的刑事执行法律体系大体上属于上述的第二类情况。因为在中国，监禁刑在整个刑罚体系中占据主导地位，监狱在刑罚执行机构中居主导地位，监狱法也应当在刑事执行法律体系中占据主导地位。① 不过，由于监狱法存在的问题，需要对其进行修改和完善。同时，社区矫正法正在制定之中。

刑事执行法应当具有基本法律的法律地位。从理论上讲，刑事执行法应当是与规定犯罪和刑罚的刑法、规定如何查明犯罪和定罪量刑的刑事诉讼法并列的三大刑事法律之一。刑法、刑事诉讼法和刑事执行法共同构成一个国家完整的刑事法律体系，保证刑事司法机关能够全面、公正、有效地处理犯罪与刑罚问题。同时，由于这三大法律各自调整的内容都十分复杂，单一的法律无法规定所有的内容，因而往往以基本法律或者法典为基础，由各个相关立法构成一个相对独立的法律体系。完整意义上的刑法，往往是指刑法法律体系；完整意义上的刑事诉讼法，也是指刑事诉讼法律体系。同样，完整意义上的刑事执行法，是指刑事执行法律体系。刑法法律体系、刑事诉讼法律体系和刑事执行法律体系，共同构成完整的刑事法律体系，它是整个国家法律体系的重要组成部分。

中国刑事执行法的未来发展方向应当是，在修订监狱法、颁布社区矫正法的基础上，制定包含所有刑事执行内容的刑事执行法。

二、刑事执行法学的概念

刑事执行法学是研究刑事执行的理论、制度与实践的学科。由于这门学科研究的核心是刑罚执行，因而刑事执行法学的主要部分是“刑罚执行法学”；在很多情况下，刑事执行法学主要是指“刑罚执行法学”。

在英语中，似乎没有与刑事执行法学完全对应的名称。英语中与刑事执行法学类似的概念主要有两个。

(1)“Corrections”(矫正)。英语中的“corrections”是一个多义词，作为一门学科的矫

① 不过，1994年12月29日通过的监狱法，似乎在刑事执行法律体系中不具有主体地位。首先，从立法规格来看，虽然中国立法中涉及刑事执行内容的法律有刑法、刑事诉讼法和监狱法，但是刑法和刑事诉讼法是由全国人民代表大会通过的“基本法律”，监狱法则是由全国人民代表大会常务委员会通过的“其他法律”，根据立法法第7条的规定，其他法律的立法规格低于基本法律。其次，从法律内容来看，监狱法对于与监狱的刑罚执行工作有关的若干重大问题，没有做出具体规定，留下立法空白，没有体现出应有的法律权威。最后，从实际情况来看，监狱法对社会上的其他相关部门和其他执法机关约束力不够，监狱在刑事司法中的制约作用没有得到体现，从而使监狱法在实际上变成了仅仅调整监狱本身工作的法律。

正，是指研究监狱管理、监狱内罪犯的矫正以及社区矫正的学科。① 从一些有影响的矫正著作来看，矫正这门学科研究的重点是监狱内的矫正。例如，美国著名犯罪学家哈里·艾伦（Harry E. Allen）等撰写的《美国矫正导论》（第十版）一书，共有 23 章，其中标题为“社区矫正”的仅一章，还有 3 章涉及了社区矫正的内容。② 另一本有影响的矫正教科书——犯罪学家托德·克利尔（Todd R. Clear）等人合写的《美国矫正》（第十二版）一书，共有 23 章，其中涉及社区矫正的内容有 3 章。③ 同时，英语中的矫正一词已经得到了学术界和实务部门的广泛承认，十分普遍地用作书籍、机构、立法等的名称。在中国，自 2003 年开始进行社区矫正试点工作以来，“矫正”这个汉语术语也逐渐得到学术界、实务部门和社会其他领域的认可。

（2）“Penology”（刑罚学、监狱学）。英语中的“penology”一词，过去往往翻译为“刑罚学”，但是，也可以翻译为“监狱学”。而且，在英语书籍中，可以找到与这两个译名有关联的解释。例如，《朗文当代高级英语辞典》认为，“penology”是“关于对犯罪人的刑罚、监狱的运作等的科学研究”④。这种解释似乎接近于“刑罚学”的含义。又如，根据《梅里亚姆—韦伯斯特大学词典》（第十版）对“penology”一词的解释，“penology”一词最早出现于 1838 年，“是论述监狱管理和犯罪人矫治的犯罪学分支。”⑤ 这种解释似乎接近于“监狱学”的含义。

一般认为，刑罚学是指研究刑罚及其适用和执行的学科。其中，对于刑罚本身的研究不仅包括现有刑罚的体系和规定等，还包括刑罚的设立和改革、刑罚权等问题；对于刑罚适用的研究，涉及刑事审判领域；对于刑罚执行的研究，与刑事执行法学的内容重叠。因此，刑罚学与刑事执行法学有密切的关系，其中的一部分内容是两个学科共同研究的内容。

从上述内容来看，“corrections”的含义更接近于“刑事执行法学”。在很多时候，可以把它们看成是十分近似的学科或者学科名称，它们研究的主要内容是相同的。但是，把“corrections”直接翻译为“刑事执行”或者“刑事执行法学”似乎是不妥当的。⑥ 因为从有关文献来看，“corrections”中似乎都不包括对所有刑罚的执行，例如，很少从这样的书中看到对于如何执行资格刑（褫夺公权、剥夺荣誉称号等）、财产刑（罚金、没收等）的内容。

三、刑事执行法学的学科体系

刑事执行法学的学科体系是指构成刑事执行法学学科的分支学科及其组成的学科整体。

① 吴宗宪．当代西方监狱学．北京：法律出版社，2005：3.

② Harry E. Allen，Clifford E. Simonsen & Edward J. Latessa. *Corrections in America*：*An Introduction*. 10th edition，Prentice-Hall，Upper Saddle River，New Jersey，2004.

③ Todd R. Clear，George F. Cole & Michael D. Reisig. *American Corrections*. 12th edition. Wadsworth，Belmont，CA，2018.

④ 朗文当代高级英语辞典（英英·英汉双解）．朱原，等译．北京：商务印书馆，2000：1109.

⑤ *Merriam-Webster's College Dictionary*. 10th edition. Merriam-Webster Incorporated，Springfield，MA，1993：859.

⑥ 谢望原教授把《丹麦矫正法》（The Corrections Act）翻译为《丹麦刑事执行法》，作为一个特例进行意译是可以理解的，因为根据《丹麦刑法典》，丹麦的一般刑罚包括监禁刑和罚金刑两种，而《丹麦矫正法》包括了如何执行这两种刑罚的内容（丹麦刑法典与丹麦刑事执行法．谢望原，译．北京：北京大学出版社，2005）。但是，如果普遍使用这种译法，可能是不妥的。

由于刑事执行活动的复杂性，决定了对它的研究不可能由单一的刑事执行法学进行，而必须由一个包括多个相关分支学科的学科体系来承担。在构成刑事执行法学学科体系的分支学科中，最主要的是监狱学或者监狱法学，除此之外，还有其他的分支学科。

1. 监狱学

监狱学是研究监狱及其运行规律的学科。监狱学研究的主要内容包括四个方面：（1）监狱构成，包括监狱及其有关人员等。（2）监狱理论，有关监狱及其构成和运行的理论学说。（3）监狱制度，它们通过立法和其他规范性文件等体现出来。（4）监狱实践，包括监狱中各类人员的活动。

与监狱学类似的学科名称还有以下两个。

（1）监狱法学。它是研究监狱立法及其实施的刑事法律学科。从一些以"监狱法学"为名的教科书和专著来看，监狱法学的内容和监狱学十分相似，甚至也可以把它们看成同一个学科的不同名称，它们之间的细微差别仅仅在于探讨的侧重点不同：监狱法学主要研究监狱立法及其相关问题，而监狱学则更具有综合性，除了探讨监狱立法及其相关问题之外，还研究很多其他方面的内容，包括利用社会学、教育学、心理学等学科的理论和方法探讨监狱问题的内容。

（2）劳动改造法学。它是以劳动改造立法和劳动改造工作实践为研究对象的专门学科。劳动改造法学是一个具有时代特征的名称，可以把它看成监狱法学的早期名称。在 1994 年颁布监狱法之前，中国监狱工作的最高层次的立法，是政务院在 1954 年 9 月 7 日发布的劳动改造条例（已失效），受此立法等的影响，中国的监狱系统大多数以"劳动改造"命名，监狱管理机关被称为"劳动改造工作管理局"（简称"劳改局"），很多监狱被称为"劳动改造工作队"（简称"劳改队"），监狱中的罪犯被称为"劳改犯"等，研究这个领域的学科自然也被称为"劳动改造法学"。随着 1994 年监狱法的颁布实施，有关的名称普遍被统一到"监狱"上来，劳动改造法学自然也被监狱法学或者监狱学所取代。

在长期的研究和发展过程中，监狱学自身也分化出一些更小的分支学科。其中，研究得比较多的有以下分支学科。

（1）狱政管理学。这是研究监狱行政管理活动及其规律的学科，其重点是研究对罪犯的刑罚执行活动。

（2）罪犯改造心理学或者"罪犯心理矫治"。罪犯改造心理学是研究罪犯改造过程中的心理问题及其规律的学科，其内容较广，甚至可以说是"监狱心理学"的另一个名称，而且，其内容的学术性也较强。后来，发展起了专门研究如何利用心理学原理和方法调整罪犯心理和行为并促使其发生积极变化的活动的学科——"罪犯心理矫治"或者"服刑人员心理矫治"。与罪犯改造心理学相比，罪犯心理矫治或者服刑人员心理矫治的研究范围较窄，研究重点突出，研究内容更加具体，操作性更强。

（3）比较监狱学或者"外国监狱学"。这是研究不同国家或地区的监狱学说、制度与实践的学科，主要研究中国之外的其他国家或地区的监狱学说、制度和实践。

（4）监狱史学。这是研究监狱方面的历史的学科。

此外，还使用了"教育改造学"（研究如何教育改造罪犯）、"劳动改造学"（研究如何对罪犯进行劳动改造）、"监狱经济管理学"（研究如何组织、管理监狱经济活动和罪犯劳动）、"狱内侦查学"（研究如何调查罪犯在监狱服刑期间进行的犯罪行为）等名称，也有少量使用这类名称的出版物，但是，总体而言，研究深度不够，难以称得上"学科"。

2. 社区矫正

作为一门学科的社区矫正，是研究社区矫正的理论、制度与实践的学科。在中国，由于社区矫正工作的历史较短，作为一门学科还不成熟。但是，从未来发展来看，社区矫正会成为与监狱学并行的刑事执行法学的分支学科。

不过，在国外，以“社区矫正”为名或者专门论述社区矫正的出版物已经很多。例如，用英语出版的社区矫正书籍已经不少。保罗·克伦威尔（Paul F. Cromwell）等人撰写的《社区矫正》一书已经出到第 9 版[①]；贝林德·罗杰斯·麦卡锡（Belinda Rodgers McCarthy）等撰写的《社区矫正》一书已经出到第 4 版[②]；爱德华·拉特萨（Edward J. Latessa）等人撰写的《社区中的矫正》一书已经出到第 6 版[③]；莉恩·菲弗塔·阿拉里德（Leanne Fiftal Alarid）撰写的《社区矫正》一书已经出到第 12 版。[④]

四、研究刑事执行法学的意义

虽然刑事执行法是与刑法、刑事诉讼法并列的三大刑事立法之一，刑事执行法学也应当是与刑法学和刑事诉讼法学并列的三大刑事法律学科之一，但是，从很多方面来看，似乎普遍存在重视刑法学和刑事诉讼法学而轻视刑事执行法学的倾向。无论是研究刑事执行法学的人员与研究机构的数量，还是研究投入的数量与发表的研究成果的数量，均大大少于刑法学和刑事诉讼法学。因此，在这种情况下，重视研究刑事执行法学，具有特别重要的意义。

（一）有利于发展刑事执行法学

研究刑事执行法学，首先有利于发展这门学科。刑事执行是一项内容比刑法学和刑事诉讼法学更为复杂的学科。如果说刑法学和刑事诉讼法学是典型的以法律规范为基础的法学学科的话，那么，刑事执行法学则是一项包括法学在内的众多相关学科的综合性学科。刑事执行法学的相关学科除了刑法学、刑事诉讼法学、犯罪学等学科外，还涉及很多其他学科。例如，在罪犯管理和改造方面，涉及心理学、管理学、教育学、伦理学、社会学、社会工作甚至生理学、生物学、军事学（涉及武装警察的管理）等学科；在监狱和其他刑罚执行机构的设计、建造和运行方面，涉及建筑科学、生态学、物理学、电工和电子学等学科。尽管刑事执行法学内容更复杂，更加需要由知识结构合理的复合型人才进行更多的研究，但是，从目前的状况来看，已有的研究远远没有达到比较理想的层次，与这门学科应有的发展水平差距较大，理论研究对于立法和实践的积极影响和指导作用还很有限，学科本身也处于形成之中。因此，需要通过更多的研究去发展和完善刑事执行法学学科，进而对刑事执行立法和刑罚执行实践产生应有的影响和指导作用。

---

① 该书的第 6 版出版于 2005 年（Paul F. Cromwell. Leanne Fiftal Alarid & Rolando V. del Carmen. *Community-Based Corrections*. 6th edition. Thomas Wadsworth，Belmont，CA，2005），第 9 版的作者有变化，相关信息为：Leanne Fiftal Alarid & Rolando V. del Carmen. *Community-Based Corrections*. 9th edition. Wadsworth Publishing，Belmont，CA，2012.

② B. R. McCarthy. B. J. McCarthy & M. C. Leone. *Community-Based Corrections*. 4th edition. Wadsworth，Belmont，CA，2001.

③ Edward J. Latessa & Paula Smith. *Corrections in the Community*. 6th edition. Routledge，New York：2015.

④ Leanne Fiftal Alarid. *Community-Based Corrections*. 12th edition. Cengage Learning，Belmont，CA，2018.

（二）有利于促进刑事执行立法

研究刑事执行法学，可以促进刑事执行立法。尽管法律是社会生活的反映，但是，对于如何制定法律，如何在法律中反映社会生活，却需要进行大量的研究工作。刑事执行法学通过对刑事执行法的定位和体系的研究，可以促进立法机关和有关行政机关对于刑事执行法的法律地位（规格）和具体立法内容、不同立法形式等的认识；通过对现行刑事执行法律在实践中的适用效果的分析，可以发现现行刑事执行法律的优点、缺陷、漏洞和空白等；通过对刑事执行活动的调查研究，可以发现需要通过立法加以确立的有益做法和创新内容；通过对国际社会刑罚执行发展趋势乃至整个人类社会文明发展的总体趋向的研究，概括出可以通过刑事执行立法加以肯定和引导的内容。所有这些方面的研究，都可以促进和帮助立法机关科学制定刑事执行法，推动刑事执行法的“废、改、立”，促进整个刑事执行法律体系的完善。

（三）有利于改善刑事执行工作

研究刑事执行法学，可以有效改善刑事执行工作。首先，研究刑事执行法学可以对刑事执行工作者准确理解和执行刑事执行法发挥积极作用。刑事执行工作是一项执法工作，需要依法进行，而准确理解现行刑事执行法的内容和精神，是保证刑事执行工作依法进行的重要基础。现行立法大多是对过去做法的总结，尽管科学的立法可以有一定的前瞻性，但是并不能对刑事执行活动中出现的各种情况都能够预见到并加以规定，因此，如何在纷繁复杂的刑事执法实践中执行相对简单的刑事执行法律规定，是需要刑事执行法学者加以研究的重要内容。准确理解已有的刑事执行法的具体内容和立法精神，可以有效地指导和规范刑罚执行的实践，促进刑罚执行工作的法制化和规范化。

其次，可以对研究尚未通过立法加以规定的刑事执行工作发挥一定作用。刑事执行工作是一项复杂的工作，在刑事执行立法工作中，通过大量的努力，可以对刑事执行工作的很多方面加以规定，但是，不可能对所有方面都加以规定，这就需要通过对刑事执行法学的研究，发现尚未在刑事执行立法中加以规定的内容，研究它们的特点和规律性，这样的研究工作不仅可以促进这些方面的实践工作，也可以为刑事执行立法的完善提供必要的参考材料。

最后，可以对研究刑事执行工作的发展变化发挥积极作用。在刑事执行过程中，可能会出现大量新情况，产生很多新问题，如何认识这些新情况，怎样解决这些新问题，是需要刑事执行法学加以研究的重要内容。这方面的研究既可以促进刑事执行工作的顺利进行，又可以为刑事执行法的修改和完善进行相关的准备工作。

第二节 刑事执行法学的研究对象

刑事执行法学的研究对象主要包括刑事执行理论、刑事执行制度和刑事执行实践。

一、刑事执行理论

刑事执行法学的重要研究对象，就是刑事执行理论。可以从下列两个方面认识这方面的研究对象。

（一）刑事执行理论的具体表现

理论是概括地反映现实的概念和原理的体系，是对客观现实中包含的本质和规律的系统化认识。理论研究的成果和形式，是多种多样的。研究表明，完整的和典型的科学理论，其逻辑结构包括三种要素：一是基本概念；二是基本原理；三是科学推论。① 除了这样的系统化的理论之外，还可以包括内容比较简单的概念、理论观点，尚未经证实的理论假设等。

刑事执行理论是在总结和概括刑罚执行工作基础上产生的对刑罚执行工作中规律性、特点、机制等内容的系统化认识。根据刑事执行理论的发展水平的不同，它们可以有不同的表现形式。最简单的形式就是概念。概念是对事物本质的认识。刑事执行法学中的概念，是在对刑事执行活动进行分析、概括等思维加工的基础上产生的，它们是刑事执行法学能够成为一个学科的重要基础，是构建刑事执行法学学科的基本材料。然后，在若干概念的基础上，可能会进一步提出一些理论观点或者理论假设，表现人们对刑事执行工作的某一方面的较为深入的认识。当这些理论观点或者理论假设经过检验，认为它们符合刑事执行工作的情况，并且加以更为深入、全面的阐述和表达时，理论观点或者理论假设就会变成系统化的刑事执行理论。

在刑事执行法学论述中，刑事执行理论有多方面的具体表现。例如，对于刑事执行工作的一些特点的概括、对于刑事执行工作一些规律的阐释、对于刑事执行工作或者现象背后的原因的揭示等，都属于刑事执行理论的具体表现形式。

（二）研究刑事执行理论的必要性

研究刑事执行理论，是很有必要的。这类必要性主要体现在下列方面。

1. 刑事执行法学确立的必要标志

研究刑事执行理论有助于真正确立这门学科。一门学科确立的基本标志，就是它有一套自己的概念、观点和理论。如果仅仅有某一方面的实际工作和对它们的简单描述，而没有对这些实际工作的较多的理论研究，它是不能成为一门学科的。一门学科的成立，不仅要达到“知其然”的程度，即对该门学科涉及的社会实践领域有描述，而且要达到“知其所以然”的程度，即对为什么会有这样的社会实践和其中的很多具体做法，有较多的研究和较深的认识。刑事执行理论研究者所要做的工作，就是不仅要全面准确地描述刑事执行工作的制度和状况，而且要对这种制度和状况产生与存在的原因、认为这种制度与状况理想或者不理想的原因、如何进一步改进和发展刑事执行工作等，都有较为深入的认识。只有在发展起了一系列基本概念、基本原理和多方面的理论观点等之后，才能认为形成和确立了一门学科。从刑事执行法学的情况来看，对于基本概念的研究已经有较大进展，提出和确立了一系列概念，同时，也提出和论述了一些理论观点或者理论假设，可以基本确立这门学科。但是，真正系统化的理论仍然是比较缺乏的，需要在进一步研究的基础上加以发展。

2. 增强立法科学性的重要保证

研究刑事执行理论有助于增强刑事执行立法的科学性。任何比较科学的立法，都是以一定的理论观点甚至是系统化的理论作为基础的；简单的法律规范背后，往往蕴含着复杂程度不同的理论学说。缺乏理论支撑的法律规范，往往可能是质量较差的法律规范；如果

---

① 中国科学技术大学，等．自然辩证法原理．长沙：湖南教育出版社，1984：415-416.

立法中这样的法律规范较多，那么，这样的立法就可能是人们所说的“劣法”。因此，通过对刑事执行工作进行理论研究，揭示刑事执行工作的本质和规律，发展科学的刑事执行理论，为刑事执行立法提供必要的理论支撑，可以促进立法工作的科学性，使刑事执行立法具有更多的“良法”的特征。

3. 提高刑事执行工作者素质的重要方面

研究刑事执行理论有助于提高刑事执行工作者的素质。刑事执行工作者是执行刑事执行法律的主体，他们在法学和相关学科方面的知识与修养，对于他们整体素质的提高有重要价值，而他们整体素质的提高对于他们准确执法、科学执法具有很大影响。如同任何法律一样，刑事执行法的很多规定都具有弹性，因此，刑事执行工作者并不能像机器一样地执行法律，而需要根据具体情况自己做出决定，这种自由决定权的行使是对他们整体素质的重要考验。具有较高整体素质的人，能够做出比较符合立法精神和科学规律的决定，反之亦然。同时，在刑事执行工作中，还存在一些立法并未明确规定的方面，在开展这些方面的工作时，也需要他们自己做出决定，这更需要他们依靠自己的整体素质进行处理。因此，从事刑事执行理论的研究，可以帮助刑事执行工作者提高理论修养，改善他们的整体素质，进而对他们的工作产生积极影响。

4. 促进刑事执行工作向科学化发展的重要途径

研究刑事执行理论有助于促进刑事执行工作的科学化。在研究和发展刑事执行理论的过程中，通过促进刑事执行立法的科学性，通过研究和阐述刑事执行法律规范背后蕴含的理论学说，不仅可以帮助刑事执行工作者准确理解刑事执行法的确切含义和立法精神，从而帮助他们准确地执行刑事执行法律，也可以通过规范他们的执法行为而增强他们执法工作的科学性。同时，通过提高刑事执行工作者的整体素质，还可以帮助他们更好地行使自由决定权，做出更加符合科学精神的工作决定。这些都有利于促进刑事执行工作的科学化。

二、刑事执行制度

刑事执行制度是在刑事执行领域依法确立并执行的办事程序和行为准则。刑事执行法学所研究的刑事执行制度，主要包括下列方面。

1. 监禁刑执行制度

监禁刑执行制度是监禁刑罚执行领域的法律和工作制度。从中国刑事立法和刑事司法的现状来看，监禁刑是刑事立法所规定的刑罚中最重要的刑罚种类，也是刑事司法中适用和执行的最重要的刑罚种类，这方面的法律和工作制度，是刑事执行法学最重要的研究对象。

2. 社区矫正制度

社区矫正制度是社区矫正适用和执行方面的法律和工作制度。社区矫正不仅包括对一些非监禁刑的执行，还包括在立法中完善对这类非监禁刑的规定、在审判中恰当适用这类非监禁刑的内容。不过，从刑事执行法学的角度来看，社区矫正制度主要是有关需要社区参与和进行社区监督的一些非监禁刑的执行制度。在中国，对于这类非监禁刑的执行已经有很长的历史，在长期的发展过程中，形成了多方面的执行制度。不过，随着 2003 年社区矫正试点工作的开始，社区矫正制度有了更快的发展。这方面的内容应当是刑事执行法学的重要研究对象。

3. 其他刑罚执行制度

除了监禁刑和社区矫正方面的制度之外，还有一些刑罚执行制度也属于刑事执行法学的研究对象。从中国目前的情况来看，这些刑罚执行制度就是对财产刑、生命刑的执行制度。

4. 刑事执行相关制度

除了典型的刑事执行制度外，刑事执行法学还需要研究与刑事执行有密切关系的一些制度。例如，赦免制度、出狱人帮助制度、非刑罚裁判等执行制度，这些制度对于刑事执行工作以及刑事执行工作的效果等，都有重要的影响，应当将它们纳入刑事执行法学的研究范围。

三、刑事执行实践

刑事执行实践是指刑事执行机关依照法律规定开展的执行刑罚及相关的活动。其中，“相关的活动”是指非刑罚裁决执行、出狱人帮助等方面的活动。任何法律制度和工作制度，都是一些静态的办事程序和行为准则，它们不可能自动地产生实际效果，而必须通过执法机关和执法者有目的的贯彻落实活动，才能发挥调整社会关系的实际作用。因此，刑事执行活动是刑事执行法律真正产生实际法律效果的必要环节，是刑事执行法学研究的重要对象。

刑事执行法学对于刑事执行活动的研究，主要表现在下列方面。

1. 将法律制度转化为工作制度的过程

应当通过刑事执行法学研究将相关法律制度转化为具体的工作制度。从法律的一般特征来看，法律往往具有高度抽象和高度概括的特征，其中规定的一些制度也具有抽象概括的特征；要将具有这类特征的法律规范应用于具体的工作实践，往往需要一个转化过程，法律规范往往要通过更加具体的中介才能对调整对象发挥实际作用。这样的一类中介，就是工作制度，只有把高度抽象和高度概括的法律规范、法律制度转化为比较具体的工作制度，才便于实际工作者理解和执行。无论是在监禁刑的执行过程中，还是在社区矫正过程中，都存在这样的转化过程，具体表现就是将法律规定转换为监规纪律和社区矫正规章制度。刑事执行法学应当研究这个转化过程，研究如何准确地将法律规范转化为具体的工作制度，研究在转化过程中存在的特殊问题，提出处理的建议和方法。

2. 将工作制度转化为工作行动的过程

应当通过刑事执行法学研究将工作制度转化为工作行动。虽然工作制度比法律规范更加具体、明确，更加便于理解和执行，但是，工作制度仍然需要由人去执行。缺乏有效的执行活动，任何工作制度都是形同虚设的一纸空文。因此，刑事执行法学要研究如何将工作制度转化为工作行动的内容，研究在这个转化过程中存在的具体问题，研究如何保证实际工作者的素质和严格执行工作制度等方面，使工作制度真正发挥规范、约束等作用，从而促进刑事执行工作依法科学地顺利进行。

3. 刑事执行活动中出现的独特问题

刑事执行法学要研究刑事执行活动中出现的独特问题。如前所述，尽管刑事执行工作是一项需要依法进行的工作，但是，立法对于刑事执行工作的规定总有一定的滞后性和欠缺性，不可能详细规定在实践中会产生的大量新问题，也不可能规定在实践中会遇到的所有问题。因此，刑事执行法学要研究这些法律条文中没有明确规定的活动与现象，研究在刑事执行活动中出现的独特问题，探索它们的规律和解决方法，为促进刑事执行工作的顺利进行提供参考，也为进一步发展刑事执行制度和完善刑事执行立法进行必要的准备。

第三节 刑事执行法学的研究方法

一、方法论原则

刑事执行法学中的方法论原则，是指在利用具体方法从事刑事执行法学研究的过程中应当遵循的基本准则。这些准则具有指导人们恰当开展刑事执行法学研究工作的积极作用。

适用于刑事执行法学研究的方法论原则主要包括以下几项。

（一）唯物辩证法和唯物史观原则

唯物辩证法和唯物史观，是马克思主义哲学的组成部分，是关于自然、社会和人类思维运动与发展的最一般规律的科学。这里所讲的唯物辩证法和唯物史观原则，是指在刑事执行法学研究中要以唯物辩证法和唯物史观的基本原理和观点为指导的方法论原则。

唯物辩证法和唯物史观的内容很多，在刑事执行法学研究中，特别应当重视以下列观点为指导。

（1）普遍联系观。即重视刑事执行活动与其他社会活动之间的联系，避免孤立地认识和对待刑事执行活动。

（2）客观规律观。即重视刑事执行活动本身所固有的本质联系、内在规律和发展趋势，承认并遵循刑事执行活动中包含的客观规律。根据这个观点，应当警惕和避免那种完全把刑事执行看成是政治工具或者纯粹人为活动，否认刑事执行本身具有客观规律性的看法与做法。

（3）动态发展观。即以运动变化的观点看待刑事执行活动，认识到它们处在不断发展变化之中。

（4）矛盾统一观。即看到刑事执行活动中存在的矛盾和冲突，努力认识其中的主要矛盾和矛盾的主要方面，把它们作为研究的重点内容和所要解决的主要问题。

（5）质量互变观。即要从质和量两个方面认识刑事执行活动，在研究中注意质量互变的关系。

（6）存在决定意识观。即认识到社会的物质生活条件对于刑事执行活动及其参与者的心理与行为、对于刑事执行立法内容等的决定和影响作用。

（二）系统论原则

系统论是指按照事物本身的系统性把研究对象作为具有一定组织、结构和功能的整体加以对待的理论。系统论原则就是指按照系统论的观点从事刑事执行法学研究的方法论原则。其主要内容包括以下几点。

（1）整体性原则。这是指用系统的、整体的观点看待事物的原则。所谓系统，就是指相互作用和相互联系的要素结合而成的、具有特定功能的统一的整体。[①] 根据整体性原则，在刑事执行法学研究中，要树立整体性、层次性的观点。刑事执行活动是整个刑事司法活动的一个子系统，而刑事执行活动本身又由若干更小的子系统组成；它们之间相互联系、相互影响。

(2) 互动性原则。这是指刑事执行活动内部的不同子系统以及刑事执行活动与其他刑事司法活动、其他社会子系统之间存在着相互作用的原则。这种相互作用通过多种方式进行。

(3) 动态性原则。这是指刑事执行活动及其相关因素处在不断变化之中的原则。

(三) 思辨与实证相结合的原则

思辨与实证相结合的原则是指在刑事执行法学研究中，要坚持将思辨方法与实证方法有机结合的方法论原则。

思辨方法是依靠直觉、洞察和逻辑推理来获取知识的研究方法。直觉就是直观感觉和直接观察，它是指不经过复杂智力操作的逻辑过程而直接迅速地认知事物的思维活动。“洞察”也称为“顿悟”，它是指通过长时间的苦思冥想而忽然获得认识的思维方法。逻辑推理则是指依靠一些先验原则或者公理推导出各种认识的思维方法。思辨方法的显著特点，就是过分关注个人的直观感觉和已经存在的学说观点，更多地利用逻辑推理（演绎）来获得具体的认识，因此，思辨方法存在着脱离现实情况、不重视实际调查的弊端。

实证方法则重视经验资料的获取和对经验资料的归纳，强调从对经验资料的调查和归纳中获得结论。在这里，经验资料不仅包括数据资料，还包括案例资料等反映客观现实的其他多种类型的材料。为了获取准确可靠的经验材料，研究者既要重视经验材料的来源，也要讲究获取经验材料的方法。

在刑事执行法学研究中，不能仅仅满足于传统的思辨方法，还要在适合的方面尝试运用实证方法开展研究。例如，对于刑罚效果的评估、对于管理方法和改造方法的评价等，都适合于利用实证方法进行研究。最好是能够将思辨方法与实证方法有机结合起来加以使用。一方面，通过思辨方法，刑事执行法学研究者整理自己的思路，分析已有的理论观点，提出自己的研究假设和研究方案。另一方面，通过实证方法，刑事执行法学研究者获取可靠的事实材料，验证自己的研究假设，从而提出有事实根据的理论观点。

(四) 定性与定量相结合的原则

定性与定量相结合的原则是指在刑事执行法学研究中，要综合应用定性研究方法和定量研究方法开展研究活动的方法论原则。

定性研究方法通常是指对观察资料进行归纳、分类和比较的研究方法。[②] 这类研究方法不涉及对研究对象进行数量方面的统计分析和比较，而主要侧重于进行性质方面的探讨和研究。典型的定性研究方法包括实地调查方法、文献研究方法、案例分析法、资料分类法、事实归纳法、不涉及数据资料的事实比较方法等。

---

① 沈小峰，王德胜．自然辩证法范畴论．北京：北京师范大学出版社，1986：74.

② 有的学者认为，在中国社会科学界，对于“定性研究”方法的理解比较宽泛和含糊，几乎把所有非定量的研究方法都纳入定性研究的范畴。因此，主张使用“质的研究”方法这样的术语，认为“质的研究”是对英文中“qualitative research”这个术语的更恰当的译名。（陈向明．质的研究方法与社会科学研究．北京：教育科学出版社，2000：22-24.）也有研究者使用了“质性研究方法”的概念，参见李淼．质性研究方法本土化：反思与建构——从方法论的“中心—边缘”困境谈起．中央民族大学学报（哲学社会科学版），2017 (5).

定量研究方法通常是指着重探讨研究对象的数量特征的研究方法。这类研究方法重视对研究现象及其不同侧面进行数量统计和数学分析，试图从数量方面更加准确地把握研究对象。典型的定量研究方法包括统计方法、实验方法、测量方法、问卷调查方法、数据比较方法等。

由于定性研究方法和定量研究方法都有其优点和缺陷，因此，在刑事执行法学研究中要贯彻定性研究与定量研究相结合的原则。首先，要明确两类方法之间的关系，即定性研究方法是定量研究方法的基础，而定量研究方法是定性研究方法的精确化。其次，要在研究中恰当地将两类方法结合使用。在研究的设计与规划、研究方向的确定、研究对象的选择、对研究资料的解释、研究结论的提出等方面，要更多地依靠定性研究方法；在对研究对象的精确认识、研究资料的收集、对不同事物或者现象之间数量关系的认识等方面，要更多地依靠定量研究方法。

（五）理论与实践相结合的原则

理论与实践相结合的原则是指在刑事执行法学研究中，要将理论研究和理论成果的实际应用密切结合的方法论原则。

首先，在刑事执行法学研究中，必须十分重视理论方面的探索与研究。作为一门学科，刑事执行法学必须有自己的一套理论学说和概念体系，这既是刑事执行法学作为一门学科存在的标志，也是刑事执行法学研究继续发展和影响社会生活的基础。

其次，刑事执行法学是一门理论与应用兼顾，更加偏重于应用的学科。从事这类学科的研究工作时，如果不密切联系实际，不认真关注刑事执行活动中出现的现象，不努力解决刑事执行活动中产生的问题，就难以进行真正有效的研究，刑事执行法学研究也难以持久地存在和发展。

因此，在刑事执行法学研究中，要十分重视理论和实践的结合，在努力发展刑事执行法学理论的同时，要关注、研究、阐明和干预刑事执行活动中的现象与问题。

二、具体研究方法

开展刑事执行法学研究的具体方法很多，几乎所有在社会科学中使用的方法，都可以在刑事执行法学中加以应用。下面介绍一些常用的方法。

（一）规范分析法

规范分析法是指对刑事执行法律规范以及其他相关法律规范进行语义和逻辑分析的研究方法。

刑事执行法学作为法学的一个分支学科，它具有一切法律学科都具有的共同特点，即以法律规范为出发点，研究和实践都必须十分重视和严格遵循法律规范。因此，准确理解法律规范及其所使用的名词术语的准确含义，是从事刑事执行法学研究的首要任务。在当今社会中，法律行业已经发展成为一个高度专门化的领域，有一套自己的概念体系和“法言法语”，所使用的很多名词术语有独特的含义，有时候与日常生活用语和社会大众的理解有较大的差异。而且，同为“法言法语”，其含义在不同的法律部门之间可能也有细微的差异，因此，对于法律规范进行语义学研究，是很有必要的。在对刑事执行法律规范和其他有关法律规范进行语义学研究的过程中，可以更加清楚地了解特定法律规范及其名词术语的准确含义。

同时，还要注意利用逻辑学的方法研究法律规范。这方面的研究可以发挥多种作用。首先，通过逻辑推理的方法，将法律规范与刑事执行的具体工作联系起来，准确地将法律规范应用于具体的刑事执行工作。其次，使用逻辑推理的方法分析法律规范之间的关系，可以发现法律规范之间的矛盾冲突，为完善立法做出贡献。最后，可以推论法律规范中蕴含的立法精神，帮助解决现行法律规范没有明确规定的问题。

（二）调查研究法

调查研究法是指借助问卷等工具收集多人的资料的方法。调查研究的具体方法包括问卷法（通过让研究对象填写预先设计的问卷收集资料的方法）、电话访谈法（通过打电话了解调查对象的情况的方法）、访谈法（通过与研究对象当面交谈收集资料的方法）、邮寄调查法（通过向研究对象发送信件、传真、电子邮件等收集资料的方法）、测验法（通过使用量表等方法收集研究对象的资料的方法）。在刑事执行法学研究中，调查研究方法可以用来研究涉及较多人的问题，例如，某项刑罚执行措施对于罪犯的效果或者对于社会的利弊，社会公众对于某项具体的刑罚执行活动的态度等。

（三）个案研究法

个案研究法是指通过对某个罪犯或者某种刑事执行问题进行深入调查和其他相关工作的研究方法。

个案研究法的主要特征是：(1) 研究目的具有多样性。在大多数情况下，进行个案研究的目的往往是侧重于更加深入地了解研究对象的具体情况，增加对研究对象的认识。在这种情况下，要通过多种方法尽可能全面地收集相关信息，从而达到全方位、多角度地认识研究对象的目的。不过，在一些情况下，个案研究还可能具有其他目的。例如，研究某种干预措施是否对具体的某个对象发生效果，某种方法是否适用于特定方面等。(2) 研究对象具有典型性。个案研究的重要动机，是从个案研究中发现可以推广适用的规律、结论等，以便通过个案研究解决普遍存在的问题。因此，在从事个案研究时，要选择具有典型性的研究对象。当然，所谓“典型性”，是指很多对象都具有的特性，而不是极端性、奇异性。

（四）观察法

观察法是指研究人员通过自己的感官或者借助工具收集资料和查明事实的方法。

科学的观察具有下列特点：(1) 有一定研究目的或者研究方向；(2) 预先有一定的理论准备和较系统的观察计划；(3) 有较系统的观察或者测量记录；(4) 观测结果可以被重复验证；(5) 观察者受过一定的专业训练。①

在刑事执行法学研究中，既可以使用观察法研究刑事执行的对象，也可以使用观察法研究刑事执行人员，还可以用来研究刑事执行活动。

一般而言，进行观察的具体方法主要有三种。

(1) 直接观察法。这是指研究人员直接通过自己的感官了解研究对象的研究方法。例如，观察刑事执行过程中罪犯的身心变化和有关人员的行为反应。

(2) 现场观察法。这是指在社会生活事件发生的现场进行观察的研究方法。这种观察是在社会生活的自然状态下进行的，观察者不对观察的场所和对象进行任何控制，而仅仅以局外人的身份和态度关注现场的情况。例如，在罪犯劳动和学习的现场，观察他们的情

---

① 袁方．社会研究方法教程．北京：北京大学出版社，1997：334.

况；在监狱罪犯会见家属的场所，观察他们之间的感情关系等。

（3）参与观察法。这是指研究人员置身于研究对象的环境与活动中进行观察的研究方法。参与观察实际上有两种：一种是研究人员作为观察者进行的参与观察。例如，研究人员作为志愿人员参与社区矫正工作，在从事有关工作的过程中，对某项具体的社区矫正制度、对社区服刑人员等进行观察。另一种是研究人员作为完全参与者进行的参与观察。在刑事执行法学研究中，有一些使用这类方法进行研究的著名例子。例如，在国外，美国监狱改革家托马斯·莫特·奥斯本（Thomas Mott Osborne，1859—1926）对监狱中犯人生活的调查。1913 年 10 月，奥斯本用汤姆·布朗的假名，装成犯人进入奥本监狱，和其他犯人生活在一起，对犯人的生活和待遇进行了一个星期的考察。他的真实身份只有监狱长一个人知道。从监狱出来之后，他将自己的观察结果和感受写成了一本著名的书《监狱围墙之内》(1914)，开始了他的监狱改革活动。[①] 在中国，犯罪学家严景耀曾经在 20 世纪 30 年代到北平第一监狱当志愿“犯人”，对犯人进行参与观察。[②]

（五）文献分析法

文献分析法是指对现有资料进行再次分析以获取新的信息和结果的研究方法。

文献分析法实际上是调查研究法的一种特殊形式，是专门对文献资料进行的调查研究。这种方法的基本特点是，对别人收集的资料或者发表的成果进行新的分析和研究，从而发现新的研究信息或者得出新的研究结论。所谓文献，就是包含着具有研究价值的信息的各类资料，其中既有包含很多数量信息的统计资料，也有包含大量思辨研究和语义学分析的论著。

文献研究法所研究的文献多种多样。根据其产生主体，可以分为三类：（1）个人文献，即由个人产生的文献，包括日记、自传、书信、回忆录等；（2）官方文献，即由政府机构和有关组织产生的文献，包括政府部门和有关组织的活动记录、工作报告、统计资料、公文函件等；（3）大众传播媒介，即由大众传播机构制作的资料，主要是指报刊、电视、电影等资料。

根据文献的产生特点，可以分为两类：（1）原始文献，这是指由亲身经历某一事件的人产生的资料，包括所写的文字资料、所录的音像资料等；（2）二次文献，或者称为“第二手文献”，这是指利用原始文献产生的新的文献资料，例如，对历史文献进行整理后形成的资料等。

根据文献分析法的具体特点，可以区分出三种不同的文献分析法。

（1）二次分析法。这是指对其他人为别的目的而收集和分析过的资料进行再次分析的研究方法。这种方法通常从两个方面使用：一是从不同角度进行再次分析；二是利用新的方法和技术进行分析。

（2）内容分析法。这是指对文献资料的内容进行客观、系统和定量分析的研究方法。例如，通过对某一时期发表的刑事执行法学文献的分析，可以了解这个时期人们探讨的热点问题，了解人们在研究中达成的共识和存在的争议等。

（3）统计资料分析法。这是指从不同的角度对现存的各种统计资料进行数量分析的研

① Hermann Mannheim. *Comparative Criminology：A Text Book*. Volume one. London：Rutledge & Kegan Paul，1965：193.

② 严景耀．中国的犯罪问题与社会变迁的关系．吴桢，译．北京：北京大学出版社，1986：3.

究方法。例如，通过对不同时期罪犯年龄资料的比较分析，可以发现罪犯在年龄方面的变化趋势。

(六) 比较研究法

比较研究法是指通过对不同研究对象之间的异同和相互关系进行比较而发现其普遍性和特殊性的研究方法。

在科学研究中，比较可以从多种角度、多个侧面和在不同范围之间进行。在刑事执行法学研究中经常使用的比较方法有两种。

(1) 纵向比较法。这是指对同一研究对象在不同时间阶段的具体特点进行比较的研究方法。例如，对于在不同历史阶段使用的刑罚种类和实际效果的比较，可以了解刑罚使用的趋势和刑罚效果的变化等。通过这些比较，可以发现在不同时间阶段都起作用的规律性因素等。

(2) 横向比较法。这是指对同一时期存在的不同现象进行比较的研究方法。例如，比较在不同国家使用的刑罚执行制度，从而发现可以借鉴的成分。

比较研究法可以从多方面使用，例如，用来评价某种现象，用来了解发展趋势，用来发现可资借鉴的内容等。

(七) 统计分析法

统计分析法是指以科学方法收集和整理研究对象的数量特征的研究方法。

在刑事执行法学研究中，当使用定性研究方法不足以实现研究目的时，可以考虑使用统计分析法，通过了解研究对象的数量特征，揭示其中蕴含的规律。

统计分析法实际上包括两个步骤。

(1) 数据收集。这是指通过科学方法抽取研究对象的数量特征从而获得研究数据的过程。使用科学方法获得准确的数据，是进行科学的统计分析的基础。如果获得的原始数据不准确，就失去了进行统计分析的基础。对不准确的、虚假的数据进行再严密的数量分析，都是徒劳无益的。

(2) 数据分析。这是指通过科学方法整理和运算数据从而揭示数据中包含的不同关系和规律的过程。数据分析是一项严谨细致的工作，其中可能会使用简单的加减乘除等运算方法和初步分析，也可能会使用复杂的数理统计学方法对数据资料进行整理和分析。为了简化复杂的数据计算和分析工作，人们已经开发了这方面的计算机统计分析软件，一种常用的计算机统计软件是社会科学统计程序软件包（SPSS)。

第四节　刑事执行法学的学科地位

一、概述

刑事执行法学的学科地位，是指刑事执行法学在刑事法学乃至整个法学体系中的位置。

(一) 刑事执行法学的应有地位

刑事执行法学的应有地位是指从理论上讲刑事执行法学应当具有的学科地位。

从理论上讲，刑事执行法学应当在刑事法学中具有重要的学科地位。

1. 三大刑事法学学科之一

刑事执行法学应当是与刑法学、刑事诉讼法学并列的三大刑事法学学科之一，是刑事法学的主要分支学科之一。从我国刑事司法系统处理犯罪与刑罚问题的过程来看，刑事司法系统处理刑事案件的过程可以分为四个环节：（1）对犯罪案件的侦查，主要由公安机关负责；（2）对犯罪案件的起诉，主要由检察机关负责；（3）对犯罪案件的审判，主要由审判机关负责；（4）对刑事判决的执行，主要由司法行政机关负责。

与刑事司法过程相对应的刑事法律和学科主要有三个：（1）刑法和刑法学。刑法是规定犯罪、刑事责任和刑罚的法律，刑法学则是研究刑法的学科。（2）刑事诉讼法和刑事诉讼法学。刑事诉讼法是规定如何查明犯罪事实和追究刑事责任及判处刑罚的法律，刑事诉讼法学则是研究刑事诉讼法的学科。晚近以来，还从刑事诉讼法学中分化出来专门研究证据问题的分支学科——证据学。（3）刑事执行法和刑事执行法学。刑事执行法是规定如何执行刑罚的法律，刑事执行法学则是研究刑事执行法的学科。

由此可见，刑法学、刑事诉讼法学和刑事执行法学这三个学科研究刑事司法活动的不同环节。刑事执行法学的学科地位主要是由它所研究的领域决定的。刑事执行在刑事司法中的重要地位决定了刑事执行法学应当具有重要的学科地位。

同时，这三个学科的研究内容有不同的特点。如果说，刑法学研究作为实体法的刑法，刑事诉讼法学研究作为程序法的刑事诉讼法的话，那么，理想的刑事执行法学应当研究既包括实体内容也包括程序内容的综合性的刑事执行法。可以说，刑事执行法学是既研究刑事执行中的实体问题，也研究刑事执行中的程序问题的综合性学科。

2. 实现诉讼结果的重要保证

刑事执行法学的研究结果与相关实践，是实现已经进行的刑事诉讼活动结果的重要保证。如果没有刑事执行活动，那么，在此之前进行的侦查、起诉、审判活动的结果，都将难以实现。

3. 实现相互制约的重要方面

刑事执行法学的研究结果与相关实践，是体现刑事司法中相互制约原则的重要方面。不同刑事司法机关相互制约是刑事司法活动的基本原则，如果没有刑事执行机关的科学建设和刑事执行权力的合理分配，没有对刑事执行活动的大量研究，相互制约就难以落实。例如，"刑讯逼供"难以消除、冤假错案难以根除的重要原因，就是缺乏刑事司法机关之间的有效制约。实践表明，导致"刑讯逼供"和冤假错案的重要原因，就是目前存在的"侦押合一"制度，即犯罪嫌疑人由侦查机关抓捕，同时也由侦查机关负责羁押的制度。在这种情况下，侦查机关为了破案，可能会实施刑讯逼供，导致冤假错案，甚至造成犯罪嫌疑人死亡。[①]"侦押合一"制度的实质，就是缺乏不同刑事司法机关之间的相互制约。

4. 提高司法质量的重要领域

刑事执行法学的研究结果与相关实践，是促进刑事司法活动质量提高的重要领域。刑事执行是刑事司法活动的最后环节，刑事执行法学对于刑事执行活动的科学研究，不仅可以提高刑事执行工作本身的质量，还可以反过来促进前面各个环节的刑事司法活动的质量，增强这些刑事司法活动的科学性。例如，目前，存在着严重的判决和裁定"执行难"的问

① 雷辉．司法部原部长张福森：防冤假错案须废除侦押合一．［2012－03－09］．http：//www.chinanews.com/fz/2012/03－09/3729896.shtml.

题，其中的根本原因之一，就是判决和裁定缺乏科学性，而这种不科学性在刑事执行环节中才能够有更清楚、更准确的认识；刑事执行法学对于刑事执行过程中“执行难”问题的研究，可以促进裁判的科学化，从而有助于提高整个刑事司法活动的质量。

（二）刑事执行法学的实际地位

刑事执行法学的实际地位是指刑事执行法学在实际上所处的学科地位。

尽管从理论上讲，刑事执行法学应当具有重要的地位，但是，在实际上，刑事执行法学的学科地位是不尽如人意的。与刑法学和刑事诉讼法学相比，刑事执行法学的学科地位和发展状况都是不理想的。

刑事执行法学地位不理想的重要原因如下。

首先，刑事执行法学的学科地位受到刑事执行法立法状况的影响。刑事执行法应当是与刑法和刑事诉讼法并列的独立的刑事法律，但是，在目前，我国没有独立的刑事执行法；属于刑事执行法的内容，被分散地规定在刑法、刑事诉讼法、监狱法等法律中。如果说将刑事执行法的一些内容规定在刑法中还可以理解的话，那么，将其内容规定在刑事诉讼法中，就明显缺乏合理性，因为这样的规定与刑事诉讼法之名不符。所谓“刑事诉讼”，就是依照法定程序解决被追究者刑事责任问题的活动。这种活动从控告、立案等开始，到做出有效判决时就结束了。宪法第140条的规定，就表明了这一点，该条规定：“人民法院、人民检察院和公安机关办理刑事案件，应当分工负责，互相配合，互相制约，以保证准确有效地执行法律。”有罪判决生效之后的活动，就属于刑事执行的范围，而不再属于刑事诉讼的范围。因此，把刑事执行活动的内容规定在刑事诉讼法中，实际上是“名实不副”；如果说这是刑事立法发展早期的过渡性办法和权宜之计的话，那么，现在应当考虑制定独立的“刑事执行法”。刑事诉讼法不是刑事司法法，它不能规定诉讼之外的内容。

在刑事诉讼法中规定刑事执行的内容，既不合理，也难以胜任。刑事执行中存在很多需要通过法律加以规范的内容，随着社区矫正的进行，涉及刑事执行的问题越来越多，刑事诉讼法中有限的篇幅，根本无法全面地对刑事执行的问题做出必要的规定。而且，还存在着刑事诉讼法学者一般较少研究刑事执行问题等现象，在不熟悉刑事执行活动的情况下①，很难研究如何对其做出法律规定的问题，导致在刑事诉讼法中做出的有关刑事执行的内容，不能适应刑事执行活动的需要。

将刑事执行法的部分内容规定在监狱法中，既有一定合理性，又有明显的问题。其合理性表现在，目前监狱是中国刑罚执行的主要机关，刑事执行的很大一部分工作在监狱中进行或者与监狱有关。但是，这样的规定也有明显的问题，因为监狱仅仅执行一部分刑罚，死刑和非监禁刑的执行并不是由监狱负责的，所以监狱法不能代替“刑事执行法”，而且，监狱法还存在法律地位较低的问题，它不是基本法律，和刑法、刑事诉讼法不在同一个层次上。

由此可见，刑事执行法立法的滞后影响了刑事执行法学的学科地位。刑事执行法的内容被分散地规定在有关法律中以致缺乏独立的刑事执行法的状况，使刑事执行法学的研究

① 刑事诉讼法学者不熟悉刑事执行的情况，从一些例子中可以看出。例如，早在1994年8月19日，司法部就发出了《关于统一规定监狱管理机关和监狱名称的通知》，要求将相关的机构名称统一到“监狱”上，不再使用“劳动改造机关”的名称。1994年12月29日颁布的监狱法从法律上肯定了这一点。但是，在此之后出版的有的刑事诉讼法学教材中，仍然使用了“劳动改造机关”的名称，把它作为刑事执行的主体之一。

或者在刑法学、刑事诉讼法学中被边缘化，或者其部分内容在监狱学这个层次更低的分支学科中加以研究。这些都影响了刑事执行法学的研究和发展，使刑事执行法学在目前实际上还不能与刑法学和刑事诉讼法学并列。

其次，刑事执行法学的学科地位受到刑事执行工作被分割的影响。尽管刑事执行工作是刑事司法过程的最后环节，应当由专门的刑事执行机关统一进行，但是在实际上，我国的刑事执行权被分割，刑事执行工作由不同的刑事司法机关分别进行。例如，一些刑事执行工作由公安机关进行，一些刑事执行工作由审判机关进行，真正由国家刑事执行机关——司法行政机关进行的刑事执行工作，是有限的。刑事执行工作被分割的状况，不仅不利于刑事执行工作质量的提高，还严重影响了对刑事执行工作的科学研究，从而制约了刑事执行法学的学科地位。

最后，刑事执行法学的学科地位受到刑事执行工作研究状况的影响。从我国法学界对于刑事执行法学的研究状况来看，对于这门学科的研究是很不理想的。不仅专门的研究人员较少，而且研究成果的数量较少、研究成果的质量也较低。造成这种状况的原因除了立法存在的问题、执行工作被分割等因素之外，还有一个重要原因，就是高等政法院校中对于这门学科地位的不重视。高等政法院校的师生应当是刑事执行法学的重要研究力量，但是，由于刑事执行法学没有被列为主干课，学习这门课程的学生数量有限，研究和讲授这门课程的教师流失或者转行，从而造成这门学科研究人员较少、后继力量缺乏的局面。

应当指出，刑事执行法学的这种实际地位，与这门学科的应有地位，与国家和社会对于这门学科的需要和刑事执行工作的重要性，是严重不相称的。如果这门学科得不到发展，不能通过科学研究去有效促进刑事执行工作的改善，那么，提高罪犯改造质量、准确执行有关裁决的目标，就不可能达到，国家和社会将会因此而遭受不应有的损失。例如，重新犯罪率的增加，会给社会带来严重的危害。又如，生效裁判得不到有效执行，必然会严重损害刑事司法机关的公信力，从而严重削弱刑事司法机关在和谐社会建设中的作用。

二、刑事执行法学与相关学科的关系

（一）刑事执行法学与刑法学

刑事执行法学和刑法学是两个既有密切联系又有一定区别的学科。

这两个学科之间的密切联系表现为：首先，它们同属于刑事法学的范围，是刑事法学的不同分支学科。其次，它们研究的内容有密切联系。刑法学是研究犯罪、刑事责任与刑罚的学科，而刑事执行法学是研究刑罚执行的理论、制度与实践的学科，它们都研究刑罚这个共同的内容。最后，它们之间有依存关系。如果不进行刑事执行法学研究，不通过这样的研究帮助进行科学的刑罚执行活动，那么，刑法中规定和刑法学研究的刑罚，就不能发挥应有的积极作用。

这两个学科之间的区别表现为：首先，存在前提不同。从逻辑上来讲，刑法学是先于刑事执行法学而存在的。只有在存在刑法学及其所研究的刑事责任和刑罚的情况下，刑事执行法学才研究如何执行刑罚的问题。如果不存在刑法学所研究的刑罚，那么，就不可能研究如何执行刑罚的问题。因此，从某种意义上讲，刑事执行法学对刑法学有一定的依存关系。其次，研究重点不同。刑法学研究如何对犯罪行为和犯罪人规定、适用（判处）刑罚的问题，而刑事执行法学研究如何执行所规定和适用的刑罚的问题。

（二）刑事执行法学与刑事诉讼法学

刑事执行法学和刑事诉讼法学是两个既有密切联系又有一定区别的学科。

这两个学科之间的密切联系表现为：首先，它们同属于刑事法学的范围，是刑事法学的不同分支学科。其次，它们研究的内容有密切联系。刑事诉讼法学是研究如何确定刑事责任和刑罚的刑事诉讼程序的学科，而刑事执行法学是研究刑罚执行的理论、制度与实践的学科，它们都研究刑罚这个共同的内容。再次，它们之间有依存关系。如果不进行刑事执行法学研究，不通过这样的研究帮助进行科学的刑罚执行活动，那么，依照刑事诉讼法规定和刑事诉讼法学研究的诉讼程序适用的刑罚，就不能发挥应有的积极作用。最后，刑事执行法学还研究特殊情况下的刑事诉讼问题。这主要是指正在执行刑罚过程中的罪犯又犯罪后的刑事诉讼问题。

这两个学科之间的区别表现为，它们的研究重点不同。刑事诉讼法学着重研究如何从程序上保证准确查明案件事实、确定刑事责任和刑罚的问题，而刑事执行法学着重研究如何准确有效地执行刑罚的问题。同时，在正在执行刑罚的罪犯的减刑、假释等活动中，虽然也存在程序问题，但是，这类程序问题，并不是刑事诉讼程序，而是刑事执行程序。因此，这类程序不应当在刑事诉讼法学中研究，而应当在刑事执行法学中加以研究。

（三）刑事执行法学与其他学科

1. 犯罪学

刑事执行法学和犯罪学是两个有一定联系的学科。犯罪学是研究犯罪及其发生与防治的综合性学科，它研究犯罪人、犯罪及其发生、犯罪现象以及对犯罪的社会反应等问题。犯罪学与刑事执行法学的联系主要表现在两个方面：一是犯罪学的一些研究成果对于刑事执行法学的研究有帮助作用。犯罪学关于犯罪人、犯罪及其发生以及对犯罪的社会反应等方面的研究成果，对于刑事执行法学者深入认识罪犯、刑罚及其执行等，都有一定的帮助作用，可以促进刑事执行法学者更好地开展相关的研究。二是两门学科的研究内容有一定重合。犯罪学中关于对犯罪的社会反应的研究，是一个十分广泛的领域，涉及很多方面，其中也包括刑罚及其执行。实际上，刑罚及其执行是对犯罪的社会反应中最为重要的方面之一。因此，这两门学科都从不同的角度研究刑罚及其执行问题。

2. 心理学

刑事执行法学与心理学是两门有一定联系的学科。心理学是研究人的心理活动和行为表现的一门科学。心理学的研究方法和研究成果等，都对刑事执行法学的研究有重要的帮助作用。首先，心理学的研究方法对刑事执行法学研究有帮助和启发作用。刑事执行法学除了研究刑罚执行法律制度外，还要对罪犯以及其他相关人员的心理和行为等进行研究，而心理学关于人的心理和行为方面的研究方法，无疑对刑事执行法学者开展这方面的研究，有重要的帮助和启发作用，刑事执行法学者可以借鉴和利用心理学的研究方法，深化对于罪犯及其相关人员的心理和行为的研究。其次，心理学的很多研究成果对刑事执行法学研究有帮助和启发作用。例如，关于某种心理现象的产生、表现、变化的过程与原因的研究结果，对于态度及其转变方面的研究结果，对于行为规律的研究，对于学习过程及其规律的研究，对于心理的生理表现的研究，对于心理健康、心理咨询和心理治疗等方面的研究，都对刑事执行法学者认识、影响罪犯及其相关人员，有重要的帮助和启发作用。心理学中的一些学科，例如，社会心理学、法律心理学、心理治疗学等，对于刑事执行法学的帮助和启发作用更加明显。

3. 社会学

刑事执行法学与社会学是两门有一定联系的学科。社会学是研究社会行为、社会群体、社会结构和社会变迁的学科。社会学对于刑事执行法学研究有一定的帮助和启发作用。首先，社会学的研究方法对于刑事执行法学研究有重要的指导作用。刑事执行法学是一门涉及内容较多的学科，它不是一门纯粹的法律学科，而涉及对罪犯、罪犯群体及其行为等很多非法律内容的研究，这些方面的研究在很大程度上有赖于社会学方法的使用。实际上，刑事执行法学中使用的调查研究法、个案研究法、观察法、数量统计方法等，都是典型的社会学研究方法。其次，社会学的一些具体研究成果对于刑事执行法学研究也有帮助作用。例如，社会学中关于人与社会、人们之间相互作用的研究结果，关于社会化和再社会化的研究，关于群体与群体互动的研究，关于社区的研究，关于社会问题及其干预的研究，关于社会工作的研究，关于社会心理的研究等，都对刑事执行法学者开展有关研究有重要的帮助作用。

4. 教育学

刑事执行法学与教育学是两门有一定联系的学科。教育学是研究教育规律、原理和方法的科学。教育学中对于教育规律、原理和方法的研究，对刑事执行法学者研究如何教育和改造罪犯这个特殊的人群，有重要的帮助作用。首先，教育学关于文化和技术教育方面的研究成果，对于如何在罪犯中开展相应教育，具有直接的启发和指导意义。在罪犯中开展的文化和技术教育，与在一般人群中开展的文化和技术教育，没有很大的区别，或者说，这两类教育之间的共同性更多，因此，教育学在这些方面的研究成果，可以直接启发和指导刑事执行法学者，帮助他们开展关于如何提高在罪犯中进行文化技术教育的效果的研究。其次，教育学中的一些研究成果，对于研究罪犯思想教育，也有一定的启发意义。刑事执行法学者可以借鉴品德教育、教育心理学和教育管理等方面的研究成果，科学地组织对于罪犯的思想教育，提高罪犯思想教育的效果。

第五节 刑事执行法学的历史与现状

一、外国的情况

刑事执行法学的早期发展，可以追溯到遥远的过去。可以说，自从有刑罚执行活动开始，就有了关于刑罚执行活动的研究，这样的研究就是最早的刑事执行法学研究。在国外，18 世纪以前的法律思想中，就包含着一些关于刑罚执行的内容。例如，西欧中世纪最权威的神学家托马斯·阿奎那（Saint Thomas Aquinas，1224/1225—1274）认为，依照人法使用的刑罚，既有改造犯罪人的目的，也有威慑他人的目的。[①] 18 世纪的启蒙思想家查理·路易·孟德斯鸠（Charles-Louis de Montesquieu，1689—1755）、让·雅克·卢梭（Jean Jacques Rousseau，1712—1778）等人，也有刑事执行方面的论述。18 世纪产生的古典犯罪学

① 吴宗宪．西方犯罪学史：第 1 卷．2 版．北京：中国人民公安大学出版社，2010：57.

派，对于刑事执行问题，进行了更加深入而广泛的探讨，他们的许多观点不仅促成了延续至今的基本刑事执行制度和原则的确立，而且构成了刑事执行法学原理的重要组成部分。其中，属于古典学派成员的英国慈善家和监狱改革家约翰·霍华德（John Howard，1726—1790），对英国和欧洲的监狱进行了深入考察和研究，1780年发表的《英格兰及威尔士的监狱状况》一书，对于促进监狱改革，产生了巨大而深远的影响。

在古典学派影响下兴起的监狱改革运动，更是对刑罚执行制度的发展、对刑事执行法学理论的完善，产生了巨大而持久的作用。1870年在北美发表的《原则宣言》，集中反映了刑事执行法学思想的新发展。与此同时，实证学派的理论学说，也对刑事执行法学理论的发展产生了很多影响。意大利犯罪学家龙勃罗梭（Cesare Lombroso，1835—1909）等人都对刑事执行问题，有深入的研究和精辟的论述。进入20世纪后，刑事执行法学的研究继续发展，其中，影响较大的是关于矫正效果评价的研究。①

在长期的研究过程中，研究者们陆续发表了一些影响较大的著作。例如，意大利犯罪学家切萨雷·博尼萨纳·贝卡里亚（Cesare Bonesana Beccaria，1738—1794）的《论犯罪与刑罚》（1764）、法国犯罪学家加布里埃尔·塔尔德（Gabriel Tarde，1843—1904）的《刑罚哲学》（1890）、意大利犯罪学家龙勃罗梭的《犯罪及其原因与矫治》（1899）、美国犯罪学家约翰·刘易斯·齐林（John Lewis Gillin，1871—1958）的《犯罪学与刑罚学》（1926）、美国犯罪学家哈里·埃尔默·巴恩斯（Harry Elmer Barnes，1889—1968）和蒂特斯（Negley K. Teeters，1896—1971）合著的《犯罪学中的新见解》（1943）等，都用很大篇幅论述了刑事执行法学的内容。

不过，在英语文献中，似乎一直没有出现"刑事执行法学"这样的名称。在较早的时候，有关的内容在使用"监狱"（prison）、"刑罚学"或者"监狱学"（penology）之类名称的书籍中加以论述。自20世纪中期以后，有关的内容往往在使用"矫正"（corrections）、"社区矫正"（community corrections，community-based corrections）这样的名称的书籍中加以论述。

二、中国的情况

（一）早期发展

在中国古代，随着刑罚和监狱的出现，人们对于这个领域的关注就开始了。可以说，在很早的时候，就有了关于刑罚执行的论述。例如，在《周礼·秋官·司寇》中，明确提出了"以圜土聚教罢民"的思想，即把那些不够处以"五刑"的"恶人"关进"圜土"（监狱），通过"教育"使其改恶从善。春秋末期的思想家老聃提出了"民不畏死，奈何以死惧之"（《老子·第七十四章》）的问题，对刑罚（死刑）的作用提出了质疑。儒家在很早的时候就倡导"德主刑辅""明刑弼教"的观点，提醒人们恰当看待刑罚的作用，合理使用刑罚措施。在《秦律》的《司空律》中规定了凡处以劳役的人，根据其身份不同在管理上有所区别的内容。在汉朝，实行了对80岁以上、8岁以下者及孕妇、乐师、盲瞽、侏儒等人犯罪可以减刑的做法。《唐律》中规定了很多刑罚执行方面的内容。

一些朝代的刑事立法汇编、《刑罚志》一类的书籍以及个人著作中，反映了人们对于刑

① 吴宗宪．二十多年来西方监狱和监狱学概观．犯罪与改造研究，2006（4）．

罚和刑罚执行等问题的看法。例如，李悝的《法经》、《唐律疏议》、《宋刑统》、《元典章》、《大清律》、《大清律例根源》、沈家本的《历代刑法考》、赵舒翘的《提牢备考》、濮公的《提牢琐记》、周馥的《恤囚篇》等。

在中国古代，"刑"是一个很重要的问题，很多政治家、思想家等都对刑、刑罚和刑罚执行等有大量的论述。例如，西周初年著名政治家周公；战国初期的李悝、吴起，战国中期的商鞅（约公元前 390—公元前 338）、慎到、申不害，战国末期的韩非、李斯等法家主要代表人物；西汉哲学家董仲舒（约公元前 179—公元前 104）、东汉后期政论家崔寔（？—约 170）、东汉末年政治家曹操（155—220）；魏末晋初法学家张斐；唐代诗人兼思想家白居易（772—846）、政治家房玄龄等人；宋代思想家朱熹（1130—1200）等人；明代政治家王肯堂（1549—1613）等人都对刑罚问题有所论述。到了清朝时，清末法学家沈家本（1840—1913）不仅对刑罚问题进行了深入系统的研究，而且推动了中国刑罚制度的重大改革。

郭明认为，中国监狱学史应该从 1901 年开始，在 1949 年之前经历了移植（1901—1912）、推展（1912—1927）和转化（1928—1949）三个阶段。① 1902 年清朝政府成立修订法律馆后，到 1905 年 4 月底时，已经将《日本监狱法》、意大利监狱法和比利时《监狱规则》等翻译为汉语。与此同时，民间的监狱学书籍的译介工作也在进行，第一本汉语监狱学书籍是 1903 年翻译出版的日本佐藤信安的《日本监狱法》（1903 年）。1906 年至 1907 年间由区枢等人翻译出版的日本小河滋次郎所著三卷本《监狱学》，对于中国监狱学研究的发展，产生了很大影响。此后，中国学者和实务人员涂景瑜（1908）、王元增（1924）、赵琛（1931）、芮佳瑞（1934）、孙雄（1937）、李剑华（1936）等均有监狱学著作问世。

（二）1949 年以后的发展

以 1949 年新中国成立为标志，中国刑事执行法学的发展呈现出不同的特点。

在我国台湾地区，继续以"监狱学"为名从事这方面的研究。其研究发展可以分为弱变（1949—1987）和强变（1987—）两个阶段。② 代表性的监狱学著作有裘朝永（1956）、林纪东（1959）、丁道源（1962）、林茂荣与杨士隆（1993）、黄徵男（2001）、杨士隆（2002）等人的《监狱学》，以及李甲孚（1984）、吴宪璋等（1994）撰写的监狱制度比较研究和监狱建筑等方面的书籍。尚未发现以"刑事执行法学"为名的书籍。

在祖国大陆，1949 年以后，刑事执行法学主要是以"劳动改造法学"（简称"劳改法学"）、"监狱学"、"监狱法学"等名称加以研究。郭明认为，新中国监狱学的发展，经历了草创（1949—1967）、蹉跎（1967—1979）、更生（1979—1994）和转型（1994—）四个阶段。③ 最早的相关书籍是 1957 年 3 月中央公安学院西安分院劳改业务教研室编写的《劳动改造工作讲授提纲》，此后，北京政法学院刑法教研室 1959 年编印了《中华人民共和国劳动改造讲义》，中国人民大学法律系刑法教研室 1963 年编印了《中华人民共和国劳动改造学讲义》，首次在教材中使用了"劳动改造学"的名称。1983 年，力康泰和邵名正为辽宁广播电视大学编写了《劳动改造法学讲义》。1949 年以后第一本以"监狱学"为名的书籍，是

① 郭明．中国监狱学史纲．北京：中国方正出版社，2005：25.

② 同①.

③ 同①.

许章润的《监狱学》(1991)。[①]

"刑事执行法学"的名称出现得较晚。第一本《刑事执行法学》由张绍彦编写，1990 年出版。[②] 此后，陆续出版了若干以《刑事执行法学》为名或者带有"刑事执行法学"字样的书籍。

随着 2003 年中国开始社区矫正试点工作，以"社区矫正"为名的书籍陆续出版，其中第一本是《社区矫正通论》。[③] 这种变化表明，刑事执行法学中一个新的分支学科或者研究领域——社区矫正，正在形成之中。

"刑事执行法学"的名称虽然能够涵盖对各种刑罚的执行工作，但是，这一名称似乎缺乏国际通用性，在进行国际交流方面存在一定困难，因此，究竟继续使用这个名称，还是用"矫正"一类的名称来取代，需要继续探讨。

【问题与思考】

1. 什么是刑事执行法？
2. 什么是刑事执行法学？
3. 应当怎样建设刑事执行法学的学科体系？
4. 研究刑事执行法学有什么意义？
5. 刑事执行法学的研究对象是什么？
6. 研究刑事执行法学的方法论原则有哪些？
7. 刑事执行法学的主要研究方法有哪些？
8. 如何理解刑事执行法学的学科地位？
9. 你对刑事执行法学的历史和现状有什么了解？

【推荐参考论著】

1. 吴宗宪．监狱学导论．北京：法律出版社，2012.
2. 吴宗宪．西方犯罪学史．2 版．北京：中国人民公安大学出版社，2010.
3. 郭明．中国监狱学史纲．北京：中国方正出版社，2005.
4. 吴宗宪．当代西方监狱学．北京：法律出版社，2005.
5. 米歇尔·福柯．规训与惩罚．刘北成，杨远婴，译．北京：生活·读书·新知三联书店，2003.
6. 王利荣主编．中国监狱史．北京：法律出版社，2002.
7. 林茂荣，杨士隆．监狱学——犯罪矫正原理与实务．台北：五南图书出版公司，1997.
8. 潘华仿主编．外国监狱史．北京：社会科学文献出版社，1995.
9. 杜菲．美国矫正政策与实践．吴宗宪，等译．北京：中国人民公安大学出版社，1992.
10. 薛梅卿主编．中国监狱史．北京：群众出版社，1986.

① 许章润．监狱学．北京：中国人民公安大学出版社，1991.
② 张绍彦．刑事执行学．北京：中国人民公安大学出版社，1990.
③ 郭建安，等主编．社区矫正通论．北京：法律出版社，2004.

第二章
刑事执行活动与执行机关

内容导读

刑事执行活动是刑事执行法学研究的重要内容之一，是刑事执行机关最重要的业务活动。刑事执行活动就是指刑事司法机关依照法律执行刑罚和相关裁决的工作，可以简称为“刑事执行”。根据不同标准，可以对这类活动进行分类。刑事执行活动是执法活动，必须依法进行；这类活动所依据的法律规范，就构成刑事执行活动的法律渊源。在刑事执行活动中，要遵循法治性原则、和谐性原则、教育性原则、个别化原则和社会化原则。刑事执行活动必须由专门的国家机关进行，目前，在中国，这类国家机关有多种，其中监狱是最主要的刑事执行机关。

第一节　刑事执行概述

一、刑事执行的概念与特征

刑事执行是指刑事司法机关依照法律执行刑罚和相关裁决的工作。刑事执行的主要内容或者主体部分，是刑罚执行活动。

刑事执行具有下列特征。

1. 法定性

刑事执行的法定性是指刑事执行活动要依照法律规范规定的制度有序进行的特性。

刑事执行活动的法定性，突出地体现在下列方面。

（1）执行依据的法定性。刑事执行活动是一类明显的执法活动，这类活动的依据必须是由法律规定的。进行任何刑事执行活动，都必须以法律规定为前提和基础。根据我国法律的规定，刑事执行活动的依据包括三种：第一，判决。它是指人民法院在诉讼结束时直接针对案件实体问题所做的决定。生效判决是最多的、也是最重要的一类刑事执行依据。第二，裁定。它是人民法院在案件审理或者判决执行过程中就某些重大程序问题和部分实体问题做出的决定。第三，决定。它是指人民法院或者执行机关在执行过程中就某些重要问题做出的正式决定。例如，人民法院、省级监狱管理机关和设区的市一级以上公安机关，都可以做出暂予监外执行的决定。刑事执行活动必须依照有关机关做出的生效判决、裁定或者决定进行。这类判决、裁定或者决定，是开始刑事执行活动的最直接、最现实的依据。没有这样的依据，就不能开始刑事执行活动。除了法律规定的机关之外，任何党派、组织或者个人，都无权做出进行刑事执行活动的判决、裁定或者决定；即使他们非法做出这类判决、裁定或者决定，刑事执行机关也不得据此开始刑事执行活动。

（2）执行机关的法定性。刑事执行活动是实现国家刑罚权的具体体现，只能由法律规定的国家机关进行。根据我国法律的规定，目前的刑事执行机关有三类：司法行政机关、审判机关和公安机关。当然，执行机关的法定性并不排除有关执行机关可以依据有关规定，将刑事执行过程中的部分工作委托其他机构和个人进行。

（3）执行程序的法定性。刑事执行活动要严格依照法律规定的程序进行，这些程序突出地体现在各种刑事执行法律制度中，其中包括各种程序手续、时间规定、数量换算、场所规定等方面。包含程序性内容，是刑事执行活动的重要特征，也是刑事执行活动综合性的具体表现之一。

2. 强制性

刑事执行的强制性是指刑事执行活动以国家强制力为后盾保证其进行的特性。

当有关刑事司法机关做出刑事执行方面的判决、裁定或者决定后，不管被执行对象是否愿意，也不管有关的执行机关或者其中的执行人员是否同意，都要按照判决、裁定或者决定的内容进行执行活动。当然，如果被执行对象对于判决、裁定或者决定不服的，可以依照法定程序向审判机关或者其他机关提出申诉，但是，除非发生特殊情况①，一般都不能因为被执行对象的申诉而不开始或者中止刑事执行活动。同样，如果执行机关或者执行人员对于判决、裁定或者决定有异议的，也可以按照法定程序向有关机关提出，但是，除非发生特殊情况，不能因为这种异议而擅自决定拒绝执行。如果抗拒执行判决、裁定或者决定，将会被依法追究法律责任，包括追究其刑事责任。刑事执行活动是和平时期社会生活中最具有强制性的活动，是国家强制力的最高形式和最重要体现。这种强制力通过监狱、警察等强制工具体现出来。

3. 目的性

刑事执行的目的性是指在刑事执行活动中要有意识地实现刑罚目的的特性。

在现代文明社会中，执行刑罚的目的并不仅仅是为了惩罚罪犯，而是要通过执行刑罚达到更多的目的，最大限度地发挥刑罚的积极效应。这就是刑罚目的观的核心。所谓刑罚目的，就是国家通过制定、适用和执行刑罚而实现的预期效果。根据我国学者的看法，刑罚目的有两种：一是特殊预防，即通过适用和执行刑罚而惩罚、改造罪犯，预防他们重新犯罪；二是一般预防，即通过规定、适用和执行刑罚而教育、威慑其他人，预防他们走上

① 这里所说的“特殊情况”，是指可能对刑事判决产生重大影响的情况。例如，在执行死刑过程中，如果遇到可能影响死刑判决的重大情况时，要停止死刑的执行，待情况弄清楚之后，再进行有关工作，以免造成不可挽回的后果。参见刑事诉讼法第262条。

犯罪道路。在刑事执行活动中，要通过严格、科学的执法活动，努力实现上述刑罚目的，避免机械地、单纯地惩罚罪犯。同时，为了实现这些目的，刑事执行机关除了履行执行刑罚的法律手续等纯粹执法的工作之外，还要进行很多复杂而艰巨的工作，例如，各种改造罪犯的工作。

二、刑事执行的类型

（一）依据刑罚体系划分的类型

刑罚体系是指国家从有利于实现刑罚目的出发，依照一定标准对刑法所规定的刑罚方法进行分类和排列而形成的刑罚序列。

依据我国的刑罚体系，可以将刑事执行划分为两类。

1. 主刑的执行

主刑的执行是指对我国刑法规定的五种主刑的执行活动。根据刑法规定，这五种主刑是管制、拘役、有期徒刑、无期徒刑和死刑。其中，死刑中包含了死刑缓期执行制度；被判处拘役、三年以下有期徒刑的罪犯，可以宣告缓刑。

根据执行方式的不同，主刑的执行又可以分为三种：（1）监禁刑的执行。这是指对那些被判处剥夺自由的刑罚的执行，包括对拘役、有期徒刑、无期徒刑和死刑缓期执行的罪犯的刑事执行。（2）非监禁刑的执行。这是指对未被判处剥夺自由的刑罚的执行。也就是对判处管制刑以及有期徒刑缓刑的罪犯的刑事执行。（3）生命刑的执行。这是指对判处死刑的罪犯的刑事执行。

2. 附加刑的执行

附加刑的执行是指对刑法规定的四种附加刑的执行活动。根据刑法规定，这四种附加刑是罚金、剥夺政治权利、没收财产以及驱逐出境。

根据执行方式的不同，附加刑的执行大体上可以分为两种：（1）财产刑的执行。这是指对被判处罚金和没收财产的刑罚的执行。（2）资格刑的执行。这主要是指对被判处剥夺政治权利的刑罚的执行。驱逐出境在一定意义上也可以被看成是资格刑。① 因此，资格刑的执行也包括驱逐出境的执行。

（二）依据执行特点划分的类型

根据执行场所、执行机关、执行活动等方面的特点，可以将刑事执行划分为三种类型。

1. 监禁刑执行

监禁刑执行是指在监禁场所中执行被剥夺自由刑罚的活动。

根据我国法律的规定，监禁刑执行在两类场所中执行：（1）监狱。它是执行监禁刑的主要场所，被判处有期徒刑、无期徒刑和死刑缓期执行的罪犯，在监狱中执行刑罚。监狱具体包括监狱和未成年犯管教所，其中，监狱又分为成年男犯监狱和女犯监狱。（2）看守所。它是执行监禁刑的辅助场所，主要负责短期徒刑的执行。

2. 社区矫正

社区矫正是依法在社区中监管、改造和帮扶罪犯的非监禁刑执行制度。从执行特点来看，社区矫正是执行某些需要社会监督的非监禁刑的刑罚执行方式。

---

① 马克昌．刑罚通论．武汉：武汉大学出版社，1999：240.

3. 其他刑罚执行

其他刑罚执行主要是指对生命刑、财产刑以及驱逐出境的执行。生命刑和财产刑的执行在下文中将专章加以论述，这里对驱逐出境的执行加以论述。

驱逐出境是指强制犯罪的外国人离开中国国边境的刑罚方法。[①] 根据刑法第35条的规定："对于犯罪的外国人，可以独立适用或者附加适用驱逐出境。"由于适用的情况不同，执行的方式也有区别：（1）对于独立适用驱逐出境刑罚的外国人，由省级公安机关在收到人民法院的刑事判决书、执行通知书的副本后，指定罪犯所在地的设区的市一级公安机关执行。（2）对于被判处主刑而附加适用驱逐出境的外国人，省级公安机关在收到执行监狱的上级主管部门转交的刑事判决书、执行通知书副本或者复印件后，应当指定该外国人所在地的设区的市一级公安机关执行。公安部2012年修订的《公安机关办理刑事案件程序规定》第336条对此作了规定。

应当指出的是，刑法中规定的驱逐出境与出境入境管理法第81条规定的驱逐出境有所不同。主要区别是：（1）性质不同。前者是刑罚方法，后者是行政处罚方法。（2）适用对象不同。前者适用于在中国境内犯罪的外国人，后者适用于在中国境内违反出境入境管理法情节严重、尚不构成犯罪的外国人。（3）适用机关和法律依据不同。前者由人民法院依照刑法和刑事诉讼法判处；后者由地方公安机关依照出境入境管理法和其他相关规定报公安部决定。（4）执行时间不同。前者独立适用时，从判决发生法律效力之日起执行；附加适用时，从主刑执行期满之日起执行。后者在公安部做出决定后执行。

（三）依据执行性质划分的类型

根据刑事执行的性质，可以将刑事执行划分为两种类型。

1. 刑罚执行

刑罚执行是指刑事司法机关依照法律规定执行具有刑罚内容的判决、裁定和决定的工作。根据刑罚执行场所等方面的特点，可以将刑罚执行划分为监禁刑执行、社区矫正和其他刑罚执行。

2. 非刑罚执行

非刑罚执行是指相关机关依照法律规定执行不具有刑罚内容的判决、裁定和决定的工作。

从我国法律的有关规定和刑事司法实践的情况来看，非刑罚执行的内容除了刑法第36条和第37条规定的赔偿经济损失、训诫、责令具结悔过、责令赔礼道歉等之外，还包括无罪判决、免予刑事处罚判决、被害人救助决定等。

三、刑事执行的法律渊源

刑事执行的法律渊源是指刑事执行法律规范的存在形式或者载体。

刑事执行的法律渊源具体包括下列几类。

（一）宪法

宪法是国家的根本大法，其中规定的法律原则、法律制度等，应当是刑事执行的最高

① 在一些刑法学书籍中，在"附加刑"的标题下论述驱逐出境及其执行问题。参见高铭暄、马克昌．刑法学．北京：中国法制出版社，2007：296－297.

法律渊源。例如，宪法第5条规定："中华人民共和国实行依法治国，建设社会主义法治国家。国家维护社会主义法制的统一和尊严。一切法律、行政法规和地方性法规都不得同宪法相抵触。一切国家机关和武装力量、各政党和各社会团体、各企业事业组织都必须遵守宪法和法律。一切违反宪法和法律的行为，必须予以追究。任何组织或者个人都不得有超越宪法和法律的特权。"这些规定对于刑事执行活动具有重要的规范作用。

（二）有关法律

根据立法法第7条的规定，中国的法律分为两类。

（1）基本法律。这是由全国人民代表大会制定和修改的法律。它们是刑事执行的重要法律渊源。特别是其中的刑法和刑事诉讼法，对于刑罚及其执行，做了大量规定，在刑事执行活动中必须得到遵守和落实。

（2）其他法律。这是由全国人民代表大会常务委员会制定和修改的法律。它们是刑事执行的重要法律渊源。特别是其中的监狱法、警察法等，对刑事执行活动的很多方面，做出了直接规定，应当予以遵守。

（三）法律解释

法律解释是指全国人民代表大会常务委员会及其授权单位对法律规范的含义、用词等所做的说明。

从学术研究的角度来看，法律解释一般分为三种。

（1）立法解释，这是由全国人民代表大会常务委员会所做的法律解释。

（2）司法解释，这是由最高人民法院和最高人民检察院所做的法律解释。

（3）行政解释，这是由国务院及其主管部门所做的法律解释。

这些法律解释涉及刑事执行内容时，就成为刑事执行的法律渊源之一，应当在刑事执行活动中得到遵守。

（四）行政法规和行政规章

由国务院制定和颁布的一些行政法规，是刑事执行的直接法律渊源。例如，看守所条例等，就对刑事执行活动做出了规定，应当严格遵守。

行政规章是由一定级别的行政机关依照职权范围制定的规范性文件。它们是刑事执行的重要法律渊源。根据立法法的规定，行政规章分为两类。

（1）部门规章。这是指由国务院所属行政管理部门制定的规范性文件。这些部门规章往往内容更加具体，对于刑事执行活动的规范作用更加直接。例如，司法部发布的《未成年犯管教所管理规定》（1999）、《外国籍罪犯会见通讯规定》（2003）、《监狱教育改造工作规定》（2003）、《监狱服刑人员行为规范》（2004）、《司法行政机关社区矫正工作暂行办法》（2004）等；公安部发布的《公安机关办理刑事案件程序规定》（2012）、《看守所留所执行刑罚罪犯管理办法》（2013）等，都是对刑事执行活动做出直接规定的部门规章，应当严格遵守。

（2）地方政府规章。这是指由省级和较大的市的人民政府制定的规范性文件。在贯彻落实法律、行政法规和本省（自治区、直辖市）的地方性法规的过程中，省级和较大的市的人民政府制定的地方政府规章，也是刑事执行活动的重要法律渊源。

（五）地方性法规

省级人民代表大会及其常务委员会制定的地方性法规，如果内容涉及刑事执行活动时，也属于刑事执行的法律渊源，应当在刑事执行活动中认真遵守。例如，天津市第十四届人民代表大会常务委员会第八次会议2004年1月6日通过的《天津市社会治安综合治理条例》，就对社区矫正做出规定："社区、居民委员会、村民委员会在社会治安综合治理工作中的主要职责是……协助有关部门做好被判处管制、被宣告缓刑、被暂予监外执行、被裁定假释的罪犯和刑满释放后继续被剥夺政治权利人员的社区矫正工作……"（第10条）又如，江苏省第十二届人民代表大会常务委员会第八次会议2014年1月16日通过的《江苏省社区矫正工作条例》，对社区矫正工作做出了详细的规定。

（六）其他规范性文件

中国共产党中央有关部门、国家司法机关和国务院有关部门联合发布的有关规范性文件，也应当是刑事执行的法律渊源。例如，最高人民法院、最高人民检察院、公安部和司法部分别于2003年7月10日和2005年1月20日发布的《关于开展社区矫正试点工作的通知》和《关于扩大社区矫正试点范围的通知》等。

（七）国际条约

国际条约是国际法主体间依据国际法所缔结的据以确定相互权利义务的协议。

国际条约是国际法的主要渊源，本来不属于我国国内法的范畴，但是，由全国人大常委会批准加入和缔结的国际条约，体现了我国的国家意志，具有法律约束力，成为国内法的渊源之一，自然也成为刑事执行活动的法律渊源。而且，根据国际惯例，当国际法与国内法发生冲突时，国际法的法律效力优于国内法。我国加入的与刑事执行有关的国际条约主要有《禁止酷刑和其他残忍、不人道或有辱人格的待遇或处罚公约》等。我国政府已经签署尚待批准的有《公民权利和政治权利国际公约》等。

此外，联合国和其他一些国际组织发表的与刑事执行有关的宣言、规则、准则等，通常被看成是"软法"（soft law），它们虽然不是具有约束力的条约或者公约，但是，它们是世界各国或者很多国家在刑事执行领域中成功经验和良好实践的总结，反映了人们达成的广泛共识，对于我国的刑事执行活动应当有很好的指导和影响作用。其中与刑事执行关系密切的有《囚犯待遇最低限度标准规则》（1955年通过，2015年修订）、《囚犯待遇基本原则》（1990年通过）、《保护所有遭受任何形式拘留或监禁的人的原则》（1988年通过）、《预防少年犯罪准则》（即"利雅得准则"，1990年通过）、《有关医务人员、特别是医生在保护被监禁和拘留的人不受酷刑和其他残忍、不人道或有辱人格的待遇或处罚方面的任务的医疗道德原则》（1982年通过）、《保护被剥夺自由少年规则》（1990年通过）、《非拘禁措施最低限度标准规则（东京规则）》（1990年通过）等。

第二节 刑事执行原则

刑事执行原则是指在刑事执行过程中需要遵循的基本准则。

从刑事执行活动的合理发展和刑事执行法学的研究成果来看，在刑事执行过程中应当遵循下列原则。

一、法治性原则

法治性原则是指刑事执行活动的所有方面都要依法办事的原则。

刑事执法活动必须严格依法进行。刑事执行活动是国家最重要的执法活动之一，由于这类执法活动涉及对公民权利的限制和剥夺，并且以有系统的、强有力的国家强制力作为后盾，这种国家强制力与公民个人力量对比极其悬殊，公民个人很难与其抗衡。因此，为了防止公民在刑事执行过程中遭受到非法的、不必要的权利损害，应当对于刑事执行活动提出更高的法治性要求。无论是刑事执行的参与人员，还是刑事执行中的程序、手续、数量换算、场所选择等，都要严格遵守法律规定。

对于刑事执行活动的更高的法治性要求，在有关立法中得到清楚地体现。例如，立法法对于涉及刑事执行的立法活动，规定了十分严格的条件，大大提高了这类立法的门槛。该法第 8 条第 4 项首先从正面规定，涉及“犯罪和刑罚”的事项只能通过制定法律加以规范。同时，该法第 9 条又从反面进一步强调这类事项必须通过法律才能加以规范。该条规定：“本法第八条规定的事项尚未制定法律的，全国人民代表大会及其常务委员会有权作出决定，授权国务院可以根据实际需要，对其中的部分事项先制定行政法规，但是有关犯罪和刑罚、对公民政治权利的剥夺和限制人身自由的强制措施和处罚、司法制度等事项除外。”这条中“但书”以后的内容，就清楚地表明了立法者对于刑事执行事项进行立法的审慎态度，表明关于犯罪与刑罚方面的立法权是只能由国家立法机关行使的专有权，不得转让，不得委托其他机构行使，从而排除了其他机构通过制定更低层次立法调整刑事执行事项的可能性。

二、和谐性原则

和谐性原则是指在刑事执行过程中要朝着消弭社会矛盾对立、恢复和维护社会和谐的方向努力的原则。

追求和谐是刑事执行活动的根本目标。刑事执行活动的最高目标，不是加剧社会对立和制造社会紧张，而是消弭社会矛盾，减小对立情绪，恢复社会损害，维护社会和谐。因此，在刑事执行过程中，各项工作不仅要依法进行，还要注意努力促进社会和谐，减少当事人之间的矛盾冲突，弥合、恢复当事人之间的和谐人际关系。要避免那种不领会法律精神而机械执行法律，在琐碎事务上吹毛求疵，人为激化矛盾的片面做法。

为了贯彻和谐性原则，在刑事执行过程中，要注意按照下列原则的要求办事。

（一）人道性原则

人道性原则是指在刑事执行过程中要以人为本，文明、合理地执行刑罚的原则。

人道性原则意味着，在刑事执行过程中，要考虑执行对象和有关案件当事人的合理诉求，对他们提出的合理要求认真进行考虑和适当加以满足；既要对罪犯进行法律惩罚，又要维护他们的合法权利；既要依照法律规定惩罚罪犯，又不侮辱他们人格，避免不必要地损伤他们感情；既要限制、剥夺罪犯的有关权利，又要考虑他们未来的生活和“出路”，对他们进行教育和改造，为他们释放以后的生活和就业做必要准备；既要求有劳动能力的罪犯参加劳动，又要严格遵守劳动工时、劳动保护、劳动保险等方面的规定；既要严格要求他们遵纪守法，又要关心他们的生活，避免对他们进行体罚虐待……只有这样，才能使罪犯减弱和消除对于司法人员和社会的仇恨、敌视心理，真心服从管教和接受改造，才能提高管理水平和改造质量，促进社会和谐。

(二) 经济性原则

经济性原则是指在刑事执行过程中要以最小的相关资源投入获取最大的维护社会和谐效益的原则。

根据这一原则，在刑事执行过程中，不仅要努力节省国家的资源投入，而且要最大限度地节省罪犯和有关人员的资源投入，以最小的社会代价开展刑事执行活动。努力减少国家的资源投入，可以使国家把有限的资源更多地投入到更有价值、更有建设性的方面，例如，医疗卫生、文化教育、社会保障等，从而有利于促进社会和谐。同样，努力减少罪犯、罪犯家属和其他有关人员的资源投入，有利于减轻他们的负担，有利于化解他们的对立情绪，有利于他们体验到国家对于他们的关怀，因而也有利于促进社会和谐。

可以从很多方面贯彻经济性原则。从国家来讲，对于没有必要执行或者继续执行的刑罚，就不必执行或者不必继续执行。例如，通过赦免、减刑、假释等可以获得这类效果；能够使用替代措施的，就要尽量使用刑罚替代措施，如通过缓刑、暂予监外执行等，可以获得这类效果。从罪犯一方来讲，如果能够安排他们就近服刑，可以减少家属探监等方面的投入；如果在服刑期间监狱能够有效保障罪犯的生活、医疗、卫生等，也可以减轻罪犯对于家庭的经济依赖，有利于减轻家庭的经济负担，等等。

三、教育性原则

教育性原则是指在刑罚执行过程中要重视对罪犯的教化和培育的原则。

教育性原则主要体现在下列方面。

(一) 以理服人，避免单纯强制压服

虽然刑事执行工作是以国家强制力为后盾的、具有明显强制性的工作，但是，这并不意味着在所有的刑事执行活动中，都应当实行强制压迫，迫使罪犯进行各种活动。相反，除了对故意违反法律或者不遵守规章制度和有关纪律的罪犯依法进行必要的强制外，在所有可能的环节和场合中，都要以理服人，通过摆事实、讲道理的方法与活动，循循善诱，引导罪犯认识道理，明白事理，自愿服从管理，自觉发生转变。而且，即使对于违反法规和纪律而需要给予处罚的罪犯，在进行处罚时，也要讲清楚进行处罚的道理，使他们明白受到处罚的原因、事实和根据。

(二) 着眼未来，重视多方教育培养

刑事执行是对罪犯进行法律惩罚的活动，但是，在刑事执行过程中，不能仅仅局限于对罪犯权利的限制和剥夺，而要从维护社会稳定和着眼于罪犯未来生活的角度出发，重视对罪犯开展多方面的教育培养活动，努力把罪犯教育培养成守法公民，使他们在释放之后能够融入社会，过上正常生活，避免重新犯罪。为此，就要在刑事执行过程中，对罪犯开展文化教育、技术教育、心理健康教育、生活方式教育以及法制教育等多方面的教育培养活动，为罪犯的未来生活进行有效的准备工作。

四、个别化原则

个别化原则是指在刑事执行过程中要根据罪犯的具体情况进行有针对性的管理改造活动的原则。个别化原则的核心是要对不同罪犯的具体情况实行区别对待。

个别化原则主要体现在下列方面。

（一）管理个别化

管理个别化是指在对罪犯的管理工作中要充分考虑罪犯个人特点的做法。每个罪犯在犯罪类型、刑罚种类、犯罪历史、社会经历、刑期、年龄、性别、性格类型、改造表现、适应能力等很多方面，都有所不同。在进行管理工作的时候，要充分考虑罪犯在这些方面的差异，采取有针对性的管理方法，做出有针对性的管理安排，从而使管理工作最大限度地考虑罪犯的特征与需要，提高管理工作的效率。

（二）改造个别化

改造个别化是指在对罪犯进行改造工作的过程中要认真考虑罪犯个人特点的做法。在教育改造中，要考虑罪犯的年龄、文化程度、学习兴趣、学习能力等因素，安排适合罪犯学习的教育内容。在劳动改造中，要考虑罪犯的劳动技能、身体状况等因素，安排适合的劳动项目。特别是在对罪犯劳动进行考核时，既要考虑劳动成果，又要考虑劳动态度，从而对罪犯的劳动表现做出科学的评价。在心理矫治中，更是要考虑罪犯多方面的因素，选择最有效的心理矫治方法，解决罪犯存在的心理问题。

（三）奖惩个别化

奖惩个别化是指在奖惩过程中要考虑罪犯个人情况的做法。

奖惩个别化突出地表现在下列方面。

1. 考核内容个别化

考核内容个别化是指在奖惩之前进行考核的过程中，要考虑罪犯个人情况和实行区别对待的做法。考核是奖惩的基础，奖惩个别化在很大程度上可以通过考核个别化体现出来。在考核指标的确定、考核活动的进行等方面，都要充分考虑罪犯之间的差异。例如，在确定考核指标时，既要考虑罪犯活动的最终结果，也要考虑罪犯付出的实际努力；在考核活动中，既要看到外在的现象，又要努力考察内心的变化等，使考核结果真正反映罪犯的真实情况。

2. 奖惩方式个别化

不同的罪犯对于奖惩方式的心理感受性是有差异的。例如，有的罪犯渴望受到当众表扬，而不在乎少量的物质奖励，有的罪犯可能正好相反。在奖惩过程中，对于奖惩方法的选择，要考虑罪犯的个别差异。

3. 奖惩力度个别化

有的罪犯心细敏感，轻微的奖惩就可以产生明显的效果，正如俗话所讲的，“响鼓不用重锤”。有的罪犯正好相反。当然，由于刑事执行活动的特殊性，奖惩个别化的伸缩幅度是有限的。

五、社会化原则

社会化原则是指在刑事执行过程中要尽可能创造出类似于正常社会的环境和利用社会资源改造罪犯的原则。

社会化原则主要体现在下列方面。

（一）创造社会化的服刑环境

这意味着，监狱和其他监禁刑执行场所要努力创造出与正常的社会相类似的监禁与改造环境，使罪犯在近似于外面社会的环境中服刑改造。如果监狱内的环境与监狱外面的环境截然不同，不仅会使罪犯的心理健康和行为模式发生扭曲，产生严重的监狱化后果，引起异常心理和行为，而且会给他们出狱后回归社会带来极大的困难。

（二）减小被监禁罪犯与社会的隔离

被监禁罪犯与外面的社会有千丝万缕的联系。这些联系对于罪犯的服刑改造有极为重要的、性质不同的影响。刑事执行机关要充分重视这种联系对于被监禁罪犯的重要性，尽可能提供便利条件，维系、扩大对于罪犯来讲具有积极意义的社会联系，努力通过这类联系稳定罪犯的情绪，促进罪犯的改造。为此，要帮助、鼓励被监禁罪犯与监狱外面的亲属、朋友和其他人员的正常联系，扩大他们之间的会见接触和信息交流。这样的活动实际上也有助于罪犯顺利回归社会。

（三）利用社会资源改造罪犯

刑事执行机关要努力用各种社会资源提高罪犯管理水平，增强罪犯改造成效。为此，要重视下列方面。

（1）要设法利用社会上出现的先进管理方法和技术管理罪犯。例如，要重视利用计算机和网络技术提高管理效能，重视利用人力资源管理方法提高罪犯管理效果。

（2）要设法利用社会上的教育资源教育罪犯，包括聘请社会上的专门机构和专业人员到监狱中开展罪犯教育活动，特别是对罪犯进行高水平的职业技能培训，帮助罪犯掌握有良好市场竞争力的职业技能，为他们释放之后的自主就业创造条件。

（3）要设法利用社会上的心理咨询机构，对罪犯开展心理矫治活动。

（4）要设法利用社会上的其他力量对罪犯进行帮助和改造活动。例如，利用社会工作者对罪犯进行多方面的社会工作；利用社会志愿者对罪犯进行多种形式和内容的帮助活动；与社会上的有关部门、组织机构、社会团体等合作，开展丰富多彩的罪犯改造活动，包括符合条件的被监禁罪犯到社会上"试工"[①]"试读"[②]等。

此外，在刑事执行结束后，社会要以宽容的心态，接纳刑满释放人员重新融入社会，减少对他们的歧视，帮助他们解决在回归社会的过程中遇到的困难和问题，帮助他们成为真正的守法公民。

第三节 刑事执行机关

一、刑事执行机关概述

刑事执行机关是指代表国家依法执行刑罚和相关裁决的国家机关。

---

① "试工"一般是指刑期将满的罪犯定期到社会上的工厂、企业中工作的活动。他们通常白天到附近的工厂、企业劳动，夜晚回到监狱住宿；或者在规定的时间中到工厂、企业工作。这样做的目的是让罪犯提前介入就业活动，为释放之后的正式就业做准备。

② "试读"是指刑期将满而适合学习的罪犯定期到社会上的学校中学习的活动。

刑事执行机关具有下列特点。

（一）刑事执行机关是典型的国家机关

刑事执行机关是典型的国家机关。这种特点对于参与刑事执行工作的公安机关和人民法院来讲，可能不成问题，因为这两个机构具有明显的国家机关的普遍特征，例如，工作职能比较单纯、经费由国家保障等。不过，人们对于监狱是否属于国家机关的问题的认识，经历了一个过程。在新中国成立之后的很长时期内，监狱不仅不需要国家提供经费，还通过组织罪犯从事生产劳动，向国家交纳了大量利税。毛泽东也曾经说过："我们的监狱不是过去的监狱，我们的监狱其实是学校，也是工厂，或者是农场。"① 这几句话本来是强调新中国监狱在教育罪犯和从事生产方面的一些特征，却被一些人误认为新中国的监狱就是学校、工厂或者农场，导致很多人对监狱的性质发生误解。直到 1994 年颁布监狱法时，这个问题才得到明确。监狱法第 2 条第 1 款规定："监狱是国家的刑罚执行机关。"

（二）刑事执行机关是专门的国家机关

刑事执行机关不是一般意义上的国家机关，而是担负着刑事执行职能的专门的国家机关。严格依照法律规定从事刑事执行工作，是刑事执行机关最重要的任务。在从事刑事执行工作的过程中，刑事执行机关既要依法对罪犯进行法律惩罚，又要依法保护罪犯的合法权益，还要对遇到严重问题和困难的罪犯给予必要的帮助，绝不能片面强调某一方面的内容，更不能相互替代。同时，刑事执行机关也要开展非刑罚裁决的执行，对无罪的被告人要恢复名誉，对冤假错案的当事人要给予赔偿，对存在严重困难的犯罪被害人给予救助等。通过这些方面的工作，不仅可以维护社会正义、实现社会公平，而且能够增进社会和谐。

（三）刑事执行机关是重要的国家机关

刑事执行机关是在国家和社会的正常运行中发挥着极为重要作用的国家机关。刑事执行机关是保障国家安全、维护社会稳定、保护公民生命财产安全、促进社会和谐稳定的重要力量，在维护社会秩序、经济秩序，增进社会福利，保障国家建设的顺利进行等方面，都发挥着重要的作用。如果没有刑事执行机关的工作，犯罪人将会横行霸道，犯罪案件将会层出不穷，社会秩序将会混乱不堪，公民将无法安居乐业，社会将动荡不安，秩序将不复存在，整个国家和社会就不能正常运行。

对于刑事执行机关在国家生活中的作用，一些有识之士很早就提出了精辟的见解。例如，新中国成立初期的中央人民政府公安部部长罗瑞卿在 1951 年 9 月 11 日的一次会议上曾深刻地指出，如果我们对反革命分子只会侦查、破案、审讯，而不懂得去改造他们，那么，我们的工作只是做了一半，也许还不是很重要的一半。只有既懂得并善于打击反革命分子，又懂得并善于改造那些可以改造的反革命分子，才能彻底消灭反革命破坏活动，也才有利于最后消灭反革命阶级。② 因此，刑事执行机关是国家政权的重要组成部分，在整个国家的正常运行中发挥着必不可少、不可替代的重要作用。

二、刑事执行机关的功能

刑事执行机关的功能是指刑事执行机关在社会生活中发挥的积极作用。

---

① 司法部劳改局．毛泽东等老一辈革命家论改造罪犯工作．北京：法律出版社，1993：4.

② 转引自力康泰，韩玉胜．刑事执行法学原理．北京：中国人民大学出版社，1998：24－25.

我国刑事执行机关在社会生活中应当发挥下列积极作用。

（一）执行刑罚

刑事执行机关是执行刑罚的国家机关，执行刑罚是刑事执行机关的首要职能和最主要的任务。刑事执行机关对罪犯执行刑罚，实际上也是代表国家行使惩罚罪犯的权力，是对罪犯进行法律惩罚。犯罪人实施犯罪行为之后，他们要面临一系列的消极后果，除了自身的紧张不安、自我谴责甚至遭受身心损害之外，还会受到来自社会的法律惩罚、道德谴责和其他否定评价。其中，法律惩罚是最严厉、最严格的惩罚。说它“严厉”，是因为法律惩罚的严重程度可能是其他任何惩罚都无法相比的，最严厉的法律惩罚可以剥夺犯罪人的生命，道德谴责和其他否定评价则不具有这样的严厉性质。说它“严格”，是因为进行法律惩罚有严密的程序和详细的规则，由谁进行法律惩罚、如何进行法律惩罚，都要严格依法办事，不能有随意性。

（二）改造罪犯

刑事执行机关是改造罪犯的国家机关。单纯惩罚罪犯，是过去时代的明显特征。随着社会的发展和文明的进步，人们认识到，单纯惩罚罪犯是有缺陷的，因为单纯惩罚罪犯既不能挽回犯罪行为对社会和他人造成的损失，也不能避免未来可能再次发生的犯罪行为。所以，人们逐渐从主要根据过去的犯罪行为去惩罚罪犯，转变为同时面向未来的预防犯罪而改造罪犯，刑法学说中的“目的刑论”“教育刑论”等由此产生。可以说，在惩罚罪犯的同时，重视对罪犯的改造，使罪犯在服刑过程中改恶从善，最终变成守法者，体现了人类刑罚学说的进步与发展，也体现了刑事执行文明的进步。刑事执行机关在刑罚执行过程中，不仅要依法惩罚罪犯，根据法律规定剥夺或者限制罪犯的人身自由以及其他权利，而且要采取科学、合法的方法，努力改造罪犯。

（三）帮助罪犯

刑事执行机关是帮助罪犯的国家机关。刑事执行机关不仅要惩罚和改造犯罪人，还要对确实遇到严重问题和困难的犯罪人给予必要的帮助。这不仅是“以人为本”开展刑事执行工作的需要，还是顺利开展刑事执行工作的需要。如果刑事执行机关无视犯罪人存在的迫切问题和困难，不能够有效地帮助他们解决这些问题和困难，就无法顺利进行相关的刑事执行工作。遗憾的是，在过去的刑事执行工作中，既缺乏帮助罪犯的理念，也没有帮助罪犯的规定。只是到了开展社区矫正工作之后，才树立起了帮助犯罪人的科学理念，逐步形成了帮助犯罪人的相关制度。例如，在2003年发布的两院两部《通知》中规定，社区矫正的三大任务之一，就是“帮助社区服刑人员解决在就业、生活、法律、心理等方面遇到的困难和问题，以利于他们顺利适应社会生活”。在2009年发布的两院两部《意见》中，明确将社区矫正的三大任务归纳为教育矫正、监督管理和帮困扶助，从而使帮助犯罪人的内容成为社区矫正的基本制度之一。社区矫正对于帮助犯罪人工作的重视，带来了良好的社会效果。根据司法部提供的数据，自2003年开展社区矫正试点工作以来，截至2017年1月底，社区服刑人员在矫正期间再犯罪的累计6 199人，再犯罪率为0.19%。[①] 在社区服刑人员具有完全的行动自由的情况下，再犯罪率这样低，能够取得这样好的工作成绩，在很大程度上应当归功于对社区服刑人员提供的有效帮助。实践证明，把帮助罪犯确定为刑事执行机关的功能之一，是很有必要的，也是十分合理的。

① 司法部社区矫正管理局简报，2017（8）.

（四）恢复损害

通过刑事执行活动恢复损害，主要是指通过执行刑罚恢复犯罪行为造成的损害的活动。犯罪行为的发生，会造成多方面的损害。概括来讲，犯罪行为造成的损害主要有三个方面：（1）对社会的损害。例如，破坏了社会秩序、损坏了公共设施、败坏了社会风气等。（2）对被害人的损害。这是指犯罪行为对被害人造成的身心、财产和权利等方面的损害。例如，被害人的身体、感情受到伤害，被害人的财产遭受损失，被害人的合法权利遭受损害。（3）对犯罪人的损害。这是指通过进行犯罪行为而使犯罪人自己受到损害的情况。例如，犯罪人的道德抑制被削弱、犯罪人的社会声望遭受破坏、犯罪人的内心体验到高度紧张和极度痛苦等。

要通过刑事执行活动，使犯罪行为造成的损害得到恢复。其中，对社会造成的损害，要通过判决罪犯交纳罚金、没收罪犯财产、迫使罪犯进行劳动、限制罪犯权利等方式，进行恢复。对被害人造成的损害，也要通过多种方式加以恢复。例如，通过使罪犯受到刑罚惩罚的活动本身，使被害人得到心理上的安慰；通过判决罪犯进行赔偿，使被害人遭受的财产损失得到弥补；通过剥夺、限制罪犯的一些法律权利，使被害人的合法权利能够得到更好地行使等。对于犯罪人自身遭受到的损害，则要通过在刑罚执行过程中对罪犯进行的教育、心理矫治等活动，加以恢复。在服刑期间进行的改造活动，可以使罪犯通过别人的帮助和自身的努力，增强对于犯罪行为的认识，从而有利于使其心理平衡逐渐恢复，身心状态得到调适，道德观念得到转变。

（五）保护社会

通过刑事执行活动保护社会，主要是指通过执行刑罚保护社会免遭更多犯罪行为侵害的功能。

刑事执行活动对于社会的保护作用，主要通过两方面体现出来。

（1）通过限制罪犯的人身自由而保护社会。已经进行了犯罪行为的很多罪犯，在被发觉之后，可能仍然具有社会危险性，如果不对他们的人身自由加以限制和约束，任其自由行动的话，他们还有可能对社会造成新的危害。因此，通过剥夺、限制罪犯的人身自由和行动自由，保护社会免受他们的侵害。

（2）通过改造罪犯而预防他们重新犯罪。仅仅通过在刑罚执行期间限制或者剥夺罪犯的人身自由，虽然可以在这个特定时间中保护社会免受犯罪行为的侵害，但是，还不足以完全保护社会免受犯罪行为的侵害。这是因为，刑罚执行期间是有限的，犯罪人在服完刑期、行动恢复自由之后还有可能侵害社会。因此，为了更好地保护社会，还要对罪犯进行改造，使他们发生有助于过遵纪守法生活的转变，具备成为守法者的多方面素质，不致在释放之后重新进行犯罪和再次侵害社会。所以，通过改造罪犯预防他们重新犯罪，可以更好地保护社会。

（六）教育公众

通过刑事执行活动教育公众，主要是指通过执行刑罚让社会公众更好地理解和遵守法律的功能。

刑事执行机关教育公众的功能，主要通过两方面发挥出来。

（1）提高社会公众的认识。通过定罪判刑和执行刑罚，教育社会公众认识到什么是犯罪，什么样的行为要受到刑罚处罚。这样的认识可以使他们增强对于法律规定的认识，自觉地按照法律规定行动。

（2）遏制社会公众的欲望。通过惩罚罪犯，还可以发挥替代威慑的效果，使社会公众在看到别人因为某些行为而受到惩罚之后，就会遏制自己进行类似行为的欲望，控制自己不去进行可能招致惩罚的行为，以免受到法律规定的惩罚。

（七）实现公平

刑事执行机关通过依法进行的职能活动，特别是通过对非刑罚裁决的执行活动，可以极大地促进社会公平的实现。例如，通过被害人救助工作，使那些由于得不到犯罪人赔偿的被害人得到必要的经济帮助，使他们能够在遭受犯罪行为侵害之后，可以顺利地继续进行日常生活。再如，通过对无罪判决的执行，可以使无辜的被告人恢复名誉，消除刑事诉讼对于他们的生活和工作等造成的不利影响。又如，通过对冤假错案的当事人的合理赔偿，可以减轻冤假错案给他们造成的创伤和损失，帮助他们在遭受磨难之后比较容易地继续生活下去。

三、刑事执行机关的类型

根据我国的立法和目前的实践，刑事执行机关主要有下列三类。

（一）司法行政机关

司法行政机关是对司法工作进行行政管理的专门机关。中国的司法行政机关由国务院所属的司法部以及地方各级人民政府中的司法厅、局、处、科等和最基层的司法所组成。

司法行政机关中从事刑事执行工作的机构包括两类。

1. 监狱及其管理部门

监狱是执行被剥夺自由刑罚的主要国家机关，它的管理部门一般分为两个层次：（1）省级监狱管理部门，主要是省（自治区、直辖市）人民政府中的司法厅（局）及其内设的监狱工作管理局（简称监狱管理局）。（2）中央一级监狱管理部门，这是指国务院所属的司法部及其内设的监狱工作管理局。此外，在少数一些地方，还有更低层次的监狱管理部门。例如，在少数省辖市的司法局中，设有少量监狱管理机构；在一些监狱相对集中的地区，还在省级监狱管理部门下面设立了“监狱管理分局”一类的机构。

根据刑事诉讼法第 264 条第 2 款和监狱法的规定，对于被判处死刑缓期二年执行、无期徒刑、有期徒刑的罪犯，由监狱执行。

2. 社区矫正机构

自 2003 年 10 月开始社区矫正试点工作以来，司法行政机关中的其他部门开始参与社区矫正工作，成为司法行政机关中参与刑事执行的又一支重要力量。在开展社区矫正工作的过程中，逐步建立了相关的社区矫正执行机构。2010 年 11 月 8 日，司法部成立了社区矫正管理局，各地的社区矫正执行机构也得到迅速发展。截至 2017 年年底，全国各省（区、市）和新疆生产建设兵团的司法厅（局）经编制部门批准设立了社区矫正局（处）；347 个地（市、州）司法局单独设立社区矫正处（室）、2 885 个县（市、区）司法局单独设立社区矫正科（股），分别占全国地（市、州）和县（市、区）建制数的 99%、98%。[①] 从开展社区矫正工作的实际情况来看，承担社区矫正执行工作的最基层机构，是乡镇和街道的司法所。

---

① 司法部社区矫正管理局．2012～2017 年全国社区矫正工作统计分析报告．北京：法律出版社，2018：8.

（二）公安机关

公安机关是指担负社会治安和保卫职能的国家机关。中国的公安机关由国务院所属的公安部以及地方各级人民政府中的公安厅、局、处、科等机构和最基层的公安派出所组成。

根据现行法律的规定，公安机关担负着重要的刑事执行任务，主要包括两类。

（1）公安机关从事的非监禁刑执行工作。根据刑法和刑事诉讼法的规定，被判处剥夺政治权利并在社会上服刑的罪犯，由公安机关执行，并负责对这些罪犯的监督等工作。

（2）公安机关隶属的看守所从事的监禁刑执行工作。根据刑事诉讼法、监狱法等的规定，对于被判处拘役的罪犯，由公安机关执行；对于被判处有期徒刑而在被交付执行刑罚前剩余刑期在3个月以下的罪犯，由看守所代为执行。

（三）审判机关

审判机关是指行使国家审判权的专门机关。在中国，审判机关统称为“人民法院”，人民法院包括最高人民法院、地方各级人民法院（包括高级人民法院、中级人民法院、基层人民法院以及派出法庭）和专门人民法院组成。

人民法院中负责刑事执行工作的是其中的执行庭、执行员和司法警察。

根据刑事诉讼法的规定，人民法院自己负责的执行工作，分为三个方面。

（1）死刑的执行。根据刑事诉讼法第262条第1款的规定，下级人民法院接到最高人民法院执行死刑的命令后，应当在7日以内交付执行。

（2）财产刑的执行。根据刑事诉讼法第271条的规定，对于被判处罚金的罪犯，由人民法院执行。根据刑事诉讼法第272条的规定，没收财产的判决，无论附加适用或者独立适用，都由人民法院执行；在必要的时候，可以会同公安机关执行。

（3）无罪或者免除刑罚的判决的执行。根据刑事诉讼法第260条的规定，第一审人民法院判决被告人无罪、免除刑事处罚的，如果被告人在押，在宣判后应当立即释放。

此外，人民检察院监督上述机关的刑事执行工作。

四、刑事执行机关存在的问题与改革

（一）刑事执行机关存在的问题

目前，中国刑事执行机关存在的主要问题，是执行主体多元化、执行活动分散化。即由包括司法行政机关、公安机关和审判机关等多个主体从事刑事执行工作。这种现象有很多弊端。

（1）刑事执行效益低下。执行主体多元化的直接后果之一，就是在机构设置、人力配备、设施建设等方面的重复，造成国家巨大的资源浪费。国家花费大量的资源，却不能收到应有的刑事执行效益。同时，一些机关职能交叉，既有刑事执行职能，又有其他法律职能，这导致这些机关在日常工作中需要兼顾多项业务，术无专攻，顾此失彼，每项职能的行使都无法达到尽善尽美的理想状态，而往往是穷于应付，低水平运行。公安机关任务繁重，很难较好地履行刑事执行的职能；审判机关本来就承担着极其繁杂的审判业务，要求它们承担刑罚执行业务，必然会使其审理案件的主要业务受到干扰；检察机关本来担负着繁重的公诉职能，增加法律监督职能必然会使他们承担更加繁重的任务。实践表明，这些把刑事执行作为兼职承担的机关，在从事刑事执行工作的过程中，管理普遍较差，效益普遍较低。它们要想把刑事执行的兼职做好，就必然冲击自身承担的主要职能；要想在主要职能方面精益求精，就会忽视刑事执行工作。在各种资源都很有限的情况下，要想把所有的职能都履行好，是极其困难的。

(2) 相互制约难以实现。分工负责、相互制约，是刑事司法活动的重要原则，也是保证刑事司法活动公平、公正的重要措施。但是，在现有的情况下，很难达到相互制约的目的。公安机关既是刑事案件的侦查者，又是部分刑罚的执行者；人民法院既是刑事案件的审判者，又是部分刑罚的执行者；检察机关既是国家公诉机关，又是法律监督机关；司法行政机关应当是刑罚执行者，但是，很多刑罚并不由其执行，这种状况削弱了司法行政机关在刑事司法体系中的地位，使其难以对其他刑事司法机关进行有效的制约。这些不同性质的职能由同一机关承担的职能交叉现象，很难保证相互制约的落实。例如，公安机关在侦查活动中存在的刑讯逼供现象长期难以遏制的重要原因之一，就是看守所管理体制方面存在问题。如果看守所由司法行政机关管理，就可以有效发挥不同机关之间的制约作用，刑讯逼供或者变相刑讯逼供的现象就有可能大量减少。检察机关在对其他机关进行法律监督的同时，对它们自己的执法活动没有机关进行法律监督。监狱机关在发现案件有问题、判决有错误时提出的处理意见，得不到审判机关和检察机关的重视，这是导致一些重大冤案得不到及时纠正的原因之一。

(3) 权力配置违反理性。国家的刑事司法活动由侦查、起诉、审判和执行四个环节构成，与之对应的侦查权、起诉权、审判权和执行权应当由不同的机关负责，它们各司其职、相互配合，共同构成结构合理、功能完善、运行和谐的国家刑事司法体系。这是人们长期以来达成的普遍共识，是人们在刑事司法活动中基本理性的反映。但是，中国目前在刑事司法系统中的权力配置，违反了这种共识和理性。

由此可见，目前存在的执行主体多元、执行活动分散的问题，弊端明显，后果严重，已经成为影响社会主义法治建设的重要问题，需要加以改革。

(二) 刑事执行机关改革探讨

大量的理论研究表明，我国刑事执行机关改革的基本发展方向，应该是遵循宪法第140条规定的“分工负责，互相配合，互相制约”的原则，使不同的刑事司法机关职能纯化、分工合理、各司其职；使刑事执行主体（刑事执行机关和刑事执行人员）一体化，刑事执行法律统一化（制定统一的《刑事执行法》）。只有在这个基础上，才能真正做到相互配合、相互制约。

从完善刑事执行体制的角度来看，具体应该进行下列改革。

1. 人民法院不应该成为刑事执行的主体

人民法院是我国的刑事审判机关，担负着居中裁判的职能。人民法院承担部分刑罚的执行工作，违反了法院居中裁判的性质，不仅影响法院有效行使审判权，还会影响法院裁判的公正性。例如，目前很多地方存在罚金执行难的问题，为了促使正在服刑的罪犯交纳罚金，很多法院在裁定减刑、假释的过程中首先查看罪犯是否交纳罚金。如果罪犯没有交纳罚金，不管罪犯没有交纳罚金的原因是什么，也不管罪犯在服刑期间的改造表现如何优异，都不准予减刑、假释。这种做法显然是没有法律依据的。

2. 公安机关不必要成为刑事执行主体

公安机关是担负社会治安和保卫职能的国家机关，其职能应当是通过预防性措施和侦查活动保护国家免受犯罪行为的侵害，而不是执行被审判机关判处的刑罚；其工作对象应当是有可能对社会治安造成损害的不特定的社会成员，而不是特定的罪犯。

从公安机关从事刑事执行工作的实践来看，它从事刑事执行工作也是成问题的。

（1）我国的公安机关担负着繁重的社会治安任务，难以有更多的精力从事刑事执行工作。正如有的学者指出的："……将管制、缓刑等交由公安机关执行，实际上是无人执行。公安派出所维护社会治安，担负安全保卫工作等任务十分繁重，而基层公安干警的力量又比较薄弱，将管制、缓刑交给其执行，往往力不从心。在实际执行中，在社会上执行的罪犯由于脱离管教而造成严重后果的现象比较严重。"① 而且，随着社会转型的进行和社会变迁的加剧，犯罪数量不断增加，犯罪方式日趋复杂，侦破犯罪变得更加困难，公安机关需要做的是提高侦破犯罪的能力，提升履行主要职能的能力，而不是在刑事执行这种兼顾职能上花费很大力气。

（2）公安机关的性质决定了它不适于从事刑事执行工作。在刑事司法体系中，公安机关是担任侦查犯罪任务的机关，这种性质决定了公安机关与犯罪人之间存在尖锐的情绪对立和矛盾冲突。这种现象不利于开展刑事执行工作，因为在刑事执行工作中不仅需要惩罚罪犯，而且需要改造罪犯，而公安机关与罪犯之间的对立冲突，是一种制约改造工作的重要因素。有效的改造不仅需要特定情况下的强迫，更需要沟通、感化和领悟，需要改造对象从心理上对改造人员的认可和接纳。因此，即使公安机关增加再多的人力和经费用于刑事执行工作，也难以化解与罪犯之间的对立冲突。很难设想罪犯会在感情上接纳把自己送上法庭的人的管理和教育，很难设想罪犯真正接受自己在感情上排斥的人们的改造。

（3）公安机关权力的膨胀与建立和谐社会的目标相冲突。如果要加强公安机关的刑事执行工作，就必须进一步强化公安机关的权力，而无限膨胀的警察权力是与建立和谐社会的发展目标不相容的。因为警察的增多和警察权力的膨胀，必然会加剧社会的紧张、对立和冲突，这是警察行使职能带来的必然后果。警察数量不断增多，普通公众惧怕警察，绝不是社会发展的常规方向，也不是和谐社会的应有现象。

（4）从公安机关进行刑事执行工作的实践来看，"执行效果不佳"②。长期以来，人们对属于公安机关执行的非监禁刑的执行状况普遍不满意。在执行期间，罪犯缺乏有效管理，刑事执行流于形式，以至于"人们常常把管制、缓刑'误认'为是'无罪释放'，把假释、监外执行'误认'为是'刑满释放'"③。对非监禁罪犯的这种执行状况，不仅使社会公众产生误解，影响了刑事司法活动的严肃性，而且对审判机关适用非监禁刑产生消极影响，使得审判机关越来越不敢判处非监禁刑，使非监禁刑的使用率极低，造成很多没有必要被监禁的罪犯却被判处监禁刑和被送进监狱中，由此产生其他一系列负面后果。

3. 刑事执行权应当由司法行政机关统一行使

从很多方面来看，刑事执行改革的方向都应当是刑事执行一体化，即国家的刑事执行权由司法行政机关统一行使。

进行这样的改革是很有必要的。这种必要性突出地体现在下列方面。

（1）刑事执行一体化有利于刑事司法中的权力配置的合理化。刑事执行权统一由司法行政机关行使，符合人们已经达成的共识，有利于促进刑事司法权力配置的合理化，从而有助于真正实现刑事司法活动中的不同权力由不同机关行使的理想状态。

---

① 甄贞．1990—2001刑事诉讼法学研究综述．北京：法律出版社，2002：596．

② 余静尧．刑事执行权机制研究．北京：群众出版社，2005：114．

③ 同②．

（2）刑事执行一体化有利于真正实现相互制约。只有实现刑事执行一体化，建立统一的刑事执行机关，才能充实司法行政机关的执法职能，提升刑事执行机关在刑事司法活动中的地位，使其具有应当具有的法律地位和实际地位，才能与其他刑事司法机关处在同等的位置上，才能真正对其他刑事司法机关产生影响作用，才能在刑事司法活动中实现相互制约。

（3）刑事执行一体化有利于提高执行效率。只有实现刑事执行一体化，才能最大限度地减少刑事执行机构建设中的重复和浪费，才能实现刑事执行制度的统一，才能提高刑事执行人员的素质，才能增强对刑事执行工作的管理水平……这些方面的改进和发展，必然会提高刑事执行工作的效率。

（4）刑事执行一体化有利于消除刑事司法活动中存在的痼疾。研究表明，我国刑事司法活动中存在很多需要改进的问题，其中，社会危害最大、社会公众最为痛恨、最迫切需要改进的问题之一，就是最大限度地消除刑讯逼供现象。刑讯逼供是长期存在并且根深蒂固的一种顽疾，人们从多方面探讨消除的方法，但是收效甚微，重要原因之一就是缺乏合理的制约制度。如果将关押犯罪嫌疑人的看守所交由司法行政机关负责，就能够有效发挥不同机构之间的法律制约作用，就能够大幅度减少刑讯逼供现象的发生。

（5）刑事执行一体化有利于法制建设。合理的刑事法律体系，应当由分工合理、地位平等的刑法、刑事诉讼法和“刑事执行法”等组成。但是，目前刑事执行主体分散的局面，从另一个方面制约了统一的“刑事执行法”的制定，影响了合理的刑事法律体系的建设。同时，如果刑事执行一体化促进了统一的“刑事执行法”的制定，那么，也可以改变刑事诉讼法规定不属于刑事诉讼范围的内容——刑事执行的局面，使刑事诉讼法的内容更趋合理。

当然，从另一方面来看，目前司法行政机关的建设发展不够，还不具备完全胜任从事所有刑事执行工作的能力。应当从构建合理的刑事司法体制和国家的长远发展出发，探讨如何剥离公安机关和审判机关中的刑事执行业务，将它们融入司法行政机关，并且充实司法行政机关的刑事执行能力，帮助其更好地开展刑事执行工作的问题。同时，司法行政机关应当进一步调整职能，使其主要职能向刑事执行方面调整①，其他与刑事执行无关甚至没有必要实行行政管理的职能，应当从其职能中减去。例如，管理律师、公证的职能，可以参照国际惯例实行行业自治，通过从业人员协会等形式由从业人员自行管理；法制教育职能交由教育部门等履行；安置帮教职能交由社会团体、非政府组织等承担。

在国家的刑事执行权由司法行政机关统一行使之后，人民法院可以根据工作需要保留一定机构和人员，从事有关工作。例如，人民法院可以保留少量执行人员，从事不包含刑罚内容的判决、裁定和决定等的执行工作，例如，对判决被告人无罪或者免于刑事处罚的判决的执行。这类执行工作具有即时性（可以迅速执行完毕）、简单性等特点，不需要很多的人力和复杂的机构。而且，可以把这类非刑罚执行工作看成是刑事诉讼的最后环节，这个环节的结束才能宣告刑事诉讼过程的完毕。由于这个环节是刑事诉讼的最后一个环节，

① 有的学者提出了类似的建议。例如，侯国云等“建议将国家司法部更名为裁判执行部，将所有判决裁定的执行工作统统纳入裁判执行部，从而建立起侦查、起诉、审判、执行各自独立的格局”（侯国云．刑罚执行问题研究．北京：中国人民公安大学出版社，2005：3.）。余静尧建议，在未来成立“国家刑事执行部”，从事刑事执行工作（余静尧．刑事执行权机制研究．北京：群众出版社，2005：156－157.）。

因此，在刑事诉讼法中对此加以规定，是符合逻辑的。

同时，在看守所划归司法行政机关管理之后，公安机关可以保留拘留所，负责对犯罪嫌疑人、被告人等实行短期羁押。

第四节 监 狱

一、监狱的概念与特征

监狱是关押和改造被判处监禁刑的罪犯的场所。①

在中国大陆的不同地区和时间阶段，监狱有不同的名称。在1949年新中国成立以后到1994年监狱法颁布之前，曾经使用“劳动改造管教队”（简称“劳改队”）的概念称呼一部分监狱。在这一时期，实际上有三类监狱。

(1) 监狱。这是指主要监管不适宜在监外劳动的重刑犯的场所。主要特征是：第一，关押的通常是罪刑严重的罪犯（简称“重刑犯”），主要是被判处死刑缓期执行、无期徒刑和10年以上有期徒刑的罪犯；第二，通常设在城镇或者靠近城市的地区；第三，监管设施和监管力量都很强。

(2) 劳改队。这是指监管已判决的适宜在监外劳动的轻刑犯的场所。主要特征是：第一，关押的通常是罪刑较轻的罪犯（简称“轻刑犯”）；第二，通常设在农村和其他边远地区；第三，监管设施和监管力量都比监狱弱。

(3) 少年犯管教所。简称“少管所”。这是指管教13周岁以上未满18周岁的少年罪犯的场所。也有的文件和材料中称为“少年管教所”。

1994年监狱法颁布前后，将监狱和劳改队的名称统一为“监狱”，少年犯管教所或者少年管教所也改称为“未成年犯管教所”②，简称“未管所”。司法部为此专门发了文件。③

同时，中国监狱内关押和改造罪犯的更小单位，过去称为“大队”“中队”，随着监狱法的颁布实施，逐步统一为“监区”“分监区”。

在国外，除了传统的“监狱”（prison）、“感化院”（penitentiary）、“教养院”（reformatory）这些概念之外，晚近以来越来越多地使用“矫正机构”（correctional institution）、“矫正所”（correctional facility）一类的概念；一些地方还出现了“矫正训练营”（boot camp）。其中，适用于少年犯的监禁机构，除了继续使用“教养院”的概念之外，还出现了“少年

① 在理论研究及很多国家的司法实践中，通常所说的监狱，都将看守所包括在内。看守所就是关押未决犯和部分轻微的已决犯的监狱。但是，在目前中国的法律规定和实际管理中，都是将看守所和监狱分开的。鉴于此，本节论述的监狱，通常不包括看守所。

② 少年犯管教所改称为未成年犯管教所，不仅仅是名称的变化，还有服刑人员年龄界限的变化。在未成年犯管教所中服刑的罪犯，主要是已满14周岁不满18周岁的未成年犯；未成年犯年满18周岁时，剩余刑期不超过2年的，仍可以留在未成年犯管教所执行剩余刑期。

③ 即司法部1994年8月19日发布的《关于统一规定监狱管理机关和监狱名称的通知》、2003年3月28日发布的《关于将少年（犯）管教所统一更名为未成年犯管教所的通知》。

习艺学校”（industrial school）、“教养学校”（training school）一类的概念。

监狱具有下列特征。

1. 惩罚性

监狱是一种专门进行惩罚活动的国家机构。这是监狱和其他国家机关最大的区别。监狱是国家惩罚罪犯的场所，是剥夺罪犯人身自由、限制罪犯法律权利、让罪犯体验法律惩罚的场所。随着人类社会的发展和人类文明的进步，人类已经摆脱了单纯报应和惩罚的状态，但是，即使最开明的刑罚学家们也不得不承认，现代社会中仍然存在着对犯罪人的惩罚和进行这种惩罚的机构，监狱就是这类惩罚机构的典型代表，惩罚罪犯是监狱固有的属性。

但是，应当明确认识监狱所具有的惩罚性。监狱的惩罚性是指监狱剥夺罪犯人身自由和限制罪犯法律权利的特性。监狱对于罪犯的惩罚，体现在依法剥夺罪犯人身自由和限制罪犯法律权利方面，而不包括其他的内容。让罪犯从事超强度、超时间、超体力的“三超”劳动，克扣罪犯的食物，让罪犯居住在极其拥挤的空间内等做法，都是非法的，都不属于法律惩罚的范围。

2. 控制性

监狱是一种对被监禁罪犯进行全面控制的机构。在监狱中服刑的罪犯，其吃饭、睡觉、教育、劳动和娱乐等日常生活的所有方面和所有活动，都处在监狱管理者的控制之下。罪犯的所有日常生活活动都要根据监狱的规则进行，都要受监狱管理者的指挥、监督和监视。可以说，监狱中的罪犯几乎没有个人隐私，很多监狱中的罪犯也没有可以自己决定的事项。这种控制性使监狱形成了不同于其他社会机构的独特的日常生活模式。每个进入监狱的罪犯，都要逐渐熟悉和融入这种日常生活模式，这个过程就是监狱化过程。监狱的这种全面控制性，一方面是为了保证监狱管理的安全，另一方面也是惩罚罪犯的重要体现。

3. 改造性

监狱是一种改造罪犯的机构。所谓“改造”，简单说来就是让罪犯变好的活动。在中国，监狱法第3条明确规定：“监狱对罪犯实行惩罚和改造相结合、教育和劳动相结合的原则，将罪犯改造成为守法公民。”在国外，很多国家也对罪犯进行矫正（corrections）、改造（reformation，rehabilitation），或者虽然没有明确使用改造的字样，但是，都在进行让罪犯变成守法者的活动。应当说，重视监狱的改造性，对监狱内的罪犯进行多种多样的、旨在让他们变成守法者的活动，是监狱发展的进步，是监狱超越了单纯进行惩罚的时代的重要表现。

4. 界限性

监狱是有明确的地理界限的场所。这是由监狱的性质决定的。监狱是惩罚罪犯的场所，监狱对罪犯的惩罚主要体现为限制罪犯人身自由，将罪犯约束在一定空间之中。为此，就必须明确监狱的地理界限。无论是监狱工作人员，还是监狱中的罪犯，都要清楚地认识到监狱与外部社会的地理分界线，绝不能任意地超越这些分界线。否则，会产生严重的后果。由于监狱类型的不同，监狱的地理界限的标志可能有差别。在传统的监狱中，监狱的地理界限以高墙电网等为标志。在新型的开放式和半开放式监狱中，也有相应的标志，例如，栅栏等。在一些现代化的高层建筑监狱中，往往没有传统监狱所具有的庭院和围墙，在这样的监狱中，其地理界限标志就是监狱高层建筑的外墙。

5. 社会性

监狱的社会性是指监狱自身形成一个小社会以及它与外部社会有密切联系的特性。监狱的社会性主要通过两个方面体现出来。（1）监狱自身是一个小社会，监狱外面的社会中具有的社会现象，往往在监狱内的小社会中也存在。像外面的社会那样，在监狱中有多种多样的设施和活动，有不同的人员分工和多样的社会角色，有复杂的人际关系，有严密的管理规则，有不同类型的管理模式……可以说，凡是外面社会上所有的，监狱中差不多都具有。（2）监狱社会与外部社会之间充满互动。监狱是整个社会的组成部分，是整个社会大系统的一个子系统，在监狱这个子系统与整个社会这个大系统之间，充满物质、能量和信息的交换，它们之间经常处在不同内容和强度的互动之中。监狱绝不是脱离社会存在的自我封闭体。

二、监狱在刑事执行中的地位

监狱是国家最重要、最集中、最强有力的刑事执行机关。在目前的中国，监狱在刑事执行中的地位更是如此。

监狱在中国刑事执行中的地位，可以通过下列方面体现出来。

1. 监狱执行的刑罚种类最多

从监狱执行的刑罚种类来看，监狱执行的刑罚种类是最多的。根据我国的刑罚体系，主刑是对犯罪人适用的主要刑罚方法，它包括管制、拘役、有期徒刑、无期徒刑和死刑。在这5种主刑中，大部分都是由广义的监狱执行的。除了管制之外，其他刑罚都在不同类型的监狱中执行。

2. 监狱执行的罪犯数量最多

从监狱关押改造的罪犯的数量来看，监狱执行的罪犯数量是最多的。从我国审判机关判处刑罚的情况来看，我国还处在监禁刑为主导的刑罚发展阶段①，审判机关判处的刑罚中，监禁刑占大部分，被判处监禁刑的罪犯占罪犯总数的大部分。根据最高人民法院发布的《2017年全国法院司法统计公报》，在2017年生效的刑事案件判决中，生效判决人数1 270 141人，单处驱逐出境的26人，单处剥夺政治权利的27人，单处罚金的22 944人；判处管制的7 372人，宣告缓刑的347 989人，判处拘役的158 860人，判处不满1年有期徒刑的204 718人，判处1年以上3年以下有期徒刑的211 592人，超过3年不满5年有期徒刑的119 133人，判处5年以上有期徒刑至死刑的175 162人。② 由于没有披露被判处死刑的罪犯的数量，无法计算出2017年被判处监禁刑的罪犯的具体数量和百分数，不过，根据以往数据推断，被判处监禁刑的罪犯应当占被判刑罪犯的大部分。例如，根据2005年的统计，全国法院判处刑事处罚的罪犯829 238人，其中判处监禁刑的610 693人③，占罪犯总数的73.64%。因此，执行监禁刑的监狱执行罪犯的数量，是罪犯总数中最多的。

---

① 吴宗宪，陈志海等．非监禁刑研究．北京：中国人民公安大学出版社，2003：118－125.

② 2017年全国法院司法统计公报．[2019－03－01]．http：//gongbao.court.gov.cn/Details/c15ac3fd6bd534567eec8e047941eb.html.

③ 罗锋．中国法律年鉴（2006）．北京：中国法律年鉴社，2006：988.

3. 监狱中刑事执行人员的数量最多

从刑事执行人员的数量来看，监狱工作人员所占的数量比例是最大的。虽然在公安机关和人民法院中，都有从事刑事执行工作的人员，但是，它们之中专门从事刑事执行工作的人员都没有监狱工作人员数量多。目前大约有30万监狱警察。与此相比，从事社区矫正的刑事执行人员很少。截至2017年年底，全国省市县三级专职社区矫正国家工作人员仅为12 610人。①

4. 监狱中的刑事执行设施最强

从监狱中刑事执行的物质设施的情况来看，监狱中的刑事执行设施是所有刑事执行机关中最为强大的。一般而言，公安机关和人民法院中的刑事执行设施在整体上没有监狱那样数量多、强度高。监狱是专门为了监禁罪犯而建立的机构，可以安全地监禁最危险的罪犯，因此，为了保证监管安全，监狱必须有强大的刑事执行设施。在监狱内，集中了各种可以用来保障监管安全的物质设施。

5. 监狱对国家和社会起着重要的安全保障作用

从监狱在国家生活与社会运行中所起的作用来看，监狱是和平时期巩固国家政权、维护社会稳定的最重要的力量之一。监狱将那些已经危害社会并且仍有可能危害社会的最危险的犯罪人监禁起来，就可以大大减少威胁国家政权、破坏社会生活的危险因素，从而对国家和社会起着重要的安全保障作用。

三、监狱的种类

监狱作为最重要的刑事执行机关，其种类也是最多的。可以根据不同的标准，对复杂多样的监狱进行类型划分。

（一）根据被关押对象的法律身份划分

根据被关押对象的法律身份，可以将监狱划分为两类。

1. 未决犯监狱

未决犯监狱是指关押等候审判的犯罪嫌疑人和刑事被告人的监狱。② 未决犯监狱的常用名称是“看守所”（jail，gaol）。此外，在一些国家和地区，还使用了“押候中心”（remand center）、“押候监狱”（remand prison）、“押候所”（remand house）、“拘留所”（detention house）、“拘留中心”（detention center）一类的名称。不过，从很多国家和地区的情况来看，纯粹的未决犯监狱是很少的，未决犯监狱中往往也执行短期监禁刑。未决犯监狱的物质设施、管理水平等，往往要比监狱差。

2. 已决犯监狱

已决犯监狱是指监禁被判处剥夺自由刑罚的罪犯的监狱。由于很多国家和地区的未决犯监狱中也执行短期监禁刑，因而已决犯监狱实际上变成了“长刑犯监狱”（long-term prison）或者“重刑犯监狱”，即只有那些被判处剥夺自由刑并且刑期较长的罪犯，才被送往已决犯监狱中执行刑罚。已决犯监狱是最典型、最主要的监狱类型，在很多情况下，监

---

① 司法部社区矫正管理局．2012～1027年全国社区矫正工作统计分析报告．北京：法律出版社，2018：9.

② 严格来讲，“未决犯”一词是不恰当的，不符合无罪推定的法治原则。刘金林．“决犯、案犯、人犯”称谓不能再出现了．检察日报，2012－01－30（6）.

狱主要是指已决犯监狱而言。

同时，从很多国家和地区的情况来看，已决犯监狱也是监禁和执行被判处死刑的罪犯的场所。目前，国际社会中保留和执行死刑的国家越来越少。在这些国家中，死刑的执行往往十分慎重，在执行死刑之前，往往经过长时间的、复杂的司法程序。在此期间，被判处死刑的罪犯被关押在监狱中。当最终决定执行死刑时，执行活动也在监狱中进行。这与中国的死刑犯被关押在看守所并且在看守所等场所执行死刑的情况很不相同。

（二）根据被关押对象的性别划分

根据被关押对象的性别，可以将监狱划分为三类。

1. 男犯监狱

男犯监狱是关押男性罪犯的监狱。简称“男监”。

男犯监狱的主要特点如下。

（1）数量很多。男犯监狱是整个监狱系统的主体，其数量最多。从很多国家的情况来看，男性罪犯的数量往往超过罪犯总数的 90%①，因此，男犯监狱的数量也与此相适应，在监狱总数中占据绝对优势。在中国，男犯的数量更多，在被监禁罪犯总数中所占的百分比更高，长期以来都超过 95%；男犯监狱的百分比大体类似。

（2）规模普遍较大。由于男犯数量多，因而关押男犯的监狱，其规模一般也较大。

（3）管理普遍较严。男犯中情况复杂，人身危险性方面的差异很大，所以，为了安全监管这些罪犯，往往从安全监管方面对男犯监狱进行划分，将其划分为不同类型的监狱。尽管如此，人们一般都认为，男犯比女犯更危险，因此，对于男犯的管理往往要比女犯严格。

此外，在大多数情况下，男犯监狱实际上是成年男犯监狱，未成年的男性罪犯一般都在未成年犯监狱服刑。

在很多情况下，男犯监狱被看成是更具有典型性和代表性的监狱。

2. 女犯监狱

女犯监狱是关押女性罪犯的监狱。简称“女监”。在中国，有时候将女犯监狱称为“女子监狱”。

女犯监狱的主要特点如下。

（1）数量较少。在很多国家和地区，女犯监狱不到监狱总数的 5%。在中国，基本上每个省级行政区有一所女犯监狱，而目前中国监狱总数在 680 所左右。

（2）规模一般较小。由于女犯的数量较少，因而关押女犯的监狱往往也是较小的。

（3）管理比较宽松。一般认为，女犯中危险性极高的罪犯是很少的，因此，女犯监狱的监管设施不如男犯监狱那样牢固森严，实行的管理制度也不如男犯监狱那样严格，在很多女犯监狱中，甚至还可以看到比较“温馨”的一面。

当然，与男犯监狱一样，在大多数情况下，女犯监狱实际上是成年女犯监狱，未成年的女性罪犯一般都在未成年犯监狱服刑。

3. 男女混合监狱

男女混合监狱（coed prison）是指男犯和女犯在同一个场所中服刑的监狱。在这类监狱中，男犯和女犯居住在不同的监区中，但是，很多活动一起参加，很多设施共同使用，大

① 吴宗宪．当代西方监狱学．北京：法律出版社，2005：67.

量的人力资源也是共同分享。一些研究认为，这类监狱有很多的益处，包括可以减轻性别隔离、可以减轻感情饥饿、可以减少同性恋行为、可以缓和人际关系等。①

在中国，过去在一些女犯很少的地区，没有单独的女监，女犯往往被关押在男犯监狱中的一个监区内。但是，随着女犯的增加和监狱建设的发展，纷纷建立了独立的女监。建立独立的女监的做法，实际上是创造了一个性别隔离的不正常社会，这种做法究竟利大还是弊多，需要继续研究。作为一种折中办法，女子监狱如果单独建立的话，也应当建在男犯监狱周围或者附近，以便很多的资源可以共享，避免不必要的浪费和其他弊端。②

(三) 根据被关押对象的年龄划分

根据被关押对象的年龄，可以将监狱分为两类。

1. 成年犯监狱

成年犯监狱是指关押成年罪犯的监狱。

成年犯监狱的主要特点如下。

(1) 最具典型性。成年犯监狱是最为典型的监狱，在一般情况下，如果不特别表明是什么监狱的话，往往就是指成年犯监狱。可以说，成年犯监狱是监狱的基本形态，监狱学研究的主要内容，实际上就是关于成年犯监狱的。

(2) 数量很多。成年犯的数量要比未成年犯多很多，因此，关押成年犯的监狱的数量也很多。

(3) 规模很大。成年犯监狱的规模一般都很大。

(4) 管理很严。成年犯的人身危险性更大，因此，在关押他们的监狱中，监管设施更加牢固，对他们使用的管理制度更加严格，用来从事监管工作的看守人员的数量也更多。

当然，随着人口老龄化的变化，罪犯中的老年人不断增加，一些地方建立了单独的老年犯监狱或者监区。

2. 未成年犯监狱

未成年犯监狱是关押未成年罪犯的监狱。在很多文献中，又称为“少年犯监狱”“少年监狱”等。

从一些国家和地区的情况来看，未成年犯监狱的名称是多样化的。除了使用“少年矫正机构”(juvenile correctional institution，institute for juvenile) 这样的名称之外，还使用其他的名称。例如，仅仅在美国，属于这类监狱的机构就可以分为多种类型，包括拘留中心 (detention center)、庇护所 (shelter)、接受中心 (reception center)、教养院 (reformatory) 或称为“教养学校”(training school)、少年农场 (ranch) 或称为“森林训练营”(forestry camp)、中途之家 (halfway house) 或称为“群体之家”(group home)③。在英国，这类监狱一般被称为“青少年犯罪人矫正所”(young offender institution，YOI)，又被称为“博斯特机构”(borstal institution)④、拘留中心 (detention centre)、青少年监管中心 (young custody centre)。在德国，这类机构被称为“社会治疗机构”(socio-therapeutic institution)⑤。

与成年犯监狱相比，未成年犯监狱的主要特点如下。

---

① 吴宗宪．当代西方监狱学．北京：法律出版社，2005：69－71.

② 吴宗宪主编．中国现代化文明监狱研究．北京：警官教育出版社，1996：205－207.

③ “群体之家”(group home) 又译为“集体家庭”。

④ “博斯特机构”(borstal institution) 又译为“鲍斯特机构”。

⑤ 同①72.

（1）缺乏典型性。未成年犯监狱虽然也是监狱的一种类型，但是，却是监狱的补充形态或者例外情况，从各方面来看，它都不是监狱的典型代表。例如，它的环境和学校更相似，它的工作人员更像教师等。

（2）数量很少。未成年犯在被监禁罪犯总数中的百分比，要比女犯更小。在中国，未成年犯在被监禁罪犯总数中的百分比，长期保持在1%～2%。

（3）规模很小。由于未成年犯数量很少，因而未成年犯监狱的规模普遍较小。

（4）管理宽松。未成年犯的人身危险性一般较小，因此，在他们服刑的监狱中，监管设施有限，行为管制较少，环境气氛也没有成年犯监狱那样森严。

（四）根据警戒度划分

警戒度（security）① 是指在监狱内对罪犯行动的限制程度以及相关设施和措施的配备使用情况。②

根据警戒度的高低对监狱（特别是成年男犯监狱）进行警戒度等级划分，并根据警戒度等级的不同，设计、建造不同的监狱和配备不同的监狱设施，配置相应的监狱工作人员，实行不同的管理制度，是当代很多国家中比较通行的做法。这种做法对于合理使用监狱资源、科学监管罪犯等，都具有重要意义。

一般来讲，根据警戒度等级，将监狱划分为最高警戒度（maximum security）、中等警戒度（medium security）和最低警戒度（minimum security）三类。其中，最高警戒度监狱的设施最牢固、管理最严格，最低警戒度监狱正好相反。不过，在不同的国家，具体的等级和使用的名称有所不同。例如，在英国，根据警戒度等级将监狱分为四种类型：（1）A类监狱（Category A prison）。这类监狱又称为“分散监狱”（dispersal prison），用来关押那些逃跑之后会对公众、警察、国家的安全构成极大威胁的犯人。（2）B类监狱（Category B prison）。这类监狱关押那些不需要采取最严格的安全措施的犯人。（3）C类监狱（Category C prison）。这类监狱关押那些不适合关押在开放式环境中，但是又不能认定有明确的逃跑企图的犯人。在这类监狱中，犯人一般住在集体宿舍中。（4）D类监狱（Category D prison）。这类监狱实际上就是开放式监狱。③

在美国联邦监狱系统中，监狱被划分为5种警戒度等级：（1）最低警戒度矫正机构（minimum security institution）；（2）低警戒度联邦矫正机构（low-security federal correctional institution，FCI）；（3）中等警戒度联邦矫正机构（medium security federal correctional institution）；（4）高警戒度矫正机构（high-security institution）；（5）行政性矫正机构（administrative facility）。④

荷兰划分了5个警戒度等级：（1）特严警戒度等级（very restricted security level）；（2）严格警戒度等级（restricted security level）；（3）正常警戒度等级（normal security level）；（4）宽松警戒度等级（extended security level）；（5）特宽警戒度等级（extra extended security level）。⑤

---

① Security又译为“安保”“戒备”。

② 在中国的一些文献中，使用了“戒备”或者“戒备度”的概念。例如，在2010年版的《监狱建设标准》中，使用了“中度戒备监狱”和“高度戒备监狱”的概念（第3条）。

③ 吴宗宪．当代西方监狱学．北京：法律出版社，2005：82.

④ 同③79-80.

⑤ 吴宗宪．当代西方监狱学．北京：法律出版社，2005：78-79.

一些欧洲国家使用了封闭式监狱（closed prison）、半开放式监狱（half-open prison）和开放式监狱（open prison）的划分和名称。

在中国，过去在实践中使用了“重刑犯监狱”和“轻刑犯监狱”、“长刑犯监狱”和“短刑犯监狱”的名称，但是，没有明确的划分标准。较多的研究者认为，可以10年作为划分标准，即监禁10年以下刑期的罪犯的监狱为“短刑犯监狱”或者“轻刑犯监狱”；监禁10年以上刑期的罪犯的监狱为“长刑犯监狱”或者“重刑犯监狱”①。也有研究者认为，可以3年作为划分标准。② 有的学者曾提出来建立合理的中国监狱体系的观点，主张将中国的监狱划分为严管监狱、普管监狱、宽管监狱等类型③，产生了一定反响。

（五）其他类型划分

还可以根据其他一些标准，对监狱进行类型划分。

1. 根据罪犯的身心状况划分

根据罪犯的身心状况，可以划分出两类监狱。

（1）正常监狱。这是关押身心状态正常的罪犯的监狱。

（2）医疗监狱。这是收押和治疗身心状态不良的罪犯的监狱。其中，还可以划分出普通医疗监狱和精神病犯监狱。前者收押和治疗患有普通疾病的罪犯，后者收押和治疗精神异常的罪犯。

2. 根据罪犯身份和管理特征划分

根据罪犯的身份和管理特征，可以划分出两类监狱。

（1）一般监狱或者普通监狱。这是关押一般罪犯并由正常的监狱管理部门实行普通管理的监狱。一个国家的大多数监狱，都属于这种类型。

（2）特别监狱。这是关押特殊罪犯并由特别管理部门实行特殊管理的监狱。主要是指军事监狱和其他特别监狱，例如，一些国家和地区的政治犯监狱、专门关押外国人的监狱等。当然，从某种意义上讲，医疗监狱、女犯监狱、未成年犯监狱也属于特别监狱。中国目前由公安部直接管理的秦城监狱，实际上是一种特别监狱。④

3. 根据监狱管理权限划分

根据监狱管理权限，可以将监狱划分为三类。

（1）地方监狱。这是由地方政府管理的监狱。所谓的“地方政府”，在一些国家主要是指县（county）一级的政府。这类监狱主要是未决犯监狱和一些轻刑犯、短刑犯监狱。中国由县级公安机关管理的看守所，实际上也属于这类监狱。

（2）州监狱或者省监狱。这是指由州政府或者省政府管理的监狱。在美国、加拿大、澳大利亚等设有州或者省的国家中，就有这类监狱。这类监狱中关押的罪犯，往往占被监禁罪犯的大多数。在中国，由各省级政府的司法行政部门管理的监狱，也占中国监狱数量的绝大多数。

（3）中央监狱或者联邦监狱。这是指由中央或者联邦政府中的监狱管理机关直接管理的监狱。在很多单一制国家和联邦制国家中，都有这类监狱。目前，中国有一所这样的监

① 吴宗宪．中国服刑人员心理矫治．北京：法律出版社，2004：546.

② 邵名正，王明迪，牛青山．中国劳改法学百科辞书．北京：中国人民公安大学出版社，1993：116.

③ 吴宗宪．中国现代化文明监狱研究．北京：警官教育出版社，1996：166-223.

④ 名哲．秦城：中国第一监狱揭密．中州古今，2004（9）.

狱，即设在河北省三河市燕郊镇的司法部燕城监狱。

4. 根据管理主体划分

根据监狱的管理主体，可以划分出两类监狱。

（1）公立监狱。这是由政府监狱管理部门代表国家建造和管理的监狱。传统的监狱绝大多数都是这类监狱。

（2）私营监狱（private prison）。这是指由私营机构建造和管理的监狱。这是20世纪80年代中期以来产生的新式监狱，由私营公司或者其他私营机构建造和管理。这类监狱的罪犯来自政府监狱管理部门，它根据与监狱管理部门签订的合同，进行管理活动，经费由国家提供。[①]

5. 根据监狱规模划分

根据监狱规模大小，可以划分出三类监狱。

（1）小型监狱。这是规模很小的监狱。根据中国司法部2010年修订的《监狱建设标准》第9条的规定，关押罪犯1 000人～2 000人的监狱，是小型监狱。

（2）中型监狱。这是规模中等的监狱。根据中国《监狱建设标准》，关押罪犯2 001人～3 000人的监狱，是中型监狱。

（3）大型监狱。这是规模很大的监狱。根据中国《监狱建设标准》，关押罪犯3 001人～5 000人的监狱，是大型监狱。

在国外，一些研究者还根据监狱的规模，将监狱分为三类：小型监狱（small prison）、大型监狱（large prison）和超级监狱（megaprison，也就是特大型监狱）。但是，这种划分并不普遍使用，因为西方国家的监狱普遍很小，联合国建议的监狱规模是不超过500名犯人[②]，而有的西方国家的最大监狱也达不到这个数量。

【问题与思考】

1. 什么是刑事执行？
2. 刑事执行的类型有哪些？
3. 刑事执行的法律渊源是什么？
4. 什么是刑事执行机关？它的主要功能是什么？
5. 刑事执行机关的类型有哪些？
6. 你对中国目前刑事执行机关存在的问题有什么看法？有何改革建议？
7. 刑事执行的主要原则是什么？
8. 什么是监狱？它在刑事执行中的地位如何？
9. 监狱的主要种类有哪些？

【推荐参考论著】

1. 吴宗宪. 监狱学导论. 北京：法律出版社，2012.

① 吴宗宪. 论西方国家的监狱私营化及其借鉴//刑事法评论：第14卷. 北京：中国政法大学出版社，2004：361-394.

② 联合国经社理事会1957年7月31日核准的《囚犯待遇最低限度标准规则》第63条第3、4项规定“关闭式监所的囚犯人数不宜过多，以免妨碍个别施以待遇。有些国家认为，这种监所的人数不应超过五百。开放式监所的人数愈少愈好。另一方面，监狱又不宜过小，以致不能提供适当设备。”

2. 吴宗宪主编．未成年犯矫正研究．北京：北京师范大学出版社，2012.
3. 吴宗宪主编．中国刑罚改革论（上，下）．北京：北京师范大学出版社，2011.
4. 侯国云主编．刑罚执行问题研究．北京：中国人民公安大学出版社，2005.
5. 余静尧．刑事执行权机制研究．北京：群众出版社，2005.
6. 吴宗宪．当代西方监狱学．北京：法律出版社，2005.
7. 马克昌主编．刑罚通论．武汉：武汉大学出版社，1999.
8. 兰洁主编．监狱学．北京：中国政法大学出版社，1999.
9. 力康泰，韩玉胜．刑事执行法学原理．北京：中国人民大学出版社，1998.
10. 金鉴主编．监狱学总论．北京：法律出版社，1997.

第三章 刑事执行人员

内容导读

任何刑事执行活动，都是由具体的人进行的。这些代表国家从事刑事执行工作的专门人员，就是刑事执行人员，他们在刑事执行活动中发挥着极其重要的作用。从一定意义上讲，没有刑事执行人员，就没有刑事执行活动。同时，刑事执行人员的素质也影响着刑事执行活动的质量。本章论述刑事执行人员及其相关问题，着重论述了目前在刑事执行活动中发挥重要作用的两类刑事执行人员——监狱工作者和社区矫正工作者。不过，目前刑事执行活动由多部门分散进行的状况，不仅制约了刑事执行工作水平的提高，还给研究刑事执行人员带来了很大的困难。鉴于这种情况，本章对于如何改革刑事执行人员的问题，也进行了一定探讨。同时，由于社区矫正工作者的内容较多，相关内容将在第十三章第四节详细论述。

第一节 刑事执行人员概述

一、刑事执行人员的概念

刑事执行人员是依法代表国家从事刑事执行工作的专门人员。

从上述定义可以分析刑事执行人员的主要特征。

（1）执行性。刑事执行人员是从事刑事执行工作的人员，他们的职责就是执行审判机关的判决、裁定以及审判机关和相关机关在决定中确定的刑罚和相关措施。这一特征可以将刑事执行人员与其他刑事司法人员区分开来。

（2）专门性。刑事执行人员是从事刑事执行工作的专门人员。刑事执行人员是有关机关中专门从事刑事执行工作的专职人员，而不是有关机关中的兼职人员。这是因为，刑事执行工作是一项内容复杂、要求严格的专门化工作，要想做好这方面的工作，刑事执行人员必须具有相应的素质条件，必须进行专门的学习和锻炼。由其他人员兼职做刑事执行工作，肯定难以保证刑事执行工作的质量。

(3) 法定性。刑事执行人员及其刑事执行活动由法律规定。刑事执行活动是依法进行的活动，因此，刑事执行人员自身以及他们进行的刑事执行活动，都必须由立法加以明确规定。首先，刑事执行人员本身应当是由立法规定的。只有在有关立法中加以规定并授权进行相应刑事执行活动的前提下，刑事执行人员才能从事刑事执行工作。如果不具备法律规定的刑事执行人员的合法身份，就不能从事刑事执行活动。其次，刑事执行人员从事的刑事执行活动必须是依法进行的。刑事执行人员进行的刑事执行活动，是代表国家进行的，是代表国家行使刑罚权的重要体现，而不是他们以个人名义进行的行为，因此，他们在刑事执行过程中进行的一切活动，都应当有法律依据，都应当受法律调整。在刑事执行过程中，他们不仅要代表国家行使执行刑罚的法律权利，还要履行法律规定的相应义务，不得自行其是，不得自作主张。

二、刑事执行人员的种类

从目前中国法律的规定来看，立法中规定的刑事执行人员有三类。

1. 司法行政机关的刑事执行人员

司法行政机关的刑事执行人员是指在司法行政机关中从事刑事执行工作的专门人员。根据现行立法，司法行政机关的刑事执行人员主要是指监狱人民警察。虽然监狱法第 12 条第 2 款规定："监狱的管理人员是人民警察"；但在实际上，监狱中的所有正式工作人员，都是监狱人民警察。

同时，自 2003 年开始社区矫正试点工作以来，司法行政机关和司法所的工作人员也开始参与社区矫正工作，在其中发挥重要作用。

2. 公安机关的刑事执行人员

公安机关的刑事执行人员就是参与刑事执行工作的公安警察。主要是看守所的警察和基层派出所的警察。根据我国刑法、刑事诉讼法的有关规定，对于被判处拘役、部分短期徒刑、剥夺政治权利刑的罪犯，其刑罚由公安机关的人民警察执行。

3. 审判机关的刑事执行人员

审判机关的刑事执行人员就是人民法院中从事刑事执行工作的人员。根据刑事诉讼法、法院组织法等法律的规定，审判机关的刑事执行人员实际上包括三类。

(1) 法官。法官参与死刑等刑罚的执行。例如，根据刑事诉讼法第 263 条的规定，在执行死刑时，法官要指挥执行工作的进行。

(2) 执行员。这是人民法院中专门从事刑罚执行工作的人员。2006 年修订的法院组织法第 40 条第 1 款的规定，"地方各级人民法院设执行员，办理民事案件判决和裁定的执行事项，办理刑事案件判决和裁定中关于财产部分的执行事项"。但是，在 2018 年修订的法院组织法中，删除了有关执行员的规定。目前，仅仅在 2017 年法官法第 52 条第 1 款中规定："对人民法院的执行员，参照本法有关规定进行管理。"此外，在民事诉讼法中有多个条文规定了执行员及其相关内容，并且与"审判员"相区别（例如，民事诉讼法第 236 条第 1 项规定："发生法律效力的民事判决、裁定，当事人必须履行。一方拒绝履行的，对方当事人可以向人民法院申请执行，也可以由审判员移送执行员执行。”）对于执行员究竟包括哪些人员，目前缺乏明确规定。在实践中，人们对于执行员的理解有两种：一种理解认为，执行员应当包括执行法官、法官助理和书记员；另一种理解认为，执行员是指从事执行工作但是不符合法官条件的人。

（3）司法警察。[①] 人民法院司法警察是指在人民法院设立的预防、制止和惩治妨碍审判活动的违法犯罪行为，维护审判秩序，保障审判和执行工作顺利进行的警察。法院组织法第50条规定：“人民法院的司法警察负责法庭警戒、人员押解和看管等警务事项。司法警察依照《中华人民共和国人民警察法》管理。”司法警察协助执行法官和执行员从事刑事执行工作。

最高人民法院1997年5月4日发布的《人民法院司法警察暂行条例》第7条规定：“人民法院司法警察的职责：（一）警卫法庭，维护审判秩序；（二）值庭时负责传带证人、鉴定人，传递证据材料；（三）送达法律文书；（四）执行传唤、拘传、拘留；（五）提解、押送、看管被告人或者罪犯；（六）参与对判决、裁定的财产查封、扣押、冻结或没收活动；（七）执行死刑；（八）法律、法规规定的其他职责。”

同时，根据该暂行条例，人民法院司法警察实行编队管理。最高人民法院设立司法警察局，高级人民法院设立司法警察总队，中级人民法院设立司法警察支队，基层人民法院设立司法警察大队。人民法院司法警察受所在人民法院院长的领导，接受所在人民法院和上级人民法院司法警察部门的管理。

从刑事执行的工作任务、理论合理性和未来发展等方面来看，刑事执行工作应当整合、统一到司法行政机关，由其统一负责和从事所有刑事执行工作。司法行政机关的刑事执行人员应当是刑事执行人员的主体和主要部分，因此，在下文中将专门设两节，着重论述司法行政机关中已有的两类刑事执行人员。

三、刑事执行人员改革探讨

（一）概念

目前，由于刑事执行机关的多元化、刑事执行活动的分散化和刑事执行立法的不统一，在立法中还没有统一的“刑事执行人员”或者类似的概念，甚至没有“刑事执行”这样的概念。不过，从刑事执行立法的统一和未来的发展来看，应当对刑事执行主体有一个统一的名称和概念。除了“刑事执行人员”这样的名称之外，还可以考虑使用“刑事执行工作者”“刑事执行官”“刑事执行辅助人员”一类的名称。

一些论著使用了“刑事执行警察”[②] 的概念，以此统称所有从事刑事执行工作的人员。这种概念大体上概括了目前从事刑事执行工作的主要人员。不过，这样一种概念的科学性有待进一步探讨。首先，这种概念没有完全反映参与刑事执行的人员的种类。例如，人民法院中参与刑罚执行的法官和执行员，就不属于司法警察。其次，将所有刑事执行

---

① 中国的司法警察包括人民法院的司法警察和人民检察院的司法警察。检察院组织法第45条规定：“人民检察院的司法警察负责办案场所警戒、人员押解和看管等警务事项。司法警察依照《中华人民共和国人民警察法》管理。”但是，由于人民检察院司法警察不从事刑事执行工作，因此在这里不加论述。

② 力康泰，韩玉胜．刑事执行法学原理．北京：中国人民大学出版社，1998：84－94．王顺安．刑事执行法学通论．北京：群众出版社，2005：218－242．

人员作为警察的做法，不一定是合理的做法。例如，在监狱工作实践中，已经发现所有监狱工作人员均为警察的做法，并不是最理想的。再次，所有刑事执行人员均为警察的做法，不符合国际社会中很多国家的较为普遍的做法。最后，将所有刑事执行人员作为警察的做法，必然扩大国家机关工作人员的数量，这不符合“大社会、小政府”的发展趋势。

实际上，在社区矫正试点工作中，已经出现了“社会工作者”这样一类社区矫正工作者，他们虽然参与社区矫正工作，但是，并不是国家公务员，不纳入国家行政编制。

因此，什么是最科学、最合理的刑事执行人员的概念，还需要更多的探讨和研究。

(二) 种类与地位

从未来刑事执行活动的科学化发展来看，除了可以考虑刑事执行机关和刑事执行人员的一体化改革之外，还可以考虑对刑事执行人员进行科学分类和合理分工，以便建立一支分类科学、分工合理、结构协调、效率很高的刑事执行人员队伍。

从研究和实践来看，未来的刑事执行人员可以分为两类，他们之间的地位也是不同的。

1. 刑事执行官

刑事执行官是依法代表国家从事刑罚执行工作的专门执法人员。

刑事执行官的主要特点如下。

(1) 刑事执行官是公务员，即依法履行公职、纳入国家行政编制、由国家财政负担工资福利的工作人员。

(2) 刑事执行官是执法者。凡是在刑事执行过程中涉及的执法工作，均由刑事执行官进行。他们代表国家行使刑罚权。

(3) 刑事执行官有不同种类。可以根据工作需要，进一步对刑事执行官加以分类，其中一部分属于警察，其余部分则不一定是警察。

2. 刑事执行辅助人员

刑事执行辅助人员是依法从事刑罚执行相关工作的人员。

刑事执行辅助人员的主要特点如下。

(1) 刑事执行辅助人员不是公务员。他们虽然也从事与刑罚执行有关的工作，但是不是国家公务员，不纳入国家行政编制。

(2) 刑事执行辅助人员协助开展工作。刑事执行辅助人员是协助刑事执行官从事有关工作的人员。他们从事的工作，主要是与直接执法无关的工作，例如，对罪犯提供帮助、服务等的工作。

(3) 刑事执行辅助人员有不同种类。可以根据工作需要和自身情况，对刑事执行辅助人员做进一步的分类，其中的一部分属于专职工作人员，一部分可能属于兼职人员，还有一部分可能是志愿人员。

(4) 刑事执行辅助人员应由法律规定。刑事执行辅助人员的种类、地位和职责等，应当由法律明确规定。

与这种分类相适应，可以把“刑事执行工作者”看成是一个与“刑事执行工作人员”类似，但是更加规范的、包括所有参与刑事执行工作的人员在内的总的名称。

(三) 基本任职资格

根据上述刑事执行人员分类的设想，不同类型的刑事执行人员应当有不同的任职资格。不过，作为一名刑事执行人员，应该具备一些最基本的任职资格要求。这些任职资格要求主要考虑如下。

（1）学历。刑事执行人员起码应该具有中等以上文化程度。

（2）性格。刑事执行人员应当具有良好的性格特征，没有过分内向、虐待癖、神经质等不良性格特征。

（3）经历。刑事执行官不应当有刑事犯罪、被开除公职等经历。但是，对于刑事执行辅助人员，可以没有这方面的要求。

（4）身体。刑事执行人员应当身体健康，没有传染疾病和其他严重疾病。

（5）知识。刑事执行人员应当熟悉相关法律，其中，刑事执行官应当精通刑事法律。

第二节　监狱工作者

一、概述

监狱工作者是指在监狱中从事刑罚执行和其他相关工作的人员。

监狱工作者应当是一个包括在监狱中从事刑罚执行和其他相关工作的所有人员的总称。这是一个学术概念，其含义与"监狱工作人员"相当，不过，似乎更规范、更正式一些。

对于监狱工作者，目前立法中使用的主要概念有五种。

（1）"监狱的人民警察"。例如，监狱法第5、8、13、14条，警察法第2、18条采用这样的概念。作为监狱的一种，未成年犯管教所的监狱人民警察，被称为"未成年犯管教所的人民警察"（参见司法部1999年发布的《未成年犯管教所管理规定》第11、12条等）。

（2）"监狱人民警察"。司法部2003年发布的《监狱教育改造工作规定》第14、17、18、53条采用这样的概念。

（3）"监狱警察"。司法部2003年发布的《外国籍罪犯会见通讯规定》第17、22条采用这样的概念。

（4）"警官"。司法部2004年发布的《监狱服刑人员行为规范》第12条等采用这样的概念。

（5）"监管人员"。刑法第248条采用这样的概念。

在理论研究和实践工作中，除了使用"监狱工作人员""监狱工作者"这样的概念之外，还使用其他一些概念，包括"监狱官员""监狱干警"等。

从立法和实践来看，目前监狱工作者的主要特点如下。

（1）范围广泛。所有在监狱中工作的正式工作人员，都属于监狱人民警察。按照规定，他们在平时工作时，应当身着警服。

（2）系公务员。所有监狱人民警察都属于国家公务员。

（3）缺乏分类。虽然监狱工作者的具体工作有很大的差异，任职资格也应该有很大的区别，但是，现行立法中没有关于监狱工作者的类型划分，也没有关于不同类型监狱工作者应该具备什么任职资格、享受什么待遇的规定。

二、问题与改革探讨

（一）监狱工作者目前存在的问题

监狱工作者目前存在的主要问题是：所有的监狱工作者都是监狱警察，监狱工作者没有职位类型划分，没有任职资格区别。这种现象有很多弊病，主要表现如下。

1. 不利于监狱工作者队伍的建设

要搞好监狱工作，必须建设一支高素质的监狱工作者队伍。但是，监狱中人人都是警察的局面，并不利于监狱工作者队伍素质的提高。

（1）不利于根据工作种类的差别确定不同的任职资格。监狱是一个名副其实的"小社会"，监狱内的工作具有多样化的特点。这些性质和类型都很不相同的工作，需要由具备不同条件的工作人员承担。这样，就对监狱工作人员提出了任职资格方面的不同要求，要求从事不同工作的人员，具备不同的业务和素质条件，才有可能胜任自己的工作，才能合理配置人力资源。但是，所有监狱工作人员都是警察的状况，使管理部门难以根据监狱工作类型的不同，对监狱工作人员提出不同的任职资格要求。

（2）不利于工作人员队伍的专业化发展。现代社会的发展已经证明，要做好一些专业性很强的工作，就必须促进工作人员的专业化发展，使工作人员具有适应工作需要的专业知识、技能和经验。在监狱领域中，很多工作都属于专业性很强的工作，需要由专业化的工作人员来担任这样的工作。但是，监狱工作人员人人都是警察的状况，不利于监狱工作者队伍的专业化发展。这是因为，所有监狱工作人员都只有一种身份的状况，会促使监狱管理部门按照这种身份要求所有的监狱工作人员，用警察的一套标准衡量和要求所有的监狱工作人员，从而在客观上致力于培养一支具有同质性的工作人员队伍。这种人员身份的统一性和队伍建设的标准化，必然会忽视甚至抹杀监狱工作的多样性；为复杂多样的监狱工作提供素质大体相同的工作人员队伍，其结果只能会使大量的监狱工作人员不符合实际工作的需要。

（3）不利于建立合理的专业人员待遇制度。监狱工作中有很多具有很强专业性的工作，要求由专业人员从事这些工作。这样，在专业人员的待遇和管理上，就提出了相应的专业化要求。从事不同专业性工作的人员，应该按照不同的专业技术等级去发展，获得相应的薪水和其他待遇。对于监狱中的许多专业人员来说，也应该按照同样的专业技术等级去发展，提供与其专业等级相适应的待遇。例如，对于罪犯教育工作的人员来说，从事中等文化和技术教育的人员，应该按照教员、助理讲师、讲师、高级讲师等专业技术职务等级发展并享受相应的待遇。对于从事其他专业性工作的人员，也应该依此类推，按照相应的专业技术职务等级发展并享受相应的待遇。如果能够这样做的话，不仅保证了专业人员的基本素质，而且能够通过提供相应待遇，极大地调动监狱中专业工作人员的工作积极性，促使他们不断提高自己的专业能力，从而促进监狱整体工作水平的提高。但是，目前这种人人都是警察的局面，没有考虑监狱内很多专业人员的专业发展要求，使他们难以获得评定专业技术职务的机会，即使在花费很多努力评定了专业技术职务之后，也无法获得相应的薪水等待遇。因为按照目前的现状，监狱中实际上只有两种工作资格和待遇发展系列：一种是行政职务系列（办事员、科员、副主任科员、主任科员和科长、副处长、处长、副厅长等）；另一种是警衔等级系列（警员、警司、警督、警监等）。如果专业人员未能竞争行政职务，那么，即使他们在专业方面有很高的造诣和水平，也难以享受到与其专业水平相适应的待遇。这种现象绝对不利于专业人员发展自己的专业水平，无助于提高监狱工作的水平。

2. 不利于罪犯改造工作的顺利进行

监狱工作的多样性不仅表现在工作内容的多样化方面，还表现在对监狱工作人员与罪犯关系的多样化要求方面。这意味着，对于不同的监狱工作人员来说，他们与罪犯之间的关系有不同的特点。虽然从广义上来说，监狱内所有工作人员的工作都是在执行法律，但是，在法律规定的框架内，不同类型的工作却要求监狱工作人员与罪犯之间有不同的人际关系。例如，在看守人员与罪犯之间，其人际关系更多地带有命令与服从的特点，罪犯必须服从看守人员的命令和管理，否则，就会受到纪律惩罚。在从事教学工作的人员与罪犯之间，其人际关系应该更多地具有地位平等、相互尊重的特点，他们之间是教与学的关系。只有相互平等、相互尊重，教学人员循循善诱、耐心细致，罪犯愿意学习、聆听教诲，才能教学相长，提高教育质量。在从事心理矫治的工作人员与罪犯之间，其人际关系应该具有相互尊重、相互信任的特点。只有培养起这样的人际关系，罪犯才能把内心隐秘的观念、想法告诉心理矫治人员，心理矫治人员才能准确诊断罪犯的问题，提供有针对性的咨询和矫治。但是，目前监狱中人人都是警察的状况，形成了警察与罪犯之间的角色对立，使所有的监狱工作人员只能适合于从事看守工作，而不适合于从事需要更融洽人际关系的工作。因为警察与罪犯之间角色的天然对立，导致罪犯对警察本能地戒备和敌对心理，不可能对处在对立地位的警察讲真心话。一些监狱工作人员在认识到人人穿警服不利于开展很多工作的情况下，在从事一些工作时有意不穿警服，例如，一些监狱的教育工作者和心理矫治人员在从事这样的工作时，不愿意穿着警服。但是，这种表面的变化并不能改变他们的警察身份。所以，为了使监狱内的许多工作人员更有效地从事自己的专门化工作，为了提高罪犯的改造质量，必须考虑对监狱工作人员进行分类，不必要求所有的监狱工作人员都是警察，也不应该要求所有的监狱工作人员都要穿着警服工作。

（二）监狱工作者改革探讨

1. 根据法律身份划分类型

根据监狱工作者的法律身份，可以考虑将他们划分为两种类型。

（1）矫正官。这是指依法在监狱中从事刑罚执行工作的专门执法人员。

矫正官的主要特点如下。

第一，矫正官是公务员，即依法履行公职、纳入国家行政编制、由国家财政负担工资福利的工作人员。

第二，矫正官是执法者。凡是在刑事执行过程中涉及的执法工作，均由矫正官进行。他们代表国家行使刑罚权。

第三，矫正官可再分类。可以根据工作需要，对矫正官做进一步的分类。例如，可以根据他们的身份，把其中一部分作为警察，其余部分则不是警察。又如，可以根据他们的资历等，划分为实习矫正员、矫正员、矫正官、高级矫正官。[①]

监狱工作者中的管理人员、专业人员和看守人员，都可以纳入矫正官的范围。

（2）监狱辅助工作人员。监狱辅助工作人员是依法在监狱中从事刑罚执行相关工作的

① 吴宗宪．罪犯改造论——罪犯改造的犯因性差异理论初探．北京：中国人民公安大学出版社，2007：292.

人员。

监狱辅助工作人员的主要特点如下。

第一，非公务员。监狱辅助工作人员不是公务员。他们虽然也从事与刑罚执行有关的工作，但是，他们不是国家公务员，不纳入国家行政编制。

第二，协助开展工作。监狱辅助工作人员是协助矫正官从事有关工作的人员。他们从事的工作，主要是与直接执法无关的工作，例如，对罪犯提供帮助、服务等的工作。

第三，具有不同类型。监狱辅助工作人员可以根据工作需要和自身情况做进一步的分类。有的可能属于专职工作人员，有的可能属于兼职人员，还有的可能是志愿人员。

第四，应由法律规定。监狱辅助工作人员的种类、地位和职责等，应当由法律明确规定。

在监狱中工作的工人、后勤人员等，都可以纳入监狱辅助工作人员的范围。

2. 根据工作需要划分类型

根据中国监狱工作的开展需要并借鉴国际社会中比较流行的做法，可以考虑将中国监狱中的专职工作人员划分为四种类型。[①]

(1) 行政管理人员。这是指在监狱内从事行政管理工作的专门人员。具体包括监狱长、副监狱长、监区长和其他高级行政管理人员。

行政管理人员的主要任职资格应当包括下列方面：第一，具有大学以上文化程度；第二，性格品行优良，没有吸毒、酗酒、赌博等不良嗜好，身体健康；第三，具有5年以上监狱工作经验（担任监狱长职务的人员必须有从事一定年限的监区长或者其他监狱管理工作的经验），熟悉监狱工作和相关的法律规定；第四，有较高的行政管理能力和人际交往能力。

(2) 专业技术人员。这是指在监狱中从事需要专门技能的工作的人员。包括监狱内的医务人员、教育人员、心理学工作者、社会工作者、生产技术管理人员等。

专业技术人员的主要任职资格应当包括下列方面：第一，在全日制大学的相关专业毕业，获得学士以上学位，具有从事专业工作所需要的专门知识和技能；第二，性格品行优良，没有吸毒、酗酒、赌博等不良嗜好，身体健康；第三，具有一定年限的从事专业工作的实际经验，并获得主管部门或者行业协会颁发的从业资格证书；第四，熟悉监狱工作，了解与监狱工作有关的法律知识。

(3) 看守人员。这是指负责监狱内监管罪犯和安全保卫工作的工作人员。他们的主要职责是对罪犯的活动进行日常监管，维护监狱内的秩序稳定，控制被监禁罪犯和预防罪犯逃跑。看守人员应当是监狱工作人员内所占比例较大的一个工作人员群体，他们在监狱工作人员总数中所占的比例，应该根据监狱的不同类型来确定。一般来说，监狱中服刑的罪犯中危险性很大的罪犯数量越多，看守人员所占的比例也应该越大。

看守人员的主要任职资格应当包括下列方面：第一，具有中等以上文化水平；第二，性格品行优良，没有吸毒、酗酒、赌博等不良嗜好；第三，身体强壮，熟练掌握擒拿格斗技能；第四，接受过人员监督、管理方面的专门培训，了解罪犯活动的特点；第五，熟悉监狱工作，了解与监狱工作有关的法律知识。

(4) 辅助人员。这是指在监狱内从事辅助性工作，协助上述3类人员履行职责的人员。

---

① 盛桂英．中国监狱工作人员分类问题探讨．犯罪与改造研究，2003 (6).

具体包括工人、办事员、机械操作人员、档案保管员、仓库保管员、汽车驾驶员、日常设备维修人员、炊事人员等。

辅助人员的主要任职资格应当包括下列方面：第一，具有中等以上文化水平；第二，熟悉所从事的工作，掌握一定的工作技能；第三，认真负责，品行良好，身体健康；第四，熟悉监狱工作，了解与监狱工作有关的基本法律知识。

3. 对不同类型监狱工作者提供相应待遇

对于不同类型的监狱工作者，不仅应该规定不同的任职资格，而且应该有不同的物质和其他待遇。

在对不同类型的监狱工作人员实行不同的待遇方面，应该遵循以下几项原则。

（1）提供最低限度待遇的原则。在确定对不同类型的监狱工作人员的待遇时，要贯彻提供最低限度待遇的原则。这里所说的“最低限度待遇”，就是指监狱中除辅助人员之外的其他工作人员作为国家公务员应当享受的公务员的基本待遇。不管监狱工作人员在监狱中从事什么具体工作，只要他们是监狱的正式工作人员，就应当具有公务员身份（辅助人员除外），享受公务员应该享受的基本待遇。

（2）考虑任职资格的原则。在确定对不同类型监狱工作人员的待遇时，要考虑对不同类型的监狱工作人员规定不同的任职资格。任职资格的不同，体现了个人整体素质的差别，反映了个人为具备这些素质而付出的努力的差异，特别是反映了个人在接受教育、积累经验等方面的差异。任职资格高的人员，为达到这种素质而付出的努力自然就大，他们得到的待遇相应地就应该优厚，反之亦然。这是社会公平原则的基本体现。

（3）考虑工作职责的原则。在监狱中，不同类型的工作职位所要求的工作职责不同，工作难易度相差较大，个人为了履行这些工作职责所付出的努力和精力也会有很大的差别。因此，对于工作职责复杂、工作难度很大的监狱工作人员，要提供比较优厚的待遇；相反，对于工作职责简单、工作相对比较容易的监狱工作人员，也要提供相适应的待遇。这是按劳分配原则的体现，是社会正义的要求。

（4）满足工作需要的原则。监狱中不同类型的工作，对于监狱工作人员的身份、衣着等有不同的要求。为了保证监狱工作的顺利进行，要根据不同类型监狱工作人员开展工作的实际需要，赋予监狱工作人员不同的身份，提供不同的待遇。这样才能满足监狱工作的真正需要，有利于监狱工作人员切实做好监狱工作。

从国外的情况来看，综合监狱工作人员在任职资格、工作职责等方面的特征，在薪水待遇方面的排列顺序为：作为一个整体，监狱行政管理人员的薪水待遇最高；专业技术人员的薪水待遇次之；身着警服的看守人员的薪水待遇排列第三；辅助人员的薪水待遇最低。在我国确立不同类型监狱工作人员的薪水待遇时，可以参照国外的情况，结合我国的特点决定。

4. 对不同类型监狱工作者提供相应职业发展等级

为了提高不同类型监狱工作人员的专业化水平，鼓励不同类型的监狱工作人员努力钻研和精通自己从事的工作，要让不同类型的监狱工作人员按照不同的职务等级提升和发展，并且不断调整他们的薪水和其他待遇。如果实行这样的制度，就可以有效地克服“官本位”思想，从而避免那种人人都想获得行政职务，迫使所有的人都朝着行政职务这条“独木桥”拥挤的现象，就可以有效地稳定专业人员队伍，使他们乐于从事和钻研自己的专业工作，不断提高专业工作水平。

除了行政管理人员按照现有的职务等级发展之外，对于专业技术人员、看守人员和辅助人员，也应当确定各自的职务发展等级。例如，专业技术人员可以按照现有的专业技术职称等级发展，看守人员可以按照现有的警察警衔等级发展，辅助人员可以按照技术工人的等级发展。或者也可以为行政管理人员、专业技术人员和看守人员研究新的矫正官系列的职务发展等级。

此外，还可以根据监狱工作者的工作特点和隶属关系，划分出如下三种类型。

（1）专职监狱工作者。这是指在监狱工作的全日制工作人员。上述监狱工作者都应当是专职的。

（2）兼职监狱工作者。这是指根据合同或者协议等在监狱从事一定工作的人员。例如，监狱可以根据工作需要，和社会上的文化教育、技术培训、心理咨询、医疗卫生等专业机构签订合同或者协议，由这些机构按规定派专业人员到监狱中从事有关工作。

（3）志愿监狱工作者。这是指无偿到监狱中从事一定服务性工作的社会人员。随着中国社会的发展，这类人员会逐渐增加。

5. 确立专家型干警沉淀基层机制

在监狱工作者改革中，应当充分重视基层一线干警在做好监狱工作中的重要作用，确立专家型干警沉淀基层机制。在监区和分监区直接对罪犯开展工作的基层一线干警，是实际执行刑罚制度以及将国家有关监狱和刑事执行方面的立法、政策、方针等变为现实的真正贯彻者、落实者、传导者，是监狱制度与罪犯之间的中介者；改进监狱管理水平、提高罪犯改造质量的工作在很大程度上要依靠基层一线干警进行。因此，建设一支高素质的监狱基层干警队伍，是有效履行监狱职能、推动监狱工作发展的重要基础。为了建设一支高素质的监狱基层干警队伍，必须确立专家型干警沉淀基层机制。这种机制的主要内容是：首先，要在监狱基层干警中培养大量精通业务的专家型监狱干警；其次，要使这样的基层干警心甘情愿地留在基层一线，愿意在监管改造罪犯的基层一线工作中奉献创新、建功立业。如果不确立这样的机制，基层一线干警不安心在自己的岗位上工作，千方百计地想通过担任行政职务等方式脱离基层一线，就不可能真正做好监狱工作。为此，应当确立旨在鼓励基层一线干警变成专家型干警并且愿意在基层一线奉献终身的制度。① 实际上，对于社区矫正工作者而言，也有必要建立类似的制度。

第三节　社区矫正工作者

一、概述

社区矫正工作者是指依法参与社区矫正工作的所有人员。

社区矫正工作者是具体从事社区矫正工作的人员。根据2004年5月9日发布的司法部《暂行办法》第12条的规定，社区矫正工作者是对参与社区矫正工作的所有人员的一种统

① 吴宗宪，王金亮等．专家型干警沉淀基层机制研究：上．犯罪与改造研究，2015（2）：71－76．吴宗宪，王金亮等．专家型干警沉淀基层机制研究：下．犯罪与改造研究，2015（3）：40－49．

称，在范围上包括三大类：(1) 司法所工作人员；(2) 有关社会团体的成员；(3) 社会志愿者。这个表述不很准确，还应当包括司法行政机关，特别是县级司法行政机关的工作人员等；“有关社会团体的成员”主要是指这些团体中的社会工作者。

这些年来，各地已经普遍建立了以司法行政部门工作人员为主、社会工作者协助、社会志愿者参与的专兼职人员结合的社区矫正工作者队伍。

二、改革探讨①

(一) 明确区分两类社区矫正工作者

从中国社区矫正工作的特点、未来的发展和理论研究，同时借鉴国际社会的情况来看，可以根据社区矫正工作者的法律身份和职责分工等方面的差别将社区矫正工作者划分为两大类。

1. 社区矫正执法人员

社区矫正执法人员是指在社区矫正中负责刑罚执行事务的国家工作人员。可以使用“社区矫正官”来称呼这类社区矫正工作者。

社区矫正官担负具体的刑罚执法职能，负责办理社区矫正服刑人员的法律手续，负责监督和控制社区矫正服刑人员的行为，落实法律规定的对社区矫正服刑人员的惩罚。社区矫正执法人员所在的机构，就是从事社区矫正工作的刑罚执行机构，可以简称为“社区矫正机构”。

进一步来讲，可以把社区矫正执法人员承担的工作职能划分如下。

(1) 管理职能。这是指社区矫正执法人员依法对服刑人员进行日常管理活动方面的职能。社区矫正执法人员主要是办理有关的法律手续，包括接受、评估、考核、审批、有关活动的安排等。通过办理这些法律手续，实现对社区矫正服刑人员的日常管理。

(2) 惩罚职能。这是指社区矫正执法人员依法对社区矫正服刑人员进行的使其感到不适和痛苦方面的职能。社区矫正执法人员要负责惩罚社区矫正服刑人员，实施规定的对罪犯的惩罚，从而实现社会正义，体现社会公平。

(3) 改造职能。这是指社区矫正执法人员利用多种方法促使社区矫正服刑人员发生积极变化方面的职能。这样的活动使社区矫正服刑人员改恶从善，不再进行危害社会的行为。

(4) 帮助职能。这是指社区矫正执法人员利用多种资源解决社区矫正服刑人员存在的困难和问题方面的职能。

(5) 保护职能。这是指社区矫正执法人员通过管理和监控社区矫正服刑人员而保护社会的职能。在开展社区矫正工作的过程中，社区矫正执法人员要负责监督和控制社区矫正服刑人员的行为，根据社区矫正服刑人员所具有的不同人身危险性，采取相应的管理和监控的活动，以便保护国家、社会和他人的安全，特别是要注意保护犯罪被害人的安全。

2. 社区矫正辅助人员

社区矫正辅助人员是指协助社区矫正执法人员开展有关社区矫正工作的人员。

社区矫正辅助人员的主要职责就是在社区矫正执法人员的组织、领导或者指导下，根

① 吴宗宪．论社区矫正工作人员的种类与名称．中国司法，2005 (12).

据工作职能的划分，对社区矫正服刑人员开展某些方面的工作。从上述对社区矫正执法人员工作职能的论述来看，社区矫正辅助人员的任务主要是协助履行其中的帮助职能，即协助社区矫正执法人员解决社区矫正服刑人员存在的生活困难和就业问题、心理与行为问题、家庭与人际关系问题等。同时，社区矫正辅助人员也可以根据需要，担负部分履行改造职能的工作，对服刑人员开展某些方面的改造活动。当然，他们也可以根据授权进行一定的履行管理职能的工作。

社区矫正辅助人员是除社区矫正官之外的其他社区矫正工作者，可以根据他们的不同情况，将他们进一步划分为不同的类型。

（二）统一社区矫正工作者的名称和种类

为了促进我国社区矫正工作中人员名称和分类的统一，可以从两个方面加以分析和论述。

1. 概括性名称

概括性名称是指用来统称所有参与社区矫正工作的人员的名称。使用这种名称时，泛指一切参与社区矫正工作的人员。在考虑现有使用习惯和工作特点的基础上，可以使用“社区矫正工作者”作为概括性名称。

此外，也可以考虑使用“社区矫正工作人员”的名称。这个名称的含义和社区矫正工作者完全相同。

2. 分类名称

可以根据社区矫正工作人员的法律地位和身份特点，对社区矫正工作人员进行不同的具体分类，使用不同的名称。

（1）社区矫正官

社区矫正官是指在社区矫正中承担执法职能的国家工作人员。可以将“司法助理员”以及一些省（区、市）的社区矫正规范性文件中使用的“专业社区矫正工作者”“专业社区矫正人员”“社区矫正工作者”等名称，统一到这个名称上。

从一些国家的情况来看，它们没有单独的、统一的社区矫正官员这样的人员和名称。在一些国家和地区，有关的社区矫正工作由缓刑官（probation officer）承担；在另一些国家和地区，有关的社区矫正工作由假释官（parole officer）承担；在其他一些国家和地区中，由缓刑官和假释官共同从事社区矫正工作。如果在中国建立统一的社区矫正官队伍，那么，不仅可以在社区矫正中节省刑罚执行资源，避免由多个部门和多种人员从事社区矫正执法工作的混乱现象，还可以从社区矫正执法人员方面，对社区矫正制度的发展作出独特的新贡献。①

（2）矫正社会工作者

矫正社会工作者是指根据一定条件选择并经培训后对社区矫正服刑人员开展相关社会工作的全日制专业人员。可以简称为“社会工作者”或者“社工”。从我国目前的情况来看，他们应当是一些地方成立的、从事社区矫正工作的民办非企业社团中的专门工作人员。他们也是在一些国家和地区中所谓的“准专业人员”的主要部分。随着我国社区矫正工作的开展，这类社区矫正工作者的人数会不断增加，他们开展社区矫正工作的组织形式或者社团，也会逐步建立。

---

① 吴宗宪．论社区矫正官．中国司法，2011（11）．

（3）社区矫正志愿者

社区矫正志愿者是指自愿地为社区矫正工作提供一定服务和帮助的社区居民。可以简称为“志愿者”。

【问题与思考】

1. 什么是刑事执行人员？主要有哪些刑事执行人员？
2. 应当如何对刑事执行人员进行改革？
3. 什么是监狱工作者？
4. 应当如何对监狱工作者进行改革？
5. 什么是社区矫正工作者？
6. 应当如何对社区矫正工作者进行改革？

【推荐参考论著】

1. 吴宗宪．监狱学导论．北京：法律出版社，2012.
2. 吴宗宪主编．社区矫正导论．北京：中国人民大学出版社，2011.
3. 吴宗宪．社区矫正比较研究．北京：中国人民大学出版社，2011.
4. 吴宗宪．罪犯改造论——罪犯改造的犯因性差异理论初探．北京：中国人民公安大学出版社，2007.
5. 吴宗宪．当代西方监狱学．北京：法律出版社，2005.
6. 盛桂英．中国监狱工作人员分类问题探讨．犯罪与改造研究，2003（6）.
7. 力康泰，韩玉胜．刑事执行法学原理．北京：中国人民大学出版社，1998.
8. 金鉴主编．监狱学总论．北京：法律出版社，1997.
9. 杨殿升主编．监狱法学．北京：北京大学出版社，1997.
10. 吴宗宪主编．中国现代化文明监狱研究．北京：警官教育出版社，1996.

第四章 刑事执行对象——罪犯

内容导读

从一定意义上讲，刑事执行是围绕罪犯开展的一系列活动的总称。尽管根据刑法的规定，公司、企业、事业单位、机关、团体等实施犯罪行为的单位也会构成单位犯罪，犯罪单位也会成为刑事执行的对象。但是，刑事执行的典型对象是犯罪后被判处刑罚的自然人。即使在单位构成犯罪的情况下，刑事执行的典型对象仍然是其中实施了犯罪行为的自然人。因此，本章主要论述作为自然人的罪犯及其相关问题。这种意义上的罪犯，是指在实施犯罪后被审判机关依法定罪判刑并且裁判已经生效但是尚未执行完毕的人。在刑事司法活动的不同阶段，人们使用了不同的名称来称呼最后被称为“罪犯”的这群人。对于罪犯的基本看法，构成了罪犯观的内容。科学的罪犯观对于刑事执行工作具有重要指导意义。罪犯有自己的独特的法律地位，其核心内容就是罪犯的权利和义务。在过去，由于没有开展社区矫正工作，所讲的罪犯主要是指监狱中服刑的罪犯。随着社区矫正在中国的进行，社区服刑人员的数量逐渐增加，他们的权利和义务也有不同于监狱罪犯的特点，需要进行专门的论述。

第一节 罪犯概述

一、罪犯的概念

(一) 罪犯及其特征

罪犯是指在实施犯罪后被审判机关依法定罪判刑并且裁判已经生效但是尚未执行完毕的人。

罪犯这个概念具有下列特征。

1. 罪犯是一个法律概念

罪犯是一个重要的法律概念，在相关的很多法律规范中，都使用了“罪犯”这个概念，做出了相关规定。例如，我国刑法第 67 条第 2 款规定：“被采取强制措施的犯罪嫌疑人、被告人和正在服刑的罪犯，如实供述司法机关还未掌握的本人其他罪行的，以自首论。”第 315 条规定：“依法被关押的罪犯，有下列破坏监管秩序行为之一，情节严重的，处三年以下有期徒刑……”第 316 条规定：“依法被关押的罪犯、被告人、犯罪嫌疑人脱逃的，处五年以下有期徒刑或者拘役。劫夺押解途中的罪犯、被告人、犯罪嫌疑人的，处三年以上七年以下有期徒刑；情节严重的，处七年以上有期徒刑。”

刑事诉讼法中也使用了“罪犯”的概念。该法第 264 条第 1 款和第 2 款规定：“罪犯被交付执行刑罚的时候，应当由交付执行的人民法院在判决生效后十日以内将有关的法律文书送达公安机关、监狱或者其他执行机关。对被判处死刑缓期二年执行、无期徒刑、有期徒刑的罪犯，由公安机关依法将该罪犯送交监狱执行刑罚。对被判处有期徒刑的罪犯，在被交付执行刑罚前，剩余刑期在三个月以下的，由看守所代为执行。对被判处拘役的罪犯，由公安机关执行。”第 269 条规定：“对被判处管制、宣告缓刑、假释或者暂予监外执行的罪犯，依法实行社区矫正，由社区矫正机构负责执行。”

监狱法大量地使用了“罪犯”的概念。例如，该法第 1 条规定：“为了正确执行刑罚，惩罚和改造罪犯，预防和减少犯罪，根据宪法，制定本法。”第 3 条规定：“监狱对罪犯实行惩罚和改造相结合、教育和劳动相结合的原则，将罪犯改造成为守法公民。”

近几年来，在一些立法中用“服刑人员”“社区服刑人员”的概念称呼罪犯。例如，司法部 2004 年 3 月 19 日颁布的《监狱服刑人员行为规范》和 2004 年 5 月 9 日发布的《暂行办法》。司法部《暂行办法》第 1 条规定：“为了规范司法行政机关实施社区矫正的工作，提高对社区服刑人员的教育改造质量，维护社会稳定，根据刑法、刑事诉讼法、监狱法和《最高人民法院、最高人民检察院、公安部、司法部关于开展社区矫正试点工作的通知》的有关规定，结合司法行政工作实际，制定本办法。”

2. 罪犯是实施了犯罪的人

实施了犯罪，是罪犯最本质的特征。对于“犯罪”这个概念，不同的学科有不同的理解。在刑法学中，犯罪是指严重危害社会依照法律应受处罚的行为。刑法学的犯罪概念强调犯罪行为的社会危害性、违法性和应受刑事处罚性三个方面的特征。在犯罪学中，犯罪是指严重危害社会的行为。犯罪学的犯罪概念仅仅强调犯罪行为的社会危害性，而不强调违法性和应受刑事惩罚性。由于内涵较少，因此，犯罪学中的犯罪概念的外延更广，大量在刑法学中不认为是犯罪的行为，在犯罪学中都可以被看成是犯罪。但是，不管是根据哪一种学科的理解，罪犯都是进行了严重危害社会的行为的人，这是罪犯成立的最基本前提。如果某人并没有实施严重危害社会的行为，即使被审判机关定罪判刑，也不能认为是真正的罪犯，而是冤假错案的受害人，属于虚假的“罪犯”。因此，“实施了犯罪”这一特征可以将真正的罪犯与虚假的“罪犯”区别开来。

同时，尽管根据刑法规定，单位也可以成为罪犯，但是通常所说的“罪犯”，主要是指自然人罪犯而言的。

3. 罪犯是被审判机关依法定罪判刑的人

罪犯不仅是实施了犯罪的人，而且是经过审判机关依法审判之后被定罪判刑的人。“被审判机关定罪判刑”这个特征，强调三方面的内容。

（1）依法进行审判。罪犯必须是依法接受过审判的人，这是确定某人是否为罪犯的必要条件，也是法治国家在认定犯罪和罪犯方面的必然要求。在法治国家中，任何进行了危害社会行为的公民以及在该国境内的外国人和无国籍人，未经依法进行的审判活动，都不能被确定为罪犯。这里所说的“依法”，主要是指依据宪法以及刑法、刑事诉讼法等相关法律。同时，“依法”也包含着依照法律规定的诉讼程序进行审判活动。在法治国家中，法律规定了详尽的诉讼程序，以便保障审判活动有序、公正、科学地进行，从而保障审判结果的质量，保障审判机关做出某种危害行为是否构成犯罪的正确裁判。如果没有一套科学的诉讼程序，就不可能保障审判活动的科学性和审判机关的质量与准确性。

（2）受到法定审判机关的审判。确定某种危害行为是否构成犯罪的活动，只能是由法律规定的审判机关进行的活动。这是法治国家对于审判活动的基本要求之一。在中国，法律规定有权进行刑事审判和定罪判刑活动的唯一机关，就是各级人民法院。宪法第128条规定：“中华人民共和国人民法院是国家的审判机关。”根据这一规定，只有各级人民法院才有权力进行涉及定罪判刑内容的刑事审判工作，其他一切党派、团体、机构、群众组织或者个人等，都无权进行涉及定罪判刑的刑事审判活动，都不得宣称某种危害行为是否构成犯罪或者进行判定这类行为是否构成犯罪的审判活动。

（3）依法被定罪判刑。罪犯是依照法定程序经过审判后被定罪判刑的人。这里涉及的一个重要问题是，一个人如果变成法律意义上的罪犯，是否需要同时具备被“定罪”和“判刑”这两个条件。毫无疑问，既被定罪又被判刑的人，肯定就是罪犯。那么，仅仅被定罪而没有被判刑的人，是否为罪犯呢？从刑法学理论上讲，被审判机关认定犯了罪的人，也应当是罪犯。不过，对于刑事执行法学而言，由于这门学科研究刑罚执行问题，因此，没有被判处刑罚的罪犯，自然不是它的主要研究对象。不过，随着社区矫正的发展，这类未被判处刑罚的罪犯，也许有可能成为社区矫正的重要工作对象。因此，只要具备了依法被“定罪”的条件，就可以构成罪犯，而不一定要同时具备被“定罪”和“判刑”这两个条件。

4. 罪犯是定罪判刑的裁判已经生效的人

罪犯不仅是被审判机关依法审判和定罪判刑的人，还必须是有罪判决发生法律效力的人。这意味着，只有在审判机关做出的有罪判决产生法律效力时，才能将被定罪判刑的人称为法律意义上的罪犯。在有罪判决生效之前，不能把被定罪判刑人称为罪犯。因此，所谓罪犯，也就是通常所说的“已决犯”，即已经生效的刑事裁判确定其犯有某种罪行的人。

5. 罪犯是有罪裁判尚未执行完毕的人

罪犯只能是有罪裁判已经生效但是尚未执行完毕的人。有罪裁判已经执行完毕的人，不再是罪犯，也不再具有罪犯的法律地位，不履行罪犯的法律义务。在一般情况下[①]，有罪判决已经执行完毕的人，其法律权利得到恢复。正如监狱法第38条规定的：“刑满释放人员依法享有与其他公民平等的权利。”此外，这里所说的“裁判”，是裁定和判决的合称。

---

① 这里仅仅强调是“一般情况下”，而不是在“所有情况下”。这是因为，在一些情况下，包括刑满释放人员在内的有罪判决已经执行完毕的人，实际上并不“享有与其他公民平等的权利”。监狱法的这一规定，虽然反映了良好的愿望，但是并不完全符合实际情况。例如，公务员法第26条规定：“下列人员不得录用为公务员：（一）因犯罪受过刑事处罚的；（二）被开除中国共产党党籍的；（三）被开除公职的；（四）被依法列为失信联合惩戒对象的；（五）有法律规定不得录用为公务员的其他情形的。”这一规定意味着，曾因犯罪受过刑事处罚的就无权成为国家公务员。又如，警察法第26条第2款规定：“有下列情形之一的，不得担任人民警察：（一）曾因犯罪受过刑事处罚的；（二）曾被开除公职的。”

裁定是人民法院在审理案件或者执行判决过程中就某些重大程序问题和部分实体问题做出的一种决定；判决是人民法院在诉讼终结时就案件的实体问题做出的一种决定。

（二）相关概念

与罪犯这个概念相关的，还有几个概念。

1. 犯罪人

犯罪人是指实施了犯罪行为的人。犯罪人是一个主要在犯罪学、犯罪心理学等非规范性学科中使用的概念，也是一个含义宽泛的概念，既不强调其年龄、精神状态等因素，也不强调其危害行为的刑事违法性以及应受刑事处罚性。由于不强调这些方面的特征，因此，从另一种意义上讲，犯罪人也就是进行了严重危害社会行为的人。由此可见，犯罪人这个概念的内涵比罪犯少得多，其外延则比罪犯多得多，罪犯只是犯罪人中的一部分。

不过，在有的法律中也使用犯罪人的概念。例如，刑事诉讼法有两条使用了“犯罪人”的概念。①

2. 犯罪分子

犯罪分子是指实施了刑法规定的犯罪行为的人。“犯罪分子”是中国刑法中使用频率极高的一个术语，也是一个含义极为复杂的术语。尽管犯罪分子是在刑法规范中常用的一个术语，但是，一般来讲，犯罪分子的内涵与外延和“犯罪人”一词是相当的。从刑法规定来看，犯罪分子是一个包括犯罪人、犯罪嫌疑人、刑事被告人、罪犯等多种类型的人员在内的一个混合型术语。在不同的条文中，侧重指其中的一种或几种类型。例如，刑法第 23 条第 1 款规定：“已经着手实行犯罪，由于犯罪分子意志以外的原因而未得逞的，是犯罪未遂。”这里的“犯罪分子”是指通常所说的犯罪人。第 36 条第 1 款规定：“由于犯罪行为而使被害人遭受经济损失的，对犯罪分子除依法给予刑事处罚外，并应根据情况判处赔偿经济损失。”这里的“犯罪分子”似乎是指刑事被告人。第 38 条第 3 款规定：“对判处管制的犯罪分子，依法实行社区矫正。”这里的“犯罪分子”是指罪犯。可以说，犯罪分子这个概念的内涵比罪犯少得多，其外延则比罪犯多得多，罪犯只是犯罪人中的一部分。

此外，在宪法中，也使用了这个术语。宪法第 28 条规定：“国家维护社会秩序，镇压叛国和其他危害国家安全的犯罪活动，制裁危害社会治安、破坏社会主义经济和其他犯罪的活动，惩办和改造犯罪分子。”

3. 犯罪嫌疑人和被告人

犯罪嫌疑人是指涉嫌犯罪并处在侦查和起诉阶段的人。从立法规定和司法实践来看，犯罪嫌疑人主要是在审判阶段之前使用的一个术语，进入审判阶段之后，犯罪嫌疑人被称为“（刑事）被告人”。换言之，刑事被告人是指涉嫌犯罪并处在审判阶段的人。犯罪嫌疑人是刑事法律中常用的法律概念，体现了严格依法办事的原则，贯彻了“无罪推定”的法律精神。经过刑事审判，犯罪嫌疑人和刑事被告人中的一部分会被定罪判刑而变成罪犯。因此，犯罪嫌疑人和被告人这两个概念与罪犯这个概念既有密切联系，又有明确区别。

4. 犯人、人犯、未决犯和被监管人

犯人是指因为犯罪而被监禁的人。在大部分情况下，犯人是指被监禁的罪犯，也就是

① 刑事诉讼法第 110 条第 4 款规定：“犯罪人向公安机关、人民检察院或者人民法院自首的，适用第三款规定。”第 136 条规定：“为了收集犯罪证据、查获犯罪人，侦查人员可以对犯罪嫌疑人以及可能隐藏罪犯或者犯罪证据的人的身体、物品、住处和其他有关的地方进行搜查。”

在监狱和看守所中执行刑罚的罪犯。例如，看守所条例第 17 条第 1 款规定："对已被判处死刑、尚未执行的犯人，必须加戴械具。"因此，犯人的外延要比罪犯小，那些被判处非监禁刑的罪犯，不属于犯人的范畴。犯人是中国过去在监狱系统中使用得很多的术语，原政务院在 1954 年 9 月 7 日发布的劳动改造条例（已失效）中，大多数条文都使用"犯人"的概念，在少数条文中，也使用"罪犯"的概念。[①] 1994 年颁布的监狱法中，统一使用"罪犯"的概念。但是，犯人一词在监狱系统和研究文献中仍然大量使用。同时，在少部分情况下，犯人也包括未决犯，即因为犯罪而被监禁但是尚未定罪判刑的人。因此，在泛指被监禁的罪犯和未决犯时，往往使用"犯人"一词。

人犯是指因犯罪而被监禁但是尚未被定罪判刑的人。这个术语大量用于和看守所有关的领域中，例如，看守所条例第 2 条第 1 款规定："看守所是羁押依法被逮捕、刑事拘留的人犯的机关。"经过审判之后，一部分人犯会变成罪犯，另一部分人犯可能会被无罪释放。因此，人犯的内涵比罪犯少而外延比罪犯大。

未决犯是"已决犯"的对称，是指已受到司法机关刑事追究但尚未经生效裁判确定其犯有某种罪行的人。未决犯大多数因被逮捕或者刑事拘留而处在被监禁状态中。未决犯这个术语的含义，和"人犯"一词很接近。经过审判，未决犯中的一部分会被定罪判刑而变成罪犯。[②]

被监管人是指被羁押在监管机构中的人员。被监管人是一个法律术语，在刑法等立法中使用。例如，刑法第 248 条规定："监狱、拘留所、看守所等监管机构的监管人员对被监管人进行殴打或者体罚虐待，情节严重的，处三年以下有期徒刑或者拘役；情节特别严重的，处三年以上十年以下有期徒刑。致人伤残、死亡的，依照本法第二百三十四条、第二百三十二条的规定定罪从重处罚。监管人员指使被监管人殴打或者体罚虐待其他被监管人的，依照前款的规定处罚。"被监管人既包括犯人，也包括其他被监禁人员，例如，被行政拘留的人员、被民事司法拘留和刑事司法拘留的人员等。罪犯仅仅是被监管人中的一种。

5. 服刑人员和社区服刑人员

服刑人员是指正在执行刑罚的罪犯。在习惯上，人们往往用"服刑人员"称呼在监狱和看守所中服刑的那部分罪犯，特别是用来指在监狱中服刑的罪犯。不过，随着社区矫正工作的进行，也产生了"社区服刑人员"这样的概念。

服刑人员是晚近开始使用的一个术语。其特点是对被称呼者的惩罚和谴责的色彩较少，更多地表现了一种客观描述事实的中性立场，更容易被罪犯所接受。目前，这个术语主要在行政规章、规范性文件以及一些地方性法规中使用。例如，1995 年 9 月 8 日司法部发布的《司法行政机关行政赔偿、刑事赔偿办法》第 5 条规定："司法行政机关的监狱部门及其工作人员在行使职权时，有下列侵犯人身权情形之一的，应当予以刑事赔偿：（一）刑讯逼供或者体罚、虐待服刑人员，造成身体伤害或死亡的……"以后，在最高人民检察院于 2003 年 8 月 20 日发布的《关于进一步做好服刑人员申诉办理工作的通知》、最高人民法院

---

① 劳动改造条例（已失效）第 8 条第 2 款规定："判处徒刑在二年以下、不便送往劳动改造管教队执行的罪犯，可以交由看守所监管。"

② 从严格依法办事和贯彻无罪推定原则来讲，"人犯""未决犯"等概念是不符合法治原则的。刘金林．"决犯、案犯、人犯"称谓不能再出现了．检察日报，2012-01-30 (6).

在2004年6月24日发布的《关于在全国各高、中级人民法院开展减刑、假释工作专项大检查的通知》以及司法部2004年3月19日发布的《监狱服刑人员行为规范》等规范性文件中，都使用了服刑人员的概念。服刑人员是罪犯中的一部分。

社区服刑人员是指在社区中执行刑罚的罪犯。在2003年7月10日发布的两院两部《通知》中，使用了“社区服刑人员”的概念。社区服刑人员是罪犯中的一部分。

6. 受刑人

受刑人是指被审判机关判处刑罚的人。

这个概念的含义与罪犯相同。这是一个在1949年以前的立法以及目前我国台湾地区的立法中比较常用的一个术语。例如，我国台湾地区1979年5月25日发布了《监狱受刑人与眷属同住办法》，2013年1月23日发布了“跨国移交受刑人法”。在新中国成立初期的司法文件中也曾经使用过“受刑人”这一术语。目前，在我国大陆地区的正式文件中不使用这一概念，它主要见于一些学术论著中。

二、罪犯观

罪犯观是对罪犯的基本看法。从目前的认识来看比较合理的对罪犯的基本看法，构成了科学的罪犯观。罪犯观是罪犯法律地位的重要体现，形成、掌握及运用科学的罪犯观，对于恰当地对待罪犯和执行刑罚，都具有重要意义。

在人类历史上，人们对于罪犯的认识，是不断发展变化的。从目前的认识来看，比较合理的罪犯观可以概括为下面6个命题，在这些命题中，包含着如何科学地监管和改造罪犯的具体内容。

（一）罪犯是人

这个观点包含下列方面。

1. 罪犯是普通人

这意味着，罪犯尽管进行了犯罪行为，但是，他们也是人，是人类社会的组成部分，而不是低于人类的低等动物。在犯罪学历史上，曾经有学者认为，一些罪犯是生来犯罪人，是低等动物。例如，意大利犯罪学家龙勃罗梭（Cesare Lombroso，1835—1909）认为，生来犯罪人是通过隔代遗传而在文明社会中重现的原始人、野蛮人和低等动物。① 但是，这种观点没有得到人们的普遍支持，在当代社会中已经被抛弃。当代犯罪学的普遍观点认为，犯罪人也是人，是与大多数人相类似的普通人。

在中国，罪犯是人这种观点，也有很久的历史渊源。例如，在1949年以前共产党控制的根据地中，就已经有很明确的这类观点。1945年12月29日，陕甘宁边区高等法院王子宜院长在《边区司法工作总结》报告中指出：“什么叫犯人？就是普通的人犯了法，犯字下面还有个人字。”②“犯人也是人，我们司法工作者不能把犯人不当人看待。”③

2. 罪犯具有与普通人类似的很多特性

既然罪犯是普通人，那么，他们中的大多数人应具有与普通人类似的情感和情绪，有

① 吴宗宪．西方犯罪学史：第2卷．2版．北京：中国人民公安大学出版社，2010：351.

② 转引自薛梅卿．中国监狱史．北京：群众出版社，1986：340.

③ 同②341.

与普通人类似的物质和精神需要。例如，他们也具有与普通人类似的情感体验和情绪反应，而不是没有喜怒哀乐的“机器人”；他们具有普通人普遍具有的对于充足食物、舒适住所和衣物、释放性能量、适当休息、得到安全感和尊重、获得别人的爱、融入集体并得到集体成员认同等方面的需要。

因此，在监狱管理和罪犯改造等活动中，要树立罪犯的普通人的观念，要认真对待罪犯的情绪和情感，恰当满足罪犯的正当需要。

(二) 罪犯是公民

罪犯虽然犯了罪，但是，他们也是公民。公民就是具有一国国籍并根据该国宪法和法律规定享有权利和承担义务的人。① 在我国，公民国籍的取得主要采取血统原则，即父母双方或者一方为中国公民，子女不论出生在中国或者是外国，都具有中国国籍。对于绝大多数中国人来说，国籍是与生俱来的。同时，在我国刑法中，没有规定剥夺罪犯国籍的刑罚，不管罪犯实施了什么样的犯罪，也不管罪犯被判处了什么样的刑罚，都不能剥夺罪犯的国籍，自然也就不能改变罪犯的公民身份。因此，在中国监狱中，除了少量罪犯是外国人和无国籍人之外，绝大多数罪犯都是中国公民。

既然绝大多数罪犯是公民，那么，他们就享有法律赋予的公民权利，就必须履行法律规定的公民义务，在监狱管理和罪犯改造等活动中，也是如此。监狱机关除了要求罪犯履行法律规定的公民义务和判决要求的公民义务之外，必须保障罪犯的合法权利。在监狱服刑期间，对于仅仅被判处监禁刑的罪犯来说，除了剥夺他们的人身自由权，限制那些为了剥夺他们的人身自由而必须限制的其他权利，换言之，也就是为了保障监狱的监管安全所必须限制的权利之外，罪犯的其他合法权利都应当得到保障。应当依法保护的罪犯权利，不仅有大量的民事权利，也包括很多的政治权利。

对于附加剥夺政治权利的罪犯来说，除了法律明文规定剥夺的权利之外，应当保障他们享有其余的权利。

监狱应该尽可能地提供条件，帮助罪犯实现他们依法享有的权利，而不是千方百计地扩大限制的范围，对罪犯实现其合法权利设置种种障碍。

(三) 罪犯是犯了罪的公民

这个观点包含下列方面。

1. 罪犯是确实进行了犯罪行为的人

从逻辑上讲，真正的罪犯必须是那些确实进行了犯罪行为的人。那些虽然被定罪判刑并在监狱中服刑，但是在实际上并没有实施犯罪行为的人，不是罪犯，而是冤假错案的受害人。对于认为判决可能有错误的被监禁人员，监狱工作者应当提请人民检察院或者人民法院处理他们的问题，避免在监狱中错误关押没有进行犯罪行为的人，预防或者及时纠正冤假错案。考虑到冤假错案在绝大多数社会中都难以完全避免，监狱中有可能存在冤假错案的当事人，因此，在监狱管理中机械地强迫所有罪犯“认罪服法”，甚至进而限制罪犯的申诉等活动，是不合理的。

2. 罪犯是具有犯因性缺陷的公民

罪犯之所以进行犯罪行为，是因为他们存在犯因性缺陷。这是罪犯与其他守法公民的

---

① 浦增元．公民基本权利和义务//中国大百科全书·法学．北京：中国大百科全书出版社，1984：164.

重要差别。所谓“犯因性缺陷”，就是罪犯存在的有助于犯罪心理产生和犯罪行为实施的因素。[①] 罪犯实施犯罪行为，绝不是偶然的，犯罪行为也不是自发产生的。犯罪学、犯罪心理学等学科的研究发现，很多人之所以实施犯罪行为，是因为他们存在一些差异或者缺陷：极少数罪犯有生理方面的缺陷，大部分罪犯则有社会化、心理、行为等方面的缺陷，如道德缺陷、思维模式的缺陷、多种技能缺陷、不良行为习惯等。这些缺陷会促使个人产生犯罪心理和实施犯罪行为，因而具有犯因性作用。

“罪犯具有犯因性缺陷”这个观点对于监狱工作的启发意义在于，罪犯的犯因性缺陷既是罪犯进行犯罪的重要原因，也是在监狱中需要改造的具体目标。改造罪犯并不是一种抽象的观念，也不是一种空洞的说教，而应该是实实在在的矫正罪犯缺陷的具体活动。可以说，改造罪犯就是努力缩小和消除罪犯具有的犯因性缺陷的活动。[②] 由此出发，对于那些不具有犯因性作用的个人缺陷或者差异，没有必要进行改造，否则，不仅会造成资源浪费，而且会加剧罪犯的痛苦，加深罪犯的监狱化程度，增加罪犯进行暴力行为的可能性。[③]

（四）罪犯是被判刑的公民

这个观点包含下列方面。

1. 罪犯是被法院判处刑罚的已决犯

犯罪嫌疑人或者刑事被告人只有在被法院确认有罪并且判处刑罚、判决生效的时候，才能被称之为“罪犯”。在被判处刑罚的判决没有生效时，不得将任何人称为“罪犯”，也不得将任何人作为罪犯对待。

2. 罪犯要受到法律规定的惩罚

对罪犯规定和施加惩罚，既是人类社会中普遍正义的体现，也是现代法治国家的基本做法。因此，对罪犯进行惩罚是不容置疑的。法院判决具体载明了对于罪犯应当给予的法律惩罚，即在判决书中所判处的刑罚。

值得重视的问题是，要准确理解惩罚罪犯的含义。在现代法治国家中，对于罪犯的惩罚要依法进行，罪犯只能受到法律规定的惩罚，而不能遭受法外制裁。对于被判处剥夺自由的监禁刑的罪犯而言，他们所要承受的法律惩罚就是通过监禁方式剥夺他们的人身自由。监禁刑或者自由刑的惩罚性就体现在剥夺自由上，也唯一体现在剥夺自由上。对于被判处剥夺自由刑的罪犯来说，剥夺他们的人身自由，就是刑罚对他们的惩罚，也是对他们唯一的惩罚；除此之外，不得对他们施加任何额外的惩罚，否则，就是违法的。因此，如果在剥夺自由之外给罪犯额外的、更加严厉的惩罚，包括“劳其筋骨，饿其体肤”，强迫罪犯进行“超时间、超体力、超强度”的“三超”劳动，克扣罪犯伙食费，降低罪犯伙食标准等，都超出了监禁刑或者自由刑所包含的惩罚性的范围，是违法的。

在对监禁刑或者自由刑的惩罚边界的认识上，一些国家明确得较早。在 20 世纪 30 年代，英国刑罚改革家亚历山大·帕特森（Alexander Paterson）[④] 就提出了这样的著名格言：

---

① 吴宗宪．罪犯改造论——罪犯改造的犯因性差异理论初探．北京：中国人民公安大学出版社，2007：94.

② 同①219.

③ 同①230－233.

④ 亚历山大·帕特森（Sir Alexander Henry Paterson，1884～1947）是英国刑罚改革家，曾在 1922 年到 1947 年间担任监狱局长（Prison Commissioner），他促进了英国少年矫正制度——博斯特尔制度（Borstal system for juveniles）的改革和一系列其他方面的改革。

“将人们送进监狱就是惩罚，而不是为了惩罚。”① 后来，国际社会中很多监狱方面的重要文献，都接受和肯定了这一观点。例如，美国刑事司法标准与目标全国咨询委员会在 1973 年发表的文件《矫正》中指出：“在理论上，矫正行业已经接受这样的前提，即把人们送进监狱就是惩罚，而不是为了惩罚。”② 目前，这一观点已经成为很多国家在惩罚罪犯问题上的普遍共识，类似的表述在很多论著中可以见到。

在中国，人们对此的认识甚至更早。例如，清末著名的法律改革家沈家本（1840～1913）就曾指出，设置监狱的宗旨是“非以苦人辱人，将以感化人也”；“监狱者，感化人而非苦人辱人者也”③。又如，1939 年 1 月 17 日至 2 月 4 日在延安召开的陕甘宁边区第一届参议会上，陕甘宁边区政府主席林伯渠在《政府工作报告》中指出：“监禁的目的，是使罪犯受到感化教育，而非使其痛苦也。”因此，坚决反对“以为犯人就是应该受‘罪’的歧视态度”④。遗憾的是，在新中国成立之后的很长一段时间中，由于种种因素的影响，这种先进的理念未能深入人心，未能变成监狱工作者的普遍观念。

（五）罪犯是可改造的公民

这个观点包含下列方面。

1. 罪犯是既有缺陷又有优点的人

既然罪犯是人，具有与普通人的相似性，同时，罪犯又是有犯因性缺陷的人，那么，这就意味着，罪犯是既有缺陷又有优点的人。罪犯虽然在一些方面有缺陷，但是，这并不意味着，罪犯在所有方面都有缺陷。实际上，很多罪犯在某些方面与普通公民没有什么差别。例如，很多罪犯尽管对犯罪被害人凶残，但是，对父母却很孝顺，对子女也很疼爱。而且，很多罪犯在一些方面可以说是很优秀的，有比普通人更加突出的才能，而这些突出的才能往往也是他们犯罪的重要条件。例如，从事高科技犯罪的罪犯，往往精通高科技技术，包括计算机、物理学、生物学、化学等方面的知识和技术等。在监狱中，确实存在着一定数量的“五毒俱全”“十恶不赦”的罪犯，但是，更存在着大量既有缺陷也有长处的罪犯。

监狱工作者要以科学的态度对待罪犯的缺陷和才能。监狱工作者既要看到罪犯存在的缺陷和不足，努力改变这些缺陷和不足，又要看到罪犯所具有的突出才能，在监狱管理和罪犯改造中设法利用这些突出才能，引导罪犯把自己的才能用到正当的活动上，利用它们为社会作出贡献。监狱工作者绝不能把所有罪犯都看得一无是处，不能认为所有罪犯都是“坏透了”的社会渣滓。

监狱工作者要克服那种“无知”加“蛮横”的愚蠢态度，既要科学认识自己的身份和优点，也要承认自己在知识方面存在的不足。“监狱工作者”的身份只能增加监狱工作者执法的责任感，而不能自动地增加他们的知识和才能；不能认为具有监狱警察身份之后，就能够自动地变得“无所不知”“无所不能”；不能在监狱管理和罪犯改造工作中不懂装懂，

---

① Norval Morris & David Rothman (eds.). *The Oxford History of the Prison: The Practice of Punishment in Western Society*. New York: Oxford University Press, 1998: 135. 这句话的原文是：“Men are sent to prison as a punishment, not for punishment.”

② National Advisory Commission on Criminal Justice Standards and Goals. *Corrections*. Washington, DC: U. S. Government Printing Office, 1973: 17.

③ 转引自薛梅卿．中国监狱史．北京：群众出版社，1986：199.

④ 同③339.

不能认为在法律身份方面的“优越性”会自发地带来知识技能方面的“优越性”；在涉及知识和科学技术的领域中，要实事求是，对于自己不懂的东西，要向具有知识和才能的罪犯学习，避免蛮横地对罪犯进行“瞎指挥”的不恰当做法。

在监管改造中，监狱工作者既要准确地认识和对待自己，也要科学地认识和对待罪犯。既要帮助罪犯克服缺陷，又要努力发现、尊重和恰当利用罪犯的才能和优点。只有这样，才能赢得罪犯的尊重，也才能调动罪犯的改造积极性，促进罪犯的改造。如果通过监狱工作者和罪犯双方的不懈努力，罪犯身上的犯因性缺陷不断减少、优点和长处不断增多，那么，罪犯就会逐渐变成守法者，改造罪犯的目标就是在这个过程中逐步实现的。有的作者也表达了类似的看法。例如，夏淑云认为：“在改造过程中，有效和有针对性地扼制罪犯的‘恶’性，弘扬和发扬罪犯的‘善’性，使其最终实现弃恶从善，从而完成改造的过程。”①

2. 绝大多数罪犯是可以改造的

理论研究和监狱实践都表明，存在着改造罪犯的可能性：除了极少数罪犯之外，绝大多数罪犯都是可以改造的。从理论上讲，因为绝大多数罪犯并不是坏透了的、不可救药的人，他们身上既有缺陷也有优点，只要矫正缺陷，发展优点，就可以转变他们。对于绝大多数罪犯来说，既存在着社会改造他们的可能性，也存在着他们自身发生转化的可能性。这两种可能性的结合，表明了改造罪犯的现实可能性。

同时，以往的实践也表明，只要工作方法得当，不能改造、“顽固不化”的罪犯终究是很少的。新中国监狱工作的历史表明，大多数罪犯是可以改造的。毛泽东1965年6月11日在华东局会议上的讲话中指出，要坚决相信大多数是好的，95%②以上的人是可以改造的，宣统皇帝、日本战犯都可以改造，日本战犯大多数改造好了，回国以后只有一个反对我们的。③ 这个论断及其所反映的事实表明，绝大多数罪犯是可以改造的。

3. 改造罪犯的目标要通过科学的方法来实现

虽然存在着改造罪犯的现实可能性，但是，如果不使用科学的方法组织改造工作，进行改造活动，不通过艰巨的努力，这种可能性是不会转化为现实的。实际上，老一代国家领导人已经充分注意到了这个问题。例如，毛泽东1964年4月24日在《对公安部党组关于调查处理胡芷芸案件的情况报告的批示》中指出：“人是可以改造的，就是政策和方法要正确才行。”④ 董必武也曾经指出：“大多数人是可以改造的。但是也不能把改造看成是件容易的事情。人的改造是有困难的，应当把它看作是一件艰巨的工作。”⑤

对于监狱工作者来说，究竟什么样的方法是“科学的”方法，则是一个需要进行长期而艰苦的探讨和摸索的问题。一般而言，科学改造罪犯的活动起码包括确立科学的罪犯改造目标、使用科学的罪犯改造方法、组织科学的罪犯改造活动等方面。如果以是否“科学”来衡量，目前监狱工作中的很多观念、规定和做法，都需要重新反思。

---

① 夏淑云．罪犯改造中“以人为本”的几点思考．中国监狱学刊，2008（5）：49.

② 这里的95%应当不是一个统计学的概念，而是毛泽东自己的思维习惯或者思维定势的一种结果，是随口说出的一个数字。毛泽东常用“95%”与“5%”或者“一个指头与九个指头”之类的说法来推断或者估计有关的情况，无论是对于他认为积极的现象，还是对于他认为消极的现象，都多次使用这样的说法。李维民．1955年肃反扩大化的教训．炎黄春秋，2011（2）：59-62. 在这篇文章中提到，“百分之五的指标，造成了许多冤假错案”。

③ 转引自司法部劳改局．毛泽东等老一辈革命家论改造罪犯工作．北京：法律出版社，1993：6.

④ 同③6.

⑤ 同③10.

(六) 罪犯是要回归的公民

这个观点意味着，对于在监狱服刑的罪犯而言，他们中的绝大多数人最终要回到社会上。绝大多数罪犯最终要回归社会，是客观存在的事实。尽管刑法对许多犯罪规定了很长的刑期，法院在审判中对许多罪犯判处了很长的刑期，许多罪犯在监狱中也执行了很长的刑期；但是，即使如此，仅仅因为执行刑罚而自然地老死在监狱中的罪犯的数量是不多的，在监狱服刑期间，由于多种原因而非正常死亡的罪犯的数量也是很少的。除了在监狱服刑期间死亡的罪犯之外，其他所有的罪犯都要以各种形式回到社会上，这些罪犯占罪犯中的绝大多数。目前，全国每年释放的罪犯达到30万人左右，这是一个十分庞大的数字。监狱对于社会的贡献不仅在于安全监管被监禁的罪犯，使其不能再次危害社会，更在于提高罪犯改造质量，让绝大多数被释放的罪犯不再重新犯罪，而能够真正回归社会，融入守法群体中，过上正常的守法生活。

“绝大多数罪犯最终要回归社会”这个观点的启发意义在于：首先，监狱绝不能仅仅根据监管罪犯的需要组织监狱工作，而必须根据预防罪犯释放后重新犯罪的需要组织监狱工作；绝不能从罪犯即将释放时才开始相关的工作，而必须从罪犯刚刚进入监狱时就开始这样的工作。

其次，要通过最恰当的方式让罪犯回归社会。从法律的有关规定和监狱工作的实际情况来看，罪犯回归社会的方式包括刑满释放、赦免释放、假释释放等。研究和实践都表明，假释释放是一种能够有效预防罪犯在释放后重新犯罪的罪犯回归方式。假释考验期向罪犯提供了一个从没有行动自由到享有完全自由之间的过渡阶段，在这个阶段中进行的监督、帮助等工作，能够有效地控制罪犯的违法犯罪行为，能够有效地帮助罪犯解决可能促使他们重新犯罪的困难和问题。因此，监狱机关要努力让那些符合假释条件的罪犯及时通过假释回归社会。

最后，要严把罪犯进入监狱的“入口”。考虑到监狱在改造罪犯方面的积极作用有限，但是在败坏品德、教唆犯罪方面的作用明显，一些犯罪学家甚至认为：“监狱是犯罪的学校，特别是结伙犯罪的学校。”[①] 因此，社会要通过改革立法和调整刑事政策，把好监狱“入口”，避免将那些没有监禁必要的罪犯送进监狱。只有这样，才能最大限度地预防和减少重新犯罪。

三、罪犯类型

(一) 概述

罪犯类型就是根据一定标准区分出来的罪犯种类。

准确地划分罪犯类型，具有重要的意义。

1. 有利于科学认识罪犯

对罪犯进行类型划分，是科学认识罪犯的重要方法和步骤。在对罪犯进行类型划分的过程中，要分析不同罪犯的具体特点，然后根据某种重要特点对罪犯进行归类，将具有类似特点的罪犯聚集到一起，才能完成对于罪犯的分类过程，而这个过程也是深化对于罪犯的认识的过程。一定类型的罪犯，都具有很多类似的特征。了解这些特征，就是认识罪犯

① 龙勃罗梭．犯罪及其原因和矫治．吴宗宪，等译．北京：中国人民公安大学出版社，2009：342.

过程中的重要进展。如果知道特定的罪犯属于某一类型，那么不必做什么具体工作，就可以对该罪犯的类型特征有很多的了解。这可以为更加深入地了解该罪犯，提供很多的帮助和线索。如果在罪犯的类型特征的基础上，进行更多的认识活动，就可以更加深入地了解特定罪犯。科学认识罪犯的过程，就是一个从把握所属类型到认识具体个人的深化过程。在犯罪学史上，对于罪犯和犯罪人类型的划分，是犯罪学研究的重要领域，大大促进了人们对于犯罪现象和犯罪人的科学认识。几乎所有重要的犯罪学家，都进行了犯罪类型学方面的探索，提出了自己的犯罪类型学说。①

2. 有利于恰当管理罪犯

对罪犯进行类型划分，有利于恰当监管罪犯。不同类型的罪犯有不同的特征，如果根据这些特征制定管理制度，开展管理活动，就可以提高管理制度的科学性和管理活动的针对性、合理性，从而可以在管理活动中充分考虑罪犯的需要和问题，更好地满足罪犯共同具有的需要，有效解决罪犯普遍存在的问题，从而大大提高罪犯管理活动的效果。

3. 有利于有效改造罪犯

对罪犯进行类型划分，有利于有效改造罪犯。罪犯改造是一种十分复杂的综合性的工作，只有在充分认识罪犯的基础上，科学使用恰当的方法，才能提高改造工作的成效，而罪犯类型划分工作可以显著促进罪犯改造工作。这是因为：第一，罪犯分类有助于认识罪犯。科学认识罪犯是有效改造罪犯的前提，而罪犯分类为进一步深入全面地认识罪犯个人，提供了重要的基础。第二，罪犯分类有助于增强改造方法的针对性。如果针对某一类罪犯存在的共同需要和普遍问题安排改造工作、组织改造活动，就可以有的放矢地开展相应的改造工作，从而减少改造工作的盲目性。第三，罪犯分类有助于利用群体效应促进改造效果。罪犯改造工作不仅是改造人员与罪犯之间的活动，还包括罪犯之间的相互作用和相互影响。根据罪犯类型开展改造工作，可以利用群体动力学的原理，通过罪犯之间的积极互动、良好影响和经验分享等，促进罪犯改造工作的效果。第四，罪犯分类有利于提高改造人员的工作效率。在实行罪犯分类的情况下，一个改造人员可以同时对具有类似需要和问题的若干罪犯开展改造工作，这可以节省改造人员的人力，提高改造工作的效果。

（二）罪犯的具体类型

罪犯是一个复杂的人群，可以根据不同的标准，对罪犯进行类型划分。

1. 根据人口统计学特征划分

人口统计学特征是指性别、年龄、婚姻、文化、职业、生活地点、民族等进行人口统计时关注和考虑的特征。根据人口统计学特征进行的罪犯分类，是最基本的罪犯分类，也是最早产生的罪犯分类之一，对于理解罪犯的特征有很大的帮助作用。

根据罪犯的性别，可以将他们划分为男犯和女犯。男犯就是男性罪犯，女犯就是女性罪犯。男犯是数量最多的一类罪犯，也是在很多方面十分复杂的一类罪犯。从中国和其他一些国家的情况来看，男犯占罪犯总数的90%左右甚至更多。例如，在美国，1997年州矫正系统中，男犯占罪犯总数的93.7%，女犯占6.3%；在联邦矫正系统中，男犯占92.8%，女犯占7.2%。在绝大多数欧洲国家，根据1998年的统计，男犯所占百分比均超过90%。在澳大利亚，2000年成年男犯占94%。②他们在犯罪类型、人身危险性等方面，都更加复

① 吴宗宪．西方犯罪学史．北京：警官教育出版社，1997：819－872.

② 吴宗宪．当代西方监狱学．北京：法律出版社，2005：66－67.

杂。一般而言，女犯不仅数量少，而且复杂程度也较低。① 在我国，根据最高人民法院披露的信息，在2017年，全国法院判处刑罚的罪犯总数为1 268 985人，其中女犯为118 195人，仅占9.31%，男犯占90.69%。②

根据罪犯的年龄，可以将他们划分为成年犯和未成年犯。成年犯就是在定罪判刑时已经达到成年年龄的罪犯。未成年犯就是在定罪判刑时未达到成年年龄的罪犯。关于成年年龄，不同国家有不同的规定。包括中国在内的很多国家，都把18周岁作为成年年龄。如果考虑性别标准，还可以进一步把成年犯划分为成年男犯和成年女犯，把未成年犯划分为少年犯③和少女犯。成年犯不仅数量众多，而且情况复杂。一般而言，成年犯在罪犯总数中的百分比要高于男犯在罪犯总数中的百分比。例如，根据2004年的统计资料，在中国监狱罪犯中，男犯占罪犯总数的95.13%，而成年犯占罪犯总数的98.59%。另据最高人民法院披露的信息，在2017年，全国法院判处刑罚的罪犯总数为1 268 985人，其中作案时年龄不满18岁的为32 778人，仅占罪犯总数的2.58%。④ 成年犯在犯罪的复杂性和严重性以及人身危险性等方面，都超过未成年犯。有时候，还从成年犯中划分出青年犯，即年龄较轻的成年犯。不过，具体年龄界限不一致。

根据罪犯的婚姻，可以将他们划分为已婚犯和未婚犯。已婚犯是指在定罪判刑时和在服刑期间结婚的罪犯。未婚犯是指定罪判刑时和在服刑期间未结婚的罪犯。婚姻对于个人的成长、成熟以及感情、行为等，都有重大影响。因此，已婚犯和未婚犯在这些方面有一定差别，这类差别对于认识、管理和改造罪犯等都有重要意义。⑤

根据罪犯的文化程度，可以将他们划分为文盲半文盲犯和有文化罪犯。文盲半文盲犯是文化程度极低的罪犯；有文化罪犯是文化程度较高的罪犯。文化程度对于罪犯的很多方面都有重要影响，因此，这种划分对于罪犯管理、教育和改造等工作，都有参考价值。

根据罪犯的职业，可以将他们划分为职务犯和非职务犯。职务犯是指在犯罪之前担任较高职务的罪犯，特别是指担任较高级别的行政职务和管理职务的罪犯。非职务犯就是在犯罪之前未担任管理型职务的罪犯。有时候，还根据罪犯是否有职业以及住所等情况，划分出流窜犯，即没有固定的职业和住所，在不同地方流动作案的罪犯。

根据罪犯的生活地点，可以将他们划分为城镇犯和农村犯。城镇犯就是犯罪之前居住生活在城镇地区的罪犯。农村犯就是犯罪之前居住生活在农村地区的罪犯。

根据罪犯的民族，可以将他们划分为汉族罪犯和少数民族罪犯。这两类罪犯在风俗习惯、生活方式等方面有差异，需要在管理和改造中给予区别对待。

此外，还可以根据罪犯的国籍，将他们划分为国内犯和外籍犯。国内犯是指具有本国国籍的罪犯。外籍犯是指具有其他国家国籍和无国籍的罪犯。

---

① 应当注意的是，在刑事司法实践中，很多时候“女犯”都是指成年女犯，而把未成年女犯划入未成年犯或者少年犯中，以便突出地强调她们所具有的未成年方面的特征，更好地体现对她们的特殊保护。

② 原始数据来自最高人民法院《2017年全国法院司法统计公报》，百分数是引者计算的。[2019-03-05]. http://gongbao.court.gov.cn/Details/c15ac3fd6bd534567eec8e047941eb.html.

③ 在一些文献中，往往用“少年犯”一词泛指所有少年犯，而不仅仅指男性少年犯。对于此种用法，应当注意鉴别。

④ 原始数据来自最高人民法院《2017年全国法院司法统计公报》，百分数是引者计算的。[2019-03-05]. http://gongbao.court.gov.cn/Details/c15ac3fd6bd534567eec8e047941eb.html.

⑤ 应当注意的是，在实践中，未婚犯通常是指从未结婚的罪犯。对于那些曾经结过婚，但是由于离婚、丧偶等原因而处在单身状态的罪犯，一般使用“单身犯”的概念。

2. 根据罪犯服刑场所划分

根据服刑场所，可以将罪犯划分为被监禁犯和非监禁犯。被监禁犯是指被监禁在特定场所中执行刑罚的罪犯。在中国，监禁刑刑罚执行场所主要有两类：一类是监狱，这是专门监禁已决犯的刑罚执行场所，又称为“已决犯监狱”；另一类是看守所，这是监禁未决犯和部分短刑已决犯的专门机关[①]，又称为“未决犯监狱”。由于在中国监狱隶属司法部管理，而看守所隶属公安部管理，因而在监禁犯中还可以根据监禁场所的不同，区分出监狱罪犯和看守所罪犯。

非监禁犯是指被判处和执行非监禁刑的罪犯。其中，还可以根据非监禁刑的特点，区分出两小类罪犯：一类是社区服刑人员，这是指在实施犯罪行为后依法被判处非监禁刑并在社会上接受监管和矫正的罪犯；另一类是其他非监禁犯，包括死刑犯和一次性执行完毕刑罚的财产刑犯（被单独判处罚金的罪犯和被单独判处没收财产的罪犯）。他们的共同特点是在判决后立即执行，既不需要在刑罚执行场所监禁，也不需要在社区中长期监管。

3. 根据罪过形式划分

根据罪犯的罪过形式，可以将他们划分为故意犯和过失犯。故意犯是指因实施故意犯罪而被判处刑罚的罪犯，过失犯是指因其行为构成过失犯罪而被判处刑罚的罪犯。这两类罪犯的社会危险性等方面有区别。

4. 其他分类

除了根据上述标准进行类型划分之外，还可以根据下列标准进行类型划分。

根据罪犯的刑期，可以将他们划分为短刑犯和长刑犯。短刑犯是指被判处较短刑期刑罚的罪犯。由于刑罚较轻，这类罪犯又称为“轻刑犯”。长刑犯是指被判处较长刑期刑罚的罪犯。由于刑罚较重，这类罪犯又称为“重刑犯”。短刑犯和长刑犯的划分没有法律根据，在中国司法实践中，一般把10年作为划分标准，刑期在10年以下的为轻刑犯，刑期在10年以上的为长刑犯。[②] 一些资料证实了对于长刑犯或者重刑犯的这种划分。例如，有作者指出：“我国的重刑犯，即指主观恶性很大，客观危害性很大，犯罪情节严重或特别严重，被判处十年以上有期徒刑或无期徒刑、死刑（本文特指死刑缓期二年执行）的罪犯。”[③] 又如，有媒体报道称：“河南省第一监狱是一所重刑犯监狱，常年押犯4 500人左右，其中原判死缓、无期、10年以上有期徒刑的罪犯占押犯总数的93%以上。”[④]

根据罪犯的犯罪历史，可以将他们划分为偶犯和惯犯。偶犯是偶然进行犯罪行为的人，而惯犯是经常进行犯罪行为并养成犯罪习惯的人。与此相类似的一种划分，是根据犯罪次数将罪犯划分为初犯和累犯。初犯是第一次犯罪的人，累犯是在一定期限内再次犯罪的人。不过，根据这两个标准划分出来的罪犯类型，有一定的交叉。

根据罪犯的犯罪动机，可以将他们划分为贪利型罪犯、性欲型罪犯和权欲型罪犯等。

---

① 根据刑事诉讼法第264条第2款的规定，“对被判处有期徒刑的罪犯，在被交付执行刑罚前，剩余刑期在三个月以下的，由看守所代为执行。对被判处拘役的罪犯，由公安机关执行”。

② 不过，也有人以3年、5年、8年或者10年作为划分短刑犯和长刑犯的标准。公安部1982年2月18日发布的《监狱、劳改队管教工作细则（试行）》第7条第1款规定：“监狱收押反革命犯，判处死刑缓期2年执行、无期徒刑和10年以上（含10年）有期徒刑的其他刑事犯，以及外籍犯、知密犯、女犯。”据此，似乎重刑犯监狱就是关押被判处10年以上监禁刑罚的罪犯。不过，把10年作为划分“重刑犯”和“轻刑犯”的标准，似乎过重。

③ 赵绪明．当前重刑犯的特征简析与管理探讨．中国司法，2006（9）：22.

④ 张海宇，周斌，蔡长春．重刑犯监狱连续31年监管安全．法制日报，2017-04-28（3）.

根据罪犯的犯罪行为的特征，可以将他们划分为暴力型罪犯、智能型罪犯和诈骗型罪犯等。

根据罪犯的健康状态，可以将他们划分为健康罪犯和老弱病残犯。

根据罪犯的犯罪性质，可以将他们划分为杀人犯、伤害犯、贪污犯、盗窃犯等很多种类型。

第二节 监狱罪犯

一、监狱罪犯及其主要特征

监狱罪犯是指在监狱中执行刑罚的罪犯。

监狱是指国家关押和改造被判处监禁刑的罪犯的专门机构。在当代西方国家，监狱又被称为“矫正机构”（correctional institution）或者“矫正所”（correctional facility）等。一般所说的监狱，通常包括已决犯监狱和未决犯监狱。已决犯监狱是监禁已经被判处剥夺自由刑罚的罪犯的机构，未决犯监狱是关押等候审判的犯罪嫌疑人和刑事被告人等的机构。在一些国家，已决犯监狱和未决犯监狱都是由同一个国家机关管理的。在中国，尽管已决犯监狱（监狱）和未决犯监狱（看守所）由不同的国家机关管理，但是，在论述罪犯的法律地位等问题时，监狱罪犯和看守所罪犯应当是没有区别的，这是法制统一的重要体现；在这种情况下，除了特别加以区分的情况外，“监狱罪犯”应当是指所有被监禁的罪犯。这里所说的“监狱”，主要是指由司法行政机关管理的已决犯监狱而言。

一般而言，监狱罪犯具有下列特征。

1. 犯罪严重

监狱罪犯往往是一类实施了严重犯罪的人。被监禁在已决犯监狱中的罪犯所实施的犯罪尤其严重。由于他们实施的犯罪严重，被判处的刑罚较重，刑期较长，因此，要在管理制度严格的监狱中执行刑罚。

2. 危险性大

监狱罪犯是社会危险性较大的一类罪犯。他们的社会危险性突出地表现为侵害社会和他人的可能性，在少数情况下，也包括他们伤害自己的可能性。由于这类罪犯有可能继续或者再次对社会和他人的生命安全和财产等造成损害，因此，要将他们监禁在监管措施严密的国家机构中执行刑罚。这是刑罚的特殊预防作用或者个别预防作用的具体体现。

3. 数量众多

在中国，监狱罪犯是数量众多的一类罪犯。根据2005年年底的统计，中国司法部管理的监狱中服刑的罪犯为156万人①，远远多于社区服刑人员。这种数量分布很不合理，也与很多国家的情况不同。在美国、法国、加拿大、澳大利亚等很多国家，监狱罪犯的数量远

---

① 卢琦．“监狱服刑人员未成年子女基本情况调查”综述．中国监狱学刊，2007（1）：61.

远少于社区服刑人员。[①]

4. 耗费巨大

监狱罪犯耗费的资源要远远大于社区服刑人员。这是因为，将罪犯监禁在监狱中，国家不仅要建造大量的监舍、维持监狱设施的运行、支付监狱工作人员的费用，还要负担罪犯的生活等费用。如果将监狱系统的总的费用开支与罪犯总数相除，那么，每个罪犯的年均费用是很可观的。据粗略估计，目前监狱中每个罪犯的年均费用是 30 000 多元人民币。此外，由于罪犯被监禁，还要耗费其他的大量资源，例如，罪犯家属探监的费用、由于罪犯被监禁而使罪犯家人陷入贫困状态后需要救济的费用等。

二、监狱罪犯的权利

罪犯的权利是指罪犯在监狱服刑期间依法从事有关活动的资格。

（一）一般权利

中国监狱中罪犯享有的法律权利，大体上可以划分为一般权利和特殊权利两类。

罪犯享有的一般权利是指罪犯作为中华人民共和国公民所享有的法律权利。这类权利主要包括以下几类。

1. 人身权利

主要包括下列权利。

（1）生命权。这是指罪犯的生命不受侵害的权利。

（2）健康权。这是指罪犯的身心健康不受侵害的权利。

（3）人格权。这是指罪犯的人格尊严不受侵犯的权利。其中包括姓名权、肖像权、名誉权、荣誉权等。但是，为了保证监管场所的安全，其中的隐私权会受到很大的限制。

（4）身份权。这是罪犯的有关法律身份不受侵害的权利。例如，他们对于家庭成员的亲权、对于未成年子女的监护权等，受到法律保护。

（5）婚姻权。这是指罪犯缔结和维持婚姻关系的权利。在不危害监管安全的前提下，罪犯具有恋爱、结婚和保持与配偶的婚姻关系的权利。

2. 财产权利

罪犯的财产权利是指监狱保障罪犯的合法财产不受侵犯的权利。罪犯财产权利包括很多方面，例如，罪犯对于在入监时携带的合法财物的财产权、罪犯对于所接受别人赠与的合法财产的财产权、罪犯对于所获得的劳动报酬的财产权以及罪犯在服刑期间对其他合法财产享有的所有权、债权、继承权和知识产权等。

3. 政治权利

罪犯的政治权利是指罪犯享有的参与国家管理和公共事务的权利。根据刑法第 54 条，政治权利包括：（1）选举权和被选举权；（2）言论、出版、集会、结社、游行、示威自由的权利；（3）担任国家机关职务的权利；（4）担任国有公司、企业、事业单位和人民团体领导职务的权利。对于被判处剥夺政治权利的罪犯来说，他们在服刑期间不享有上述权利。对于在审判时没有被剥夺政治权利的罪犯来说，他们在监狱服刑期间，除了不能行使那些与剥夺行动自由相冲突的政治权利之外，仍然享有其余的政治权利。

---

① 吴宗宪．关于社区矫正若干问题思考．中国司法，2004（7）：60－64．

4. 其他权利

（1）批评权。这是指罪犯对于国家机关和国家工作人员的不当行为提出批评的权利。

（2）建议权。这是指罪犯对于国家机关和国家工作人员的工作提出自己的主张的权利。

（3）控告权。这是指罪犯对于国家机关和国家工作人员的违法失职行为，特别是国家司法机关及其工作人员的违法渎职行为，向有关国家机关提出控告的权利。

（4）检举权。这是指罪犯对于国家机关和国家工作人员的违法失职行为，特别是国家司法机关及其工作人员的违法渎职行为，向有关国家机关提出检举的权利。

（二）特殊权利

罪犯享有的特殊权利是指与罪犯在监狱中服刑的特殊身份有关的法律权利。在这些权利中，一些权利是只有那些具有在监狱服刑的罪犯这种特殊身份者才拥有的法律权利，另一些权利则是因在监狱服刑的状态而需要特别强调的法律权利。

根据监狱法等立法的规定，在监狱服刑的罪犯所享有的特殊权利主要包括以下几项。

（1）辩护权。这是指服刑罪犯在诉讼中获得辩护的权利。罪犯可以自己行使这项权利，也可以委托他人行使这项权利。

（2）申诉权。这是指罪犯对生效的判决不服时向检察院或者法院提出申诉的权利。

（3）携带生活必需品入监权。这是指罪犯在入监时携带必要的生活必需品并在监狱使用的权利。

（4）通信权。这是指罪犯在服刑期间与他人通信的权利。

（5）会见权。这是指罪犯在监狱服刑期间按照规定会见亲属和监护人的权利。

（6）接受合法钱物权。这是指罪犯在监狱服刑期间接受外面的物品和钱款的权利。当然，接受物品要经过必要检查，使用物品和钱款要服从监狱的管理规定。

（7）获得必要生活保障权。这是指罪犯在监狱服刑期间获得必要的生活保障的权利。国家要给罪犯提供生活费，保证罪犯能够吃到达到营养标准、符合卫生条件的食物；要给罪犯提供衣服和被褥，保证罪犯在不同季节获得符合需要的被服供应；要给罪犯提供坚固、通风、透光、清洁、保暖的居住监舍；要给罪犯设立医疗机构，为罪犯提供必要的生活、卫生设施，建立罪犯生活、卫生制度；要照顾少数民族罪犯的特殊生活习惯。

（8）受教育权。这是指罪犯在监狱中服刑期间接受教育的权利。罪犯接受的教育分为思想教育、文化教育和职业技术教育。

（9）文体娱乐权。这是指在监狱中服刑的罪犯参加适当的文化娱乐和体育活动的权利。

（10）休息权。这是指在监狱中服刑的罪犯获得适当休息的权利。其中，参加劳动的罪犯，其劳动时间要参照国家有关劳动工时的规定执行；所有罪犯有在法定节假日和休息日休息的权利。

（11）获得劳动报酬和劳动保护权。这是指参加劳动的罪犯获取劳动报酬和劳动保护的权利。

（12）伤亡补偿权。这是指罪犯在劳动中致伤、致残或者死亡时参照国家劳动保险的有关规定获得补偿的权利。

（13）减刑权。这是指罪犯在刑罚执行过程中依照法律规定减轻其刑罚或者免除一部分刑罚的权利。

（14）假释权。这是指在监狱中服刑的罪犯在执行一定刑期后依照法律规定附条件地提前释放的权利。

（15）按期释放权。这是指在罪犯服刑期满时监狱必须按期释放的权利。

（16）特殊罪犯的特别权利。这是指未成年犯、女犯和少数民族罪犯等特殊罪犯依法享有的权利。例如，未成年犯享有的多种特别权利；女犯享有的同性别警察人身检查权（女性罪犯在入监接受人身检查时只能由女性监狱警察进行检查的权利）和同性别警察管理权；少数民族罪犯在生活方面享有的特别权利等。

三、监狱罪犯的义务

监狱罪犯的义务是指罪犯在服刑期间依法必须进行一定行为或者不得进行一定行为的约束。

中国监狱中罪犯必须履行的义务，大体上可以划分为一般义务和特殊义务两类。

罪犯的一般义务是指罪犯作为中华人民共和国公民所必须履行的法律义务。这类义务主要包括下列方面。

（1）遵守宪法和法律的义务。

（2）维护国家统一和民族团结的义务。

（3）爱护公共财物的义务。

（4）尊重社会公德的义务。

（5）依法纳税的义务。

（6）婚姻家庭义务。包括维系婚姻关系的义务、夫妻双方实行计划生育的义务、父母抚养教育未成年子女的义务、成年子女赡养扶助父母的义务等。

罪犯的特殊义务是指与罪犯在监狱中服刑的特殊身份有关的法律义务。这类义务主要包括下列方面。

（1）执行国家刑事裁判的义务。①

（2）遵守监规纪律的义务。

（3）服从监狱人民警察依法管理的义务。

（4）服从监管的义务。

（5）接受改造的义务。

（6）接受思想、文化和技术教育的义务。

（7）有劳动能力的罪犯参加劳动的义务。

（8）接收钱物须经监狱批准、检查的义务。

---

① 一些著作认为罪犯有“服从国家刑事裁判的义务”，并认为这种服从包括形式上的服从和思想上的服从。这种观点影响广泛，但是有必要认真研究。这种完全的服从，是以刑事裁判全部正确为前提的。要求罪犯完全服从全部正确的裁判，是合理的。但是，要做到所有裁判全部正确是不可能的，监狱中存在冤假错案是必然的。通过努力可以减少冤假错案的数量，但是不可能消灭冤假错案。这是根据唯物辩证法得出的一般结论，也是被实践证明站得住脚的观点。因此，可以要求罪犯在行为上服从裁判和执行裁判，但是，难以要求所有罪犯在思想上服从裁判，也不能以服从裁判为由限制罪犯行使申诉权。

第三节　社区服刑人员

一、社区服刑人员的含义

社区服刑人员是指因实施犯罪行为而被判刑后在社区中接受矫正的罪犯。

从有关文献来看，除了“社区服刑人员”这个概念之外，人们还使用“犯罪分子”（刑法、刑事诉讼法规定中的用语）、“罪犯”、“社区矫正对象”、“社区矫正人员”[①]等概念称呼这部分人员。在这些概念中，“社区服刑人员”的概念具有较大的合理性，并且得到广泛认可。

根据2003年两院两部《通知》的规定和社区矫正实践，我国的社区服刑人员有5类：（1）被判处管制的罪犯，可以简称为“管制犯”；（2）被宣告缓刑的罪犯，可以简称为“缓刑犯”；（3）被暂予监外执行的罪犯，可以简称为“监外执行犯”；（4）被裁定假释的罪犯，可以简称为“假释犯”；（5）被剥夺政治权利并在社会上服刑的罪犯，可以简称为“剥权犯”。但是，在2011年修订刑法时，未将剥夺政治权利刑罚纳入社区矫正的范畴，因此，上述的最后一类罪犯，不属于社区矫正的范围。在2012年修订刑事诉讼法时，也做了同样的处理。

从目前中国社区矫正的实践来看，根据社区服刑人员的罪行等情况，可以将上述5类社区服刑人员分为3类。[②]

第一类是罪行比较轻微、被审判机关判处具有一定特点的非监禁刑的罪犯。缓刑犯、管制犯就属于这种类型。所谓“具有一定特点”，主要是指这类非监禁刑的执行需要一定时间（而不是立即执行完备）[③]，在此期限内，被判刑人员要接受社区矫正机构的监督管理和开展其他相关工作。

第二类是虽然罪行严重，但是经过改造社会危险性大大降低的罪犯。假释犯以及剥权犯就属于这类情况。

第三类是有其他特殊情况的罪犯。这主要是指监外执行犯。他们所具有的特殊情况具体包括3种：（1）有严重疾病而被保外就医；（2）怀孕或者正在哺乳自己婴儿；（3）生活不能自理、不致危害社会而被适用暂予监外执行。

在上述3类罪犯中，第一类和第二类是社区矫正的主要对象，第三类属于社区矫正对象中的特殊情况。

---

① 两院两部《实施办法》第1条等。方艳．社区矫正人员可以外出务工．法制时报，2007-07-03（4）．

② 吴宗宪．刑事执行法学．北京：中国人民大学出版社，2007：114．

③ 一次执行完毕、不需要在社区中对被判刑人实行监督的罚金刑等非监禁刑，不属于社区矫正的范畴。

二、社区服刑人员的特征

社区服刑人员的特征是指社区服刑人员区别于其他人员的特点。这里所讲的“其他人员”，既包括其他的守法公民，也包括其他的服刑人员。

社区服刑人员的特点大体上可以分为两个方面。

（一）社区服刑人员的法律特征

社区服刑人员的法律特征是指社区服刑人员在法律上区别于其他人员的特点。

从法律方面来看，社区服刑人员具有下列特征。

1. 实施了犯罪行为

社区服刑人员是实施了犯罪行为的自然人。这是社区服刑人员与守法公民的基本区别，也是社区服刑人员与一般违法者的重要区别。如果个人没有实施犯罪行为，就不应当成为社区服刑人员。同样，个人虽然进行了一些违法行为，但是，这些违法行为的违法程度较轻，没有达到构成犯罪的程度，那么，他们也不应当成为社区服刑人员。例如，因为进行违法行为而受到治安管理处罚的违法者，就不属于社区服刑人员。通常而言，社区服刑人员实施的犯罪行为，大多数是罪行比较轻微的犯罪行为。

2. 被判处一定刑罚

社区服刑人员是被判处一定刑罚的罪犯。在对社区服刑人员所判处的刑罚中，大多数是比较轻微的刑罚。对犯罪人判处比较轻微的刑罚，既表明他们的犯罪行为本身比较轻微，也表明犯罪人的社会危险性较小，这是对他们实行社区矫正的重要原因。同时，对于少数社区服刑人员来讲，虽然对他们原来判处的刑罚较重或者很重，但是，在监狱的服刑经历表明他们已经得到改造，社会危险性大大减弱，将他们转移到社会上服刑，不会对社会构成危害。

3. 在社区执行刑罚

社区服刑人员是在社区中执行刑罚的罪犯。

社区是进行一定社会活动、具有某种互动关系和共同文化维系力的人类群体及其活动领域。从这个概念可以看出，社区是一个兼指人群和地域两大因素的概念。简言之，社区就是具有一定关系的人们共同生活的区域。社会学家们已经将我国当前的社区划分为 4 类：第一类是城市社区，指在特定的区域内，由从事各种非农业劳动的密集人口所组成的社会；第二类是农村社区，指居民以从事农业生产为主要谋生手段的区域社会；第三类是小城镇（集镇）社区，指兼具有农村和城市特点的区域社会；第四类是城乡联合社区，这是城市与乡村相结合而产生的区域社会，主要表现为市带县的法定社区。例如，在一些地方，某个城市还管辖着若干个县，从而形成了一个城乡联合社区。① 据统计，目前全国有 8.7 万个城市社区、59.5 万个建制村（社区）。②

从我国社区矫正的实践来看，在社区服刑人员中，既有在城市社区、小城镇社区服刑的人员，也有在农村社区和城乡联合社区服刑的人员。不管在什么类型的社区中服刑，社区服刑人员都有很大的行动自由，他们往往居住在自己的家庭或者其他住所中，在社区中

---

① 郑杭生．社会学概论新修．3 版．北京：中国人民大学出版社，2003：275.

② 人民法院报，2011-11-07（8）.

生活，在社区中从事自己的工作或者学习。因此，在社区中执行刑罚，是社区服刑人员与监狱服刑人员的根本性区别。

同时，在社区中执行刑罚这一特征，也将社区服刑人员与其他具有某些类似特征的人员区别开来。例如，在社区中，尽管对社区服刑人员也进行帮困扶助工作，但是，他们不同于接受类似的帮困扶助的刑满释放人员（这类人员简称为“刑释人员”）。刑释人员虽然也生活在社区中，也从事一些类似的活动，但是，他们都不是在社区中执行刑罚的人员。

（二）人口统计学特征

社区服刑人员的人口统计学特征是指对社区服刑人员进行统计学研究时关注和考察的相关特征。人口统计学（demographic statistics）是阐述搜集整理反映人口现象的状态、变动过程及其与社会经济发展的数量关系的学科。在进行这类研究时，通常要考察人口的性别、年龄、文化程度、婚姻状况、家庭情况等方面的指标。利用这些指标对社区服刑人员进行统计学研究，就可以发现社区服刑人员的人口统计学特征。

目前由司法部进行的社区服刑人员统计，包含了一些人口统计学信息，从这些特征中可以看出社区服刑人员的一些人口统计学情况。

1. 性别

性别是指男女两性的区别。在社区服刑人员中，男性和女性的数量有巨大的差别，这种差别构成了社区服刑人员的性别特征。司法部的统计资料表明，在社区服刑人员中，男性社区服刑人员占绝大多数（90%）以上，而女性社区服刑人员数量很少（8%左右）（参见表4-1）。

表4-1　我国社区服刑人员的性别构成①

统计时间	男性		女性	
	数字	百分数	数字	百分数
2007年12月底	96 017	91.6%	8 823	8.4%
2008年6月底	109 076	92.0%	9 453	8.0%
2009年3月底	150 675	92.0%	13 038	8.0%
2010年10月底	242 361	91.9%	21 461	8.1%
2011年9月底	326 745	91.5%	30 397	8.5%
2012年3月底	392 943	91.6%	36 267	8.4%
2013年11月底	602 973	90.3%	64 497	9.7%
2014年11月底	657 590	90.0%	73 158	10.0%
2015年11月底	629 851	89.4%	74 420	10.6%
2016年11月底	618 451	89.0%	76 392	11.0%
2017年1月底	625 303	89.0%	77 405	11.0%

2. 年龄

年龄是一个人从出生时起到计算时止的生存时间长度。年龄通常用年岁来表示。社区服刑人员在年龄结构方面的差别，构成了社区服刑人员的年龄特征。

从我国社区服刑人员的情况来看，社区服刑人员中青壮年人占绝对多数，而不满18周岁的未成年社区服刑人员和60岁以上的老年社区服刑人员较少（参见表4-2）。

① 根据司法部社区矫正管理局的统计资料编制。

表 4-2　　我国社区服刑人员的年龄构成①

统计时间	未满 18 岁		18～45 岁		46～60 岁		61 岁以上	
	数字	百分数	数字	百分数	数字	百分数	数字	百分数
2007 年 12 月底	5 728	5.5%	78 886	75.2%	17 654	16.8%	2 572	2.5%
2008 年 6 月底	6 133	5.2%	87 532	73.9%	21 494	18.1%	3 370	2.8%
2009 年 3 月底	7 596	4.6%	122 734	75.0%	28 486	17.4%	4 897	3.0%
2010 年 10 月底	7 670	2.9%	199 227	75.5%	48 301	18.3%	8 624	3.3%
2011 年 9 月底	10 381	2.9%	268 757	75.3%	66 227	18.5%	11 777	3.3%
2012 年 3 月底	11 637	2.7%	319 006	74.3%	84 078	19.6%	14 489	3.4%
统计时间	18 周岁以下		19～45 周岁		46～60 周岁		61 周岁以上	
	数字	百分数	数字	百分数	数字	百分数	数字	百分数
2013 年 11 月底	20 187	3%	494 121	74%	131 180	19.7%	21 982	3.3%
2014 年 11 月底	20 757	2.8%	536 626	73.5%	147 957	20.2%	25 408	3.5%
2015 年 11 月底	13 767	2%	511 763	72.7%	151 585	21.4%	27 156	3.9%
2016 年 11 月底	12 266	1.8%	495 045	71.2%	157 238	22.6%	30 294	4.4%
2017 年 1 月底	12 546	1.8%	498 231	70.9%	160 703	22.9%	31 228	4.4%

3. 文化程度

社区服刑人员的文化程度是指社区服刑人员接受文化教育的程度。在一般情况下，往往是指社区服刑人员接受系统的学历教育的程度。

犯罪学的研究一般认为，犯罪人的平均文化程度要低于守法公民，文化程度普遍较低是个人进行犯罪行为的重要因素。有关社区服刑人员文化程度的统计资料证实了这一点（参见表 4-3）。从表 4-3 中可以看出，初中以下文化程度的社区服刑人员占社区服刑人员总数的大多数（75%左右）。

表 4-3　　我国社区服刑人员的文化程度②

统计时间	小学以下		初中		高中		大专以上	
	数字	百分数	数字	百分数	数字	百分数	数字	百分数
2010 年 10 月底	57 026	21.6%	142 158	53.9%	46 766	17.7%	17 872	6.8%
2011 年 3 月底	66 227	21.8%	162 122	53.5%	54 216	17.9%	20 669	6.8%
2011 年 9 月底	81 013	22.7%	189 318	53.0%	60 597	17.0%	26 214	7.3%
2011 年 12 月底	91 532	22.9%	214 841	53.6%	67 316	16.8%	26 693	6.7%

统计时间	初中及以下		高中		大专以上	
	数字	百分数	数字	百分数	数字	百分数
2013 年 11 月底	498 313	74.7%	120 799	18.1%	48 358	7.2%
2014 年 11 月底	542 490	74.2%	132 844	18.2%	54 414	7.6%
2015 年 11 月底	514 289	73.0%	131 005	18.6%	58 977	8.2%
2016 年 11 月底	501 429	72.2%	130 685	18.8%	62 729	9%
2017 年 1 月底	505 519	71.9%	132 661	18.9%	64 528	9.2%

① 根据司法部社区矫正管理局的统计资料编制。

② 根据司法部社区矫正管理局的统计资料编制。

4. 户籍特征

户籍的本来含义是户籍管理机关以户为单位登记本地区内居民的小册子，转指作为本地区居民的身份。这里所讲的“户籍”，是指社区服刑人员户口所在地。在传统社会中，户籍所在地往往也是个人生活的地方或者称为“常住地”。不过，在市场经济条件下，由于人口流动的加剧，出现大量的人户分离现象——户籍所在地与常住地不一致的现象。但是，户籍特征仍然可以在一定程度上表明个人的身份特征。

从我国社区服刑人员的户籍特征来看，具有农村户籍的社区服刑人员的数量要多于具有城市户籍的社区服刑人员（参见表4-4）。

表4-4　　我国社区服刑人员的户籍特征①

统计时间	农村户籍		城镇户籍	
	数字	百分数	数字	百分数
2007年12月底	61 045	58.2%	43 795	41.8%
2008年6月底	70 992	59.9%	47 537	40.1%
2009年3月底	104 307	63.7%	59 406	36.3%
2010年10月底	182 479	69.2%	81 112	30.7%②
2011年9月底	253 564	71.0%	103 356	28.9%
2012年3月底	308 827	71.9%	120 137	28.0%③

统计时间	其他		农村户籍		城镇户籍	
	数字	百分数	数字	百分数	数字	百分数
2013年11月底	485	0.1%	485 685	72.8%	181 300	27.2%
2014年11月底	705	0.1%	531 859	72.8%	198 343	27.1%
2015年11月底	561	0.1%	508 621	72.2%	195 089	27.7%
2016年11月底	630	0.1%	497 648	71.6%	196 565	28.3%
2017年1月底	536	0.1%	502 610	71.5%	199 562	28.4%

5. 职业情况

职业情况是指社区服刑人员在犯罪前从事一定职业的情况。对于成年人而言，职业就是个人在社会中从事的作为主要生活来源的工作；对于未成年人而言，职业就是为以后从事真正的职业进行准备的工作，在通常情况下，未成年人的职业就是在学校中进行的学习。

从统计资料来看，在我国社区服刑人员中，大部分社区服刑人员是有职业的人员（77%以上），少部分社区服刑人员是没有职业的人员（20%多一些），只有极少数社区服刑人员是在校学生（1.5%左右）（参见表4-5）。

① 根据司法部社区矫正管理局的统计资料编制。

② 2010年10月底的统计中，还出现外国籍和我国香港台湾籍等社区服刑人员，有231人，占0.1%。

③ 2012年3月底的统计中，还出现外国籍和我国香港台湾籍等社区服刑人员，有246人，占0.1%。

表 4-5　我国社区服刑人员的职业情况①

统计时间	在校就读		无业		就业	
	数字	百分数	数字	百分数	数字	百分数
2010 年 10 月底	3 704	1.4%	54 664	20.7%	205 454	77.9%
2011 年 3 月底	4 451	1.4%	64 635	21.4%	234 148	77.2%
2011 年 9 月底	5 061	1.4%	74 450	20.8%	277 631	77.8%
2012 年 3 月底	9 351	2.2%	88 896	20.7%	330 963	77.1%
2014 年 11 月底	12 503	1.8%	154 959	21.2%	563 286	77.0%
2015 年 11 月底	9 844	1.4%	147 159	20.9%	547 268	77.7%
2016 年月底	9 639	1.4%	145 977	21%	539 227	77.6%
2017 年 1 月底	10 221	1.5%	148 767	21.2%	543 720	77.3%

三、社区服刑人员的权利和义务

（一）概述

社区服刑人员的权利是指社区服刑人员在社区矫正期间依法从事有关活动的资格。社区服刑人员的义务是指社区服刑人员在社区矫正期间依法必须承担的责任。

社区服刑人员作为罪犯的一种类型，其法律权利和义务与监狱罪犯有很多共同点，同时，社区服刑人员的法律权利和义务也有自己的特点。

与监狱罪犯相比，社区服刑人员权利的特点主要表现如下。

（1）社区服刑人员完全享有监狱罪犯所享有的一般权利。毫无疑问，社区服刑人员是中华人民共和国公民，他们当然享有作为公民而依法享有的法律权利。当然，依法被剥夺政治权利的罪犯除外。由于这两类罪犯的一般权利是相同的，因而无须特别论述社区服刑人员的一般权利。

（2）社区服刑人员享有的法律权利范围更加广泛。这是因为，社区服刑人员享有行动自由，他们不会丧失或者停止行使监狱罪犯因为没有行动自由而无法享受的那些权利。

（3）社区服刑人员能够更好地实现自己的法律权利。由于社区服刑人员享有行动自由，他们可以更好地通过自己的行动或者更方便地利用社会资源，行使自己的法律权利。

与监狱罪犯相比，社区服刑人员义务的特点主要表现如下。

（1）社区服刑人员同样要履行监狱罪犯所要履行的一般义务。这是社区服刑人员作为中华人民共和国公民而产生的必然结果。由于这两类罪犯的一般义务是相同的，因而无须特别论述社区服刑人员的一般义务。

（2）社区服刑人员履行的特殊义务更少。监狱罪犯所必须履行的那些与监禁有关的义务，社区服刑人员不必履行。这是由他们的刑罚和刑罚执行特点决定的。

（3）社区服刑人员能够更好地履行自己的义务。由于社区服刑人员享有行动自由，他们可以更好地通过自己的行动或者更方便地利用社会资源，履行自己的法律义务。

（二）社区服刑人员的特殊权利

社区服刑人员享有的特殊权利是指与在社区中服刑的特殊身份有关的法律权利。

① 根据司法部社区矫正管理局的统计资料编制。

根据宪法、刑事诉讼法、监狱法等立法的规定，社区服刑人员所享有的特殊权利主要包括以下几项。

(1) 辩护权。这是指社区服刑人员在诉讼中获得辩护的权利。社区服刑人员可以自己行使这项权利，也可以委托他人行使这项权利。

(2) 申诉权。这是指社区服刑人员对生效的判决不服时向检察院或者法院提出申诉的权利。

(3) 受教育权。这是指社区服刑人员在服刑期间接受教育的权利。

(4) 文体娱乐权。这是指社区服刑人员参加适当的文化娱乐和体育活动的权利。

(5) 休息权。这是指社区服刑人员获得适当休息的权利。

(6) 伤亡补偿权。这是指社区服刑人员在刑罚执行机构组织的劳动中致伤、致残或者死亡时参照国家劳动保险的有关规定获得补偿的权利。

(7) 减刑权。这是指社区服刑人员在刑罚执行过程中依照法律规定减轻其刑罚或者免除一部分刑罚的权利。

(8) 按期解除社区矫正权。这是指在社区服刑人员服刑期满时社区矫正机构必须按期解除社区矫正的权利。

应当指出，由于中国的社区矫正处在发展初期，有关立法和制度正在形成之中，因而更为详细的社区服刑人员权利的内容，需要在以后的发展中加以明确和完善。

(三) 社区服刑人员的特殊义务

社区服刑人员的特殊义务是指与他们在社区中服刑的特殊身份有关的法律义务。这类义务因社区服刑人员的种类的不同而有一定区别。不过，一般而言，所有社区服刑人员都要遵循下列基本的法律义务。

(1) 遵守法律、行政法规和社区矫正的有关规定的义务。

(2) 服从社区矫正工作者的监督管理的义务。

(3) 定期报告自己的活动情况的义务。

(4) 未经批准，不得行使言论、出版、集会、结社、游行、示威自由的权利的义务。

(5) 离开所居住的市、县或者迁居，应当报告司法所，并经公安机关批准的义务。

(6) 遵守人民法院在判决中确定的禁止令的内容。

这些法律义务的共同特征是，对社区服刑人员的行动自由进行一定限制。这种限制是对社区服刑人员的法律惩罚的重要体现。

【问题与思考】

1. 什么是罪犯？罪犯有哪些特点？
2. 与罪犯相关的概念有哪些？它们与罪犯概念的关系如何？
3. 什么是罪犯观？罪犯观的具体内容有哪些？
4. 什么是罪犯类型？划分罪犯类型有什么意义？
5. 什么是监狱罪犯？他们的主要特征是什么？
6. 监狱罪犯的权利有哪些？
7. 监狱罪犯的义务有哪些？
8. 什么是社区服刑人员？他们的主要特征是什么？
9. 如何理解社区服刑人员的权利和义务？

【推荐参考论著】

1. 吴宗宪．监狱学导论．北京：法律出版社，2012.
2. 吴宗宪主编．社区矫正导论．北京：中国人民大学出版社，2011.
3. 吴宗宪．西方犯罪学史．2版．北京：中国人民公安大学出版社，2010.
4. 韩玉胜主编．刑事执行法学研究．北京：中国人民大学出版社，2007.
5. 吴宗宪．当代西方监狱学．北京：法律出版社，2005.
6. 侯国云主编．刑罚执行问题研究．北京：中国人民公安大学出版社，2005.
7. 兰洁主编．监狱学．北京：中国政法大学出版社，1999.
8. 力康泰，韩玉胜．刑事执行法学原理．北京：中国人民大学出版社，1998.
9. 金鉴主编．监狱学总论．北京：法律出版社，1997.
10. 杨殿升主编．监狱法学．北京：北京大学出版社，1997.

第五章 刑事执行监督

内容导读

刑事执行监督是指检察机关对已经发生法律效力的刑事判决或者裁定的执行以及刑事执行机关相关活动是否合法进行审查，督促刑事执行机关及其工作人员纠正违法行为的活动。从监督范围来看，刑事执行监督包括对刑罚执行、诉讼羁押等在内的人身罚措施的监督，本章所指的刑事执行监督是刑罚执行的监督。① 刑事执行监督是保证正当行使国家制裁权的重要制度，也是实现刑罚目的和维护罪犯合法权益的基本保障。从监督主体来看，刑罚执行监督包括立法监督、司法监督和群众监督；检察机关的监督属于其中的司法监督。作为保证行刑机制正当运行的常规力量，这一监督至为重要。从监督过程来看，刑事执行监督可以分为事前监督、事中监督、事后监督。此外，可根据程序性质分为行使启动再审程序权、抗诉权、提出检察建议权；可根据执行方式兼及刑种分为监禁刑执行监督、社区矫正及监外执行监督、财产刑执行监督和死刑监督。本章主要依据最后一种分类论述。

第一节 概述

一、刑罚执行监督的概念与特征

(一) 概念

刑事执行监督主要是指刑罚执行监督，可以简称“行刑监督”，它是指检察机关对已经

① 刑事执行法学往往使用“刑事执行”概念指代所有由刑法规定的或者针对犯罪人适用的人身强制性措施，但在有关规范和规范性文件中，“刑罚执行”概念适用率更高。在最高人民检察院 2001 年 1 月 20 日发布的《关于进一步加强刑罚执行监督工作的通知》中，在最高人民法院、最高人民检察院、公安部和司法部于 2003 年 7 月 10 日发布的《关于开展社区矫正试点工作的通知》中，都使用了“刑罚执行监督”的概念。该概念指涉范围也更少歧义。

发生法律效力的刑事判决或者裁定的执行以及刑事执行机关相关活动是否合法进行审查，督促刑事执行机关及其工作人员纠正违法行为的活动。

人民检察院是国家法律监督机关，刑事执行监督则是其法律监督职能的重要组成部分。作为犯罪法律后果的兑现，刑罚的执行关涉个人的基本权益受损程度的正当性，关涉社会的基本安全，因而尤其需要一股常规监督力量的在场。宪法第134条规定："中华人民共和国人民检察院是国家的法律监督机关。"第136条规定："人民检察院依照法律规定独立行使检察权，不受行政机关、社会团体和个人的干涉。"刑事诉讼法第276条规定："人民检察院对执行机关执行刑罚的活动是否合法实行监督。如果发现有违法的情况，应当通知执行机关纠正。"监狱法第6条规定："人民检察院对监狱执行刑罚的活动是否合法，依法实行监督。"检察院组织法第20条规定，人民检察院"对于判决、裁定等生效法律文书的执行工作实行法律监督；对监狱、看守所的执法活动实行法律监督。

刑罚执行的监督对象是执行权的活动，既包括执行机关也包括执行人员。检察机关监督刑事执行活动的主要内容是监督行刑机关执行已经生效刑事判决的活动，在此基础上，刑事执行机关围绕刑罚执行展开对罪犯的管理、教育活动的监督；对监狱设施设备的维护、对罚没财产的归库、对第三人利益受损及罪犯权益不当受损的司法救济等活动，也在检察监督的范围。行刑监督的重点是过程监督，即由基层刑事执行检察部门从规范具体管理入手进行的防患于未然的监督；在此基础上，检察机关还可以以更高层级的方式启动督促纠错机制，抗衡行刑权，保证监督的效果；必要时还可以启动查处渎职的机制，通过追诉相关职务犯罪行为，保证刑事执行机制的正当合理的运行。

根据不同分类标准，可以将刑事执行监督划分为不同类型。

（1）根据人民法院发生法律效力的刑事判决和裁定的内容，刑事执行监督可以分为死刑立即执行的监督、死刑缓期两年执行的监督、无期徒刑执行的监督、有期徒刑执行的监督、拘役执行的监督、管制执行的监督、没收财产刑或者罚金执行的监督、剥夺政治权利的执行的监督。

（2）根据执行刑种的性质，刑事执行监督可分为生命刑执行的监督、自由刑执行的监督、财产刑执行的监督和资格刑执行的监督。

（3）根据对生效刑事判决和裁定执行的场所或刑种的不同，刑罚执行法律监督可分为监狱执行监督、社区矫正监督、财产刑执行监督和死刑执行监督。

第三种分类方法虽然不如前两种分类具体和清晰，但根据这一分类展开有关刑事执行监督内容、程序等方面的讨论，更有利于分析和总结我国行刑监督的活动规律，系统梳理宪法和刑事法律对监督职能和具体活动的基本要求。所以，本章根据第三种分类方式展开对监督结构、监督内容及要点的分析。

（二）特征

刑事执行监督具有下列特点。

1. 法定性

法定性是指检察机关依据法律授权行使刑事执行监督权的特性。

检察机关对行刑活动的监督与立法监督、社会监督都基于相同的法源，即都是宪法和法律授予的权力。但是刑事法和相关组织法对检察机关监督职能的要求更具体，对其监督范围、对象、运行程序和处理方式等都有更加明确和系统的要求。这一方面是便于监督权的行使，另一方面也是为切实保护法益而将监督活动置于合理有效的范围和程度。例如，宪法第

134 条规定："中华人民共和国人民检察院是国家的法律监督机关。"检察院组织法除第 20 条确认检察院行使刑事执行监督职能外，该法第 21 条第 1 款还规定："人民检察院行使本法第二十条规定的法律监督职权，可以进行调查核实，并依法提出抗诉、纠正意见、检察建议。有关单位应当予以配合，并及时将采纳纠正意见、检察建议的情况书面回复人民检察院。"

行刑监督的这一法定性决定了检察机关的活动必须贯彻法治原则。这意味着，一方面检察机关必须依法履行职能，有效维护法律的统一实施，维护法律的公正；另一方面检察机关自己必须按宪法、检察院组织法和其他实体法、程序法与执行法等的要求展开活动。

2. 独立性

独立性是指人民检察院独立行使监督权的特性。

人民检察院依照法律规定行使监督权，不受行政机关、社会团体和个人的干涉。作为法律监督机关，人民检察院只有独立进行监督活动才不致受制于被监督者，监督效果才能得以保证。在刑罚执行这一国家制裁中最具力度的法律领域，尤其需要保证有一种以第三者身份的监督力量始终在场，如此检察机关全天候全方位的法律监督才能真正保证执法必依，保证执法公正。检察机关的独立身份即它作为既独立于法院又独立于政府的国家机关，不能以同为国家机关为由，只注重于与执行机构的配合而淡化制约。所谓独立性身份还意味着检察机关的职责只能是监督刑事执行的活动，而不能直接介入和替代行刑部门执法。即使检察机关在行刑监督中因发现刑事执行机关及其人员违法犯罪行为，而行使追究其相应刑事责任的权力，或者行使对发现的违纪现象提出质疑和建议的权力，法律仍不允许检察机关由此代行行刑权和处罚权，也不允许直接采取纠错措施。

3. 专门性

专门性是指人民检察院把刑事执行监督作为日常的专门工作进行的特性。

人民检察院设立专门的机构，配置专门的人员从事刑事执行监督工作。在监督行刑活动的诸多方式中，检察机关的行刑监督是常规的监督形式。这种监督不像审计部门的监督那样，只是监督财产支出及收入管理的活动，而是对刑事执行机关的职能活动进行全方位、全过程的监督，因此体现了法律监督活动的专门性。与立法监督和社会监督相比，刑事执行监督已经形成了一套较为完整的制度形式和活动程序，而且作为一种面对面的监督，它的监督效果具有不可替代性，这也在一个侧面说明了它的专门性。更重要的是，由于检察机关自身是统一整体，上级检察机关领导指挥下级检察机关，下级检察机关服从上级检察机关，这促使检察机关内部职能能够围绕监督权实现一体化运行。具体地说，检察机关追诉犯罪尤其是追诉职务犯罪的职能与行刑监督职能，检察机关对行政活动的监督职能与行刑监督职能，都能够置于监督国家法律活动正当合理运行的总体目标之下。既然每项职能活动都是整个检察职能活动的一部分，检察监督活动的专门性特点必然鲜明、突出。

二、刑事执行监督的意义

刑事执行的实质是兑现惩罚。就剥夺自由刑执行而言，特定对象人身自由被剥夺的时间延续最长；就并处财产刑执行而言，特定对象在人身自由受限的程度上增加财产的受损，惩罚力度还在加大；就死刑执行而言，特定对象丧失的是生命权即一切权利的附着体。可见行刑权行使情况的好坏，既涉及罪犯的生命安全、身体健康、财产权、人格权以及其他合法权益的保护，又直接关系到刑罚公正目标和预防犯罪效益的实现。

（一）有利于刑事法制建设的完备

刑事法运作是由刑事立法与司法活动层面构成的，刑事司法活动过程又可以分为追究指控犯罪、审理裁判和刑罚执行等不同阶段，如果行刑活动实际处于无监督状态，刑事法的前期活动就无效果可言。况且，绝对的权力导致绝对的腐败，行刑活动是国家与服刑人之间的互动，以特定个人服从为特征，这种高度强制的作用力必须受到法律规制，否则容易失控，对此检察监督是实现法律规制的重要的力量。如果检察监督不到位而导致执行显失公正，轻者令社会公众对国家刑罚权运行失去信心，重者会诱发政治危机和社会危机。反之，只有行刑活动始终在法律监督下进行，与兑现犯罪责任和帮助犯罪人再社会化的双重目标相适应的机构形式和制度做法才可能逐步发育成熟，行刑活动才会与量刑活动形成有效互动，整个行刑机制才可能在阳光下运行。况且这样做更能促使法院、执行机关以及地方政府在不同活动阶段之间工作衔接紧密，实现促进刑事法机制的合理运行。具体地说，刑事执行监督可以使各部门承担各自的法律职责，实际上是充分体现了刑事审判机关、检察机关与刑罚执行机关在刑事诉讼和执行活动中相互配合、相互制约的关系，符合制度透明、公正运作的基本原理。尤其在现有法律框架下，公安机关、法院、监狱都负有刑罚执行的职责，检察院的监督可以作为一种联结力量将不同机关的刑罚执行活动联系起来，它的作用形同一条纽带连接起监禁刑与非监禁刑执行，并在两者之间形成有效的转处。

（二）有利于实现行刑公正

行刑监督与行刑权运作拥有共同的根本目标——实现公正和有效预防犯罪，所不同的是后者是具体执行者，前者更注重于刑事法针对行刑活动提出的基本要求，并把实现刑罚公正作为最重要的监督内容。行刑监督要求服刑人必须承担生效判决所明确的刑事责任，即接受刑事处罚，不允许有人拥有不受处罚的特权，进而满足公众报应犯罪的情感需求；行刑监督还要求每一个服刑人处遇平等，对其考核公正奖惩分明，这是刑法面前人人平等原则在行刑中的具体体现。

实现行刑公正还是有效预防罪犯再次犯罪的重要基础。罪犯是否接受社会正式规范，改变原有社会观和行为选择，减少其再犯可能性，往往与他们是否受到公正对待，是否被制度尊重有着密切关系。这些都需要通过执行部门的正当行为以及检察机关的有效监督得以保证。罪犯在服刑中，能否真诚地接受改造，首要问题是定罪是否准确，量刑是否得当。为此刑事执行监督督促刑事执行机关及时转交罪犯的申诉材料和畅通反馈信息，促进纠正不当的定罪和量刑，这是刑事公正的基本要求。紧接着的问题是罪犯的基本权益能否得到保障，再社会化需要能否得到尊重。行刑监督可以促使刑事执行机关落实改造措施，保护罪犯应有的权益，进而在一定程度上换得部分罪犯悔罪和接受改造。可见，刑罚执行中的法律监督旨在促进依法行刑，实现公正。

（三）有利于保护罪犯人权

在刑事执行机关和罪犯之间的这种特定的法律关系中，刑事执行机关代表国家行使职权，它处于对罪犯严格监管和施予教育改造的地位，罪犯因对社会造成严重危害而丧失了社会公众的同情，并处于服从监管、接受惩罚和教育改造的地位，加上监狱、看守所等行刑场所具有相对封闭性，这就形成了刑事执行机关和罪犯之间的地位的不平等性。由于罪犯处于弱势地位，仅有法律确认他们拥有诸多法律权利是不够的，关键是如何切实保护他们的基本生存状况、保障他们行使劳动保护权利和其他基本权利，有效防止个别执法人员变相体罚、克扣、索贿受贿行为。行刑监督的重要作用是督促刑事执行机关进一步做好服刑人员的人权保护工作。从工作特性上看，由于人民检察院不仅拥有受理举报控告、调查取证、追查职务犯罪等的重要权力，还在监狱场所以驻监所方式进行直接监督。这无疑有利于督促刑罚执行机关有效查处个别干警违法和全面规范执法行为，督促行刑部门保护罪犯生命健康等基础性权利，保障罪犯申诉控告等自我保护的权利，改善罪犯受教育等自我适应社会要求的权利。

(四) 有利于维护行刑秩序

行刑监督能够在一定程度减少刑事执行机关及其人员因懈怠和工作遗漏而导致监禁场所内恶性案件的发生，能够促进和维护正常的监管秩序或行刑秩序。在社区矫正和监外执行中，检察机关可以通过个案监督减少社区矫正对象或被剥夺政治权利的人员的脱管现象；在监禁环境中，检察机关可以在巡视观察中发现监管场所管理的薄弱环节，提示行刑部门加强安全防范工作，堵塞狱政管理活动中的漏洞，有效防范脱逃事件以及其他违法犯罪活动。在财产刑执行中，行刑监督的介入能够促使法院改进执行工作，降低罚金和没收财产的空判率。

三、刑事执行监督的机构和人员

根据刑事诉讼法第 276 条和检察院组织法第 20 条第 6、7 项和其他有关规定，人民检察院对监狱、看守所等执行场所进行法律监督，派驻检察室；在一些监狱比较集中的地区，还可以设置检察院或者检察分院。负责监所监督的检察院设检察长 1 人，副检察长若干人，派驻的检察室一般设主任 1 人，副主任 2 人，科员若干人。因此，刑事执行检察部门[①]在整个检察系统素有“小检察院”之称。最高人民检察院 2001 年 9 月 3 日发布的《关于监所检察工作若干问题的规定》第 7 条规定：“派驻检察室由派出检察院、监管场所所在地的市、州检察院或基层检察院派驻。派驻检察室的人员中检察员的比例应当占三分之一以上。派驻检察室的主任应当由派出它的检察院的监所检察处、科的领导或者相当级别的检察官担任。”为了保证监督质量，一些省市检察机关尝试提高基层监督人员的行政层级，即改变过去同级检察机关监督同级执行机关的做法，改由上级检察机关监督低一级执行机关的做法，取得了初步成效。

目前，根据宪法及法律规定和实践做法，刑事执行检察部门必须承担对社区矫正和资格刑执行的监督。负责起诉的检察机关及人员承担对死刑适用全过程包括执行环节的监督，理论上看，这一部门还具有对财产刑执行的监督的职能，但实践层面财产刑执行监督职能不明。

第二节 监禁刑执行监督

一、概述

监禁刑执行监督是指检察机关对监狱、看守所等场所执行刑罚及相关活动的监督。由

① 刑事执行检察部门过去称为“监所检察部门”。2015 年 1 月 21 日，经中央批准，最高人民检察院将“监所检察厅”更名为“刑事执行检察厅”，此后，各地监所检察部门陆续更名为刑事执行检察部门。

于检察机关将监禁刑执行的监督放在极其重要的位置，因而刑事执行监督在过去往往被简称为“监所法律监督”或者“监所检察”，其中的“监”是指监狱，“所”是指看守所以及已经被废除的劳教所。

依据刑法规定和理论通识，所谓监禁刑包括死刑缓期两年执行、无期徒刑、有期徒刑和拘役。监禁是相对人身自由而言的概念，所谓自由刑实指剥夺和限制自由刑，前者由场所执行，具有监禁特性，故称之为监禁刑。在监禁刑中，死刑缓期两年执行、无期徒刑和大部分有期徒刑的执行由监狱承担；一部分短期有期徒刑在看守所执行，即根据监狱法规定，在被交付执行刑罚前因先行羁押折抵剩余刑期在3个月以下的人员不送入监狱服刑，司法实践中有些余刑超过了3个月的服刑人员也可能因特殊需要留在看守所服刑；另外根据刑事诉讼法规定，拘役由公安机关执行，而目前在省市一级专门设置拘役所的做法并不普遍，拘役目前主要由看守所执行。由此也决定了监禁刑执行监督的范围。

监禁刑执行监督之所以成为人民检察院刑事执行监督的重中之重，基于以下理由：(1) 监禁刑在整个刑罚结构体系中处于核心位置。从现行刑法规定的刑罚和审判机关判处刑种的比例分析，监禁刑占据主要部分，它既然是刑罚执行的重点，就应是刑罚执行监督的重点。(2) 监禁刑执行场所的活动特点决定了直接监督的必要性。监狱和看守所作为监禁刑执行的场所都具有封闭性，高墙电网在保障社会基本安全和有效惩罚犯罪人的同时，会在客观上遮蔽社会舆论、公众、立法机关和政府其他部门的监督视线，同时这种封闭性隐含着发生侵害服刑罪犯权利的极大可能性，因此，有必要由专门法律监督机关对其实行面对面的监督。

二、监禁刑执行监督的内容

(一) 概述

规制监禁刑执行监督的基本法律法规包括刑法、刑事诉讼法、监狱法、看守所条例，直接规制监督执行的规范还有《人民检察院监狱检察办法》《人民检察院看守所检察办法》。上述规范都明确了执行监督的任务及主要内容。

人民检察院监督监狱、看守所的基本任务是：(1) 保证国家法律法规在行刑和监管中的正确实施，维护在押人员合法权益，维护场所监管秩序稳定，保障惩罚与改造罪犯、刑事诉讼活动顺利进行；(2) 监督执行刑罚活动；(3) 监督人民法院裁定减刑、假释活动；(4) 监督监狱和看守所审批暂予监外执行活动；(5) 对行刑监管中职务犯罪案件进行侦查；(6) 对监狱侦查案件予以审查逮捕、起诉和出庭支持公诉；(7) 监督监狱立案侦查和法院审判活动；(8) 受理罪犯及其法定代理人、近亲属的控告、举报和申诉；(9) 其他依法应当行使的监督职责。

检察院监督监狱、看守所的基本职责是：(1) 对监狱（包括未成年犯管教所，下同）、看守所执行刑罚活动是否合法实行监督；(2) 对监狱、看守所管理教育罪犯的活动是否合法实行监督；(3) 对刑罚执行场所中发生的虐待被监管人案、私放在押人员案、失职致使在押人员脱逃案以及徇私舞弊减刑、假释、暂予监外执行案（以下称“四种案件”）进行立案侦查，并决定是否予以追诉；(4) 为紧密衔接和提高监督效率，刑事执行检察部门还负责对在监督刑罚执行和监管改造过程中发现的司法工作人员贪污贿赂、渎职侵权的案件进行初查，配合执行部门搞好职务违法和犯罪的预防；(5) 受理被监管人员及其亲属直接提出的申诉、控告和举报；(6) 对服刑罪犯又犯罪案件的侦查活动实行监督，对监狱、看守所再犯罪的犯罪嫌疑人、刑事被告人的羁押情况进行监督。

以上执行监督均由派驻检察室或派出检察院具体负责。两个部门除履行对监狱、看守所执行刑罚活动的过程监督外，还须具体承担对刑罚执行和监管活动中发生的司法人员职务犯罪案件进行立案侦查，对服刑罪犯又犯罪案件审查逮捕、审查起诉，以及对诉讼活动实行监督的任务，具体行使依法审查处理对被监管人员的申诉、控告和举报等职责。可见，两个部门的职能综合性对监督部门及人员的监督能力提出更高的要求。

根据上述职责和任务，检察院监督监狱行刑与管理的重点是：入监、出监、减刑假释、审批暂予监外执行、禁闭与事故、狱政管理与教育改造等活动。对看守所行刑与管理的监督重点是：留所服刑、减刑假释及暂予监外执行。检察机关的监督内容及其职责范围可以按刑事法流程、刑种类型两个序列分为以下部分。

(二) 对执行刑事判决、裁定和决定的监督

1. 监督被判处死缓人员的执行及变更执行

(1) 监督这些人员是否被依法交付执行。根据法律规定，判处死刑缓期两年执行的罪犯，判决发生法律效力之后，由监狱执行。在交付执行时，交付执行的人民法院应当将人民检察院的起诉书副本、人民法院的判决书、执行通知书、结案登记表同时送达监狱。对于有严重疾病和怀孕或者正在哺乳自己婴儿的死缓犯，不得以暂不收监的条件拒绝收监。检察机关负有督促执行部门及人员依法履职的义务。

(2) 监督这些人员在两年死缓考察期满以后的改判及执行。具体监督的内容是：死刑缓期执行期满的人员是否属于刑法规定的限制减刑对象，如何予以改判，对符合改判为有期徒刑条件的，监狱是否及时提出减刑建议提请人民法院裁定，人民法院是否依法裁定。

(3) 监督人民法院对死缓犯裁定和核准立即执行死刑的活动。具体监督的内容是：被判处死刑缓期两年的罪犯在死缓执行期间故意犯罪，执行机关提请人民检察院起诉的，由负责该监狱检察的职能部门审查决定是否提起公诉，并通过参与诉讼，监督人民法院审判过程及结论是否符合法定程序和实体法的规定。

如果人民检察院发现人民法院对判处死刑缓期两年执行的罪犯减刑不当，应当依据法律的规定，向人民法院提出纠正意见；如果罪犯在死刑缓期执行期间有故意犯罪，经人民检察院起诉后，人民法院仍然予以减刑的，人民检察院应当依照法律规定，向人民法院提出抗诉。

2. 监督无期徒刑、有期徒刑刑事判决及裁定的执行及变更执行

(1) 监督交付执行和收押罪犯的环节。

首先，监督交付执行的过程。根据监狱法的规定，对于已发生法律效力的无期徒刑和有期徒刑的刑事判决与裁定，公安机关应当在收到人民法院的执行通知书、判决书的 1 个月内将罪犯送交监狱执行刑罚。罪犯在交付执行刑罚前，剩余刑期在 3 个月以下的，由看守所代为执行。未成年犯年满 18 周岁时剩余刑期超过 2 年的，应移送到监狱执行。此外，罪犯被交付执行时，交付执行的人民法院应当将人民检察院的起诉书副本、人民法院的判决书、执行通知书、结案登记表同时送达监狱。目前，看守所执行刑罚的程序要求与监狱基本相同，因此监督看守所相关活动可参照监督监狱行刑的常规做法。

其次，监督收押罪犯的具体活动。根据刑事诉讼法和监狱法的规定，监督收押服刑人员活动的要点是：在人民法院的判决、裁定已经生效，交付执行的法律手续和文书齐备的

前提下，检察机关须审查监狱等刑罚执行机关是否及时收押罪犯；监督因没有法律文件或法律文件不全而不予收监的理由是否合法；监督监狱以不符合收押条件为由暂不收监的理由是否充分；监督监狱对交付执行的罪犯的人身与财物是否予以例行检查；监督监狱是否依法办理罪犯入监的登记手续；监督监狱收押罪犯后是否按照法律的规定要求给罪犯的家属发出了收监通知。

(2) 监督减刑的适用。

对减刑的监督，是指人民检察院对罪犯在执行刑罚的过程中被提请和裁定减刑的活动是否合法进行的监督。据 2016 年最高人民法院《关于办理减刑假释案件具体应用法律的规定》，减刑监督主要包括以下内容。

首先，监督被宣告减刑的罪犯是否符合法定的减刑条件、减刑活动是否符合法定的程序。具体地说，根据法律及相关司法解释，被拟定的减刑对象是否确有悔改表现；有立功表现的，属于可以减刑还是应当减刑的范围；是否属于限制减刑或者终身监禁的对象；提请减刑的程序是否合法依规。

其次，监督减刑的幅度是否符合法律的规定。现行刑法规定，罪犯被减刑后实际执行的刑期，被判处拘役、管制、有期徒刑的，不能少于原判刑期的 1/2；被判处无期徒刑的，从裁定减刑之日起计算不能少于 13 年，被限制减刑的死缓罪犯实际服刑刑期也有明确要求。此外，最高人民法院 2016 年进一步明确了减刑起点、减刑间隔以及一次减刑幅度的要求，检察机关有义务审查执行部门提请和法院裁定在超出这些要求时有无充分的理由。

最后，监督减刑裁定活动是否符合法律规定。刑法第 79 条规定："对于犯罪分子的减刑，由执行机关向中级以上人民法院提出减刑建议书。人民法院应当组成合议庭进行审理，对确有悔改或立功事实的，裁定予以减刑。"非经法定程序不得减刑。监狱法第 30 条也规定："减刑建议由监狱向人民法院提出，人民法院应当自收到减刑建议书之日起一个月内予以审核裁定；案情复杂或者情况特殊的，可以延长一个月。减刑裁定的副本应当抄送人民检察院。"刑事诉讼法明确要求，六类减刑案件须予开庭审理，检察院应派员出庭且施予监督。

如果人民检察院在监督活动中，发现被减刑的罪犯不符合减刑的法定条件和限度，减刑活动不符合法定的程序，人民法院对呈报减刑的裁定超过规定的期限，可以及时建议有关部门予以纠正。如果人民法院已经做出不当减刑裁定，人民检察院可以依照刑事诉讼法规定的期间提出抗诉，人民法院应重新审理。

3. 审查假释的裁定结论及理由

对假释的监督，是指人民检察院对刑事执行机关提请和审判机关裁定假释的条件及活动等是否合法进行的监督。对假释的监督内容，主要有以下三项。

(1) 适用假释是否符合法定条件和法定对象。根据刑法第 81 条的规定，可以适用假释的对象只限于被判处有期徒刑和无期徒刑的罪犯。为打击严重暴力犯罪，刑法还规定，对于累犯以及因杀人、爆炸、抢劫、强奸、绑架等暴力性犯罪，被判处 10 年以上有期徒刑、无期徒刑的犯罪分子，不得假释。刑法还规定了假释的条件有两个：第一，被判处有期徒刑的犯罪分子，执行原判刑罚 1/2 以上；被判处无期徒刑的犯罪分子，实际执行刑期 13 年以上。第二，被判处有期徒刑和无期徒刑的罪犯必须认真遵守监规，接受教育改造，确有悔改表现，假释后不致再危害社会的。

(2) 假释程序是否符合法律规定。根据刑事诉讼法规定，服刑人员符合法定假释条件的，由监狱向人民法院提出假释建议书。人民法院应当自收到假释建议书之日起的一个月内组成合议庭进行审理，对确有悔改表现或者立功表现的，裁定予以假释。案情复杂的或者情况特殊的可以延长一个月。假释裁定书的副本应当抄送给人民检察院。检察院的职责是保证这些程序不致虚设。

(3) 假释撤销的活动是否合法。根据刑法第 86 条的规定，对假释的撤销有三种情形：被假释的犯罪分子在假释考验期内犯新罪的；发现被假释的犯罪分子在判决宣告以前还有其他罪没有判决的；被假释的犯罪分子在假释考验期内，有违反法律、行政法规等行为，尚未构成新的犯罪的。

人民检察院如果在监督中发现假释适用不符合假释的对象、条件，假释不符合法定程序的，可以及时建议有关部门予以纠正。如果人民法院作出了不当的假释裁定，人民检察院可以依照刑事诉讼法规定的期间提出抗诉，对于人民检察院提出的抗诉，人民法院应当重新审理。

4. 监督终止执行判决、裁定的活动

罪犯在监狱、看守所服刑期满时，执行机关应依法将罪犯释放出狱。除此之外，依据刑法、刑事诉讼法的规定，人民法院变更或改判后决定释放、国家主席宣布特赦、罪犯自然死亡，均属于刑事判决、裁定执行终止的情况。人民检察院对终止刑事判决、裁定的监督，主要包括以下几点。

(1) 监督监狱、看守所终止执行刑罚的情形是否符合刑事诉讼法规定，即甄别执行终止的性质，是否属于刑期执行完毕，或者属于经国家主席宣布特赦，或者是被执行刑罚的罪犯已经死亡的情形。不符合三种情形之一，即予纠正。

(2) 监督监狱、看守所对服刑期满的罪犯和其他依法予以释放的人员，是否按期释放，是否出具释放证明书和履行返还财物、发放路费等的义务。

(3) 监督在刑罚执行过程中对罪犯死亡的处理是否合法。

人民检察院依法对上述执行情况予以监督，发现违法情况应及时予以纠正，相关部门及人员构成犯罪的，依法追究其刑事责任。

5. 监督执行拘役的活动

检察机关对拘役执行的监督主要包括对看守所收押、监管改造活动、暂予监外执行、释放等执行流程的监督。对于相关部门及人员在其执行过程违反法律规定的，人民检察院应当依法提出纠正。

(三) 监督相关场所监管改造的活动

人民检察院刑事执行监督的重要环节是依法对监狱、未成年犯管教所和看守所监管改造罪犯的活动是否符合国家法律法规进行监督。这一监督内容繁杂，主要包括下列方面。

(1) 对执行法律法规的监督。监督监所监管改造活动是否违背国家有关法律和法规，是否执行了国家司法部门、公安部门关于监管改造工作的具体政策和规则。

(2) 对狱政管理活动的监督。人民检察院对监狱、看守所管理活动的监督指围绕罪犯行为管理展开对普通监狱、未成年犯管教所和看守所各项管理活动的监督。检察监督的具体范围是：监所分管分押情形、场所设施维护及警戒状况、械具和武器使用与保管；罪犯通信和接见管理；罪犯生活卫生管理；服刑人考核奖惩制度执行情况；罪犯行使法定权利的状况。检察机关发现监管改造机关存在违法或者违反政策的管理行为的，管理人员采取的具体管理措施、方法与手段不符合相关法律法规的要求的，都应当及时纠正。

（3）监督监所教育改造包括组织服刑人劳动的活动。检察机关一方面须监督监狱看守所是否依照监狱法及相关法规展开教育改造罪犯的活动，另一方面须监督两大场所组织罪犯劳动的情况，比如是否对罪犯实行超体力超时限劳动，是否按规定给予报酬等。

（四）处理涉及监狱行刑与管理中的刑事案件

监狱、看守所执行刑罚和罪犯管理范围内发生的案件通常具有两种性质：（1）服刑人员在场所内又犯罪的案件。又犯罪又称再犯罪，通常是指正在服刑的罪犯实施的新的犯罪。（2）监狱、看守所人民警察和武警人员实施的犯罪案件。

根据监狱法第60条和最高人民检察院1995年7月20日发布的《关于执行〈监狱法〉有关问题的通知》第7条，人民检察院刑事执行检察部门受理以下犯罪案件。

（1）直接受理监狱中发生的贪污、受贿、侵权、渎职的犯罪案件。

（2）负责批捕、起诉罪犯在服刑期间又犯罪等案件。

（3）负责复查罪犯及其家属向检察机关提出的申诉案件。

（4）对认为人民法院减刑、假释裁定存在错误的，提出抗诉。这类抗诉的基本条件通常是提请减刑、假释的人员或者裁判人员因受贿、徇私或伪造罪犯的有关材料等违法犯罪行为导致错判的情形。

由于看守所管理规律与之相同，刑事执行检察部门案件管辖范围与之相当。人民检察院对于其受理的案件须予分类管辖，属于基层人民法院管辖的一审案件，由派出的人民检察院或当地县（区）人民检察院，向当地县（区）人民法院起诉；属于中级人民法院管辖的一审案件，由当地检察分院或市（州）人民检察院，向当地中级人民法院起诉。

对于罪犯在服刑期间又犯罪案件，人民检察院还应当监督监狱机关行使狱内侦查权的活动，并负责根据监狱提请的起诉意见书向法院提交起诉书，追诉相关犯罪人的刑事责任。

（五）具体处理申诉、控告和检举等案件

根据监狱法第22条与第23条、最高人民检察院发布的《关于执行〈监狱法〉有关问题的通知》第6条和《关于监所检察工作若干问题的规定》第3条的有关规定，以及看守所条例相关规定，对于罪犯向人民检察院提出的或由监狱转送的控告、检举材料，检察机关应当按案件管辖的分工，决定自行查处或者移送拥有管辖权的部门处理。人民检察院受理罪犯及其家属提出的下列申诉和控告案件。

（1）向人民法院申诉被依法驳回，又向人民检察院申诉的。

（2）不服法院对刑事执行检察部门办理起诉的犯罪案件的判决、裁定而提出的申诉。

（3）申诉、控告受到阻力，检察机关认为需要办理的。

（4）对监狱工作民警和武警的违法行为提出控告。

（5）上级检察院和本院检察长交办的案件。

刑事执行检察部门在处理申诉和控告案件过程中，如果发现确属法院定罪量刑错误的案件，应当及时将案件移送当地检察机关起诉部门，由后者按照审判监督程序要求提出抗诉；经审查确实认为是无理申诉的，应当依法予以驳回，并且配合监狱和看守所引导罪犯认罪服法、接受改造。

刑事执行检察部门在处理服刑人及家属控告的过程中，应当分别情况予以处理：（1）对控告属实，被指控对象涉嫌犯罪的，依法启动追诉犯罪的程序；（2）对控告属实，被指控对象涉嫌严重违法的，依法向执行部门提出检察建议；（3）对控告不实且确属诬告陷害他人的，构成犯罪的，应当依法启动追诉其刑事责任的程序，对于严重违法的，建议执行部门予以处罚。

人民检察院还有权监督监狱是否依法保障罪犯的申诉、控告和检举权利。对于扣押罪犯的申诉、控告和检举材料，打击报复控告和检举人的行为，人民检察院有权提出纠正，并根据行为的轻重程度，向主管部门提出建议行政处理行为人，对严重侵害他人基本权益的行为还须依法立案侦查，追究行为人的刑事责任。

(六) 监督监狱及看守所人民警察履职行为

为了体现监管场所的文明管理，监狱法第14条明确规定了监狱人民警察不得进行的9种行为。看守所条例对公安部门负责监管的人员也有明确的禁止性要求。这些规定既是对监狱和看守所人民警察的纪律要求，也是人民检察院进行监督检察的范围。9条禁令具体是：(1) 禁止索要、收受、侵占罪犯及其亲属的财物；(2) 禁止私放罪犯或者玩忽职守造成罪犯脱逃；(3) 禁止刑讯逼供或者体罚、虐待罪犯；(4) 禁止侮辱罪犯的人格；(5) 禁止殴打或者纵容他人殴打罪犯；(6) 禁止为谋取私利，利用罪犯提供劳务；(7) 禁止违反规定，私自为罪犯传递信件或者物品；(8) 禁止非法将监管罪犯的职权交予他人行使；(9) 禁止其他违法行为。

另外，对于监狱和看守所管理人员的其他违法行为，例如使用武器、械具和关禁闭不当，唆使罪犯为非作歹等，人民检察院应当予以禁止与监督。对于其上述行为构成犯罪的，人民检察院应依法向人民法院起诉，依法追究刑事责任；对于尚未构成犯罪的，则监督其主管部门予以行政处分。

三、监禁刑执行监督的程序和方法

1. 办理服刑人又犯罪案件的程序和方法

根据刑事诉讼法、监狱法、看守所条例以及最高人民检察院的有关规定，刑事执行检察部门在办理罪犯案件中应遵循的基本程序如下。

(1) 对于有关部门对两个场所内又犯罪案件侦查终结并移送人民检察院审查起诉的案件，根据监狱或公安机关移送的起诉书、案卷材料与证据，按照刑事诉讼法第三章各条款的规定审查后，决定提起公诉、不起诉或者退回补充侦查的，经检察长或检察委员会决定后，分别予以处理。

(2) 分流案件决定起诉部门，如果需要提起公诉的案件属于基层人民法院审判管辖的案件，直接由监督检察派出院或县级人民检察院向当地基层人民法院提起公诉；如果属于中级人民法院受理的一审案件的范围，由监督检察派出院即检察分院或地市级人民检察院向当地中级人民法院提起公诉。

(3) 刑事执行检察部门侦办且起诉的属于监狱干警职务犯罪的案件，按照人民检察院相关立案标准，立案侦查，再按上述程序提起诉讼。

(4) 对于发现罪犯在其原判决时没有被发现的罪行，须及时依法追究刑事责任。如果该罪行是被在押罪犯所属的监管改造机关发现，适宜于服刑地法院审理的，由负责该机关检察监督任务的刑事执行检察部门具体承办起诉事宜；如果该罪行是被罪犯原判地公安机关发现的，则由该地的人民检察院具体承办起诉事宜。

(5) 罪犯脱逃在社会上作案，涉嫌犯罪的，如果该罪行是在监所捕回后发现的，由该监管改造机关及担负其检察任务的人民检察院负责侦查起诉；如果该罪行是犯罪地公安机关发现的，则由犯罪地的公安机关、检察院负责侦查起诉。

（6）依法保护涉嫌又犯罪人在监所羁押期间的合法权益，保障他们有效行使辩护权。根据新近修改的刑事诉讼法第34条的规定，犯罪嫌疑人自被侦查机关第一次讯问或者采取强制措施之日起，有权委托辩护人；在侦查期间，只能委托律师作为辩护人。被告人有权随时委托辩护人。侦查机关在第一次讯问犯罪嫌疑人或者对犯罪嫌疑人采取强制措施的时候，应当告知犯罪嫌疑人有权委托辩护人。人民检察院自收到移送审查起诉的案件材料之日起3日以内，应当告知犯罪嫌疑人有权委托辩护人。人民法院自受理案件之日起3日以内，应当告知被告人有权委托辩护人。犯罪嫌疑人、被告人在押期间要求委托辩护人的，人民法院、人民检察院和公安机关应当及时转达其要求。

2. 处理申诉、控告和检举案件的程序与方法

根据刑事诉讼法、监狱法和2014年《人民检察院复查刑事申诉案件规定》等规定，刑事执行检察部门处理申诉、控告和检举案件的程序和方法较为系统和明确。

首先，检察机关在立案复查申诉、控告和检举案件时，应提出立案复查报告；审阅原卷宗、制定复查计划；询问申诉人；实地调查，询问证人；咨询原办案人员；全面审查复查证据。复查终结后，承办案件的检察人员，要写出复查报告，凡经复查属冤假错案，或需要改变原判决、裁定和决定的，要报请检察长或检察委员会批准结案，依照法律规定的程序和手续，区别不同情况予以处理。

其次，刑事执行检察部门受理的申诉、控告和检举案件，除少数要自行查办处理外，大部分申诉、控告和检举案件需要转办，根据相关程序进行。

根据监狱法的规定，对于罪犯的申诉，人民检察院应当及时处理；对于监狱转送的罪犯控告、检举材料，人民检察院应当将处理的结果通知监狱；对于监狱认为判决有错误的申诉案件，人民检察院应当自收到监狱提请处理意见书之日起6个月内将处理结果通知监狱。看守所条例虽未有如此明确和系统的规定，但是执行实践中，检察机关已在参照监狱法的要求，运行相关程序。

3. 纠正监狱、看守所违法行为的程序与方法

根据最高人民检察院发布的《人民检察院监狱检察办法》《人民检察院看守所检察办法》的规定，人民检察院在监督监狱看守所执法活动中发现违法行为时，应当查明事实，分别情况依法处理；对于一般违法行为，可以口头提出纠正；对于严重违法行为，应当书面提出纠正，并要求告知纠正结果；遇有多次提出纠正仍不改正的情况，应当向上级检察院报告，上级检察院要支持下级检察院的工作，直至使问题得到解决；对于认为已构成犯罪的，应当依法启动刑事诉讼程序，追究相关责任人的法律责任。

4. 对监狱、看守所提出检察建议的程序和方法

根据有关法律、规章的规定，人民检察院在监所监督中如果发现监狱机关的工作存在需要纠正的问题，应当提出检察建议。对于较重大的问题，应当使用纠正通知书，并告知处理结果；对拒不纠正的，应当报请检察长要求监狱解决，或者报告上级检察院处理；对于一般的问题，可以通过与监狱召开联席工作会议时通报情况，交换意见，也可以直接向监狱长和基层负责人提出。

同时，对于实行文明管理、提高改造质量的先进经验，人民检察院还可以通过检察建议的方式，协助有关单位进行总结推广。

人民检察院对监狱、看守所行刑与改造活动的法律监督，不仅拥有监督执法的权利，

还具有积极配合的职责。[①] 对此，我国法律作出了较明确的规定，监狱法第 21 条第 2 款规定："对于罪犯的申诉，人民检察院或者人民法院应当及时处理。"第 24 条进一步规定："监狱在执行刑罚过程中，根据罪犯的申诉，认为判决可能有错误的，应当提请人民检察院或者人民法院处理，人民检察院或者人民法院应当自收到监狱提请处理意见书之日起六个月内将处理结果通知监狱。"经新近修改的刑事诉讼法第 267 条的规定："决定或者批准暂予监外执行的机关应当将暂予监外执行决定抄送人民检察院。人民检察院认为暂予监外执行不当的，应当自接到通知之日起一个月以内将书面意见送交决定或者批准暂予监外执行的机关，决定或者批准暂予监外执行的机关接到人民检察院的书面意见后，应当立即对该决定进行重新核查。"在这些法律要求中，检察机关的权责关系都非常明确。

第三节　非监禁刑执行监督

一、概述

非监禁刑执行监督具体分为社区矫正执行监督、财产刑执行监督和剥夺政治权利执行监督等三大类型。根据原刑事诉讼法规定，与之相应的执行机关分别是：社区矫正机构负责管制、缓刑、暂予监外执行、假释等刑罚和刑罚措施的执行；人民法院负责罚金、没收财产等财产刑的执行；公安机关负责剥夺政治权利刑的执行。

非监禁刑执行监督的特点如下。

(1) 复杂性。非监禁刑执行内容和种类复杂多样。尽管监禁刑执行也可以分为不同的类型，但是，它们的实质区别只是服刑人被剥夺自由的期限的长短，而且被判处监禁刑的罪犯都是在集中的特定场所内执行刑罚，日常行为管理手段与改造方式大体相似。相对而言，非监禁刑中刑罚种类较为复杂，执行内容与要求存在明显的差异，不同类型的服刑人员的情况也很复杂。这些情况必然对针对性监督提出更为复杂的要求。

(2) 零散性。被判处非监禁刑的服刑人员生活、工作处于高度分散的状态。由于被判处非监禁刑的罪犯大多居住在家庭及社区中，他们绝大多数处于各自的学习和工作环境中，而不是集中到特定的机构中进行集体性活动。对于处于生活、工作高度分散状态的服刑人的刑期及行为管理，明显具有零散性特点。

(3) 艰巨性。非监禁刑及其服刑人员的复杂性和分散性必然导致这类刑罚执行工作存在相当大的难度，与之相应的监督也难以到位。非监禁刑的复杂性，决定了检察人员必须要采取复杂多样的方法，才能实现有效监督。同时，非监禁刑服刑人员生活、工作的分散状态，不仅给刑罚执行人员接触和管理服刑人员带来巨大的困难，而且给检察人员的监督活动带来更大的困难。

---

① 王顺安．刑事执行法学．北京：群众出版社，2001：621.

二、管制刑执行的监督

人民检察院对于管制刑执行的法律监督，主要包括监督被管制人员是否履行法律义务和刑罚执行人员是否依法执行管理等两个方面。

对管制刑执行的监督，具体包括下列内容。

（1）监督社区矫正机关的执行程序是否合法。首先，监督负责执行管制刑的机构是否按照人民法院的判决，向罪犯及其原所在单位或者居住地群众宣布其犯罪事实、被管制的期限以及罪犯在执行期间应当遵守的规定。其次，监督被管制的罪犯在执行期满时，执行机关是否通知本人，并向其所在单位或者居住地的群众宣布解除管制。

（2）监督执行机关的刑罚执行措施是否恰当。如果人民检察院发现社区矫正的监督管理措施没有落实或者监督管理措施不当，导致管制人员脱管或者进行违法犯罪行为的，应当依法通知纠正。

（3）监督被判处管制刑的罪犯是否遵守法律和有关规定。刑法、司法部《暂行办法》等规定了管制人员必须履行的法律义务。检察机关应当监督管制人员是否履行了这些义务，有无严重违规、违法和犯罪行为。

（4）监督相关部门对管制人员的违法犯罪行为的处理是否恰当。被管制的罪犯若违反司法部《暂行办法》第24条规定但是尚未构成犯罪的，由公安机关给予治安管理处罚；被管制的罪犯若违反上述规定，构成新的犯罪，或故意触犯刑法构成其他新的犯罪的，由犯罪地公安机关立案侦查，侦查终结后提交检察机关审查并向人民法院提起公诉。检察机关应当对是否依法恰当处理了管制人员违法犯罪行为的情况，进行监督。

三、缓刑、假释执行的监督

人民检察院对于缓刑、假释执行的法律监督，主要包括监督缓刑、假释人员是否履行法律义务和刑罚执行人员是否依法办事两个方面。

根据刑法、最高人民检察院2012年修订的《人民检察院刑事诉讼规则（试行）》等的规定，对缓刑、假释执行的监督，主要包括下列内容。

1. 审查裁定书副本

人民检察院接到人民法院减刑、假释的裁定书副本后，应当进行审查。审查的内容包括：（1）被减刑、假释的罪犯是否符合法定条件；（2）执行机关呈报减刑、假释的程序是否合法；（3）人民法院裁定减刑、假释的程序是否合法；（4）按照有关规定应当开庭审理的减刑、假释案件，人民法院是否开庭审理。

检察人员可以向罪犯所在单位和有关人员调查，也可以向有关机关调阅相关材料。

2. 纠正不当裁定

经审查认为人民法院减刑、假释的裁定不当，应当提出纠正意见的，由检察长批准。人民检察院认为人民法院减刑、假释的裁定不当，应当在收到裁定书副本后10日内，向作出减刑、假释裁定的人民法院提出书面纠正意见。

对人民法院减刑、假释裁定的纠正意见，由作出减刑、假释裁定的人民法院的同级人民检察院书面提出。下级人民检察院发现人民法院减刑、假释裁定不当的，应当立即向作出减刑、假释裁定的人民法院的同级人民检察院报告。

3. 监督对纠正意见的处理情况

人民检察院对人民法院减刑、假释的裁定提出纠正意见后，应当监督人民法院是否在收到纠正意见后一个月内重新组成合议庭进行审理，并监督重新作出的最终裁定是否符合法律规定。对最终裁定不符合法律规定的，应当向同级人民法院提出纠正意见。

4. 监督被缓刑和假释的罪犯是否遵守法律和有关规定

刑法第75、84条，司法部《暂行办法》第25条等规定了缓刑、假释人员必须履行的法律义务。检察机关应当监督缓刑、假释人员是否履行了这些义务，是否进行了违法犯罪行为。

5. 监督对缓刑、假释人员的监督管理和考察措施是否落实

根据刑法、刑事诉讼法和两院两部《通知》，社区矫正机构应当落实对包括缓刑、假释人员在内的社区服刑人员的监督管理和考察措施。这些措施是执行刑罚和预防犯罪的重要方面。

6. 监督对缓刑、假释人员的违法犯罪行为的处理是否恰当

在缓刑、假释人员涉嫌违法犯罪时，检察机关应当监督相关部门履行两大职能：对于应当收监执行的予以收监执行；妥当处理缓刑人员在缓刑考验期限内所犯的新罪或者新发现的判决宣告以前没有判决的其他犯罪。

四、暂予监外执行的监督

根据刑事诉讼法、《人民检察院刑事诉讼规则（试行）》、司法部《暂行办法》等的规定，对暂予监外执行的执行情况的监督，主要包括下列方面。

1. 监督暂予监外执行活动是否合法

人民检察院对监狱、看守所、拘役所暂予监外执行的执法活动实行监督，发现有下列违法情况的，应当提出纠正意见。

（1）将不具备法定条件的罪犯报请暂予监外执行的。

（2）提请暂予监外执行的程序违反法律规定或者没有完备的合法手续，或者对于需要保外就医的罪犯没有省级人民政府指定医院的诊断证明和开具的证明文件的。

（3）监狱、看守所提出暂予监外执行书面意见，没有同时将书面意见副本抄送人民检察院的。

（4）罪犯被决定或者批准暂予监外执行后，未依法交付罪犯居住地社区矫正机构实行社区矫正的。

（5）对符合暂予监外执行条件的罪犯没有依法提请暂予监外执行的。

（6）发现罪犯不符合暂予监外执行条件，或者在暂予监外执行期间严重违反暂予监外执行监督管理规定，或者暂予监外执行的条件消失且刑期未满，应当收监执行而未及时收监执行或者未提出收监执行建议的。

（7）人民法院决定将暂予监外执行的罪犯收监执行，并将有关法律文书送达公安机关、监狱、看守所后，监狱、看守所未及时收监执行的。

（8）对不符合暂予监外执行条件的罪犯通过贿赂等非法手段被暂予监外执行以及在暂予监外执行期间脱逃的罪犯，监狱、看守所未建议人民法院将其监外执行期间、脱逃期间

不计入执行刑期或者对罪犯执行刑期计算的建议违法、不当的。

(9) 暂予监外执行的罪犯刑期届满，未及时办理释放手续的。

(10) 其他违法情形。

2. 审查暂予监外执行决定

人民检察院接到批准或者决定对罪犯暂予监外执行的通知后，应当进行审查。审查的内容包括下列方面。

(1) 是否属于被判处有期徒刑或者拘役的罪犯。

(2) 是否属于有严重疾病需要保外就医的罪犯。

(3) 是否属于正在怀孕或者正在哺乳自己婴儿的妇女。

(4) 是否属于生活不能自理，适用暂予监外执行不致危害社会的罪犯。

(5) 是否属于适用保外就医可能有社会危险性的罪犯，或者自伤自残的罪犯。

(6) 决定或者批准机关是否符合刑事诉讼法第265条第5款的规定。

(7) 办理暂予监外执行是否符合法定程序。

检察人员可以向罪犯所在单位和有关人员调查，也可以向有关机关调阅相关材料。

监督决定监外执行的程序是否符合法律规定。罪犯办理保外就医必须由省级人民政府指定的医院检查鉴定和开具证明文件，被判处有期徒刑或拘役的罪犯的暂予监外执行，由刑罚执行的监狱提出书面意见，报省、自治区、直辖市的监狱管理机关批准；在看守所服刑罪犯的暂予监外执行，由看守所提出意见，报主管公安机关批准。批准机关应当将批准的暂予监外执行的决定通知公安机关和原判人民法院，并抄送人民检察院。人民检察院若发现不符合上述程序的暂予监外执行，应及时提出纠正意见。

3. 纠正不当决定

经审查认为暂予监外执行不当，应当向批准或者决定暂予监外执行的机关提出纠正意见的，由检察长批准。人民检察院认为暂予监外执行不当的，应当自接到通知之日起一个月内提出书面纠正意见，呈报与批准或者决定暂予监外执行机关同级的人民检察院送交该机关。

人民检察院向批准或者决定暂予监外执行的机关送交不同意暂予监外执行的书面意见后，应当监督其立即对批准或者决定暂予监外执行的结果进行重新核查，并监督重新核查的结果是否符合法律规定。对核查不符合法律规定的，应当依法提出纠正意见。

五、剥夺政治权利刑执行的监督

根据刑法、刑事诉讼法、《人民检察院刑事诉讼规则（试行）》等的规定，对剥夺政治权利刑执行的监督，主要包括下列方面。

(1) 执行机关的监督管理和考察措施是否落实。

(2) 被剥权人员是否行使了被剥夺的法律权利。

(3) 被剥权人员是否遵守其他的法律法规和履行所规定的其他法律义务。

(4) 执行机关在执行期满时，是否通知本人并公开宣布恢复政治权利。

(5) 执行机关在执行活动中是否有其他违法行为。如果发现执行机关有违法行为的，应当依法通知纠正。

六、罚金、没收财产刑执行的监督

根据刑法、刑事诉讼法、《人民检察院刑事诉讼规则（试行）》等的规定，对罚金、没收财产刑执行的监督，主要包括下列方面。

（1）犯罪人是否按照规定交纳了罚金。

（2）是否按照规定减免罚金数额。

（3）人民法院的执行人员是否按照有关法律规定和判决没收犯罪人的财产，执行过程中是否有违法行为。

（4）在没收财产的过程中，是否没收了不属于犯罪人所有的财产。

（5）用没收财产偿还的债务，是否属于没收财产以前犯罪人所负的正当债务，债务的数额是否准确。

（6）执行机关是否将缴纳的罚金和罚没的财物及时上缴国库，有无截留等。

如果发现有违法行为，应当及时通知纠正。

七、社区矫正执法活动的监督

目前，我国的社区矫正是指对被判处管制、宣告缓刑、假释或者暂予监外执行的罪犯开展的执法活动。人民检察院对社区矫正的法律监督，既包括对这四类罪犯的执法活动的监督，也包括对作为整体的社区矫正活动的监督。根据刑事诉讼法和《人民检察院刑事诉讼规则（试行）》第659条的规定，人民检察院依法对社区矫正执法活动进行监督，发现有下列情形之一的，应当依法向社区矫正机构提出纠正意见。

（1）没有依法接收交付执行的社区矫正人员的。

（2）违反法律规定批准社区矫正人员离开所居住的市、县，或者违反人民法院禁止令的内容批准社区矫正人员进入特定区域或者场所的。

（3）没有依法监督管理而导致社区矫正人员脱管的。

（4）社区矫正人员违反监督管理规定或者人民法院的禁止令，依法应予治安管理处罚，没有及时提请公安机关依法给予处罚的。

（5）缓刑、假释罪犯在考验期内违反法律、行政法规或者有关缓刑、假释的监督管理规定，或者违反人民法院的禁止令，依法应当撤销缓刑、假释，没有及时向人民法院提出撤销缓刑、假释建议的。

（6）对具有刑事诉讼法第265条第1款规定情形之一的暂予监外执行的罪犯，没有及时向决定或者批准暂予监外执行的机关提出收监执行建议的。

（7）对符合法定减刑条件的社区矫正人员，没有依法及时向人民法院提出减刑建议的。

（8）对社区矫正人员有殴打、体罚、虐待、侮辱人格、强迫其参加超时间或者超体力社区服务等侵犯其合法权利行为的。

（9）其他违法情形。

人民检察院发现人民法院对依法应当撤销缓刑、假释的罪犯没有依法、及时作出撤销缓刑、假释裁定，对不符合暂予监外执行条件的罪犯通过贿赂等非法手段被暂予监外执行以及在暂予监外执行期间脱逃的罪犯的执行刑期计算错误，或者有权决定、批准暂予监外执行的机关对依法应当收监执行的罪犯没有及时依法作出收监执行决定的，应当依法提出纠正意见。

八、驱逐出境执行的监督

驱逐出境有独立使用和附加使用两种使用方法。对驱逐出境进行法律监督主要包括如下内容。

（1）被驱逐出境的外国犯罪人是否按照法律规定被驱逐出中国境外。

（2）在具体执行驱逐出境时，有无其他违反法律规定和国际准则的情况等。

九、对非监禁刑执行人员的监督

人民检察院除了对非监禁刑的执行进行法律监督之外，还应当对负责非监禁刑执行的人员及其活动进行法律监督。

对非监禁刑执行人员进行法律监督的重点主要包括以下几点。

（1）非监禁刑执行人员是否具有法律规定的刑罚执行资格？如果发现不具有执法资格的人从事执法活动，要坚决予以纠正；构成犯罪的，要依法追究刑事责任。

（2）非监禁刑执行人员是否使用法律规定的方式执行非监禁刑？在非监禁刑的执行过程中，是否非法使用设备、工具、方法等。

（3）非监禁刑执行人员是否执行了有关回避的规定。

（4）非监禁刑执行人员是否接受当事人及其委托的人的请客送礼。

（5）非监禁刑执行人员是否有其他违纪违法或者犯罪行为。

第四节　死刑执行监督

一、概述

死刑执行监督，又称为“死刑临场监督”，是指人民检察院对人民法院判处死刑立即执行的案件在死刑执行现场进行的法律监督。

人民检察院派员对死刑立即执行进行监督，是一项十分重要和极其严肃的法律监督工作。检察人员通过严格执法，不仅可以检察纠正执行过程中的违法问题、防止意外事件的发生，以保障死刑判决的正确执行，而且可以更有效地落实“国家尊重和保障人权”宪法原则，切实保障犯罪嫌疑人、被告人的合法权益，避免因剥夺或者限制犯罪嫌疑人、被告人的合法权利而导致冤错案件的发生。

最高人民法院、最高人民检察院、公安部、司法部在2007年3月9日联合发布《关于进一步严格依法办案确保办理死刑案件质量的意见》，再次重申了对死刑立即执行案件加强法律监督的重要性。2012年修订的《人民检察院刑事诉讼规则（试行）》对以往的做法做了进一步的规范。

二、死刑执行监督的内容

1. 监督死刑立即执行的活动是否合法

（1）人民检察院临场监督人员应当审查人民法院对死刑立即执行的法律手续是否完备，程序是否合法。死刑立即执行，必须有最高人民法院院长签发的执行死刑的命令，没有签发执行死刑命令的，不得执行。同时，还应当核对时间是否符合要求。根据刑事诉讼法第262条第1款的规定，下级人民法院在接到最高人民法院执行死刑的命令以后，应当在7日以内交付执行。

（2）人民检察院临场监督人员监督指挥执行的审判人员是否依法对死刑立即执行的罪犯验明正身，讯问有无遗言、信札，然后交付执行人员执行死刑。同时，监督检察是否存在违法游街示众或其他有辱被告人人格的行为。如存在，应立即制止。

（3）人民检察院临场监督人员应当依法监督执行死刑的场所、方法是否合法。执行场所是否在刑场或特定的羁押场所内。执行方法是否采用枪决或者注射等法律规定的方法。采取注射方法执行死刑的，应当在指定的刑场或场所内执行，具体程序依照有关规定进行。采取枪决、注射以外的其他方法执行死刑的，应当事先报请最高人民法院批准。

（4）检察监督执行死刑的活动是否合法。一方面，检察执行死刑的人员是否符合法定的司法警察或武装警察；另一方面，检查执行死刑完毕后，是否有法医验明罪犯确实死亡，在场书记员是否正确制作笔录。同时，人民检察院临场监督人员应亲自检查罪犯是否确已死亡，并填写死刑临场监督笔录，签名后入卷归档。

（5）人民检察院还应监督负责执行的人民法院在执行死刑后的活动是否合法。一是监督对死刑罪犯的遗书、遗言笔录的审查处理。二是监督对罪犯尸体的处理。法院应通知罪犯家属在期限内领取罪犯的尸体；有火化条件的，通知领取骨灰。过期不领的，由人民法院通知有关单位处理。三是监督对外国籍罪犯执行死刑后的处理，即应通知外国驻华使、领馆。

2. 监督死刑立即执行的停止执行是否合法

人民检察院应当对于依法停止执行死刑的情况是否合法，进行法律监督。

刑事诉讼法第262条规定，负责执行死刑立即执行的人民法院，在交付执行过程中，如果发现有下列情形之一的，应当停止执行，并且立即报告最高人民法院，由最高人民法院作出裁定。

（1）在执行前发现判决可能有错误的。

（2）在执行前罪犯揭发重大犯罪事实或者有其他重大立功表现，可能需要改判的。

（3）罪犯正在怀孕。

如果在执行前发现判决可能有错误或在执行前罪犯揭发重大犯罪事实或者有其他重大立功表现，可能需要改判的而导致死刑停止执行的原因消失后，必须报请最高人民法院院长再签发执行死刑的命令，才能执行。如果由于原判决确有错误，或者罪犯检举、揭发重大犯罪事实成立，有重大立功表现，依法可以从轻处理的，应当报请核准死刑的人民法院按照审判监督程序重新审判。如果由于罪犯正在怀孕而停止执行死刑的，应当报请核准死刑的人民法院依法改判。

人民检察院如果发现人民法院应当停止执行死刑而没有停止执行，或者停止执行死刑的原因消失和不适用死刑而未按上述法定程序办理的，应当即时提出建议，予以纠正。

3. 依法建议人民法院停止执行死刑

根据最高人民检察院《人民检察院刑事诉讼规则（试行）》第637条的规定，临场监督执行死刑的检察人员应当依法监督执行死刑的场所、方法和执行死刑的活动是否合法。在执行死刑前，发现有下列情形之一的，应当建议人民法院立即停止执行：（1）被执行人并非应当执行死刑的罪犯的；（2）罪犯犯罪时不满18岁，或者审判的时候已满75周岁，依法不应当适用死刑的；（3）判决可能有错误的；（4）在执行前罪犯有检举揭发他人重大犯罪行为等重大立功表现，可能需要改判的；（5）罪犯正在怀孕的。

三、死刑执行监督的程序

根据刑事诉讼法、最高人民法院2012年发布的《关于适用〈中华人民共和国刑事诉讼法〉的解释》、最高人民检察院2012年发布的《人民检察院刑事诉讼规则（试行）》的规定，最高人民法院的执行死刑命令，由高级人民法院交付第一审人民法院执行。第一审人民法院接到执行死刑命令后，应当在7日内执行。第一审人民法院在执行死刑3日前，应当通知同级人民检察院派员临场监督。

根据刑事诉讼法、最高人民检察院《人民检察院刑事诉讼规则（试行）》第635条至第638条的内容和最高人民法院《关于适用〈中华人民共和国刑事诉讼法〉的解释》的相关规定，人民检察院在接到人民法院的临场监督通知以后，应当派员临场监督。死刑执行临场监督由人民检察院刑事执行检察部门负责；必要时，刑事执行检察部门应当在执行前向公诉部门了解案件有关情况，公诉部门应当提供有关情况。死刑临场监督的职能由检察人员担任，同时配备书记员担任记录工作。

人民检察院应当在下列方面进行死刑执行的监督工作。

（1）查明同级人民法院是否收到最高人民法院核准死刑的裁定或者作出的死刑判决、裁定和执行死刑的命令。

（2）监督执行死刑前的相关活动是否合法。第一审人民法院在执行死刑前，是否告知罪犯有权会见其近亲属？在罪犯申请会见并提供了具体联系方式后，人民法院是否通知了罪犯的近亲属？罪犯近亲属申请会见的，人民法院是否准许并及时安排了会见？

（3）监督在执行死刑前是否有应当建议人民法院立即停止执行的情形。

（4）监督第一审人民法院在接到执行死刑命令后作出的暂停执行死刑决定以及后续的相关工作，是否具备法定事由和符合法定程序。

（5）监督指挥执行的审判人员是否对罪犯进行了验明正身的工作？是否讯问罪犯有无遗言、信札？是否遵守了“执行死刑应当公布，不应示众”的规定？是否进行了游街示众或者其他有辱罪犯人格的行为？

（6）监督执行死刑的场所是否合法。是否在刑场或者指定的羁押场所内执行死刑？

（7）监督执行死刑的方法是否合法。是否采用枪决或者注射等方法执行死刑？

（8）监督人民法院是否保障了被执行死刑的罪犯的合法权益。如果人民检察院发现人民法院在执行死刑活动中有侵犯被执行死刑罪犯的人身权、财产权或者其近亲属、继承人合法权利等违法情形的，应当依法向人民法院提出纠正意见。

（9）执行死刑后，人民检察院临场监督人员应当检查罪犯是否确已死亡，并填写死刑执行临场监督笔录，签名后入卷归档。

（10）执行死刑后，人民检察院应当监督交付执行的人民法院是否依照规定进行了下列事项。

第一，是否依法处理了罪犯的遗书、遗言。对罪犯的遗书、遗言笔录，应当及时审查；涉及财产继承、债务清偿、家事嘱托等内容的，将遗书、遗言笔录交给家属，同时复制附卷备查；涉及案件线索等问题的，抄送有关机关。

第二，是否依法处理了罪犯的骨灰或者尸体。通知罪犯家属在限期内领取罪犯骨灰；没有火化条件或者因民族、宗教等原因不宜火化的，通知罪犯家属领取尸体；过期不领取的，由人民法院通知有关单位处理，并要求有关单位出具处理情况的说明；对罪犯骨灰或者尸体的处理情况，应当记录在案。

第三，是否通知了外籍罪犯所在国的驻华使、领馆。对外国籍罪犯执行死刑后，应当通知外国驻华使、领馆；通知外国驻华使、领馆的程序和时限，根据有关规定办理。

为了严格依法监督死刑执行工作是否合法进行，在执行死刑过程中，人民检察院临场监督人员根据需要可以进行拍照、录像。

【问题与思考】

1. 什么是刑事执行监督？
2. 刑事执行监督有什么重要意义？
3. 什么是监禁刑执行监督？主要内容有哪些？
4. 什么是非监禁刑执行监督？主要内容有哪些？
5. 什么是死刑执行监督？主要内容有哪些？

【推荐参考论著】

1. 袁其国主编．刑事执行检察工作重点与方法．北京：中国检察出版社，2015.
2. 袁其国主编．刑事执行检察业务培训教程．北京：中国检察出版社，2015.
3. 吴宗宪．监狱学导论．北京：法律出版社，2012.
4. 侯国云主编．刑罚执行问题研究．北京：中国人民公安大学出版社，2005.
5. 王顺安．刑事执行法学通论．北京：群众出版社，2005.
6. 最高人民检察院政治部，中国检察官协会．法律监督与公平正义．北京：中国检察出版社，2004.
7. 梁国庆．中国检察业务教程．北京：中国检察出版社，2003.
8. 周其华．中国检察学．北京：中国法制出版社，1998.

第二编

监禁刑执行

第六章
监禁刑执行制度

内容导读

从监禁刑执行制度所包括的内容来看，监禁刑执行制度有广义和狭义之分。其中，狭义上的监禁刑执行制度更具有典型意义。因此，本章论述狭义的监禁刑执行制度。这类制度及其落实活动，是监禁刑执行过程中最基本的制度与活动，是监禁刑执行研究的重要内容。这部分内容也是传统的监狱学研究的重点之一，在监狱学书籍中通常称为“刑罚执行制度”，与“狱政管理制度”“教育改造制度”“劳动改造制度”等相对应。狭义的监禁刑执行制度具体包括收监，暂予监外执行，对罪犯提出的申诉、控告、检举的处理，又犯罪的处理，罪犯死亡的处理，减刑，假释，释放等方面的制度。

第一节　概　述

一、监禁刑执行的含义

监禁刑执行的概念具有广义与狭义之分。广义的监禁刑执行指具有监禁刑执行权力的机构（包括监狱、公安机关）执行人民法院生效刑事判决的活动。根据我国法律，监狱、公安机关都具有监禁刑执行的权力。狭义的监禁刑执行指监狱执行人民法院生效判决的活动。一般认为，监禁刑执行是狭义上的概念。狭义的监禁刑执行又有实质意义上的监禁刑执行与形式意义上的监禁刑执行之别。实质意义上的监禁刑执行不仅包括刑罚执行中的入监、执行中的刑罚变更与出监等过程性内容，而且容纳狱政管理、教育改造与劳动改造等手段性内容。实质意义上的监禁刑执行涵括了监狱全部工作内容。形式意义上的监禁刑执行仅指监狱执行人民法院生效刑事判决的过程性内容，包括收监、减刑、假释、对罪犯服刑期间又犯罪的处理、暂予监外执行、释放等。形式意义上的监禁刑执行与狱政管理、教育改造、劳动改造等内容并立，共同构成监狱工作内容。本章所使用的监禁刑执行概念是形式意义上的。

把握监禁刑执行的含义要注意以下两点。

其一，监禁刑执行的主体是监狱。虽然刑罚执行的具体实施者是监狱人民警察，而不是监狱本身，但是监狱人民警察的执行行为是公务行为，是代表监狱执行刑罚的行为，而监狱是国家的专门职能机构，只有监狱才能承担起刑罚执行的职责，所以，监禁刑执行的主体是监狱，而不能是监狱人民警察。

其二，这里的监禁刑执行仅指向监狱执行人民法院作出的生效刑事判决的过程性内容，也可以理解为程序性内容，主要包括罪犯入监、出监与刑罚变更，而不涉及刑罚执行中具体的、具有目的性、手段性的内容。

二、监禁刑执行的对象

（一）被判处死刑缓期二年执行的罪犯

死刑缓期二年执行是人民法院判处罪犯死刑时，同时宣告缓期二年执行，交送监狱监管改造，以观后效的死刑执行制度。死刑缓期二年执行制度是我国死刑适用上的一个独创，是我国严格控制死刑适用行之有效的制度。实践表明，绝大多数被判处死刑缓期二年执行的罪犯，在二年期满后被减为无期徒刑。

（二）被判处无期徒刑的罪犯

无期徒刑是审判机关以判决形式终身剥夺犯罪人的自由，并监禁在一定场所的刑罚。依据刑事诉讼法的规定，被判处无期徒刑的罪犯应交付监狱执行刑罚。

（三）被判处有期徒刑的罪犯

有期徒刑是审判机关以判决的形式定期剥夺犯罪人自由，并施以监禁的刑罚。有期徒刑的刑罚为 6 个月以上 15 年以下，数罪并罚最高不超过 25 年。刑期从判决执行之日起计算，判决执行以前先行羁押的，羁押 1 日折抵刑期 1 日。

三、监禁刑执行的原则

（一）依法执行原则

监狱法所设定的刑罚执行制度是监狱执行判决所确定刑罚必须遵循的基本办事规程。刑罚执行的准确程度直接影响人民法院判决权威维护程度，因而，依法执行原则是刑罚执行工作的首要原则。根据这一原则，监狱人民警察在罪犯收监与释放工作中，在办理罪犯减刑、假释与暂予监外执行工作中，要严格遵守法律所作出的有关规定。为保证监狱执行刑罚的准确，我国检察机关设立了专门的刑事执行检察机构，向监狱派驻有专门机构和人员，通过驻监或者巡回方式对监狱执行刑罚进行监督。

（二）服从于惩罚与改造罪犯的原则

由于监狱是承担惩罚与改造罪犯工作的专门的国家机构，因而监狱在刑罚执行中应当根据惩罚与改造罪犯原则进行。在监狱法中，所谓惩罚是指监狱根据人民法院生效判决剥夺罪犯自由；所谓改造是监狱根据罪犯人身危险性的具体情况运用改造手段针对性地矫正。惩罚的目的在于实现刑罚正义的价值；改造的目的在于实现刑罚个别预防的价值。由于惩罚与改造都是监狱工作的目标，因而监狱在刑罚执行中既要考虑惩罚罪犯的需要，也要考虑改造罪犯的需要。监狱在刑罚执行过程中，一方面应根据人民法院判决所确定的刑种、刑期关押罪犯。另一方面要根据法律规定适时调整罪犯刑罚，如果罪犯积极接受改造，监狱就应对符合减刑或假释条件的罪犯给予减刑或假释；如果罪犯患有严重疾病需保外就医，监狱则根据法律允许罪犯保外就医。

（三）刑罚执行个别化原则

刑罚执行个别化是刑罚个别化的重要内容，是量刑个别化的延续。刑罚执行个别化的理论依据是罪犯人身危险多样性理论。由于罪犯的犯罪史、生活经历、社会背景，以及个人的性格、气质、年龄和性别等差别，罪犯人身危险性是不同的。由罪犯人身危险多样性决定，罪犯改造难易程度不同，刑罚执行需有差别，需个别化。刑罚执行个别化含义即刑罚执行状况与罪犯人身危险性相适应。刑罚执行个别化要求，罪犯积极接受改造，有悔改或立功表现，人身危险性减小，如罪犯符合减刑或假释法定条件，监狱就应对罪犯适用减刑或假释；如果罪犯拒不接受改造，在服刑期间犯罪，人身危险性较大，监狱应依法对其处理，延长服刑期限，或改变刑种。刑罚执行实施个别化原则，体现了刑罚科学化精神，不仅贯彻刑罚个别化精神，而且为狱政管理的分押分管开辟了道路。

四、监禁刑执行的意义

执行监禁刑具有多方面的重大意义。

（一）改变罪犯的法律地位

执行监禁刑具有改变罪犯的法律地位以及与其相对应的人身状态的意义。人民法院对罪犯所判刑事判决（所判刑罚是监禁刑）的生效，不仅意味罪犯的法律地位的变化，犯罪人由被告人变为罪犯，而且意味其人身状态将发生变化：公安机关根据人民法院的判决将罪犯交付监狱收监后，罪犯自此开始服刑生活。罪犯收监，表明罪犯开始实质性地承担因犯罪而产生的刑事责任，开始实质性地承担社会对罪犯的否定评价，从而实现法律对犯罪的否定。罪犯收监还喻示着犯罪者的下场，向有犯罪可能者发出警诫信息，从而实现刑罚的预防目的。当监狱依法假释罪犯时，罪犯将重新回归社会，接受社区的矫正。当监狱依法释放服刑者时，服刑者法律身份和人身状态将得到复归，这表明服刑人的刑事责任已不存在，将开始一种新生活。

（二）向罪犯昭示行刑目的

执行监禁刑具有向罪犯昭示行刑目的的意义。我国的刑罚执行制度体现着“给出路”的刑事政策，执行监禁刑的目的就是将罪犯改造为守法公民。在执行监禁刑期间，只要罪犯接受改造，愿意重新做人，就可以获得减刑、假释等奖励，缩短服刑期限，早日与家人团聚；如果罪犯不接受改造，监狱将对其实施严厉监管；如果罪犯抗拒改造故意犯罪，法律将对其从重处罚。因此，监狱执行刑罚具有促进罪犯改造的明确目的。

（三）为监狱提供法律保障

执行监禁刑具有为监狱开展罪犯改造活动提供特别的法律保障的意义。监狱开展改造罪犯活动，除得到宪法、刑法和刑诉法的规范与保障之外，还得到监狱法中规定的刑罚执行制度的特别保障。刑罚执行制度不仅能为监狱改造罪犯具体活动提供合法依据，而且为监狱改造活动设置了必备的执行程序。

第二节 收 监

一、收监的概念

收监是指监狱依法接受被判处死刑缓期二年执行、无期徒刑、有期徒刑罪犯的一种刑罚执行活动。收监具有以下特点。

第一，特定主体。收监的主体是监狱。收监是监狱的一项权力，非监狱机构包括企业、事业单位与监狱外的其他国家机关不能行使之。收监权包括予以收监、不予收监及暂不收监。

第二，特定对象。收监的对象是被判处死刑缓期二年执行、无期徒刑、有期徒刑的罪犯。根据刑事诉讼法第264条第2款，罪犯在被交付执行刑罚前，剩余刑期在3个月以下的，由看守所代为执行。

第三，特定程序。收监要根据法律规定的专门程序进行。

二、收监的条件

收监的条件分为一般条件和特别条件。

（一）一般条件

我国宪法第37条规定："中华人民共和国公民的人身自由不受侵犯……禁止非法拘禁和以其他方法剥夺或者限制公民的人身自由……"虽然监狱是刑罚执行机关，具有限制剥夺罪犯人身自由的法定权力，但是其限制剥夺罪犯人身自由行为的合法性只存在于监狱依法办事范围内。监狱执行刑罚必须以人民法院交付的法律文书为根据。这是收监的基本条件。根据刑事诉讼法第264条第1款，罪犯被交付执行刑罚的时候，交付执行的人民法院应当在判决生效后10日以内将有关的法律文书送达刑罚执行机关。

根据我国监狱法，监狱收监依据有以下几点。

1. 人民检察院的起诉书副本

起诉书是人民检察院制作的、对犯罪事实确实充分、认为犯罪人已构成犯罪并应追究刑事责任用以起诉犯罪人的司法文书。起诉书出现在诉讼程序中的公诉阶段，反映公诉阶段司法人员调查犯罪事实的状况和检察官对犯罪事实确实充分程度以及适用法律的态度和看法。

2. 人民法院的判决书

人民法院通过公安机关送达监狱的判决书必须是已经发生法律效力的法律文书，包括一审人民法院作出的，已过法定期限没有上诉或抗诉的判决书，二审人民法院作出的判决书，以及高级人民法院核准死刑缓期二年执行的判决书。

3. 执行通知书

执行通知书是交付执行的人民法院制作的法律文书。人民法院将执行通知书和判决书送达羁押该罪犯的公安机关，然后由公安机关将执行通知书和判决书等随同交付执行的罪犯一道交送监狱。

4. 结案登记表

结案登记表是由人民法院在审判结束后填写的表格。其主要包括以下内容：罪犯姓名、性别、年龄、民族、文化程度、捕前住址、捕前职业、政治面貌、逮捕机关、案件类别、刑期、是否剥夺政治权利、犯罪事实、认罪表现等。

（二）特别条件

监狱接受被判处无期徒刑、有期徒刑的罪犯，除遵守收监的一般条件，还需遵守收监的特别条件：（1）罪犯身体基本健康无严重疾病，不需要保外就医；（2）如果收监对象是女犯，罪犯不存在怀孕或者正在哺乳自己婴儿的情况。

根据刑事诉讼法第 265 条，对被判处有期徒刑或者拘役的罪犯，有下列情形之一的，可以暂予监外执行。

第一，有严重疾病需要保外就医的。对适用保外就医可能有社会危险性的罪犯，或者自伤自残的罪犯，不得保外就医。对罪犯确有严重疾病，必须保外就医的，由省级人民政府指定的医院诊断并开具证明文件。根据刑罚执行实践，所谓有“严重疾病”是指患者在短期内有死亡危险、患有严重慢性疾病且长期医治无效、患有严重的传染疾病仍处于传染期等情况。

第二，怀孕或者正在哺乳自己婴儿的妇女。

第三，生活不能自理，适用暂予监外执行不致危害社会的。

对被判处无期徒刑的女犯，如果怀孕或者正在哺乳自己婴儿，可以暂予监外执行。

三、收监的程序

收监的程序主要包括下列方面。

（一）审查法律文书

根据监狱法第 16 条，交付执行的人民法院应当将人民检察院的起诉书副本、人民法院的判决书、执行通知书、结案登记表同时送达监狱。监狱没有收到上述文件的，不得收监；上述文件不齐全或记载有误的，作出生效判决的人民法院应当及时补充齐全或者作出更正；对其中可能导致错误收监的，不予收监。监狱审查法律文书需注意以下几点。

其一，法律文书是否齐全。

其二，判决书是否生效。

其三，法律文书是否清楚，判决书、执行通知书和结案登记表是否一致，有无记载错误。

（二）身体检查

对罪犯的身体检查由监狱的医生进行，身体检查内容一般包括：基本情况（身高、体重、血型等）、体型特征、有无病史、身体状况等。对被判有期徒刑罪犯而言，如果有下列情况之一，由交付执行的人民法院决定，监狱可以对罪犯暂不收监：（1）罪犯有严重疾病需要保外就医；（2）女犯怀孕，或者女犯正在哺乳自己的婴儿；（3）生活不能自理，适用暂予监外执行不致危害社会的。对被判无期徒刑的女性罪犯，如果怀孕或者女犯正在哺乳自己的婴儿，可以暂不收监。

（三）人身与物品检查

根据法律规定，罪犯收监，监狱应当严格检查其人身和所携带的物品。检查罪犯人身和所携带物品需重点检查罪犯携带的非生活必需品和违禁品。非生活必需品指罪犯在服刑生活中不需要的物品，如现金、游戏机等。对非生活必需品，监狱应代为罪犯保管，待罪犯刑满释放时，交返主人，或监狱征得罪犯同意退回其家属。违禁品指有碍监狱监管秩序，为监狱禁止携带入监的物品，如易燃易爆物品、凶器、毒品、淫秽书刊等。对违禁品，监狱予以没收。

女犯需由女性人民警察进行检查。

（四）通知家属

罪犯被交付监狱，标志侦查、公诉和审判程序的终结，刑罚执行的开始。罪犯家属有权利了解罪犯法律状况这一变化。根据监狱法规定，罪犯收监后，监狱应当通知罪犯家属，通知书应当自收监之日起5日内发出。监狱应告知罪犯家属的监狱地址、邮政编码、罪犯被送往监狱时间，并尽可能具体告知罪犯所在监区及地址、会见周期等。

（五）入监教育与罪犯初步分类

根据2003年8月1日司法部发布施行的《监狱教育改造工作规定》，监狱对新入监的罪犯要集中开展2个月的入监教育。对新收入监的罪犯，监狱应当向罪犯宣布其在服刑期间享有的权利与应当履行的义务。罪犯在服刑期间享有的权利包括：人格不受侮辱，人身安全和合法财产不受侵犯，享有辩护、申诉、控告、检举以及其他未被依法剥夺的或者限制的权利。罪犯在服刑期间应当履行的义务包括：遵守国家法律、法规和监规纪律，服从管理，接受教育改造，按照规定参加劳动。监狱要对罪犯进行法制教育、监规纪律教育，以引导罪犯认罪悔罪，适应服刑生活。入监教育结束后，监狱要对新收犯进行考核。考核合格者将被移送到相应类别的监狱或者监区；考核不合格者继续接受入监教育。

监狱要根据罪犯基本情况、认罪态度和思想动态进行个体分析和心理测验，对其危险程度、恶行程度、改造难度进行评估，提出监管与改造的建议。

在罪犯收监时，需要特别注意的是，监狱不得允许罪犯携带子女入监。

第三节　暂予监外执行

一、暂予监外执行的概念

这里所说的暂予监外执行是指对于被判有期徒刑、无期徒刑的罪犯，由于符合法定事由，有关机关决定暂不收监或者收监以后又决定改为暂时监外服刑，由社区矫正机构执行的刑罚执行制度。

暂予监外执行具有两大特点：一是行刑方式变更的暂时性。暂予监外执行是一种特殊的刑罚执行方式。这种行刑方式不改变罪犯的身份，而只变更行刑的方式，而且这种变更是暂时的。根据我国刑事诉讼法第268条的规定，暂予监外执行的情形消失后，罪犯刑期未满的，应当及时收监。行刑方式变更的暂时性，是暂予监外执行制度最显著的特征。

二是确保不致危害社会前提下的行刑人道性。由法定的暂予监外执行的条件可以清楚地看出，不管是对于患有严重疾病需要保外就医的罪犯，怀孕或者正在哺乳自己婴儿的罪犯，还是生活不能自理的罪犯，所体现的都是行刑的社会主义人道性原则。但是，这种行刑人道性原则是有前提的，即必须要确保罪犯在监外执行期间不致危害社会，否则，即使符合暂予监外执行的条件，也不得暂予监外执行。正因为如此，刑事诉讼法第 265 条第 3 款规定："对适用保外就医可能有社会危险性的罪犯，或者自伤自残的罪犯，不得保外就医。"

二、暂予监外执行的条件

（一）暂予监外执行的前提条件

根据刑事诉讼法第 265 条的规定，暂予监外执行的前提条件有三种情形。

（1）罪犯有严重疾病需要保外就医的。根据最高人民法院、最高人民检察院、公安部、司法部和原国家卫生计生委 2014 年 10 月 24 日发布的《暂予监外执行规定》的附件《保外就医严重疾病范围》，罪犯有严重传染病、严重器质性心血管疾病、严重呼吸系统疾病、严重消化系统疾病等严重疾病，久治不愈，严重影响其身心健康的，属于适用保外就医的疾病范围。

（2）怀孕或者正在哺乳自己婴儿的妇女。

（3）生活不能自理，适用暂予监外执行不致危害社会的。

如果被判有期徒刑的罪犯，或者已经被减为有期徒刑的罪犯，符合上述三种情形之一的，有关机关即可考虑对罪犯适用暂予监外执行。

对判无期徒刑的罪犯，如果符合前两种条件，可以考虑暂予监外执行。

（二）暂予监外执行的限制条件

根据刑事诉讼法第 265 条和暂予监外执行规定，对需要保外就医或者属于生活不能自理，但适用暂予监外执行可能有社会危险性，或者自伤自残，或者不配合治疗的罪犯，不得暂予监外执行。

对职务犯罪、破坏金融管理秩序和金融诈骗犯罪、组织（领导、参加、包庇、纵容）黑社会性质组织犯罪的罪犯适用保外就医应当从严审批，对患有高血压、糖尿病、心脏病等严重疾病，但经诊断短期内没有生命危险的，不得暂予监外执行。

对需要保外就医或者属于生活不能自理的累犯以及故意杀人、强奸、抢劫、绑架、放火、爆炸、投放危险物质或者有组织的暴力性犯罪的罪犯，原被判处死刑缓期二年执行或者无期徒刑的，应当在减为有期徒刑后执行有期徒刑 7 年以上方可适用暂予监外执行；原被判处 10 年以上有期徒刑的，应当执行原判刑期 1/3 以上方可适用暂予监外执行。

（三）暂予监外执行的外在条件

由于适用暂予监外执行的罪犯是患有严重疾病需要保外就医的人，怀孕或者正在哺乳自己婴儿的妇女，生活不能自理而适用暂予监外执行不致危害社会的人，都是需要得到监狱外帮助的人，如果没有源于监狱外的帮助，罪犯不可能在监狱外生活。正因为如此，有关规定要求对要求保外就医的罪犯，监狱应当与罪犯亲属联系办理取保手续。罪犯具有源于监狱外的帮助与监督者是暂予监外执行适用的外在条件。

有学者提出，暂予监外执行还有实质条件。[①] 所谓暂予监外执行的实质条件是指罪犯不

① 韩玉胜．监狱学问题研究．北京：法律出版社，1999：161．

会危害社会的条件。这种主张有一定道理。事实上，无论保外就医对象范围的确定，还是生活不能自理者的暂予监外执行的附加条件，都考虑了罪犯的社会危险性。但是，对于怀孕或者正在哺乳自己婴儿的妇女，有关规定并没有以罪犯有无危险性作为适用暂予监外执行的条件。不仅如此，监狱法明确规定"监狱不得允许罪犯携带子女入监"。因而，根据现行有关规定，不宜将控制罪犯危险的内容纳入暂予监外执行适用条件中。

三、暂予监外执行的种类

根据暂予监外执行出现的刑罚执行阶段不同，暂予监外执行分两种。

（1）收监前的暂予监外执行。刑罚执行机关在对交付执行刑罚的罪犯进行身体检查时，如果被判处有期徒刑、无期徒刑的罪犯有需要暂予监外执行的情形，符合暂予监外执行的条件，刑罚执行机关依照法定程序可以对其暂不收监。

（2）收监后的暂予监外执行。刑罚执行机关在罪犯收监后发现被判处有期徒刑、无期徒刑的罪犯有需要暂予监外执行的情形，符合暂予监外执行的条件，刑罚执行机关依照法定程序可以对罪犯暂予监外执行。收监后的暂予监外执行是暂予监外执行的主要形式。

收监前的暂予监外执行与收监后的暂予监外执行既有相同之处，也有不同之处。相同之处在于：两种暂予监外执行都必须具有刑事诉讼法所规定的条件才能够考虑适用；在暂予监外执行期间由罪犯居住地的社区矫正机构执行刑罚。收监前的暂予监外执行与收监后的暂予监外执行主要不同之处在于：适用的阶段不同，前者适用于监狱收监前，后者适用于监狱收监后；决定机关不同，前者由交付执行的人民法院决定，后者由省级以上监狱管理机关或者设区的市一级以上公安机关批准；暂予监外执行收监执行的程序不同，前者由人民法院决定，交送监狱，监狱依收监规定办理手续，而后者由省级以上监狱管理机关或者设区的市一级以上公安机关决定收监。

四、暂予监外执行的程序

由于罪犯收监前的暂予监外执行发生在交付执行之前，不是刑事执行法学研究的重点，因而这里仅介绍罪犯收监后的暂予监外执行。

根据2014年的暂予监外执行规定、2016年8月18日司法部部长办公会议审议通过的《监狱暂予监外执行程序规定》，暂予监外执行的主要程序有以下几项。

（一）对罪犯的诊断、检查和鉴别

对在监狱服刑的罪犯需要暂予监外执行的，监狱应当组织对罪犯进行病情诊断、妊娠检查或者生活不能自理的鉴别。罪犯本人或者其亲属、监护人也可以向监狱提出书面申请。

监狱组织诊断、检查或者鉴别，应当由监区提出意见，经监狱刑罚执行部门审查，报分管副监狱长批准后进行诊断、检查或者鉴别。

对于患有严重疾病或者怀孕需要暂予监外执行的罪犯，委托省级人民政府指定的医院进行病情诊断或者妊娠检查。

对于生活不能自理需要暂予监外执行的罪犯，由监狱罪犯生活不能自理鉴别小组进行鉴别。

（二）暂予监外执行意见的提出

罪犯需要保外就医的，应当由罪犯本人或其亲属、监护人提出保证人。无亲属、监护人的，可以由罪犯居住地的村（居）委会、原所在单位或者县级司法行政机关社区矫正机构推荐保证人。监狱刑罚执行部门对保证人的资格进行审查，填写《保证人资格审查表》，并告知保证人在罪犯暂予监外执行期间应当履行的义务，由保证人签署《暂予监外执行保证书》。

对符合办理暂予监外执行条件的罪犯，监区人民警察应当集体研究，提出提请暂予监外执行建议，经监区长办公会议审核同意后，报送监狱刑罚执行部门审查。

监狱刑罚执行部门经审查，对材料不齐全或者不符合提请条件的，应当通知监区补充有关材料或者退回；对相关材料有疑义的，应当进行核查；对材料齐全、符合提请条件的，应当出具审查意见，由科室负责人在《暂予监外执行审批表》上签署意见，连同监区报送的材料一并提交监狱暂予监外执行评审委员会评审。

监狱暂予监外执行评审委员会应当召开会议，对刑罚执行部门审查提交的提请暂予监外执行意见进行评审，提出评审意见。监狱暂予监外执行评审委员会评审后同意对罪犯提请暂予监外执行的，应当在监狱内进行公示。

征求意见后，监狱刑罚执行部门应当将监狱暂予监外执行评审委员会暂予监外执行建议和评审意见连同人民检察院意见，一并报请监狱长办公会议审议。

监狱长办公会议决定提请暂予监外执行的，由监狱长在《暂予监外执行审批表》上签署意见，加盖监狱公章，并将有关材料报送省、自治区、直辖市监狱管理局。

（三）暂予监外执行的审查与批准

监狱管理局应当自收到监狱提请暂予监外执行材料之日起 15 个工作日内作出决定。

批准暂予监外执行的，应当在 5 个工作日内，将《暂予监外执行决定书》送达监狱，同时抄送同级人民检察院、原判人民法院和罪犯居住地县级司法行政机关社区矫正机构。

不予批准暂予监外执行的，应当在 5 个工作日内将《不予批准暂予监外执行决定书》送达监狱。

监狱管理局批准暂予监外执行的，应当在 15 个工作日内，将暂予监外执行决定上网公开。

（四）暂予监外执行的检察监督

人民检察院对暂予监外执行措施的提出、决定或者批准进行监督。

在暂予监外执行的诊断、检查、鉴别过程中，监狱应当向人民检察院通报对罪犯进行病情诊断、妊娠检查和生活不能自理鉴别工作情况。人民检察院可以派员监督。

在监狱暂予监外执行评审委员会对刑罚执行部门审查提交的提请暂予监外执行意见进行评审过程中，监狱可以邀请人民检察院派员列席监狱暂予监外执行评审委员会会议。

监狱暂予监外执行评审委员会评审后同意对罪犯提请暂予监外执行的，应当在监狱内进行公示。公示无异议或者经复核异议不成立的，监狱应当将提请暂予监外执行相关材料送人民检察院征求意见。监狱对人民检察院意见未予采纳的，应当予以回复，并说明理由。

监狱管理局应当自收到监狱提请暂予监外执行材料之日起 15 个工作日内作出决定。批准暂予监外执行的，应当在 5 个工作日内，将《暂予监外执行决定书》送达监狱，同时抄送同级人民检察院。人民检察院认为暂予监外执行不当提出书面意见的，监狱管理局应当在接到书面意见后 15 日内对决定进行重新核查，并将核查结果书面回复人民检察院。

第四节 对罪犯提出的申诉、控告、检举的处理

一、申诉及其处理

（一）申诉的概念

刑事司法活动中的申诉是指当事人及其法定代理人、近亲属认为已经发生法律效力的判决、裁定在认定事实或者适用法律方面有错误时向人民检察院或人民法院提出重新处理的要求的活动与程序。

申诉具有下列特点。

第一，申诉主体。有权申诉人是当事人及其法定代理人、近亲属。

第二，申诉内容。申诉是针对生效判决、裁定的内容而提出的一种主张。在申诉当中，涉及的判决、裁定的内容错误有认定事实的错误和适用法律的错误。

第三，申诉机关。申诉的接受机关是人民检察院和人民法院。申诉人将申诉材料递交人民检察院或者人民法院，人民检察院和人民法院是申诉的受理机关。人民检察院接受申诉，应审查申诉的内容，经过审查，如果认为判决或裁定有错误，应依法向人民法院提出抗诉。对人民检察院的抗诉，人民法院应当受理。人民法院接受申诉，也应当审查申诉的内容，经过审查，如果认为判决、裁定有错误，应当依法对案件进行再审。

第四，申诉效果。申诉不影响判决、裁定的效力，不停止判决、裁定的执行。申诉是针对人民法院已经发生法律效力的判决、裁定提出来的，是认为判决、裁定的内容有错误而提出的重新审查的建议，申诉本身不影响判决、裁定的效力。

第五，申诉性质。申诉是罪犯及其法定代理人、近亲属的一项权利。

罪犯申诉是我国刑事申诉中最重要也是最基本的形式，做好罪犯申诉处理工作具有重要意义。首先，正确处理罪犯申诉有利于维护刑罚的正当性。法律的权威源于法律的正当，而法律的正当离不开适用法律的正确性。司法机关适用法律的正确性要求：其一，司法机关以事实为依据，以法律为准绳，坚持罪刑相适应原则办案；其二，司法机关坚持有错必纠原则，对冤、假、错案坚决纠正，维护法律的公正。司法机关正确处理申诉有助于维护法律适用的正确性和刑罚的正当性。刑罚的正当性是刑罚存在并受到群众赞成的内在依据。

其次，正确处理罪犯申诉是引导罪犯安心接受改造的前提。申诉是罪犯的一项权利，监狱人民警察不能加以非法限制，否则会使罪犯产生投诉无门的想法，强化罪犯不服原判的抗拒心理，不利于罪犯接受改造。因此，监狱人民警察应努力保证罪犯的申诉权，如果原判决有认定事实或适用法律不当之处，应当帮助解决；如果原判决正确，应引导罪犯接受原判，促使罪犯安心接受改造。

（二）监狱保护罪犯申诉权的基本措施

根据监狱对罪犯申诉权保护的力度，监狱保护罪犯申诉权的措施可分为以下两类：基本措施和特别措施。监狱保护罪犯申诉权基本措施的特点是监狱不限制罪犯行使申诉权，并给予必要的帮助。这些措施主要有以下几项。

第一，监狱在刑罚执行中，如果罪犯提出申诉，应当转请人民检察院或原判人民法院处理。

第二，对罪犯的申诉材料，监狱应及时转递，不得扣压。根据监狱法的规定，罪犯写给司法机关的信件监狱不得检查。根据这一规定，罪犯写给司法机关的信件，包括申诉信件，监狱不得检查。

第三，监狱设立犯人申诉箱，接受犯人申诉材料，申诉箱由专人开箱处理。

第四，罪犯有权委托律师或者亲友代理申诉，被委托申诉的律师或者其亲友有权与罪犯会见。

第五，区分罪犯正当申诉与缠诉，不能将罪犯申诉一律认定为不认罪服法。

对于罪犯的申诉，人民检察院或者人民法院应当及时处理。

(三) 监狱保护罪犯申诉权的特别措施

监狱保护罪犯申诉权的特别措施的特点是监狱动用申诉提请处理权帮助罪犯申诉。

监狱法第 24 条规定："监狱在执行刑罚过程中，根据罪犯的申诉，认为判决可能有错误的，应当提请人民检察院或人民法院处理，人民检察院或者人民法院应当自收到监狱提请处理意见书之日起六个月内将处理结果通知监狱。"

根据监狱法，监狱享有申诉提请处理权。该权力行使前提是罪犯提出申诉，监狱认为判决可能有错误。该权力行使后的法律后果是人民检察院或人民法院须在法定期限内对罪犯申诉作出处理结果，并通知监狱。

(四) 监狱处理罪犯申诉的具体方法

如果罪犯申诉理由成立，原判认定事实或适用法律不当，原判得到纠正，监狱应协助有关司法机关做好冤狱赔偿和申诉人的思想工作，使申诉人、同监罪犯受到一次国家的有错必纠的政策教育。

如果罪犯申诉理由不成立，监狱应引导罪犯息讼。如果罪犯无理取闹，无理申诉，应认定为缠诉。根据有关规定，监狱对无理缠诉者可以给予一定处罚。

二、控告及其处理

刑事司法活动中的控告是罪犯在认为由于国家机关工作人员的违法犯罪行为使自己的合法权益受到侵害时向有关机关报告并要求处理的行为。

控告的主要特点是：(1) 控告不同于诬告。诬告与控告的区别在于诬告者捏造犯罪事实，并做虚假告发，而控告者依据的是客观的犯罪事实。根据我国刑法的规定，捏造犯罪事实，向国家机关或者有关单位做虚假告发，意图使他人受到刑事追究，情节严重的，构成诬告陷害罪。(2) 控告是罪犯的一项法定权利。关于控告的权利及其内容，规定于我国的宪法、刑事诉讼法与监狱法中。(3) 控告向特定机构提出。根据我国法律规定与实践，罪犯主要向下列机关提出控告：监狱、监狱的上级机关、公安机关、检察机关、人民法院。

监狱与监狱的上级机关对罪犯的控告要根据有关规定调查，如果涉案有关工作人员违纪要根据有关规定处理，如果涉案有关工作人员构成犯罪，监狱或者监狱的上级机关应当将案件移交检察机关。

公安机关、人民检察院或者人民法院应当接受罪犯的控告。对于符合立案条件的，上述机关应当立案。对于不属于自己管辖的案件，应当移送主管机关处理，并且通知控告人。

为保护罪犯的控告权利，法律主要规定了以下保护措施：(1) 罪犯写给监狱的上级机关和司法机关的信件，不受检查；（2）罪犯的控告材料，监狱应当及时转递，不得扣压；（3）对罪犯提出的控告材料，监狱应当及时处理或者转送公安机关或者人民检察院处理；（4）监狱设立检举、控告箱，接受罪犯的检举、控告材料，检举、控告箱由专人开箱处理。

西方国家处理罪犯控告的措施与我国的有所不同。在西方，很多国家不仅允许罪犯向监狱系统外的机构投诉，如国会议员、人权委员会等，也可以向监狱长或者监狱局长控告，还可以向专门机构控告。在英国，罪犯认为监狱或者监狱官员侵犯他的权利，可以向监狱政务督察官（prisons ombudsman，也译为“监狱督察官”“监狱政务调查官”）提出控告，也可以向设置在各监狱的由监狱外人士组成的监狱视察委员会（board of visitors，又译为“探监者委员会”）以及全国（英格兰与威尔士）监狱视察委员会提出控告。在加拿大，国家设有矫正调查员（correctional investigator）制度，矫正调查员在收到罪犯的控告后可以开展独立的专门调查。专门机构的建立在强化罪犯控告权保护上意义很大。

三、检举及其处理

检举是罪犯向有关机关揭发举报监内外犯罪事实或犯罪人的活动。

罪犯检举的主要特点是：（1）根据宪法、监狱法的规定，检举是罪犯的一项重要权利。（2）检举监狱内外犯罪活动是罪犯立功表现的认定根据之一。如果罪犯检举监狱内外重大犯罪活动，经查证属实，司法机关依法应当为罪犯减刑。如果罪犯检举监狱内外犯罪活动，经查证属实，被有关机关认为有立功表现，可以被减刑。

根据监狱法第23条的规定，对罪犯提出的检举材料，监狱应当及时转递，不得扣压。监狱法第47条规定：“罪犯写给监狱的上级机关和司法机关的信件，不受检查。”对于罪犯提出的检举材料，监狱应当及时处理或者转送公安机关或者人民检察院处理，公安机关或者人民检察院应当将处理结果通知监狱。

第五节　又犯罪的处理

一、又犯罪的含义和类别

又犯罪是指罪犯在服刑期间实施的犯罪。在实践中，监狱系统的工作人员也将其称为“狱内犯罪”。

根据罪犯服刑期间犯罪的空间，罪犯服刑期间的犯罪被分为两类。

（1）罪犯在狱内的又犯罪。这类犯罪主要有脱逃罪、破坏监管秩序罪、组织越狱罪、暴动越狱罪、故意杀人罪、故意伤害罪、故意毁坏财物罪、盗窃罪等。

（2）罪犯在狱外的又犯罪。这是指罪犯从监狱脱逃后在社会上实施的又犯罪。常见的这类犯罪有盗窃罪、抢劫罪、强奸罪、诈骗罪、敲诈勒索罪、故意杀人罪、故意伤害罪等。

对于又犯罪的罪犯，应当从重处罚。罪犯在服刑期间，不但不悔改，反而继续违法犯罪，这说明罪犯的恶习很深，人身危险性很大，应当受到法律更加严厉的制裁。根据我国法律规定，处理罪犯服刑期间故意犯罪案件，应坚持从重处罚的原则。监狱法第59条规定，罪犯在服刑期间故意犯罪的，依法从重处罚。

二、又犯罪的处理程序

根据2014年8月11日最高人民法院、最高人民检察院、公安部、司法部发布的《关于监狱办理刑事案件有关问题的规定》，对监狱在押罪犯与监狱工作人员（监狱警察、工人）或者狱外人员共同犯罪案件，涉案的在押罪犯由监狱立案侦查，涉案的监狱工作人员或者狱外人员由人民检察院或者公安机关立案侦查，在侦查过程中，双方应当相互协作。侦查终结后，需要追究刑事责任的，由侦查机关分别向当地人民检察院移送审查起诉。如果案件适宜合并起诉的，有关人民检察院可以并案向人民法院提起公诉。

罪犯在监狱内犯罪，办理案件期间该罪犯原判刑期即将届满需要逮捕的，在侦查阶段由监狱在刑期届满前提请人民检察院审查批准逮捕，在审查起诉阶段由人民检察院决定逮捕，在审判阶段由人民法院决定逮捕；批准或者决定逮捕后，监狱将被逮捕人送监狱所在地看守所羁押。

罪犯在监狱内犯罪，假释期间被发现的，由审判新罪的人民法院撤销假释，并书面通知原裁定假释的人民法院和社区矫正机构。撤销假释的决定作出前，根据案件情况需要逮捕的，由人民检察院或者人民法院批准或者决定逮捕，公安机关执行逮捕，并将被逮捕人送监狱所在地看守所羁押，同时通知社区矫正机构。刑满释放后被发现，需要逮捕的，由监狱提请人民检察院审查批准逮捕，公安机关执行逮捕后，将被逮捕人送监狱所在地看守所羁押。

在押罪犯脱逃后未实施其他犯罪的，由监狱立案侦查，公安机关抓获后通知原监狱押回，监狱所在地人民检察院审查起诉。罪犯脱逃期间又实施其他犯罪，在捕回监狱前发现的，由新罪犯罪地公安机关侦查新罪，并通知监狱；监狱对脱逃罪侦查终结后移送管辖新罪的公安机关，由公安机关一并移送当地人民检察院审查起诉，人民法院判决后，送当地监狱服刑，罪犯服刑的原监狱应当配合。

第六节　罪犯死亡的处理

一、罪犯死亡及其分类

罪犯死亡是指罪犯在服刑期间失去生命的现象。罪犯死亡分为两类：（1）正常死亡。这是指由于内在的健康原因而导致的死亡。正常死亡又分为衰老死与疾病死。（2）非正常死亡。这是指由于外部作用导致的死亡。非正常死亡包括被侵害而造成的死亡、因意外事件所造成的死亡、因违法招致的死亡、自杀、为他人或者社会导致的牺牲等。

二、罪犯死亡处理制度

根据2015年发布的监狱罪犯死亡处理规定，罪犯死亡按照下列规定处理。

（一）罪犯死亡报告、通知

罪犯死亡后，监狱应当立即通知死亡罪犯的近亲属，报告所属监狱管理机关，通报承担检察职责的人民检察院和原审人民法院。

死亡的罪犯无近亲属或者无法通知其近亲属的，监狱应当通知死亡罪犯户籍所在地或者居住地的村（居）民委员会或者公安派出所。

罪犯死亡后，监狱、人民检察院应当按照有关规定分别层报司法部、最高人民检察院。

（二）死亡调查、检察

罪犯死亡后，对初步认定为正常死亡的，监狱应当立即开展调查工作。监狱调查工作结束后，应当作出调查结论，并通报承担检察职责的人民检察院，通知死亡罪犯的近亲属。人民检察院应当对监狱的调查结论进行审查，并将审查结果通知监狱。

人民检察院接到监狱罪犯死亡报告后，应当立即派员赶赴现场，开展相关工作。具有下列情形之一的，由人民检察院进行调查：罪犯非正常死亡的；死亡罪犯的近亲属对监狱的调查结论有疑义，向人民检察院提出，人民检察院审查后认为需要调查的；人民检察院对监狱的调查结论有异议的；其他需要由人民检察院调查的。人民检察院调查结束后，应当将调查结论书面通知监狱和死亡罪犯的近亲属。

（三）尸体、遗物处理

人民检察院、死亡罪犯的近亲属对监狱的调查结论无异议、疑义的，监狱应当及时火化尸体。

监狱、死亡罪犯的近亲属对人民检察院调查结论或者复议、复核结论无异议、疑义的，监狱应当及时火化尸体。对经上一级人民检察院复核后，死亡罪犯的近亲属仍不同意火化尸体的，监狱可以按照国家有关规定火化尸体。

尸体火化前，监狱应当将火化时间、地点通知死亡罪犯的近亲属，并允许死亡罪犯的近亲属探视，死亡罪犯的近亲属拒绝到场的，不影响尸体火化。尸体火化时，监狱应当到场监督，并固定相关证据。

尸体火化后，骨灰由死亡罪犯的近亲属在骨灰领取文书上签字后领回。对尸体火化时死亡罪犯的近亲属不在场的，监狱应当通知其领回骨灰；逾期6个月不领回的，由监狱按照国家有关规定处理。

死亡罪犯尸体接运、存放、火化和骨灰寄存等殡葬费用由监狱支付，与殡仪馆直接结算。

死亡罪犯系少数民族的，尸体处理应当尊重其民族习惯，按照有关规定妥善处置。

监狱应当将死亡罪犯尸体和遗物处理情况记录在案，并通报承担检察职责的人民检察院。

第七节　减　刑

一、减刑概述

这里所说的减刑，是指对于被判处无期徒刑、有期徒刑符合法定条件的罪犯，依法将原判刑罚予以适当减轻的刑罚执行制度。刑罚的减轻可以表现为刑种上的减轻，由无期徒刑减为有期徒刑，也可以表现为同一刑种刑期上的减轻，由较长刑期减为较短的刑期。

减刑不同于改判。减刑不是推翻原判决所认定事实和判处的刑罚重新判决，而是在肯定原判决的前提下，对刑罚执行中有悔改或立功表现的罪犯予以刑罚上的减轻。改判则是因为原判决在认定事实或适用法律上有错误，而撤销原判，重新裁判。

减刑不是减轻处罚。减轻处罚是人民法院在对犯罪分子量刑时，对具有减轻情节的在法定刑最低限以下判处刑罚的刑罚裁量形式，其适用对象是未决犯。减刑是对原判决的减轻，其适用对象是已决的罪犯。

减刑制度是我国刑罚执行制度的重要组成部分。其具有激发罪犯接受改造的热情功能，具有鼓励罪犯实行接受改造行为的功能，使罪犯由被动服刑变为主动服刑，由消极改造变为积极改造。减刑为罪犯改造指明了一个方向，为狱政管理提供了更有效的奖惩武器。此外，减刑制度更充分体现了惩办与宽大相结合的刑事政策，更好地贯彻了刑罚与罪犯人身危险性相适应原则。

二、减刑的种类

根据监狱法规定，我国的减刑分为两种。

(一) 可以减刑

可以减刑指被判处无期徒刑、有期徒刑的罪犯，在服刑期间确有悔改或立功表现的，根据监狱的考核结果，予以减刑的一种制度。

(二) 应当减刑

应当减刑指被判处无期徒刑、有期徒刑的罪犯，在服刑期间有重大立功表现的，予以减刑的制度。

可以减刑与应当减刑有如下区别：第一，减刑必然性不同。罪犯改造符合可以减刑条件不导致减刑的必然发生，而罪犯改造符合应当减刑条件将导致减刑的必然出现。第二，法律规范不同。可以减刑的规范为任意性法律规范，而应当减刑的规范为必然性法律规范。

三、减刑的条件

减刑的条件分为限度条件与实质条件。

(一) 减刑的限度条件

减刑的限度条件是指法律规定的罪犯被提请减刑的最低服刑条件。

对判处有期徒刑的罪犯而言，减刑的限度条件是罪犯实际服刑期限不少于原判刑期的二分之一。

对判无期徒刑的罪犯而言，减刑的限度条件是罪犯实际服刑期限不少于13年。

对规定限制减刑的死刑缓期执行的犯罪分子，缓期执行期满后依法减为无期徒刑的，罪犯实际服刑期限不能少于25年，缓期执行期满后依法减为25年有期徒刑的，罪犯实际服刑期限不能少于20年。

刑法修正案（八）将刑法第78条第2款修改为：“减刑以后实际执行的刑期不能少于下列期限：（一）判处管制、拘役、有期徒刑的，不能少于原判刑期的二分之一；（二）判处无期徒刑的，不能少于十三年；（三）人民法院依照本法第五十条第二款规定限制减刑的死刑缓期执行的犯罪分子，缓期执行期满后依法减为无期徒刑的，不能少于二十五年，缓期执行期满后依法减为二十五年有期徒刑的，不能少于二十年。”将刑法第50条修改为：“判处死刑缓期执行的，在死刑缓期执行期间，如果没有故意犯罪，二年期满以后，减为无期徒刑；如果确有重大立功表现，二年期满以后，减为二十五年有期徒刑；如果故意犯罪，情节恶劣的，报请最高人民法院核准后执行死刑；对于故意犯罪未执行死刑的，死刑缓期执行的时间重新计算，并报最高人民法院备案。”“对被判处死刑缓期执行的累犯以及因故意杀人、强奸、抢劫、绑架、放火、爆炸、投放危险物质或者有组织的暴力性犯罪被判处死刑缓期执行的犯罪分子，人民法院根据犯罪情节等情况可以同时决定对其限制减刑。”刑法修正案（八）提高了被判处无期徒刑或死刑缓期执行的犯罪分子实际执行的刑期，增加了对死缓犯限制减刑的规定。

（二）减刑的实质条件

减刑的实质条件是指减刑适用的核心性的条件。

1. 可以减刑适用的实质条件

根据我国刑法典规定，可以减刑适用的实质条件是“确有悔改或者立功表现”。

悔改和立功通常是相通的。确实悔改的犯罪分子往往通过改造，认识到自己以前的犯罪行为给他人、社会乃至国家造成的危害，发自内心感到愧疚，总想寻找机会为他人或为社会做些有益的事，将功补过。因而很多有立功表现的犯罪分子不仅有立功表现，而且有悔改表现。但是，犯罪的情况是千差万别的，各个犯罪分子犯罪的原因、犯罪动机、对犯罪行为及法律制裁的认识等不完全相同。犯罪分子的立功与悔改也有不相一致的。有的具有立功表现的犯罪分子未必一定悔改。有的犯罪分子在一些关键时刻，往往会出人意料地挺身而出，为保护人民的生命、财产安全舍生忘死。对有悔改且有立功表现的，应当予以减刑；对于只有悔改表现而没有立功表现的，或者只有立功表现而没有悔改表现，也可以予以减刑。

（1）怎样把握悔改表现。

关于“确有悔改表现”的内容，刑法典未予明确，最高人民法院2016年《规定》对确有悔改表现作出了具体解释。根据该解释第3条第1款，“确有悔改表现”是指同时具备以下四个方面的情形：认罪悔罪；认真遵守法律法规及监规，接受教育改造；积极参加思想、文化、职业技术教育；积极参加劳动，努力完成劳动任务。

根据这一司法解释，“确有悔改表现”主要从以下方面把握。

第一，认罪悔罪。认罪悔罪是指罪犯投入监狱以后，承认犯罪事实，服从人民法院的判决、裁定，认识到所犯罪行对社会的危害性和执行劳动改造的必要性，自觉接受教育改造。认罪悔罪这一条件包括认罪与悔罪两个环节。所谓“认罪”，主要是指罪犯承认犯罪事实，认识到自己的罪行对社会的危害性，认识到自己思想的反社会性，深挖犯罪的思想根源，认识到自己进行刑罚惩罚的必要性，认识到自己进行改造的必要性。“认罪”包含接受法律制裁的意义。所谓“悔罪”，主要指罪犯认识到自己行为的危害性，而悔恨自己的犯罪行为。“悔罪”包含“偿债”的意思，承担刑事责任的意义。“认罪”与“悔罪”具有一定依赖关系：只有真正认罪，才有“悔罪”可言；罪犯“悔罪”，表明其“认罪”。

在判定罪犯是否“认罪悔罪”的时候，应当正确处理罪犯不服人民法院的判决进行申诉的问题。监管实践中有人认为，认罪悔罪就不会申诉，申诉就是不认罪悔罪。对此，我们认为要具体问题具体分析，不能一概而论。有的罪犯申诉是因为见他犯申诉改判，所以心存不良，希望通过自己申诉也得到改判；有的罪犯是因为没有认识到自己的罪恶而申诉。在上述两种情况下，认为罪犯申诉是不认罪悔罪是正确的。但是在有些情况下，罪犯申诉不能认为是不认罪悔罪。例如，有的是司法机关认定事实确有错误；有的是司法机关适用法律全部或者部分确有错误。在后面的情况下，认为罪犯申诉是不认罪悔罪显然是不正确的。因而，对于罪犯的申诉，不能简单化处理，断然认为是不认罪悔罪。申诉是指有申诉权人对人民法院已经发生法律效力的判决、裁定不服，向人民法院或者人民检察院提出重新处理的请求的诉讼活动。根据我国法律规定，罪犯是有申诉权的人，申诉是法律赋予罪犯的一项重要权利。因此，无论监狱，还是其他司法机关应当保护犯罪分子的申诉权。罪犯行使申诉权不宜认定为是不认罪悔罪。根据最高人民法院 2016 年《规定》第 3 条第 3 款规定，对罪犯在刑罚执行期间提出申诉的，要依法保护其申诉权利，对罪犯申诉不应不加分析地认为是不认罪悔罪。

在判定罪犯是否认罪悔罪的时候，还应当正确处理罪犯执行财产刑和履行附带民事赔偿义务问题。部分罪犯不仅被判主刑，而且被判处财产刑。因为各种原因，这些罪犯在主刑生效交付执行机关执行时，他们的财产刑尚未被执行，或者尚未被执行完毕。此外，有的罪犯承担有附带民事责任，但是罪犯在主刑生效交付执行机关执行时，他们尚未履行附带民事赔偿义务，或者尚未完全履行附带民事赔偿义务。罪犯被交付刑罚执行后，有的罪犯或者利用劳动所得，或者借助亲友帮助，积极缴纳财物，执行财产刑；有的罪犯积极赔偿被害人。但是，部分罪犯在执行主刑后，没有执行财产刑，也没有履行附带民事赔偿义务。罪犯没有执行财产刑的情况较复杂，有的罪犯确实没有执行能力，即使想缴纳财产，也不能缴纳；有的罪犯有一定的执行能力，却假称没有能力，不愿执行。罪犯没有履行附带民事赔偿义务的情形同上。由于罪犯是否积极缴纳财物，执行财产刑，是否积极履行附带民事赔偿义务，可以在一定意义上反映罪犯是否"认罪悔罪"，因此，根据最高人民法院 2016 年《规定》第 2 条，办理减刑案件，除了考虑罪犯的犯罪性质、具体情节等，还需要考虑罪犯生效裁判中财产性判项的履行情况。

根据这一规定，如果罪犯积极执行财产刑和履行附带民事赔偿义务的，可以认定罪犯具有认罪悔罪的表现。如果罪犯确有执行、履行能力而不执行、不履行的，原则上不宜认定罪犯认罪服法。在这种情况下要特别注意查明罪犯是否"确有执行、履行能力"。同时，应当注意的是，在认定"确有执行、履行能力而不执行、不履行"条件时，需要考虑罪犯的基本生活需要、罪犯出监后的基本生活需要。这就是说，认定"确有执行、履行能力而不执行、不履行"应当在罪犯的基本生活需要、罪犯出监后的基本生活需要以外进行。认定罪犯是否"确有执行、履行能力而不执行、不履行"可以通过综合使用以下途径进行：罪犯对赃款赃物去向的说明；侦查机关有关罪犯财产的侦查情况；罪犯亲属接见款、汇款情况；罪犯在监每月平均消费水平；罪犯填写的家庭经济状况；罪犯暂缓执行财产刑申请报告。

第二，认真遵守监规，接受教育改造。认真遵守监规，接受教育改造，是指犯罪分子在刑罚执行期间严格遵守监内各项规章纪律。犯罪分子在刑罚执行期间，不仅具有遵守普遍适用的国家法律、法规的义务，而且具有遵守国家为犯罪分子特别设定的有关法律性规范的义务。

第三，积极参加政治、文化、技术学习。我国对罪犯的改造手段包括劳动改造、教育改造和狱政管理。教育改造是其中的重要手段。政治、文化、技术学习是教育改造的基本内容。

第四，积极参加劳动，完成生产任务。在我国，监管机关要组织犯罪分子参加劳动，进行劳动改造。所谓劳动改造，是指国家根据改造在监内服刑犯罪分子的需要，组织他们从事具有一定规模的劳动生产活动，使他们通过劳动既掌握一定的生产技能，又改造自己，为重返社会后做合格的守法公民奠定良好基础的改造犯罪分子的活动。

看罪犯是否“确有悔改表现”，要从以上四个方面进行考察，并且要将以上四方面有机地结合起来进行考察，缺一不可。不能单从一个或几个方面考察，不能因为罪犯在某一方面表现突出，就认为罪犯具有悔改表现，而应当从四方面综合考察。只有以上四个方面都有突出表现，才能认为罪犯“确有悔改表现”。上述四个方面之间是相辅相成、相互渗透的，是主客观的统一。其中认罪悔罪是前提，认真遵守监规、接受教育改造是核心。只有把罪犯主观上有认罪悔罪的愿望和表示与客观上认真遵守监规、接受教育改造的实际表现结合起来，才能确认罪犯是否确有悔改表现。

在监管实践中，对悔改表现的认定主要是通过“计分考核”进行的。计分考核的主要内容有：监区干警每日对罪犯在监管中的表现进行考核，考核范围包括遵守监管、参加劳动、参加学习情况，然后根据计分考核规则与罪犯表现确定罪犯每日的分值，罪犯表现好分值高，反之分值低，分数要每日记载并每日公布。分监区建立考评小组，考评小组每月召开 1 次会议，会议对每个罪犯当月表现与分数进行评议并复核。罪犯所获得的分数不仅与监狱对罪犯实施的行政奖励相联系，而且与减刑中的“确有悔改表现”认定相联系。

（2）怎样把握立功表现。

根据刑法第 68 条规定，犯罪分子有揭发他人犯罪行为，查证属实的，或者提供重要线索，从而得以侦破其他案件等为立功表现。这里的立功不同于我国刑法第 68 条规定的立功。刑法第 68 条规定的立功是量刑情节，而这里的立功是减刑的依据。前者发生在量刑期间；后者发生在刑罚执行期间。最高人民法院 2016 年《规定》第 4 条规定，具有下列情形之一的，应当认定为有“立功表现”：第一，阻止他人实施犯罪活动的；第二，检举、揭发监狱内外犯罪活动，或者提供重要的破案线索，经查证属实的；第三，协助司法机关抓捕其他犯罪嫌疑人的；第四，在生产、科研中进行技术革新，成绩突出的；第五，在抗御自然灾害或者排除重大事故中表现积极的；第六，对国家和社会有其他较大贡献的。第四项、第六项中的技术革新或者其他较大贡献应当由罪犯在刑罚执行期间独立或者为主完成，并经省级主管部门确认。

2. 应当减刑适用的实质条件

应当减刑适用的实质条件是“重大立功表现”。何为“重大立功表现”？根据刑法第 78 条第 1 款，罪犯有下列行为表现之一的即是重大立功表现：（1）阻止他人重大犯罪活动的；（2）检举监狱内外重大犯罪活动，经查证属实的；（3）有发明创造或者重大技术革新的；（4）在日常生产、生活中舍己救人的；（5）在抗御自然灾害或者排除重大事故中，有突出表现的；（6）对国家和社会有其他重大贡献的。上述第（3）项中的发明创造或者重大技术革新应当是罪犯在刑罚执行期间独立或者为主完成并经国家主管部门确认的发明专利，且不包括实用新型专利和外观设计专利；第（6）项中的其他重大贡献应当由罪犯在刑罚执行期间独立或者为主完成，并经国家主管部门确认。

四、减刑的起始时间、幅度与间隔期

（一）关于减刑的起始时间

减刑是以正在服刑的犯罪分子确有悔改或者立功表现为前提的，为了考察犯罪分子是否确有悔改或者立功表现，必须经过一定的服刑期限加以考验和观察。因此，一般说，不应该在犯罪分子一投入监狱就马上减刑。为此，减刑应当有一个起始时间。

根据规定，被判处有期徒刑的罪犯减刑起始时间为：不满 5 年有期徒刑的，应当执行 1 年以上方可减刑；5 年以上不满 10 年有期徒刑的，应当执行 1 年 6 个月以上方可减刑；10 年以上有期徒刑的，应当执行 2 年以上方可减刑。有期徒刑减刑的起始时间自判决执行之日起计算。

被判处无期徒刑的罪犯在刑罚执行期间，符合减刑条件的，执行 2 年以上，可以减刑。

被判处死刑缓期执行的罪犯减为无期徒刑后，符合减刑条件的，执行 3 年以上方可减刑。

（二）关于减刑的幅度

虽然减刑有总量限制，但每次减刑还应当控制在一个合理的幅度内。否则，一次减刑幅度过大，也不利于对服刑罪犯的改造。

1. 被判有期徒刑罪犯的减刑幅度

确有悔改表现或者有立功表现的，一次减刑不超过 9 个月有期徒刑；确有悔改表现并有立功表现的，一次减刑不超过 1 年有期徒刑；有重大立功表现的，一次减刑不超过 1 年 6 个月有期徒刑；确有悔改表现并有重大立功表现的，一次减刑不超过 2 年有期徒刑。

2. 被判无期徒刑罪犯的减刑幅度

确有悔改表现或者有立功表现的，可以减为 22 年有期徒刑；确有悔改表现并有立功表现的，可以减为 21 年以上 22 年以下有期徒刑；有重大立功表现的，可以减为 20 年以上 21 年以下有期徒刑；确有悔改表现并有重大立功表现的，可以减为 19 年以上 20 年以下有期徒刑。

3. 被判死刑缓期执行罪犯的减刑幅度

确有悔改表现或者有立功表现的，可以减为 25 年有期徒刑；确有悔改表现并有立功表现的，可以减为 24 年以上 25 年以下有期徒刑；有重大立功表现的，可以减为 23 年以上 24 年以下有期徒刑；确有悔改表现并有重大立功表现的，可以减为 22 年以上 23 年以下有期徒刑。

（三）关于减刑的间隔

减刑的间隔是指同一犯罪分子前后两次减刑的时间距离。对于同一犯罪分子前后两次减刑之间应有一定的时间间隔，以便考察犯罪分子在前次减刑后是否又有悔改或者立功表现。对同一犯罪分子短时间内刑期缩短过快，有可能产生负面效果。

被判处不满 10 年有期徒刑的罪犯，两次减刑间隔时间不得少于 1 年；被判处 10 年以上有期徒刑的罪犯，两次减刑间隔时间不得少于 1 年 6 个月。减刑间隔时间不得低于上次减刑减去的刑期。

无期徒刑罪犯减为有期徒刑后再减刑时，两次减刑间隔时间不得少于 2 年。

最后需要注意的是，罪犯有重大立功表现的，可以不受上述减刑起始时间和间隔时间的限制。对符合减刑条件的职务犯罪罪犯，破坏金融管理秩序和金融诈骗犯罪罪犯，组织、领导、参加、包庇、纵容黑社会性质组织犯罪罪犯，危害国家安全犯罪罪犯，恐怖活动犯罪罪犯，毒品犯罪集团的首要分子及毒品再犯、累犯，确有履行能力而不履行或者不全部履行生效裁判中财产性判项的罪犯，在减刑中从严掌握。

五、减刑的程序

（一）减刑的提请

根据司法部2014年10月10日修订的《监狱提请减刑假释工作程序规定》，减刑提请要遵守下列程序。

1. 减刑的提名

减刑提请首先应由分监区召开全体警察会议，会议根据法律规定的条件，结合罪犯服刑表现，进行集体评议。评议材料经监区长办公会议审核同意后，报送监狱刑罚执行部门审查。报送材料包括：罪犯减刑审核表；监区长办公会集体评议记录；终审法院的判决书、裁定书；历次减刑裁定书的复印件；罪犯计分考核明细表；奖惩审批表；罪犯确有悔改表现或者立功、重大立功表现的具体事实的书面证明材料。

2. 专职部门审查

监狱刑罚执行部门收到拟对罪犯提请减刑的材料后，对罪犯是否符合减刑的限度条件、实质条件等进行审查。

3. 提请减刑假释委员会评审

监狱应当成立减刑假释评审委员会。减刑假释评审委员会由分管领导及刑罚执行、狱政管理、教育改造、狱内侦查、生活卫生、劳动改造、政工、监察等有关部门负责人组成，分管领导任主任。监狱减刑假释评审委员对刑罚执行部门审查提交的提请减刑建议进行评审，提出评审意见。会议应当有书面记录，并由与会人员签名。监狱可以邀请人民检察院派员列席减刑假释评审委员会会议。

4. 公示

监狱减刑假释评审委员会经评审后，应当将提请减刑的罪犯名单以及减刑意见在监狱内公示。公示内容应当包括罪犯的个人情况、原判罪名及刑期、历次减刑情况、提请减刑的建议及依据等。公示期限为5个工作日。公示期内，如有监狱人民警察或者罪犯对公示内容提出异议，监狱减刑假释评审委员会应当进行复核，并告知复核结果。

5. 审议决定

监狱提请减刑假释委员会完成评审和公示程序后，应当将拟提请减刑的建议和评审报告，报请监狱长办公会审议决定。

6. 提请

对于提请被判有期徒刑的罪犯的减刑，经监狱长办公会审议决定提请减刑的，由监狱长在《罪犯减刑审核表》上签署意见，加盖监狱公章，并由监狱刑罚执行部门根据法律规定制作《提请减刑建议书》，连同有关材料一并提请人民法院裁定。根据有关规定，监狱提请减刑需要向人民法院提交《提请减刑意见书》；终审法院判决书、裁定书、历次减刑裁定书的复制件；罪犯悔改或立功、重大立功表现具体事实的书面证明材料；罪犯评审鉴定表；奖惩审批表；人民检察院对提请减刑提出的检察意见等。

对于提请被判无期徒刑的罪犯的减刑，监狱应当将《罪犯减刑审核表》连同有关材料报送省、自治区、直辖市监狱管理局审核。监狱管理局审核同意对罪犯提请减刑的，由局长在《罪犯减刑审核表》上签署意见，加盖监狱管理局公章，提请罪犯所在地高级人民法院裁定。

根据刑事诉讼法第273条第2款，刑罚执行机关在向人民法院提请减刑裁定的同时，需要将建议书副本抄送人民检察院。

（二）减刑的审理

长期以来，我国减刑审理工作存在程序规定不足的问题，出现减刑审理书面化、形式化等问题。减刑程序规定的不足，致使在司法实践中办理的许多减刑、假释案件存在“暗箱操作”现象。2014年4月10日通过的最高人民法院《关于减刑、假释案件审理程序的规定》对减刑程序作了规定，使减刑有了比较完整的程序规定。

1. 关于减刑的立案

根据我国法律规定，罪犯减刑由刑罚执行机关提请，由审判机关审理。减刑案件的受理立案是人民法院审理减刑案件的第一个环节。

人民法院受理减刑案件，应当审查执行机关移送的下列材料：减刑建议书；终审法院裁判文书、执行通知书、历次减刑裁定书的复印件；罪犯确有悔改或者立功、重大立功表现的具体事实的书面证明材料；罪犯评审鉴定表、奖惩审批表等；其他根据案件审理需要应予移送的材料。人民检察院对报请减刑案件提出检察意见的，执行机关应当一并移送受理减刑案件的人民法院。经审查，材料齐备的，应当立案；材料不齐的，应当通知执行机关在3日内补送，逾期未补送的，不予立案。

2. 减刑的公示

人民法院审理减刑案件，应当在立案后5日内将执行机关报请减刑的建议书等材料依法向社会公示。公示内容应当包括罪犯的个人情况、原判认定的罪名和刑期、罪犯历次减刑情况、执行机关的建议及依据。公示应当写明公示期限和提出意见的方式。公示期限为5日。

3. 减刑案件的审理

人民法院审理减刑案件，应当依法由审判员或者由审判员和人民陪审员组成合议庭进行。

人民法院审理减刑案件，可以采取开庭审理或者书面审理的方式。但下列减刑案件，应当开庭审理：因罪犯有重大立功表现报请减刑的；报请减刑的起始时间、间隔时间或者减刑幅度不符合司法解释一般规定的；公示期间收到不同意见的；人民检察院有异议的；被报请减刑罪犯系职务犯罪罪犯、组织（领导、参加、包庇、纵容）黑社会性质组织犯罪罪犯、破坏金融管理秩序和金融诈骗犯罪罪犯及其他在社会上有重大影响或社会关注度高的；人民法院认为其他应当开庭审理的。

人民法院开庭审理减刑案件，应当通知人民检察院、执行机关及被报请减刑罪犯参加庭审。人民法院根据需要，可以通知证明罪犯确有悔改表现或者立功、重大立功表现的证人，公示期间提出不同意见的人，以及鉴定人、翻译人员等其他人员参加庭审。

开庭审理应当在罪犯刑罚执行场所或者人民法院确定的场所进行。有条件的人民法院可以采取视频开庭的方式进行。

人民法院对于决定开庭审理的减刑案件，应当在开庭3日前将开庭的时间、地点通知人民检察院、执行机关、被报请减刑罪犯和有必要参加庭审的其他人员，并于开庭3日前进行公告。减刑案件的开庭审理由审判长主持，应当按照以下程序进行：审判长宣布开庭，核实被报请减刑罪犯的基本情况；审判长宣布合议庭组成人员、检察人员、执行机关代表及其他庭审参加人；执行机关代表宣读减刑建议书，并说明主要理由；检察人员发表检察意见；对被报请减刑罪犯确有悔改表现或立功表现、重大立功表现的事实以及其他影响减刑的情况进行调查核实；被报请减刑的罪犯作最后陈述；审判长对庭审情况进行总结并宣布休庭评议。

4. 减刑的重审

由于减刑是一种激励罪犯积极改造的措施，而不是罪犯的权利，因而，我国的法律在罪犯不服减刑裁定的情况下，没有规定上诉制度。同理，也没有规定抗诉制度。但是，为了避免、改正减刑裁定的不当或者错误，我国法律规定了检察机关纠正制度与法院的重审制度。刑事诉讼法第274条规定：人民检察院认为人民法院减刑的裁定不当，应当在收到裁定书副本后20日以内，向人民法院提出书面纠正意见。人民法院应当在收到纠正意见后1个月以内重新组成合议庭进行审理，作出最终裁定。人民检察院认为人民法院减刑裁定不当，在法定期限内提出书面纠正意见的，人民法院应当在收到纠正意见后另行组成合议庭审理，并在1个月内作出裁定。根据《规定》第21条，人民法院发现本院已经生效的减刑裁定确有错误的，应当依法重新组成合议庭进行审理并作出裁定；上级人民法院发现下级人民法院已经生效的减刑裁定确有错误的，应当指令下级人民法院另行组成合议庭审理，也可以自行依法组成合议庭进行审理并作出裁定。

5. 减刑裁定的时间

对被判处死刑缓期执行的罪犯的减刑，由罪犯服刑地的高级人民法院在收到同级监狱管理机关审核同意的减刑建议书后1个月内作出裁定。

对被判处无期徒刑的罪犯的减刑，由罪犯服刑地的高级人民法院在收到同级监狱管理机关审核同意的减刑建议书后1个月内作出裁定，案情复杂或者情况特殊的，可以延长1个月。

对被判处有期徒刑和被减为有期徒刑的罪犯的减刑，由罪犯服刑地的中级人民法院在收到执行机关提出的减刑建议书后1个月内作出裁定，案情复杂或者情况特殊的，可以延长1个月。

（三）对减刑的法律监督

根据最高人民检察院2014年7月21日通过的《人民检察院办理减刑、假释案件规定》，人民检察院对监狱与人民法院减刑工作的监督内容主要有以下几点。

1. 对监狱的监督

人民检察院收到执行机关移送的下列减刑案件材料后，应当及时进行审查：执行机关拟提请减刑意见；终审法院裁判文书、执行通知书、历次减刑裁定书；罪犯确有悔改表现、立功表现或者重大立功表现的证明材料；罪犯评审鉴定表、奖惩审批表；其他应当审查的案件材料。

具有下列情形之一的，人民检察院应当进行调查核实：拟提请减刑罪犯系职务犯罪罪犯，破坏金融管理秩序和金融诈骗犯罪罪犯，黑社会性质组织犯罪罪犯，严重暴力恐怖犯罪罪犯，或者其他在社会上有重大影响、社会关注度高的罪犯；因罪犯有立功表现或者重大立功表现拟提请减刑的；拟提请减刑罪犯的减刑幅度大、起始时间早、间隔时间短或者实际执行刑期短的；拟提请减刑罪犯的考核计分高、专项奖励多或者鉴定材料、奖惩记录有疑点的；受到控告、举报的；其他应当进行调查核实的。

人民检察院可以采取调阅复制有关材料、重新组织诊断鉴别、进行文证鉴定、召开座谈会、个别询问等方式进行调查核实。

人民检察院可以派员列席执行机关提请减刑评审会议，了解案件有关情况，根据需要发表意见。人民检察院发现罪犯符合减刑条件，但是执行机关未提请减刑的，可以建议执行机关提请减刑。人民检察院收到执行机关抄送的减刑建议书副本后，应当逐案进行审查，可以向人民法院提出书面意见。发现减刑建议不当或者提请减刑违反法定程序的，应当在收到建议书副本后10日以内，依法向审理减刑案件的人民法院提出书面意见，同时将检察意见书副本抄送执行机关。案情复杂或者情况特殊的，可以延长10日。

2. 对审判机关的监督

人民法院开庭审理减刑案件的，人民检察院应当指派检察人员出席法庭，发表检察意见，并对法庭审理活动是否合法进行监督。

庭审开始后，在执行机关代表宣读减刑建议书并说明理由之后，检察人员应当发表检察意见。庭审过程中，检察人员对执行机关提请减刑有疑问的，经审判长许可，可以出示证据，申请证人出庭作证，要求执行机关代表出示证据或者作出说明，向被提请减刑的罪犯及证人提问并发表意见。法庭调查结束时，在被提请减刑罪犯作最后陈述之前，经审判长许可，检察人员可以发表总结性意见。庭审过程中，检察人员认为需要进一步调查核实案件事实、证据，需要补充鉴定或者重新鉴定，或者需要通知新的证人到庭的，应当建议休庭。检察人员发现法庭审理活动违反法律规定的，应当在庭审后及时向本院检察长报告，依法向人民法院提出纠正意见。

人民检察院经审查认为人民法院减刑裁定不当的，应当在收到裁定书副本后20日以内，依法向作出减刑裁定的人民法院提出书面纠正意见。人民检察院对人民法院减刑裁定提出纠正意见的，应当监督人民法院在收到纠正意见后1个月以内重新组成合议庭进行审理并作出最终裁定。人民检察院发现人民法院已经生效的减刑裁定确有错误的，应当向人民法院提出书面纠正意见，提请人民法院按照审判监督程序依法另行组成合议庭重新审理并作出裁定。

六、被判处死刑缓期二年执行罪犯的减刑

死刑缓期二年执行制度是我国对死刑执行的一种变通方式。根据法律规定，被判处死刑缓期二年执行的罪犯，如果没有故意犯罪，二年期满以后，减为无期徒刑；如果确有重大立功表现，二年期满以后，减为25年有期徒刑；如果故意犯罪，查证属实的，由最高人民法院核准，执行死刑。被判处死刑缓期二年执行的罪犯减刑制度与减刑制度相同之处在于两者都涉及刑罚的变更问题，不同之处在于：其一，两者适用的对象不同，前者适用对象是被判处死刑缓期二年执行的罪犯，后者是被判处无期徒刑、有期徒刑的罪犯；其二，两者依据的立法精神不尽相同，前者立足“保留死刑，尽量少杀”的刑事政策，后者立足“惩办与宽大相结合”的刑事政策。

(一) 被处死刑缓期二年执行罪犯的减刑条件

1. 时间条件

对被处死刑缓期二年执行罪犯提请减刑，必须在缓期二年期满后。法律对此有明确规定。

2. 实质条件

被处死刑缓期二年执行罪犯的减刑的基本实质条件是罪犯没有故意犯罪。如果罪犯没

有故意犯罪就可以被减为无期徒刑。如果罪犯在满足基本实质条件的前提下，还符合“有重大立功表现”这一条件，罪犯就可以被减为有期徒刑。

(二) 被处死刑缓期二年执行罪犯的减刑程序

监狱对被处死刑缓期二年执行罪犯的减刑，应在罪犯缓刑期满时及时提出建议，报经省、自治区、直辖市监狱管理机关审核同意后，提请罪犯服刑地的高级人民法院裁定。

七、减刑制度的完善

我国的减刑制度需要进一步完善。我国的减刑制度设计初衷在于激励罪犯接受改造，促进罪犯遵守监规纪律。无疑，减刑在维护监狱秩序与促进刑罚目的实现方面发挥着重要作用。但是，减刑制度的不足也很明显：减刑制度的激励力不足。在减刑前，很多希望被减刑的罪犯表现为积极接受改造，不仅遵守监规纪律，而且积极参加劳动与学习。但是，当其被减刑后，有的罪犯由于其个人目的已达到，在监内表现发生转变，由积极改造转变为消极改造，甚至走向反改造的道路。由于减刑是一种不可逆的制度，罪犯被减刑后不存在撤销问题，因而，我们考虑，在保留减刑制度的前提下，是否可以在减刑制度中设计一道考验程序，以建立与提高减刑对罪犯的约束能力。

第八节 假 释

一、假释概述

假释是指根据法律规定对符合条件的被判处无期徒刑或有期徒刑的罪犯附条件提前释放的一种刑罚执行制度。

假释不同于释放。释放是无条件地解除对犯罪分子的监禁，假释是附条件地解除罪犯监禁。释放是刑罚执行完毕，而假释只是刑罚执行方式的变更，由在监狱执行，变更为放到社会上执行，仍属刑罚执行范畴。

假释不同于减刑。假释附有考验期，只能宣告一次，而且宣告后就可以恢复罪犯人身自由，而减刑没有考验期，可以多次减刑，减刑后如果罪犯刑期未满，仍需在监内继续服刑。

假释不同于暂予监外执行，虽然两者都是有条件地不在监内执行刑罚，但暂予监外执行只适用于因在法定特殊情况下不宜在监内执行的罪犯，一旦特殊情况消失，仍须收监执行尚未执行完毕的刑罚；假释是附条件地提前释放，只要假释犯在假释考验期内没有违法犯罪被撤销假释，就认为原判刑罚已经执行完毕。

假释在罪犯改造工作中具有非常重要的作用。

首先，假释制度对于促进受刑人改恶从善，具有极大的激励作用。这对于假释犯在考验期间遵纪守法，具有极强的约束作用。假释虽说是附条件地提前释放，且在假释考验期内仍然要受公安机关的监督，限制其人身自由，但与剥夺自由状态的狱内生活相比，仍然有很大的改善，这无疑对于正在狱内服刑的罪犯具有极大的吸引力。而罪犯要想获得假释，就必须用实际行动证明自己确有悔改。已经获得假释的罪犯，为了不致在假释考验期内招致撤销假释的恶果，被重新收监执行，就必须认真遵纪守法。这些说明，假释制度的这种激励作用和约束机制，对于实现特殊预防具有重要意义。

其次，假释制度具有使罪犯从被剥夺自由的监禁状态逐步过渡到完全自由状态的桥梁作用。从完全监禁状态下出狱的罪犯容易再犯罪。这是因为罪犯从完全被剥夺自由的监禁状态，直接过渡到非监禁的完全自由状态，行为人身心都不适应。在这种状态下，一旦遇到外界不良因素的诱惑，行为人易失去自控而重新犯罪。而假释是一种帮助罪犯适应社会的刑罚执行方式，一方面，被假释的罪犯置身于自由世界，另一方面，其还要受到特别的约束，接受假释考验。假释考验的作用在于在一定程度上约束与限制处于社会中的罪犯。被假释的罪犯只有在整个考验期内严格要求自己，经受住考验，在其假释考验期满后，才能过渡到完全自由状态。假释考验期起着一个使受刑人从完全剥夺自由到限制自由，从限制自由再到完全自由状态逐步过渡的桥梁作用，从而有助于避免出狱人重新犯罪。

二、假释的适用条件

（一）假释适用的对象条件

1. 一般对象条件

根据我国法律，假释的适用对象是被判处有期徒刑、无期徒刑并且在狱内服刑的罪犯。

2. 对象限制条件

根据法律规定，对下列罪犯不得提请假释。

（1）有累犯情节的罪犯。根据刑法规定，我国的累犯分为普通累犯与特别累犯。普通累犯，指被判处有期徒刑以上的犯罪分子，刑罚执行完毕或者赦免后，在5年内再犯应当判处有期徒刑以上刑罚的罪犯。特别累犯是指犯危害国家安全犯罪、恐怖活动犯罪、黑社会性质的组织犯罪的犯罪分子，在刑罚执行完毕或者赦免以后，在任何时候再犯上述任一类罪的人。

（2）因故意杀人、强奸、抢劫、绑架、放火、爆炸、投放危险物质或者有组织的暴力性犯罪被判处10年以上有期徒刑的罪犯。

（3）因故意杀人、强奸、抢劫、绑架、放火、爆炸、投放危险物质或者有组织的暴力性犯罪被判处无期徒刑的罪犯。

（4）根据最高人民法院2016年《规定》第25条，有累犯情节被判处死刑缓期执行的罪犯，被减为无期徒刑、有期徒刑后，不得假释。

（5）根据最高人民法院2016年《规定》第25条，因故意杀人、强奸、抢劫、绑架、放火、爆炸、投放危险物质或者有组织的暴力性犯罪被判处死刑缓期执行的罪犯，被减为无期徒刑、有期徒刑后，也不得假释。

（6）根据最高人民法院2016年《规定》第15条，对被判处终身监禁的罪犯，在死刑缓期执行期满依法减为无期徒刑的裁定中，应当明确终身监禁，不得再假释。

（7）根据最高人民法院2016年《规定》第27条，对于生效裁判中有财产性判项，罪犯确有履行能力而不履行或者不全部履行的，不予假释。

这里要特别注意的是，并非所有被判处死刑缓期执行的罪犯都不能被假释。如果对死刑缓期执行罪犯减为无期徒刑或者有期徒刑后，符合刑法第81条第1款的，可以假释。根据刑法第81条第1款规定，被判处有期徒刑的犯罪分子，执行原判刑期1/2以上，被判处无期徒刑的犯罪分子，实际执行13年以上，如果认真遵守监规，接受教育改造，确有悔改表现，没有再犯罪危险的，可以假释。

（二）假释提请的时间条件

1. 一般时间条件

依刑法规定，一般情况下，被判处有期徒刑的犯罪分子，执行原判刑期1/2以上，可以提请假释。

被判处无期徒刑的犯罪分子，实际执行13年以上可以提请假释。

2. 特殊时间条件

经过刑法修正案（八）修正的刑法第81条关于假释适用时间作了这样一个规定：“……如果有特殊情况，经最高人民法院核准，可以不受上述执行刑期的限制”。这就是说，在一般情况下，对有期徒刑犯假释要服原判刑期1/2以上，对无期徒刑犯要实际服13年以上的刑期，可以适用假释，但是在特殊情况下，被判有期徒刑的罪犯不必服原判刑期1/2以上，被判无期徒刑的罪犯也不必实际服13年以上刑期，只要存在“特殊情况”，经由最高人民法院核准，便可以假释。

何谓特殊情况？最高人民法院2016年《规定》中对“特殊情况”解释为：“是指有国家政治、国防、外交等方面特殊需要的情况”。根据这一解释，如果罪犯本人的特殊才能，为国家极为需要，就可以经最高人民法院考虑对罪犯假释；如果罪犯的特殊的社会地位或社会关系，能影响国家利益、社会利益，就可以经最高人民法院考虑对罪犯假释。

（三）假释提请的行为条件

具备假释的对象条件和时间条件只是表明罪犯有适用假释的可能性。只有再具备假释的行为条件，才能使假释的可能性变为可行性。假释适用的行为条件是适用假释的关键条件。我国假释适用的行为条件是：认真遵守监规，接受教育改造，确有悔改表现，没有再犯罪的危险的。

1. 确有悔改表现

关于对确有悔改表现的认定同减刑中的悔改表现的认定。

2. 没有再犯罪的危险

如何判断罪犯“没有再犯罪的危险”？最高人民法院2016年《规定》将“再犯罪的危险”预测因子确定为8个，即犯罪的具体情节、原判刑罚情况、在刑罚执行中的一贯表现、罪犯的年龄、身体状况、性格特征、假释后生活来源以及监管条件。由于“罪犯服刑时间的要求”“确有悔改表现”是已经达到的条件，而且这两个因素与“没有再犯罪的危险”并列，不宜将这两个因素列为“再犯罪的危险”预测因子。

以根据上述预测因子的特点将上述8个预测因子分为四类。

第一类预测因子是犯罪基本情况。这类预测因子包括“犯罪的具体情节”“原判刑罚情况”。将“犯罪的具体情节”规定为“再犯罪的危险”预测因子的理由是通过犯罪的具体情节可以看出罪犯的恶性。将“原判刑罚情况”规定为“再犯罪的危险”预测因子的理由是考虑刑罚轻重可以反映罪犯的主观恶性，同时在一定程度看出罪犯服刑倾向。

第二类预测因子是刑罚执行的情况。这类预测因子包括“在刑罚执行中的一贯表现”。将“在刑罚执行中的一贯表现”规定为“再犯罪的危险”预测因子的理由是通过这一因子可以看出罪犯恶性变化。

第三类预测因子是罪犯个人情况。这类预测因子包括“罪犯的年龄”“身体状况”与“性格特征”。上述因子从不同方面预测罪犯再犯罪的危险。罪犯犯罪时年龄小，表明罪犯恶性比较深；罪犯身体状况差，在一定程度上说明罪犯犯罪能力减弱；罪犯具有反社会性的人格，表明罪犯再犯罪的危险比较大。

第四类预测因子是罪犯假释后的生活条件情况。这类预测因子包括“假释后生活来源”“假释后监管条件”。罪犯假释后，有稳定的生活来源，导致罪犯再犯罪的因素少了一个，反之，便可能导致罪犯再犯罪；罪犯假释后监管比较稳定，有助于罪犯遵纪守法，不再犯罪，反之，便可能导致罪犯再犯罪。

目前，预测罪犯是否具有再犯罪的危险，我们可以在经验基础上根据上述预测因子综合判断。随着“再犯罪的危险”定量评估概念被接受，可以考虑对上述 8 个因子进行权重分析，也可以考虑对不同预测因子与“再犯罪的危险”进行相关度分析。最后，将“再犯罪的危险”评估由定性推向定量。

（四）假释提请的社区影响条件

根据刑法修正案（八）修正的刑法第 81 条第 3 款规定：“对犯罪分子决定假释时，应当考虑其假释后对所居住社区的影响。”据此，最高人民法院 2016 年《规定》，提请假释的，应当附有社区矫正机构关于罪犯假释后对所居住社区影响的调查评估报告。

罪犯假释后“对所居住社区的影响”条件不同于前述假释提请的条件。前述的对象条件、时间条件与行为条件都是假释提请的必备条件，这里的“对所居住社区的影响”条件是假释提请的参考条件。如果罪犯将要回归的社区强烈反对罪犯假释，刑罚执行机关不应当提请假释。

如何理解罪犯假释后“对所居住社区的影响”？考虑假释的行为条件已经考虑了罪犯再犯罪的危险，罪犯假释后“对所居住社区的影响”不宜理解为罪犯假释后对社区居民安全的威胁，否则条件重复。根据“对所居住社区的影响”的语义，同时考虑罪犯与社区的关系，本书认为宜将“对所居住社区的影响”理解为社区对罪犯假释的评价或者反映，即假释是否合适，是否可以被社区多数居民所接受，或者说是否为社区多数居民所不赞同。

三、假释的程序[①]

（一）关于假释的提请

根据司法部 2014 年修订的《监狱提请减刑假释工作程序规定》，假释提请的程序包括下列方面。

1. 假释的提名

假释提请首先应由分监区召开全体警察会议，会议根据法律规定的条件，结合罪犯服

① 这里的假释程序不包括因为“特殊情况”而假释的程序。根据有关规定，这种情况下的假释程序是：首先由负责监管罪犯的监狱根据考核结果提出假释建议书，然后报罪犯服刑地的中级人民法院或者高级人民法院裁定。对于有期徒刑犯，中级人民法院依法作出假释裁定后，立即报请高级人民法院复核。高级人民法院同意假释的，应当报请最高人民法院核准；高级人民法院不同意假释的，应当裁定撤销中级人民法院的假释裁定。对于无期徒刑犯，高级人民法院依法作出假释裁定的，应当报请最高人民法院核准。

刑表现，进行集体评议。评议材料经监区长办公会议审核同意后，报送监狱刑罚执行部门审查。报送材料包括：罪犯假释审核表；监区长办公会集体评议记录；终审法院的判决书、裁定书；历次减刑裁定书的复印件；罪犯计分考核明细表；奖惩审批表；罪犯确有悔改表现或者立功、重大立功表现的具体事实的书面证明材料。

2. 专职部门审查

监狱刑罚执行部门收到拟对罪犯提请假释的材料后，对罪犯是否符合假释的条件进行审查。

3. 提请减刑假释委员会评审

监狱应当成立减刑假释评审委员会。减刑假释评审委员会由分管领导及刑罚执行、狱政管理、教育改造、狱内侦查、生活卫生、劳动改造、政工、监察等有关部门负责人组成，分管领导任主任。监狱减刑假释评审委员对刑罚执行部门审查提交的提请假释建议进行评审，提出评审意见。会议应当有书面记录，并由与会人员签名。监狱可以邀请人民检察院派员列席减刑假释评审委员会会议。

4. 公示

监狱减刑假释评审委员会经评审后，应当将提请假释的罪犯名单以及假释意见在监狱内公示。公示内容应当包括罪犯的个人情况、原判罪名及刑期、历次减刑情况、提请假释的建议及依据等。公示期限为5个工作日。公示期内，如有监狱人民警察或者罪犯对公示内容提出异议，监狱减刑假释评审委员会应当进行复核，并告知复核结果。

5. 审议决定

监狱提请减刑假释委员会完成评审和公示程序后，应当将拟提请假释的建议和评审报告，报请监狱长办公会审议决定。

6. 提请

对于提请被判有期徒刑罪犯的假释，经监狱长办公会审议决定提请假释的，由监狱长在《罪犯假释审核表》上签署意见，加盖监狱公章，并由监狱刑罚执行部门根据法律规定制作《提请假释建议书》，连同有关材料一并提请人民法院裁定。根据有关规定，监狱提请假释需要向人民法院提交《提请假释意见书》；终审法院判决书、裁定书、历次减刑裁定书的复制件；罪犯悔改或立功、重大立功表现的具体事实的书面证明材料；罪犯评审鉴定表；奖惩审批表；县级司法行政机关关于罪犯假释后对所居住社区影响的调查评估报告；人民检察院对提请假释提出的检察意见等。

对于提请被判无期徒刑的罪犯假释，监狱应当将《罪犯假释审核表》连同有关材料报送省、自治区、直辖市监狱管理局审核。监狱管理局审核同意对罪犯提请假释的，由局长在《罪犯假释审核表》上签署意见，加盖监狱管理局公章，提请罪犯所在地高级人民法院裁定。

根据刑事诉讼法第273条第2款，刑罚执行机关在向人民法院提请假释裁定的同时，需要将建议书副本抄送人民检察院。

（二）关于假释的审理

1. 关于假释的立案

人民法院受理假释案件，应当审查执行机关移送的下列材料：假释建议书；终审法院裁判文书、执行通知书、历次减刑裁定书的复印件；罪犯确有悔改或者立功、重大立功表现的具体事实的书面证明材料；罪犯评审鉴定表、奖惩审批表等；县级司法行政机关关于罪犯假释后对所居住社区影响的调查评估报告；其他根据案件审理需要应予移送的材料。人民检察院对报请假释案件提出检察意见的，执行机关应当一并移送受理假释案件的人民法院。经审查，材料齐备的，应当立案；材料不齐的，应当通知执行机关在3日内补送，逾期未补送的，不予立案。

2. 假释的公示

人民法院审理假释案件，应当在立案后5日内将执行机关报请假释的建议书等材料依法向社会公示。公示内容应当包括罪犯的个人情况、原判认定的罪名和刑期、罪犯历次减刑情况、执行机关的建议及依据。公示应当写明公示期限和提出意见的方式。公示期限为5日。

3. 假释案件的审理

人民法院审理假释案件，应当依法由审判员或者由审判员和人民陪审员组成合议庭进行。

人民法院审理假释案件，可以采取开庭审理或者书面审理的方式。但下列假释案件，应当开庭审理：公示期间收到不同意见的；人民检察院有异议的；被报请假释罪犯系职务犯罪罪犯、组织（领导、参加、包庇、纵容）黑社会性质组织犯罪罪犯、破坏金融管理秩序和金融诈骗犯罪罪犯及其他在社会上有重大影响或社会关注度高的；人民法院认为其他应当开庭审理的。

人民法院开庭审理假释案件，应当通知人民检察院、执行机关及被报请假释罪犯参加庭审。人民法院根据需要，可以通知证明罪犯确有悔改表现或者立功、重大立功表现的证人，公示期间提出不同意见的人以及鉴定人、翻译人员等其他人员参加庭审。

开庭审理应当在罪犯刑罚执行场所或者人民法院确定的场所进行。有条件的人民法院可以采取视频开庭的方式进行。

人民法院对于决定开庭审理的假释案件，应当在开庭3日前将开庭的时间、地点通知人民检察院、执行机关、被报请假释罪犯和有必要参加庭审的其他人员，并于开庭3日前进行公告。假释案件的开庭审理由审判长主持，应当按照以下程序进行：审判长宣布开庭，核实被报请假释罪犯的基本情况；审判长宣布合议庭组成人员、检察人员、执行机关代表及其他庭审参加人；执行机关代表宣读假释建议书，并说明主要理由；检察人员发表检察意见；对被报请假释罪犯确有悔改表现或立功表现、重大立功表现的事实以及其他影响假释的情况进行调查核实；被报请假释的罪犯作最后陈述；审判长对庭审情况进行总结并宣布休庭评议。

4. 假释的重审

刑事诉讼法第274条规定：人民检察院认为人民法院假释的裁定不当，应当在收到裁定书副本后20日以内，向人民法院提出书面纠正意见。人民法院应当在收到纠正意见后1个月以内重新组成合议庭进行审理，作出最终裁定。根据刑事诉讼法第254条，各级人民法院院长发现本院已经生效的假释裁定确有错误的，必须提交审判委员会处理；上级人民法院发现下级人民法院已经生效的假释裁定确有错误的，有权提审或者指令下级人民法院再审。

5. 假释裁定的时间

对被判处无期徒刑的罪犯的假释，由罪犯服刑地的高级人民法院在收到同级监狱管理机关审核同意的假释建议书后1个月内作出裁定，案情复杂或者情况特殊的，可以延长1

个月。

对被判处有期徒刑和被减为有期徒刑的罪犯的假释，由罪犯服刑地的中级人民法院在收到执行机关提出的假释建议书后1个月内作出裁定，案情复杂或者情况特殊的，可以延长1个月。

四、假释的完善

假释产生于19世纪的欧洲，经过百余年的发展，虽然人们对假释的评价毁誉不一，但是，对假释能够帮助罪犯回归社会还是肯定的。也因为假释具有上述功能，各国在刑事司法中都保持一定的假释规模。

与国外相比，我国的假释量，无论是相对量，还是绝对量都是很低的。例如，2003年全国的假释率是1.41%，2004年全国的假释率是1.29%，2003年假释率最低的省是0.04%，2004年假释率最低的省是0.02%。[①] 假释量低表明我国没有充分发挥假释的功用。

近年由于我国监狱在押犯数量上升，加之随着监企分离，监管成本上升外显，要求重视假释、提高假释的适用量的呼声很高。

针对如何充分利用假释的问题，学者与实务工作者根据对假释功能与我国司法现状的分析提出不同的看法：有的认为，在假释中首先要解决假释监督水平低的问题，使被假释者确实得到应有的监督，减小假释适用的风险，从而带动假释适用量的提高。有的认为，我国假释制度中关于罪犯再犯罪危险判断的科学性弱，应当提高对被假释者再犯罪的预测水平，通过降低适用假释的风险，提高假释的适用量。有的认为，因为在我国，假释的决定机关是人民法院，而人民法院的法官在决定假释适用上受制于专业知识与工作经验，不能很好地把握再犯预测，所以假释适用保守。这种观点的主张者认为我国应当建立假释委员会，通过假释委员会这样的专门机构吸收有关人才，以更好地把握假释适用的条件，从组织上降低假释适用的风险，进而提高假释适用量。虽然各家观点迥异，但是这些主张对开拓人们的思路，解决我国假释工作遇到的问题都是有价值的。

第九节　释　放

一、释放的概念

释放是监狱依照法律规定解除服刑人员的监禁并恢复其人身自由的刑罚执行活动。释放是监狱刑罚执行的终点，是受刑人回归社会的起点，标志着行为人罪犯身份的消灭。

---

① 姜兴长．在全国法院减刑、假释工作座谈会上的讲话//公检法办案指南．北京：中国人民公安大学出版社，2006：176.

二、释放的种类

(一) 刑满释放

刑满释放指罪犯原判刑期执行届满或经人民法院变更刑期后执行届满的释放。刑满释放是释放的主要形式。这里说的人民法院变更刑期包括罪犯被减刑的情形、罪犯因又犯罪而数罪并罚的情形、人民法院发现原判决认定事实或适用法律有错误而按审判监督程序重新审判的情形。

(二) 裁定释放

裁定释放指人民法院通过审判监督程序，认为原判决在认定事实或适用法律方面有错误，误判无罪为有罪，而依法撤销原判决裁定的释放。在出现裁定释放的情况下，监狱接到人民法院的改判裁决应立即办理释放手续。

(三) 特赦释放

特赦是根据国家最高权力机关的决议，对受罪刑宣告的特定罪犯，免除其全部或部分刑罚的制度。特赦释放的程序是：全国人大常委会根据特赦提议作出特赦决定，国家主席根据全国人民代表大会常委会的特赦决定发布特赦令，最高人民法院或者高级人民法院根据全国人大常委会的特赦决定和国家主席的特赦令对被特赦罪犯发特赦通知书，监狱根据特赦通知书释放罪犯。

三、刑满释放的程序

(一) 出监教育

监狱在罪犯刑满释放前要进行出监教育。出监教育的期限为 3 个月。

(二) 向后延伸

监狱应在罪犯刑满前 1 个月，将其改造评估意见、刑满释放时间、本人职业技能、回归社会择业意向、帮教建议，填入《刑满释放人员通知书》，寄送服刑人员原户籍所在地的县级公安机关和司法行政机关。

(三) 办理释放审批手续

监狱释放罪犯要进行出监鉴定，并填写出监鉴定表。出监鉴定表报送监狱主管领导审批。

(四) 发给费用和发还财物

根据有关规定，罪犯刑满释放后监狱要发给罪犯路费与途中的伙食费。对患重病者应当通知家属接回，或者由监狱派人送回。

罪犯刑满释放时应当清理其个人用品。对由监狱代为保管的非生活用品，监狱应当发还其本人。由监狱代为存入银行的现金，包括零用钱、奖金、劳动报酬等，也应当连同利息在罪犯刑满释放之日如数发还本人。

(五) 发放释放证明书

释放证明书是罪犯获得合法释放的法律凭证，是办理户籍登记的根据。监狱法规定：“罪犯服刑期满，监狱应当按期释放并发给释放证明书。”释放证明书分为正本、副本与存根。正本发给释放人员本人，副本送刑释人员安置落户所在地的公安机关，存根由监狱保留。

【问题与思考】

1. 如何理解监禁刑执行与改造的关系？
2. 你认为我国的暂予监外执行制度有哪些不足？
3. 如何理解监狱的申诉提请处理权？
4. 如果区分申诉与缠诉？
5. 如何理解罪犯又犯罪的处理原则？
6. 如何完善减刑制度？
7. 如何完善假释制度？

【推荐参考论著】

1. 吴宗宪．监狱学导论．北京：法律出版社，2012.
2. 吴宗宪．当代西方监狱学．北京：法律出版社，2005.
3. 翟中东主编．自由刑变革：行刑社会化框架下的思考．北京：群众出版社，2005.
4. 翟中东．减刑、假释制度适用．北京：中国人民公安大学出版社，2012.
5. 张全仁主编．监狱行刑学．北京：中国物价出版社，2003.
6. 夏宗素主编．狱政法律问题研究．北京：法律出版社，1998.
7. 邵名正主编．监狱学．北京：法律出版社，1996.

第七章
狱政管理

内容导读

狱政管理是监狱、看守所为刑罚执行、规范服刑人员行为和施予特殊教育而施予的具体管理。由于刑事诉讼法进一步限制在看守所服刑人员的范围，监狱狱政管理是本章讨论的重点。在过去很长一段时间，教育改造、劳动改造和狱政管理并称为改造罪犯的“三大手段”①。根据监狱法及相关法规规定和行刑实践，狱政管理制度主要包括分类管理、警戒、通信会见、生活管理、卫生管理、考核奖惩等具体管理。

第一节　狱政管理概述

狱政管理有广义和狭义之分。广义的狱政管理是指监狱依法对服刑罪犯实施监管改造和行政管理的一切活动的总称；狭义的狱政管理是指监狱依法对罪犯执行刑罚的过程中所进行的各种具体的行政管理活动。本章使用狭义的狱政管理概念。

狱政管理具有行政管理活动的基本属性，组织、协调、指挥、监督、控制等行政管理手段同样普遍运行在执行刑罚及教育的活动中。但作为一种针对特殊对象采取的特殊管理手段，狱政管理与监狱执行刑罚和教育罪犯的基本任务有着密不可分的关系，因而又明显区别于一般性行政管理。

（1）管理对象特殊。狱政管理的对象是已经被定罪判刑且已经移送监狱、看守所服刑的犯罪人。

（2）管理主体身份特殊。管理部门及人员是代表国家惩罚、改造罪犯的监狱、看守所

① 王明迪，等．新中国监狱工作50年座谈会综述//王明迪，郭建安．岁月铭记——新中国监狱工作50年．北京：法律出版社，2000：13－14.

及其干警。

（3）管理关系特殊。监所及其干警依据刑法、刑事诉讼法以及刑事执行法规的规定，行使管理权。罪犯处于被管理的地位，依据同样的法律法规服从和接受管理是其法定义务。

（4）管理目标特殊。狱政管理的目标是通过正确执行刑罚，惩罚和改造罪犯；保护服刑人员的合法权益，并且预防和减少其重新犯罪。

（5）管理手段特殊。监所实施分类管束、武装警戒、通信会见、生活卫生、考核奖惩等手段，明显区别于通常意义上的行政管理内容。这些手段中有的具有明显的人身强制特性，因而不同于其他政府部门的管理；有的具有矫治性，因而不同于学校管理；有的直接兑现人身罚的内容，因而可以归属力度最大的社会管理方式。当然，另外一些管理手段的运用比如生活实物量供给、服刑人员闲暇管理以及疾病治疗等都直接关涉被管理人生活质量状态，因而管理内容要求细致具体，这与其他政府部门宏观指导性管理也有明显区别。

狱政管理的主要任务是：（1）保证监所对在押服刑罪犯准确执行刑罚；（2）切实维护和保障罪犯合法权益；（3）创造良好的改造秩序，保证监所和在押人员的安全；（4）矫治罪犯不良行为习惯，引导罪犯积极遵守法律，培养其适应社会基本要求的行为习惯；（5）做好罪犯生活卫生管理工作，维系罪犯身体健康。

根据监狱法及相关法规，监所狱政管理须遵循以下原则：依法管理原则、严格管理原则、直接管理原则、科学文明管理原则及教育为主、惩罚为辅原则。

目前，监狱狱政管理主要靠政策调整和管理惯性运行，相关法规和规章略显滞后。尤其缺乏与监狱法配套的管理规则体系。从理论上讲，公安部 1982 年《细则》目前仍然是有效的，因为自 1983 年监狱管理权移交司法部行使之后，司法部没有发布替代该细则的规范性文件，同时，公安部或者司法部也都没有明文宣布公安部 1982 年《细则》废止。但是这部试行性规则的大量内容已经明显不合时宜，而且很多内容已与监狱法直接冲突。目前，指导监狱狱政管理的主要规范性文件还包括：司法部 1991 年《三分意见》；司法部 1997 年《通知》；司法部 2016 年《计分考核规定》；财政部和司法部 1995 年《关于印发在押罪犯伙食、被服实物量标准的通知》等。此外，司法部于 20 世纪 90 年代发布的创建现代化文明监狱的标准，也成为监狱重要的执法依据。为此，本章主要根据刑罚执行原理，结合这些规范性文件的要求展开具体管理内容的讨论。

第二节　分类管理

一、概述

分类管理是指监狱根据罪犯的犯罪类型、刑期长短、改造表现以及性别、年龄等不同情况实行分类关押、分类管理和分类教育的狱政管理方式。

分类管理是国际社会中监禁刑执行制度的重要组成部分。2015 年修订的联合国《囚犯待遇最低限度标准规则》第 93 条阐述了罪犯分类问题，认为分类的目的是：第一，将由于犯罪记录或个性而可能对人发生不良影响的囚犯同其他囚犯隔离；第二，将囚犯分类，以便利实行有助于他们恢复正常社会生活的待遇。同时，在可能时，应该对不同种类的囚犯所施的待遇在不同的监狱或同一监狱的不同部分进行。第 94 条阐述了个性化对待问题，“在囚犯入狱并对刑期适当的每一位囚犯的个性作出研究后，应尽快参照有关他或她个人需要、能力、性情的资料，为他或她拟定一项待遇方案。”这些内容是国际社会有效管理在监狱中服刑罪犯的经验的总结。

我国监狱和看守所推行服刑人员分类管理的现实意义在于以下几点。

1. 最大限度减少罪犯间的“交叉感染”

监狱内服刑罪犯构成十分复杂，不仅被判处的刑种、刑期不同，犯罪性质、犯罪史及罪犯的原职业、受教育程度、家庭背景、人际关系、性格特征和人格倾向更是存在明显差异。服刑人员如果被不加区别地混合关押在场所之内，既不利于有效维系场所管理秩序，有效识别服刑人员中的顽危人员，有效打击扰乱监狱秩序的违法犯罪人员，还很容易出现“新手变专家，一面手变多面手”的犯罪深度或交叉感染的现象。可见，将不同犯罪类型、刑期的罪犯分开关押管理，是根据罪犯情况展开管理、教育和劳动组织工作，提高罪犯改造的质量和效果的基本前提。

2. 便于针对性地制定和实施矫治具体方案

行刑的目的不仅仅是惩罚犯罪，面对绝大多数服刑人员必然回归社会的事实，监狱还承担了促使罪犯再社会化的重要任务。罪犯的情况错综复杂，用一个固定模式改造所有的罪犯不可能达到预防犯罪的效果。分类制度为增强教育手段提供了必要条件和现实的可能性。首先，分类管理使得监狱针对每一犯罪类型的罪犯施予教育成为可能。其次，分类管理在对同类型罪犯施予普遍性教育的基础上，还使制定和实施针对每一个罪犯的教育方案成为可能。

3. 便于充分调动罪犯的改造积极性

在合理利用有限的人力物力资源的基础上，利用动态分类管理持续引导罪犯行为，是现代监狱管理的重要特点。由于罪犯分类处遇必然带来处遇的多样化，这会在一定程度上激发罪犯自律机制和竞争意识，鼓励他们与法律合作。按改造表现将罪犯划分为不同的等级，予以分级处遇，还会有利于集中罪犯的注意力，刺激相互间竞争，形成积极向上的狱内生活和氛围。而且，不断根据罪犯情况变化而调整修正方案，促使分类管理的动态变化，这对于持续引导罪犯接受维系社会共同生活的最基本的行为规范，消弭其与社会成员间内在冲突来说，具有非常重要的积极的意义。

二、分类管理的内容

作为监狱对罪犯实行分类处遇制度的基本形式，狱政分类管理主要包括分类关押和分级处遇两方面的内容。分类管理的总原则是：横向分类，纵向分级；分类施教，分级处遇。

（一）分类关押

分类关押是指将不同类型的罪犯分别关押的管理制度。监狱法第 39 条第 1 款规定：“监狱对成年男犯、女犯和未成年犯实行分开关押和管理，对未成年犯和女犯的改造，应当照顾其生理、心理特点。”在此基础上普通监狱进一步根据服刑人员所受刑罚种类、刑期、服刑人员健康状况等标准，分别确定分押对象；同一监狱在场所内主要根据执行阶段或服刑人员健康状况分类服刑人员并予以分区关押。这实际呈现出两个层面上的分类关押。

1. 根据不同的监狱类型分流服刑人员

根据监狱的不同类型分别确定收容对象，是法律明确规定的分类方式。

根据监狱法的规定，监狱应当按照所关押罪犯的性别、年龄，分为成年男犯监狱、成年女犯监狱和未成年犯管教所。事实上我国大部分省市的监狱管理系统早已走到立法的前面，监狱的分类已有进一步的细化。即除以上法定类型外，新收罪犯分流中心、老残病犯监狱、轻刑犯监狱、重刑犯监狱等都是较为常见的监狱类型。处于一些少数民族聚居区的监狱，也以关押本民族罪犯为主，成为专门收押民族罪犯的监狱。近年，各地监狱还出现三种新的类型：（1）随着对罪犯顺利重返社会问题的重视，一些省市监狱系统设置罪犯出监教育和培训中心，面向辖区内各个监狱接收临近出狱的服刑人员。（2）因反腐败活动深化导致职务犯罪人增加，鉴于这些服刑人员在日常行为自律方面不同于其他普通刑事犯罪人，以及他们的言行约束对管理人员的能力要求更高，一些省市模仿司法部燕城监狱，新设职务犯监狱，探索针对性管理模式。（3）在新疆、西藏等区域，设置专门监狱，单独关押那些参与武装骚乱、直接制造血案以致严重危害国家安全的犯罪人。

2. 同一监狱细分监区功能，分类关押服刑人员

监区分类关押是罪犯因被划分为不同类型分别关押在同一监狱的不同监区。

在监狱分类关押方式中，监区分类关押能够在以上初步分类基础上有效推进更具针对性的管理，因而它是目前我国监狱普遍采取的分押形式。分区关押的重点是根据自身关押条件与实际需要，根据罪犯的刑罚种类、刑期或者犯罪类型等标准，确定收押对象和范围。监狱在不同监区分类关押罪犯的具体做法如下。

（1）根据罪犯的刑期和刑罚种类，将长刑犯和短刑犯分别关押。目前，刑法明确要求须对因暴力犯罪被判处死缓的服刑人员限制减刑，同时还明显拉长了被判处无期徒刑人员的实际执行期限。在这一情形下，监狱针对这些人员的行为管理的难度更大，混押带来的负作用也更明显。因此，一些监狱已经在设法将无期徒刑犯、死缓犯与其他服刑人员隔离开来，配备更完善的警戒设施和更强的管理力量，予以管理和教育。

（2）根据罪犯族群类型或国籍予以分押。监狱根据监狱法规定，在少数民族罪犯较多的情形下须将少数民族罪犯集中分区关押，必要时对外籍犯实行单独关押。

（3）根据罪犯的犯罪性质、犯罪手段、生活史和改造表现等情况分类关押罪犯。比如，一些监狱把罪犯分为五类：盗窃罪；侵财性犯罪（诈骗、走私、贪污、拐卖人口等）；性犯罪（强奸犯、奸淫幼女、引诱容留强迫妇女卖淫等）；暴力犯（故意杀人、故意伤害、抢劫、放火、投放危险物质等）；其他类型的罪犯。监狱以此为基本标准关押罪犯；在一些毒品犯罪集中的地区，监狱可能会将因涉毒犯罪而被判罚的人员，予以分类关押。

（4）模仿监狱分类分押罪犯。很多监狱在对罪犯按犯罪类型分别关押的基础上，还推行所谓"二次分类"。例如，对老弱病残犯，实行单独编队、分别关押。目前在监狱分类管理中，这一做法很常见，这种分类既便于服刑人员行为考核和管理，又便于组织生产劳动。再如，按罪犯的犯罪前科和主观恶习程度，分类关押累犯、惯犯和初犯、偶犯。这一分类做法主要是利用监区相对独立、封闭，隔离前者的影响力。又如，如果罪犯未经新收犯监狱的入监教育，而是由监狱直接接收，监狱会专设监区收容教育新入监的罪犯，这些罪犯在入监监区经过2个月的入监教育后，再根据情况分入相应的监区。与之对应，根据监狱法要求，对于不便于送到省级出监教育培训中心的，监狱须把即将刑满释放的罪犯编入出监监区，通过3个月的出监教育，帮助他们做好适应社会生活的思想和行为准备，帮助他

们尽量平稳过渡到正常的社会生活。还如，在分类关押方面，各地监狱还普遍倾向于将入狱前是县团级以上官员，公、检、法、司机关干部，高级知识分子，属于统战对象的罪犯等与一般罪犯分别关押，这不是要给予他们特殊待遇，而是这类罪犯恶习不深，再社会化需要与一般罪犯确有不同。此外，各个监狱还根据管理难易程度，将罪犯分为顽危犯、新收犯和普通犯，顽危犯的严管实际是在与其他罪犯隔离情形下完成的。

需要说明的是，监狱分类关押以管理便利为要点，因而不应过高估计分类关押的作用，因为罪犯分类关押越细可能越难避免犯罪恶习的“深度感染”，而且过细的划分既无必要又不可能。

(二) 分级处遇

分级处遇是指监狱根据罪犯服刑和改造的不同表现给予不同生活待遇的做法。

在实行分类关押以后，监狱还须根据罪犯的改造表现和服刑时间，综合考虑罪犯的犯罪性质、恶习程度，给予不同级别的管理和处遇。不同级别的罪犯在活动范围、通信会见自由、收受物品、离监探亲和文化娱乐等方面享受不同的待遇，这就是分级处遇制度。从监狱实践上看，目前分类处遇的级差有三级、四级、五级不等。一般情况下，罪犯根据刑期被划分为一级、二级、三级、四级和考察级。未经新收犯监狱关押的罪犯在入监 2 个月内被编入监狱入监队，入监教育期间的罪犯为考察级，对其考核一定期间且达到规定分数的，原则上进入四级。即使经过新收犯监狱入监教育的罪犯大致也要经过一段时间考核后才能进入最低等级。罪犯等级每季度调整一次，各级人数占总数比例呈枣核状。每个罪犯的行为表现均须结合他的级别、劳动和日常表现记分加以评定，所以级别越高，罪犯获得减刑假释的机会就越大。但由于已获减刑的罪犯分数归零，进入四级后的罪犯仍可能通过分数积累取得获得奖励的资格。

无论分为多少级差，监狱分类管理大致可以分为 3 个级别。

1. 从严管理

从严管理主要针对主观恶习较深、人身危险性大、经常违反监规纪律的罪犯以及死缓犯、长刑期犯和新入监的罪犯适用。在这一级别的罪犯，其活动自由应受到严格的限制，对武装警戒程度要求更高，有条件的监狱还采用监控设备对罪犯在狱内的一举一动予以密切监视。处于从严管理级的罪犯通常受以下行为限制：（1）一般不准罪犯离监探亲；（2）只允许罪犯参加集体活动，严禁其单独行动；（3）与其家属、监护人的通信和会见次数每月限定为一次，来往信件监狱工作者要严格检查，会见时必须有干警在一旁监听；（4）罪犯收受的物品要经过特别严格的检查，数量上也要严加限制；（5）限制罪犯文化娱乐活动的时间、次数，必要时还可取消其文化娱乐活动；（6）一般情况下不考虑对其减刑或假释。

2. 普通管理

普通管理是监狱最为常见的管理等级，它适用于基本上能够遵守监规纪律、改造表现一般的罪犯。对他们的活动限制可以比从严管理级宽松一些，但比从宽管理级的罪犯要严格一些。具体而言：（1）直系亲属病重、病危以及家中有其他重大变故必须罪犯回家处理时，监狱可以考虑特许罪犯离监探亲；（2）允许罪犯在监狱限定的范围内活动，但必须接受监狱管理人员的监管；（3）每月与其家属、监护人的通信和会见次数可以增加为两次，对其来往信件检查的严格程度可以比从严管理级罪犯适当降低；（4）罪犯收受物品的数量限制以及接受检查的严格程度可以略宽于从严管理级的罪犯；（5）与从严管理级罪犯相比，可以获得更多的文化娱乐的时间，参与更多具有文化娱乐性质的活动；(6) 对其减刑或假释依法办理。

3. 从宽管理

从宽管理主要适用于遵守监规纪律积极改造、改造表现一贯很好且已服刑超过原判刑期1/2的罪犯。对他们在狱内的活动范围可适当放宽，待遇可适当提高，主要内容包括：(1) 法定节假日如春节，或直系亲属病重、病危以及家中有非要罪犯回家处理的重大事件时，准许罪犯离监探亲；(2) 允许罪犯在监狱限定的范围内自由活动，在监区外劳动可以不用武装警戒，可以有外出参观学习的机会；(3) 与其家属、监护人的通信和会见次数可以适当增加，对其来往信件检查的严格程度也可以相对普通管理级罪犯适当降低，会见时可以不安排干警在旁监视；(4) 罪犯收受的物品虽然还是要经过检查，但检查的严格程度可以相对从严管理级罪犯适当降低，数量上的限制也可以适当放宽；(5) 可比普通管理级罪犯享受更多的文化娱乐活动；(6) 其减刑或假释优先考虑。

无论是从严管理级罪犯还是普通或从宽管理级罪犯，都应在其囚服上佩戴代表其处遇等级的颜色标记，便于监狱的管理和监控。

从严、普通、从宽管理级的罪犯构成不是一成不变的，而是具有较大的流动性。管理级别是根据罪犯考核分数决定的，如果罪犯有违规行为以致扣分过多，就会被降至下一级，有重大违规行为的可能降至最低级，而管理等级的变化意味着受刑人自由活动的程度随之发生变化，意味着减刑机会的不同。因此，处遇等级或升或降都会引起罪犯极大的关注，这样，有利于激发罪犯的改造热情，调动其改造积极性，最终提高改造的质量和效果。

第三节 警 戒

一、概述

警戒是监狱为预防和打击罪犯逃跑、暴乱、行凶等违法犯罪行为而运用一定设施、装备和人力进行警卫戒备和管理约束的活动。所谓警戒主要指通过警戒制度的运行和警戒设施的使用，保证监管安全与秩序。所谓管束主要通过戒具、警械和武器等使用，强行规制服刑人员的行为。

依法、正确、坚决地开展警戒工作，对监狱发挥其惩罚与改造罪犯的功能以及确保监狱安全都具有重要的意义。具体而言，警戒的重要意义包括以下几点。

1. 保卫社会安全的重要手段

监狱的基本职能是执行刑罚，执行刑罚以有效控制服刑人员人身为基础条件，建立警戒制度旨在防范服刑人员逃跑再次危害社会。

2. 维护监管改造秩序的重要手段

监狱是剥夺罪犯行为自由的场所，受此处罚的罪犯对监狱强制性执法或者强烈的抵触和不满，或者消极不合作，两类心理都可能促使罪犯采取逃跑、伤害他人、破坏等具体手段，严重破坏正常的监管改造秩序，后一类心理还可能诱发罪犯自杀。监狱物理性警戒设施不仅能够直接防逃，高墙电网所起的心理威慑作用还能迫使绝大多数罪犯打消铤而走险的念头。至于监狱实施警戒管理，则可以从管理细微之处入手，强制罪犯服从监规纪律，以将一些伤害破坏行为扼杀在萌芽状态。可见，结合使用两类警戒方式，有利于维系行刑秩序，有利于创造一个积极向上的改造氛围，从而保障监管改造工作顺利进行。

3. 矫正罪犯反社会性行为的重要方法

罪犯受到处罚本身表明他们具有明显的反社会的行为倾向，监狱警戒设施和全副武装、真枪实弹的值勤武警，传达的是对其反社会行为的法律否定，是让犯罪人真正体验责任的后果。这本身具有让其鉴别法律的客观效果。监狱完善内部警戒工作，对罪犯进行严格的军事化管理和监规纪律约束，还能促使罪犯处于行动有准则、活动有规范的环境中，逐步养成有组织、有纪律的生活作风和良好的行为习惯。

二、警戒制度

警戒制度的内容包括内部警戒、外部警戒和群众联防三个方面。

(一) 内部警戒

内部警戒主要包括内部管理制度和内看守制度。

1. 内部管理制度

内部管理制度是指规范监狱内人民警察每天 24 小时对服刑罪犯进行监督、管理的制度。内部管理制度的实施主体是监区干警，对监区干警实施管理的基本要求如下。

(1) 干警直接管理。罪犯出操、上下班、开会以及进行其他集体活动，必须由干警整理队形，清点人数，带去带回。罪犯的劳动、学习、生活现场，都必须有干警在场指挥、监督。执行早、晚点名和夜间查铺，都须落实到对每一个干警具体职责的要求上。

(2) 建立安全检查制度。为确保改造场所的安全和良好的改造秩序，监狱狱政部门干警有义务对监狱围墙、电网、警戒设施进行检查，发现漏洞及时处理；监区干警须对监舍定期不定期检查，发现易燃、易爆、剧毒或凶器等危险物品的，必须立即清除隐患，并及时查处违规罪犯；发现淫书、淫画或有碍罪犯改造的书籍、文字材料等，应予没收。负责劳动场所管理的干警须依照监狱管理规范，集中统一管理劳动工具，禁止罪犯带入监舍区而埋下安全隐患；监狱主管领导每年定期对整个监舍区、生产区以及全部的警戒设施，进行细致认真全面的检查，随时排除不安全和有碍罪犯改造的各种因素。

(3) 严明监规纪律。监狱在罪犯入监阶段就对罪犯行为规范提出系统明确的要求。罪犯服刑义务的主要内容是：服从管教，遵守学习、劳动、生活、卫生制度；不准超越警戒线和私自串队；不准拉帮结伙，打架斗殴；不准传播犯罪手段或教唆他人犯罪；不准私自与外界接触；不准通过职工或其他任何人私自捎带书信和物品。

(4) 加强对罪犯小组长和杂务犯的选择和管理。监狱选择改造表现好的罪犯担任罪犯小组长，具体由分队长提名，分监区会议研究决定。他们在监狱民警的直接领导下，负责管理本组罪犯的学习、劳动、生活卫生和维护监规纪律等事项。对罪犯小组长要加强管理教育，经常考核，一旦发现恃强凌弱、欺压他人的行为，随时撤换。

(5) 明确规定罪犯可做与不可做的事宜。在监狱管理中，可以让罪犯从事生产记录、学习记录、医护卫生、炊事、理发和文化技术教育等事宜。但不应允许利用罪犯办理狱内违法犯罪案件，看管禁闭室，检查罪犯信件、物品，外出采购，管理仓库、变电所、广播室等重要区域，负责整理、抄写、保管有关管理教育方面的工作材料和其他机密性材料。

(6) 严格控制脱离武装看押，从事零星分散劳动的罪犯的行为。监狱在押罪犯一般不允许脱离武装看押从事监外劳动。在从事工业生产的监狱中，在押罪犯原则上也不能脱离武装看押，到监外进行分散劳动。遇有特殊情况，需要使用少量罪犯到监外劳动时，必须由监狱民警带领。从事农业生产的监狱也应尽量由职工从事零星分散的生产劳动。如果目前顶替有困难，必须由罪犯从事零星分散劳动时，一般应当控制在押犯总数的5%以内，农忙季节不得超过10%。对于从事分散劳动的罪犯，应当选用改造表现好的过失犯、渎职犯和原判刑期10年以下、已执行1/2以上刑期的一般刑事犯，基于重返社会训练需要和安全考虑，更宜选择临近出狱的服刑人员从事分散性劳动，并指定专人加强对他们的管理教育。发现问题及时处置和调换。

(7) 建立“维护监规纪律评议小组”。分监区可以建立由5名至9名罪犯组成的“维护监规纪律评议小组”。这一组织的主要任务是：在监狱民警的严格掌握下，调解、评议罪犯中发生的打架斗殴、违反监规纪律的人和事。评议小组成员由罪犯公议推荐、分监区会议研究决定。进入评议组的成员条件是：本人认罪服法，积极改造；日常管理活动能够以身作则，遵守监规纪律；为人和办事公正，认真负责，有一定工作能力。评议组活动由服刑人员提请评议行为经主管民警批准启动，评议组成员以监规纪律和罪犯守则为准绳，以事实为根据，实行公开评议，允许当事人申辩和他人辩护，评议结果还须报请分监区领导酌情处理。评议小组成员，要经常考核，发现重大问题，随时撤换。

(8) 加强对罪犯劳动的管理。组织罪犯劳动须根据个人体力的强弱或劳动能力合理安排生产项目，并明确罪犯的生产责任制，合理规定罪犯每个劳动日应当完成的作业定额，实行评分记工制予以考核。另外还须制定各种生产技术、工艺和操作规程，便于罪犯严格遵守。另行建立、健全生产工具和设备的使用、维修和保管制度，保证监狱生产劳动的效率。

2. 内看守制度

内看守制度是指规范监狱在高墙以内对罪犯进行看守管理活动的规章制度。这是维护监管安全的“三道防线”中的第一道防线。监狱根据自身实际情况在监区内设置内看守班、组或中队、小队，从监狱干警中挑选内看守人员。内看守人员在业务上受本单位狱政科（股）的领导。内看守员应当配备警笛，夜间值勤时可佩带公用手枪。

内看守员的条件是：(1) 政治思想好；(2) 身体健康；(3) 初中以上文化程度；(4) 年龄在35岁以下；(5) 经过训练，熟悉看守业务。根据《监狱劳改队管教工作细则》第53条的规定，内看守员的具体任务是：(1) 夜间负责全监区犯人的管理工作。如值班、巡逻、查监、查铺；管制灯火；督促犯人就寝、起床；严防犯人私自串监、串组，进行非法活动；处理犯人中发生的问题等事项。(2) 白天负责对留监区或监舍犯人的管理工作。(3) 负责监狱大门出入人员的检查验证和登记工作。(4) 管理禁闭室。

此外，在内部警戒中，除了监狱工作者对监管秩序的警戒外，还可以合理利用罪犯间的相互监督。这种罪犯间的相互监督，从以下三个方面实现警戒目的。

(1) 罪犯群体内部广泛的相互监督。每个罪犯都有权利揭发其他罪犯的违纪、违法和犯罪行为。

(2) 耳目对罪犯的监督。耳目是指秘密为监狱管理部门及干警提供犯情信息的罪犯。

利用犯人监督其他罪犯须注意查证属实环节，注意管理底限。

（3）借助于罪犯自治组织对罪犯个体实施行为监督，包括罪犯“积委会”“监委会”“小组长”“值星员”“监督岗”等形式，对罪犯个体的行为进行约束和监督。

（二）外部警戒

外部警戒又称为“武装警戒”，是指人民武装警察队伍为保证监狱安全而在罪犯监舍、劳动、学习和生活场所的外围以及押解罪犯途中依法实施的警卫戒备活动。这是维护监管安全的“三道防线”中的第二道防线。

监狱法第41条明确规定，监狱的武装警戒由人民武装警察部队负责。监狱对执行看押任务的武装警察部队实行业务领导。公安部1982年《细则》第88条第1款规定，担任武装警戒工作的武装警察的具体任务是：（1）在罪犯监房、劳动、生活场所的外围和押解途中，进行严密警戒；（2）在监狱中罪犯居住区的大门，担任门卫警戒；（3）值勤战士发现罪犯逃跑时，应当立即向上级和监狱狱政科（股）报告，或鸣枪报警，看押部队应积极协同监狱警察进行追捕；（4）发生罪犯暴动、骚乱时，应当在监狱和看押部队负责人共同领导下，予以武装平息；（5）在遇有自然灾害或意外事变的时候，应当加强警戒，并配合监狱努力抢救罪犯和国家财产。

按警戒分工，监狱在警戒线以内对罪犯行为进行约束和管理。武装警察负责监狱外围的警戒任务。据司法部关于加强与武警看押部队工作联系的要求，司法部要求各监狱支持武警看押部队的工作，发现敌情和狱内新的动向，要及时通报武警看押部队；武警看押部队则把警戒任务、监狱的安全与稳定作为头等大事来抓，教育各执勤中队官兵严格履行职责。看押部门与监狱双方还须定期分析狱内押犯动态，制订防止突发事件的应急方案，适时进行演练，做到“招之即来，来之能战，战之能胜”，以应付各类突发事件。监狱须利用各种手段，及时发现和了解狱情和敌情动态，总结、归纳罪犯脱逃的规律及防范措施，并随时向武警看押部队通报有关情况，研究相应的对策和方法，不断提高防逃、制逃能力。

（三）群众联防

群众联防是指发动和组织监狱周围的机关、团体、基层组织、企事业单位和广大群众监督并防止罪犯逃跑的制度。

监狱法第44条对此有明确规定：“监区、作业区周围的机关、团体、企业事业单位和基层组织，应当协助监狱做好安全警戒工作。”群众联防是维护监管安全的“三道防线”中的最后一道防线，对防止罪犯脱逃起到重要的保障作用。

群众联防的主体是监狱周围的机关、团体、企业事业单位、民兵组织、治保组织以及人民群众，它的主要内容是：监狱和武警部队应与周围机关、团体、企事业单位、车站、码头和农村乡镇建立联防机构，明确职责范围，制定联防方案，规定联系制度，定期召开联防会议，交流情况，研究防范措施，确保监狱的安全。①

除了依靠以上警戒力量外，监狱还必须与当地公安机关保持密切的联系，共同抓捕脱逃的罪犯。监狱法第42条规定：“监狱发现在押罪犯脱逃，应当即时将其抓获，不能即时抓获的，应当立即通知公安机关，由公安机关负责追捕，监狱密切配合。”相关法规要求监狱必须在发现罪犯脱逃后24小时内将其抓获。如果在此时间内未能抓获的，监狱应当及时书面通报监狱所在地、县（市）公安局或城市公安分局，由公安机关负责进行追捕，监狱

① 兰洁．监狱学．北京：中国政法大学出版社，1999：161.

予以配合。所呈交的书面通报的内容应当包括：(1) 罪犯个人的基本情况和主要生理特征；(2) 罪犯的主要社会关系及脱逃后的可能去向；(3) 其他有关情况。

公安机关在捕获脱逃罪犯后，应当及时通知监狱并将其押送回原关押的监狱。

三、警戒设施

监狱警戒设施是指实施警戒活动所使用的设备。

警戒设施具体包括大门、围墙、岗楼、电网、照明、通信、监控、报警装置、狱门值班室、隔离带等。警戒设施的运用，为监管警戒工作的顺利进行提供了强有力的物质保证，对监狱的安全起着不可低估的作用。司法部1990年11月6日发布的《监管改造环境规范》，司法部、国家计委1998年7月15日发布的《监狱狱政警戒设施建设标准（试行）》和建设部、国家计委2002年12月3日批准的《监狱建设标准》以及2010年修订的《监狱建设标准》，都对警戒设施做了详细规定，其具体内容如下。

1. 监狱围墙

新建监狱围墙上部宜设置武装巡逻通道。中度戒备监狱围墙应高出地面5.5m，并达到490mm厚砖墙的安全防护要求；高度戒备监狱围墙应高出地面7m，墙体应达到0.3m厚钢筋混凝土的安全防护要求，上部应设置武装巡逻道；女子监狱和未成年犯管教所围墙应高出地面4.0m～5.0m，并达到370mm厚砖墙的安全防护要求。围墙地基必须坚固，围墙下部必须设挡板，且深度不应小于1.5m。围墙转角应呈圆弧形，表面要光滑，无任何可攀登处。围墙内侧5m、外侧10m为警戒隔离带，隔离带内应做到无障碍、无杂物，视野宽阔。地处城市的老监狱，围墙外侧达不到这一要求的，也要尽可能设置一定距离的隔离带。

重要地段警戒区要设安全防刺网，防止罪犯靠近。

监狱围墙应设置照明装置；照明灯具的位置、距离应适当，照明灯具应配有防护罩。监狱围墙内、外侧警戒线内照明效果应良好。围墙上应安装分段报警装置，并安装不低于1m的电网。

2. 岗楼

岗楼宜为封闭建筑物，岗楼四周应挑平台，平台应高出围墙1.5m以上，并设1.2m高栏杆。岗楼一般应设于围墙转折点处，视界、射界良好，无观察死角，岗位之间视界、射界应重叠，并且岗楼间距不应大于150m。岗楼应用铁门防护及设置通信报警装置。

3. 监门

监门是指设在监狱外围的进出设施。监门分设大、小门，大门通车，小门过人。大门宜宽6m、高4.5m，外设横杆，内设二门，宜电力驱动和使用AB门方式开闭。小门通道应设封顶的护栏，随时置于门卫直接观察之中。

在监狱大门一侧应设门卫值班室，并应安装防护装置。外门应为铁门，室内应设通信报警装置，并设有可在室内控制大门开闭的装置。

4. 关于警戒设施的其他规定

(1) 监门、围墙、通道和重点部位必须执行严格的岗位责任制，按照一级供电标准照明，必要时还应配备备用发电机组。

(2) 罪犯监区和生产区之间需穿越监外区的，应设置专用栏杆或建造专门通道。矿山的地面、井口、井下等罪犯生产劳动区域，应设立、划定警戒线或其他警戒标志，严格规定罪犯从事生产劳动的路线和区域。炸药、雷管等爆炸物品，要分别专门设库存放，指定专人保管。

(3) 运送货物的机动车辆，经批准后方可进入生产车间或仓库区，进入监区后，车头必须朝里；驾驶员离开车辆时，必须拔出点火钥匙，摇上玻璃，锁好车门；驶出监区前，必须接受严格检查。其他任何车辆（含非机动车辆）非经过监狱首长批准并经门卫严格检查，不得进入监区。

(4) 狱内门卫室、值班室、办公室应设有线或无线通信、报警及防护装置。大门门卫室要设坚固的枪柜，统一保管监区干警的枪支。

(5) 外役劳动现场要装备无线电对讲机，保证联络通畅。监狱内的监舍、禁闭室、家属会见室、大门、围墙、岗楼、劳动生产用房等重要部位应设监控系统。

四、对戒具、警械、禁闭室和武器的使用

监狱实施警戒和管束罪犯的行为，必然涉及对戒具、警械、禁闭室和武器的使用，规范这些器械的适用对严肃监规纪律、维护监狱正常监管改造秩序，同时保护罪犯的合法权益具有非常重要的意义。

(一) 戒具、警械及其使用

戒具、警械是指专门用于预防和制止罪犯实施某种违法或危险行为的暂时性、防御性的器械。其中，戒具是指国家执法机关为了防止犯人自杀、逃跑、行凶或者进行其他破坏活动而依法备置和使用的拘束人身的工具。在监狱系统中，主要包括手铐、脚镣、警绳。

警械又称为“警具”，是指警察按照规定装备的警笛、警棍、催泪弹、高压水枪、特种防暴枪等警用器械。

在行刑实践中，“警械”可以在更广的意义上使用。广义上的警械可以分为3类：(1) 驱逐性、制服性警械，即用于驱散人群和制服违法犯罪人员的警械，包括警棍、催泪弹、高压水枪、特种防暴枪等。这些工具一般用于应对暴狱或其他狱内骚乱事件。(2) 约束性警械，即用来约束个人身体的警械，包括手铐、脚镣、警绳等。(3) 警示性警械，即用来发出警告和警报的警械，主要是指警笛。

监狱法要求监狱机关应当配备警具和戒具。公安部1982年《细则》、国务院1996年1月16日颁布的《人民警察使用警械和武器条例》以及司法部1996年3月21日发布的《关于贯彻实施〈中华人民共和国人民警察使用警械和武器条例〉的通知》等，都要求监狱配备并且熟练使用警械。

戒具、警械由公安部统一制造、配发，其他任何机关、组织或个人不得私自制造、非法使用。监狱的戒具、警械由狱政科（股）统一保管，农业单位也可由监区代为保管。

使用戒具、警械的具体要求如下。

1. 戒具（手铐、脚镣）的使用

手铐、脚镣是一种采用链式结构连接，用于束缚罪犯手、脚腕的环形金属戒具。根据监狱法第45条第1款的规定，监狱干警使用戒具的条件是：(1) 罪犯有脱逃行为的；(2) 罪犯有使用暴力行为的；(3) 罪犯正在押解途中的；(4) 罪犯有其他危险行为需要采取防范措施的。

对被依法判处死刑等待执行的罪犯，监狱可同时使用手铐和脚镣，施用戒具不只是防

止脱逃，也旨在防自杀。一般情形下，对老年、生病、残疾罪犯以及未成年犯禁止使用手铐、脚镣等戒具，对女犯，除个别特殊情况外，也不得使用手铐、脚镣。凡加戴手铐、脚镣的罪犯，均不应从事监狱劳动。

负责罪犯管理的干警如果认为必须对罪犯使用手铐、脚镣时，必须填写“申请使用戒具审批表”报经监狱相关部门领导批准后，方可加戴戒具。遇有罪犯行凶制止无效等特殊情况而来不及报批时，干警可以先对其加戴戒具，然后补办报批手续。使用手铐或脚镣的时间，除被判处死刑等待执行的罪犯外，一般为 7 天，最长不得超过 15 天。在个体的人身危险状况消失后，应当及时停止使用戒具。干警随意使用戒具惩罚罪犯的，重者受到国法制裁，轻者受警纪处分。

2. 警笛的使用

警笛是警察在紧急情况下使用的警械。监狱干警使用警笛的条件是：(1) 需要呼唤其他监狱工作者和人民武装警察，共同制止罪犯的违法犯罪行为时；(2) 需要群众协助追捕正在逃跑的罪犯时；(3) 需要警告正在实施犯罪的罪犯停止其违法犯罪行为时。

3. 警棍的使用

警棍是指警察在执行防暴、逮捕等勤务时或人身安全受到威胁的情况下用于个人防卫的特制棍棒。监狱工作者使用警棍的条件是：(1) 依法执行公务，制止罪犯脱逃遇到抗拒时；(2) 处理罪犯行凶、暴动骚乱、聚众哄闹和结伙斗殴事件，警告无效时；(3) 遇到罪犯报复或袭击，需要自卫时。

应当注意的是，监狱工作者在使用警棍制止罪犯犯罪的过程中，应当以制服对方为限。绝对严禁以任何理由使用警棍体罚犯人。

4. 警绳的使用

警绳是警察作用于罪犯人身、限制其活动能力和范围的约束性戒具。

监狱工作者只有在追捕逃犯或押解罪犯时才能使用警绳。在监狱内一律禁止使用警绳或用其他绳索捆绑罪犯。

5. 其他警械的使用

监狱工作者根据警械和武器条例第 7 条的规定，在必要时使用包括催泪弹在内的其他警械。

(二) 禁闭室的使用

禁闭室是监狱单独监禁因严重违反监规纪律而接受处分的罪犯或者暂时隔离具有威胁他人生命健康的罪犯的设施。

罪犯送入禁闭室中隔离关押具有多重作用。首先，禁闭是对严重违反监规纪律的罪犯的行政惩罚措施。在这种情况下，禁闭室不仅为受罚者冷静反思自己的行为提供了空间，而且向犯群明示违反监规的法律后果，进而严明监规纪律。其次，作为一种特殊管理措施，隔离明显具有伤害他人暴力倾向的罪犯，不仅能够消除他对其他罪犯的不良影响，还有利于避免罪犯之间的矛盾激化，营造一个安全、平和的服刑环境。最后，为保证再犯罪诉讼和死刑执行的顺利进行，禁闭室可以羁押待审待决的人员。

禁闭室设置在监区内，但与监舍的距离宜大于 20m。禁闭室由监狱狱政科管理，内设值班及预审室。单间禁闭室的层高不应低于 3m，使用面积不宜小于 6.0m²。禁闭室应当防潮保暖，通风透光，保持清洁卫生，定期进行消毒处理。

禁闭室的适用对象主要包括以下几种。

（1）处罚严重破坏监管秩序的罪犯，即单独关押实施了监狱法第 58 条第 1 款规定的破坏监管秩序的 8 种行为之一的罪犯。

（2）单独关押加戴戒具仍不能消除其人身危险性的罪犯。

（3）在狱内重新犯罪，正在接受侦查审理的，有必要单独关押的罪犯。

（4）正在报请核准立即执行死刑的，有必要单独关押的死缓犯。

对罪犯适用禁闭处分，应由监区填写“申请关押禁闭审批表”，经监狱狱政部门审核同意后，报监狱主管领导批准。出现必须隔离关押才能及时制止狱内恶性事件的情形，可以先启用禁闭措施，再补办报批手续。罪犯接受禁闭处分的时间一般是 7 天～10 天，最长不得超过 15 天。罪犯如果表现良好，确有悔改表现的，可以提前解除禁闭。单独关押报处死刑立即执行待批，以及其他正在接受侦查审判的再犯罪嫌疑人，也须以确有隔离关押的必要为前提，同时严格根据审限确定羁押时限。

被禁闭的罪犯，粮食定量按不参加劳动犯人的标准供给，不得克扣，每天要放风两次，每次 30 分钟至 1 小时。除报处死刑待批者和人身危险性特别大的，被单独关押人不再加戴戒具。对于在禁闭期间的罪犯仍应加强针对性教育，并对其表现情况，给予随时记载和评估。禁闭室应由专人看管，应随时注意被禁闭罪犯的身体健康状态，跟进调整管理力度。

（三）武器的使用

武器是指直接用于杀伤生命和破坏有关设施的器械与装置。就监狱管理而言，武器限于按照法律规定装备给狱政部门及人员的枪支、弹药等致命性器械。

根据监狱法第 46 条第 1 款的规定，人民警察和人民武装警察部队的执勤人员遇有下列情形之一，非使用武器不能制止的，按照国家有关规定，可以使用武器：（1）罪犯聚众骚乱、暴乱的；（2）罪犯脱逃或者拒捕的；（3）罪犯持有凶器或者其他危险物，正在行凶或者破坏，危及他人生命、财产安全的；（4）劫夺罪犯的；（5）罪犯抢夺武器的。

监狱工作者和人民武装警察在按上述规定使用武器时，除遇到特别紧急情况之外，一般应先对罪犯进行口头警告或鸣枪警告。如果罪犯不听警告，可向其非致命部位开枪射击。罪犯一有畏服表示，应当立即停止射击。使用武器后，应当注意保护好现场，并立即向上级机关和人民检察院报告，详细说明使用武器的事由和经过，接受上级监督和检察监督。

监狱的人民警察和武警人员如因违反规定使用武器而造成严重后果，构成犯罪的应当承担刑事责任，未构成犯罪的，应依法给予行政纪律处分。

第四节　通信会见

一、概述

通信会见是指在押罪犯与他人信件往来及当面交流的活动。

通信权、会见权是监狱法赋予监狱服刑罪犯的重要的权利。监狱法第 47 条至第 49 条规定了罪犯在遵守法律规定的情况下可以行使通信、会见权。允许罪犯附条件地行使这些权利，既是人权保障的题中之义，能够将人道主义精神贯彻于监狱管理之中，又对促进罪犯的改造有着非常重要的积极意义。

1. 有利于罪犯了解亲属的信息

监狱保障罪犯的通信、会见权，在罪犯与其家属、亲友和监护人之间搭起情感交流的平台，有利于稳定服刑人员的情绪，促使其平稳度过监禁期。

罪犯在监狱内接受刑期管理和教育，除了关注何时能够重获自由以外，还非常关注自己的亲属、亲友及监护人的近期生活境况，在意他们对自己的态度以及情感交化。他们渴望了解亲属、亲友和监护人的近况，从内心深处希望与亲属、亲友和监护人进行情感交流，得到他们的支持和鼓励，分享对方的快乐和苦闷。特别是在许多罪犯因为犯罪而使他们的家属、亲友和监护人对其感到失望、厌恶和憎恨，致使亲情关系恶化的情形下，取得亲人的谅解更是其精神渴求。在行刑实践中，罪犯因亲人不谅解对生活失去信心，意志消沉、自暴自弃等情况的事例，极大影响改造工作的顺利进行，从反面证明了在一定程度上保持罪犯社会交往的必要性，而且维系罪犯的亲缘纽带也符合人性的基本需要。罪犯与其家属、亲友和监护人进行通信和会见，有利于消除彼此之间因为犯罪而形成的紧张、对立关系，使罪犯正常的亲情需要得到满足。

2. 有利于亲属帮教罪犯

通信、会见权的行使，有利于家属、亲友、监护人对罪犯进行耐心帮教，进一步促进罪犯的思想改造。

虽然在监狱内，罪犯经常会受到监狱工作者的帮助和教育，但这是远远不够的，还必须发动罪犯的家属、亲友、监护人参与其中。而且罪犯的家属、亲友、监护人对罪犯进行耐心劝导所产生的效果要比监狱工作者单纯说教效果好得多。这是因为干警承担执行惩罚和改造的职能与罪犯基本利益相冲突，罪犯在潜意识里对其持有不信任感，总认为自己与监狱工作者的角色是完全对立的，干警对自己的教育并非真心诚意地帮助自己，而仅仅是为了完成他们的工作。而自己的家属、亲友和监护人与自己有着密切的血缘关系，他们的所作所为是真正为自己着想，因此罪犯对其家属、亲友和监护人的劝导常常能够接受。罪犯刚进监狱时由于不习惯监狱内的生活以及严格的规章制度，常常会非常苦恼、泄气。通过写信、见面等方式将这些感觉向自己的亲属、亲友和监护人吐露并得到他们的安慰和劝解，能极大地缓解他们的这些消极情绪。此外，罪犯在服刑期间会产生许多疑虑、困惑和苦恼，通过与自己的亲属、亲友和监护人写信、见面得到他们的鼓励和耐心劝导，能促进罪犯思想的转变。

3. 有利于罪犯了解社会

通信、会见权的行使，能使罪犯与社会保持密切的联系，有利于实现罪犯的再社会化。

罪犯长时间封闭的监禁生活，会使其与时代的发展、社会的变化严重脱节，出狱后对外面的世界感到无所适从。如果罪犯不能在狱内了解足够多的社会信息，就会直接影响他们回归社会。罪犯通过平时在监狱内看报纸、听广播、看电视，接受干警的思想、政治、法律的教育，对社会的发展、国家的大政方针有了大致的了解，对其适应社会虽有帮助，但仍很不够，他们还需要通过多渠道与社会交往，包括通过通信、会见活动获取更多的社会信息。

4. 有利于罪犯行使自我保护的权利

保障罪犯通信、会见权的合理行使有利于罪犯行使申诉、控告、检举等自我保护的权利。

监狱法第21条至第24条赋予了罪犯向有关部门提出申诉、控告、检举的权利。而基于罪犯因人身自由受到限制导致自身的行为能力下降，这些权利的有效行使有时要借助于外力，尤其借助于亲属及监护人的帮助，因而保持相互正常的经常性的联系是基础条件。比如，对生效判决不满行使申诉权的罪犯，既可以自己直接向监狱说明自己的看法，也可以通过通信或会见的方式委托自己的家属代为申诉，还可以向人民法院或人民检察院写信提出申诉。如果罪犯行使检举他人违法犯罪或者控告他人侮辱欺凌自己的权利，他既可以自己向监狱有关部门直接提出，又可以通过写信的方式向监狱的上级机关、公安机关、人民检察院提出，还可以得到亲属的帮助。从以上情形可以看出，通信、会见权的行使是罪犯实现其申诉、控告、检举权的主要途径，保障好了通信、会见权，也就是间接地维护了罪犯申诉、控告、检举权的行使。

二、通信的内容

通信是监狱内服刑罪犯与自由公民非面对面的交流方式。

传统的通信方式主要是指纸质书信的往来，包括通过纸质信息交流方式进行的邮汇(通过邮局汇款和收发包裹)。现在，通信更多采取的是运用电波、光波等信号传递、传送文字、图像等信息的交流方式，例如，打电话、发传真等。很多监狱中已经安装了电话设备，供罪犯定期或不定期使用。

罪犯在服刑期间与外界通信次数、通信范围没有受到法律的明确限制，一般情况下罪犯在与其亲属、监护人通信方面拥有较大自由。如果罪犯与其他人通信交往有利于他的再社会化和教育，监狱机关就应当允许他们的通信联系。罪犯不得为躲避检查而私自寄发任何信件。如果监狱经检查发现信件有串通案情、泄露罪犯机密等违法犯罪或其他有碍罪犯改造的内容的，应予以扣留。发现内容可疑的，应当报送有关部门进行进一步检查。在做出处理措施之后，监狱应在适当的时候向罪犯说明信件被扣的原因，同时对罪犯进行教育批评。

少数民族罪犯与其亲属、监护人通信时可以使用本民族的语言文字，但必须经过懂该民族语言的监狱工作者的检查。如果罪犯与国外或我国港、澳、台地区的直系亲属、监护人通信，必须经省、自治区、直辖市司法厅（局）的批准。外籍犯可准其与家属、监护人或本国驻华使、领馆人员通信，但所收发的信件应当经过监狱机关检查，不涉及安全和影响罪犯改造的信件予以转递。凡罪犯写给监狱的上级机关和司法机关的信件不受检查，监狱必须予以转递。

在一般情况下罪犯不得单独使用电话与外界联系，尤其不允许使用手机。在干警监督情形下，监狱允许罪犯定期或在需要时与狱外亲属、监护人通电话。作为对其认真改造的奖励，监狱还允许罪犯加大与亲属通话的频次，这种做法被普遍称为“亲情电话”。一般情况下，监狱干警对罪犯对外通话的内容进行监听。

罪犯邮寄汇款或者收发包裹按以下要求办理。

(1) 如果罪犯需要邮寄包裹和汇款，必须经由监狱工作者检查、登记并代为邮汇。

(2) 对国内外寄给罪犯的包裹，监狱应依照国家邮政部门的相关规定，办理领取手续。国外寄来的包裹，应由收件人在收执上签名盖章，不得加盖监狱的公章。

(3) 对寄给罪犯的包裹，监狱应指定专人进行认真的检查和详细的登记。如果发现是非日常生活必需品，应当由监狱代为保管，释放时发还本人；如果发现包裹里面夹带有违禁品，应予以没收，并报告主管机关。

(4) 包裹收到后，罪犯已经变换改造场所的，应立即将其转递罪犯现服刑所在单位；罪犯已经逃跑的，监狱应当暂予保存；如果罪犯已经死亡或刑满释放的，监狱应当将原包裹退回寄件人。

(5) 罪犯收其亲属或他人的汇款后，应在汇款单收执上签名盖章并由监狱负责派专人将所汇款项取出，以罪犯名义存入银行，并记入罪犯银行账户，罪犯在服刑中如有正当用途时可以支取和使用。

(6) 对国外华侨或我国港、澳、台同胞寄给罪犯的汇款，监狱不得在侨汇收款的回执上加盖公章，汇款银行为明确责任和便于日后查询而要求监狱机关盖章的，监狱可在收款回执的附条上加盖公章。

(7) 监狱收到侨汇时，应当通知罪犯。罪犯希望其家属领取的，监狱应直接通知其家属领取，由监狱通知银行办理相关手续；罪犯在国内无直系亲属，或者不愿意由亲属领取的，由监狱办理代领取手续。

(8) 监狱代领的汇款，应以罪犯的名义在银行开户存储，存折由监狱代为保管，待罪犯刑满释放后，凭存折提取存款。

(9) 汇给罪犯钱款的同时附有书信的，银行应转交监狱，监狱按规定检查后，视具体情况交给罪犯或者予以扣留。

(10) 遇有收款的罪犯调动的情况，监狱应立即通知银行，以便银行及时转汇。

三、会见的内容

(一) 概述

会见是指在监狱服刑的罪犯与来自监狱外面的有关人员见面的活动。

为保护罪犯权利和维护监狱安全，在监狱服刑的罪犯与自由公民的见面交谈活动必须依照法律进行。在监狱管理中，会见在很长一段时间曾被称为“接见”。在汉语中，“接见”一词多用于主人接待客人，或者上级、身份和地位高的人会见下属、身份和地位低的人，因此，用于罪犯与他人的晤面，显然不符合汉语习惯。在一些文献中，也使用“探监”一词称呼会见活动。不过，“探监”一词主要是从监狱外面的人的角度来使用的，也不能完整表达罪犯与他人见面的这层意思。

罪犯会见实际上包括普通会见、离监探亲和其他会见三类。其中，离监探亲和其他会见属于特别会见的范围。

(二) 普通会见

普通会见是指在监狱服刑的罪犯在所指定的区域与亲属和监护人见面的活动。

根据监狱法第 48 条的规定，罪犯在监狱服刑期间可以会见其亲属、监护人。这类会见主要在监狱的会见室或者会见区域举行。

根据有关规定，亲属、监护人在参加会见时必须注意以下几点。

(1) 遵守监狱关于会见的规章制度。如有违规行为，主管干警应当立即中止会见，并根据具体情况对相关责任人进行处理。

(2) 提供证明材料。请求会见的亲属必须持有能证实确与罪犯存在亲属或监护关系的证件或者材料。会见前，还需办理相关的登记手续。如果发现会见人与罪犯亲属或监护人的身份不符，或者患有精神病、严重传染病、酗酒的，或者怀疑是与罪犯过去犯罪有关联的人员，或者是身份不明和形迹可疑的人员，监狱可以不准许双方见面。

(3) 暂存携带物品。申请人被允许会晤罪犯之前，必须将其所携带的武器，具有拍照、通信、摄像或录音功能的工具及其他禁止携带进入会见室的物品交由监狱工作人员暂为保管，否则，监狱可以不准其会见。

对监狱组织罪犯与他人的会见，监狱法及相关法规还提出以下制度性要求。

(1) 罪犯与他人会见时，监狱干警可以在场，并对他们的谈话内容进行监听。对危害国家安全的罪犯和重大刑事犯罪的罪犯的会见，更应当注意监听。罪犯与他人谈话，禁止使用隐语、暗语或外语。

(2) 少数民族罪犯或外籍犯在会见时可以使用本民族或本国语言进行交谈，但必须有通晓该民族语或外国语的翻译在场，翻译应当将交流内容如实向狱方陈述。

(3) 罪犯会见亲属、监护人在原则上每月只能有1次至2次机会，每次不超过1小时。确有特殊情况，经过监狱机关允许，可适当增加会见次数或延长会见时间。罪犯每人每次会见的亲属、监护人的人数不得超过3人。但是在目前的行刑实践中，这些限制逐渐在放宽，罪犯会见的频率和一次会见的时间都已有所延长。

(4) 罪犯在接受禁闭处罚期间，原则上暂停会见亲属、监护人，如有个别特殊情况需要允许会见的，须经过监狱主管部门领导批准。

(5) 亲属、监护人在会见时送给罪犯的日用品、糖果、少量熟食品、香烟和学习刊物等，经过主管干警仔细检查可以允许罪犯留下使用。亲属、监护人送来的少量人民币，应当由监狱以罪犯的名义存入银行，罪犯在服刑期间存在正当用途的，可以支取和使用。亲属、监护人带给罪犯的信件，经过主管干警详细检查后，可交给罪犯。另外，罪犯也可以将属于自己的物品交给亲属、监护人。严禁罪犯与其亲属、监护人私下交接物品或转递信件。为防范外来物品夹带违法品，很多监狱已经设立小卖部，小卖部货物价格限定于平价，来监狱会见的罪犯亲属等可以在小卖部选购食品和其他日用品后，直接在会见时交给罪犯。

(6) 监狱应当热情接待前来会见罪犯的亲属和监护人。对于远道而来的家庭确有困难而无法支付食宿费用的罪犯的亲属、监护人，监狱应当设法解决他们来监会见期间的食宿问题。在会见前后，监狱干警可向罪犯的亲属、监护人宣传党的监狱工作方针、政策和国家的有关法律，如实介绍罪犯在监狱内的服刑改造表现情况，也可组织亲属、监护人参观监舍、车间、食堂、图书馆、医务室等，让他们了解罪犯在监的生活、学习和劳动等情况，消除他们对监狱的不必要的顾虑和误解，激发他们协助监狱规劝教育罪犯的热情。监狱还可以举行座谈会，听取亲属、监护人的意见，共同研究促使罪犯认罪服法、积极改造的对策。

(三) 离监探亲

离监探亲是指符合法定条件的罪犯经批准离开监狱回家探视亲人的活动。

监狱法第57条第2款规定："被判处有期徒刑的罪犯有前款所列情形之一，执行原判刑期二分之一以上，在服刑期间一贯表现好，离开监狱不致再危害社会的，监狱可以根据情况准其离监探亲。"2001年9月4日，司法部发布《罪犯离监探亲和特许离监规定》，对此专门做了规定。

根据规定，离监探亲的罪犯应当符合下列条件。

1. 已经执行一定刑期

原判有期徒刑以及原判死刑缓期二年执行、无期徒刑减为有期徒刑的罪犯，实际执行有期徒刑 1/2 以上，可以准予离监探亲。

2. 服刑改造表现良好

被批准离监探亲的罪犯，必须是在监狱服刑期间行为表现良好的罪犯。对于这样的罪犯而言，离监探亲具有奖励的性质。

所谓“服刑改造表现良好”，是指具有监狱法第 57 条第 1 款规定的情形之一：（1）遵守监规纪律，努力学习，积极劳动，有认罪服法表现的；（2）阻止违法犯罪活动的；（3）超额完成生产任务的；（4）节约原材料或者爱护公物，有成绩的；（5）进行技术革新或者传授生产技术，有一定成效的；（6）在防止或者消除灾害事故中作出一定贡献的；（7）对国家和社会有其他贡献的。

3. 其他条件

被批准离监探亲的罪犯还应当具备其他条件：（1）已经受到宽管级的处遇；（2）服刑期间一贯表现好，离监后不至于再次危害社会；（3）探亲对象的常住地在监狱所在的省（区、市）行政区域范围内；（4）离监探亲的对象限于近亲属，即父母、子女、配偶。

符合条件的罪犯每年只准许离监探亲一次，时间为 3 天至 7 天（不含路途时间）。

监狱每年可分批准予罪犯离监探亲。每年离监探亲罪犯的比例不超过监狱押犯总数的 2%。女子监狱和未成年犯管教所的离监探亲比例可以适当提高。

批准罪犯离监探亲的具体程序是：（1）监区根据离监探亲的条件组织罪犯按条件申请或者推荐；（2）监区对申请或者推荐出的罪犯进行认真审查，对符合条件的，要求其填写《罪犯离监探亲审批表》，经监狱狱政科审核报主管监狱长批准；（3）列为重点管理的罪犯离监探亲，须报经省（区、市）监狱管理局批准。

监狱必须对被批准离监探亲的罪犯开展一次集中教育，并进行个别谈话，明确其离监探亲期间应当遵守的纪律，强化其守法意识。

罪犯回到探亲地后，持《罪犯离监探亲证明》及时向当地公安派出所报到，主动接受公安机关的监督。罪犯离监探亲期间，必须严格遵守国家法律法规和离监探亲纪律，不得参与和离监探亲无关的活动。

离监探亲的往返路费原则上自理。如自理确有困难的，监狱可以酌情给予补助。

对逾期不归的罪犯，以脱逃论处，但因不可抗拒的原因未能按期归监的除外。

应当注意的是，离监探亲与特许离监是不同的。特许离监是指在监狱服刑的罪犯遇到重大事由时经批准回家看望或者处理的活动。特许离监不是奖励，而是一种基于人道主义精神给罪犯提供的特别优惠待遇。特许离监的罪犯必须同时具有下列情形：（1）剩余刑期 10 年以下，改造表现好；（2）配偶、直系亲属或者监护人病危、死亡，或者家中发生重大变故，确需本人回去处理的；（3）具有县级以上医院出具的病危或者死亡证明，以及当地村民（居民）委员会和派出所签署的意见；（4）特许离监的去处在监狱所在地的省（区、市）行政区域范围内。特许离监的时间为 1 天（路途时间除外）。办理特许离监，应由罪犯本人或者其亲属提出申请，批准程序与离监探亲相同。对特许离监的罪犯，监狱必须派干警押解并予以严密监视。当晚不能返回的，必须羁押于当地监狱或者看守所。

（四）其他会见

其他会见是指监狱服刑罪犯对近亲属之外的其他人的会见。

其他会见的对象包括律师、外交人员（专门针对外国籍罪犯而言）和其他人。司法部在 2017 年 11 月 27 日发布的《律师会见监狱在押罪犯规定》、2003 年 1 月 1 日发布的《外国籍罪犯会见通讯规定》，对有关问题做了详细规定。

对于其他有益于罪犯服刑改造的人员的会见问题，监狱可以根据有关规定办理。

第五节　生活管理

一、概述

生活管理是指监狱依法对服刑罪犯的吃、穿、住、作息等日常生活进行的管理工作与相关制度。

由于生活管理涉及罪犯诸多方面的利益，因此是罪犯平时最为关心的问题之一。做好这方面的工作，具有重要意义。

1. 有利于维护罪犯的身心健康

在监狱服刑期间，罪犯需要有序的生活、足够的营养、充分的休息和适当的被服。有效的生活管理有助于保持罪犯的身心健康，为监狱各项监管改造活动的顺利进行打下基础。

2. 有助于培养罪犯的生活习惯

罪犯中有相当一部分人在社会上沾染了恶习，这些行为习惯不会因他们的入监而自然消失。相反，诸如粗野、散漫、自私、损人利己、好逸恶劳等不良习惯会时常在罪犯生活的方方面面表现出来。如果不对这些恶习进行约束和矫治的话，罪犯的改造工作就很难进行。通过对罪犯的生活实施严格的军事化管理，有助于罪犯改变这些习性，培养良好的生活习惯。

3. 有利于维护监管秩序

在监狱内服刑的很多罪犯身上，或多或少存在多种不良习惯。如果监狱不严格进行管理而任由其发展的话，就可能经常出现不服干警管理、抗拒改造、打架斗殴、聚众闹事、越狱逃跑等一系列破坏正常监管秩序的事件。这不仅会影响监狱工作的顺利进行，而且可能会严重危及监狱自身的安全。只有实行严格的生活管理活动，将罪犯置于监狱工作者的严密监视和控制之下，才能真正维护正常的监管秩序，从而从根本上解决监狱安全问题。

二、生活管理的内容

(一) 饮食管理

饮食管理是对罪犯的饮用水和食物进行的管理工作和相关制度。

民以食为天，饮食是人的生存之本。做好罪犯的饮食管理工作有利于稳定罪犯的情绪，激发其改造的热情。罪犯饮食管理的总要求是：保证罪犯吃好、吃熟、吃热、吃得卫生，并有足够的饮用水。

监狱法第 50 条规定：“罪犯的生活标准按实物量计算，由国家规定。”财政部、司法部在 1995 年 7 月 5 日发布《在押罪犯伙食、被服实物量标准》，对此做了详细规定：罪犯的伙食供给标准包括伙食费标准和粮油副食品定量标准，要确保罪犯能够获得符合标准规定的伙食待遇，并且在食堂、监舍、劳动或学习场所得到足够的饮用水和其他生活用水。参加劳动的，罪犯粮、油、副食品定量和品种应当按照当地同类国营企业同工种同等劳动力的标准供给；未参加劳动的，按当地一般居民的标准供给。农业单位罪犯的口粮，应按实际需要留足。国家不仅要保障罪犯粮油定量标准，同时确保其质量标准，严禁将霉烂变质的粮油给罪犯食用。对从事矿山、井下、高温等劳动的罪犯，监狱还应当按国家规定的标准，发给劳动保护用品和保健食品。

此外，根据监狱法第52条的规定，对少数民族罪犯的饮食安排应照顾其特殊的生活习惯，必要时应当单设食堂或另立食灶。对于外籍犯的饮食习惯监狱也应尽量给予照顾。对生病及从事矿山、井下、高温、有毒作业的罪犯，其饮食安排也受到相应的特殊对待。

各监狱应根据自身实际情况，建立、健全罪犯饮食管理制度。挑选改造表现较好的罪犯组建罪犯伙食管理委员会，在干警领导下管理罪犯的饮食并按月公布罪犯的伙食账目，禁止挪用、克扣罪犯的伙食费。有条件的监狱，应当建立副食品生产基地，由罪犯在干警监督下自己种植蔬菜，饲养家禽，搞好罪犯伙食。

（二）被服管理

被服管理是指监狱对服刑罪犯的衣物、被褥等进行的管理工作和相关制度。对罪犯被服实施严格的管理，不仅体现出刑罚的严肃性，而且便于监狱对罪犯的识别和管理。

我国监狱法第51条规定："罪犯的被服由监狱统一配发。"财政部、司法部在1995年7月5日发布《在押罪犯伙食、被服实物量标准》，对此做了详细规定。监狱对罪犯的被服管理坚持防寒蔽体、厉行节约、整齐清洁和便于识别的原则，保障供应。罪犯被服根据监狱所处的地域环境，由监狱按统一标准发放。每年发两次，新入监狱罪犯随到随发。罪犯可以使用自带的被褥、内衣裤、蚊帐、鞋袜等，但要求原则上在监内一律按照监狱的规定穿着适合季节的囚服，并保持穿着整齐、干净。罪犯被服的式样、颜色、规格和编号一般由各省、自治区、直辖市监狱管理局指定，统一组织生产、制作。为了便于识别，罪犯囚服上衣左胸前应当印制小型识记符号，在里面填写队别和罪犯姓名等信息，但是禁止印制"罪犯""犯人"等歧视性字样或标志。罪犯被服实行以旧换新制度，刑满释放或因其他情况提前出狱时原则上要统一收回，生活确实有困难的，经监狱主管部门批准，可携带出监。监狱要教育罪犯爱护被服，并定期组织清洗。对于由于生产劳动所需的服装和劳动保护用品，监狱应当按同类国营企业同工种工人的标准发给罪犯。

（三）监舍管理

监舍管理是指监狱对服刑罪犯住宿和休息的房间进行的管理工作和相关制度。监舍是罪犯住宿和休息的房间。换言之，监舍就是罪犯的寝室。由监舍及周围公用空间组成的区域，被称为"监舍区"。由监舍组成的建筑，被称为"监房"。

监舍区是罪犯出入最为频繁的地方，因此监舍管理的好坏是衡量监狱狱政管理工作优劣的重要标准之一。加强对监舍的管理，不仅有利于对罪犯的监管和改造，而且充分体现了监狱行刑的人道主义精神。

监狱法第53条规定："罪犯居住的监舍应当坚固、通风、透光、清洁、保暖。"这就要求监舍的设计和建设必须要做到布局合理，除满足罪犯日常生活、休息需要外，还应符合国家规定的卫生、防火、防震的标准和要求，寒冷地区应安装取暖设备。罪犯的居住面积人均不得小于3平方米，以小组为单位，分间居住。监狱保证罪犯监舍阳光充足、空气流通、防潮保暖并设床铺，每人铺位的宽度不得小于80厘米，严禁让罪犯睡水泥板、地铺和三层铺。在罪犯的居住区域内应有公用的盥洗、晾晒和休闲活动空间。除此之外，监狱还要建立监房管理和维修制度，由专人负责管理执行。要定期对监舍进行检查、维修，发现问题要及时修缮。罪犯监舍与监狱干警的办公室区、家属区之间以及罪犯分监区与分监区之间应当设置围墙，进行隔离。干部值班室、谈话室也必须要有铁门与罪犯监舍隔开。监舍门窗、楼房外走廊应安装防护装置。监舍、禁闭室的门锁必须牢固可靠，统一型号，钥匙由干部直接掌管。在监舍内还应当安装监控系统，对罪犯的行动保持密切的监视。

（四）罪犯作息安排

罪犯作息安排主要是关于罪犯学习、劳动、起居等方面的作息时间的管理安排和相关制度。合理地规定和安排罪犯的作息时间既是行刑人道主义的要求，又有利于罪犯的身心健康，使其有充沛旺盛的精力，投入到劳动和教育改造中去。

监狱法第71条对罪犯作息时间作了概括性的规定："监狱对罪犯的劳动时间，参照国家有关劳动工时的规定执行；在季节性生产等特殊情况下，可以调整劳动时间。罪犯有在法定节日和休息日休息的权利。"监狱应当在遵守有关法律、法规的前提下，本着有利于罪犯改造和身心健康的原则，结合自身实际情况和改造工作的特点，合理安排罪犯的起居、劳动、学习、文体活动等作息时间。罪犯每天劳动时间一般为8小时。罪犯每天学习时间一般为2小时。罪犯每天要有一定的文体活动时间。从事农业生产的监狱在生产的大忙季节期间，劳动时间可以适当延长，但不能超过身体所能承受的最大限度；学习和文体活动时间则可以适当减少，休息日可以提前或延后，但不能取消。成年罪犯每天的睡眠时间必须保证有8小时。未成年犯应实行半天劳动、半天学习的制度，每天劳动、学习的时间各为4小时，睡眠时间应保证有9个小时。未成年犯不能从事重体力劳动、超体力劳动以及其他有碍未成年犯身体健康的生产劳动。罪犯在法定的节假日和休息日应当放假休息。

第六节　卫生管理

一、概述

监狱中的卫生管理是指在监狱中对服刑罪犯的疾病预防和治疗等事务进行的管理工作和相关制度。

卫生管理作为狱政管理的重要组成部分，对监狱工作有着以下几方面的积极意义。

1. 有利于维护罪犯的健康

细致的卫生管理工作，有助于保障罪犯的身体健康权，也为日后的改造工作奠定了物质基础。身体健康权是宪法赋予公民的法定权利。罪犯虽因其危害社会而锒铛入狱，但法律并未剥夺他们的这一权利。相反，监狱法规定监狱应切实保障罪犯依法享有的身体健康权，卫生管理活动的实行正是这一规定的具体体现。罪犯如果生活在一个环境优美、干净卫生的环境中，而且有病能得到及时治疗，拥有强健的体魄，就会更好地接受劳动和教育改造。

2. 有利于感化罪犯的思想

做好日常的卫生管理工作，有利于感化罪犯，促使其认罪服法、积极改造。罪犯由于对监狱了解不深，因而一般在入监后都对监狱抱有恐惧感。他们中有相当一部分人认为监狱是一个阴森、恐怖的地方，是一个不管人死活的地方。罪犯的这种情绪直接影响他们的改造积极性和改造表现。开展严格细致的卫生管理工作，能让罪犯发现原来监狱并不是他们想象中的那样，进而受到文明执法的熏染，进而认罪服法、积极改造。加强生活卫生管理能消减罪犯的对抗心理，使其认真接受改造。尤其是当罪犯患病时，如果监狱给予认真、及时的治疗，就能收到比平时单纯说教好得多的效果。因为罪犯在他最需要帮助时感受到了人性关怀，感受到社会并没有因其犯了罪而抛弃他们，这往往会促使其彻底洗心革面。

二、卫生管理的内容

（一）罪犯医疗卫生制度

罪犯医疗卫生制度是指预防和治疗罪犯疾病的设施与活动方面的管理制度。

监狱法第 54 条规定："监狱应当设立医疗机构和生活、卫生设施，建立罪犯生活、卫生制度。罪犯的医疗保健列入监狱所在地区的卫生、防疫计划。"据此，各个监狱应当根据在押罪犯的数量设置相应的医疗机构，包括医务所（卫生所）或者医院等。监狱的医疗机构在业务上受当地卫生管理部门的领导，根据国家有关规定配备必要的医疗设备、药品和医务人员，保证罪犯患病后能及时得到治疗。

监狱医院如果医务人员不够，服刑罪犯中入狱以前从事医疗卫生方面工作的，可以经过培训由他们担任护理工作，对于其中确有一定临床经验的罪犯，监狱可以利用他们在主治医师的指导下从事医疗工作，对于改造表现不好的，坚决不能任用。

监狱医疗机构应每年对在押罪犯进行一次全面的身体检查，发现有病立即治疗，对患有传染病的罪犯应当进行隔离治疗。如果罪犯所患疾病是凭借监狱医疗机构目前设备、水平难以治疗的，应当安排到监狱外的其他可以医治该病的医院进行诊治。

监狱医疗卫生部门要做好防疫工作。要采取有效措施，防止监狱内疫情的发生和传染病的蔓延。目前，尤其要按照卫生部 1999 年 4 月 20 日发布的《关于对艾滋病病毒感染者和艾滋病病人的管理意见》、2004 年 3 月 16 日发布的国务院《关于切实加强艾滋病防治工作的通知》、国务院 2019 年 3 月 2 日修改的《艾滋病防治条例》等规定，做好监狱内艾滋病的预防、艾滋病病毒的检测工作和艾滋病罪犯的管理治疗工作。同时，仍然要注意做好对结核病等传染性疾病的预防和治疗工作。

（二）罪犯生活卫生制度

罪犯生活卫生制度是指有关罪犯个人卫生和监狱环境卫生等方面的管理工作与相关制度。

监狱对罪犯的生活卫生工作应当贯彻"预防为主"的方针，要对罪犯普及卫生常识，教育罪犯平时多注意自己的个人卫生，培养其良好的卫生习惯。

在进行生活卫生管理方面，应当注意做好下列工作。

（1）对食堂要定期进行消毒，做好防疫工作。定期对从事炊事工作的人员进行健康检查，一旦发现有传染病的，应立即调换。

（2）对罪犯的监舍、监区应当组织人员进行每天打扫，每周进行一次卫生检查、评比，每月要进行一次大扫除。

(3) 监狱应要求罪犯经常洗澡、理发、拆洗衣服和被褥，搞好个人卫生。

(4) 监狱应当根据自身实际情况，在监区、监舍周围以及生活区的合适地方种植花草树木，美化环境。

这一系列卫生管理工作的开展，使罪犯在一个优美、干净的环境中进行改造，促使罪犯养成好的卫生习惯。

第七节　考核奖惩

一、概述

考核是指监狱对服刑罪犯的改造表现进行的考察、评定和审核工作。奖惩是指监狱根据对罪犯服刑表现的考核结果给予其奖励或者处罚的工作。考核和奖励是两个内容不同但有密切联系的概念。考核是奖惩的前提和基础，奖惩是考核的必然结果和归属。考核奖惩作为狱政管理活动的一个重要组成部分，贯穿于罪犯服刑改造的始终。

考核奖惩对于做好监狱工作有重要意义。

1. 有利于调动罪犯的改造积极性

根据罪犯的改造表现对他们进行实事求是、公正的考核、评比和奖惩，能够使罪犯树立起“只有积极改造才有光明的前途，如果消极改造甚至抗拒改造只会受到法律更严厉的惩罚”的观念，能够促使罪犯遵纪守法、积极改造。对罪犯的考核和奖惩，可以巩固罪犯积极改造的心理，在监狱内形成大多数罪犯积极改造，分化吸收少数消极改造的中间罪犯，排斥和打击极个别抗拒改造的罪犯，从而创造一个努力向上的良好改造氛围。这种氛围对于激发罪犯改造热情具有重要的作用。

2. 有利于维持正常的监管改造秩序

良好的监管改造秩序是监狱进行一切工作的前提和基础，监管秩序将极大地影响改造工作的进度及质量。在监狱服刑的罪犯中，大多数人都能遵守监规纪律，接受劳动和教育改造。但还是有一小部分人沾染犯罪恶习较深、犯罪心理顽固、仇视社会心理较为严重，对监狱管理尤其是改造持消极甚至抗拒的态度，经常想方设法以各种形式破坏正常的监管秩序。对改造态度好的罪犯给予奖励，可以为其他罪犯树立好榜样；对抗拒改造的罪犯进行公正、严厉的惩罚，可以打击他们的嚣张气焰，警示其他罪犯不要步其后尘，这样才能有效地维护监狱正常监管秩序，保障改造工作的顺利进行。

3. 有利于提高罪犯改造的质量

提高罪犯改造质量是监狱工作的中心任务，在狱内对罪犯改造质量的评估很大程度上取决于罪犯的改造表现。如果罪犯遵纪守法、积极改造，表明罪犯改造的质量较高，反之则说明罪犯需要进一步接受改造。罪犯改造表现的好坏主要是通过罪犯的考核奖惩情况反映出来的。因此，通过考察罪犯的奖惩情况我们就可以检验并评估出对罪犯的改造效果和质量，也可以较为客观地反映出在罪犯改造工作中的成绩和存在的问题。考核奖惩是在对罪犯进行综合考核的基础上作出的，因而具有比较可信的依据，只是，不宜单纯从考核奖惩情况评估改造工作的效果和质量而忽视其他影响改造工作效果和质量的因素。

二、考核奖惩的基本原则

考核奖惩的基本原则是指监狱机关在对罪犯考核和奖惩活动中必须遵循的标准和规则。只有正确把握考核奖惩的基本原则，才能真正抓住考核奖惩活动的内涵，做到是非分明、奖惩得当，这项制度才可能在监狱行刑与罪犯改造中发挥应有的作用和效能。

考核奖惩的基本原则归纳如下。

（一）相称原则

相称原则是指在进行考核奖惩时，奖惩的力度应与罪犯的实际改造表现相适应的原则。只有当奖则奖、当罚则罚、奖罚得当，才能真正使罪犯口服心服，发挥出奖惩的教育和激励功能。为了贯彻相称原则，监狱干警必须做到：（1）考核内容公开。狱方应当让罪犯充分了解对他们的行为奖惩考核包括哪些内容。（2）考核程序公开。首先在罪犯内部进行总结评议，其次由主管干警根据奖惩标准提出应受奖惩的罪犯名单并说明理由，再次交由罪犯讨论，最后经分监区汇总后上报监狱主管部门审核，由监狱长批准。（3）工作标准明确。监狱应当形成一套完整、细致、合理的考核奖惩标准。监狱机关依照科学、合理的奖惩标准所作出的奖励或处罚决定，才具有权威性和说服力。

（二）公正原则

公正原则是指在对罪犯实施考核奖惩的过程中必须以改造表现为依据、依法公平评价每一个罪犯行为的规则。

公正考核奖惩罪犯，是对监狱工作者职务活动的基本要求。首先，监狱工作者是执法者，必须严格依法办事，严格依法办事本身必然包含公正对待罪犯和处理问题的要求。其次，只有公正才能使监狱执法和管理活动正常进行。监狱工作者面对的是罪犯这类特殊群体，与普通公民不同的是，这些人由于遭受刑罚打击和社会谴责等原因普遍意志消沉，一些人反社会情绪表现突出，另一些人对周围发生的一切人和事都十分敏感，人际间极易发生冲突。如果管教干警在服刑人员的行为奖惩问题上尺度不公、徇私枉法，该奖的不奖、该罚的不罚，则可能使罪犯将积累的对监狱的怨气集中爆发，进而危及监管安全和危及他人的生命健康。

公正原则的基本内容包括：（1）实体公正。这是指监狱工作者在进行考核奖惩过程中必须依法办事，只能将改造表现作为评定考核奖惩的唯一标准，除此之外的其他任何非法因素都不能左右考核奖惩工作。（2）程序公正。即监狱机关必须根据法定程序对罪犯实施考核奖惩，不能越过程序直接作出奖惩决定。对于监狱的奖惩决定，罪犯拥有申辩的权利，如果他们对自己的奖惩结果持有异议，有权向相关部门提出申辩，相关部门应当听取其申辩，并在限定时日内作出答复，必要时还须举行听证，公正处理这类问题。

（三）及时原则

及时原则是指适时进行考核和奖惩的原则。这意味着，在一般情况下，要按照规定的时间进行考核和奖惩，不能拖延。遇有罪犯做出突出贡献或发生恶性案件时，监狱应当及时做出奖惩决定。考核奖惩的及时原则要求监狱机关在坚持准确公正的基础上，提高工作效率，严格考核，及时奖惩，保障监狱监管改造工作的正常进行。

三、考核奖惩的内容和方法

(一) 概述

考核奖惩的主要法律依据是监狱法和司法部2016年《计分考核规定》。监狱法第56条规定："监狱应当建立罪犯的日常考核制度，考核的结果作为对罪犯奖励和处罚的依据。"该法第57条和第58条分别对考核奖惩的范围和条件进行了具体的规定。司法部2016年《计分考核规定》则细化了考核奖惩的内容和程序。

根据司法部2016年《计分考核规定》第5～8条，考核的内容分为两个方面。

1. 教育改造

这方面主要考核罪犯的以下表现：(1) 服从法院判决，认罪悔罪；(2) 遵守监规纪律，遵守服刑人员行为规范；(3) 服从管理，如实向监狱人民警察汇报改造情况；(4) 爱护公共财物，讲究卫生，讲究文明礼貌；(5) 参加思想、文化、技术学习，考核成绩合格；(6) 参加文体活动，接受心理健康教育；(7) 其他接受教育改造的情形。罪犯达到上述要求的，当月给予教育改造基础分65分。

2. 劳动改造

这方面主要考核罪犯的以下表现：(1) 劳动态度端正，服从调配，按时出工劳动，参加劳动习艺；(2) 按时完成核定的劳动任务，达到劳动质量要求，无劳动定额的，认真履行岗位职责；(3) 遵守劳动操作规程和安全生产规定，爱护劳动工具和产品；(4) 其他接受劳动改造的情形。罪犯达到上述要求的，当月给予教育改造基础分35分。

此外，对老年、身体残疾（不含自伤致残）、患严重疾病等经鉴定没有劳动能力的罪犯，只考核其教育改造的表现，每月基础分为100分。

监狱除了依照司法部2016年《计分考核规定》对罪犯进行日常考核并且按照考核结果给予相应奖惩，作为依法提请减刑、假释的重要依据外，如果罪犯存在监狱法第29条规定的重大立功情节的，监狱应当在依据日常考核结果实施奖惩的同时，根据罪犯的重大立功表现予以奖励并及时呈报减刑、假释。

(二) 考核奖惩的方法

根据司法部2016年《计分考核规定》，我国监狱使用的是"计分考核法"，即利用百分制对罪犯的改造表现进行打分评定的方法。其中教育改造满分为65分，劳动改造满分为35分，然后把这两部分的考核内容细化并设置不同的分值，达不到标准的扣分，完成好的加分。

计分考核法的具体办法包括以下几点。

1. 设立考核评审组

监狱成立计分考核领导小组，由监狱长任组长，分管计分考核工作的副监狱长任副组长，有关部门负责人为成员，负责计分考核的重大事项，日常工作由狱政管理部门负责。监区成立计分考核小组，由监区长任组长，相关监狱人民警察为成员，负责计分考核的具体实施。

2. 实行"日记载、周评议、月公布"的考核办法

监狱人民警察每日记载罪犯的改造表现及加分、扣分情况。监区计分考核小组每周评议罪犯的改造表现，每月审定罪犯的考核得分，除检举违法违纪行为、提供有价值破案线

索等不宜公示的情形外，及时在监区内公示。

计分考核采取“基础分分值＋加分分值－扣分分值”的计分模式，依据考核的内容和标准，对符合标准的给予基础分，表现突出的给予加分，违反规定的给予扣分。积分总和为罪犯当月的考核得分。教育改造与劳动改造的分数不得相互替补。

罪犯对考核得分有异议的，可以自公示之日起3个工作日内向监区计分考核小组提出书面复查申请；监区计分考核小组应当进行复查，于5个工作日内作出书面复查意见。

罪犯对监区计分考核小组的复查意见有异议的，可以自收到复查意见之日起3个工作日内向监狱计分考核领导小组提出书面复核申请；监狱计分考核领导小组应当进行复核，于5个工作日内作出书面复核意见。监狱计分考核领导小组的复核意见为最终决定。

罪犯跨监狱调动的，调出监狱应当将罪犯计分考核情况移交接收监狱，由接收监狱继续考核。

3. 及时公布加分、扣分情况

对罪犯的加、扣分，应做到“当时清”“三见面”（当日的问题必须当天找当事人及有关人员查实；评估结果向干部、本人、全队罪犯公布）。如果罪犯对加、扣分不服，可以提出申辩，考核评审组或考核领导小组应认真复查，并及时给予明确答复。加、扣分的审批权，根据分数多少，分别由分监区、监区、监狱行使，任何人都不得越权加分或扣分。

对罪犯加分、扣分，由监狱人民警察提出建议，报监区计分考核小组决定。分值较大的加分、扣分由监区计分考核小组报监狱计分考核领导小组审批。同一加分、扣分情形可以给予多项加分、扣分的，按照最高分值给予加分、扣分。每部分考核内容月加分分值不得超过其基础分的50%。

4. 考核中对特殊情况的处理

司法部2016年《计分考核规定》第17条至第24条规定了在罪犯考核中需要区别对待的一些特殊情况。

（1）罪犯有检举严重违法违纪行为、提供有价值破案线索等特殊情形的，经监狱计分考核领导小组审批，可以给予专项加分，每年度专项加分分值不得超过600分。罪犯获得专项加分的，不影响其日常考核得分。

（2）罪犯通过利用个人影响力和社会关系、提供虚假证明材料、贿赂等不正当手段获得考核分的，取消该项得分，并给予扣分。

（3）罪犯受到警告、记过、禁闭处罚的，分别扣减考核分300分、600分、900分。受到禁闭处罚的，同时取消已有的考核积分和奖励，自禁闭结束次日起重新考核。禁闭期间的考核基础分记0分。

（4）罪犯服刑期间又犯罪的，取消已有的考核积分和奖励，自判决生效次日起重新考核。考核积分为负分的，保留负分。

（5）罪犯暂予监外执行期间不进行计分考核，自收监次日起继续计分考核，原有的考核积分和奖励有效。因违反暂予监外执行监督管理规定被收监执行的，扣减考核分600分。

（6）罪犯因涉嫌违法犯罪被立案侦查，经查证有违法犯罪行为的，侦查期间的考核基础分记0分；经查证无违法犯罪行为的，按照罪犯立案前3个月的平均得分，计算其侦查期间的考核得分。

（7）罪犯因办案机关办理案件需要被解回侦查、起诉或者审判，办案机关认定构成犯罪的，取消其已有的考核积分和奖励；办案机关认定不构成犯罪或者因作证等原因被办案机关解回的，保留已有的考核积分和奖励，并按照解回前3个月的平均得分，计算其解回期间的考核得分。

(8) 罪犯依法提出申诉和控告的，不影响其考核得分。

5. 考核结果的运用

对于考核结果，可以根据不同情况分别加以运用。

(1) 罪犯考核积分达到600分，且每部分考核得分不低于其基础分60%的，经监区计分考核小组审查并报监狱计分考核领导小组批准后，给予一次表扬；任何一部分考核得分低于其基础分60%的，仅给予物质奖励。给予表扬或者物质奖励的，从罪犯考核积分中扣除600分，剩余积分转入下一个考核周期。

(2) 监狱给予罪犯表扬、物质奖励的，应当及时在监区内公示，公示时间不少于3个工作日。监狱根据计分考核结果给予罪犯表扬、物质奖励的，及时将审批决定抄送派驻检察机构。

(3) 监狱根据计分考核结果，除给予罪犯表扬、物质奖励外，可以依照有关规定在活动范围、通信会见、生活待遇、文体活动等方面给予罪犯不同的处遇。

(4) 监狱对罪犯的计分考核结果及相应表扬，作为依法提请减刑、假释的重要依据，提交人民法院。

四、奖惩的种类、条件和程序

(一) 奖惩的种类

对罪犯实施的奖惩分为行政奖惩和刑事奖惩两种。

行政奖惩是指监狱机关根据相关法律规定对遵守和违反监规纪律的罪犯所实施的奖励和处罚。它分为行政奖励和行政处罚。行政奖励包括表扬、记功、授予改造积极分子称号、物质奖励和离监探亲；行政处罚则包含警告、记过、记大过和禁闭。

刑事奖惩是指监狱机关依法提请或者移送有关司法机关对符合法定条件的罪犯实施的奖励与惩罚。其中，刑事奖励是指监狱机关提请人民法院裁定减刑和假释，刑事惩罚是指监狱机关移送人民检察院起诉到人民法院给予刑罚处罚。

行政奖惩和刑事奖惩既有联系又有区别。二者的联系体现在：行政奖惩和刑事奖惩在实施目的和所应遵循的原则上是一致的；行政奖惩是刑事奖惩的基础，一般而言获得行政奖惩较多的罪犯，其获得刑事奖惩的概率相对较高。二者的主要区别是：(1) 性质不同。行政奖惩属于行政范畴；刑事奖惩则属于刑事范畴。(2) 法律后果不同。行政奖惩不直接影响罪犯的刑种和刑期；而刑事奖惩一经实施将会直接引起罪犯原判刑罚和刑罚执行方式的变更。(3) 适用条件不同。由于刑事奖惩涉及罪犯原判刑罚和刑罚执行方式的变更，因而在适用条件上要严格于行政奖惩。罪犯只能在其有比获得行政奖惩更为突出的表现时才有可能获得刑事奖惩。(4) 奖惩的决定权归属不同。行政奖惩的决定权在监狱，奖惩决定只要经监狱主管部门领导审批后即可生效执行；而刑事奖惩的决定权在人民法院，奖惩决定只有当监狱按法定程序报请人民法院，并在法院作出的判决或裁定生效后方可执行。

（二）奖惩的条件

1. 行政奖励的适用条件

根据监狱法第57条的规定，罪犯有下列情形之一的，监狱可以给予表扬、物质奖励或者记功。

（1）遵守监规纪律，努力学习，积极劳动，有认罪服法表现的。

（2）阻止违法犯罪活动的。

（3）超额完成生产任务的。

（4）节约原材料或者爱护公物，有成绩的。

（5）进行技术革新或者传授生产技术，有一定成效的。

（6）在防止或者消除灾害事故中作出一定贡献的。

（7）对国家和社会有其他贡献的。

另外，该条还规定，对于被判处有期徒刑的罪犯，具有上述情形之一的，且执行原判刑期1/2以上，在服刑期间一贯表现好，离开监狱不致再危害社会的，监狱可根据情况准其离监探亲。

2. 行政处罚的适用条件

根据监狱法第58条第1款的规定，罪犯有下列情形之一的，监狱可以给予行政处罚。

（1）聚众哄闹监狱，扰乱正常秩序的。

（2）辱骂或者殴打人民警察的。

（3）欺压其他罪犯的。

（4）偷窃、赌博、打架斗殴、寻衅滋事的。

（5）有劳动能力拒不参加劳动或者消极怠工，经教育不改的。

（6）以自伤、自残手段逃避劳动的。

（7）在生产劳动中故意违反操作规定，或者有意损坏生产工具的。

（8）有违反监规纪律的其他行为的。

需要特别注意的是，根据监狱法的规定，对罪犯使用禁闭处分时，禁闭的期限为7天至15天。

3. 刑事奖励的适用条件

根据刑法第78条规定，罪犯在监狱服刑期间，如果认真遵守监规，接受教育改造，确有悔改表现的，或者有立功表现的，可以减刑；有下列重大立功表现之一的，应当减刑。

（1）阻止他人重大犯罪活动的。

（2）检举监狱内外重大犯罪活动的，经查证属实的。

（3）有发明创造或者重大技术革新的。

（4）在日常生产、生活中舍己救人的。

（5）在抗御自然灾害或者排除重大事故中，有突出表现的。

（6）对国家和社会有其他重大贡献的。

此外，根据刑法第81条规定，被判处有期徒刑的犯罪分子，执行原判刑期1/2以上，被判处无期徒刑的犯罪分子，实际执行13年以上，如果认真遵守监规，接受教育改造，确有悔改表现，没有再犯罪的危险的，可以假释。

4. 刑事处罚的适用条件

罪犯在服刑期间有监狱法第58条第1款规定的破坏监管秩序情形之一，并且根据刑法相关规定构成犯罪的，应当依法追究其刑事责任。

(三) 奖惩的程序

1. 行政奖惩的程序

对罪犯实施的行政奖惩，由分管干警按规定填写《加、扣分审批单》，报监区、分监区考核评审组集体审核考核。根据罪犯奖分、扣分多少，监区、分监区定期集体讨论，提出奖惩意见，报监狱主管领导批准。

2. 刑事奖惩的程序

对罪犯的刑事奖励，由罪犯所在分监区集体研究并提出名单送狱政处（科）审查，并经监狱主管部门领导批准后，写出提请减刑或假释建议并送请人民法院依法裁定。

对罪犯的刑事处罚，由监狱侦查部门在侦查后写出起诉意见书，移交人民检察院。由人民检察院向相应的人民法院起诉，人民法院依法作出判决。

【问题与思考】

1. 什么是狱政管理？
2. 什么是分类管理？
3. 什么是警戒？有哪些警戒制度？
4. 什么是通信会见？它们有什么意义？
5. 罪犯会见有哪些类型？
6. 什么是生活管理？
7. 什么是卫生管理？
8. 什么是对罪犯的考核奖惩？在考核奖惩中应该遵循什么原则？
9. 罪犯考核奖惩的内容和方法有哪些？

【推荐参考论著】

1. 吴宗宪．监狱学导论．北京：法律出版社，2012.
2. 吴宗宪．当代西方监狱学．北京：法律出版社，2005.
3. 兰洁主编．监狱学．北京：中国政法大学出版社，1999.
4. 金鉴主编．监狱学总论．北京：法律出版社，1997.
5. 杨殿升主编．监狱法学．北京：北京大学出版社，1997.
6. 邵名正主编．监狱学．北京：法律出版社，1996.

第八章 教育改造

内容导读

对罪犯的教育改造是指监狱在执行刑罚过程中，按照法律要求，对罪犯实施的以转变思想、矫正恶习为核心内容，以促进其再社会化为基本目标的系统性影响活动。对罪犯进行教育改造是我国监狱工作的重要组成部分，是罪犯改造的核心内容和基本手段之一。教育改造工作主要包括思想教育、文化教育、职业教育、入监教育和出监教育以及综合性的监区文化建设。在教育改造过程中，不仅要遵循一些基本原则，而且要创造性地使用多种方法。教育改造工作应当遵循的原则包括以人为本原则、因人施教原则、分类教育原则、以理服人原则、循序渐进原则、注重实效原则；基本的教育改造方法包括集体教育与个别教育、课堂教育与辅助教育、常规教育与专题教育、狱内教育与社会教育等。

第一节 概 述

一、教育改造的概念与特点

教育改造，也称为“监狱教育”或“罪犯教育”，是指监狱在执行刑罚过程中按照法律要求，对罪犯实施的以转变思想、矫正恶习为核心内容，以促进其再社会化为基本目标的系统性影响活动。

对罪犯进行教育改造，是刑罚文明和社会进步的体现。从人类行刑发展史看，对罪犯的教育改造并不是监狱一诞生就有的功能，而是社会发展到一定阶段的产物。在漫长的奴隶制和封建制社会中，统治者奉行的是报复主义和威吓主义的刑罚思想，刑罚执行重在隔离和惩罚罪犯，监狱基本上不具备教育改造的功能。尽管在古代社会中，也曾出现过一些罪犯教育思想的萌芽，如我国西周时期就提出“明德慎罚”“刑以弼教”的思想，但这些思想并没有真正而普遍地贯彻；即使有过一些零星的罪犯教化活动，也因为当时没有确立罪犯的权利主体地位，而与现代意义上的教育改造不可同日而语。直到近代以后，随着教育刑思想的兴起①，随着人权、法治等思想的普及，教育才真正地进入监狱，并逐步主导了各国的监狱行刑实践。许多国家的监狱法或刑事执行法，都对罪犯教育的地位、措施等做了明确规定。在联合国一些人权公约及有关的国际性文件中，也大力倡导对罪犯的教育改造。例如，2015 年修订的联合国《囚犯待遇最低限度标准规则》第 4 条第 2 款提出，“为此，监狱管理部门和其他主管机关应提供教育、职业培训和工作，以及适当可用的其他帮助形式，包括具有改造、道德、精神、社会、健康和体育性质的帮助形式。所有此类方案、活动和服务均应按照囚犯所需的个性化待遇来提供。”第 104 条又提到：“应该设法对所有可从中受益的囚犯继续进行教育，包括在可以进行的国家进行宗教教育。文盲囚犯及青少年囚犯应接受强迫教育，监狱管理部门应予特别注意。在可行范围内，囚犯教育应同本国教育制度结合，以便囚犯出狱后得以继续接受教育而无困难。”1966 年第二十一届联合国大会通过的《公民权利和政治权利国际公约》第 10 条第 3 款规定：“监狱制度应包括以争取囚犯改造和社会复员为基本目的的待遇。”

我国法律中很重视对罪犯的教育。宪法第 28 条规定“惩办和改造犯罪分子”，刑法第 46 条规定被判处监禁刑的罪犯要在监狱或者其他场所“接受教育和改造”，从而在国家根本大法和基本法律中确立了罪犯教育改造活动的法律依据。监狱法明确了教育改造在我国监狱行刑制度中的突出地位，该法将“教育改造”列为专章，对其原则、内容、方法、组织实施等做了全面的规定，此外还对未成年犯的教育改造做了特别规定。

作为教育活动的一种特殊形态，与普通教育相比，教育改造有自己的特点。

1. 教育改造机构的独特性

教育改造的组织实施者不是普通学校或其他机构，而是由法律授权的国家监狱机关。根据监狱法第 4 条规定，监狱对罪犯应当依法监管，根据改造罪犯的需要，组织罪犯从事生产劳动，对罪犯进行思想教育、文化教育、技术教育。可见，我国监狱在执行刑罚的同时，承担着对罪犯进行教育改造的法定职能。

监狱作为法定的教育改造的组织实施者，在教育改造活动中发挥着主导作用。但教育改造的参与者并不限于监狱，我国行刑改造实践中鼓励监狱以外的各类组织及普通公民参与对罪犯的教育改造。监狱法第 68 条规定，国家机关、社会团体、部队、企业事业单位和社会各界人士以及罪犯的亲属，应当协助监狱做好对罪犯的教育改造工作。

2. 教育改造对象和环境的特殊性

首先，教育改造的对象不是普通的社会成员，而是因实施犯罪行为被判入狱服刑的罪犯这一特殊群体。一方面，罪犯作为犯罪行为的实施者，具有一些特殊的心理特征，如扭曲的人生观和价值观、畸形的需求欲望、道德感缺乏、法律意识淡薄等。另一方面，罪犯作为刑罚的承担者，在被剥夺自由的状态下，会产生一定的消极情绪，如自卑、绝望、疑虑、敌视等。罪犯的特殊法律地位和心理特征，决定了教育改造的性质、内容和手段等具

① 教育刑思想于 19 世纪后半期在欧洲兴起，第二次世界大战后为各国广泛接受。教育刑思想认为，刑罚的本质就是教育，而刑罚的基本目的就是通过对罪犯的再教育，促使其改恶从善，重新适应社会。教育刑思想的兴起，促进了刑罚由盲目到理性、由机械到能动的转变，使监狱由过去的消极关押罪犯的“人身保管场”逐步变成对罪犯进行教育矫正的场所。

有不同于普通教育的特性。

其次，教育改造的环境不是社会上的一般学校或其他场所，而是监狱这一特定的场所。作为执行监禁刑的物化设施的监狱，具有与自由社会相隔离的特征。监狱机构按照一套特别的规则、制度来约束和管理服刑罪犯，对罪犯的教育改造主要在这样一个相对封闭的环境中进行，这与正常社会环境中的教育显然有所不同。

3. 教育改造的强制性

教育改造的强制性，是指罪犯在服刑过程中必须参加有关的各种教育活动的特性。参加教育活动是罪犯依法必须履行的义务，是执行刑罚的重要组成部分。根据监狱法第7条第2款，罪犯必须接受教育。如果罪犯拒绝参加有关教育活动，就会受到监狱机关的处罚。

同时，应注意在教育改造的不同阶段以及针对不同的教育内容，强制性的程度是应当有所区别的。在教育改造的初期，由于罪犯的改造意识普遍还没有树立起来，甚至有不少罪犯对改造活动有抵触心理，此时对罪犯的教育具有较强的强制性，但随着罪犯改造意识的不断强化，教育改造的强制性应逐渐有所淡化。可以说，对罪犯教育改造的过程，就是罪犯由被迫接受改造到勉强接受改造，再到自觉接受改造的过程。就教育的内容而言，那些涉及最基本的行为规范的教育，如法律常识教育、监规纪律教育等，可采用一定的强制性手段；但对于文化教育、职业技术教育等，就不宜过多采用强制手段，而应侧重于启发、引导、鼓励等方式。

虽然教育改造活动具有一定的强制性特点，但这种强制性不是绝对的。教育改造作为转化人、培养人的活动，其预期效果的实现，需要取得罪犯的心理认同，单靠强制手段或者过分地依赖强制手段，是不可能达成改造罪犯的目标的。在保持适度的强制性的前提下，应强化罪犯的主体性和自愿性，只有这样，才能取得教育改造工作的最佳效果。

4. 教育改造的再塑性

教育改造的再塑性意味着，教育改造是针对那些具有社会化缺陷的个体所进行的一种弥补性的再社会化教育。从教育改造的目标看，主要是挽救人、转化人，将罪犯由社会破坏者转变为守法公民。从教育改造的中心看，是以思想品德教育和行为矫正为中心，结合进行文化知识传授和职业技术培训。

从某种意义上讲，教育改造因其再塑性特点而比普通教育难度更大。教育改造是一个破旧立新的过程。在教育改造活动中，首先要破除罪犯已有的不良的心理结构及行为模式，在此基础上造就具有健全人格的新人；教育改造活动既要体现国家和社会预防和控制犯罪的要求，又要促进罪犯的身心健康，促其重归社会。这些都表明了对罪犯教育改造活动的艰巨性。此外，罪犯因受刑而引起的各种消极心理反应，如对立情绪、焦虑感觉、悲观态度等，更是会加大对罪犯教育改造的难度。

二、教育改造的任务

根据监狱法第3条的规定，整个监狱工作的根本宗旨，就是将罪犯改造成为守法公民。这也是教育改造工作的基本使命与目标。司法部《教育改造规定》第3条规定："监狱教育改造工作的任务，是通过各种有效的途径和方法，教育罪犯认罪悔罪，自觉接受改造，增强法律意识和道德素养，掌握一定的文化知识和劳动技能，将其改造成为守法公民。"据此，教育改造工作的具体任务如下。

（一）促进罪犯认罪悔罪、自觉接受改造

促进罪犯认罪悔罪、自觉接受改造是教育改造的基础工作和核心内容。认罪悔罪是罪犯自觉接受改造的前提，如果罪犯对所犯罪行都不承认、不悔过，就不可能真正地接受教育改造。促进罪犯认罪悔罪的实质，就是转化罪犯的思想，这是一项十分艰巨的任务。对许多罪犯而言，虽然被判处刑罚，投入监狱服刑改造，但刑罚本身的惩处并不足以促使其认罪服法，转变思想，还必须开展耐心、细致的思想教育工作。通过深入剖析犯罪的原因，充分揭示犯罪对社会造成的危害，从而协助罪犯认识犯罪、认清自我，努力改变错误的行为模式，重建符合社会规范的生活方式。

（二）增强罪犯的法律意识和道德素养

教育改造要增强罪犯的法律意识和道德素养。很多罪犯之所以走上犯罪的道路，往往与法律意识淡薄、道德素养低下有关。在他们中间，有的人是不懂法、不知法；有的人则是目无法纪，知法犯法；还有的人是善恶不分，以耻为荣。因此，通过开展系统的法制教育和道德教育，强化罪犯的法律意识，提高其道德素养，有助于罪犯培养良好的行为习惯，自觉抵制外界各种不良因素的侵扰，从而构筑起预防再犯罪的心理防线。

（三）提高罪犯的文化知识水平

教育改造要提高罪犯的文化知识水平。罪犯的总体文化程度低于社会平均水平。文化知识的欠缺不仅同犯罪的发生有某种程度的关联，而且对他们在未来良好适应社会生活影响更大。因此，对罪犯进行文化教育，提高其知识水平和文化修养，有助于增强罪犯明辨是非的能力，提高其社会适应能力，也有助于转移其低级的兴趣和需要，塑造健康向上的人格。

（四）培养罪犯学会一定的职业技能

教育改造要培养罪犯学会一定的职业技能。绝大多数罪犯将来还要重新回到社会中去。如果罪犯被释放后缺乏一技之长，没有自食其力的能力，就很难在社会上立足，很可能重蹈犯罪的覆辙。因此，对罪犯进行职业技术教育，让罪犯掌握一定的职业技能和谋生本领，是十分必要的，这是保证其出狱后顺利融入社会，从而获得新生的基本条件。在市场经济条件下，监狱帮助罪犯掌握有用的职业技能，具有更加重要的意义。

第二节 教育改造的内容

一、概述

根据监狱法第 4 条的规定，我国监狱教育改造工作的内容包括思想教育、文化教育和技术教育三大方面，实践中习惯称之为“三课教育”。另外，针对罪犯在服刑期间各个阶段心理、行为特点的不同，教育改造内容的侧重点也有所不同，尤其是罪犯服刑初期的入监教育和释放前的出监教育，在教育改造工作中有着特别的地位和意义。

近年来，除了传统的“三课教育”外，我国监狱教育改造工作的内容有所拓展，监区文化建设、心理矫治等新的内容和形式越来越受到关注，司法部《教育改造规定》将它们列为我国监狱教育改造工作的重要组成部分。其中的心理矫治问题，本书将设专章论述。

二、思想教育

对罪犯的思想教育，就是对罪犯进行的以转变错误认识和增进道德修养为主要目的的教育。思想教育是教育改造工作的核心内容，其主要目标是通过形式多样、内容丰富的教育活动，帮助罪犯放弃错误的思想意识，树立守法公民必须具备的法制意识和道德观念。

思想教育具体包括以下内容。

（一）认罪悔罪教育

认罪悔罪教育是教育改造工作的第一步，也是罪犯树立改造意识、认真接受改造的前提条件。

认罪悔罪教育的主要内容是：（1）结合罪犯的犯罪行为，通过讲解刑法等法律的有关规定，促使罪犯承认犯罪事实，诚恳接受法律的裁决。（2）帮助罪犯正确认识犯罪给国家、社会及受害人造成的危害，促使罪犯深刻反省，真诚悔悟。（3）鼓励罪犯坦白交代余罪，检举揭发监狱内外的犯罪活动及犯罪线索，争取立功赎罪。

在实施认罪悔罪教育中，要注意保障罪犯合法的申诉权利。对于确有冤情的罪犯的申诉，要主动与有关政法机关配合，妥善处理。即使罪犯因不懂法律而无理申诉，也应耐心劝解，而不能粗暴打压。

（二）法律常识教育

法律常识教育的目的，在于向罪犯普及基础的法律知识，培养罪犯的法律意识，促进罪犯做知法、守法的公民。在具体内容上，主要是组织罪犯学习宪法、刑法、刑事诉讼法、监狱法等法律知识，使罪犯掌握基本法律常识，了解公民的基本权利和义务、常见犯罪的构成特征及刑事责任、刑事诉讼的基本制度与程序，认识自己的犯罪行为给社会带来的危害，增强自觉守法意识；同时要组织罪犯学习民法总则、物权法、继承法、婚姻法、合同法、劳动法等法律知识，使罪犯了解依法解决民事纠纷的途径，懂得利用法律维护自己的合法利益。

（三）公民道德教育

道德是人类社会中所特有的，主要依靠人们的内在信念、社会舆论和传统习惯来维系的行为规范的总和。道德教育是思想教育的重要组成部分，通过道德教育，可以使罪犯明是非、知荣辱，提高日常生活中的自律性，从而自觉抵御外界不良因素的影响，预防违法犯罪行为的再度发生。

对罪犯的公民道德教育，要把社会主义核心价值观作为核心内容。根据司法部《教育改造罪犯纲要》，公民道德教育的主要内容有：（1）进行中华传统美德教育，使罪犯了解中华民族优秀的民族品质、优良的民族精神、崇高的民族气节、高尚的民族情感和良好的民族礼仪。（2）进行人生观和价值观教育，使罪犯明确恰当的人生目的，反思人生教训，端正人生态度，引导罪犯树立正确的人生观和价值观，正确对待人生道路上的失败与挫折。（3）进行道德修养教育。教育罪犯掌握道德修养的正确方法，从小事做起，敢于自我解剖，严格要求自己，养成良好的道德品质。

根据伦理学的原理，道德是有层次性的，存在基本道德与崇高道德之分。[①] 在罪犯教育

① 例如，大公无私、舍己为人、见义勇为等属于崇高道德；在追求自身利益的同时，不损害他人利益与公共利益，则属于基本道德，或称之为道德底线。

工作中，可努力倡导罪犯不断提升自己的道德境界，向崇高道德的层次迈进；但鉴于罪犯群体的特殊性，以及监狱教育改造功能的有限性，对罪犯的道德教育，应以培养最低限度的道德为基本标准，即致力于使罪犯接受社会共同生活最基本的行为规范，包括社会公德、家庭道德等。不可把罪犯道德教育的目标定得过高，如果套用社会精英、先进人物所达到的道德标准来要求每一个罪犯，是不现实的。

（四）时事政治教育

时事政治教育又称为“形势前途教育”，是指为了让罪犯恰当认识社会和个人的未来发展而进行的教育。

时事政治教育的内容，主要是结合社会现实，对罪犯进行形势、政策、前途等方面的教育，以促进罪犯选择顺应社会发展的行为模式，树立积极改造和重新做人的合理信念。时事政治教育即使具有宏观性的特点，也应尽可能同罪犯的改造生活与未来发展等实际问题联系起来。例如，通过使罪犯认清社会的现状与走向，明确现代社会对人的素质要求，帮助罪犯确立正确的奋斗目标；通过宣讲党和政府有关监狱工作及对刑满释放人员的政策，增强罪犯的改造信心；通过对罪犯的前途问题进行正确分析，使罪犯抛弃悲观心理，明白努力改造才是争取光明前途的唯一路径，从而激发其改造的自觉性、积极性。

三、文化教育

文化教育是指为了提高罪犯的文化水平而进行的教育。

对罪犯进行文化教育有重要的意义。文化教育有利于提高罪犯的文化程度，提高罪犯的社会适应能力。文化教育有利于提高罪犯的文化素质，而文化素质的提高有利于使罪犯摆脱愚昧，养成健全而守法的生活方式。文化教育也是对罪犯进行职业技术教育的基础。

对罪犯的文化教育，应结合罪犯的不同文化水平、接受能力及兴趣爱好来开展，对不同文化层次的罪犯应设立不同的教育目标。首先要保证对文化程度较低的罪犯完成扫盲教育和普及初中教育。其次，应鼓励文化程度较高的罪犯参加与其文化程度相当的课程学习，如参加社会上开办的函授大学、广播电视大学、高等教育自学考试等课程的学习。

对罪犯的文化教育，应当实行强制与自愿相结合的原则。对于扫盲教育以及具有九年制义务教育性质的补课教育，可强制实施。对于罪犯参加更高层次的课程学习，则应本着自愿的原则进行，监狱不做硬性要求，但可以鼓励提倡，如对积极参加学习者给予一定的奖励和优待措施。

四、职业教育

职业教育又称为“劳动和职业技术教育”，是指为了引导罪犯树立正确的劳动意识、提高罪犯的职业技能水平而进行的教育。

具备劳动意识和一定的职业技能，是现代社会中一个合格公民必备的素质之一，也是罪犯出狱后适应社会生活的重要条件。在罪犯职业教育中，要优先考虑罪犯刑满释放后就业的实际需要及罪犯的兴趣爱好，兼顾监狱生产需要。为给罪犯刑满就业创造良好的条件，监狱应重点开展一些实用性强、周期短、见效快的培训项目，如家用电器维修、剪裁缝纫、烹饪、理发、家禽饲养、木工、瓦工、电工、农具维修等。对罪犯的技术教育可采取与社会联合办学的方式，引进社会教育资源。对经过职业技术培训具备一定技术专长的罪犯，监狱应会同劳动部门进行考核，对考试合格者发给相应的技术等级证书。

五、入监教育和出监教育

入监教育和出监教育，都是在罪犯服刑的特定阶段所进行的具有过渡性意义的专项教育。虽然二者的具体内容、目的等有所不同，但都是教育改造活动的重要组成部分。

（一）入监教育

入监教育是指监狱为帮助新入监的罪犯尽快熟悉监狱环境和适应改造生活而进行的教育。根据司法部《教育改造规定》第9条规定，对新入监的罪犯，应当将其安排在负责新收分流罪犯的监狱或者监区，集中进行为期两个月的入监教育。

入监教育是罪犯投入改造后所接受的最初步、最基础的教育活动。入监教育要达到两方面的目的：一方面，要帮助罪犯尽快了解和熟悉监狱，尽快适应在监狱中的服刑生活；另一方面，要打消或缓解新收监罪犯普遍存在的疑虑、恐惧、悲观、抵触等消极情绪，帮助他们从心理上适应从普通公民到罪犯的角色转变，从而为其安心改造创造条件。

入监教育的内容主要有：（1）监狱常识教育。包括监狱的性质和任务、改造罪犯的基本手段等，重点是让罪犯明确服刑期间享有的权利和应当履行的义务。（2）法制教育和监规纪律教育。其旨在引导罪犯认罪悔罪，明确改造目标，增强集体意识和纪律观念，从而适应服刑生活。2004年司法部颁发的《监狱服刑人员行为规范》是监规纪律教育的基本内容之一。

此外，在入监教育的过程中，监狱（监区）应当注意了解和掌握新收罪犯的基本情况、认罪态度和思想动态，进行个体分析和心理测验，对其危险程度、恶性程度、改造难度进行评估，提出关押和改造的建议。入监教育结束后，监狱（监区）应当对新收罪犯进行考核验收。对考核合格的，移送相应类别的监狱（监区）服刑改造；对考核不合格的，应当延长入监教育，时限为1个月。

（二）出监教育

出监教育又称为“释放前教育”，是指监狱为了帮助即将出狱的罪犯顺利地融入社会而进行的教育。根据司法部《教育改造规定》第55条的规定，出监教育的时间为3个月。

出监教育可以说是教育改造活动的最后一个环节，也可以说是对罪犯开展的适应社会生活的预备教育。实践中，许多罪犯由于长期在狱内服刑，在一定程度上习惯了监狱的封闭环境，当自由即将来临之际，他们反而会有一定的情绪波动，产生迷茫、焦虑、担忧等不良心理。适时开展出监教育，可以减轻罪犯的心理压力，安抚和稳定罪犯的思想、情绪，避免罪犯实施不良的行为，从而巩固教育改造的成果。另外，出监教育有利于罪犯做好回归社会的思想准备，为罪犯从监禁状态向自由社会过渡架起一座桥梁。

出监教育以增强罪犯回归社会后适应社会、就业谋生的能力为目的，其内容具体包括：形势、政策、前途教育，遵纪守法教育，必要的就业指导，比较实用的职业技能培训等。

在开展出监教育中，应重视以下几点。

（1）密切联系罪犯出狱后的就业和生活需要。例如，说明市场经济、知识经济、信息社会的发展对罪犯未来生活可能产生的影响；教育罪犯如何正确处理各种社会关系，尤其是如何冷静地对待社会中的消极因素，以便为将来克服回归之路上的困难打好思想基础；帮助罪犯了解我国的就业制度、劳动法规、刑满释放人员安置政策以及具体的求职技巧等，便于罪犯出狱后顺利地求职就业。

(2) 积极争取社会有关部门的配合。根据司法部《教育改造规定》第 57 条的规定，监狱进行出监教育，应当邀请当地公安、劳动和社会保障、民政、工商、税务等部门参与，以便向罪犯介绍有关治安、就业、安置、社会保障等方面的政策和情况。

(3) 加强对改造质量的评估。根据司法部《教育改造规定》第 58 条至第 60 条的规定，监狱应当根据罪犯在服刑期间的考核情况、奖惩情况、心理测验情况，对其改造效果进行综合评估。在罪犯刑满前 1 个月，监狱应当将其在监狱服刑改造的评估意见、刑满释放的时间、本人职业技能特长和回归社会后的择业意向，以及对地方做好安置帮教工作的建议等，填入《刑满释放人员通知书》，寄送服刑人员原户籍所在地的县级公安机关和司法行政机关。罪犯刑满释放后，监狱仍应当对其回归社会后的情况进行了解，评估教育改造工作的质量和效果，以总结推广教育改造工作的成功经验，不断提高监狱教育改造工作的质量。

六、监区文化建设

监区文化建设是指监狱在罪犯改造工作中通过多种手段和措施营造含有文化气息的改造环境和氛围的活动。监区文化建设的主要目的是丰富罪犯的精神生活，促进改造工作的顺利进行。实践证明，监区文化建设对于启迪罪犯心智、陶冶罪犯情操、净化罪犯灵魂具有积极作用，是促进教育改造工作的有效措施之一。

监区文化建设的内容丰富、形式多样，主要有：(1) 建立图书室、阅览室、娱乐室等，为罪犯读书、娱乐提供条件。(2) 组建罪犯兴趣小组，鼓励罪犯参与音乐、美术、书法、摄影、写作等各类兴趣活动。(3) 组织各种形式的报告会、读书会、演讲会、故事会、联欢会等。(4) 组织播放优秀的影视作品。(5) 开展体育比赛、知识竞赛、征文比赛、文艺演出等活动。(6) 组织罪犯办各种墙报、黑板报、监内小报，以及开办狱内广播站等。(7) 适当绿化、美化、亮化监狱环境，发挥环境熏陶的作用。

监区文化建设通过潜移默化的影响，促进罪犯心灵向真、善、美的方向发展，发挥着独特而积极的改造作用。但由于监区文化建设的改造效果不是立竿见影的，有一个较长时间的积淀过程，因而不能急于求成，必须长期坚持，同时力戒形式化倾向，方可产生实际效果。

第三节　教育改造的原则

教育改造的基本原则是指在对罪犯实施教育改造的过程中应当遵循的基本准则。根据监狱法第 61 条和司法部《教育改造规定》第 4 条的规定，教育改造的原则如下。

一、以人为本原则

以人为本原则是指在教育改造工作中要根据罪犯的需要、特点以及未来发展等开展教育的原则。

根据这个原则，在教育改造过程中，要充分了解罪犯在教育方面的需要，尊重和保障罪犯的权利和正当利益，充分发挥罪犯在改造中的积极性、主动性，通过富有建设性的手段和途径，促进罪犯的人格完善和健康发展，从而帮助其回归和适应主流社会，实现自我价值。司法部《教育改造纲要》中强调了这一原则，即教育改造罪犯，要充分了解和掌握罪犯的思想动态，充分考虑罪犯的自身情况，着眼于罪犯顺利回归社会，采取有针对性的改造措施。

二、因人施教原则

因人施教原则又称为“因材施教原则”，是指根据每个罪犯的特点开展有针对性的教育活动的原则。

根据这个原则，监狱中的教育改造工作必须从罪犯的实际出发，根据罪犯个体不同的个人情况、犯罪类型、犯罪原因、恶性程度，以及服刑期间的思想、行为、心理特征等，采取相应的教育措施。

因人施教是教育学中的基本规律之一，古今中外的教育家都十分重视因人施教。孔子是中国古代最早重视因材施教的教育家，他了解学生的个性，并且能够针对个性不同的学生，进行不同的教育。宋代著名思想家、教育家朱熹在《论语》注解中，把孔子的这个教育经验概括为：“孔子教人，各因其材。”① 在对罪犯的教育改造中，也应当坚持因人施教的原则。罪犯由于性别、年龄、个性特点、生活经历、犯罪性质及刑罚轻重等方面存在差异，在入狱服刑后，其心理状态、行为表现不尽相同。例如，有的悲观失望，甚至有自杀倾向；有的破罐破摔，企图混刑度日；有的不思悔改，顽固对抗，等等。因此，管教人员首先应认识和把握每个罪犯的基本情况与特点，包括主要案情、思想动态、狱中表现等，在此基础上，根据不同罪犯的心理特点，有的放矢，对症下药，进行深入细致的思想教育工作，才能取得最佳的改造效果。那种不看对象、不问需求、缺乏针对性的“泛化”教育，势必影响罪犯接受教育改造的积极性，使改造工作流于形式。

三、分类教育原则

分类教育原则是指监狱要根据罪犯的不同类型进行有针对性教育的原则。

根据这项原则，监狱要依据一定的原则和标准，将罪犯分为若干类型，然后根据不同类型罪犯的情况与特点，进行有针对性的教育，以解决各类罪犯存在的共性问题，提高罪犯改造的质量与效益。根据司法部《教育改造规定》第 20 条的规定，监狱应当根据罪犯的犯罪类型，结合罪犯的危险程度、恶性程度、接受能力，对罪犯进行分类，开展分类教育。

对罪犯进行分类教育是很有必要的。这是因为，首先，在性别、年龄、犯罪性质、刑期等方面相同或相近的罪犯，往往呈现出相似的心理特征与行为特征，进行分类教育有利于增强教育的针对性。其次，教育改造需要国家在人力、物力、财力等方面的投入，而监狱的教育改造资源是有限的，对罪犯进行分类教育，将有类似问题的罪犯组织在一起进行教育，同时加以解决，就可以有效节约资源。

① 中国大百科全书·教育．北京：中国大百科全书出版社，1985：489.

搞好对罪犯的分类教育，应着重做好以下几方面的工作。

1. 合理划分罪犯的类型

分类教育是在对罪犯加以分类的基础上进行的，类型划分的合理与否，直接影响着后续的教育改造的成效。在我国监狱工作的实践中，所划分的罪犯类型主要包括：（1）根据性别，分为男犯和女犯；（2）根据年龄，分为成年犯和未成年犯；（3）根据犯罪类型，分为财产型罪犯、性罪犯、暴力型罪犯和其他类型罪犯；（4）根据犯罪经历，分为惯犯、累犯与初犯、偶犯；（5）根据刑种与刑期，分为死缓犯、无期徒刑犯和有期徒刑犯，对有期徒刑罪犯，又分为长刑犯与短刑犯等。除了以上这些基本的、传统的分类标准外，随着我国监狱对罪犯分类技术的不断改善，分类的标准和体系日趋科学化和细密化，这有助于提高罪犯分类教育的水平。

2. 有效地实施分类管理

在我国，“三分工作”（即分押、分管、分教）是监狱工作的重要内容，而分押、分管是分教的前提和保证。监狱法第 39 条第 2 款明确规定：“监狱根据罪犯的犯罪类型、刑罚种类、刑期、改造表现等情况，对罪犯实行分别关押，采取不同方式管理。”因此，必须把分类教育同分类管理有机地结合起来。通过对不同类型的罪犯实行分开关押，并按照不同类型罪犯的特点实行相应的管理和约束措施，有利于防止罪犯之间的“交叉感染”，进而为分类教育的开展创造良好的条件。

3. 突出改造的重点

罪犯的主观恶性程度和其他犯因性特征是因人而异的，因此，在对罪犯进行科学调查、分类的基础上，应合理分配改造资源，把改造的重点放在那些具有明显反社会倾向的顽固犯、危险犯①上；对于那些人身危险性不大、再犯可能性极小的罪犯，如过失犯、胁从犯、基于大义灭亲或为民除害而误触法网者、在忍无可忍的义愤状态下实施犯罪者等，判处和执行刑罚本身已经起到相当的警戒作用，无须再投入大量的改造资源，以集中有限的改造资源改造那些恶性大的罪犯。

四、以理服人原则

以理服人原则是指在教育改造过程中要坚持对罪犯进行耐心说服和疏通引导，使其心悦诚服地接受改造的原则。

贯彻以理服人原则，应注意以下几点。

1. 尊重罪犯人格，满足其自尊需要

从教育改造的角度看，监狱工作者与罪犯在某种程度上是“合作伙伴关系”，教育改造目标的实现，有赖于双方的共同努力。如果对罪犯一味地压制，将加剧罪犯的对立情绪，

① 根据司法部《教育改造规定》第 21 条的规定，监狱应当建立对顽固型罪犯（简称顽固犯）和危险型罪犯（简称危险犯）的认定和教育转化制度。有下列情形之一的，认定为顽固犯：（1）拒不认罪、无理缠诉的；（2）打击先进、拉拢落后、经常散布反改造言论的；（3）屡犯监规、经常打架斗殴、抗拒管教的；（4）无正当理由经常逃避学习和劳动的；（5）其他需要认定为顽固犯的。有下列情形之一的，认定为危险犯：（1）有自伤、自残、自杀危险的；（2）有逃跑、行凶、破坏等犯罪倾向的；（3）有重大犯罪嫌疑的；（4）隐瞒真实姓名、身份的；（5）其他需要认定为危险犯的。第 22 条还规定，监狱应当对顽固犯、危险犯制定有针对性的教育改造方案，建立教育转化档案，指定专人负责教育转化工作。必要时，可以采取集体攻坚等方式。

增大改造活动的阻力。在实践中，有些监狱警察习惯于在罪犯面前高高在上、颐指气使，以家长、父母官自居，而不习惯与罪犯平等对话，这种不良倾向应予纠正。监狱工作者只有对罪犯人格予以充分尊重，才可能取得罪犯的信任和配合。此外，要善于运用各种激励手段，通过对罪犯良好的行为表现进行表扬或奖励，以满足罪犯的自尊需要，激发其改造的自觉性和积极性。

2. 摆明事实，讲清道理

对罪犯的教育改造不能靠简单的强迫、压制，压制只能使罪犯表面服从，但不可能使其内心深处真正地接受改造。只有充分列举有说服力的事实，并把正反两方面的道理讲解清楚，才能使罪犯辨明是非，把改造化为自觉的行动。

3. 既重言教，亦重身教

中国古代思想家孔子曾说过："其身正，不令而行；其身不正，虽令不从。"[①] 言教与身教并重，是中国传统教育思想中的精华内容之一。监狱工作者担负着重塑罪犯灵魂的重任，他们的言行举止，直接影响着改造效果。所以，监狱工作者必须有强烈的事业心和过硬的业务素质，正确地执行有关的法律和政策，做到言行一致，为人表率，以自己的言行激励罪犯积极改造。

4. 以情感人，情理结合

绝大多数罪犯同样具有一般人所具有的情感需求，尤其是身处监禁状态下，他们更渴望得到理解和关心。所以，在教育改造过程中，对罪犯晓之以理的同时，还要动之以情，强化情感教育的作用。一方面，监狱工作者在严肃执法、严格管理时，多给罪犯以生活上的关心，多帮助他们解决一些实际困难，用情感的力量感化罪犯，使之消除疑虑和偏见，真心实意地接受改造。另一方面，围绕罪犯的情感需要，发动其亲朋好友参与帮教，用亲情、爱情、友情的力量促进罪犯人性的回归。

五、循序渐进原则

循序渐进原则是指逐步深入地开展罪犯教育活动的原则。

这个原则的基本含义是，对罪犯的教育和改造应当根据人的认识能力和思想、心理发展变化的客观规律，有计划、分阶段、有步骤地进行，逐步提高罪犯的思想、道德水平和文化素质。

贯彻循序渐进原则，应注意把握以下几点。

1. 认识到教育改造的长期性

罪犯思想的转化和素质的提高不是一朝一夕的事情，而是一个长期的、渐进的过程，因此，教育改造工作必须稳步推进，不能急于求成。要在考虑罪犯认知特点与思想转化规律的基础上，制定科学、周密的教育改造计划，合理地设定不同改造阶段的教育内容和预定目标，有计划、有步骤地实施教育活动。

2. 对罪犯的教育方式要与分级处遇相适应

既要使处遇的条件和方式适应教育改造的需要，也要注意教育形式同罪犯的处遇级别相对应。例如，按照从严到宽依次不同的处遇级别，罪犯的教育方式应逐步趋向自主、开

---

① 《论语·子路》。

放，由强制性和灌输性逐渐趋向启发性和引导性。同时，罪犯与社会接触和交流的范围也应不断扩大，直至到监狱外参加学习或培训。

3. 注意教育改造罪犯的复杂性

要注意到人的思想、心理的发展具有复杂性、反复性的特点，对罪犯的教育改造需要做大量的、细致的工作，必须坚持不懈、持之以恒。

六、注重实效原则

注重实效原则是指在罪犯教育改造中要切实重视对罪犯产生的实际教育效果的原则。这个原则的基本含义是，教育改造工作应当从实际出发，强调实际效果，不能片面追求形式。根据这一原则，教育改造实践工作中应注意以下几点。

一是在教育改造的内容上，要注重联系罪犯改造生活的实际，联系罪犯将来出狱后适应社会的现实需要，而不能停留在讲大道理上。在我国监狱工作实践中，有的地方存在教育改造与罪犯实际情况脱节的现象，在很大程度上影响了教育改造的质量。例如，思想道德教育脱离罪犯生活实际，简单地灌输崇高的政治理想与道德信念，结果使教育变成空洞的说教，不能触动罪犯的心灵，甚至使罪犯产生逆反心理；文化教育不是以提高罪犯的认知能力与文化素养为目标，而是刻意追求入学率、到课率、及格率，以至于使罪犯丧失文化学习的兴趣和动力；技术教育偏重监狱生产的需要，“干什么，学什么”，而不是着眼于罪犯出狱后的就业需要。这些错误的倾向应当予以改变。

二是在教育的形式上，要充分考虑罪犯群体的特点。要有周密的教育计划，要使用灵活多样的教育改造方法，深入浅出、通俗易懂、形象生动地开展教育活动，使罪犯容易理解和领会教育的精神，从而达到事半功倍的效果。

三是要保证罪犯接受教育的必要时间。教育是一项需要花费时间的工作。要真正让罪犯学会有助于他们在未来过守法生活所需要的知识和技能，就必须保证罪犯有足够的学习时间，在任何情况下都要保证罪犯接受教育的时间，而不能用其他活动冲击教育活动，不能把罪犯教育变成“说起来重要，干起来次要，忙起来不要”的一项工作。

第四节 教育改造的方法

一、集体教育与个别教育

集体教育与个别教育都是教育改造中不可缺少的手段。在教育改造工作中，必须把集体教育与个别教育有机结合起来，使二者相互配合，兼顾罪犯的共性问题与个性问题。

(一) 集体教育

集体教育是针对罪犯中存在的普遍问题而采取的一种集中性和共同性的教育方法。集体教育方法具有程序正规、气氛严肃、受众面广、影响力大等特点，有利于在短时间内最大限度地发挥教育者和教育设施的作用，尤其对于培养罪犯的集体主义观念、组织纪律观念有积极作用。

集体教育的主要方式有以下几种。

（1）讲授法。即通过上课、做报告、举办讲座等方式，对罪犯系统地讲解、阐述有关知识的方法。讲授法既适用于“三课”教育，也适用于专题性的法律常识教育、时事政治教育等。

（2）讨论法。即在管教人员的指导下，选择罪犯普遍关心的一些问题，组织罪犯座谈、讨论，引导罪犯积极思考问题，共同提高认识水平的方法。讨论法是一种具有互动性、启发性和探究性的集体教育形式，有助于发挥罪犯在改造中的主体作用。在讨论中，应让罪犯自由发表意见，同时，管教人员应有策略地加以引导，争取使罪犯认同社会主流观点。

（3）评比法。即通过考核、竞赛、总结、评论等手段，调动罪犯的改造积极性，促进罪犯的自我教育和相互教育的方法。评比法包括日常讲评、定期评议、单项评比、年终评审等具体形式。

（4）体验法。即通过组织罪犯参加一些有意义的实践活动，使他们在实践中接受教育的一种方法。体验法是一种比较生动、直观的教育形式，其具体形式有参观法和训练法，如组织罪犯参观展览、进行队列训练等。

（5）示范法。即通过典型人物、典型事例的榜样作用，感染和启迪罪犯，促进罪犯的思想转变的方法。如动员改造好的典型向罪犯讲述改造经验，请社会上的先进人物为罪犯做报告等。

（6）宣教法。即通过板报、墙报、服刑人员小报、标语、广播、电视、电影等各种途径，对罪犯进行宣传教育的方法。

在实施集体教育之前，应认真分析罪犯群体的思想动态，摸清改造中存在的带有普遍性的问题，制定切实可行的教育计划和方案。在教育过程中，应严格按照预定计划和方案执行，避免盲目性和随意性。参与集体教育活动的监狱有关职能机构及工作人员，应加强配合协调，明确对罪犯的纪律要求，保持良好的教育秩序。

（二）个别教育

个别教育是根据罪犯个体的特殊情况和问题而单独进行的面对面的思想影响和知识传授活动。个别教育具有针对性强、灵活性大、易于沟通和交流的特点，是贯彻因人施教原则和以理服人原则的重要方法，在教育改造中发挥着重要作用，尤其对于顽固犯、危险犯的转化具有特殊意义。

根据司法部《教育改造规定》第 16 条的规定，监狱各监区的人民警察对所管理的罪犯，应当每月至少安排一次个别谈话教育。

根据司法部《教育改造规定》第 17 条的规定，罪犯有下列情形之一的，监狱人民警察应当及时对其进行个别谈话教育（实践中被简称为“十必谈”）：（1）新入监或者服刑监狱、监区变更时；（2）处遇变更或者劳动岗位调换时；（3）受到奖励或者惩处时；（4）罪犯之间产生矛盾或者发生冲突时；（5）离监探亲前后或者家庭出现变故时；（6）无人会见或者家人长时间不与其联络时；（7）行为反常、情绪异常时；（8）主动要求谈话时；（9）暂予监外执行、假释或者刑满释放出监前；（10）其他需要进行个别谈话教育的。

个别教育应当坚持法制教育与道德教育相结合，以理服人与以情感人相结合，戒之以规与导之以行相结合，内容的针对性与形式的灵活性相结合，解决思想问题与解决实际问题相结合。

谈话法是个别教育中最常用的方法，它是指监狱工作者与罪犯之间通过面对面直接问答的方式进行接触和交流的教育方法。在使用这种方法时，监狱工作者要根据罪犯的个人情况，综合运用启发引导、表扬鼓励、批评劝告等手段，帮助罪犯解决其思想和心理问题。

谈话法要取得良好的效果，应注意以下几点。

(1) 在与罪犯谈话前，应做充分的准备工作，在全面了解罪犯的个性特点、家庭状况、犯罪历史、思想状态、改造表现等情况的前提下，制定相应的谈话方案。

(2) 在谈话过程中，讲究谈话的方式和技巧。要注意尊重罪犯的人格，为谈话创造轻松和谐的氛围，使罪犯打消顾虑与抵触情绪，敞开心扉，畅所欲言。

(3) 对罪犯提出的问题进行合理的解答和处理。对于罪犯积极的想法，要予以鼓励、表扬；对于其消极的念头，要耐心开导，以稳定其情绪，促其理智地应对面临的困难和问题。

(4) 对罪犯进行个别谈话教育，应当认真做好记录，并根据罪犯的思想状况和动态，采取有针对性的教育改造措施。

二、课堂教育与辅助教育

课堂教育是指利用课堂讲授的形式对罪犯进行的教育。

课堂教育是集体教育的一种常见形式，其特点是参与人数较多，影响面大，传递信息迅速，也容易形成学习的氛围，便于教育者在短时间内把自己的思想、观点、要求等传递给受教育者。对罪犯进行课堂教育，授课者应注重与作为被教育者的罪犯之间的互动和交流，切忌一味“灌输”和照本宣科。

辅助教育是指以活跃罪犯业余生活、陶冶其情操为目标而组织的教育活动。这类教育活动包括组织罪犯开展各种健康、有益的文化、娱乐、体育等活动，寓教于乐，在无形之中促进罪犯的思想转变。辅助教育的主要形式，实际上就是前述的监区文化建设。辅助教育的方式具有知识性、趣味性、生动性等特点，它以轻松、愉悦的形式渗透到罪犯的改造活动中，是丰富罪犯的精神生活、调节罪犯生活情趣、营造良好改造氛围的必要手段。积极开展辅助教育活动，可以弥补课堂教育的不足，有效地巩固和深化课堂教育的效果。

三、常规教育与专题教育

常规教育是指监狱在正常情况下对罪犯进行的有计划、系统性、经常性的教育。这是一种周期较长、比较系统的影响活动，对于改变罪犯中存在的普遍性问题，如道德感缺乏、文化水平低、法律观念淡薄等，起着主要的作用。

专题教育是指监狱根据改造工作的特别需要而围绕特定主题进行的专项教育。开展专题教育，要注意抓住罪犯普遍关注的那些改造生活中的问题以及社会上的热点、焦点问题。根据司法部《教育改造规定》第19条第1款的规定，监狱应当建立罪犯思想动态分析制度，并根据分析情况，组织开展有针对性的专题教育。

常规教育旨在解决教育改造中存在的普遍问题，专题教育则旨在解决教育改造中存在的某一方面的突出问题。应当把常规教育与专题教育相结合起来，在坚持不懈地抓常规教育的前提下，适时地组织一些具有侧重性的专题教育，这样有利于较好地解决罪犯在教育改造中的各类问题，提高教育改造的效果。

四、狱内教育与社会教育

狱内教育泛指监狱工作者在监狱内对罪犯进行的各种形式和内容的教育改造活动。狱内教育是目前我国教育改造工作的主要形式，其具体方式包括集体教育、分类教育、个别教育、课堂教育、辅助教育等。

社会教育是指利用各种社会力量对罪犯进行的教育改造活动。监狱实践表明，仅仅依靠监狱系统自身的功能，尚不足以使罪犯得到彻底改造。因此，必须走教育改造社会化的路子，大力发展对罪犯的社会教育，使狱内教育与社会教育有机结合。

社会教育具有以下积极作用。

（1）有利于提高教育改造的效益。社会力量的介入，可以避免罪犯对专职的监狱管理者所抱有的心理隔阂，使教育改造活动更为顺畅地展开。另外，社会上一些专业人士如律师、心理学家、社会工作者等的参与，还可以弥补专职监狱工作者专业背景单一的缺陷，提高教育改造的科学化程度。

（2）有利于缓解罪犯的监狱化倾向，促进其再社会化。长期在高度封闭的监狱环境中服刑的罪犯，难免会受到监狱亚文化的影响，从而打上“监狱化”烙印。“所谓监狱亚文化，是指罪犯亚群体在监禁生涯中逐渐形成、自觉或不自觉地信奉和遵行，与社会主文化偏离或对立的价值准则、行为方式和现象的综合体。”[①] 罪犯被监狱亚文化同化的过程，被美国社会学家唐纳德·克莱默（Donald Clemmer）称为“监狱化”（prisonization）[②]。监狱化是与再社会化相背离的一个过程，会对罪犯改造产生各种负面影响，例如，形成所谓的监狱人格[③]、引发罪犯“交叉感染”、形成监狱不良群体等。发展社会教育，适度弱化监狱的封闭性，有助于强化罪犯的社会适应能力，促进罪犯顺利复归社会。

社会教育的主要形式有以下几种。

（1）进行开放式教育。开放式教育是指通过与社会的多方面交流而进行的教育。“开放式教育”通常被概括为“请进来、走出去”。所谓“请进来”，是指邀请、动员社会各界人士来监狱协助对罪犯的帮教，如请党政机关领导为罪犯做形势政策报告，请英雄模范人物做先进事迹报告；联系工、青、妇组织及其他社会团体来监狱进行“送温暖”活动；请社会知名人士、社会学和心理学工作者等来监座谈、交流，与罪犯结对帮教；安排罪犯与犯罪受害人见面，或请“回头浪子”现身说法，以唤醒罪犯良知，促其认罪悔罪；开通“希望热线”，给罪犯提供与外界进行心理交流的机会等。所谓“走出去”，是指组织罪犯走出大墙参加各种有益活动，以感受日新月异的社会发展，包括组织罪犯到社会上参观建设成就，参观各种展览、博物馆、纪念馆等；或安排一些表现好的罪犯到社会上参加一定的公益活动或健康的社会活动，如参加体育比赛、书画比赛，配合社会上的法制教育，以自己的犯罪教训现身说法，等等。

---

① 许章润．监狱学．北京：中国人民公安大学出版社，1991：74.

② 吴宗宪．当代西方监狱学．北京：法律出版社，2005：501-503.

③ 由于各个罪犯个体情况的差异和对监狱适应状况的不同，“监狱人格”的具体表现有所不同：有的罪犯过度自卑，缺乏自主性和自信心，处处卑微、顺从；有的罪犯对人际关系缺乏信任感，无端猜疑和仇视他人；还有的罪犯善于伪装自己，惯于察言观色、投机取巧，迎合他人。

(2) 签订帮教协议。即由监狱同所在地有关部门、罪犯原工作单位等签订帮教（综治）协议，或者由监狱同社会志愿者、罪犯本人及其家属签订帮教合同，落实对罪犯的监内教育、接茬帮教、工作安置、家庭照顾等各方面的责任。帮教协议是20世纪80年代在北京首创的一种教育改造模式，它有利于明确参与帮教工作的各个方面的职责、权利和义务，从而促进帮教工作的正规化、经常化。

(3) 借助社会力量对罪犯开展职业培训。监狱可与社会企事业单位联合办学，引进社会教育部门、劳动局职业培训中心等机构的教学力量，针对罪犯特点进行职业技术教育，并由劳动局职业技术部门实施考证考级，使狱内职业技术教育同国家劳动部门通用标准衔接，使考证得到社会认可。另外，还可聘请有关部门人士对罪犯进行劳动就业知识教育，包括再就业的选择、就业登记、失业保险、个体工商户执照申请，以及劳动力市场相关政策、法规等系列知识。这些措施对帮助罪犯学得谋生本领、解决刑满释放后的就业问题具有积极作用。

(4) 通过建立培训基地进行教育和培训。监狱可以通过与有关单位协作，在社会上建立法制教育基地、罪犯技能培训基地、再社会化生活基地等教育场所，定期组织符合条件的罪犯到基地接受教育，以拉近他们与社会的距离，提高其适应社会的能力，巩固教育改造成果。

(5) 开展亲情教育。亲情教育就是依靠罪犯亲属进行的以亲情为载体的情感教育，亦即通过各种途径，创造罪犯与其亲属沟通、交流的机会，发挥罪犯亲属在促进罪犯改造中的特殊作用。亲情教育的具体形式包括：召开联合帮教会，邀请罪犯亲属参观监区、座谈讨论；利用亲情热线电话、亲情共餐等形式，教育转化罪犯。此外，近年来，很多监狱还借助于远程视频的交流方式，让罪犯与亲属实现“面对面”会见，借此开展亲情教育。

第五节　教育改造工作的新发展

近年来，我国监狱系统不断创新教育改造工作理念和机制，积极探索新的改造方法和手段，在教育改造工作中出现了一些新进展、新趋向。

一、在监狱倡导循证矫正

循证矫正（evidence-based corrections）是利用经过科学评价确认有效的原理和方法提高罪犯矫正效果的系统性工作。

循证矫正是循证实践（evidence-based practice）的一个领域，而循证实践兴起于20世纪70年代的循证医学和公共卫生领域，英国流行病学家阿奇博尔德·莱曼·科克伦（Archibald Leman Cochrane，1909—1988）等人对循证实践的产生和发展做出了重要贡献。

循证矫正的主要特征有以下几点。

第一，以科学研究作为支撑。循证矫正是以经过大量研究后得到其科学性、得到公认的理论学说作为依据而开展的工作。从国外这方面的研究来看，不同时期和不同地区的犯罪学家们的研究工作和理论学说，都对这项工作提供了重要的理论支持。特别是近些年来加拿大、美国等地的犯罪学家们提出的理论学说，对于循证矫正的兴起和发展，产生了很大的影响。例如，加拿大犯罪学家唐·安德鲁斯（Don A. Andrews，1941—2010）和詹姆斯·邦塔（James Bonta，1949—）等人的理论研究，已经变成了循证矫正的核心思想。循证矫正中十分有名的“有效干预的8项原则”[①]（principles of effective intervention）中的很多内容，都是他们的理论研究的直接体现。这与以往在工作中仅仅凭借工作经验、生活常识等为基础开展矫正工作的做法很不相同。

第二，以可靠证据作为基础。在循证矫正中使用的矫正原理和方法，特别是大量具体的干预技术和措施，是经过科学的评价研究后确认有效的技术和措施。在对它们进行评价的过程中，发现了证明它们有效的可靠的证据资料。正是这些可靠的数据资料，证明一些矫正方法是确实有效的。这与以往仅仅凭借专业工作经验等为基础判断某些矫正方法是否有效的做法，有着根本性的区别。

第三，多方协作开展工作。在开展循证矫正的过程中，涉及不同层次、不同方面的通力协作。首先是矫正系统内不同层次和方面之间的合作。矫正系统的领导人员要制定符合循证矫正要求的政策和制度，要树立符合循证矫正要求的工作观念，要培训符合循证矫正要求的矫正工作者，矫正系统的各个方面的矫正工作者要围绕循证矫正的具体要求开展高质量的矫正工作等。其次是矫正系统与社会方面的有效合作。不仅要在矫正系统内开展符合循证矫正要求的科学的矫正工作，提高罪犯的矫正质量，而且要在矫正系统与社会方面进行有效的合作，巩固矫正系统的矫正效果，预防刑释人员重新犯罪。

第四，重视提供质量保证。在开展循证矫正的过程中，为了保证各个方面严格按照循证矫正的要求去做，要求对循证矫正的各个环节、各个方面进行质量控制，保证按照要求开展相应的工作。在这方面，重要的是不断地对循证矫正活动进行评价，根据评价结果调整循证矫正工作，从而力求所进行的循证矫正工作都是有效的。

第五，重视问题解决程序。循证矫正不只提供了一个全面的理论体系，还利用最新的科学方法与统计手段，以计算机网络等信息技术为依托，为研究与实践的整合提供了一个现实的、具体可行的实践框架。在矫正实践中开展循证矫正，要按照一定的步骤进行。

2012年，循证矫正被引入我国监狱系统，司法部等部门组织了相关会议和研究工作，还在一些监狱中进行了试点。

循证矫正是具有革命性的罪犯教育改革，是教育改造精细化的重要体现，从其理论基础和工作程序等来看，这项工作的科学推进，有可能极大地提高罪犯改造的质量。

二、提升教育改造专业化

教育改造专业化是指利用专业技术和方法等开展罪犯改造的做法。专业化是当今各国罪犯改造工作发展的重要趋向。我国监狱系统积极拥抱现代科学技术，包括人文社会科学和自然科学技术，努力引进和推广各种先进的改造手段，如人格调查及分类、心理矫治等。

① 这些原则包括精确评估再犯危险与犯因性需要的原则、增强内在转变动机的原则、目标干预原则、运用认知行为治疗方法提供技能培训的原则、增加正强化原则、在自然社区中继续支持的原则、评估相关过程与活动的原则、提供评估反馈的原则。

近年来值得关注的动向是个案矫正等手段的运用，对于改造质量的提高起到了积极作用。

个案矫正是在个别教育基础上发展起来的罪犯教育改造的新模式，可以说是个别教育的升级版。所谓个案矫正，是指在承认和尊重人的差异性的前提下，依据服刑人员产生犯罪的不同犯因性问题，采用有针对性的治疗、调适、干预和教育等技术，达到特定矫正目的的专门活动。[①] 个案矫正模式在坚持因人施教理念的前提下，融入了现代管理学、心理学、教育学等知识和技术，使对罪犯的个别教育向更加合理化、精细化的方向发展，能顾及每个罪犯所具有的不同的认知水平、个性特点及心理需求等个体情况，被普遍认为是一种人本的、科学的罪犯教育改造模式，在我国罪犯教育改造工作中得到日益广泛的应用。

三、促进教育改造智能化

教育改造智能化是指充分利用人工智能技术开展教育改造工作的做法。现代信息技术的飞速发展，为罪犯教育改造工作的创新和发展提供了广阔空间。为此，司法部《教育改造纲要》中要求，应加大利用现代信息技术开展教育改造工作的力度，不断提高监狱计算机和网络的普及应用程度，利用网络教育、多媒体教育和远程教育，实现资源共享，科学合理配置监狱的人力、物力、财力等各种资源，提高教育改造工作的科技含量。2010 年，司法部启动了全国监狱信息化工程建设。经过多年努力，监狱系统在运用信息技术发展监狱教育方面，取得了一定进展。例如，建立监狱管教信息系统，为教育改造工作提供信息支持；开通监狱内部局域网，利用网络教育改造罪犯；运用互联网技术，开展对罪犯的远程教育；利用网络视频，借助社会力量对服刑人员进行心理咨询和帮教活动等。这些措施都取得了良好的效果，正在逐步推广和普及。当前，大数据、云计算、人工智能等新一代信息技术突飞猛进，为构建新型智慧监狱、服务罪犯改造工作提供了更有力的技术支撑。国外罪犯矫正领域已有成功应用大数据技术的范例。如美国有的州通过大数据技术建立罪犯危险性识别的数学模型，深入分析犯罪的生理、心理、社会因素，为罪犯提供更有针对性的矫治、习艺和司法援助，使重新犯罪率明显下降。[②] 我国也有监狱开始相关的探索。可以预见，大数据等技术的深度、广泛运用，有助于进一步推动我国监狱教育改造工作的智能化、专业化、科学化，提升改造的质量和效能。

四、推动教育改造社会化

教育改造社会化是指充分利用社会资源开展罪犯教育的做法。我国监狱系统一直面临警力不足、专业结构单一的问题。充分利用社会资源，推进教育改造力量社会化势在必行。2015 年召开的全国监狱工作会议上专门提出："要进一步运用社会资源，紧紧依靠家庭、基层组织、社会力量，聘请法律专家、心理理疗师、爱国宗教人士、社会志愿者等专业力量，共同做好教育管理工作。"来自社会的志愿帮教者更容易同罪犯实现沟通，并帮助其解决各种生活问题和心理问题；各类专业人士的介入，还能在罪犯心理咨询、法律援助、技术教育、就业指导等方面发挥积极作用。近年来，我国很多监狱采取各种鼓励措施，吸引社会

① 宋行．服刑人员个案矫正技术．北京：法律出版社，2006：1.

② 邵雷．中外监狱管理比较研究．长春：吉林人民出版社，2015：291.

力量参与，不断健全社会帮教网络，努力推动以社会化的教育方式，实现罪犯再社会化的改造目标。例如，有的监狱同社会法律服务机构合作，为在押罪犯提供各种法律服务，帮助其解决在改造中遇到的家庭和社会问题，并有针对性地对其进行普法教育；有的监狱依托社会教育部门的资源，通过联合办学、远程教育等形式，对罪犯进行文化技术培训、职业教育以及学历教育，促进了教育教学质量的提高；还有的监狱加强同社会上各类企业的合作，鼓励企业参与对罪犯的职业培训，并争取企业招聘刑满释放人员。值得一提的是，新疆地区在教育改造涉恐怖主义、极端主义的罪犯过程中，解放思想，大胆探索，邀请了爱国宗教人士的参与，取得了明显效果。

五、提高罪犯教育自主性

罪犯教育自主性是指重视发挥罪犯自己在教育改造中的作用的做法。在现代社会中，促进罪犯的自我教育和自主管理十分必要，这有利于彰显罪犯的主体地位，推动监狱管理者与服刑人之间形成良性的互动关系，在保护罪犯合法权益的同时，改善监狱的管理水平；同时，也有助于塑造服刑人健全的人格和现代公民应具备的基本素质，满足其将来出狱后适应社会生活的需要。近年来，我国一些监狱在此方面进行了一些有益的尝试。例如，有的监狱成立了“罪犯改造自律委员会”，委员会成员在干警的监督指导下由罪犯民主选举产生，尝试让罪犯自己管理自己的一些事务。还有一些监狱以召开听证会的形式，使监狱管理者和被管理者平等地讨论监狱管理中存在的问题，狱方认真听取并积极采纳服刑人所提出的合理化建议。

六、统筹推进“五大改造”新格局

在2018年6月召开的全国监狱工作会议上，司法部提出“以政治改造为统领，统筹推进政治改造、监管改造、教育改造、文化改造、劳动改造的监狱工作‘五大改造’新格局”。“五大改造”的提法，在传统的监管改造、教育改造和劳动改造“三大改造手段”基础上，增加了政治改造和文化改造，并突出政治改造的统领地位。“五大改造”新格局的提出，体现了新时代监狱工作更加强调以改造罪犯为核心的基本宗旨，同时，注重多元改造手段之间的相互配合，良性互动，通过统筹推进促成改造效能最优化。

“五大改造”中的政治改造，不仅是一种改造罪犯的具体手段，而且对监狱工作的全过程、对罪犯改造的其他手段、对相关的所有主体（包括监狱、监狱管理人员、罪犯等）起着全局性的、根本性的引领作用。对此可从以下三个方面加以理解：(1) 承认监狱的政治属性。在我国，监狱作为人民民主专政的工具，必须坚持中国共产党的的领导，坚持社会主义的政治方向。(2) 监狱管理人员必须具备坚定的政治方向、过硬的政治素质。(3) 监狱服刑人员作为被剥夺自由的特殊公民（不包括外籍犯），仍然承担一定的政治义务（一些政治义务本身也是宪法或法律规定的法律义务），如对国家的忠诚义务，对基本社会制度与核心价值观的认同义务等。让监狱服刑人员承担一定的政治任务，也是传统的教育改造工作的重要内容。对于不同类型的罪犯，政治改造的侧重点有所不同。对普通在押罪犯而言，政治改造应当以国民教育为重点，即关于建立国家归属感和国民身份认同的教育，其核心内容也就是当前实践中所称的“五个认同”，亦即引导罪犯对伟大祖国、中华民族、中华文化、中国共产党、中国特色社会主义道路的认同。

文化改造是在监区文化建设基础上拓展而成的概念，从其基本特性来看，理论上仍可归属为教育改造的范畴。“五大改造”将其单独加以列举，体现了对文化熏陶在教育改造中的作用更加关注。文化改造作为一种柔性改造力量，潜移默化地影响罪犯，能弥补监管改造、劳动改造等刚性改造手段的不足，在罪犯改造中发挥着独特作用。新时期我国各地监狱在文化改造方面有诸多创新举措，如一些监狱组织罪犯学习国学经典，开展“日行一善、以善养德”修身实践，通过发掘传统文化资源服务教育改造。实践证明，过分依靠命令和强制手段，过度严格和刻板的管理，不利于罪犯健全人格的培养，影响到改造工作的深度和改造的效果。因此，罪犯改造工作要善于做到刚柔并济，把刚性改造和柔性改造有机结合起来，使二者相辅相成、互相促进。

【问题与思考】

1. 什么是对罪犯的教育改造？
2. 教育改造的基本任务是什么？
3. 教育改造的主要内容包括哪几个方面？
4. 什么是监区文化建设？
5. 在教育改造过程中应遵循哪些基本原则？
6. 教育改造有哪些基本方法？
7. 什么是罪犯的个别教育？如何搞好对罪犯的个别教育？
8. 什么是对罪犯的社会教育？
9. 试述教育改造工作的发展趋向。

【推荐参考论著】

1. 王平．刑罚执行现代化．观念、制度与技术．北京：北京大学出版社，2018.
2. 何徕．罪犯教育艺术．厦门：厦门大学出版社，2018.
3. 薛惠．服刑人员思想矫正论．北京：中国社会科学出版社，2015.
4. 连春亮，张峰．罪犯矫正模式论．北京：北京大学出版社，2014.
5. 夏苏平，狄小华．循证矫正中国化研究．南京：江苏人民出版社，2013.
6. 陈士涵．人格改造论（增补本，上、下册）．上海：学林出版社，2012.
7. 王利荣．信息时代的监狱管理模式创新．北京：中国检察出版社，2009.
8. 吴宗宪．罪犯改造论：罪犯改造的犯因性差异理论初探．北京：中国人民公安大学出版社，2007.
9. 宋行．服刑人员个案矫正技术．北京：法律出版社，2006.
10. 吴宗宪．当代西方监狱学．北京：法律出版社，2005.
11. 夏宗素．罪犯矫正与康复．北京：中国人民公安大学出版社，2005.

第九章 罪犯劳动

内容导读

罪犯劳动是指在监狱组织和监督下罪犯从事的创造产品、提供劳务或者发展自身的活动。罪犯劳动是中国监狱中最重要的日常活动之一，也是中国监狱中改造罪犯的重要手段，还是最能体现中国监狱工作特色的领域之一。对于罪犯劳动的探讨，可以涉及许多方面的内容，不过，就刑事执行法学而言，主要涉及罪犯劳动的作用、罪犯劳动的运作（包括罪犯劳动保护、罪犯劳动安排、罪犯劳动考核、罪犯劳动报酬）等问题。这些方面的探讨，对于促进中国监狱中罪犯劳动的积极效果，对于恰当认识中国监狱中的罪犯劳动等，都具有十分重要的意义。应当恰当看待罪犯劳动的积极作用，特别是应当恰当看待罪犯劳动的改造作用，科学探讨和努力完善罪犯劳动的有关制度。

第一节 罪犯劳动概述

一、罪犯劳动的概念与特征

罪犯劳动是指在监狱组织和监督下罪犯从事的创造产品、提供劳务或者发展自身的活动。

罪犯劳动具有下列特征。

1. 法定性

法定性是指罪犯劳动必须依法进行的特性。这意味着，首先，对于罪犯来说，从事劳动是执行监禁刑的必要组成部分，是在监狱中执行刑罚的具体体现，而不是单纯地从事生产劳动或者其他劳动。其次，对于监狱来说，组织罪犯从事劳动是在监狱内进行的执法行为，在组织罪犯进行劳动的过程中，要严格遵守有关法律的规定。例如，监狱法中关于劳动改造、劳动时间、劳动报酬、劳动保险等方面的规定。

2. 强制性

强制性是指有劳动能力的罪犯必须参加劳动的特性。我国刑法第 46 条规定："被判处有期徒刑、无期徒刑的犯罪分子，在监狱或者其他执行场所执行；凡有劳动能力的，都应当参加劳动，接受教育和改造。"监狱法第 69 条规定："有劳动能力的罪犯，必须参加劳动。"这些规定意味着，罪犯劳动具有强制性：凡是具有劳动能力的罪犯，必须参加监狱组织的劳动；如果不参加这样的劳动，就会招致惩罚性的后果。例如，根据监狱法第58条第1款第5项的规定，"有劳动能力拒不参加劳动或者消极怠工，经教育不改的"，监狱可以给予警告、记过或者禁闭的处罚。

应当注意的是，罪犯劳动的强制性意味着，要求罪犯参加劳动本身包含着惩罚罪犯的内容。这种惩罚性表现为，罪犯劳动与否，并不能由罪犯自己决定，只要他们有劳动能力，就必须参加劳动。但是，不能因此而把"惩罚性"当作罪犯劳动的一种特性。这是因为，如果强调罪犯劳动的"惩罚性"，就有可能引起错误的认识。例如，有的人认为，很多罪犯在家中就从事生产劳动，到监狱之后仍然从事同样的劳动，那么，这样的劳动对他们具有惩罚性吗？因此，按照这样的思维，有人认为只有让罪犯从事高强度、超时间、超体力的劳动，才能产生惩罚作用。这样的认识显然是不符合立法精神的，它只能引起罪犯的抗拒心理和抗拒行为，而不可能产生法律所期望的积极结果。因此，如果把"惩罚性"当作罪犯劳动的一种特性，就可能会产生误导作用。

3. 改造性

改造性是指罪犯劳动具有改造罪犯的作用的特性。我国法律中规定的罪犯劳动，并不是单纯要求产生经济效益的营利型劳动，而是要让罪犯发生积极变化的改造型劳动。罪犯劳动仅仅是改造罪犯的一种手段或者载体，是实现改造罪犯目的的一种途径。监狱法第 3 条规定："监狱对罪犯实行惩罚和改造相结合、教育和劳动相结合的原则，将罪犯改造成为守法公民。"监狱组织罪犯劳动的目的，就是通过劳动改造罪犯，使他们朝着守法公民的方向发生变化，而不仅仅是为了创造更多的经济效益。如果是为了创造经济效益，那么，国家完全可以通过组建专业化公司等投入产出比更高的方式，更好地达到这样的目的，而不必通过组织罪犯劳动这样的经济效益很低的方式。因此，罪犯劳动的改造性必然意味着，罪犯劳动是一种更加强调其社会效益的、经济效益低的特殊类型的劳动，不能期望在罪犯劳动中实现经济效益最大化，不能按照一般的营利型劳动的观点看待罪犯劳动，也不能用一般的营利型劳动的方式组织罪犯劳动。可以说，罪犯劳动是一种主要强调改造罪犯这种社会效益的特殊劳动。

4. 组织性

组织性是指罪犯劳动要根据监狱的计划和安排进行的特性。既然罪犯劳动是监狱改造罪犯的一种手段，那么，什么样的罪犯需要参加什么样的劳动，就要根据改造罪犯的需要来确定。监狱法第 4 条规定："监狱对罪犯应当依法监管，根据改造罪犯的需要，组织罪犯从事生产劳动，对罪犯进行思想教育、文化教育、技术教育。"只有根据改造罪犯的需要，计划和安排罪犯从事有针对性的劳动，才有可能实现改造罪犯的目的。这种组织性实际上给监狱提出了如何科学地安排罪犯从事劳动的要求。如果监狱仅仅满足于在一定时间中组织罪犯进行一定的劳动，保证做到让罪犯有活干，而不是将罪犯的劳动与罪犯的改造密切联系起来的话，那么，这样的劳动就不会产生改造作用，这样的劳动是不符合关于罪犯劳动的立法精神的。因此，要全面理解罪犯劳动的组织性。

5. 多样性

多样性是指罪犯劳动的内容和形式多样化的特性。从改造罪犯的需要出发安排罪犯劳动，必然会使罪犯劳动具有多元化的特性。这是因为，罪犯的自身特点千差万别，罪犯的改造需要复杂多样，所以针对他们的自身特点和改造需要安排的罪犯劳动，也必然是多样化的。从内容来讲，罪犯劳动可能是体力型的，也可能是脑力型的；可能是生产型的，也可能是服务型的。从方式来讲，罪犯劳动可能是集体型的，也可能是个别型的；可能是在监狱内进行的，也可能是在监狱外面进行的。如果忽略罪犯劳动的多样性，仅仅片面强调某一方面的特性，那么，这样的罪犯劳动就不可能产生改造罪犯的积极效果。

6. 经常性

经常性是指罪犯在平日的大部分时间都参加劳动的特性。从中国监狱中罪犯劳动的实际情况来看，除了法定节假日和休息日休息之外，罪犯在其余的绝大部分时间中，都在进行劳动。长期以来，中国监狱实行罪犯每周劳动6天、每天劳动8小时的制度。例如，司法部1995年6月14日印发的《关于罪犯劳动工时的规定》第3条第1款规定："罪犯每周劳动（包括集中学习时间）6天，每天劳动8小时，平均每周劳动时间不超过48小时。"该条第3款规定："生产任务不饱满的监狱，可以报经省、自治区、直辖市监狱管理局批准，实行每周劳动5天，集中学习1天的制度。"第4条规定："监狱保证参加劳动的罪犯每周休息1天。"这意味着，罪犯每周劳动6天，是正常状态，而每周劳动不足6天，是特殊情况。

由于一些监狱中罪犯超时劳动现象严重，司法部监狱管理局在2005年9月26日发布《关于解决服刑人员超时劳动问题的决定》，除了重申严格遵守《关于罪犯劳动工时的规定》之外，还专门对加班问题做了硬性规定："监狱生产单位经批准后安排服刑人员加班，每次不得超过3小时，每周平均不得超过6小时，连续加班不得超过3天。"（第4条）

只是到了近年，才实行了"5＋1＋1"改革。"5＋1＋1"是指在监狱中让罪犯每周劳动5天，学习1天，休息1天的制度。即使在这种情况下，成年罪犯每周的绝大部分时间也用于劳动。司法部监狱管理局2010年6月15日发布的《监狱罪犯劳动改造工作指导意见》中规定，"罪犯每周劳动5天，每天劳动时间不得超过8小时，每周劳动时间不超过40小时。原则上应安排罪犯在周一至周五劳动（有特殊工艺要求需要连续生产的除外）。调整罪犯劳动时间必须经监狱长批准。法定节假日应当安排罪犯休息。"这一规定明确罪犯每天及每周的劳动时数，具有改革意义，但是，"调整罪犯劳动时间必须经监狱长批准"的内容，又使这一规定大打折扣，为迫使罪犯进行超时劳动留下空间。

二、罪犯劳动的类型

从罪犯劳动的目前现状和罪犯劳动的合理发展来看，罪犯劳动包括下列类型。

（一）生产型劳动

生产型劳动是指创造人们需要的物质产品的劳动。通过这类劳动，罪犯创造出供人们吃、穿、住、用、行等的物质产品，满足人们的生活与生产方面的多种需要。例如，监狱制造人们可以使用的食品、日用品、工业用产品等。中国监狱中罪犯长期以来并且目前仍然从事的最大部分的劳动，都属于生产型劳动，很多监狱都有不同规模的工厂或者生产车间。

（二）劳务型劳动

劳务型劳动是指通过提供罪犯劳动力和服务进行的劳动。劳动力是指人所具有并在物质资料生产过程中运用的体力和智力的总和。服务是指提供劳务的活动。罪犯进行的劳务型劳动，主要是通过劳务输出的方式进行的，具体表现为组织罪犯为一些建设工程等提供劳动服务，以罪犯通过劳动创造的效用直接满足有关部门等的需要。在新中国监狱工作发展的早期，劳务型劳动曾经在罪犯劳动中占据十分重要的地位。例如，在早期，大批罪犯参加了修桥、筑路、盖房等方面的劳动。现在，仍然有一部分罪犯从事这种类型的劳动。

（三）维护型劳动

维护型劳动是指为了维持监狱自身的正常运行而进行的劳动。监狱作为一种社会组织和物质实体，其运行必然耗费物质资料和大量设施、设备，为了维持监狱的正常运行，就必须组织罪犯从事维护型劳动。这种劳动的具体内容和形式很多，例如，维护监狱各种设施的劳动，包括各种修理工作。又如，维护监狱物理环境的劳动，包括园艺、打扫卫生等方面的劳动等。这类维护型劳动主要由罪犯自己承担。

（四）习艺型劳动

习艺型劳动是指为了培养罪犯的职业和社会技能而进行的劳动。在过去，把习艺型劳动局限于为了培养罪犯的职业技能而进行的劳动。这种意义上的习艺型劳动，通俗地讲，就是罪犯为了学习技术和手艺而进行的劳动。个人的技术和手艺，是需要通过实际操练才能获得的，单纯的课堂讲授或者书本学习并不能保证个人熟练掌握一定的技术和手艺。因此，为了学习技术和手艺，必须进行实际操作和练习，这样的活动就是习艺型劳动。例如，为了学习完整的民房建造技能，罪犯在车间中盖房，一批罪犯通过实际操作学习了全部的盖房技术之后，将所建房屋模型拆除，由下一批罪犯在原地重新开始建房学习的过程。与生产型劳动、劳务型劳动和维护型劳动不同的是，习艺型劳动并不能产生经济效益，反而要耗费多种资源，包括教师和罪犯自己的人力、原材料等。但是，这种劳动是罪犯有效掌握劳动技能所必需的，对罪犯在释放后的社会适应和重新就业有重要意义。

现在看来，把习艺型劳动的内容仅仅局限于学习职业技能，是不全面的。罪犯进行的习艺型劳动，还应该扩展到为了培养其社会技能而进行的劳动。社会技能一般是指人们良好适应社会生活的行为方式。尤其是指建立和维持良好的人际关系的技能，也就是通常所说的“社交技能”或者“人际交往技能”。社会技能包括准确观察别人的心理、恰当表达自己的情绪与情感、有效控制自己的情绪、合理安排自己生活、重建家庭生活和其他人际关系等方面的技能。这些技能的掌握需要多方面的学习和练习。把这样的学习和练习看成习艺型劳动，是恰当的。

（五）发展型劳动

发展型劳动是指罪犯为了自己未来的发展而学习知识的劳动。罪犯是一个整体文化水平较低的社会群体，其中文盲半文盲的数量很多。这种文化程度低的状况，不仅是影响罪犯的社会适应和犯罪行为的重要原因，而且是制约他们在未来良好适应社会生活和过守法生活的重要因素。因此，提高罪犯的文化水平，特别是帮助罪犯达到义务教育水平，是监狱机关的重要任务，也是需要罪犯从事的重要活动。罪犯为了自己的未来发展而进行学习的活动，就构成发展型学习的内容。对于文化基础薄弱、学习兴趣淡薄甚至厌恶学习的罪犯来说，学习知识并不是一件轻松的事情，而是一种复杂、艰巨的耗费脑力的劳动。同时，发展型劳动也包括学习其他知识的活动，例如，学习法律知识等。

第二节 罪犯劳动的作用

一、概述

罪犯劳动的作用是指罪犯劳动可能产生的积极影响和效果。

罪犯劳动的作用，是监狱学中研究得较多的一个问题。在这方面的论述中，既包含很多合理的科学的成分，也存在一些问题。在以往关于罪犯劳动的改造作用的论述中存在的主要问题如下。

（一）标题与内容不吻合

在很多监狱学论著中，往往在“劳动改造”的标题之下探讨罪犯劳动可能产生的所有积极作用，并且往往把罪犯劳动可能产生的所有积极作用，都归结为劳动的改造作用。这是不恰当的。罪犯改造是一个有特定含义的概念，主要是指促使罪犯自身发生积极的变化。罪犯劳动有改造罪犯的作用，也有其他方面的作用。因此，把罪犯劳动的所有作用都归结为劳动的改造作用，是不恰当的。

（二）混淆两类劳动的概念

一些论著把用来改造罪犯的劳动与人类进化中的劳动相混淆，用有关劳动在人类进化中所起的作用来论证罪犯劳动的合理性。罪犯劳动是改造罪犯的一种手段，这种劳动与在人类进化中的劳动并没有多少联系。罪犯劳动的改造作用是有限的，不可能产生足以使罪犯的生物属性发生变化的作用，或者说，罪犯劳动并不涉及罪犯的人种进化问题。但是，很多论著十分牵强地把两个不同性质的问题联系到一起，进行不着边际的所谓“论证”。恩格斯在《自然辩证法》中专门有一部分文字论述“劳动在从猿到人转变过程中的作用”[①]，认为劳动在从猿到人转变过程中发挥了决定性的作用。很多早期的劳改法学（监狱学）论著对此加以引申，论述劳动在改造罪犯中的作用，把两个不同范畴的问题混同起来。而且，直到2003年，还在一本《罪犯劳动改造学》著作中，设立“劳动与人的发展”专节[②]，论述了劳动使古猿的前肢发展成人手，劳动促使意识、语言的产生，劳动使猿脑进化为人脑三个方面，把它们作为罪犯劳动改造的哲学依据之一。

（三）夸大罪犯劳动的改造作用

一些论著在论述罪犯劳动的改造作用时，夸大罪犯劳动可能产生的改造作用。例如，有人认为，劳动在改造罪犯中具有下列作用：（1）劳动是改造罪犯成为新人的根本途径；（2）劳动是改造罪犯的基本手段；（3）劳动促使罪犯正确理解自身的价值；（4）劳动能矫

① 马克思恩格斯选集：第3卷．北京：人民出版社，1972：508－520．在1995年出版的《马克思恩格斯选集》（第2版）中，这部分内容调整到第4卷，标题变更为“劳动在从猿到人的转变中的作用”，新的页码是373－386页。

② 杜雨．罪犯劳动改造学．北京：法律出版社，2003：23－26．

正罪犯腐化寄生的恶习。①

还有人认为，生产劳动对罪犯的改造作用表现在下列方面：（1）生产劳动有助于罪犯树立新的人生观；（2）生产劳动能引导罪犯走向新的生活方式；（3）生产劳动有助于培养罪犯遵纪守法的习惯和良好的品德；（4）生产劳动能使罪犯看到光明的前途；（5）生产劳动是使罪犯成为有用之才的必由之路。②

实际上，罪犯劳动的积极作用可能是多方面的，除了改造作用之外，还可能有其他方面的作用。同时，关于罪犯劳动的积极作用，国务院新闻办公室直到 1992 年发布《中国改造罪犯的状况》白皮书的时候，才做出了比较合理的论述。③

二、罪犯劳动的改造作用

罪犯劳动的改造作用是指通过组织罪犯参加劳动而使罪犯发生的积极变化。

从很多研究和实际情况来看，罪犯劳动的改造作用主要表现在下列方面。

（一）帮助罪犯树立劳动观念

很多罪犯对于劳动有不恰当的观念，通过组织罪犯劳动和进行劳动教育，可以帮助罪犯树立恰当的劳动观念。根据《宪法》的规定，国家实行各尽所能、按劳分配的原则（第 6 条第 1 款）；劳动是公民的社会公德之一（第 24 条第 2 款）；也是公民的权利和义务之一（第 42 条第 1 款），是一切有劳动能力的公民的光荣职责（第 42 条第 3 款）。因此，通过组织有劳动能力的罪犯进行劳动，并且在组织罪犯进行劳动的同时进行劳动教育，可以帮助罪犯树立“劳动光荣”“不劳动者不得食”的恰当的劳动观念。同时，在组织罪犯劳动的过程中，也可以培养罪犯的职业道德观念和质量观念，使他们体验到忠于职守、重视质量的重要性。

（二）矫正罪犯好逸恶劳习惯

很多罪犯养成了好逸恶劳的习惯，而且根据犯罪学的研究，这种不良习惯是引起犯罪行为的重要因素。组织罪犯进行劳动，可以使他们体验到劳动的艰苦，懂得舒适的生活要通过辛勤的劳动和汗水才能获得，明白“一米一粟来之不易”的道理，认识到不劳而获、只想索取、不想奉献、损人利己、损公肥私与掠夺他人劳动成果是可耻的，从而逐渐消除贪图安逸、奢侈浪费、用非法手段追求个人享乐和过骄奢淫逸的腐朽生活的恶习，逐步养成愿意劳动、通过自己劳动换取生活享受、按劳取酬、珍惜自己劳动果实和尊重别人劳动成果的良好习惯。这种良好习惯不仅是罪犯释放之后重新适应社会生活的重要条件，而且是预防他们重新犯罪的重要因素。

（三）训练罪犯劳动生产技能

缺乏劳动技能不仅是很多罪犯进行犯罪行为的重要原因，而且是影响他们释放后顺利适应社会生活的重要制约因素。因此，组织罪犯进行劳动，在劳动之前和劳动过程中对罪犯进行劳动技能培训，可以训练罪犯学会和掌握有利于他们在未来生活中就业谋生的劳动技能，从而也有利于预防他们重新犯罪。而且，对缺乏劳动技能的罪犯进行劳动技能培训，

---

① 力康泰．劳动改造法学研究综述．北京：中国人民大学出版社，1993：246.

② 邵名正．中国劳改法学理论研究综述．北京：中国政法大学出版社，1992：165.

③ 国务院新闻办公室．中国改造罪犯的状况．北京：法律出版社，1992：8.

也是监狱机关的重要职责。宪法第 42 条第 4 款规定："国家对就业前的公民进行必要的劳动就业训练。"这一规定也应当适用于作为国家机关的监狱机关。

（四）培养罪犯劳动纪律

很多罪犯不仅缺乏劳动技能和劳动习惯，而且养成自由散漫、得过且过、不守纪律等行为习惯。通过组织罪犯进行劳动，在劳动过程中要求罪犯服从他人管理、遵守操作规程、坚守劳动岗位、一切行动听指挥，可以培养罪犯遵守劳动纪律的良好观念和习惯。这种良好观念和习惯，不仅有助于培养罪犯"遵守劳动纪律"（宪法第 53 条）的公德，而且有利于促使他们形成遵守一切法律和规则的良好观念和习惯，对于预防他们重新犯罪是很有益处的。

（五）锻炼罪犯协作精神

很多罪犯也缺乏相互配合、相互协作的精神，在生活中自以为是、唯我独尊、为所欲为、自私自利，不顾他人的感受和愿望。组织罪犯劳动，可以促使罪犯认识到关注和重视他人的重要性，锻炼他们与他人相互协作的精神，培养他们的合作习惯。这是因为，中国监狱中的大多数劳动，都是集体性的劳动。这些劳动既重视岗位分工，又重视配合协作，使个人既能看到自己的作用，又能懂得别人的价值和协作的重要性，从而形成重视团队精神、愿意相互合作的习惯。这种集体主义精神和相互协作习惯对于罪犯未来的社会适应是很重要的。

三、罪犯劳动的其他作用

罪犯劳动除了具有上述的改造作用，能够促使罪犯个人发生积极变化之外，还有其他一些对国家、社会和罪犯个人都很重要的作用。

（一）创造财富

罪犯劳动具有创造社会财富的重要作用。

长期以来，中国监狱中罪犯进行的大部分劳动，都是生产型劳动。生产型劳动是一种以直接创造物质财富为目标的劳动，大量罪犯从事这类劳动的结果，就是为国家和社会创造出财富。自新中国监狱系统建立以来，在长期组织罪犯进行劳动的过程中，已经创造了大量的财富。监狱中罪犯进行的劳动，不仅建设了大量的监狱物质设施，包括监狱车间、罪犯监舍、监狱的其他房屋建筑，而且对监狱和监狱周围的自然环境进行了有效的改造，在自然条件很差的地方建立起拥有各种设施、具备一定生活条件的监狱机关，使很多荒郊野外的贫瘠、偏僻之地变成了良田，为监狱自身的生存和发展提供了必要的物质基础。很长时期以来，新中国监狱系统都是自给自足的。

而且，罪犯劳动曾经在一些地区的社会生活和生产建设中发挥了重要的作用。通过有计划地使用罪犯劳动力，监狱修建了很多公路、铁路和大量公用设施。通过开垦荒地和进行种植、养殖活动，监狱为社会提供了大量的各类产品。罪犯在监狱中从事的劳动所生产的产品以及获得的利润，曾经在一些地方的经济生活和经济建设中发挥了举足轻重的作用，有力地支援了国家的经济建设；罪犯劳动创造的利税，曾经在一些地方的财政收入中占有较大比重，有效地促进了当地社会经济的发展。

可以说，组织罪犯劳动，是一种化消极因素为积极因素的重要方式，是将危害社会者转变为建设社会者的重要形式，体现了调动一切因素支援国家建设、促进社会发展的精神。

（二）维护秩序

罪犯劳动具有维护监狱秩序的重要作用。

犯罪学研究表明，个人从事正常的生活、学习和生产等活动，减少无事可做的空闲时间，是预防犯罪行为发生的重要方面。如果存在大量无所事事的空闲时间，个人的精力不能消耗在建设性的活动之中，就有可能无事生非，在闲极无聊的空虚状态中进行违法犯罪行为。这些研究成果对于监狱管理工作的重要启发是，组织罪犯劳动可以发挥重要的管理罪犯、维护监狱秩序的作用。通过组织罪犯从事劳动，将罪犯的注意力吸引到生产中，将罪犯的能量消耗在劳动中，用紧张有序、互相协作的劳动活动占据罪犯的大量日常时间，就可以使罪犯没有很多的时间胡思乱想和进行违法犯罪活动，就可以有效避免罪犯由于无所事事而寻求刺激、寻衅滋事所引起的多种违纪违法行为。“各地监狱的实践都表明，生产活动组织得越充实、越紧凑、越有序，狱内的改造秩序越好；越是停工待料、人浮于事，罪犯越容易串组串队，无事生非，传播犯罪伎俩，搞低级下流活动及其他违纪活动，导致改造秩序的混乱与恶化。”①

（三）保持健康

罪犯劳动具有充实罪犯生活和维持罪犯身心健康的重要作用。

中国监狱中管理罪犯的实践表明，“组织他们从事适宜的劳动，可以增强体质，保持健康，避免在单纯的监禁中，长年无所事事，导致他们心情压抑、意志消沉、精神颓废，甚至萌生逃跑、自杀和重新犯罪等念头”②。罪犯劳动能够维持和促进罪犯健康的主要原因如下。

1. 罪犯劳动有利于增强罪犯体质

中国监狱中的大部分罪犯劳动，都是体力劳动，经常从事体力劳动，可以使罪犯形成强健的体魄，这有利于减小发生身体疾病的可能性。

2. 罪犯劳动有利于培养罪犯的兴趣

在从事劳动的过程中，罪犯有可能发现自己喜欢的事项，有可能产生良好的兴趣，这有利于罪犯将自己的精力和能量消耗在自己感兴趣的活动中，不至于因无法消耗正常精力和能量而发生疾病或者出现其他问题。

3. 罪犯劳动有利于充实罪犯生活

组织罪犯从事劳动，可以使罪犯感到生活的丰富，这有利于减弱服刑生活的单调乏味感，有利于罪犯在劳动中不知不觉地度过时间，而不至于在消极等待中消磨时间，在无所事事中度日如年，不至于产生“刑期遥遥、日子难熬”的痛苦体验。

4. 罪犯劳动有利于宣泄罪犯消极情绪

罪犯在服刑期间，遭受挫折的可能性比正常守法者大得多，但是，他们释放挫折情绪的正常渠道比守法者少得多。如果他们因挫折而产生的愤怒、悲观、绝望等消极情绪长期得不到宣泄，就有可能引发身心疾病，或者导致严重的暴力性行为。罪犯劳动为罪犯提供了一种正常的宣泄挫折情绪的机会，使罪犯的很多消极情绪在劳动活动中得到宣泄。

5. 罪犯劳动有助于释放罪犯的性能量

根据我国刑法的规定，在监狱中服刑的罪犯都是性功能已经成熟的人，他们都有正常

① 金鉴．监狱学总论．北京：法律出版社，1997：595.

② 国务院新闻办公室．中国改造罪犯的状况．北京：法律出版社，1992：8.

的性需要，会在生活中不断产生性能量。虽然他们进入监狱服刑，但是，他们的性能量并不因此而消失，这种本能继续存在。由于处在监禁状态中，他们的性能量无法通过正常的夫妻性生活而加以释放。如果性功能正常者的性能量长期得不到释放，就有可能引起性变态等身心问题和疾病。组织罪犯从事劳动，实际上也为罪犯提供了一种释放性能量的途径，使罪犯的部分性能量在劳动活动中得到释放。这样，就可以减轻罪犯的性压力，减少罪犯的性冲动，从而降低罪犯由于性压抑而发生身心疾病的可能性。

6. 罪犯劳动有利于人际交往

人类是群居性动物，正常的人际交往是人的本能需要，也是正常生活的必要组成部分之一。组织罪犯劳动则为罪犯进行正常的人际交往提供了合法的机会，使罪犯在劳动过程中相互交往、共同交流。这不仅有利于满足罪犯的本能需要，有利于减轻罪犯的社会隔离和感觉剥夺[①]，而且有利于预防罪犯由于孤寂、空闲而陷入悲观抑郁情绪状态中，有利于预防因此产生的绝望、自杀等问题。

第三节 罪犯劳动的运作

一、罪犯劳动保护

罪犯劳动保护是指监狱为保护罪犯在劳动过程中的安全和健康所采取的各种办法和技术措施的总称。

由于罪犯劳动具有强迫性，罪犯本人既无法选择劳动场所和劳动项目，也无法改善劳动条件，因而监狱对罪犯进行的劳动保护，就具有特别重要的意义。监狱作为国家执法部门，在组织罪犯从事劳动的过程中，必须十分注意罪犯的劳动保护，改善罪犯的劳动条件，使罪犯能够安全地进行劳动活动，在劳动中得到改造。

对罪犯的劳动保护主要包括下列方面。

1. 劳动体能保护

劳动体能保护是指为了让参加劳动的罪犯获得和恢复体能而进行的相关工作。参加劳动特别是参加体力劳动的罪犯，必须有良好的体能。如果他们没有良好的体能，或者在劳动之后体能得不到及时恢复，长期下去就有可能损害罪犯身体健康，甚至有可能引起罪犯死亡。

为了对罪犯进行有效的体能保护，应当注意下列方面。

（1）提供充足饮食。通过饮食获取必要的营养，是获得和恢复体能的最重要的途径之一。监狱要保证参加劳动的罪犯获得充足的饮食，使他们在参加劳动的过程中能够吃得饱，能够摄取所需要的营养。对于在夜间加班的罪犯，要提供加餐以补充营养。如果参加劳动的罪犯吃不饱甚至长期处在饥饿状态，必然会造成罪犯伤亡的严重后果。在这方面，中国

---

① 感觉剥夺是指个人不能获得适度的有效刺激的状况。长期处于感觉剥夺状态，会使个人的心理功能和身体机能退化，正常反应发生消极变化，不利于个人的身心健康和社会适应。

监狱系统曾经有过惨痛的教训，应当铭记在心并坚决加以避免。

(2) 保证足够休息。每天劳动之后有足够的休息时间并获得足够的休息，是保证罪犯体能得到及时恢复的又一个重要条件。如果罪犯在劳动之后得不到足够休息，那么，即使提供充足的饮食，也不能保证罪犯恢复体能。

(3) 限制劳动时间。监狱机关在组织罪犯进行劳动的过程中，要严格限制罪犯劳动时间。不仅要保证罪犯在法定节假日和休息日得到休息，而且要保证罪犯在日常劳动中不进行超时劳动（成年罪犯每天劳动时间不得超过 8 小时，平均每周劳动时间不超过 40 小时；未成年罪犯每天劳动不得超过 4 小时，平均每周劳动时间不超过 20 小时），不违反国家有关劳动工时的规定。即使在季节性生产等特殊情况下对劳动时间进行调整时，也要保证罪犯不得进行严重超过平常劳动时间的劳动。

2. 劳动安全保护

劳动安全保护是指为了保护罪犯在劳动中的安全而进行的相关工作。劳动安全保护的主要目的，是避免和减少参加劳动的罪犯的伤亡，保证他们在劳动中的安全。

为了对罪犯进行有效的安全保护，应当注意下列方面和采取下列措施。

(1) 认真选择劳动项目。在选择罪犯从事的劳动项目时，要注意选择比较安全的劳动项目，尽力避免高危险性的劳动项目，特别是要尽力避免选择煤矿、爆炸物生产、有严重放射性等危险性很大的劳动项目。

(2) 健全劳动安全设施。在组织罪犯进行劳动的过程中，要建立和健全保护参加劳动的罪犯安全的各种措施和设备，包括防护网、隔离栏、危险标志等，以便创造安全的劳动环境和劳动条件，减少对罪犯人身安全的威胁，努力保障参加劳动的罪犯的安全。

(3) 严格遵守安全规程。在组织罪犯参加劳动的过程中，要严格遵守各项安全生产规程，严格履行安全监测、检查等方面的手续；发现危险因素时，要及时采取停产措施排除危险，不得强令罪犯违章冒险作业。

3. 劳动卫生保护

劳动卫生保护是指在组织罪犯劳动过程中为了保护罪犯的健康和预防职业病及职业中毒而进行的相关工作。

为了对参加劳动的罪犯进行卫生保护，监狱机关应当重视下列工作。

(1) 采取有效措施，预防和减少劳动过程中产生的有毒气体和其他有毒物质、粉尘和噪声等，努力消除这些因素对罪犯健康的损害。

(2) 要改进通风状况，防止罪犯在恶劣的空气中劳动。

(3) 要改善照明状况，防止因此而产生的健康损害问题。既要避免长期在昏暗的照明状态下从事劳动，也要避免劳动场所中的强光刺激、火花飞溅等现象。

(4) 要提供符合标准的劳动防护用品。例如，对于在有噪音、强光、辐射热和飞溅火花、碎片、刨屑的场所操作的罪犯，应分别供给护耳器、防护眼镜、面具和帽盔等劳动防护用品；对于从事很多劳动活动的罪犯，都要提供劳动服装、手套等劳动防护用品。而且，这些劳动防护用品必须符合国家标准。国家已经公布了很多的这类技术标准，例如，自吸过滤式防尘口罩标准（GB2626－1981，已作废）于 1982 年 1 月公布施行、过滤式防毒面具标准（GB2890－1982，已作废）于 1982 年 2 月发布。

4. 其他劳动保护

其他劳动保护是指对女性罪犯和未成年犯在劳动方面的特殊保护。由于女性罪犯和未成年犯有特殊的生理和心理等特点，因此，在让这类罪犯从事劳动的过程中，监狱机关应当依照有关立法的规定，给予他们特殊的保护。劳动法第58条规定："国家对女职工和未成年工实行特殊劳动保护。未成年工是指年满十六周岁未满十八周岁的劳动者。"第59条规定："禁止安排女职工从事矿山井下、国家规定的第四级体力劳动强度的劳动和其他禁忌从事的劳动。"第60条规定："不得安排女职工在经期从事高处、低温、冷水作业和国家规定的第三级体力劳动强度的劳动。"第64条规定："不得安排未成年工从事矿山井下、有毒有害、国家规定的第四级体力劳动强度的劳动和其他禁忌从事的劳动。"第65条规定："用人单位应当对未成年工定期进行健康检查。"这些规定同样适用于罪犯。

二、罪犯劳动安排

罪犯劳动安排是指与合理组织罪犯进行劳动有关的工作。

罪犯劳动安排主要包括下列方面。

1. 劳动的时间安排

劳动的时间安排是指让罪犯在什么时间从事劳动的管理活动。在一般情况下，应当尽可能安排罪犯在白天从事劳动。生理学的研究发现，由于生物节律的影响作用，大部分人的身心机能在白天处于较好的状态中，在这个时段内，劳动者更有可能精力充沛、全神贯注地从事劳动，因而让他们进行劳动不仅劳动效率较高，而且有利于减少劳动安全事故。除非特殊情况，一般应当避免罪犯在夜间、节假日从事劳动。

2. 劳动的任务安排

劳动的任务安排是指让罪犯从事什么劳动的管理活动。在进行劳动安排时，要合理组织生产活动，给参加劳动的罪犯安排恰当的劳动任务。首先，所安排的劳动任务应当与罪犯的数量、身体条件、技术熟练程度、相关的设备和原材料保障等条件相适应。不能给罪犯安排他们所无法完成的劳动任务。不能强迫罪犯从事他们无法承担的劳动。其次，所安排的劳动任务应当明确清楚，各种指标应当具体，既便于罪犯在劳动中操作，也便于对罪犯的劳动进行考核。

3. 劳动的人员安排

劳动的人员安排是指组织罪犯从事符合其兴趣爱好和能力倾向的劳动的管理活动。心理学的研究发现，每个人都在兴趣爱好和能力倾向方面有差异。兴趣是人们力求认识某种事物和从事某项活动的意识倾向。它表现为人们对某种事物、某项活动的选择性态度和积极的情绪反应。能力倾向是指个人经过学习和训练而对某些特殊活动能够达到的熟练程度。能力倾向是一种可能发展起来的潜在能力。如果安排罪犯从事他们感兴趣、符合他们能力倾向的劳动项目，那么，他们就能够积极、高效地从事这些劳动；反之，如果安排他们从事不感兴趣、也不符合他们能力倾向的劳动项目，那么，他们就会消极被动、事倍功半地从事这些劳动。因此，要通过观察、心理测验等方式，多方面了解罪犯的兴趣爱好和能力倾向，从而尽可能安排他们从事符合其兴趣爱好和能力倾向的劳动项目。

4. 劳动的方式安排

劳动的方式安排是指让罪犯以什么形式从事劳动的管理活动。工效学、工业心理学等研究发现，劳动形式不同，对于劳动效率有重要的影响。一些劳动项目适合于进行集体劳动，集体劳动能够促进劳动效率；相反，另外一些劳动可能适合于进行个别劳动，对于这样的劳动来说，安排多名罪犯一起劳动，有可能使罪犯之间产生相互干扰，从而降低劳动效率。因此，在安排罪犯从事劳动的过程中，要重视劳动项目的差别，注意安排罪犯以最有利的方式从事劳动。

5. 劳动的轮班安排

劳动的轮班安排是指将每天划分为不同时段分别由不同批次的人进行劳动的管理活动。之所以对罪犯劳动进行轮班安排，主要是考虑下列问题。

(1) 劳动项目的特点。有些劳动活动不能停止，而必须连续不断地进行。在这种情况下，为了保证劳动项目的正常进行和劳动质量，就必须将劳动时间划分为不同的时段，安排不同批次的罪犯在不同时段中轮流劳动。

(2) 罪犯自身的特点。每个罪犯在从事一定活动时，都只能在一定的时间中保持正常身心状态。超过这个时间，就会产生身心疲劳，出现分心、厌倦等现象。如果长时间持续进行劳动，不仅会降低劳动效率，而且有可能引发劳动安全事故和罪犯的身心疾病等问题。因此，为了保证劳动安全、劳动效率和罪犯的身心健康，也必须采用轮班劳动的方式，组织罪犯从事劳动。

在具体考虑轮班安排的过程中，要注意一些具体问题。

(1) 劳动项目的情况。要根据劳动项目的情况，决定究竟如何轮班。有些劳动项目的强度很大，在劳动过程中需要付出很多的生理和心理能量，在这种情况下，每班劳动的时间不能太长，如果每天三班制不行的话，可以考虑实现每天四班制。

(2) 空间距离的情况。罪犯从事的一些劳动就在监舍附近进行，不存在交通运输问题，在这种情况下，决定轮班情况时没有必要考虑空间距离问题。但是，在有些情况下，罪犯在距离监舍很远的地方从事劳动，在决定轮班情况时就要考虑空间距离问题，为了降低交通运输成本，要尽可能减少轮流班次。

(3) 班次交接的情况。要给罪犯进行交接班预留充分的准备时间，如果交接班的准备时间很长的话，还要考虑罪犯的休息恢复时间，避免由于轮班次数太少而影响罪犯正常休息的情况。

三、罪犯劳动考核

罪犯劳动考核是指对罪犯劳动情况的评价。

在中国监狱中，罪犯劳动是罪犯最重要的日常活动，也是衡量罪犯改造表现的最重要的领域之一。因此，为了准确评价罪犯在劳动中的表现，应当对罪犯的劳动情况进行恰当的考核。

完整的罪犯劳动考核实际上包括两个方面。

1. 合理设定劳动指标

罪犯劳动考核的第一步，是合理设定罪犯的劳动指标。罪犯的劳动指标，又称为“劳动定额”，是罪犯通过劳动所要达到的预期结果。这种指标是安排罪犯劳动的重要依据，也是对罪犯劳动情况进行评价的主要标准。只有设定合理的劳动指标，才能进行科学的劳动考核。因此，合理设定劳动指标，对于科学进行劳动考核具有十分重要的意义。

在设定罪犯劳动指标方面，应当注意以下几个方面。

(1) 劳动指标的适当性。这是指所设立的劳动指标应当适合罪犯的情况。劳动指标应当是罪犯通过自己的努力能够完成的目标，应当与罪犯自身的条件相适应。例如，劳动指标应当与罪犯的身体条件、技术熟练程度等相称，决不能设定罪犯即使尽了最大努力也难以完成的指标。脱离罪犯具体条件而设定的过高指标，必然带来强迫罪犯进行超体力、超时间、超强度劳动的严重后果。

（2）劳动指标的多样性。这包含两层意思。首先是指劳动指标本身具有多样性。劳动指标可以用单位时间内生产的产品数量、一个劳动时段的持续时间、个人看管机器设备的数量、单位时间内完成的服务量等来表示。其次是指所设定的劳动指标要适应不同罪犯的情况而有一定差异的特性。由于罪犯之间存在多方面的差异，因而所设定的劳动指标应当具有多样性，能够适合于不同罪犯的特殊情况，兼顾罪犯之间的个别差异。例如，给长期从事体力劳动的罪犯，可以设定较高的体力劳动指标，而给很少从事体力劳动的罪犯，就应当设定较低的体力劳动指标。只有给具备不同特点的罪犯设定不同的劳动指标，才能保证所有罪犯都能够通过自己的努力完成指标，这样的指标才能调动所有罪犯的劳动积极性，才能成为衡量所有罪犯劳动情况的合理的指标。

（3）劳动指标的具体性。这是指劳动指标应当表述明确、要求具体、便于操作的特性。劳动指标是用来安排罪犯从事劳动和衡量罪犯劳动情况的标准。这样的标准越具体、越详细，就越便于执行。

2. 检查指标完成情况

进行罪犯劳动考核的第二步，是对照劳动指标检查和衡量罪犯的劳动情况。这个阶段的主要工作是检查罪犯对劳动指标的完成情况，从而对罪犯的劳动情况做出准确的评价。

为了恰当进行劳动考核，应该注意下列方面。

（1）恰当评价罪犯的劳动结果。对于罪犯劳动结果的评价，应当客观地进行。只要指标设立得科学，客观评价罪犯的劳动结果应当是比较容易的。目前大多数情况下进行的罪犯劳动考核，都是对罪犯劳动成果的客观评价。

（2）恰当评价罪犯的劳动态度。对罪犯劳动态度的评价，是一种具有浓厚的主观色彩的评价。这是因为，首先，所评价的对象是“主观的”因素，是罪犯内在的一种现象。其次，所进行的评价本身是“主观的”活动，是用“无形的”标准衡量“无形的”对象。因此，要做好这种评价是比较困难的。不过，为了尽可能做到公正的评价，在衡量罪犯的劳动态度时，应当考虑罪犯的经历情况、以往的劳动表现、这次的劳动付出等因素，从而做出一种综合性的评价。

（3）合理对待劳动过程中遇到的特殊问题。在进行劳动考核的过程中，要合理对待罪犯未完成劳动指标、耗费原材料过多、发生劳动事故等特殊问题。要对具体问题进行具体分析，从指标设立是否合理、罪犯技术是否熟练、罪犯自身是否努力、是否遵守操作规程、劳动环境是否合适等方面进行考虑，从而准确确定罪犯自己应当承担的责任，对特殊问题做出恰当的处理。

四、罪犯劳动报酬

罪犯劳动报酬是指因使用罪犯的劳动力而支付给罪犯的酬劳。从罪犯角度来讲，劳动报酬是罪犯通过自己的劳动而获得的收入。

罪犯的劳动报酬具有下列特点。

1. 法定性

法定性是指给从事劳动的罪犯支付报酬是一种法律制度的特性。监狱法第 72 条规定："监狱对参加劳动的罪犯，应当按照有关规定给予报酬并执行国家有关劳动保护的规定。"这表明，向参加劳动的罪犯支付报酬，是法律规定的义务，监狱机关必须履行。同样，参加劳动的罪犯获得劳动报酬，是罪犯的法律权利，监狱必须依法办事。

监狱法规定中提到的"有关规定"，主要包括下列内容。

(1) 参加劳动的罪犯有获得报酬的权利。宪法第 42 条第 1 款规定："中华人民共和国公民有劳动的权利和义务。"监狱法第 72 条的规定也表明，罪犯有这样的权利。司法部监狱管理局 2010 年 6 月 15 日发布的《监狱罪犯劳动改造工作指导意见》规定："监狱要建立健全罪犯劳动报酬制度，明确规定罪犯劳动报酬的提取、管理、分配标准和使用办法，定期为参加劳动的罪犯发放劳动报酬。"

(2) 进行额外劳动的罪犯有权获得高于正常标准的报酬。例如，劳动法第 44 条规定，安排劳动者延长工作时间的、在休息日安排劳动者工作又不能安排补休的、在法定休假日安排劳动者工作的，必须支付高于正常标准的报酬。

(3) 随着经济发展要逐步提高罪犯的劳动报酬。劳动法第 46 条第 2 款规定："工资水平在经济发展的基础上逐步提高。国家对工资总量实行宏观调控。"

2. 多样性

多样性是指罪犯劳动报酬及其支付形式多种多样的特性。首先是指劳动报酬本身多种多样。在大多数情况下，劳动报酬以货币的形式支付，但是，也可以用其他形式支付罪犯的劳动报酬。例如，可以用实物形式支付劳动报酬，包括向罪犯提供所需要的日用品和其他物资等。其次是指劳动报酬支付方式的多样性。有些劳动报酬可以直接支付给罪犯，例如，在结束一次劳动之后，可以将作为报酬的日用品直接发给罪犯；或者在一个阶段的劳动结束之后，再向罪犯分发作为劳动报酬的实物。有些劳动报酬不能直接支付给罪犯。在绝大部分情况下，货币报酬都不直接发给罪犯本人，而是存在罪犯自己的账户中，在罪犯需要开支时，从账户中扣除。这是进行安全监管的正常要求。

3. 差异性

差异性是指罪犯劳动报酬因为劳动的数量和质量的不同而有区别的特性。劳动报酬是根据劳动的数量和质量确定的，每个罪犯由于多方面存在个别差异，他们提供的劳动成果的数量和质量必然有所不同，因而他们获得的劳动报酬也会有差别。这符合公平公正、区别对待的原则，是按劳取酬、多劳多得、少劳少得的社会主义分配原则的具体体现。

4. 激励性

激励性是指支付劳动报酬具有鼓励罪犯积极参加劳动和提高劳动效率的作用的特性。虽然根据中国监狱法的规定，有劳动能力的罪犯参加劳动是一项法律义务，罪犯必须履行，罪犯劳动具有强制性，但是，强迫进行和自愿进行的劳动在个人体验、劳动成效、改造效果等很多方面，都有极大的差别。如果能够将强迫劳动转化为自愿劳动，那么，就可以大大改善罪犯对劳动的体验，提高罪犯的劳动成效和增强劳动的改造作用。向罪犯支付劳动报酬，就是促使强迫劳动向自愿劳动转化的有效方式之一。

目前，中国的大部分监狱都向参加劳动的罪犯支付劳动报酬。常用的管理方法是，将每个罪犯的劳动报酬储存在各自的账户中，罪犯根据规定的手续支取，但是由监狱管理人员代为办理，罪犯自己不能直接获得现金。

罪犯劳动报酬的用途主要包括：（1）在服刑期间购买自己需要的物品；（2）接济家人；（3）按照罪犯的意愿用于其他方面，例如，社会捐助；（4）缴纳被判处的罚金；（5）支付被判处的赔偿金；（6）作为罪犯释放后谋生就业的准备金。

不过，在罪犯劳动报酬方面，还存在下列一些问题。

（1）不同监狱的罪犯的劳动报酬差别很大。监狱向罪犯支付劳动报酬的标准，往往与监狱所在地区的经济发展水平，特别是与监狱的生产经营状况密切关联。在经济发展水平较高、生产经营状况较好的监狱中，罪犯获得的劳动报酬较高，反之亦然。

（2）尚未确立最低工资制度。劳动法第48条规定："国家实行最低工资保障制度。最低工资的具体标准由省、自治区、直辖市人民政府规定，报国务院备案。用人单位支付劳动者的工资不得低于当地最低工资标准。"这一规定在监狱系统中尚未落实。

（3）有关的理论问题尚需进一步研究。有关罪犯劳动的一些理论问题，还没有明确达成一致的共识。例如，对被剥夺自由的罪犯的法律惩罚，是否包括了支付较低劳动报酬的内容？罪犯的劳动报酬是否一定要低于社会上的同工种劳动者？（目前，罪犯的劳动报酬实际上远远低于社会上的同工种劳动者）如果要低于社会上的同工种劳动者，具体理由是什么？如果罪犯获得与社会上同工种劳动者一样的劳动报酬，那么，他们是否需要向监狱缴纳各种费用，包括食宿、衣物等费用？

【问题与思考】

1. 什么是罪犯劳动？它有什么特点？
2. 罪犯劳动有什么作用？
3. 什么是罪犯劳动保护？
4. 什么是罪犯劳动安排？
5. 什么是罪犯劳动考核？
6. 如何理解罪犯劳动报酬？

【推荐参考论著】

1. 吴宗宪．监狱学导论．北京：法律出版社，2012.
2. 韩玉胜主编．刑事执行法学研究．北京：中国人民大学出版社，2007.
3. 吴宗宪．当代西方监狱学．北京：法律出版社，2005.
4. 兰洁主编．监狱学．北京：中国政法大学出版社，1999.
5. 金鉴主编．监狱学总论．北京：法律出版社，1997.
6. 杨殿升主编．监狱法学．北京：北京大学出版社，1997.
7. 邵名正主编．监狱学．北京：法律出版社，1996.

第十章
心理矫治

内容导读

服刑人员心理矫治[①]是指利用心理学原理和方法调整服刑人员心理和行为并促使其发生积极变化的活动。服刑人员心理矫治是20世纪80年代中期以来在中国监狱系统中开始的一项重要工作，是中国监狱工作发展的重要方面，对中国监狱管理和罪犯改造等，都产生了积极影响。本章论述罪犯心理矫治的基本问题，包括服刑人员心理矫治的概念、目标、价值，心理矫治的实践方面（服刑人员心理矫治的适应证、服刑人员心理矫治的步骤、服刑人员心理矫治的原则）以及心理矫治的主要内容与方法（心理评估、心理健康教育、心理咨询、心理治疗、危机干预）。[②] 虽然所论述的内容是以监狱服刑人员为基础的，但是，其原理和主要方法等也适合社区服刑人员，可以在社区矫正中予以参考。

第一节　概　述

一、服刑人员心理矫治的概念

服刑人员心理矫治是指利用心理学原理和方法调整服刑人员心理和行为并促使其发生积极变化的活动。[③]

---

① 服刑人员心理矫治就是“罪犯心理矫治”。随着“服刑人员”一词的使用，在我国司法实践和理论研究中，越来越多的人和论著使用“服刑人员心理矫治”的名称，本章关注这种趋势，主要使用“服刑人员”的名称。

② 服刑人员心理矫治是一项专业性较强的工作，有关的具体内容，可以参见本章所列的推荐参考论著和其他论著。

③ 尽管“服刑人员心理矫治”的概念已经广泛流行，但是应当看到，这是一个从监狱工作者（改造者）的角度出发使用的概念，这类概念隐含着“强迫”“强制”的内容；如果从服刑人员的角度出发，应当使用“服刑人员心理服务”“服刑人员心理咨询”一类的概念，这类概念隐含着“主动”“自愿”的内容。实际上，心理矫治的大部分内容，都应当是根据服刑人员的需要提供的服务性工作；能够真正取得实效的心理矫治，也应当是服刑人员在认识的基础上自愿进行（知情后同意）的相关活动；如果没有服刑人员的积极配合和主动接纳，大部分心理矫治工作都很难取得真正理想的效果。

服刑人员心理矫治是目前在很多国家中开展的一类服刑人员矫正活动。在国外，这类活动又称为“治疗计划”（treatment program）、“心理学治疗计划”（psychological treatment program）、“临床治疗计划”（clinical treatment program）、“心理健康服务”（mental health services）、“心理学服务”（psychological services）等名称。在中国，不仅监狱实务部门大量进行这类工作，而且在相关立法中也有规定。例如，在1994年颁布的监狱法以及在司法部1999年发布的《未成年犯管教所管理规定》、2003年发布的《监狱教育改造工作规定》、2004年发布的《监狱服刑人员行为规范》等规章中，都有相关的规定。为了进一步推动心理矫治工作的开展，司法部在2007年7月4日发布的《教育改造罪犯纲要》中，对心理矫治做出了更加详细的规定。

2009年2月3日，司法部监狱管理局印发《关于加强监狱心理矫治工作的指导意见》，对监狱中的心理矫治工作提出了新的要求：监狱对罪犯开展心理健康教育的普及率达到应当参加人数的100%，罪犯心理健康教育合格率达到90%；监狱对新入监罪犯的心理测试率达到应参加人数的100%；罪犯的不良心理得到有效改善，心理疾病得到及时治疗。监狱对危险罪犯、顽固罪犯、危害国家安全罪犯等重要罪犯的心理测试、心理状况动态跟踪、心理矫治档案建档率达到100%。同年，司法部监狱管理局还发布了《关于进一步加强服刑人员心理健康指导中心规范化建设工作的通知》，对相关机构建设提出了要求。

除了司法部有关规定之外，一些地方的监狱管理部门也发布了有关规定，对服刑人员心理矫治进行规范。例如，上海市监狱管理局2015年发布了《上海市监狱管理局罪犯心理矫治工作规定（试行）》；2017年，又在修订该规定的基础上印发了《上海市监狱管理局罪犯心理矫治工作规定》，分8章47条做出了相关规定。

服刑人员心理矫治的主要特点有以下几点。

1. 根据心理学原理和方法进行

服刑人员心理矫治是根据心理学原理和方法开展的一类活动。这意味着，首先，服刑人员心理矫治活动的设计和实施，要依据心理学的原理，特别是要根据有关服刑人员特殊心理的研究成果进行。其次，在心理学原理和方法中，有关心理治疗的理论和方法具有更加直接的指导作用。从国内外的资料来看，服刑人员心理矫治的大量方法或者技术，都是一般的心理治疗方法在服刑人员中的应用。专门针对服刑人员创立的心理治疗方法，是比较少的。最后，服刑人员心理矫治的基本方法是心理学的方法。在服刑人员心理矫治过程中，主要利用心理学的方法调整服刑人员的心理和行为。对于其他方法的应用，例如，药物方法等，应该十分谨慎或者尽量避免使用。

2. 针对服刑人员进行

服刑人员心理矫治的对象是服刑人员。所谓的服刑人员，首先是指被监禁的服刑人员，即在监狱内服刑的服刑人员。本章的内容，主要是以这部分服刑人员为对象而加以论述的。其次，在许多情况下，服刑人员心理矫治的对象还包括社区服刑人员。此外，由于心理活动的共同性，服刑人员心理矫治的原理和许多方法，也可以适用于具有类似特点或者处境的违法人员。例如，许多原理和方法可以适用于其他被拘禁人员。

3. 目的是让服刑人员发生积极的变化

所谓“积极的变化”，就是指通过服刑人员心理矫治活动能够产生符合社会需要和法律、监规要求以及有利于服刑人员个人的身心健康的变化。这类变化，实际上构成了一般所说的“服刑人员改造”或者“罪犯改造”的重要内容。在理解这一点时，应该注意解决好目前对服刑人员管理的需要与服刑人员回归社会的长远需要之间的冲突问题，要兼顾两类需要，而不能仅仅根据对服刑人员管理的需要开展心理矫治。

4. 一系列相关活动的总称

凡是能够对服刑人员产生积极的影响，使服刑人员能够发生积极变化的活动，都可以称之为服刑人员心理矫治活动。服刑人员心理矫治活动并不仅仅局限于比较系统、比较专业化的心理治疗（psychotherapy）和行为矫正（behavior modification）或者行为治疗（behavior therapy），还包括大量不很专业化的心理咨询和其他心理辅导等活动。大体而言，服刑人员心理矫治包括心理咨询和心理治疗（包括各种心理治疗和行为治疗）两大部分。当然，在开展服刑人员心理矫治活动中，还应当注意对服刑人员的心理危机进行有效干预；此外，为了促进服刑人员的身心健康和对心理矫治活动的认识与配合，需要对服刑人员开展普遍性的心理健康教育。

二、服刑人员心理矫治的目标

服刑人员心理矫治的目标，就是通过服刑人员心理矫治活动所要达到的预想结果。从国内外的论述来看，对服刑人员进行心理矫治的主要目标有以下几点。

（一）转变不当认知

服刑人员心理矫治工作的基本内容之一，就是转变服刑人员的不恰当认知。在服刑人员心理矫治活动中，首先，要增强服刑人员对自己的心理及行为的了解，正确认识到它们的特点、社会性质和产生原因，用恰当的态度对待它们。其次，要帮助服刑人员改变不正确的认识观念和不恰当的认知结构，提高他们的认识能力，不但使服刑人员形成对自己、对他人、对社会的正确认识和观念，而且要使服刑人员在以后的生活中，能够正确看待生活中发生的现象和遇到的问题，不再因为错误的认识而重新犯罪。

（二）调整消极情绪

通过心理矫治活动，对服刑人员进行适当的疏导，帮助服刑人员消除疑虑、紧张、焦虑、抑郁、悲观、绝望等心理现象，宣泄消极情绪，恢复情绪平衡，并且在这个过程中帮助服刑人员形成良好的情绪反应模式，促使服刑人员学会有效的情绪调节方式，保持稳定、积极的情绪状态。

（三）改变不良行为

许多服刑人员具有一些不利于他们适应社会环境的行为模式和相关的心理问题，心理矫治活动可以改变这样的行为，帮助服刑人员顺利适应社会生活。具体说来，特别要注意改变服刑人员的下列行为问题。

1. 矫正不良习惯

许多犯罪人有很多的不良行为习惯，这些不良行为习惯不仅是他们进行犯罪行为的重要因素，而且是妨碍他们顺利适应监狱生活和释放后的社会生活的消极因素，所以，必须在心理矫治活动中，矫正服刑人员的不良行为习惯，消除他们的各种行为问题，培养他们形成良好的行为模式和行为习惯，增强服刑人员对各种不利情境的行为适应能力。

2. 克服自控缺陷

一些犯罪人存在自我控制缺陷，他们不能恰当地控制自己的情绪和行为。犯罪心理学的研究发现，在犯罪行为中，有相当一部分属于冲动性的犯罪行为，大量的暴力犯罪都是犯罪人在强烈的冲动下产生的。这些犯罪行为的发生，与犯罪人强烈的情绪和行为冲动有关。因此，在服刑人员心理矫治活动中，要注意帮助服刑人员发展自我控制能力，使他们能够在面临剧烈的精神刺激时，不致产生情绪冲动和爆发性行为，减小产生强烈的应激、激情状态的可能性，避免产生短路行为。[①]

另外，我控制缺陷也表现为控制过度，即过分控制自己的情绪和行为，不能适当地表达自己的情绪和意愿，这种现象也不利于个人的身心健康和良好的社会适应。因此，还要帮助服刑人员学会恰当地表达自己的意愿和情绪的方式。

3. 改善社会行为

人际冲突行为和社会适应不良行为，是造成大量犯罪行为、特别是许多暴力犯罪行为的主要原因之一。因此，帮助服刑人员改善人际关系，让他们学会建立和维持良好的人际关系的行为方式，增强社会生活适应能力，尽量避免在以后的生活中遭受到新的人际关系方面的挫折，就成为服刑人员心理矫治的重要内容。

（四）矫正心理障碍

心理障碍（mental disorder）[②] 又称为“精神障碍”“心理失常”“精神疾病”（mental disease）或“精神疾患”[③]，或者称为“变态心理”，是指心理过程和个性心理特征发生的异常变化。心理障碍是一个内容广泛的概念，既有一般的认知障碍、情绪障碍、神经官能症，不同程度的人格障碍、行为障碍，也有严重的精神病。服刑人员心理矫治工作要预防、缓解和解决服刑人员中存在的心理障碍，特别是大量程度比较轻的心理障碍，促进服刑人员的心理健康。

三、服刑人员心理矫治的价值

服刑人员心理矫治的价值，就是服刑人员心理矫治工作对于服刑人员以及整个监狱建设与运行的积极作用和重要意义。

服刑人员心理矫治是晚近发展起来的监管改造服刑人员的重要的综合性方法或者手段，其重要性完全可以和传统的狱政管理、教育改造和劳动改造这“三大改造手段”并列，完全可以称得上“第四大改造手段”。而且，心理矫治与“三大改造手段”相对独立地起作用的情况有所不同，它更具有综合性和渗透性，不仅可以增强三大改造手段的科学性、提高三大改造手段的改造效果，而且对监狱建设、监狱管理等很多方面，都能够发挥积极的影响和作用。随着中国监狱工作科学化的发展，心理矫治工作的重要性将会进一步显现出来。可以说，心理矫治工作及其在监狱各个领域中的应用，是未来中国监狱工作发展的最有希望的出路之一。

（一）能够有效促进监管安全

监狱是国家的刑罚执行机关，是执行监禁刑的最重要的机构。保障被监管服刑人员的人身安全和身心健康，防止服刑人员发生逃跑、破坏、自杀等行为，是监禁机关最重要的

① 短路行为是指在强烈情绪支配下立即进行的直接而简单的冲动行为。这类行为似乎是对挫折状态的直接反应，个人在进行这类行为时，不考虑行为的性质与后果。

② 全国科学技术名词审定委员会．心理学名词．北京：科学出版社，2001：110.

③ 朱智贤．心理学大词典．北京：北京师范大学出版社，1989：338、339、765.

任务。服刑人员心理矫治工作可以从以下方面有效地促进监管安全。

1. 通过心理评估促进监管安全

通过服刑人员心理评估，可以发现服刑人员中存在的危险性和暴力行为等方面的心理倾向，提示监狱管理人员增强对危险服刑人员的警觉性，及时采取预防措施，避免监管事故的发生。

2. 通过有效地解决心理问题促进监管安全

服刑人员中监管安全事故的发生，往往与服刑人员存在的心理问题得不到恰当的解决有关。从很多方面来看，监管安全事故往往是在服刑人员无法利用正常方法解决所面临的问题，以致产生绝望情绪的情况下发生的。心理矫治可以帮助服刑人员更好地认识和对待所遇到的问题，引导他们以正常的方法解决问题，以恰当的态度对待问题，避免他们产生绝望心理，这样就可以避免恶性破坏事件的发生。

3. 通过各种预防性活动促进监管安全

在监管工作中，安全事故的发生一方面与服刑人员自身的心理问题、思维方式有关，另一方面也与监狱工作人员的思维方式、工作方法等有关，是双方发生消极互动的结果。服刑人员心理矫治一方面可以增进服刑人员的心理健康，帮助服刑人员学会一些恰当的思维方式和问题解决方式；另一方面，也可以提高监狱工作人员的心理素质，增强他们恰当地看待和处理问题的能力。这些方面的积极变化，可以有效地预防监管安全事故的发生。

(二) 能够提高服刑人员改造质量

服刑人员心理矫治工作的开展，有助于刑罚执行机关全面提高改造服刑人员工作的质量。

1. 有助于实现改造服刑人员的目标

改造服刑人员，是中国监狱法规定的中国监狱机关的基本任务之一，而改造服刑人员是一项包含大量心理学因素的工作。改造服刑人员就是让服刑人员发生积极变化，服刑人员发生积极变化，则要以他们心理和行为的变化为中介，而这些都是心理矫治的重要内容。因此，改造服刑人员的目标的实现，在很大程度上依赖于服刑人员心理矫治工作的进行，服刑人员心理矫治工作是实现这种目标的重要手段。

2. 能够适应服刑人员情况的变化

只有那些适合服刑人员情况的改造方法，才能产生显著的改造效果。随着改革开放和市场经济的发展，中国监狱中服刑人员的情况发生了很大的变化，他们的知识结构、思想观念、个人需要等，都与过去有很大不同。因此，需要根据服刑人员的新变化探索改造服刑人员的新方法。过去创立的那些行之有效的服刑人员改造方法，有的已经不太适合目前的服刑人员。因此，为了提高服刑人员改造质量，就必须探索新的服刑人员改造方法。服刑人员心理矫治就是适合科学发展水平和目前服刑人员情况的一种新方法。实践表明，这种方法可以比较有效地影响和改造服刑人员，有助于提高服刑人员改造质量。

3. 有利于消除犯罪的心理原因

随着市场经济的发展和社会转型的加快，人们在社会中的竞争程度日趋激烈，个人承受的心理压力不断加剧。这些情况造成人们心理和情绪失衡的现象越来越突出，导致由于心理问题而产生的犯罪不断增加，服刑人员中有不同程度和形式的心理问题的人数也越来越多。服刑人员中大量存在的心理问题，不仅是他们犯罪的重要原因，而且是妨碍服刑人员改造和重新适应社会的重要制约因素之一。因此，以解决服刑人员心理问题为核心内容的服刑人员心理矫治工作，可以有效地消除犯罪的心理原因，帮助服刑人员接受改造和重新适应社会生活。

（三）能够促进服刑人员身心健康

促进和保障服刑人员的身心健康，不仅是维护监管安全的需要，而且是改造服刑人员和帮助服刑人员重新适应社会生活的需要，心理矫治工作有助于促进服刑人员的身心健康。首先，通过心理健康教育，帮助服刑人员认识心理健康的重要性，促使他们自觉调整心态，维持身心平衡，预防身心疾病的产生。其次，让服刑人员了解心理问题的特点与表现，懂得发生问题时寻求帮助的自觉性和正常途径，使他们能够主动寻求心理矫治人员的帮助。最后，通过服刑人员心理矫治工作，特别是多方面的心理健康教育、广泛的心理咨询和心理治疗等活动，可以缓解和消除影响服刑人员身心健康的很多问题，有效地促进服刑人员的身心健康。

（四）能够推动监狱工作科学化

人类的任何活动都是以心理活动为中介进行的。在监狱领域中，任何方面的工作与活动都与心理学有直接或者间接的关系，改进这些工作与活动的方法、效率，增强它们的积极效果等，都离不开心理学的知识和帮助。服刑人员心理矫治人员不仅研究和防治服刑人员的心理问题，而且可以利用自己的专业知识和技能，研究监狱中其他的工作与活动中的心理问题，提出改进的途径和方法，包括如何丰富监狱工作人员的知识结构，如何提高监狱工作人员和服刑人员教育、培训的效果，如何提高监狱工作人员科学地认识服刑人员、与服刑人员相处和解决服刑人员问题的能力，如何科学地安置和管理服刑人员，如何提高监狱工作的效率，如何在监狱中建设良好的心理环境等。如果有意识地引导和帮助心理矫治人员研究监狱的建设、管理和运行等问题，将他们的特长应用于监狱工作的不同方面，就可以从多方面增强监狱工作的科学化水平。

第二节 心理矫治的实践方面

一、服刑人员心理矫治的适应证

（一）概述

服刑人员心理矫治的适应证，是指可以使用心理矫治方法处理和解决的心理与行为问题。

在开展服刑人员心理矫治工作时，必须要明确心理矫治的目标问题或者“靶症状”(target symptom)。只有对这些目标问题或者“靶症状”有明确清楚的认识，才能采取有效的干预措施，处理、缓解和解决这些目标问题或者“靶症状”。因此，确定服刑人员心理矫治的适应证，是做好服刑人员心理矫治工作的前提条件之一。

根据监狱的性质和特点、监狱中心理矫治人员的特点等情况，服刑人员心理矫治只能处理和解决一些比较轻微的心理障碍。这些心理障碍大体上分为两种情况。

1. 服刑人员入监之前就有的心理障碍

根据我国刑法第 18 条第 2 款和第 3 款规定，“间歇性的精神病人在精神正常的时候犯罪，应当负刑事责任。尚未完全丧失辨认或者控制自己行为能力的精神病人犯罪的，应当负刑事责任，但是可以从轻或者减轻处罚。”这意味着，在被判处剥夺自由的刑罚的服刑人员中，肯定包括一定数量的患有心理障碍或者精神疾病的人。在执行刑罚的过程中，监狱要对这样的服刑人员，特别是对其中心理障碍程度较轻的服刑人员，开展心理矫治工作。

2. 在服刑人员服刑期间产生的心理障碍

在服刑期间，由于面临巨大的心理压力、遭受严重的自由剥夺等因素，原来精神健康的服刑人员也可能会产生心理障碍或者精神疾病。对于这些服刑人员，监狱应当给予积极的、合理的关注，对他们开展适当的心理矫治活动。

然而，监狱毕竟不是医院，不可能解决服刑人员中所有的心理障碍或者精神疾病，特别是不能解决严重的心理障碍或者重性精神病。主要原因如下。

首先，根据法律规定，患有重性精神病的人即使进行了严重危害社会的行为，也不能对他们判处剥夺自由的刑罚，不能将他们关押到监狱中。我国刑法第 18 条第 1 款规定：“精神病人在不能辨认或者不能控制自己行为的时候造成危害结果，经法定程序鉴定确认的，不负刑事责任，但是应当责令他的家属或者监护人严加看管和医疗；在必要的时候，由政府强制医疗。”

其次，对于在服刑期间发生重性精神病的服刑人员，应当送到专门的监狱医院、医疗监狱或医疗监区、或者精神病院中的特别病房或病区中加以治疗，而不是由普通的监狱工作人员对其进行心理矫治。

最后，将患有重性精神病的服刑人员安置在一般监狱中进行心理矫治，是既不合理也不人道的。这是因为，将这样的服刑人员安置在普通监狱中，会对监狱的正常管理工作带来很大的干扰，会使缺乏这方面知识和技能的监狱管理人员面临很多的困难和问题，即使他们想做好这部分服刑人员的工作，由于专业知识和医疗设施的缺乏等因素，也会出现“事倍功半”的现象。同时，这样的做法也是不人道的，因为患病的服刑人员在普通监狱中得不到有效的治疗和恰当的对待。

因此，必须明确，服刑人员心理矫治工作的对象，主要是心理基本健康的服刑人员；服刑人员心理矫治的适应证应该主要是服刑人员中的一般心理问题和一些比较轻微的心理障碍。对于那些患有严重精神疾病的服刑人员，应当送到专门的监狱医院、医疗监狱或者精神病院中的特别病房或病区中监护和治疗。

(二) 服刑人员心理矫治的主要适应证

一般而言，服刑人员心理咨询和心理治疗都会涉及应激相关障碍、神经（官能）症、人格障碍、习惯和冲动控制障碍、性心理障碍以及服刑人员这个群体中特有的一些心理障碍。具体内容如下。

1. 应激相关障碍

应激相关障碍又称为“反应性精神障碍”，这是指一组主要由心理、社会（环境）因素引起的异常心理反应所导致的精神障碍。决定这类精神障碍的因素主要包括生活事件和生活处境（例如，剧烈的超强精神创伤或者生活事件，持续的困难处境）、社会文化背景以及人格特点、教育程度、智力水平、生活态度与信念等。

应激相关障碍的临床类型主要有以下几种。

（1）急性应激障碍。这是指由急剧而严重的精神打击引起的应激障碍。在遭受刺激后立刻发病，表现出具有强烈恐惧体验的精神运动性兴奋，行为有一定的盲目性；或者表现为精神运动性抑制，甚至木僵。如果应激源被消除，症状往往历时短暂，愈后良好，缓解完全。

（2）创伤后应激障碍。这是指由异乎寻常的威胁性或者灾难性心理创伤导致的延迟出现和长期持续的精神障碍。

（3）适应障碍。这是因为长期存在应激源或者困难处境，加上病人有一定的人格缺陷，产生以烦恼、抑郁等情感障碍为主，同时有适应不良的行为障碍或者生理功能障碍，并使社会功能受损的精神障碍。临床表现主要为持续时间不同的抑郁反应。

2. 神经症

神经症又称为“神经官能症”，这是一组主要表现为焦虑、抑郁、恐惧、强迫、疑病症状或者神经衰弱症状的精神障碍。这类精神障碍有一定的人格基础，是在心理社会（环境）因素的影响下产生的。病人没有可以证实的生理组织发生异常变化的器质性病变基础，症状与病人的现实处境不相称，但是对存在的症状感到痛苦和无能为力，病人的自知力完整或者基本完整；病程多迁延，很难迅速彻底治愈。

神经症的临床类型主要有以下几种：

（1）恐惧症。这是一种以过分地和不合理地惧怕外界客体或者处境为主的神经症。主要包括场所恐惧症、社交恐惧症（社会焦虑恐惧症）、特定的恐惧症等。

（2）焦虑症。这是一种以焦虑情绪为主的神经症。主要包括惊恐障碍（主要表现为反复的惊恐发作）、广泛性焦虑症（对很多事物感到紧张焦虑）。

（3）强迫症。这是一种以强迫症状为主的神经症。

（4）疑病症。这是一种以担心或者相信患有严重躯体疾病的持久性优势观念为主的神经症。

（5）神经衰弱。这是一种以脑和躯体功能衰弱为主的神经症。它以精神易兴奋却又容易疲劳为特征，表现为紧张、烦恼、易激惹等情感症状，以及肌肉紧张性疼痛和睡眠障碍等生理功能紊乱症状。

3. 人格障碍

人格障碍是指人格特征明显偏离正常，使病人形成了一贯的反应个人生活风格和人际关系的异常行为模式。

具有人格障碍者的行为模式，显著偏离特定的文化背景和一般认知方式（在待人接物方面尤其明显），明显影响其社会功能和职业功能，造成对社会环境的适应不良，病人为此感到痛苦。虽然病人没有智能障碍，但是，适应不良的行为模式难以矫正，仅少数病人成年后在程度上可能有改善。人格障碍通常开始于童年期或者青少年期，并且长期持续发展到成年或者终生持续存在。

人格障碍的临床类型主要包括：偏执性人格障碍、分裂样人格障碍、反社会性人格障碍、冲动性人格障碍、表演性人格障碍、强迫性人格障碍、焦虑性人格障碍、依赖性人格障碍①等。其中的一些类型在服刑人员中更加多见。

① 中华医学会精神科分会．中国精神障碍分类与诊断标准（CCMD-3）．3版．济南：山东科学技术出版社，2002：126-132．应当注意的是，在国内以往的精神医学文献中，对于人格障碍的临床类型的命名，与CCMD—3稍有不同。在以往的文献中，强调“型”，例如，反社会型人格障碍、冲动型人格障碍等，术语似乎更加专门化一些；CCMD—3则使用了“性”，例如，反社会性人格障碍、冲动性人格障碍等，术语似乎更加通俗化一些。究竟哪一种命名更好，还有待检验。

4. 习惯和冲动控制障碍

习惯和冲动控制障碍是指在过分强烈的欲望驱使下采取某些不当行为的精神障碍。这些行为不符合社会规范，或者给自己造成危害，行为的目的仅仅在于获得自我心理的满足。

习惯和冲动控制障碍的临床类型主要包括病理性赌博、病理性纵火和病理性偷窃等。

5. 性心理障碍

性心理障碍过去通常称之为“性变态”，是指两性行为的心理和行为明显偏离正常，并以这类性偏离作为性兴奋、性满足的主要或唯一方式的精神障碍。[①]

性心理障碍的临床表现很多，与服刑人员心理矫治有关的性心理障碍主要有[②]：恋物症、异装症、露阴症、窥阴症、摩擦症、性施虐症和性受虐症、同性恋[③]、恋童癖[④]等。

6. 服刑人员特有的心理障碍

服刑人员特有的心理障碍主要是指在监狱内的服刑人员中普遍存在的一些心理障碍。这类心理障碍主要包括以下两点。

（1）不同程度的悲观抑郁情绪，包括悲观、抑郁、绝望等。

（2）拘禁性精神障碍。又称为“拘禁反应”，这是在监禁条件下产生的与这种特殊境遇有密切联系的一类心因性或反应性精神障碍。临床表现包括多种精神障碍。[⑤]

二、服刑人员心理矫治的步骤

服刑人员心理矫治的具体实施，大体上要分为下列步骤。[⑥]

（一）进行有关准备

在开展服刑人员心理矫治工作之前，首先要进行前期准备工作。主要内容包括以下几点。

1. 人员准备

人员准备是指要安排开展服刑人员心理矫治工作的合格的心理矫治人员。服刑人员心理矫治工作是一项专业性、技术性要求都很高的特殊工作，并非任何人都可以进行这样的工作。特别是一些专门化的深度的服刑人员心理矫治工作，更需要符合条件的专业人员。因此，为了开展服刑人员心理矫治工作，必须物色合格的心理矫治人员。

司法部《监狱教育改造工作规定》第 49 条第 1 款规定：“监狱从事心理测验、心理咨询工作的人员应当具备以下条件：（一）取得心理咨询员、心理咨询师、高级心理咨询师等国家职业资格证书；（二）具有强烈的事业心和高度的责任感；（三）具有良好的品行和职业道德。”应该把这条规定看成对服刑人员心理矫治人员的基本资格要求。

---

① 沈渔邨．精神病学．4 版．北京：人民卫生出版社，2001：524.

② 在以往的精神病学文献中，大多使用“癖”来命名性心理障碍的临床症状，在具体文字上也与 CCMD—3 有细微的差别，例如，恋物癖、露阴癖、窥淫癖等。

③ 对于同性恋，很多文献中表示了不同的态度和看法。但是，在 CCMD—3 中，仍然包括了同性恋，把它作为性心理障碍（性变态）的一种。中华医学会精神科分会．中国精神障碍分类与诊断标准（CCMD-3）．3 版．济南：山东科学技术出版社，2002：139.

④ CCMD—3 没有包括“恋童癖”这种类型。但是，从国内外的资料来看，这种心理障碍是性犯罪人普遍具有的一种特征，对性犯罪人的心理矫治应当包括对这种心理障碍的矫治。

⑤ 吴宗宪．中国服刑人员心理矫治．北京：法律出版社，2004：440 - 445.

⑥ 吴宗宪．中国服刑人员心理矫治技术．北京：中国轻工业出版社，2007：16 - 21.

2. 设施准备

在从事服刑人员心理矫治工作之前，应当安排专门的房间，对房间进行一定的布置，配备必要的家具、电脑等办公设施，添置必要的仪器设备，购置必要的心理测量工具，从而为开展服刑人员心理矫治准备基本的环境条件。

3. 制度准备

在从事服刑人员心理矫治工作之前，应当制定有关服刑人员心理矫治工作的制度，保证服刑人员心理矫治工作有序地进行。在这些制度中，既有对心理矫治人员的要求，对心理矫治环境的要求，也有对服刑人员的指导和要求，有关与监狱其他活动的衔接方面的规定，服刑人员心理矫治工作的具体程序等方面的规定。

4. 教育准备

教育准备是指通过开展心理健康和相关教育，让服刑人员了解心理矫治工作的内容、重要性和求助途径的活动。

5. 信任准备

信任准备是指服刑人员心理矫治人员要通过多种途径，努力建立相互信任的心理矫治关系（即心理矫治人员与求助服刑人员之间的关系，也就是通常所说的医患关系），促使服刑人员对矫治人员产生信任的工作。服刑人员心理矫治工作的基本条件之一，就是要建立相互信任的心理矫治关系，特别是要让服刑人员对心理矫治人员产生信任，这样，他们才有可能倾诉自己的问题，寻求心理矫治人员的帮助。如果服刑人员对心理矫治人员没有起码的信任，就不可能真诚地求助。

（二）开展心理评估

服刑人员心理评估是指利用多种方法全面深入地了解服刑人员存在的心理和行为问题，并做出准确诊断的活动。

准确的服刑人员心理评估，是开展有效的心理矫治活动的基本前提之一。只有准确了解服刑人员的问题，才能开展有效的矫治活动。为了做好这项工作，首先必须全面收集信息。心理矫治人员通过观察、谈话、心理测验、仪器测定甚至调查等方法，尽可能全面地收集有关求助服刑人员的信息。其次，要准确做出诊断，对求助服刑人员存在的问题及其原因和程度做出恰当的判断。

（三）实施心理矫治

在做出准确诊断的基础上，就要对求助服刑人员开展矫治活动。具体的矫治活动实际上包括两个方面或者两个阶段。

1. 制定矫治方案

有效地对求助服刑人员进行矫治活动的重要条件，就是要根据诊断结果制定适合服刑人员情况和监狱环境条件的矫治方案。矫治方案主要包括下列内容。

（1）分析服刑人员存在的问题和治疗相关条件，从而对服刑人员自身存在的问题以及有利于或者妨碍矫治的条件有恰当的认识。

（2）确立矫治目标。根据对服刑人员存在的问题和所具备的矫治条件的分析，心理矫治人员要确立预期的矫治目标，也就是通过矫治活动所要达到的预想结果。

（3）确定矫治方式。要根据矫治目标选择合适的矫治方式，用最恰当、最有效的矫治方法实现矫治目标。治疗方法的选择，要考虑服刑人员存在的心理和行为问题、服刑人员自身的条件、监狱的环境、矫治人员的能力等多个方面。所选择的矫治方法，可以是单一的方法，也可以是多种方法结合使用。

2. 开展矫治活动

在制定了切合实际的矫治方案之后，就要全力以赴地组织心理矫治活动，使用矫治方案确定的方式，实现矫治方案确立的目标。

（四）结束矫治活动

服刑人员心理矫治的最后一个步骤，就是恰当地结束矫治活动。在这个阶段，要进行下列活动。

1. 总结矫治活动

矫治人员要在矫治活动结束时，对矫治活动及其效果进行简要的总结。总结的内容主要包括两个方面：一是评价矫治效果；二是指导服刑人员在矫治活动结束后继续努力，将所学习的内容应用到以后的日常生活中，用来指导、改善自己的日常生活，提高服刑人员的社会适应能力，改善服刑人员的社会适应状况。通过这样的迁移、应用和实践等活动，巩固和扩展心理矫治的效果，从而达到改变服刑人员的心理和行为，对服刑人员产生积极的影响的目的。

2. 开展随访工作

在所计划的矫治活动结束之后，矫治人员的工作并不立即结束。为了巩固疗效，预防复发，矫治人员应当注意开展治疗之后的随访活动，在治疗活动结束之后继续接触服刑人员，发现他们所出现的问题，帮助他们解决新产生的问题，从而继续给他们提供必要的帮助，将治疗效果稳定下来。同时，也可以在随访中，征求他们对心理矫治活动的意见，为改善矫治工作，提高矫治水平做准备。

三、服刑人员心理矫治的原则

服刑人员心理矫治的原则，是指在服刑人员心理矫治活动中应当遵循的基本准则。这些原则主要有以下几点。

1. 合法性原则

合法性原则是指服刑人员心理矫治活动必须符合法律规定的原则。

根据这项原则，对服刑人员开展的一切心理矫治活动，都必须符合法律规定的内容或者法律规定的精神。绝不能进行违反法律规定或者法律精神的心理矫治活动，即使出于善意也不得进行这样的心理矫治活动。

2. 伦理性原则

伦理性原则是指服刑人员心理矫治活动必须符合道德要求的原则。

根据伦理性原则，在对服刑人员开展心理矫治活动时，要注意下列方面。

（1）矫治活动必须为服刑人员的利益着想。心理矫治活动的根本宗旨和唯一目的，就是促进服刑人员的身心健康，提高服刑人员的社会生活适应能力。既不能出于别的考虑或者目的而进行心理矫治活动，例如，不能出于纯粹研究的目的开展心理矫治活动；也不能利用服刑人员心理矫治活动为心理矫治人员牟利。

（2）尽可能提供最好的心理矫治。要努力避免可能对服刑人员造成的损害，最大限度地避免使用可能导致服刑人员发生身心危险的措施或者技术。在不明确某种技术可能产生的危害后果时，要避免使用这类技术。在自己不能确切诊断服刑人员存在的心理问题时，不能轻率地匆忙下结论，而应当利用更多的方法收集信息，花费更多的时间进行思考，或者请更有经验的矫治人员一起会诊，在确切查明问题的基础上，开展相应的心理矫治活动。

此外，在确诊之后，如果认为在现有的条件下，无法进行有效的矫治活动时，要及时报告监狱管理人员，请求将服刑人员转到适合的机构进行治疗，而不能无故拖延，不能冒险开展矫治活动。应当认识到，适时转诊，是恰当对待有严重问题的服刑人员的合理态度和恰当行为。

（3）保守矫治秘密。不得将服刑人员心理矫治活动中发现的情况，当作茶余饭后的闲聊话题。即使发现了可能严重危及监管安全的问题时，也要按照一定程序，按照规定转告有关的监狱管理人员或者其他有关人员，而不是随意告诉与服刑人员有关的任何人。在发表个案资料或者研究文章时，不应当使用服刑人员个人的真实姓名、案件其他当事人的真实姓名、服刑人员家庭成员的真实姓名和服刑人员的具体家庭住址。

3. 实效性原则

实效性原则是指服刑人员心理矫治活动必须追求实际效果的原则。在服刑人员心理矫治活动中，要避免搞形式主义，防止摆花架子，不做表面文章，不能追求形式上的美观豪华，而应当把提高心理矫治效果作为唯一的追求。

4. 综合性原则

综合性原则是指要利用多种技术和方法并与有关方面协作开展服刑人员心理矫治活动的原则。

服刑人员心理矫治活动并不是万能的，也不是仅仅靠一些专业人员就能够奏效的。为了有效地开展服刑人员心理矫治活动，就必须贯彻综合性的原则。具体来说，首先，要专业人员和非专业人员相结合，使心理矫治活动在不同水平和层次上进行。其次，要多种心理矫治技术相结合，最大限度地发挥有关技术的综合效应，增强服刑人员心理矫治的效果。最后，要与其他改造活动相协调，从而为开展服刑人员心理矫治活动提供时间和其他条件，最大限度地发挥心理矫治的效果，利用各类改造方法的优势达到真正改造服刑人员的目的。

5. 安全性原则

安全性原则是指在服刑人员心理矫治中要充分考虑安全问题的原则。

安全性原则主要包括下列内容。首先，要使用安全的方法开展心理矫治活动。其次，要保障服刑人员的安全。服刑人员心理矫治活动的进行，不能以损害服刑人员的身心健康为代价。最后，要保障监狱的安全。在心理矫治活动中，要保障心理矫治人员和监狱中其他工作人员、来访人员的安全；其他服刑人员的安全；监狱设施和财物的安全；服刑人员自身的安全。

第三节 心理矫治的主要内容与方法

一、心理评估[①]

对服刑人员进行心理评估，不仅是心理矫治的重要步骤，而且是心理矫治活动的重要内容。

① 吴宗宪．中国服刑人员心理矫治．北京：法律出版社，2004：24-31．

(一) 服刑人员心理评估的方法

从开展服刑人员心理矫治以及监管改造服刑人员的角度来看，对服刑人员的心理评估可以采用多种方法进行。

(1) 心理测验。这是指利用心理测量工具了解服刑人员心理的活动。目前，我国监狱系统的心理矫治人员已经应用多种心理测量工具，特别是多种心理量表了解服刑人员的心理状况和行为特征，为准确了解服刑人员搜集资料和信息。

(2) 面谈。这是指在心理矫治人员与服刑人员之间当面进行的对话式交流。通过心理矫治人员与有关服刑人员之间进行面对面的谈话交流，可以深入了解服刑人员的心理和行为方面的信息。

(3) 观察。这是指通过有意识地观看服刑人员的行为了解有关信息的活动。观察是了解服刑人员情况的重要手段。接受过一定训练的心理矫治人员，可以通过观察服刑人员，了解服刑人员的许多情况。在观察的过程中，心理矫治人员所积累的有关经验，对于提高观察的效果和增强观察的准确性，有很大的帮助作用。观察可以在多种场合和时间进行，既可以在服刑人员劳动、学习和生活的自然情境中进行，也可以在心理矫治人员专门设置的人为情境中进行，既可以在平时进行，也可以在特殊时刻进行。

(4) 调查。这是指通过服刑人员本人之外的途径了解有关信息的活动。为了对特定服刑人员的心理和行为等情况做出评价，可以通过多种途径了解有关这个服刑人员的信息，例如，可以向与该服刑人员同监舍的其他服刑人员了解情况，可以向监管服刑人员的监狱工作人员了解服刑人员的情况，可以从服刑人员的档案材料中了解服刑人员的情况，还可以向与服刑人员有关的其他人员了解有关情况，例如，服刑人员的家属、服刑人员过去的朋友、同事、老师等。

(二) 服刑人员心理评估的时间和次数

对于服刑人员的心理评估，可以在不同的时间进行。从目前的情况来看，一些监狱在服刑人员新入监时，就开展普遍的心理评估或者心理普查（主要是利用心理测验方法进行的），并把这种心理评估的结果作为服刑人员分类、安置和开展有关心理矫治活动的重要参考依据。

不仅如此，心理矫治人员还可以根据需要在其他时间进行心理评估。例如，对于一些经过入监时的心理普查发现有明显问题的服刑人员，可以有重点地进行心理评估，进一步确定服刑人员存在的问题，为开展有针对性的心理矫治工作提供依据。再如，在一项比较系统的心理矫治活动之后，也可以开展心理评估，评定这项心理矫治活动的效果。又如，在服刑人员即将从监狱释放时，也可以开展心理评估，为帮助服刑人员重新适应社会生活和预防重新犯罪提供信息。

根据服刑人员情况的不同，对服刑人员进行心理评估的次数也可以是不同的。从全面了解服刑人员情况的角度来看，对于每个服刑人员至少应该进行两次心理评估（心理普查）：一次是在服刑人员新入监时进行的心理评估，另一次是在服刑人员即将释放出狱时进行的心理评估。在服刑人员新入监时进行的心理评估，可能会对监管改造服刑人员产生多方面的良好效果；在服刑人员释放出狱时进行的心理评估，可以对服刑人员释放后的社会适应和预防重新犯罪产生积极的效果。

同时，对于那些在入监时的心理普查中发现了明显问题的服刑人员，可以进行更多次的心理评估。例如，为开展专门的心理矫治活动而进行的心理评估，在心理矫治活动之后为了验证心理矫治效果而进行的心理评估等。

(三) 服刑人员评估结果与心理档案

服刑人员心理评估的结果，要形成对服刑人员的心理诊断。所谓心理诊断，就是用心理学的方法评定服刑人员的心理和行为情况并做出具体判断的活动。通过心理评估，要对每个服刑人员做出具体的诊断，包括是否存在心理和行为问题，存在什么样的问题，存在的问题的严重程度，产生问题的相关因素等。

对于在服刑人员心理评估过程中了解到的信息以及最后做出的心理诊断，应当记入服刑人员心理档案。服刑人员心理档案就是记录服刑人员心理和行为情况以及其他相关信息的资料。一般来说，服刑人员心理档案应该有两份：一份作为资料存档保管，另一份随服刑人员调动，供开展心理矫治活动使用。服刑人员心理档案应当妥为保管，不得随意让无关人员接触。

二、心理健康教育

在监狱中对服刑人员进行的心理健康教育，是指为了向服刑人员普及心理健康知识而进行的教育活动。

对服刑人员进行心理健康教育，具有重要的意义。一是帮助服刑人员认识自己的心理健康问题。服刑人员是存在较多健康问题的人群之一。调查发现，服刑人员中存在心理健康问题的人数比较多。山东省第三监狱运用 16 种人格因素问卷（16PF）测验表明，约70%的服刑人员存在不健康心理，其中约 45%的服刑人员有较重的心理障碍。上海提篮桥监狱在心理门诊中发现，约 51.4%的服刑人员存在心理障碍；上海青浦监狱应用加州人格调查表（CPI）、明尼苏达多相人格调查表（MMPI）和艾森克人格问卷（EPQ）对 108 名服刑人员进行的系统测量发现，52.8%的服刑人员存在不同程度的心理障碍，其中 23.1%的服刑人员具有明显的反社会人格特点，29.7%的服刑人员存在病理心理问题。[①] 从西方国家监狱中的情况来看，服刑人员中有一般的情绪或者心理问题的数量较多，而有严重精神疾病（serious mental illnesses）的并不是很多。例如，根据美国一些研究者在 20 世纪 80 年代后期和 90 年代中期以前的调查，在监狱犯人中，有严重精神疾病的犯人仅占 8%左右；在看守所犯人中，有严重精神疾病的犯人仅占 7%左右；在缓刑犯人中，有严重精神疾病的犯人仅占 6%左右。[②] 因此，有必要向服刑人员普及心理健康常识，帮助他们更好地了解自己，使他们能够知道心理问题的特点与表现，能够确定自己是否出现了心理健康问题。二是教育服刑人员掌握自我调节方法。要通过心理健康教育，帮助服刑人员学会自我调节方法，注意预防身心疾病的发生，自我努力解决暂时性的轻微的心理问题，起码防止心理问题的恶化或者引起严重的危害后果。三是教育服刑人员知道求助途径，使他们能够在别人的帮助下，解决自己难以克服的心理问题。

服刑人员心理健康教育可以采取多种方法进行。例如，编写适合服刑人员的心理健康

---

① 孙安清，章各风，王争鸣．上海服刑人员心理矫治工作的现状及其发展．犯罪与改造研究，1996 (12)：29.

② Todd R. Clear & George F. Cole. *American Corrections*. 5th edition. West/Wadsworth, Belmont, 2000: 324.

教育教材，通过监狱中的课堂、闭路电视、有线广播、报纸、刊物、墙报等在服刑人员中开设心理健康教育课程、讲座、专栏等，对有心理健康问题的服刑人员进行心理咨询等。

三、心理咨询

服刑人员心理咨询就是应用心理学方法对服刑人员提供解释、启发和指导等帮助的活动。

服刑人员心理咨询是服刑人员心理矫治的重要内容，也是开展服刑人员心理矫治的重要方式。服刑人员心理咨询对于解决服刑人员中的下列问题，可以发挥重要作用。①

(1) 改造生活中的情感障碍。例如，抑郁、焦虑、恐惧、紧张等。帮助来访服刑人员分析原因，辅导对策，消除危机，解除忧虑，端正态度。

(2) 帮助弄清生理疾病的性质，指导来访服刑人员制定有效的保健方案，帮助来访服刑人员摆脱因疾病带来的心理困惑，尽早恢复身心健康。

(3) 婚姻、家庭问题指导。例如，如何处理离婚问题，家庭成员如何更和谐地相处等。

(4) 指导来访服刑人员更有效地提高改造成绩。例如，怎样处理改造中的人际关系，如何消除疲劳与厌倦等。

(5) 学习方面的问题。例如，注意力不集中问题，记忆力减退问题等，从而帮助来访服刑人员掌握学习方法，提高学习效果，克服学习障碍。

(6) 介绍生理卫生知识。例如，有关睡眠、饮食、休息的合理性，科学用脑，提高对新环境的适应性等。

(7) 如何争取政府和家庭的理解与支持，创造良好的条件和环境，心情舒畅地投入改造，以便提高改造质量的问题。

服刑人员心理咨询的方法很多，可以从不同角度加以分类。

(1) 根据参加咨询活动的服刑人员数量的不同，可以分为个别咨询（一名心理矫治人员对一名服刑人员的咨询）和集体咨询（一名心理矫治人员同时对多名服刑人员的咨询）。

(2) 根据心理咨询的进行方式，可以分为面谈咨询（心理矫治人员通过面对面的谈话进行的咨询）、电话咨询（心理矫治人员通过接听电话进行的咨询）、专栏咨询（通过在电视、报刊、广播等传播媒介中开设专栏进行的咨询）、通信咨询（通过书信往来进行的咨询）。

(3) 根据心理咨询的进行时间，可以分为简短咨询（对比较简单的心理问题进行的时间较短、次数较少的咨询）和长期咨询（对比较复杂的心理问题进行的时间较长、次数较多的咨询）。

(4) 根据咨询对象的情况，可以分为本人咨询（对有心理健康问题者本人进行的咨询）和家庭咨询（对有心理健康问题者本人及其家庭一起开展的咨询）等。

(5) 根据咨询场所的不同，可以分为狱内咨询（在监狱内进行的咨询）和狱外咨询（在监狱外进行的咨询），或者门诊咨询（在专门的咨询场所进行的咨询）和非门诊咨询（在一般的生活、工作等场所进行的咨询）等。

---

① 侯绍臻，王有模．服刑人员心理健康教育读本．济南：山东画报出版社，1998：79.

四、心理治疗

服刑人员心理治疗是指利用心理学等学科的理论和技术消除服刑人员的异常心理和不良行为习惯的治疗方法与治疗活动。

服刑人员心理治疗是一般的心理治疗（psychotherapy）在监狱领域中的应用。一般的心理治疗方法比较多，但是，只有其中的一部分已经应用于对服刑人员的矫正活动中。同时，在国内外矫治服刑人员的过程中，也创造了若干心理学的矫治方法，例如，通常所说的现实疗法，就属于这样的方法。

服刑人员心理治疗的主要方法，就是心理学方法和技术，包括言语面谈、行为训练等。这是心理治疗与躯体治疗或者药物治疗的主要区别。当然，对于有医师资格的心理矫治人员来说，也可以斟酌使用一些药物辅助心理治疗。但是，心理治疗的主要方法是心理学方法。

服刑人员心理治疗与服刑人员心理咨询往往是很难区别的。它们之间有很多相似之处，在心理咨询过程中，咨询员对来访服刑人员的分析、指导等活动，本身就具有心理治疗的作用；而在心理治疗之前，矫治人员对服刑人员的事前调查、了解等，也具有心理咨询的性质。因此，从一定意义上可以说，心理咨询是一种有效的心理治疗，而心理治疗是心理咨询中不可缺少的手段，当在心理咨询中发现了比较严重的心理问题时，就需要通过心理治疗加以解决。

如果要说心理咨询与心理治疗之间的区别的话，可以说，心理咨询所要解决的问题比较轻微，但比较广泛，其对象主要是心理正常的人，对于咨询员的资格要求也比较低；心理治疗所要解决的问题比较严重，很多属于精神疾病的范围，其对象主要是有心理疾病的人，对于矫治人员的资格要求也比较高。

心理治疗的具体技术很多。根据心理治疗的主要特点，可以分为下列种类。

（1）分析性治疗技术。这是以精神分析学说为基础的一类心理治疗技术。这类技术的主要特点是，在心理治疗过程中探讨治疗对象的深层心理，了解无意识的心理动机、欲望和精神动态，从而增进治疗对象对于自己的了解，改善治疗对象的适应方式，达到心理治疗的目的。主要包括精神分析疗法、领悟疗法等具体方法。

（2）认知性治疗技术。这是指通过解决服刑人员的认知问题，影响和改善其情绪和行为问题的心理矫治技术。在监狱的服刑人员中，许多服刑人员存在不恰当的认知——看法、观念等，它们不同程度地影响着服刑人员的监狱生活，是导致服刑人员在监狱中适应不良的重要因素。因此，可以通过认知性心理治疗技术，解决服刑人员中存在的不恰当看法和观念等，从而达到矫治服刑人员的目的。主要包括认知疗法、合理情绪疗法、心理疏导疗法、内省法等具体方法。

（3）支持性治疗技术。这是指利用治疗者与患者之间的良好关系以及治疗者的权威、知识与关心等支持治疗对象，从而帮助治疗对象发挥潜力、克服心理和行为等问题的一类治疗方法。这类治疗方法的核心，是帮助治疗对象积极适应所面临的现实环境。在心理学文献中，通常把这类技术称为“支持性心理疗法”“支持疗法”“精神支持性疗法”等。主要包括人际支持技术、监狱环境支持技术、家庭支持技术以及家庭外社会环境支持技术等。

（4）人际性心理治疗技术。这是指通过服刑人员与他人之间的相互作用而产生治疗效果的一类心理治疗技术。所有的心理治疗活动都强调人际关系和相互作用。不过，在大多数情况下，服刑人员心理治疗尤其强调心理矫治人员与服刑人员之间的人际关系和相互作用。不过，在使用人际性心理治疗技术时，特别强调接受治疗的服刑人员之间以及服刑人员与相关人员之间的相互作用，把建立或者改善服刑人员之间以及他们与相关人员之间的人际关系，当作治疗工作的重要内容。主要包括心理剧法、角色扮演法、相互作用分析法、指导性群体互动法、积极的同伴文化法、治疗社区法、家庭疗法等。

(5) 行为性治疗技术。又称为“行为矫正”“行为疗法”等，这是指主要强调改变服刑人员适应不良行为的一类心理矫治技术。这类技术的核心内容是改变或者消除服刑人员目前存在的适应不良行为。其基本原理是基于条件反射作用和社会学习理论的强化技术，包括正强化（奖赏）和负强化（惩罚）。一般而言，在使用这类技术时，通常不强调了解服刑人员的过去，也不追究适应不良行为的来源，而主要关注目前存在的适应不良行为。主要包括正强化技术（代币强化法、行为合同法、塑造法等）、负强化技术（厌恶疗法、消极练习法、系统脱敏法、冲击疗法等）、现实疗法、社会技能训练法和其他行为疗法（消退技术、过度矫正技术、反应代价技术、自我管理技术等）。

(6) 其他的治疗技术，包括生活技能训练技术、暗示治疗技术、工娱疗法，以及道家静功疗法、归因技术和森田疗法等方法和技术。

五、危机干预

服刑人员危机干预是指对处于心理危机状态中的服刑人员迅速给予关怀和帮助的活动。

危机是个人无法利用现有资源和惯常使用的应对机制加以处理的事件和遭遇。一般来说，服刑人员是否遇到危机，需要根据 3 项标准进行确定：(1) 存在和发生对服刑人员产生严重心理影响的重大事件或者遭遇；(2) 这类事件或者遭遇使服刑人员产生急性情绪紊乱或者认知、躯体、行为等方面的显著改变，但是它们都不符合精神疾病的诊断标准；(3) 服刑人员利用自己的力量、资源或者惯常使用的应对方法不能处理这些问题。

心理危机是指个人认为自己遇到了个人资源和应付机制无法解决的困难时发生的强烈而急迫的情绪体验。在监狱中，服刑人员的心理危机是由某种急剧的、有危害性的事件或者情境引起的，例如，受到监狱工作人员的严厉批评或者处罚，受到其他服刑人员的欺负，得到配偶离婚的消息等。

服刑人员遇到的危机，有可能引起危险的后果，也有可能引起积极的变化。在服刑人员发生心理危机时，如果不及时给予有效的干预，就有可能使服刑人员产生情感、认知和行为方面的功能失调，从而会引起严重的消极后果。例如，服刑人员自残（自己残害身体）、自杀、进行严重暴力行为等。但是，如果在服刑人员遇到危机时，及时给予有效的危机干预或者帮助，那么，不仅会防止危机的进一步发展，而且会帮助服刑人员学会新的应对技巧，使心理平衡恢复到危机发生前的水平，甚至超过危机发生前的水平。从这一点来讲，危机也是一种机遇，是引导服刑人员发生显著变化的一个转折点。因此，危机干预的最低目标，就是帮助服刑人员解决危机，使其功能水平至少恢复到危机前的水平；危机干预的最高目标，则是提高服刑人员的心理平衡能力，使其高于危机发生前的平衡状态。

在监狱环境中，对服刑人员进行危机干预，是服刑人员心理矫治的一个重要方面，也是心理矫治工作者充分发挥其积极作用的一个重要领域。通过危机干预，心理矫治工作者可以有效处理服刑人员自伤、自杀、家庭遭受不幸变故后的情绪紊乱和遭受惩罚后的心理危机等问题，有效地防止不幸事件的发生，有力地维护监管安全。

在危机干预过程中，可以根据情况使用上述的多种心理治疗技术。这些技术大体上可以分为下述三大类：与服刑人员进行沟通和建立良好关系的技术；给发生心理危机的服刑人员提供精神和情感支持的技术；解决问题的干预技术。

在危机干预的过程中进行干预的基本策略和技术有以下几点。

（1）主动倾听并热情关注，给予心理上支持。

（2）提供疏泄机会，鼓励当事者将自己的内心情感表达出来。

（3）解释危机的发展过程，使当事者理解目前的境遇、理解他人的情感，树立自信。

（4）给予希望和保持乐观的态度和心境。

（5）培养兴趣、鼓励积极参与有关的社交活动。

（6）注意社会支持系统的作用，多与家人、亲友、同事接触和联系，减少孤独和心理隔离。

【问题与思考】

1. 什么是服刑人员心理矫治？
2. 服刑人员心理矫治的目标有哪些？
3. 服刑人员心理矫治有什么价值？
4. 什么是服刑人员心理矫治的适应证？有哪些适应证？
5. 服刑人员心理矫治的主要步骤是什么？
6. 开展服刑人员心理矫治应该遵循哪些原则？
7. 什么是服刑人员心理评估？
8. 什么是服刑人员心理健康教育？
9. 什么是服刑人员心理咨询？
10. 什么是服刑人员心理治疗？
11. 什么是服刑人员危机干预？

【推荐参考论著】

1. 吴宗宪．监狱学导论．北京：法律出版社，2012.
2. 吴宗宪主编．中国服刑人员心理矫治技术．北京：北京师范大学出版社，2010.
3. 吴宗宪：罪犯改造论——罪犯改造的犯因性差异理论．北京：中国人民公安大学出版社，2007.
4. 吴宗宪主编．中国服刑人员心理矫治．北京：法律出版社，2004.
5. 章恩友．罪犯心理矫治基本原理．北京：群众出版社，2004.
6. 吴宗宪．国外罪犯心理矫治．北京：中国轻工业出版社，2004.
7. 李成，刘居祥，张安民主编．罪犯心理矫治专论．北京：中国文联出版社，2001.

第十一章
特殊类型罪犯的管理与改造

内容导读

在监管改造罪犯的过程中，一些类型的罪犯具有一些独特的问题，需要给予特别的关注。未成年犯和女犯就属于这种类型的罪犯。未成年犯的独特性主要表现在年龄小、可塑性强、知识经验不足、冲动性强等方面，而女犯的独特性主要表现在生理和心理的特殊性等方面。因此，在管理与改造中，要充分考虑他们的独特性，给他们以相应的、恰当的对待。

第一节 未成年犯

根据刑法规定，已满16周岁的人犯罪，应当负刑事责任；已满14周岁、不满16岁的人，犯故意杀人、故意伤害致人重伤或者死亡、强奸、抢劫、贩卖毒品、放火、爆炸、投放危险物质罪的，应当负刑事责任。实施上述犯罪的未成年人，虽然根据法律的有关规定被从轻或者减轻处罚，但是，仍然有一部分犯罪的未成年人被判处剥夺自由的刑罚，需要在监禁机构——未成年犯管教所中服刑。

一、未成年犯服刑机构

未成年犯是指未满18周岁的罪犯。

未成年犯这一社会群体与一般未成年人有不同的地方，也有共同的地方。他们同样正值一生中非常重要的生理阶段——青春发育时期。在这一时期，人体新陈代谢十分旺盛，人体发育速度进入一个新的突增阶段，身体由不成熟迅速走向成熟。其突出的表现是：身体形态迅速发展，身高增长，体重增加；性机能逐渐成熟，第二性特征日趋明显。在意识上，一方面，他们独立意识强烈，另一方面认识能力低；一方面自尊意识强，另一方面控制能力弱。由未成年犯的生理、心理与个体社会化阶段决定，未成年犯具有以下特点：一是处于长身体的关键时期；二是个体的是非分辨能力差；三是个体的可塑性大，亦即容易改变其价值观、个人知识储备、能力、习惯等；四是个体活动能量大，但自我控制能力弱。①

未成年犯在专门的机构——未成年犯管教所中服刑。让未成年犯单独在这类机构中服刑是很有必要的。考虑到未成年犯的上述特点，为了避免未成年犯在监狱中与成年犯交往共处，受到犯罪文化、不良文化的深度感染，不断学习犯罪方法，内化违法犯罪意识，同时为了保证未成年犯在接受刑罚，实现社会正义、法律正义的前提下，尽可能接受完整的、规范的教育，学习劳动技能，为未成年犯社会化创造好的社区环境，我国法律规定未成年犯单独在专门机构中关押和服刑。刑事诉讼法第264条第3款规定，对未成年犯应当在未成年犯管教所执行刑罚。监狱法第74条规定："对未成年犯应当在未成年犯管教所执行刑罚。"由于单独关押未成年犯能够使监管机构向未成年犯提供具有针对性的处遇，有利于对未成年犯开展针对性的教育、组织或者安排与未成年犯年龄与发展要求相应的劳动训练活动，国际社会也主张单独关押未成年犯。例如，联合国大会1985年11月29日第40/33号决议通过的《联合国少年司法最低限度标准规则》（又称为"北京规则"）第26条第3项规定："应将被监禁的少年与成年人分开，应将他们关押在分别的一个监所或关押在成年人的监所的一个单独部分。"

根据司法部1999年12月18日发布的《未成年犯管教所管理规定》，未成年犯管理所由各省（直辖市、自治区）根据需要设置，但是要经司法部批准。未成年犯管教所设置管理、教育、劳动、生活卫生、政治工作等机构，对未成年犯的管理实行所、管区两级管理。

考虑未成年犯管教所关押对象的特殊性，为强化对未成年犯的改造，未成年犯管教所管理人员配备比例应当高于监狱。此外，管理人员的文化水平应当在大专以上，学习法律、心理学与教育学的干警应当达到一定比例。

早在20世纪50年代我国就设置了关押和改造未成年犯的专门机构——少年犯管教所。后来，各地少管所除关押未成年犯外，还收容一批根据刑法规定虽然触犯刑律但因不满16周岁不予刑罚处罚而由政府收容教养的未成年人。1986年1月7日，司法部在《关于印发〈第二次全国少年管教工作会议文件〉的通知》中指出："为了适应当前犯罪少年的新情况、新特点，有利于他们的改造和出所后的安置、帮教工作，经研究决定，将'少年犯管教所'改称为'少年管教所'。"但是，由于收养教养的法律性质不同于犯罪，1996年1月22日司法部发布《关于将政府收容教养的犯罪少年移至劳动教养场所收容教养的通知》，将收容教养者从少年管教所分离出去，随后将少年管教所更名为"未成年犯管教所"。在实践中，将"未成年犯管教所"简称为"未管所"。

二、对未成年犯的管理

对未成年犯的管理主要包括下列内容。

（一）维护正常监管秩序

虽然未成年犯是未成年人，但是，他们毕竟是罪犯，触犯了国家刑律，自身有一定恶性与社会危险性。无论从惩罚角度说，还是从矫正的角度讲，他们都需要在监禁机构中接

① 鲁加伦．中国未成年罪犯改造研究．长春：吉林出版社，2000：82．

受刑罚处罚。

作为关押未成年犯的机构，未成年犯管教所的基本任务就是收押未成年犯，执行人民法院对罪犯所作出的判决，维护正常的监管秩序。

1. 构筑围墙，实施封闭管理

目前，我国的未成年犯管教所实施封闭管理。根据《未成年犯管教所管理规定》，未成年犯监管区的围墙可以安装电网，在重要位置可以安装监控与报警装置。设置的警戒由未成年犯管教所设立的警卫机构执行。

2. 对违反监管规范的行为予以相应处罚

为建立监管秩序并矫正未成年犯的恶习，未成年犯管教所对未成年犯实施规范化管理。对违反监管规范的，未成年犯管教所可以根据行为人违反规范程度给予警告、记过或者禁闭处分。构成犯罪的，追究行为人的刑事责任。未成年犯的禁闭期限为 3 日至 7 日。

(二) 保障未成年犯身体发育与身体健康

为保障未成年犯的身体发育与身体健康，未成年犯管教所应当合理配膳，保证未成年犯吃饱、吃得卫生。对有特殊饮食习惯的少数民族罪犯，应当单独设灶配膳；对生病者在伙食上予以照顾。

未成年犯以班组为单位住宿，不得睡通铺，人均居住面积不得少于 3 平方米。

未成年犯管教所应当合理安排未成年犯的作息时间，保证未成年犯每日的睡眠时间不少于 8 小时。

经检查批准，未成年犯可以收受生活用品以及钱款。现金由未成年犯管教所登记保管。未成年犯管教所设立生活物资供应站，由人民警察管理，保证未成年犯日常生活用品的供应。

未成年犯管教所在当地卫生主管部门指导下开展医疗、防病工作，设立医疗机构，保证未成年犯有病得到及时治疗，按照“预防为主、防治结合”的要求，做好未成年犯的防疫保健工作，每年进行一次健康检查。

(三) 依法管理与生活指导相结合

管教结合是监狱工作管理的基本原则。具体到未成年犯管理，由于被管理对象涉世浅，生活经验不足，为了矫正他们，帮助他们形成正确的生活态度，同时为了提高管理的人文性与柔性，未成年犯管教所的干警在管理未成年犯时应当将依法的管理和对他们生活的帮助与指导结合起来。生活指导的内容包括：如何处理同犯与同犯的关系；如何处理自己与管理人员之间的关系；如何处理与家人的关系；如何利用闲暇时间；如何消费；如何安排日用钱物；如何独处；等等。

(四) 促进未成年犯回归社会

对于未成年犯而言，虽然其自身的再社会化很重要，但是，其自身的社会化也非常重要。忽视其自身的社会化，会导致其出狱后不能适应社会，从而被社会所不接受，也使管教机构对其施用的再社会化措施失去意义。因此，促进未成年犯的社会化在对未成年人犯的刑罚执行中非常重要。

根据我国现行有关规定，未成年犯管教所在狱政管理上主要采取下列措施促进未成年犯的社会化，促进未成年犯回归社会。

第一，通过加强与社会人士的联系与往来，争取社会力量对监管工作的帮助与支持，包括帮助教育未成年犯。未成年犯管理所可以聘请社会人士担任辅导员。

第二，经批准，未成年犯可以与其亲属或者监护人通电话。

第三，适当放宽会见时间与次数。

第四，遇有直系亲属病重、死亡或者家庭其他重大变故，经所长批准，可以回家探望与处理。

第五，对被判处有期徒刑的未成年犯在执行 1/3 刑期后，服刑期间一贯表现良好，离所不致再危害社会的，未成年犯管教所可以根据情况准其离所探亲。

第六，对未成年犯适用暂予监外执行可以适度从宽。根据 2014 年 10 月 24 日发布的《暂予监外执行规定》第 7 条第 1、2 款，对需要保外就医或者属于生活不能自理的累犯以及故意杀人、强奸、抢劫、绑架、放火、爆炸、投放危险物质或者有组织的暴力性犯罪的罪犯，原被判处死刑缓期二年执行或者无期徒刑的，应当在减为有期徒刑后执行有期徒刑 7 年以上方可适用暂予监外执行；原被判处 10 年以上有期徒刑的，应当执行原判刑期 1/3 以上方可适用暂予监外执行。对未成年罪犯适用前款规定可以适度从宽。

第七，对未成年犯减刑、假释在掌握标准上可比照成年犯依法适度放宽。根据最高人民法院 2016 年《规定》第 19 条，未成年罪犯的减刑、假释，可以比照成年罪犯依法适当从宽。未成年罪犯能认罪悔罪，遵守法律法规及监规，积极参加学习、劳动的，应视为确有悔改表现，减刑的幅度可以适当放宽，起始时间、间隔时间可以相应缩短；符合刑法第 81 条第 1 款规定的，可以假释。

促进未成年犯社会化与回归社会的措施有很多。联合国所倡导的对未成年犯采取的中途宿舍、日间培训中心、教育收容所就是其中一些措施，而且是受到很多国家欢迎的措施。《联合国少年司法最低限度标准规则》第 29 条规定："应努力提供帮助少年重获社会新生的半监禁式办法，如重返社会训练所、教养院、日间培训中心及其他这类适当的安排方法。"相比较而言，我国的促进未成年犯回归社会的措施少了些，比如，我国现在还没有开放性的未成年犯关押机构。虽然我国目前在促进未成年犯回归社会或者说重新融入社会上的措施少了些，但是，促进未成年犯社会化，控制与减少其重新犯罪的价值是恒定的，也是普世的，因此，在我国探索促进未成年犯社会化与回归社会的措施是必然的。

三、对未成年犯的教育

教育在未成年犯管教工作中占有重要地位，从一定意义上讲，教育的有无与良劣在一定程度上影响着未成年犯社会化水平的高低。在当今社会，教育已成为社会个体社会化的基本途径，能否接受完整的教育是社会个体社会化程度的重要衡量指标。由于教育事关未成年犯的社会化，进而影响再犯罪的预防，因而，要求对未成年犯开展教育是诸国的共识。《联合国少年司法最低限度标准规则》第 26 条第 6 款规定："应鼓励各部会和部门之间的合作，给被监禁的少年提供适当的知识或在适当时提供职业培训，以便确保他们离开监禁机关时不致成为没有知识的人。"这一规定反映了这种共识。

在我国，开展教育是未成年犯管教所的重要工作。关于教育在未成年犯管教所的地位，我们可以通过了解我国关于未成年犯的有关法律与政策把握。我国监狱法第 75 条第 1 款规定，对未成年犯执行刑罚应当以教育改造为主。《未成年犯管教所管理规定》第 3 条规定：未成年犯管教所贯彻"惩罚和改造相结合，以改造人为宗旨"和"教育、感化与挽救"的方针，将未成年犯改造成为有一定文化知识与劳动技能的守法公民。关于上述规定意义的基本学理解释是：对未成年犯的教育是我国对青少年教育的重要组成部分，对未成年犯的教育也关系到国家的未来；对未成年犯的教育是社会挽救他们，让他们重新回到社会的重要措施；对未成年犯的教育是综合治理未成年违法犯罪的重要环节。[①]

（一）未成年犯教育的内容

根据未成年犯认知存在的问题与文化教育的要求，未成犯的教育内容包括思想教育、文化教育与技术教育。

1. 思想教育

对未成年犯开展的思想教育可以理解为一种认知改变工作。当然思想教育不仅包括认知转变，还包括认知构建。之所以将对未成年犯开展的思想教育理解为认知改变，是因为对未成年犯开展的思想教育指向未成年犯的错误或者不良认知。

根据有关规定，对未成年犯开展的思想教育包括法律常识、所规纪律、形势政策、道德修养、人生观、爱国主义、劳动常识等。

2. 文化教育

对未成年犯的文化教育是我国义务教育的一部分。根据我国的义务教育法，凡年满6周岁的儿童，不分性别、民族、种族，应当入学接受规定年限的义务教育。我国的义务教育包括小学教育与初中教育。根据义务教育法及相关法律，未成年犯管教所对未成年犯开展的文化教育包括：扫盲教育；小学教育；初中教育。对未成年犯要编班上课，按照有关规定开课，使用国务院教育行政部门审定的教材。

有条件的未成年犯管教所可以进行高中教育。鼓励完成义务教育的未成年犯自学，组织他们参加各类自学考试。

3. 技术教育

对未成年犯开展技术教育的目的在于帮助他们出狱后能够获得就业岗位。根据这一目的，对未成年犯开展的技术教育在考虑未成年犯的刑期、文化程度、刑满释放后的就业可能与社会对不同职业种类的需求前提下，对未成年犯针对性地开展职业技术教育与技能培训。未成年犯管教所对未成年犯开展的职业技术教育与技能培训在考虑就业发展趋势时应当与本单位劳动项目有所结合。

（二）未成年犯教育的原则

1. 集体教育与个别教育相结合

集体教育与个别教育相结合是学校教育的基本原则。但是，这一原则在未成年犯教育中具有特别的意义。这是因为，在未成年犯管教所中，未成年犯的文化水平差距远大于社会学校。因而，对未成年犯既要开展集体教育，发挥集体教育在投入同样的教育人力、物力与财力的情形下收益高的优势，也要开展个别教育，通过广泛使用个别教育方法提高教育的水平。根据《未成年犯管教所管理规定》，未成年犯管教所实施个别教育转化责任制。

2. 课堂教育与辅导教育相结合

根据有关规定，对未成年犯开展的思想、文化与技术教育要在课堂中展开。通过课堂教育实现对未成年犯教育的规范化。根据有关规定，未成年犯管教所的课堂教学每周不少于20个课时，每年不少于1 000个课时，文化与技术教育课时不低于总课时的70%。教育课堂化有助于未成年犯管教所的学校化。当然，课堂外也必须开展教学辅导。

3. 所内教育与社会教育相结合

促进未成年犯社会化是对未成年犯开展教育的目的之一。如何促进未成年犯的社会化，如何在监禁状况下促进未成年犯的社会化？从教育的角度说，开展社会教育是一个好的办法。社会教育的内容不仅包括介绍社会发展，而且包括聘请社会人士开展专门的教育活动，

① 夏宗素．监狱学基础理论．北京：法律出版社，1998：234.

甚至包括参观、考察社会组织与机构等。

（三）未成年犯教育的组织

1. 教育规划

未成年犯管教所对未成年犯开展的文化教育应当被列入当地的教育发展规划。未成年犯管教所应当主动接受当地教育行政部门的业务指导，在教育行政部门的帮助与指导下不断提高对未成年犯文化教育及其他教育的规范化水平。

2. 教师配备

根据有关规定，未成年犯管教所应当按照押犯4%的比例配备教师。教师由符合国家规定学历的人民警察担任。教师实行专业技术职务制度。

3. 教学条件

未成年犯管教所应当设立教学楼、实验室、图书室、运动场等教学设施，配置教学仪器、图书资料和文艺、体育器材。每个管区都应当设立阅览室与活动室。

4. 考试考核

让未成年犯参加各种学习考试或者考核既是对教育效果的检验和总结，也是对未成年犯的鼓励与促进。对参加文化、技术学习的未成年犯，经考试合格的，由当地教育、劳动行政部门发给相应的毕业或者结业证书及技术证书。

四、未成年犯的劳动

劳动是未成年犯在未管所中进行的重要活动。劳动具有强大的改造人的功能，劳动可以帮助人改掉懒惰的习性；劳动可以培养人的纪律性；劳动有利于培养人的责任感；劳动可以帮助人发现个体的社会价值。此外，参加劳动可以提高劳动技能，能够帮助人们在社会上谋生。因此，从多方面来看，组织未成年犯参加劳动都是必要的。

但是，由于未成年犯管教所关押的对象是未成年犯，他们的身体尚处于发育期，劳动安排与学习安排也难免有冲突，因而为了保障未成年犯的健康成长，同时合理利用劳动方法改造他们，使他们学到一技之长，根据《未成年犯管教所管理规定》，未成年犯管教所设立适合未成年犯特点的习艺劳动场所及其设施。未成年犯劳动安排应当：第一，未成年犯参加劳动应当以学习、掌握技能为主；第二，未满16周岁的未成年犯不参加劳动；第三，劳动时间每天不超过4小时，每周不超过24小时。

第二节　女　犯

一、概述

女犯是指在监狱服刑的女性罪犯。在通常情况下，女犯仅仅指成年女性罪犯；未成年女性罪犯属于未成年犯，她们在未管所中服刑，在学术研究中也更多地将其归入未成年犯中加以论述。未成年女犯具有双重特性：首先，她们是未成年犯；其次，她们是女性。在管理和改造未成年女犯时，采取年龄标准优先的做法。

二、管理与改造原则

女犯是罪犯群体中的特殊部分，监狱及监狱人民警察在管理女犯时，在遵循狱政管理普遍原则的基础上，还需遵循女犯管理的特殊原则，根据女犯的生理及心理特点对女犯实施有效的、特殊的管理。一般说来，女犯管理应遵循以下原则。

（一）平等保护原则

监狱执行刑罚既包括强制罪犯履行法定义务的一面，也包括保障罪犯人权、保护罪犯合法权益的一面。保障罪犯人权，保护罪犯合法权益，是监狱法的要求。是落实人道主义政策的要求。罪犯享有国家法律给予罪犯的一切合法权益。女犯是罪犯的组成部分，女犯同样享有国家法律给予罪犯的一切权益，接受国家的平等保护。具体包括：（1）政治权利。未被剥夺政治权利的女犯可以行使选举权。（2）宗教信仰自由权。女犯享有信教或不信教，信此种宗教或彼种宗教的自由权。（3）人格权。人格权的内容包括人的姓名、人身、荣誉和肖像权等。女犯依法享有完整的人格权，任何人不能侵犯其人格尊严。（4）人身权。依照我国法律，任何人不得用非法手段剥夺他人的生命。未被判处死刑的罪犯，国家负有保障他们生存的义务。国家保护罪犯的人身权利，任何人不得用任何手段加害罪犯的肉体。（5）通信权。虽然罪犯的通信权行使受到国家法律限制，但仍享有一定权利。（6）申诉权、控告权和检举权。（7）获得国家刑事赔偿的权利。当女犯遭到非法暴力侵害时，或者因监狱人民警察滥用武器致罪犯死亡或伤害时，女犯享有要求刑事赔偿的权利。（8）休息权。根据监狱法的规定，有劳动能力的罪犯，必须参加劳动。我国的劳动改造虽然具有强制性，但不是劳役，强制女犯劳动包括保障女犯休息权。（9）其他权利，包括保护女犯的财产权、继承权等方面的权利。

（二）特殊保护原则

女犯是女性中的罪犯，是罪犯中的女性，由其生理和心理的特殊性决定，监狱需对女犯给予特殊保护。

首先，对女犯实施特殊保护是贯彻有关保护妇女权益方面法律的要求。宪法第48条第1款规定："中华人民共和国妇女在政治的、经济的、文化的、社会的和家庭的生活等各方面享有同男子平等的权利。"民法通则、继承法等都规定有保护妇女权利的条款。妇女权益保障法对妇女在政治、文化、教育、劳动、财产、人身、婚姻家庭等方面权益做了更全面、具体的规定。这些法律规定是监狱保护女犯权益的法律依据。其次，对女犯实施特殊保护是改造女犯的需要。保证女犯的人身权利不受非法侵害，有利于罪犯在安定环境下反思悔过；保证女犯的受教育权，不但可以提高女犯认识问题的水平，而且可以提高女犯解决问题的能力；保障罪犯一定的生活卫生条件，可使罪犯净化心灵。最后，对女犯实施特殊保护是推进监狱文明化的需要。

对女犯实施特殊保护涉及人身权利保护、合法财产权保护等各方面，但以下列几方面权利保护为主。

第一，女犯的人格权保护。人格权包括人的姓名、人身、荣誉和肖像等权利，是人立身之本。由于女性人格权更易受到侵害，因而监狱应重视对女犯的人格权保护，以促进女犯自尊、自信、自立和自强。根据我国法律及有关政策，监狱及其工作人员应尊重女犯人格权，不得在女犯衣服上印制“犯人”等字样。依照罪犯改造行为规范，女犯应当一律留齐耳短发，不准烫发等，但是，监狱及其工作人员不得强迫女犯留歧视性发式。女监应由女性人民警察管理，对女犯人身及物品的检查，应由女性人民警察进行。

第二，女犯的受教育权的保护。从根本上说，促进女犯自尊、自信、自立和自强要以教育为出发点。对女犯进行文化知识教育可以改变女犯的知识结构，开阔她们的视野，提高她们的认识能力，转移不良的兴趣和需要，养成良好的学习习惯，稳定改造情绪，坚定改造意识。对女犯进行职业技术教育，根据监内生产需要及罪犯出监后去向安排诸如裁剪缝纫、编织、烹饪等职业培训，帮助女犯学习一技之长，可以促进罪犯自立和自强。

第三，女犯婚姻家庭方面的权利保护。一般来说，女犯相较男犯，在情感上更依赖家庭，因此，应重视女犯婚姻家庭方面的权利保护。根据妇女权益保障法的规定，妇女享有与男子平等的婚姻家庭权利，其第 47 条第 1 款规定：“妇女对依照法律规定的夫妻共同财产享有与其配偶平等的占有、使用、收益和处分的权利，不受双方收入状况的影响”。

（三）区别对待的原则

女犯不仅在生理上有特殊性，在心理上也有特殊性。据生理学研究，女性左右脑胼胝体较男性丰厚，联系密切，致使女性较男性有更强烈的情感依赖性。由于女犯生理和心理的特殊，监狱对女犯的管理和改进，应照顾其生理和心理特点。这是区别对待原则在女犯管理工作中的具体化。

女犯管理的区别对待主要体现在以下方面：首先表现在对管理主体的要求上，女犯应由女性人民警察管理，这不仅是尊重女犯人格权的需要，维护监管秩序的需要，而且是提高改造效能的需要。其次表现在管理方法方面，女犯管理突出寓教于管。再次表现在女犯管理处遇方面，女犯生活情调浓重一些，监狱应重视女犯日常生活，在可能的条件下，努力改善女犯食堂伙食，为女犯个人卫生提供条件，健全公共卫生制度。最后表现在女犯奖惩方面，监狱对女犯的奖励在政策上应当从宽，在惩罚方面，一般情况不使用戒具，禁止使用警绳。

（四）寓管于教原则

寓管于教原则是区别对待原则的派生原则，其成立基础是女性较男性有更强烈的情感依赖性。寓管于教包含两层意思：第一层意思是监狱及监狱人民警察将管理融入教育活动中，第二层意思指管理以教育的形式出现。贯彻寓管于教原则要求监狱及监狱人民警察做到以下几点。

第一，重视对女犯进行感化教育。管理女犯需要充分重视女犯积极情感的培养。强化女犯积极情感，弱化其消极情感，是促进女犯改造的有效途径。而积极情感的培养离不开感化教育。监狱人民警察满腔热情地对待女犯的生活、学习和改造，触动她们的情感，使她们受到感化，可触发罪犯产生积极情感。例如：女犯生病，监狱人民警察主动关心；逢年过节，开展文娱活动；女犯家庭困难，监狱人民警察应帮助排忧解难等，这种以情感为导线，沟通管理者与被管理者心理的感化方法，对促进女犯的思想转化有特殊的效用。

第二，融感性教育于管理中。一般来讲，女性形象思维优于抽象思维，感知觉较敏锐，融感性教育于管理活动中，易为罪犯接受。如组织罪犯开展“假如我是受害者”问题讨论，促其认罪服法。

第三，在管理中开展经常性的个别教育。个别教育主要采取个别谈话形式，重在启发、疏导，有很强的针对性，不受时间、地点和场合限制，易为女犯接受；对女犯的个别教育要善于选择时机，监狱人民警察开展工作需要细心、诚心和耐心。

三、女犯的分类管理

(一) 女犯的分类关押

1. 对女犯分类关押的必要性

女犯管理的实践几乎与男犯管理同步。新中国成立以来，先后颁布的监管法规都规定了关于女犯管理方面的条款。1954 年公布的劳动改造条例（已失效）第 38 条规定：“收押犯人，应当根据实际情况，设混合监、单人监、女监、病监等分别监管。”“女犯由女看守员监管。”公安部 1982 年《细则》第 7 条第 2 款规定：“女犯应当单独设立女监或女分监，一律由女干警进行管理教育。”监狱法第 39 条第 1 款规定：“监狱对成年男犯、女犯和未成年犯实行分开关押和管理，对未成年犯和女犯的改造，应当照顾其生理、心理特点。”该法第 40 条规定：“女犯由女性人民警察直接管理。”实际上，对女犯分类关押是国际社会的共识。根据 2015 年修订的《联合国囚犯待遇最低限度标准规则》第 11 条规定，应尽量将男犯和女犯拘禁于不同监所；兼收男犯和女犯的监所应将分配给女犯的房舍彻底隔离。

为什么对女犯实行分类关押呢？

第一，分类关押有利于减轻女犯管理的复杂性。异性差别是人生理上的差别，不以人的意志为转移，异性差别不产生人的差别，然而，历史上有些人有意渲染两性差别，进而主张人的差别，结果产生性别歧视。直至欧洲文艺复兴这种观念的统治地位才受到冲击。人权运动的先驱者认为：两性间虽有差别，但不影响人格的平等。在他们的推动下，喻示文明的男女同校、男女同工同酬等现象出现。男女平等观念冲破男女隔离的藩篱。今天世界各国隔离男女的空间已越来越少，然而为什么监狱仍坚持男女隔离而分设监狱？从监狱管理的角度可以解释为：男女同监大大增加管理的复杂性，不利于罪犯改造。一般认为，罪犯是个体社会化的失败者，他们中的很多人缺乏社会道德感，意志控制力差，对社会、对家庭，甚至对个人缺乏责任感。男女同监不仅影响监狱改造罪犯目标的达成，而且给维护监管秩序工作增加相当难度。不仅很难体现与社会发展相适应的人的平等，体现人类社会发展文明水平，而且极可能败坏社会风尚，损害社会道德，践踏人自身的尊严。

第二，分类关押为监狱提高改造质量创造条件。刑罚理论指出，实行行刑个别化是提高罪犯改造质量的前提。这点已为行刑实践证实。行刑个别化被认为是提高改造质量应坚持的基本原则之一。行刑个别化体现于两个层次：其一，根据不同类群罪犯特点行刑个别化，如根据未成年犯与成年犯生理和心理差异，实施符合各自特点的改造措施；其二，根据罪犯个体的不同特点而行刑个别化。根据男女生理心理差异实施不同管理正是行刑个别化的题中之义。对女犯实施专门管理，推行行刑个别化措施，保证了监狱实施针对性的管理，有助于监狱管理效益的提高，最终促进罪犯改造质量的提高。

2. 女犯分类关押的内容

(1) 女犯的分开关押

女监是收押女犯的专门监狱，国家设置女监关押女犯，女监设置的数量、分布及押犯规模由省、市、自治区监狱管理局决定。

(2) 女犯的分类编队

女犯分类编队状况主要取决于女监押犯规模，如果监狱押犯规模大，监狱可以根据一定标准将罪犯编队；如果监狱押犯规模小，而各种类型间罪犯数量差距悬殊，监狱可以以编队为主、编组为辅的形式进行分类编队。

（二）女犯的分类管束与分级管理

1. 管理女犯的人员

监狱法第40条规定："女犯由女性人民警察直接管理。"管理女犯的人民警察分为直接管理者与间接管理者，直接管理者必须由女性人民警察担任，而间接管理者既可由女性人民警察担任，也可由男性人民警察担任。哪些人民警察属"直接管理"的人民警察？一般认为，科（监区）领导以下的人民警察是属直接管理罪犯的人民警察。我国监狱法这一规定基本与联合国有关规定一致。根据《联合国囚犯待遇最低限度标准规则》第81条，监狱兼收男女囚犯时，监狱女犯部应由一位女性工作人员负责管理，并由她保管该部全部的钥匙。除非有女性工作人员陪同，男性工作人员不得进入监狱中的女犯部。女犯应仅由女性工作人员照料、监督。但此项规定并不妨碍男性工作人员，特别是医生和教员，在专收女犯的监狱或在监狱的女犯部执行其专门职务。

2. 女犯的分类管束

监狱对女犯的分类管束，除考虑女犯生理和心理特点，还需考虑不同类型犯的特点。对财产型女犯，监狱要重视调整罪犯需要结构，促使罪犯过劳动关；对性犯罪型女犯，监狱除注意控制媒介、净化环境外，应注意控制罪犯交谈、交往，控制其衣着和睡眠；对暴力型女犯，监狱及干警处理问题应采用冷处理的方法，并注意运用感化措施。

3. 女犯的分级管理

女犯分级管理的级别设置为从严管理、普通管理和从宽管理。考虑女犯生理和心理特点，女犯分级管理的严管级别的警戒和管束强度应低于成年男犯监狱的强度。在具体操作中，监狱及监狱人民警察应当最大限度地发挥它的威慑功能，而尽可能控制从严管理的适用。在管理从宽级与普通级的升降级上，监狱宜放宽管理。这样，既保持分级管理的效能，又促进女监管理文明化。

四、其他的管理制度

考虑到女犯独特的生理和心理特点，对女犯除了实行分类管理之外，还在其他方面实行独特的管理制度。

（一）收监制度

1. 女犯的收监例外

一般情况下，监狱收到人民检察院起诉书副本、人民法院的判决书、执行通知书和结案登记表后，经认定无误，就应当将被交付执行的罪犯收监，但是，对下列女犯，监狱可以暂不收监。

（1）怀孕的女犯。

（2）正在哺乳自己婴儿的女犯。

（3）有严重疾病需要保外就医的女犯。

关于如何认定需要保外就医问题，参照第六章第三节。

对暂不收监的女犯，应当由交付执行的人民法院决定暂予监外执行，对暂予监外执行的罪犯，由居住地社会矫正机构监管。当暂不收监的情形消失，罪犯原判刑期尚未执行完毕，社区矫正机构应将女犯交监狱执行。

2. 对女犯的收监检查

罪犯收监时，监狱应当严格检查其人身和所携带物品。与刑事诉讼法有关规定的精神一致，女犯的检查应由女性人民警察执行。经检查，犯人的非生活必需品，如金戒指、金耳环，或由监狱代管，或征得罪犯同意，退回其家属，违禁品予以没收。

3. 女犯个人接受刑罚

在实践中，有的女犯被追究刑事责任后，家庭随之破裂，部分女犯子女生活无着落，这是很多国家刑罚执行中遇到的问题。各国在处理这个问题时所持态度和采取的方式不同，有的国家允许罪犯携带子女在监内服刑，如德国。德国刑法典规定，在妇女监狱中应设立可以安排母亲和其子女住在一起的设施，立法理由是“为了孩子和母亲的幸福”。有的国家则不允许罪犯携带子女在监内服刑，如我国。我国监狱法第 19 条明确规定：“罪犯不得携带子女在监内服刑。”

(二) 现场管理

1. 女犯的班组建设

由于女犯依赖性较强，女犯群体活动对个人影响较大，因而重视女犯班组建设，为女犯改造创造一个好的人际环境，对促进女犯个人改造有特别的意义。一个良好的女犯群体具有很强的凝聚力和压力，能促使个体行为服从群体行为，并把个体行为统一到群体行为规范中。如果一个群体具有互相关心、相互帮助的风尚，个体容易产生积极认同及归属感，从而在群体内形成良好的人际关系。相反，一个不好的女犯群体会使个体人心涣散，包庇、教唆、相互摩擦等行为出现频繁。女犯班组建设要抓住以下关键点：第一，培养女犯群体的骨干力量；第二，培养良好的集体风气；第三，发展同犯间互相关心、互相帮助的关系。

2. 女犯的规范化管理

女犯管理应遵守罪犯改造行为规范。女犯的规范化管理应特别注意对以下行为的规范。

(1) 女犯一律留齐耳短发，不许过颈，不准烫发、染发、戴假发、描眉、涂指甲、抹口红、戴首饰等。

(2) 女犯必须着囚服，不准私自改制囚服式样、颜色和标记等。

(3) 女犯在公共场合不准高声喧哗，不得敞胸露怀。

(4) 女犯应尊重哨兵。

(5) 女监在定期或不定期清监过程中，发现淫秽物品要予以没收，发现绳索、易燃易爆物品、刀具、剪刀等要及时清除。

(三) 相关待遇

1. 生活卫生方面

女犯生活卫生管理方式和方法直接影响女犯情绪。科学合理的生活卫生管理，可唤起女犯生活的热情，调动起她们的改造积极性。监狱及监狱人民警察应根据女犯体质弱、饭量小、希望饮食精细的情况改善伙食。平时应保证女犯正常用水，保证生活日用品的供应，酌情增加女犯零用钱。针对女犯爱美需要，在女犯囚服制作的色泽和式样选择上给人一种既严肃又柔和的感觉。此外，要根据女犯生理特点，增加必需的医用器械和药品，定期进行身体健康检查，发现疾病及时治疗。罪犯生活卫生管理的改善能使罪犯产生愉快、积极向上的情感，促使罪犯乐于接受监狱人民警察的管理。

2. 会见方面

考虑女犯依附家庭观念重，思亲心切，易动感情，监狱可对女犯会见时间和次数上放宽。适当放宽女犯会见时间和次数，一是有利于缓解罪犯孤独、烦躁、忧虑和悲观等消极情绪，培养罪犯积极情感；二是使罪犯受到感化，增强生活希望，强化其向上动机；三是有利于家属经常规劝教育。

3. 劳动保护方面

组织女犯参加劳动生产，是改造女犯的基本手段。通过劳动，罪犯可以获得重新认识世界、认识社会的机会，并用汗水洗涤好逸恶劳、贪图享受的思想。但是，女犯劳动生产的安排，需要考虑女性的生理特点。

（1）禁止安排女犯从事特别繁重的体力劳动和单一作业体位的劳动。如矿山井下采掘、森林采伐等。从事特别繁重的体力劳动，因劳动强度大，会引起女性生理方面的不良影响；长时间从事单一作业体位的劳动可使腹压增高，引起系列妇女病。劳动法第59条规定："禁止安排女职工从事矿山井下、国家规定的第四级体力劳动强度的劳动和其他禁忌从事的劳动。"

（2）坚持劳动适度。组织罪犯生产劳动，尽量做到劳动强度与女犯体力和心理承受限度相适应，严格禁止随意加班加点，使女犯从事超过其承受能力的劳动。在确定工种、劳动定额时，监狱要区别情况，对老病残女犯予以一定照顾。在劳动改造过程中，只有坚持劳动适度，才能稳住女犯情绪。

（3）搞好女犯劳动保护和劳动保健工作，努力改善劳动环境和劳动条件。

4. 对女犯的特殊保护

（1）经期保护。监狱应注意女犯特殊情况下的保护工作。劳动法第60条规定："不得安排女职工在经期从事高处、低温、冷水作业和国家规定的第三级体力劳动强度的劳动。"监狱应参照劳动法规定执行。

（2）更年期保护。更年期女性往往陷入精神衰弱、情绪不稳定状态，监狱人民警察应理解这时期女犯所为，帮助她们度过这一时期。

（四）考核与奖惩

监狱对女犯实施激励管理应坚持"考核从严，奖励从宽"的策略。这是因为，其一，与男犯相比较，女犯功利意识更强，为获得行政、刑事奖励，弄虚作假倾向性更大，这点为多年管理实践证实。所以监狱对女犯的考核应从严掌握。其二，由于女犯心理相对脆弱一些，为激发罪犯改造积极性，增强其改恶从善信心，监狱对女犯的奖励在掌握上应当从宽。

考核从严要求监狱人民警察坚持直接考核罪犯行为，坚持"日记载，周评议，月公布"制度；鼓励女犯揭发弄虚作假行为；对异议认真分析，以查清事实真相。考核从严要求监狱人民警察严格按照考核规定办理扣分事宜，保证加分扣分有依据。

奖励从宽要求监狱人民警察在严格考核的前提下，其一，适当放宽女犯中的奖励面；其二，处理问题时多运用表扬的方法；其三，在奖励不奖励都可以情况下，尽量予以奖励；其四，在可以给予两种奖励情况下，如既可给予记功奖励，又可给予离监探亲奖励，监狱可以给予两种奖励。

监狱在实施行政处罚措施动用戒具时，应注意以下两点：对女犯禁止使用警绳；一般情况下，对女犯不使用戒具。

【问题与思考】

1. 如何促进未成年犯的社会化?
2. 如何理解对未成年犯开展教育的意义?
3. 如何理解未成年犯劳动的性质?
4. 为什么强调对女犯的管理由女性工作人员进行?
5. 我国为什么不允许女犯携带子女在监内服刑?

【推荐参考论著】

1. 吴宗宪．监狱学导论．北京：法律出版社，2012.
2. 吴宗宪主编．未成年犯矫正研究．北京：北京师范大学出版社，2012.
3. 吴宗宪．当代西方监狱学．北京：法律出版社，2005.
4. 司法部监狱管理局编．监狱工作手册：第四辑．北京：法律出版社，2003.
5. 鲁加伦主编．中国未成年罪犯改造研究．长春：吉林出版社，2000.
6. 夏宗素主编．监狱学基础理论．北京：法律出版社，1998.

第三编

社区矫正

第十二章
社区矫正概述

内容导读

社区矫正是一个外来概念，有一些与其有密切关系的相关概念。在中国，社区矫正是指依法在社区中监管、改造和帮扶罪犯的非监禁刑执行制度。自2003年7月10日发布两院两部《通知》以来，社区矫正逐渐成为中国刑罚改革特别是刑罚执行改革的重要举措，也成为中国社会中受到广泛重视的现象。2011年刑法修正案（八）的规定及其实施，使中国社区矫正进入快速发展阶段。本章论述社区矫正的基本问题，主要包括社区矫正的概念与特征、社区矫正的种类、社区矫正的利弊分析、社区矫正的历史与现状等内容。通过这些方面的分析和论述，读者可以对社区矫正的主要内容有一个概括的了解。

第一节 社区矫正的基本问题

一、外国社区矫正的概念

“社区矫正”是一个外来语①，是一个从国外引进的概念。中国大陆地区使用的“社区矫正”一词，是一个从英语 community corrections 或者 community-based corrections 翻译过来的外来术语。从一些英语文献来看，这两种表达似乎没有实质性的差别；有的文献中交替使用，甚至在同一段文字中交替使用。从英语文献中的具体使用情况来看，其中的第一种表达 community corrections 更为常见。如果要在汉语译名中仔细区分的话，那么，community corrections 可以直接翻译为“社区矫正”，而 community-based corrections 可以直接翻译为“以社区为基础的矫正”，强调了开展社区矫正的地点特征。

① 社区矫正具有良好发展前景——司法部部长张福森就社区矫正答本报记者问．法制日报，2003－09－29.

在英语文献中，除了这两个英语术语之外，还有几个与其密切相关的概念。①

1. 社区刑罚

有的学者使用了“社区刑罚”的术语，其英语表达包括 community sentence，community penalty，community punishment 等。② 这个术语与社区矫正的含义是基本相同的。例如，安东尼·博特姆斯（Anthony E. Bottoms，2001）等人认为，社区刑罚（community penalty）就是介于监禁和金钱刑罚（financial or nominal penalty）之间的法庭判决的刑罚。③ 他们认为，社区刑罚与罚金（fines）和补偿（compensation）的主要区别在于，社区刑罚具有人身限制的特点，包括与刑罚机构的一些活动联系；社区刑罚与监禁刑罚的区别在于，社区刑罚是在社区环境中执行的。在执行社区刑罚的过程中，可能要对犯罪人采取主动的监视，可能要求犯罪人参加咨询或者治疗计划，可能会监督犯罪人进行工作或参加其他活动。

一般而言，社区刑罚及其相关的不同英语术语，在英国、新西兰等国家使用得较多。例如，英国 1991 年的《刑事司法法》（the Criminal Justice Act）第 6 条规定，社区刑罚（community sentence）就是下列 6 种社区令（community order）中的一种或者多种：（1）缓刑令（probation order）；（2）社区服务令（community service order）；（3）组合令（combination order，即前两种判令的结合）；（4）宵禁令（curfew order）④；（5）监督令（supervision order，仅适用于 10～17 岁的犯罪人）；（6）参加令（attendance order，仅适用于10～20岁的犯罪人）。

又如，在新西兰，社区刑罚和判令包括：（1）社区劳动（community work）。这种刑罚要求犯罪人在缓刑官的监督之下在社区中无偿劳动，劳动时间为 40～400 小时。（2）监督（supervision）。期限为 6 个月到 2 年，在此期间受到缓刑官的监督。（3）家庭拘留（home detention）。这是要求犯罪人在家中或者某个指定住所执行部分监禁刑的社区令。在执行期间，犯罪人要接受电子监视和缓刑官的严格监督；犯罪人可以维持家庭关系，保持工作或者积极寻找工作，参加旨在消除其犯罪原因的改造计划。（4）从监狱附条件释放（release from prison on conditions）。这是指将符合一定条件的罪犯从监狱中释放的社区刑罚形式。所谓的“一定条件”可能包括就业安排、生活安排和改造计划。释放情况因监禁刑的长度和种类的不同而有差别。（5）假释（parole）。⑤

2. 社区制裁

社区制裁（community sanction）是指让犯罪人在社区内接受处罚的制裁措施。

使用“社区制裁”术语的一份代表性文献，就是欧洲委员会（Council of Europe）部长理事会（Committee of Ministers）在 1992 年 2 月 12 日通过的《欧洲社区制裁与措施规则》（European Rules on Community Sanctions and Measures）。⑥ 这份规则使用了“社区制裁与措

---

① 吴宗宪．社区矫正比较研究：上．北京：中国人民大学出版社，2011：4－8. 吴宗宪．社区矫正导论．北京：中国人民大学出版社，2011：9－12.

② 吴宗宪等．非监禁刑研究．北京：中国人民公安大学出版社，2003：22－23.

③ Anthony E. Bottoms，Loraine Gelsthorpe & Sue Rex. *Community Penalties：Change and Challenges*. Devon，UK：Willan Publishing，2001：1.

④ 宵禁令（curfew order）是指要求犯罪人（特别是少年犯罪人）在夜晚一定时间之前或者期间不得到街头或者其他特定场所的命令。在当代西方国家中，这种命令通常由法官在宣告缓刑时作为一种缓刑条件加以规定，也可能由假释批准机关在批准假释时作为一种假释条件加以规定。——引者注

⑤ 吴宗宪．社区矫正比较研究：上．北京：中国人民大学出版社，2011：20.

⑥ 欧洲社区制裁与措施规则．吴宗宪译．犯罪与改造研究，2003（10）：71－76.

施”（community sanctions and measures）这样的术语，将“社区制裁”定义为将犯罪人留在社区内，通过规定条件和/或义务对其自由进行一定限制，并由法律为此目的而指定的机关执行的制裁与措施。同时，这个术语也指在判处制裁之前或者没有做出关于制裁的决定时采取的措施，还指在刑罚机关外面执行监禁刑的方式。[①]

有的作者在分析《欧洲社区制裁与措施规则》时，对于“制裁”（sanctions）和“措施”（measures）做了这样的区分：“制裁”是由司法部门（judicial authority）适用的，而“措施”是在决定制裁之前或者作为制裁的替代措施使用的，或者是作为在监狱之外执行监禁刑的方式而使用的。[②]

由上可见，社区制裁这个术语的含义甚至比社区矫正这个术语还要广。

3. 非监禁刑

非监禁刑（non-custodial penalty）是目前国际上大量使用的一个术语，它是在监狱之外对犯罪人使用的刑事制裁方法的总称。

非监禁刑与社区矫正这两个概念有很密切的联系。首先，两者都具有“非监禁性”，即凡是适用这两类制裁方法的犯罪人，都不采取监禁的形式。其次，两者的具体种类有很多是相同的，两者涵盖的范围大体相当。

非监禁刑与社区矫正这两个概念之间的差别主要如下。[③]

第一，强调重点不同。与社区矫正的概念相比，非监禁刑似乎主要指不将犯罪人监禁起来的刑罚措施，它不太强调对这类刑罚措施的执行方面。相对而言，社区矫正既是一类刑罚措施，同时也关注对这类刑罚措施的执行工作。[④]

第二，持续时间不同。根据社区矫正的定义，社区矫正的核心特征之一，就是在社区中对犯罪人实行监督，而要对犯罪人实行监督，犯罪人在社区中执行刑罚的活动就要持续一定时间。那种不需要监督、也不持续一定时间的非监禁刑形式，一般不能认为是社区矫正，但是，它们可以是“非监禁刑”或者“中间制裁”（intermediate sanctions）。因此，可以把是否持续一定执行时间，看作“社区矫正”与其他“非监禁刑”形式的主要区别。

与“非监禁刑”类似的还有其他一些概念，例如，“非监禁措施”（non-custodial measure）、“非监禁制裁”（non-custodial sanction）、“监禁替代措施”（alternative to imprisonment）、“监狱替代措施”（alternative to prison）等。[⑤] 这些概念表达了类似或者基本相同的含义，与社区矫正的关系也与非监禁刑概念类似。

---

① 欧洲社区制裁与措施规则．吴宗宪译．犯罪与改造研究，2003（10）：76.

② Norman Bishop and Ursula Schneider. Improving the Implementation of the European Rules on Community Sanctions and Measures：Introduction to a New Council of European Recommendation. *European Journal of Crime, Criminal Law and Criminal Justice* 9. Issue 3. 2001，note 2：180.

③ 吴宗宪．社区矫正比较研究．上．北京：中国人民大学出版社，2011：4－5.

④ 当然，确切地从外延上讲，非监禁刑应当包括罚金、没收财产、赔偿等财产刑，甚至还包括生命刑（死刑）。作为财产刑的非监禁刑，有时候可与监禁刑合并使用，社区矫正则主要指虽然不需要监禁但是仍然要执行一定时日的那部分非监禁刑。

⑤ 吴宗宪等．非监禁刑研究．北京：中国人民公安大学出版社，2003：19－21.

4. 中间制裁

中间制裁（intermediate sanction）是指介于传统的缓刑和监禁刑之间的刑罚方法。①

中间制裁是英语文献中较多使用的一个术语，一些学者对其含义做了解释。例如，阿莱建德洛·德卡门（Alejandro del Carmen，2004）认为，中间制裁“被看成是既不如监狱那样严厉、也不如缓刑那样宽松的刑罚。它们包括罚金、假释、家庭监控（house monitoring）、中途之家、日间治疗中心（day treatment center）、矫正训练营和严格监督型缓刑（intensive supervised probation）”②。又如，盖尔·卡普托（Gail A. Caputo，2004）认为，中间制裁包括介于缓刑和监禁之间的多种刑罚措施；这些矫正计划（program）也指中间刑罚（intermediate penalty）和中间刑罚（intermediate punishment）。③

中间制裁与社区矫正是两个既有联系又有区别的概念。这两个概念之间的联系在于：它们的内容相互有交叉。中间制裁包含的一些具体制裁种类，也属于社区矫正的范围。在国外一些论述社区制裁与措施的论著中，就大量使用了中间制裁的概念。例如，在一本题目为《欧洲和北美的社区制裁与措施》的论文集中，第一篇文章就是《中间刑罚：非监禁刑事制裁的概念和使用在欧洲的发展》。④ 这两个概念之间的区别在于：它们的侧重点有所不同。中间制裁侧重于“制裁”，突出刑事制裁的方法，而社区矫正侧重于“矫正”，突出对有关刑事制裁的执行。

5. 中间刑罚

中间刑罚（intermediate punishments）也是一个在英语文献中使用的社区矫正的近义词或者同义词。其英语表达有时候为“intermediate penalty”⑤。大体而言，中间刑罚是指介于缓刑和监禁刑之间的一类刑罚方法。

中间刑罚与社区矫正的关系，类似于中间制裁与社区矫正的关系。首先，这两个概念有密切的联系。它们的内容是相互交叉的，通常被看成两个具有很多相似性的概念。例如，迪安·J. 钱皮恩（Dean J. Champion，2005）认为：“中间刑罚包括任何介于标准缓刑（standard probation）与监禁之间的社区矫正计划（community-based programs）。社区矫正与中间刑罚之间的概念混淆之处，是很容易解释的。本书作者根据 2001 年《刑事司法文摘》（Criminal Justice Abstracts）上摘录的 600 多篇论文和书籍，进行了一项内容分析。这 600 多份材料是根据‘社区矫正’（community corrections）和‘中间刑罚’（intermediate punishments）两个关键词挑选出来的，结果发现，这两个术语有很多的相似性。”⑥其次，

① 吴宗宪等．非监禁刑研究．北京：中国人民公安大学出版社，2003：23.

② Alejandro del Carmen. *Corrections*. 2nd ed.. Cincinnati，OH：Atomic Dog Publishing，2004：104.

③ Gail A. Caputo. *Intermediate Sanctions in Corrections*. Denton，TX：University of North Texas Press，2004：11.

④ Hans-Jörg Albrecht & Anton M. Van Kalmthout. Intermediant Penalties：European Developments in Conceptions and Use of Non-Custodial Criminal Sanctions. in Hans-Jörg Albrecht & Anton M. Van Kalmthout（eds.）. *Community Sanctions and Measures in Europe and North America*. Freiburg i. Br：Max-Planck-Institut fur auslandisches und internationales Strafrecht，2002：1-11.

⑤ Hans-Jörg Albrecht & Anton van Kalmthout（eds.）. *Community Sanctions and Measures in Europe and North America*. Freiburg i. Br.：Max-Planck-Institut für ausländisches und internationales Strafrecht，2002：1-11. 需要指出的是，“intermediate punishment”也可以翻译为“中间处罚”，不过，它与“intermediate penalty”很难加以区分，因此，在翻译为中文的时候，很难给“intermediate penalty”和“intermediate punishment”各自一个不同的译名。

⑥ Dean John Champion. *The Juvenile Justice System：Delinquency，Processing，and the Law*. 6th ed.. Upper Saddle River，NJ：Pearson/Prentice Hall，2008：69.

这两个概念有一定的区别，即它们的侧重点有所不同。中间刑罚侧重于“刑罚”，用来指具有类似特征的刑罚方法，而社区矫正侧重于“矫正”，强调在社区中对于这类刑罚的“执行”。

二、中国社区矫正的概念与特征

(一) 中国社区矫正的概念

目前在中国大陆地区广泛使用的“社区矫正”，是一个从国外引进的概念。从现有文献来看，这个术语至少在20世纪80年代时就已经从英语翻译为汉语。例如，在龙学群翻译的美国犯罪学家克莱门斯·巴特勒斯的《罪犯矫正概述》(1987) 一书中，其第二部分就专门论述了“以社区为基础的矫正”，内容比较详细，其中也有“社区矫正”的字样。[①] 后来，在吴宗宪等翻译的美国犯罪学家大卫·E. 杜菲的《美国矫正政策与实践》(1992) 一书中，也有这方面的内容。该书第9章论述了“社区矫正的一些基本问题”[②]。在邵名正等主编的《中国劳改法学百科辞书》(1993) 中，收入了孙晓雳撰写的条目“社区矫正制度”[③]。在康树华等主编的《犯罪学大辞书》(1995) 中，收入了王平撰写的条目“社区矫正制度”[④]。在吴宗宪主持，由吴宗宪和陈志海完成的司法部预防犯罪研究所1996年度课题《监狱拥挤的状况与对策》的研究报告中，涉及了大量非监禁刑执行、社区刑罚、社区服务等方面的内容，该报告的一部分于2002年在《中国法学》发表[⑤]，其中提出了很多进行社区矫正方面改革的设想。在此课题基础上由吴宗宪等著的《非监禁刑研究》(2003) 一书中，多处使用“社区矫正”的概念[⑥]，也对社区矫正制度的很多内容做了更加详尽的介绍。这些研究及其成果，构成了后来直接进行社区矫正研究的重要基础。

在中国社区矫正的发展过程中，曾经使用过“社区矫治”的概念。这个概念主要通过上海市发布的有关文件而传播开来。2002年8月，随着上海市政法委员会发布《关于开展社区矫治工作试点的意见》(沪委政法〔2002〕101号)，决定在该市普陀区曹杨街道、徐汇区斜土街道和闸北区宝山街道开展社区矫治试点工作以来，“社区矫治”的概念开始在中国大陆地区使用。由于上海市最先有系统地开展这项工作，并且工作很有成效，对两院两部《通知》的起草以及其他地区后来的社区矫正试点工作都产生了很大影响，因此，这个术语流传很广，以至于产生了“在国外，‘社区矫正’亦称之为‘社区矫治’”[⑦]、“社区矫正又称社区矫治”[⑧] 的误解。直到2003年10月7日发布两院两部《通知》以后，“社区矫治”的概念才逐渐淡出人们的视野，“社区矫正”的概念才逐步确立。

自2003年7月10日发布两院两部《通知》以来，随着社区矫正在我国的试点和推进，

---

① 巴特勒斯．罪犯矫正概述．龙学群译．北京：群众出版社，1987：55-152.

② 杜菲．美国矫正政策与实践．吴宗宪等译．北京：中国人民公安大学出版社，1992：285-316.

③ 邵名正，王明迪，牛青山．中国劳改法学百科辞书．北京：中国人民公安大学出版社，1993：656-657.

④ 康树华，王岱，冯树梁．中国犯罪学大辞书．兰州：甘肃人民出版社，1995：843.

⑤ 吴宗宪．试论非监禁刑及其执行体制的改革．中国法学，2002 (6)：108-121.

⑥ 吴宗宪，陈志海，叶旦声，马晓东．非监禁刑研究．北京：中国人民公安大学出版社，2003：22、24、45-46、59.

⑦ 康树华．社区矫正的历史、现状与重大理论价值．法学杂志，2003 (9)：21. 朱晓萍．社区矫正初探．理论新探，2006 (1)：259.

⑧ 陈和华，叶利芳．社区矫正的理论分析．犯罪研究，2006 (4)：29.

人们对“社区矫正”这个术语的使用频率越来越高，但是对它的认识和理解却存在一定的分歧。因此，我们首先需要对这一概念进行探讨。

自2003年以来，人们对于“社区矫正”概念的理解，有一个发展变化的过程。

在2003年的两院两部《通知》中，有一个类似于社区矫正定义的表述：“社区矫正是与监禁矫正相对的行刑方式，是指将符合社区矫正条件的罪犯置于社区内，由专门的国家机关在相关社会团体和民间组织以及社会志愿者的协助下，在判决、裁定或决定确定的期限内，矫正其犯罪心理和行为恶习，并促进其顺利回归社会的非监禁刑罚执行活动。”这个表述包括了社区矫正的性质、对象、工作主体和工作目标等内容，并且在学术研究和有关实践中得到广泛使用。但是，如果把它作为社区矫正的定义，显然存在问题：内容庞杂，不够简练，不符合定义应当简明扼要的逻辑学要求。

在本书第一版中，给“社区矫正”下了这样一个定义：“社区矫正是依法在社区中对社区服刑人员实施惩罚和提供帮助，以促进其过守法生活的刑罚执行活动。”① 这个定义虽然文字比两院两部《通知》中的定义式论述少，不过，仍然存在分句论述、概括不够全面等问题。

在吴宗宪主编的《社区矫正导论》一书中，在综合已有的社区矫正定义并认真思考中国社区矫正实践的基础上，给社区矫正下一个这样的定义：“社区矫正是依法在社区中监管、改造和帮扶犯罪人的非监禁刑执行制度。”② 这个定义的主要特点是：第一，文字简洁。整个定义用一句话表述，符合逻辑学中主张的定义应当简明扼要的基本要求。第二，概括全面。把社区矫正的内容概括为监管、改造和帮扶三个方面，这些方面的内容是在2009年9月2日最高人民法院、最高人民检察院、公安部、司法部联合发布的《关于在全国试行社区矫正工作的意见》（以下简称“两院两部《意见》”）中确立的，已经得到广泛认可和普遍接受。第三，定性清楚。进一步将社区矫正界定为非监禁刑执行制度。不过，这个定义没有明确社区服刑人员是“罪犯”的法律身份。

因此，在2013年出版的本书第二版中，作者依旧基本采用《社区矫正导论》一书的定义，不过，进一步明确了社区服刑人员是罪犯的特征，将我国的社区矫正定义为：社区矫正是依法在社区中监管、改造和帮扶罪犯的非监禁刑执行制度。

（二）中国社区矫正的特征

根据上述定义，目前中国社区矫正的主要特征如下。③

1. 强调要依法进行

作为一种非监禁刑执行制度的社区矫正，涉及对犯罪人的人身自由和人权的限制等惩罚性措施，因而是法治化要求程度最高的执法工作之一。这类工作的开展，必须具有具体的法律规定和明确的法律授权，特别是其中包含惩罚性内容的工作，必须严格依法进行，否则，就会侵犯公民的人权。在刑法修正案（八）通过之前，尽管社区矫正的一些具体方面有法律规定，但是，国家立法中没有出现“社区矫正”的字样，没有对社区矫正本身做出明确具体的规定，因而给人以社区矫正的法律基础不牢固、不坚实的感觉。刑法修正案（八）的通过，有效地解决了这方面的问题。随着在其他法律中对社区矫正做出更多的规

---

① 吴宗宪．刑事执行法学．北京：中国人民大学出版社，2007：323.

② 吴宗宪．社区矫正导论．北京：中国人民大学出版社，2011：5.

③ 同②6－7.

定，社区矫正的法律基础会不断牢固、坚实起来，社区矫正的法律制度会不断完善，正常的社区矫正工作必须严格依法进行。可以说，“依法”开展工作，是对社区矫正工作的第一要求。

2. 适用于特定对象

社区矫正是适用于特定对象的一类刑罚措施。从有关立法和相关规定来看，这类措施适用于被审判机关定罪判刑的人员。被适用社区矫正措施的对象，一般称为“社区服刑人员”或者“社区矫正人员”。在以往的相关文件和社区矫正实践中，社区服刑人员包括5类：(1) 被判处管制的罪犯，可以简称为“管制犯”；(2) 被宣告缓刑的罪犯，可以简称为“缓刑犯”；(3) 被暂予监外执行的罪犯，可以简称为“暂予监外执行犯”；(4) 被裁定假释的罪犯，可以简称为“假释犯”；(5) 被剥夺政治权利并在社会上服刑的罪犯，可以简称为“剥权犯”。不过，在2011年修订刑法时，未将最后一类罪犯——剥权犯纳入社区矫正的范围，在2012年修订刑事诉讼法时，将剥权犯排除在社区矫正之外。因此，目前的社区矫正对象是4类罪犯，即管制犯、缓刑犯、暂予监外执行犯和假释犯。根据这一特点，那些虽然具有一定的违法行为或者轻微犯罪行为，但是没有被审判机关定罪判刑的人员，例如，被治安管理处罚的人员、虽然进行了犯罪行为但是情节显著轻微危害不大而不认为是犯罪的人员等，都不是社区矫正的对象，不属于社区服刑人员。

3. 具有明确的期限

社区矫正是一类具有明确的期限的刑罚措施。社区矫正机关根据有关机关做出的发生法律效力的判决、裁定和决定中确定的具体期限，开展社区矫正工作。这类期限的变更，要根据法律规定进行。当这类期限结束时，社区矫正机关要根据规定进行相关工作，例如，宣告解除社区矫正等。社区矫正具有明确期限的特点，将它与其他相关措施区分开来，例如，安置帮教等。安置帮教是对刑释人员采取的帮助性工作，从理论上讲，应当是没有严格的期限限制的，应当在这些人员需要帮助的任何时候都提供相应的帮助。

4. 在居住社区执行

社区矫正是在社区中对社区服刑人员执行刑罚和进行其他相关活动的执法工作。这是社区矫正与监禁矫正或者监狱矫正的最大区别：在实行社区矫正的情况下，社区服刑人员在家庭所在地或者常住地执行非监禁刑；而在实行监禁矫正或者监狱矫正的情况下，罪犯在监狱中执行监禁刑。由于社区矫正是在社区中进行的，这不仅为社区服刑人员的日常生活、社会适应等提供了很大的方便，而且为充分利用社会资源从事社区矫正及其相关活动提供了便利条件，社区矫正机构应当充分认识和广泛利用社会资源开展多方面的工作。

5. 包含丰富的内容

虽然社区矫正主要是一种执行刑罚的工作，但是这项工作的内容绝不局限于刑罚执行本身，而是包含了丰富的、多方面的内容。2009年发布的两院两部《意见》将社区矫正的内容概括为三个方面：(1) 监督管理（可以简称为“监管”)。这是指通过多种监督管理措施，依法对社区服刑人员进行法律规定的惩罚，从而实现社会正义，维护社会公正，预防重新犯罪的工作。(2) 教育矫正（可以归纳为“改造”)。这是指通过多种教育和公益劳动等措施转变社区服刑人员，促使其顺利回归和融入社会的工作。(3) 帮困扶助（可以简称为“帮扶”)。这是指帮助社区服刑人员解决生产和生活问题与困难的工作。在社区矫正中增加帮扶性内容，是社区矫正制度的重大创新，是刑罚执行观念的巨大转变，是在刑罚执行中体现以人为本理念和增进社会和谐的重要内容，体现了刑罚执行的进步。

三、社区矫正的种类

社区矫正的种类是指社区矫正所涵盖的刑罚和刑罚制度的具体类型。从一些国家的情况来看，它们的社区矫正种类与中国大陆地区的社区矫正种类既有相同的部分，也有不同的部分。大体而言，缓刑和假释是中外相同的，其他部分则有较大差别。

（一）外国社区矫正的种类

从一些国家的情况来看，外国的社区矫正主要包括缓刑、假释、社区服务等多种形式。

在美国，贝林德·罗杰斯·麦卡锡（Belinda Rogers McCarthy，1991）等人认为，社区矫正计划包括转处（diversion）、审前释放（pretrial release）、缓刑（probation）、赔偿（restitution）、社区服务（community service）、暂时释放（temporary release）、中途之家（halfway house）和假释（parole）。这些形式构成了一个在社区中处理犯罪人的连续体，尽管它们各自提供不同的服务，适用于不同的犯罪人，但是，它们之间的相似性超过了它们之间的差异性。①

在加拿大，艾伯塔省约翰·霍华德协会（John Howard Society of Alberta，1998）发表的一份材料认为，社区矫正就是在刑事司法过程的不同阶段中对犯罪人采取的监禁替代措施，这类措施包括：（1）保释监督计划（bail supervision programs，适用于等待审判的刑事被告人）；（2）替代措施计划（alternative measures programs）；（3）赔偿计划（restitution programs）；（4）罚金选择计划（fine options programs）；（5）社区服务令（community service order）；（6）缓刑（probation）；（7）严格监督型缓刑（intensive supervision probation）；（8）附条件监禁（conditional sentence of imprisonment，这是指在判处2年以下的监禁刑时法官允许犯罪人在社区中服刑）；（9）社区管教中心计划（attendance centre programs，指让罪犯短期离开矫正机构而到社区管教中心，在那里参加有关的矫正计划）；（10）电子监控（electronic monitoring）；（11）社区中心（community-based centre，即居住式社区矫正机构）；（12）暂时释放计划（temporary absence program，让监狱等矫正机构中的罪犯暂时到社区中服刑和开展有关活动）；（13）假释。②

在澳大利亚，社区矫正的主要形式有13种，包括缓刑、假释、定期拘留（periodic detention）、工作释放、家庭拘留、暂缓的判决（suspended sentence）、治疗令、罚金、赔偿、没收财产、社区服务令、少年犯活动中心令（attendance center order）、良好行为担保（good behaviour bond）。③ 其中第10～13种主要是对未成年犯适用的。

在德国，社区矫正主要包括以下几种：缓刑帮助、余刑缓刑、赦免缓刑、保安处分帮助、青少年教育处分、惩戒措施和少年刑罚缓刑、缓科。应当注意的是，德国的缓刑是广义的缓刑，凡是有条件地不执行全部或者部分监禁刑罚，都称为缓刑；德国将我国的“假释”“赦免”等制度，一并纳入缓刑范畴，建立了“余刑缓刑”“赦免缓刑”等刑罚制度。④

---

① Belinda Rogers McCarthy & Bernard J. McCarthy. *Community-Based Corrections*. 2nd ed.. Pacific Grove, CA: Brooks/Cole Publishing Company, 1991: 2.

② John Howard Society of Alberta（1998）. Community Corrections. ［2006－07－23］. http://www.johnhoward.ab.ca/PUB/C29.htm.

③ 赴澳考察团．澳大利亚社区矫正制度介绍．法律适用，2005（10）：14－18.

④ 司法部赴德国社区矫正培训团．德国社区矫正概览．中国司法，2005（11）：96.

（二）中国社区矫正的种类

在中国大陆地区，根据以往的社区矫正文件和社区矫正实践，社区矫正曾经包括五种刑罚和刑罚制度。

（1）管制。被判处管制刑罚的罪犯，是社区服刑人员，可以将他们简称为“管制犯”。

（2）缓刑。被宣告缓刑的罪犯，是社区服刑人员，可以将他们简称为“缓刑犯”。

（3）暂予监外执行。被批准暂予监外执行的罪犯，是社区服刑人员，可以将他们简称为“暂予监外执行犯”。

（4）假释。被裁定假释的罪犯，是社区服刑人员，可以将他们简称为“假释犯”。

（5）剥夺政治权利。被判处剥夺政治权利刑罚并在社会上服刑的罪犯，是社区服刑人员，可以将他们简称为“剥权犯”。

不过，在2011年修订刑法时，未将剥夺政治权利刑罚纳入社区矫正的范畴，因此，上述的最后一类罪犯，不属于社区矫正的范围。在2012年修订刑事诉讼法时，也做了同样的处理。该法第258条规定，“对被判处管制、宣告缓刑、假释或者暂予监外执行的罪犯，依法实行社区矫正，由社区矫正机构负责执行。”据此规定，目前的社区服刑人员包括四类罪犯。

在修订这两部法律时，未将剥夺政治权利刑罚的执行工作纳入社区矫正，似乎缺乏充足的理由。在中国大陆地区的刑事司法实践中，虽然剥夺政治权利是一种附加刑，但是，在审判实践中独立适用这种刑罚的情况是很少见的，大部分案件都是附加适用剥夺政治权利刑罚。这意味着，对于大多数被判处剥夺政治权利刑罚的罪犯而言，他们在执行完主刑（监禁刑）之后才开始执行剥夺政治权利刑罚，在这种情况下，剥权犯的实际处境与假释犯极其相似，但是，却没有规定对剥权犯实行社区矫正。①

第二节　社区矫正的利弊

与监禁矫正相比，社区矫正是一类具有明显优势的制度和做法。同时，也必须看到，社区矫正自身存在一些问题。分析社区矫正的利弊，有助于人们更加准确地认识社区矫正。

一、社区矫正的优势

社区矫正的优势是指社区矫正所具有的对国家和个人都有利的特点。社区矫正的优势主要是通过与监禁矫正的比较而显现出来的。大体而言，社区矫正具有下列优势。②

（一）有利于服刑人员保持与社区的联系

与在封闭的监狱中执行监禁刑的罪犯相比，社区服刑人员就在所居住生活的社区中执行刑罚。社区矫正是社区服刑人员在居住生活的社区中执行刑罚的措施与活动，这是社区

① 吴宗宪．论对剥权犯实行社区矫正的必要性．中国司法，2012（2）：73-78.

② 吴宗宪．社区矫正导论．北京：中国人民大学出版社，2011：12-16.

矫正与监禁矫正最大的区别。在实行社区矫正的情况下，社区服刑人员往往居住在家庭或者其他社区住宿设施中，如中途之家等，过着与以前没有多大区别、与其他守法者差别也不很大的较为正常的生活；大部分人可以继续从事自己的工作、学习和其他活动。这种状况使得社区服刑人员在服刑期间，可以保持与家庭和亲友的关系，不至于因为与社会隔离而严重削弱与社会的联系，不至于因为这种状况的持续存在而造成他们对社会的不适应。让社区服刑人员保持与社区和家庭等的正常联系，对于维护正常的社会生活状态和预防重新犯罪等，都具有十分重要的意义。

（二）有利于实现刑事司法工作的根本目的

实行社区矫正有利于实现刑事司法工作的根本目的。刑事司法工作的根本目的是什么？对于这个问题，长期以来存在一定的认识偏差。很多人认为，刑事司法的根本目的就是打击犯罪，保护社会免受犯罪行为的侵害。这种观点是有片面性的，它仅仅涉及了刑事司法工作的一部分任务，而没有全面论述刑事司法工作的根本目的。

应该认识到，刑事司法工作的根本目的，就是惩治刑事犯罪、化解社会矛盾、维护社会稳定，这也是刑事司法机关的职能。[①] 只有全面兼顾这些方面，才能真正实现社会正义。推行社区矫正，则是实现这个根本目的的理想途径之一。要化解社会矛盾，就要努力缓解、消除人们之间的矛盾和纠纷，帮助人们恢复心灵的宁静和情绪的平和。一味地强调“打击”“镇压”，虽然也能在短时间内维护社会的秩序，保持社会的稳定，但是，不可能带来彻底的心灵宁静和情绪平和，因为“打击”“镇压”等造成的心理强制，有可能激化一部分人的抗拒心理和仇恨情绪，特别是会引起受到严厉打击和残酷镇压的犯罪分子的抗拒心理和仇恨情绪，也会引起社会公众对犯罪分子的同情心和怜悯情绪，使这类刑事司法活动失去社会公众的支持，产生不必要的社会离心倾向。相反，比较缓和的社区矫正则具有不激化矛盾、帮助恢复情绪平衡的作用，有可能带来真正的心平气和，也能够得到社会公众的理解和支持。特别是在未来大量使用调解、赔偿等方法解决轻微犯罪的情况下，社区矫正更能够产生这方面的效果。因此，推进社区矫正，可以更好地体现社会正义，从而更好地实现刑事司法工作的根本目的。

（三）有利于降低行刑成本

一般而言，社区矫正的经济成本要低于监狱矫正，实行社区矫正有利于降低行刑成本。在监禁矫正的情况下，国家不仅要花费大笔资金建造监狱和其他配套设施，需要配备大量看守人员、管教人员和武装警戒人员等，而且要为监狱设施的运行、服刑罪犯的生活等支付大笔费用。对于任何一个国家而言，监禁矫正都是一类成本昂贵的行刑方式。与此相比，社区矫正不需要建立大量设施，不需要配备很多工作人员，也不必负担社区服刑人员的生活费用等，因此，社区矫正在很多方面都能够节省费用，它在降低行刑成本方面的效果是很明显的。例如，从美国科罗拉多、北卡罗来纳、俄亥俄和弗吉尼亚 4 个州的情况来看，由于具体形式的差别，社区矫正的费用是监禁矫正经费的 2.25%到 70.21%不等，社区服务、缓刑、严格监督的缓刑（intensive probation supervision）、电子监控、日间报告（day reporting）、家庭监禁（house street）和中途之家（halfway house）这 7 种社区矫正形式的

---

① 在 2004 年 9 月 19 日中国共产党第十六届中央委员会第四次全体会议上通过的《中共中央关于加强党的执政能力建设的决定》中指出，要“有效发挥司法机关惩治犯罪、化解矛盾和维护稳定的职能作用”，这应当是对包括刑事司法机关在内的整个司法机关职能的科学表述。

平均费用，仅为监狱平均费用的19.33%。① 在澳大利亚，根据20世纪90年代后期的数据，社区矫正服刑人员的年度费用仅为监禁服刑人员年度费用的3.41%。② 在中国，尽管对于社区矫正的经费投入没有确切的计算，并且在社区矫正开始阶段的经费投入肯定要大一些，但是，从长远来看，社区矫正肯定能够节省国家经费。根据司法部基层工作指导司提供的数据，一名社区服刑人员的年矫正经费仅为监狱刑服罪犯监管经费的1/10。③ 根据笔者粗略估计，目前中国每监禁一名罪犯的年度平均费用为人民币3万元左右。如果社区矫正经费不超过监狱经费的10%，那么，大量使用社区矫正就可以大大节省国家在刑罚执行方面投入的资源，大幅降低行刑成本。

（四）有利于增进社会和谐

实行社区矫正有利于增进社会和谐。在一个处于和平时期的社会中，犯罪是社会冲突和社会矛盾最集中的体现，刑事司法工作则是解决社会冲突和社会矛盾的最重要的正式领域之一。刑事司法工作的重要结果之一，就是将符合条件的犯罪人判处监禁刑，而监禁刑的执行机关——监狱，是刑事司法系统的重要组成部分。大量的事实表明，监禁刑的使用和监狱的存在，一方面能够起到维护社会稳定的作用，另一方面也必然会增强社会对立的程度，特别是会增加受到惩罚的犯罪人与社会的对立，甚至会引起犯罪人的其他利害关系人（例如，犯罪人的家属）与社会的对立，从而会进一步激化社会冲突与社会矛盾。与其不同，在社区矫正中，由于惩罚性比较缓和，社区矫正机关也重视解决社区服刑人员的问题和困难，而不是仅仅关注对社区服刑人员的惩罚和控制，因而社区服刑人员与政府和社会的对立情绪远远小于监禁矫正。所以，与监禁刑及其执行相比，发展社区矫正更有利于化解社会矛盾，减少社会对立，更有利于增进社会和谐和实现创建和谐社会的目标。

（五）有利于体现刑罚的人道化

实行社区矫正有利于体现刑罚人道化。刑罚人道化是人类社会发展的基本趋势，也是人类文明进步的重要体现。随着社会的发展和进步，不仅法律中规定的严酷刑罚的数量急剧减少，而且在对刑罚的适用和执行方面，也朝着人道化的方向大力发展。与监禁刑相比，社区矫正更能够体现行刑人道化的要求。这是因为，首先，推行社区矫正可以避免滥用监禁刑的现象。监禁刑作为除死刑以外最为严厉的一类刑罚方式，对于一些有相当人身危险性的罪犯来说，是有适用必要的。但是，如果过分依赖监禁刑的积极作用，在与犯罪做斗争的过程中滥用监禁刑，则是一种极不人道的做法。所以，对于人身危险性较低、不致再危害社会的罪犯，例如，老残病犯、过失犯、部分女犯、未成年犯、偶犯等，判处非监禁刑，实行社区矫正，无论是对这部分犯罪人来说，还是对广大的守法公民来说，都是符合人道主义精神的。

其次，社区矫正也符合对罪犯区别对待的行刑原则。对进行了犯罪活动的罪犯进行处罚，是实现社会正义的必然要求，但是，不加区别地处罚罪犯，也是不人道的。实行社区矫正，有利于更好地区别对待罪犯。这是因为，在实行社区矫正的过程中，可以最大限度地区别对待罪犯，让那些人身危险性较低、不致再危害社会的罪犯在社区服刑，使他们继

---

① Todd R. Clear & Harry R. Dammer. *The Offender in the Community*. 2nd ed.. Belmont, CA: Wadsworth/Thomson Learning, 2003: 200.

② Satyanshu Mukherjee & Adam Graycar. *Crime and Justice in Australia* 1997. 2nd ed.. Annandale, NSW: Hawkins Press, 1997: 97.

③ 王学比．改造在高墙之外，矫正不只是监管．人民日报，2009-11-02（2）．

续保持与社会和家庭的联系，甚至也不影响他们就业。这种较为宽缓的处遇方式有益于感化并激励其向善的行为，从而更加深刻地体现了区别对待的精神。

（六）有利于避免监狱的负面影响

社区矫正通过分流罪犯而使很多罪犯不受监狱的负面影响。监狱虽然是与犯罪做斗争的重要设施，在维护社会稳定和保卫社会秩序方面发挥着不可替代的作用。但是，监狱也会对在其中服刑的罪犯产生很大负面影响。

监狱学的研究表明，监狱对于在监狱中服刑的罪犯的负面影响或者有害影响主要包括下列方面：（1）犯罪传染。在监狱中，虽然监狱工作者限制罪犯之间进行犯罪情况的交流，但是由于他们日常生活在一起，难免会传习犯罪伎俩，对负面言行耳濡目染。因此，著名犯罪学家龙勃罗梭（Cesare Lombroso，1835～1909）指出："监狱是犯罪的学校，特别是结伙犯罪（associated crime）的学校，而这类犯罪是所有犯罪中最危险的犯罪。"①（2）名誉损害。在监狱服刑的经历，会使罪犯的名誉受到严重损害，这对他们出狱之后的社会适应，有很大的妨碍作用。（3）标签效应。在监狱服刑的经历，会在罪犯身上打上深刻的"罪犯"的烙印，使他们在内心深处把自己看成一名罪犯，社会上的很多人也会把他们看成罪犯。这种标签效应对于罪犯出狱后的社会适应和人生发展，有很大的消极影响。（4）身心损害。长期在监狱服刑，会使罪犯在身心的很多方面都发生有害的变化，这些变化必然会制约他们出狱之后的正常生活和事业进步。

在实行社区矫正的情况下，社区服刑人员由于不进入监狱服刑，因此，完全可以避免监狱生活带来的上述负面影响。

（七）有利于减轻监狱拥挤状况

社区矫正能够分流很多罪犯，从而有利于减轻监狱拥挤状况，有助于消除监狱拥挤带来的很多问题。由于中国社会仍然处在急剧变革的转型时期，犯罪数量在短时间内不可能减少或者显著下降，可以预期，在较长的时间内，被审判机关判处刑罚的罪犯数量仍然会保持较大数额，中国监狱中罪犯的数量还会不断增加。罪犯数量的增加，已经在部分经济发达地区造成监狱拥挤现象。随着监狱中罪犯数量的继续增加，监狱拥挤现象很有可能会逐渐蔓延到其他地区。监狱拥挤有很大的危害，不仅耗费大量社会资源，带来沉重的经济负担，而且会产生其他一系列消极后果，包括罪犯生活质量下降、罪犯改造质量下降、监狱内暴力行为增加、监狱工作人员的身心健康受损等。这些消极后果对于罪犯、国家、社会等各个方面都是极为有害的。因此，发展社区矫正，让一部分符合条件的罪犯在社区中服刑，可以起到分流监狱内的罪犯数量，缓解监狱拥挤状况，消除因此而产生的多种有害后果的作用。

（八）有利于合理配置社会资源

社区矫正具有合理配置社会资源的重要优势。刑事司法活动是一类成本很高、花费昂贵的活动。从一些国家社会资源的花费来看，刑事司法领域的花费往往在整个社会开支中占有较大的份额。一些国家和地区刑事司法费用的上升，往往导致其他社会开支的减少，例如，国民教育费用、医疗卫生费用等的减少，使刑事司法费用成为国家和地区沉重的经济负担。因此，改革刑事司法活动，合理配置社会资源，就成为一个十分重要的途径，而推进社区矫正工作，可以收到明显的合理配置社会资源的效果。

---

① 龙勃罗梭．犯罪及其原因和矫治．吴宗宪等译．北京：中国人民公安大学出版社，2009：342.

首先，开展社区矫正工作，可以降低行刑成本，减少国家在刑事司法领域中的经费开支，使国家有可能将宝贵的经济资源应用于更加重要、更有价值的方面。

其次，推进社区矫正可以合理配置行刑资源。在国家用于刑事司法领域的经费不变的情况下，推进社区矫正也可以达到合理配置行刑资源的目的。从目前我国的情况来看，我国刑事司法经费的很大部分用于监狱领域，而犯罪学的研究表明，监狱及其运作对于社会发展的积极作用是有限的，监狱会产生很多消极作用。现在，通过推行社区矫正，控制监禁人口，就可以大量节省用于监禁方面的行刑资源，从而起到合理配置行刑资源的作用。

再次，实行社区矫正可以更好地发挥罪犯的建设性作用。第一，在实行社区矫正的情况下，可以减少监禁罪犯，从而使罪犯在相应的社会劳动岗位上发挥更大的建设性作用。根据我国的刑事法律制度和刑事司法实践，罪犯中的大部分人都是熟练的劳动力，如果让他们进入监狱服刑，虽然他们在监狱中也可以从事劳动，但是不一定能够找到可以最大限度地发挥他们长处的劳动岗位和劳动项目，从而会造成劳动力的很大浪费。如果对他们判处管制等非监禁刑，让他们继续在原来的工作岗位上工作，就可以避免对熟练劳动力的浪费，就可以让他们更好地发挥自己的才智，从而为社会做出较大的贡献。第二，通过假释等方式尽早让罪犯从监狱中出来，也可以使罪犯在社会上找到能够更好地发挥他们才能的工作岗位，从而使他们的建设性作用得到很好的发挥。第三，很多罪犯都是家庭中的重要劳动力或者经济支柱，在实行社区矫正的情况下，罪犯继续承担对家庭的经济和养育等责任，这可以减少罪犯的家庭对社会福利的依赖，可以避免罪犯家庭状况的恶化和未成年子女的堕落。

最后，发展社区矫正还可以更有成效地利用社会资源，使有限的社会资源发挥更大的社会效益。例如，增加在社区中的资金投入，可以建设社区基础设施，改善社区服务体系，改进社区邻里关系，发展社区预防犯罪体系，帮助罪犯家庭改善生活和促进罪犯就业等。这些都会从根本上促进社会稳定，可以有效地遏止犯罪不断增加的趋势。

此外，社区矫正还具有一些其他的优势，例如，有利于维护社区服刑人员的权利，有利于对被害人进行补偿等。

二、社区矫正的不足

如同任何法律制度一样，社区矫正也是一种既有明显优势、又有一定不足的制度。从目前的研究和实践来看，社区矫正的不足主要表现在下列方面。[①]

（一）刑罚威慑功能不足

社区矫正降低了有关刑罚和刑罚措施的惩罚性，从而降低了刑罚的威慑功能。刑罚是最为严厉的法律制裁措施，应当具有较为严厉的惩罚性，但是，在实行社区矫正的情况下，有关刑罚和刑罚制度的惩罚性大大降低。根据我国现行的法律制度，罪犯在社区中服刑时，环境相对比较宽松，行动比较自由。不仅社区的执法人员普遍缺乏对社区服刑人员惩罚的意识，而且许多公众也有类似的看法，例如，认为缓刑相当于不执行刑罚，假释相当于提前从监狱释放等。与西方发达国家相比，中国立法和执法实践中对社区服刑人员的惩罚力

① 吴宗宪．社区矫正导论．北京：中国人民大学出版社，2011：16－18.

度明显偏低。虽然2011年通过的刑法修正案（八）规定了禁止令的制度，对社区服刑人员的行动有所限制，但是，社区矫正仍然存在惩罚性不足的问题。这样，社区刑罚执行的一般预防和特殊预防的功能的发挥将受到一定的影响。

（二）社区安全难以保障

社区矫正存在难以有效保障社区安全的问题。在实行社区矫正的情况下，社区服刑人员具有很大的行动自由，在客观上具备从事危害社会活动的条件，他们有可能从事危害社会的行为。同时，让很多罪犯在社区中执行刑罚，也会增加社区居民的不安全感，使他们感到这些人员的存在对他们的安全构成了不同程度的威胁。刑法修正案（八）规定的禁止令制度，在一定程度上有助于克服这种不足，因为如果能够科学适用和有效执行禁止令制度的话，有利于增强社区居民的安全，但是，这需要一个过程，在这种制度充分发挥积极作用之前，社区居民的安全仍然面临着遭受社区服刑人员侵害的可能。因此，社区矫正制度的实行，使得社区安全难以得到有效保障。

（三）差别适用无法避免

社区矫正制度存在难以平等适用于所有犯罪人的问题。由于社区矫正自身的特点和我国社会经济情况的制约，在社区矫正的适用过程中，有可能造成对犯罪人的歧视现象，即实施了类似或者相同犯罪行为的犯罪人，可能由于其存在的某些特点，难以被平等地适用社区矫正，包括难以被平等地判处非监禁刑、难以被平等地裁定假释等。例如，考虑到在实行社区矫正的情况下社区服刑人员要有住所、要对社区服刑人员进行监督等活动，因此，在犯罪情节类似或者相同的情况下，对于在本地有户籍或者固定住所的犯罪人，容易适用社区矫正，而对于在本地没有户籍或者固定住所的犯罪人，不容易适用社区矫正，从而导致犯罪大体类似而处置截然不同的不平等现象。

实际上，国外的研究也表明，社区矫正中的差别适用现象是难以避免的。国外的研究发现，社区矫正措施主要适用于那些“正常的、体面的”犯罪人或者犯罪不太严重并且能够过稳定生活的犯罪人。[①] 虽然很多国际准则和国内立法规定，在刑罚适用中应该一律平等，但是，在实际使用社区矫正措施时，这样的规定往往难以得到贯彻落实。在犯罪行为类似的情况下，往往对那些能够过稳定的生活、能够履行所规定的义务的犯罪人使用社区矫正措施，而对其他犯罪人较少使用社区矫正措施。从国外社区矫正犯罪人的个人特征来看，对于犯罪的吸毒成瘾者、外国人和无家可归者使用社区矫正措施的百分比，是相当低的；在很多国家中，对于毒品犯罪人、暴力犯罪人、醉酒驾驶犯罪人和性犯罪人使用社区矫正措施的百分比，也是很低的。这样，对其他犯罪人来说，就产生了不公平对待的问题。这种现象是与法律面前人人平等的理念相背离的。[②]

（四）可能助长腐败现象

社区矫正制度的实行有可能助长腐败现象。这是因为，首先，在社区矫正的适用方面，有可能助长司法腐败现象。中国刑事法律中存在的弹性规定和法官享有的自由裁量权，会导致对那些处在“边缘状态”的犯罪人适用不同的刑事制裁形式。例如，对于某些犯罪人，

---

① Anton M. Van Kalmthout. From Community Service to Community Sanctions. in Hans-Jörg Albrecht & Anton M. Van Kalmthout（eds.）. *Community Sanctions and Measures in Europe and North America*. Freiburg i. Br：Max-Planck-Institut fur auslandisches und internationales Strafrecht，2002：599.

② 吴宗宪．刑事执行法学．北京：中国人民大学出版社，2007：334.

既可以判处监禁刑，也可以在判处监禁刑的同时宣告缓刑。从实际情况来看，在被判处监禁刑与被宣告缓刑之间，存在巨大的差异。在这种情况下，究竟判处监禁刑，还是宣告缓刑，就有了可以自由裁量的空间。这种自由裁量空间的存在，为司法腐败的发生提供了客观条件。在大量推行社区矫正的情况下，由此发生的司法腐败现象在所难免。其次，在社区矫正的执行方面，也有可能发生腐败现象。在社区矫正的执行过程中，由于规章制度的不完善和规章制度中存在的弹性内容，也使得具有类似情况的社区服刑人员可能会受到不同的对待，从而会在社区矫正执行环节产生腐败现象。

（五）控制网络有所扩张

社区矫正措施的扩大使用，在客观上会扩大社会控制网络，导致了“网络扩张”（net widening）现象的发生。[①] 网络扩张现象突出地表现在下列方面。[②]

（1）控制网络更广。这是指在使用社区矫正的情况下，受到国家控制的人数增加。在没有大量使用社区矫正措施的情况下，对于犯罪人的处理往往是在三类措施之间进行简单的选择：要么判处监禁，要么判处罚金或者传统的缓刑，要么完全释放。但是，在社区矫正措施大量使用的情况下，这类措施吸引政治家和立法者们的关注，使他们可以利用更多的措施控制更多的人员，结果造成社会控制对象数量的增加。

（2）控制网络更强。在大量使用社区矫正的情况下，社会控制的网络似乎变得更强，国家似乎有了更多的控制人们行为的措施。实际上，社区矫正变成了监禁刑和其他传统的非监禁刑之间的“填充物”或者“补充性措施”，国家可以利用这些补充性措施，更加牢固地控制犯罪人的行为。国外的一些研究者认为，社区矫正措施的大量使用，增强了国家对犯罪人的干预能力和控制力。

（3）控制网络转变。在大量使用社区矫正的情况下，并没有减弱控制网络，而仅仅是改变了控制网络，把原来由司法机关行使的大量控制权移交给其他机构来行使，主要是移交给社区矫正执行机构来行使。同时，也创造出更多的由社区矫正执行机构行使的控制权。

此外，国外的研究认为，社区矫正还存在社区居民排斥、社区矫正工作条件差、社区矫正计划缺乏、累犯率高等缺陷。[③]

第三节 社区矫正的历史与现状

一、域外社区矫正的历史与现状

从中国大陆之外的情况来看，社区矫正的具体种类差别较大，下面主要介绍缓刑、假释和社区服务三种具有代表性的社区矫正形式的情况。

① Todd R. Clear & Harry R. Dammer. *The Offender in the Community*. Wadsworth/Thomas Learning, Belmont, CA, 2000: 238-239.

② 吴宗宪. 刑事执行法学. 北京：中国人民大学出版社，2007：333-334.

③ 吴宗宪. 社区矫正比较研究：上. 北京：中国人民大学出版社，2011：30-31.

（一）缓刑的发展情况

英文中的缓刑（probation）一词来源于拉丁文“*probatio*”，意思是“经同意进行的考验”[①]。一般将“probation”理解为“暂缓执行刑罚”，这种意义上的缓刑（probation），是指在一定时间内附条件地不对犯罪人执行判决并予以监督的刑罚措施。[②] 被宣告或者判处缓刑的犯罪人，一般被称为“缓刑犯”（probationer），但是，在很多英语文献中使用“当事人”（client）、“参加者”（participant）之类的名词来称呼这类犯罪人。负责执行缓刑和监督缓刑犯的人员，被称为“缓刑官”（probation officer）。

许多文献把缓刑的产生和最初实践归功于美国人约翰·奥古斯塔斯（John Augustus，1784—1859）。例如，有人认为，约翰·奥古斯塔斯是第一个使用缓刑一词并将缓刑付诸实践的人。[③] 有人认为，约翰·奥古斯塔斯是“缓刑创始人”[④]（originator of probation），甚至把约翰·奥古斯塔斯称为“缓刑之父”[⑤]（father of probation）。不过，这可能是不准确的。[⑥]

缓刑的最早萌芽可能是在英国产生的。最早的缓刑可能是为了解决当时的刑罚过于严苛的现象而产生的。早期的英国刑法中充满了报应的色彩和严厉的刑罚，法官也往往对犯罪人判处十分严厉的刑罚。通常判处的刑罚就是肉刑，对人们判处死刑也是很常见的。例如，在亨利三世（Henry III）时代，有200多种犯罪可以受到死刑的处罚，其中的许多犯罪是比较轻微的财产犯罪。[⑦] 因此，为了减轻刑罚的严苛性，就逐渐产生了缓刑。

早期的缓刑首先对于在宗教和政治方面被判刑的人们使用，也就是对宗教异端人士和政治异议人士采取缓刑措施，以便使他们的观念与官方教会或政策相一致。缓刑制度的早期萌芽，主要包括12世纪末时产生的教会人员特权制度（benefit of clergy，又译为“教士恩赦”）、早期英国的判决暂缓执行（judicial reprieve）和具结释放（release on recognizance）等。

不过，人们一般认为，英国的缓刑是从1876年开始的。当时，赫德福德（Hertford）的一个印刷工雷纳（Rainer）向英格兰禁酒协会教堂（the Church of England Temperance Society）的主席卡农·埃利森（Canon Ellison）建议，将该协会的活动扩大到警察法庭，向酗酒犯罪人提供帮助。这个建议很快被采纳，1876年8月1日，南瓦克（Southwark）警察法庭任命了第一位牧师尼尔森（Nelson）。到1880年时，伦敦警察法庭已经有了4名牧师。到1907年颁布《犯罪人缓刑法》（the Probation of Offender Act）时，已经有143名牧师在工作，其中有19名妇女。[⑧]

---

① Harry Elmer Barnes and Negley K. Teeters. *New Horizons in Criminology*: *The American Crime Problem*. New York: Prentice-Hall, 1946: 374.

② 吴宗宪．社区矫正比较研究：上．北京：中国人民大学出版社，2011：135.

③ Harry Elmer Barnes and Negley K. Teeters. *New Horizons in Criminology*: *The American Crime Problem*. New York: Prentice-Hall, 1946: 374.

④ Harry E. Allen & Clifford E. Simon. *Corrections in America*. 9th ed.. Upper Saddle River, NJ: Prentice Hall, 2001: 184.

⑤ Marilyn McShane & Wesley Krause. *Community Corrections*. New York: Macmillan Publishing Company, 1993: 89. Harry E. Allen. Edward J. Latessa & Bruce S. Ponder. *Corrections in America*. 12th ed.. Upper Saddle River, NJ: Prentice Hall, 2010: 84.

⑥ 同②143-147.

⑦ Paul F. Cromwell. Leanne Fiftal Alarid & Rolando V. del Carmen. *Community-Based Corrections*. 6th ed.. Belmont, CA: Thomas Wadsworth, 2005: 75.

⑧ Robert Harris. Probation round the World. in Koichi Hamai et al (eds.). *Probation round the World*: *A Comparative Study*. London: Routledge, 1995: 32.

在美国，美国缓刑做法的最重要支持者之一，就是波士顿的法官彼得·奥克森布里奇·撒切尔（Peter Oxenbridge Thatcher）。在他和其他很多人的努力下，到1836年时，马萨诸塞州通过立法，鼓励在诉讼的任何阶段都可以在担保人具结的情况下采取将轻微犯罪人释放的做法。

同时，波士顿的制鞋匠和慈善家约翰·奥古斯塔斯在1841年进行的开拓性工作，对于美国缓刑制度的最终形成，起了重要作用。奥古斯塔斯以参加禁酒运动而著称，这个运动是一项宗教性的禁酒活动。他与鲁弗斯·R. 库克（Rufus R. Cook）和本杰明·C. 库克（Benjamin C. Cook）等人一起，经常到波士顿城市法庭，向那些被指控公开酗酒和有其他轻微犯罪的人提供帮助。1841年的一天早上，奥古斯塔斯正在观察被城市法官判处刑罚的犯罪人。当一个被判处进行了公开酗酒行为的男人将要被送往波士顿矫正所时，奥古斯塔斯进行了干预，请法官将这个酒鬼交给他自己监督几个星期。奥古斯塔斯保证以后让这名男人出庭，并且同意支付所有的法庭费用。这名法官同意了奥古斯塔斯的建议。3个星期后，奥古斯塔斯带回了这名美国历史上第一位“缓刑犯”。法官对这名缓刑犯的变化印象深刻，以致判处犯罪人交纳一笔罚金并且暂缓执行6个月的监禁刑罚。从1841年到1859年奥古斯塔斯去世时，他监督了1 956名缓刑犯罪人。在这些犯罪人中，只有一个犯罪人违反了缓刑规则。尽管缓刑的做法受到了许多人的批评，这些批评包括认为缓刑对于犯罪人太宽容的看法，但是，从奥古斯塔斯的实践开始，缓刑在美国逐渐流行开来。1860～1890年，在缓刑实践中进行了许多得到私人资助的慈善工作，这些工作主要是针对少年犯罪人开展的。1878年，马萨诸塞州通过了美国第一部缓刑法规，这项法规授权波士顿市长雇佣缓刑官开展小规模的缓刑计划，授权波士顿警察局局长负责管理被雇佣的缓刑官。从1878年到1938年，美国的38个州、哥伦比亚特区和美国联邦政府通过了缓刑法规，采用缓刑制度。

随着缓刑制度在英国和美国的发展，缓刑制度对其他国家也产生了影响。在英国和美国的影响下，其他一些国家也陆续建立了缓刑制度。例如，在澳大利亚，南澳大利亚州于1887年公布了第一部犯罪人缓刑法，这项立法后来被1913年的犯罪人缓刑法所取代，而1913年的立法大量吸收了英国1907年的《犯罪人缓刑法》的内容。再如，在匈牙利，1908年的刑法典规定对少年犯罪人可以使用缓刑。不过，对成年犯罪人使用的缓刑制度直到1975年才建立。又如，在瑞典，1906年的立法就确立了附条件刑罚，规定可以用缓刑监督替代监狱监禁；监督工作由警察官员、志愿人士负责。1922年瑞典建立了全国监狱和缓刑管理局（National Prison and Probation Administration），负责全国的监狱和缓刑工作。1942年，正式建立了缓刑服务局（Probation Service）。

第二次世界大战后，缓刑制度重新引起了国际社会的重视。在英国，伦敦缓刑服务局（London Probation Service）发展了与加拿大、西德、荷兰等国的国际联系，也引起了国际社会的关注。英国文化委员会（British Council）帮助来自法国、意大利、西班牙、希腊、黎巴嫩、乌拉圭和新加坡的学生到英国接受缓刑和少年法庭制度等方面的培训。这些活动进一步推动了缓刑制度在世界范围内的推广和发展。同时，联合国在推动缓刑的发展和使用方面，也做了大量的工作。

缓刑是目前应用得最为广泛的犯罪处置方式之一。从世纪范围内来看，在20世纪60年代到70年代以后，缓刑已经成为许多国家刑事司法制度的重要组成部分。

在欧洲大陆国家，缓刑获得了很大的发展，成为刑事司法制度的重要组成部分。法国、德国、瑞典等国家，都建立了缓刑制度。根据欧洲委员会（Council of Europe）2007年12

月31日的统计，可以看出很多欧洲国家和地区都使用缓刑（参见表12-1）。

表12-1　一些欧洲国家和地区缓刑犯的数量（2007年12月31日）[①]

国家	缓刑犯数量	国家	缓刑犯数量
亚美尼亚	2 143	奥地利	7 925
阿塞拜疆	4 610	塞浦路斯	617
丹麦	7 587	爱沙尼亚	8 653
芬兰	3 041	法国	212 080
格鲁吉亚	16 073	爱尔兰	5 350
意大利	5 878	拉脱维亚	7 244
卢森堡	813	荷兰	36 896
挪威	2 377	波兰	672 640
葡萄牙	13 266	罗马尼亚	7 673
俄罗斯	590 703	西班牙	46 469
瑞典	13 877		

在英国，根据2007年第三季度的数据，英格兰和威尔士的缓刑犯将近46700人。不过，在英国，由缓刑管理机构负责的犯罪人有多种类型（参见表12-2）。

表12-2　英国法庭判令由缓刑管理机构监督的犯罪人数量[②]

判决种类	2006年	2007年第三季度
所有法庭判令（all courts orders）	155 592	46 698
所有社区刑罚（all community sentences）	128 316	35 112
社区令（community order）	111 735	33 032
社区改造令（CRO）	4 645	243
社区惩罚令（CPO）	8 747	1 135
社区惩罚令（不履行，CPO-breach）	2 675	281
社区惩罚与改造令（CPRO）	2 520	425
毒品治疗与检验令（DTTO）	552	11
儿童与少年监督令（C&YP 1969）	23	2
缓刑监督令（SSSO）	271	17
支付金钱监督令（MPSO）	88	7
其他刑罚		
延期判决（deferred sentence）	384	158
暂缓监禁令（suspended sentence order）	32 723	11 565
释放前和释放后的监督	43 135	11 451

【注释】表中英语缩写的含义为：CRO＝community rehabilitation order；CPO＝community punishment order；CPRO＝community punishment and rehabilitation order；DTTO＝drug treatment and testing order；C&YP 1969＝Children and Young Persons Act 1969；SSSO＝suspended sentence supervision Order；MPSO＝money payment supervision order。

① Marcelo F. Aebi. *Council of Europe Space Ⅱ*：*Community Sanctions and Measures Ordered in* 2007. Strasbourg：Council of Europe，2008：12-13.

② National Offender Management Service. *Probation Statistics Quarterly Brief*：*July to September* 2007，*England and Wales*.［2008-03-14］. http：//www. justice. gov. uk/docs/q3brief-probation-2007. pdf.

在加拿大，对大约45%的案件使用缓刑，而且，这些年来，这个百分数是稳定的；缓刑令的平均时间是15个月，这个时间也是稳定的。对于成年犯罪人，用五种方式使用缓刑：一是作为附条件释放（conditional discharge）的组成部分；二是作为缓判刑罚（suspended sentence）的一种条件；三是作为间歇刑罚（intermittent sentence）的组成部分；四是本身作为一种刑罚（这是最常用的）；五是在2年或者更短的监狱监禁之后使用。[①]

在美国，缓刑已经成为刑事司法制度的重要组成部分，是最常使用的处理犯罪案件的方法之一。首先，在矫正人口总数中，缓刑犯占有很大的比例。从1997～2006年的统计数据来看，缓刑犯的数量一直在增加，缓刑犯在矫正人口总数中的比例为60%左右，这意味着一半以上的矫正人口处在缓刑监督之下。其次，对于很多犯罪包括很多重罪，都可以判处为数不等的缓刑。

在亚洲，日本、菲律宾、新加坡、泰国、印度尼西亚、卡塔尔、韩国等国家都有缓刑制度。

（二）假释的发展情况

假释（parole）是指将执行了一定刑期的犯罪人附条件地从矫正机构提前释放到社区中，使其在监督之下执行完剩余刑期的行刑制度。被假释的犯罪人称之为“假释犯”（parolee）；执行假释的人员被称为“假释官”（parole officer）。

英语中的假释一词——“parole”，来源于法语中的“*parole d' honneur*”（以名誉担保的诺言或保证）。法国人似乎更加喜欢使用从他们的语言中借用的“附条件释放”（conditional liberation）这个术语。1791年，在法国大革命时期，奥诺雷·加布里埃尔·里凯蒂，米拉博伯爵（the Comte de Milabeau，Honoré-Gabriel-Rigueti）在发表一份报告时，根据改造观念预期，提出现代刑罚理论应当强调劳动（labor）、隔离（segregation）、根据点数制（mark system）进行奖励、附条件释放和在释放时给予帮助的原则。[②]

另一位法国人博维纳尔·德·马尔桑基（Bonneville de Marsangy，1802—1894）在1847年出版的《论补充监狱制度的制度》一书中，讨论了附条件释放、对释放犯人的警察监督、释放时的帮助以及改造等问题。这本书由政府发给议会成员阅读。

这两个人都对假释制度的发展做出了贡献，博维纳尔·德·马尔桑基的贡献更为明显，因此，在欧洲大陆，一般则把马尔桑基看成假释之父（father of parole）；而在美国和英国，通常把亚历山大·麦科诺基（Alexander Maconochie，1787—1860）和沃尔特·克罗夫顿（Sir Walter Crofton，1815—1897）看成假释制度的创始人。[③]

也有的学者认为，假释制度几乎同时起源于3位欧洲监狱管理者：第一位是西班牙的马努埃尔·蒙特西诺思（Manuel Montesinos）；第二位是德国的格奥尔格·米夏埃尔·奥博迈尔（Georg Michael Obermaier）[④]；第三位是英国人亚历山大·麦科诺基（Alexander Maconochie，1787—1860）。[⑤] 在他们之后，经过沃尔特·克罗夫顿（Sir Walter Crofton，

① Curt T. Griffiths. *Canadian Corrections*. 3rd ed.. Toronto：Nelson，2010：89.

② 吴宗宪．社区矫正比较研究：上．北京：中国人民大学出版社，2011：198-200.

③ Hermann Mannheim（ed.）. *Pioneers in Criminology*. 2nd ed. Montclair，NJ：Patterson Smith，1972：131.

④ 格奥尔格·米夏埃尔·奥博迈尔（Georg Michael Obermaier，1789～1885）是德国监狱管理者和监狱改革者。——引者注

⑤ Paul F. Cromwell，Leanne Fiftal Alarid & Rolando V. del Carmen. *Community-Based Corrections*. 6th ed. Belmont，CA：Thomas Wadsworth，2005：222-224.

1815—1897）等人的不断努力，假释制度得到进一步发展并且逐渐完备起来。

在美国，假释制度首先于1876年在埃尔迈拉教养院（Elmira Reformatory）尝试使用。1907年，纽约州成为第一个全面采用假释制度的州，所采用的内容包括：不定期刑、批准释放制度、释放后监督和撤销假释的具体标准。美国联邦系统的假释开始于1910年，当年6月，通过立法建立了第一批3个联邦感化院（penitentiary），在那里使用假释制度。1930年，正式建立了美国总检察长（U. S. Attorney General）领导之下的联邦假释委员会（federal parole board）。到1942年时，所有的州和联邦政府都采用了假释制度。[①] 1950年，由于联邦监狱中犯罪人不断增加，假释委员会因而得到扩展，并且置于司法部（Justice Department）[②] 的领导之下。

自20世纪30年代到60年代，假释制度在国外，特别是在西方国家，得到充分发展并且被广泛应用于刑事司法领域。1958年，加拿大建立了全国假释委员会（National Parole Board，NPB），负责整个加拿大犯人的假释事务。1974年，加拿大建立了5个联邦假释区，分别为大西洋地区、魁北克地区、安大略地区、大草原地区和太平洋地区。

但是，到20世纪70年代中期时，情况发生了变化。由于在改造理念支配下的矫正系统在减少累犯、改造犯罪人等方面没有取得人们预期的效果，未能阻止犯罪急剧增加的势头，因而人们对于包括假释在内的许多矫正理念和制度产生了怀疑甚至排斥的态度。到20世纪70年代后期时，人们对于改造理念的态度发生了180度的转变，转而支持"公平惩罚"（just deserts）理念或者"公平模式"（justice model），认为在量刑中应该坚持公平性，犯了同样罪行的人应当受到同样的对待，应当被判处类似的刑罚。这样，在量刑实践中，越来越强调定期量刑（determinate sentencing），以自由裁量权为基础的假释不断受到限制，一些司法管辖区开始废除假释政策。1976年，缅因州成为第一个废除假释的州。1984年，美国量刑委员会（U. S. Sentencing Commission）建议，废除联邦假释；到1987年11月1日之后对所有被判刑犯罪人都用"监督型释放"（supervised release）来取代假释。在这些做法的影响下，废除联邦假释制度的呼声越来越高，步伐不断加快。到1990年时，美国的12个州对假释采取了严格的限制政策或者完全废除了假释。1996年，俄亥俄州成为废除假释的第11个州。美国联邦系统的假释也在2002年停止使用，大多数犯罪人在执行完监禁刑之后，都要在社区中至少被监督1年。联邦缓刑办公室（Federal Probation Office）负责所有从监狱中释放犯人的事务，包括假释、监督型释放、强制释放甚至军队系统的假释。

尽管假释制度在美国的演变呈现出较为曲折的特点，但是，在很多国家和地区，假释制度仍然是基本的刑罚制度之一。不仅在欧美国家普遍如此，而且在亚洲的一些国家和地区也是如此。可以说，假释仍然是很多国家中重要的、普遍使用的刑事司法制度。而且，统计资料表明，在很多国家和地区，对于假释的使用数量在不断增加，这些国家中的假释率[③]往往也是增加的。[④]

而且，即使在美国，也并不是全部朝着废除假释的方向发展。在一些司法管辖区废除

---

① Joan Petersilia. *When Prisoners Come Home: Parole and Prisoner Reentry*. New York: Oxford University Press, 2003: 58.

② 目前一般写作"Department of Justice"。

③ 假释率（parole rate）通常是指每10万人口中假释犯的数量。

④ Graeme Newman（ed.）. *Global Report on Crime and Justice*. New York: Oxford University Press, 1999: 332.

假释的同时，也有一些团体和学者主张保留假释。例如，美国缓刑与假释协会（American Probation and Parole Association，APPA）、国际假释机构协会（Association of Paroling Authorities International，APAI）等团体，一直都坚持保留假释。统计资料表明，美国的成年人假释率（rate of adults on parole，即每10万成年居民中假释犯的数量）自1980年以来一直在增长，1997—2006年间的增长幅度更大。例如，1997年成年假释犯为694 787人，成年人假释率为349人；2006年的成年假释犯为798 202人，成年人假释率为352人。①

（三）社区服务的发展情况

社区服务（community service）是指由法庭判决犯罪人到社区中进行一定时间无偿劳动或者服务的非监禁刑措施。

社区服务是国际社会中使用得最为普遍的社区矫正形式之一。除了"社区服务"这个名称之外，在其他一些国家，还有一些与社区服务含义相同或者相似的名称。例如，在德国，被称为"公益劳动"（*gemeinnützige Leistungen*，work for the general good）②；在荷兰，有"无偿公益劳动"（unpaid work for the general good）③；在意大利，被称为"替代劳动"（*lavoro sostitutivo*）④；在葡萄牙，被称为"公益劳动"（*trabalho a favor da comunidade*）⑤等。

一般认为，现代意义上的社区服务是在英国产生的。1970年，英国的刑罚制度咨询委员会（the Advisory Council of the Penal System）在一份题为《非监禁刑和准监禁刑》（Non-custodial and Semi-custodial Penalties）的报告中，首先提出了"社区服务令"（community service order）的建议。这个委员会的建议经过研究和改进后，得到专门建立起来考察这项建议的可行性的内政部工作小组（Home Office Working Group）的支持。1972年的《刑事司法法》（the Criminal Justice Act 1972）第一次在立法中规定了"社区服务令"（community service order）。1974年8月22日，英国内政大臣宣布，自1975年4月1日起，将发展社区服务计划的机会扩大到英格兰和威尔士的所有缓刑和释放后安置区域。⑥

自1994年以来，英国法院大约对9%的成年男性犯罪人适用社区服务令，同一时期适用缓刑令（probation order）的百分数为11%。⑦ 1991年的《刑事司法法》（the Criminal Justice Act 1991）规定了组合令（combination order），允许法庭将缓刑令和最高达100小时的社区服务结合使用。

英国2000年的《刑事司法与法庭服务法》（the Criminal Justice and Court Services Act 2000）第44条使用了"社区刑罚令"（community punishment order）的名称，将社区服务称之为"社区刑罚"。2003年《刑事司法法》（the Criminal Justice Act）用"社区令"（com-

---

① 成年假释犯数量来源于［2009-09-28］. http://www.albany.edu/sourcebook/pdf/t612006.pdf；成年人假释率数据来源于［2009-09-28］. http://www.albany.edu/sourcebook/pdf/t6652006.pdf.

② Anton Van Kalmthout & Peter J. P. Tak (eds.). *Sanctions-Systems in the Member-States of the Council of Europe: Deprivation of Liberty, Community Service and Other Substitutes*. Part II. Deventer: Kluwer Law and Taxation Publishers, 1992: 472.

③ 同②710.

④ 同②579.

⑤ 同②211.

⑥ Warren Young. *Community Service Orders: The Development and Use of a New Penal Measure*. London: Heinemann Educational Books Ltd, 1979: x.

⑦ Michael Cavadino & James Dignan. *The Penal System: An Introduction*. 3rd ed.. London: Sage Publications, 2002: 144.

munity order）取代原来的“社区刑罚令”（community punishment order）。

在美国，社区服务的确是晚近的一种创新。有文字记载的美国的第一份社区服务计划，是20世纪60年代后期在加利福尼亚州的阿拉梅达县（Alameda County）开始的：1966年，第一份社区服务令在该县适用于因无力缴纳罚金而面临监禁的女交通肇事犯罪人（traffic offender）。为了避免监禁方面的资金花费和犯罪人生活方面的个人花费（犯罪人往往是有家庭的妇女），就安排犯罪人在社区中从事无偿的体力劳动。这种观念得到人们的认可，使社区服务在20世纪70年代扩展使用到全美。1977年，新罕布什尔州通过了第一项州社区服务立法，规定社区服务适用于破坏财物或者非法进入的犯罪人；允许犯罪人在监督之下，在犯罪发生的城市或者镇从事50小时的社区服务。① 在20世纪80年代，随着矫正的焦点从改造和整合转向惩罚和剥夺犯罪能力，美国的社区服务变成了中间制裁计划（intermediate sanction program）的一种。今天，美国各州以及联邦系统都在使用社区服务。

在其他国家，社区服务往往也作为一种监禁替代措施而使用。在瑞士，1971年的刑法典第二部分将社区服务规定为主刑和附加刑，这种规定“使瑞士成为西欧第一个把社区服务作为一种主刑的国家”②。在荷兰，《社区服务法》（Community Service Act）于1989年12月1日生效。1981年新西兰开始使用社区服务。芬兰于1996年12月12日制定了《社区服务法》，于2003年4月1日最后修订实施该法。

社区服务在一些国家的使用率增长较快。例如，在拉脱维亚，1999年社区服务的使用率仅为1.4%；到2000年时，增加到4.7%；到2001年时，增加到8%。③

在法国，根据1983年6月10日议会通过的一项法律引入了社区服务制度。在法国，社区服务包括两种类型：（1）作为一种主刑（main sentence）使用。在6个月内进行200小时的社区服务。如果犯罪人不能完成这类社区服务，就会被起诉并判处2年监禁和20万法郎的罚金。（2）与缓刑结合使用。例如，在暂缓执行监禁刑期间，要求犯罪人在6个月内提供200小时的社区服务。这种用法与缓刑令很相似。如果犯罪人不能完成这类社区服务，就会被全部或者部分撤销缓刑。

在许多欧洲国家中，包括丹麦、荷兰、挪威、瑞典、芬兰、比利时、爱尔兰、希腊、德国、意大利、波兰、捷克、葡萄牙、瑞士、俄罗斯和前南斯拉夫等，也使用社区服务。

社区服务还作为一种监禁替代措施在非洲国家（赞比亚、南非、肯尼亚、乌干达、纳米比亚、坦桑尼亚、莱索托、布基纳法索、马里、塞内加尔、马拉维等）、拉丁美洲国家（例如，墨西哥、巴西、哥伦比亚、哥斯达黎加）以及加拿大、澳大利亚、新西兰使用。④

在一些亚洲国家和地区，也使用社区服务。例如，在斯里兰卡，社区服务作为一种主刑使用。在中国香港地区，1984年通过的《社区服务令法案》（CSO Bill）中规定了社区服务令，1987年在三个治安法官管辖区尝试使用社区服务令，1992年扩展到全香港；管理工作

① Andrew R. Klein. *Alternative Sentencing, Intermediate Sanctions and Probation*. 2nd ed.. Cincinnati, OH: Anderson Publishing Co., 1997: 201.

② Anton Van Kalmthout & Peter J. P. Tak (eds.). *Sanctions-Systems in the Member-States of the Council of Europe: Deprivation of Liberty, Community Service and Other Substitutes*. Part I. Deventer: Kluwer Law and Taxation Publishers, 1988: 334.

③ Anton van Kalmthout, Jenny Roberts & Sandra Vinding (eds.). *Probation and Probation Services in the EU Accession Countries*. The Netherlands: Wolf Legal Publishers, 2003: 200.

④ Robert J. Harris & T. Wing Lo. Community Service: Its Use in Criminal Justice. *International Journal of Offender Therapy and Comparative Criminology* 46 (2002, 4): 427-444.

由社会福利局（Social Welfare Department）负责；1997—1998 年间中国香港地区判处了 935 项社区服务令。①

二、中国社区矫正的简要历史

大体而言，中国社区矫正工作的简要历史，可以划分为五个阶段。②

（一）分散存在阶段

在 2000 年以前，中国社区矫正的具体形式和一些做法，已经分散地存在了很长时间。其中，管制刑起源于新中国成立之前、解放战争后期的革命根据地。1948 年 11 月 15 日的《中共中央关于军事管制问题的指示》中，就明确规定："解散国民党、三青团、民社党、青年党及南京政府系统下的一切反动党派和团体，并收缴其各种反动证件，登记其各级负责人员，对登记后的少数反动分子实行管制。"③ 这一规定在被管制的对象、管制的内容等方面与管制刑是一样的。在 1979 年的刑法中做了明确规定。

缓刑和假释制度在清末就已经开始实行，1911 年颁布施行的《大清新刑律》就对缓刑和假释制度做了较为详尽的规定。在 1979 年的刑法、刑事诉讼法和 1994 年的监狱法中也对缓刑和假释制度做了明确规定。

暂予监外执行或者保外就医也是一种较早开始使用的刑罚制度。早在 1951 年 11 月 27 日，最高人民法院对上海市人民法院做出的《关于保外执行中的徒刑犯应禁止行使政治权利及关于汉奸财产或公产效力问题的解答》中，就已经有"保外执行"的做法。1979 年刑事诉讼法和 1994 年的监狱法，有较为详细的规定。

剥夺政治权利刑可以追溯到古代。在中国秦代甚至更早的时候，就有与剥夺政治权利相似的"禁锢"制度，即免除有罪官员的官职并终身禁止其本人或者其亲属任官的刑罚。1910 年颁布的《大清新刑律》规定了褫夺公权，作为从刑之一。此后，在不同时期的立法中加以沿用。新中国成立后，早期的一些规范性文件中继续使用"褫夺公权"的名称，并且也开始使用"剥夺政治权利"的名称。例如，中央人民政府司法部 1950 年 5 月 20 日对察哈尔省人民法院做出的《关于假释、缓刑、褫夺公权等问题的解释》中指出，可以在判处徒刑宣告缓刑的同时科处剥夺政治权利。1978 年的《中华人民共和国宪法》第 18 条第 2 款规定："国家依照法律剥夺没有改造好的地主、富农、反动资本家的政治权利，同时给以生活出路，使他们在劳动中改造成为守法的自食其力的公民。"1979 年的刑法正式将剥夺政治权利规定为一种附加刑。

（二）地方探索阶段

2000 年前后，一些地方开始了对现行刑法制度的改革尝试和实践探索，力图有所创新。其中，上海等地的探索富有成效。

特别是在 2002 年 8 月，根据司法部的要求，上海市有系统地在更大范围内开始的社区矫正试点工作，对于后来中国社区矫正的开展影响巨大。上海市委、市政府很重视这项工

---

① T. Wing Lo & Robert J. Harris. Community Service Orders in Hong Kong, England, and Wales: Twins or Cousins. *International Journal of Offender Therapy and Comparative Criminology* 48 (2004, 3): 373-374.

② 吴宗宪．社区矫正导论．北京：中国人民大学出版社，2011：32-36.

③ 曾代伟．中国法制史．北京：法律出版社，2001：375.

作，成立了以市政法委员会牵头协调、由公检法司等相关部门参加的市社区矫治工作领导小组，并在这个月由中共上海市政法委员会发布了《关于开展社区矫治工作试点的意见》（沪委政法〔2002〕101号），决定在该市普陀区曹杨街道、徐汇区斜土街道和闸北区宝山街道开展社区矫治试点工作，在很多方面进行了新的尝试。

应当说，上海市政法委的这份文件以及上海市在社区矫正方面进行的探索，在新中国社区矫正工作的开展历史上，具有开创性的重大意义。首先，明确提出了“社区矫治”的概念，将过去分散的一些非监禁刑执行工作统一到“社区矫治”的名称下，推进了社区矫正整体工作的开展。其次，对社区矫正的执行主体进行了改革。这份文件在不突破现行法律规定的前提下，在总结以往实际工作情况和认真进行理论探讨的基础上，变更了社区矫正的执行主体，使社区矫正工作具有了两个主体：一个是“法律主体”，即公安机关，它是法律规定的执行社区矫正工作的主体；另一个是“工作主体”，即实际承担主要社区矫正工作的司法行政机关。这种“两个主体”的说法和做法，对于中国社区矫正的发展，产生了深远的影响。再次，推动了刑罚执行工作的改革。这份文件将社区矫正方面的学术探讨变为政府行动，使社区矫正方面的刑罚执行改革探索进入了“快车道”。又次，对推进社区矫正试点工作的组织形式进行了探索。上海市的社区矫正探索一开始就是由政法委员会主导，由公检法司等部门参与，整体推进这项工作，而不是由某一个司法机关单独进行。这种组织形式具有更大的合理性和可行性，之后全国性的社区矫正试点工作都是按照这种模式进行的。最后，为其他地区开展社区矫正工作树立了榜样。可以说，上海市自行探索和进行的试点工作，确立了如何在中国，特别是如何在中国现有法律的框架下开展社区矫正工作的初步模式。2003年7月以后当其他省（自治区、直辖市）开始进行社区矫正试点工作时，都纷纷派人到上海市进行考察和学习，然后参考上海市的做法在本地区开始进行社区矫正试点工作。上海市的探索在实践中充当了先行者的角色。

（三）全国试点阶段

这个阶段从2003年7月10日两院两部《通知》发布以后开始。不过，这个《通知》的产生经过了一个过程，在这个过程中，司法部领导的决策、有关专家的研究、中央领导的支持等，都发挥了重要作用。

早在2001年12月，当时的司法部部长张福森在司法部党组扩大会上提出了“社区刑罚”问题。12月8日，他做出如下批示：“可以考虑以预防犯罪所为主，吸收监狱局专家学者组成一课题组，对‘社区刑罚’进行专门研究，结合中国国情提出试点方案。”同时，在2002年年初，司法部做出把社区矫正作为2002年度重点课题进行专题研究的决定。据此，组成以预防犯罪研究所为主，由司法部基层司和司法部监狱局参加的联合课题组，开展有关工作。

根据司法部领导的指示，司法部预防犯罪研究所组成了以所长为负责人、以监狱学研究室为主体的课题组[①]，正式开始了这方面的研究工作。经过大量的研究和调查，课题组最后于2002年8月份形成《关于改革和完善我国社区矫正制度的研究报告》（以下简称《报告》），上报司法部。这份《报告》分为四部分：我国社区矫正制度现状、国外社区矫正制度概况、我国社区矫正制度存在的缺陷及其影响、关于改革和完善我国社区矫正制度的

① 在此期间，笔者在司法部预防犯罪研究所任职，并在稍后担任该所监狱学研究室主任，直接参与了有关的调查研究和关于社区矫正试点工作的第一个文件的起草工作。

建议。

这份《报告》经司法部领导审阅、完善之后上报中央政法委员会，时任中央政法委员会书记罗干对《报告》给予了充分肯定并批示："社区矫正制度是一个方向，但从报告中看，它涉及到方方面面的问题，可以在现有法律许可的范围内，先进行一些试点，在试点中逐步商有关部门解决有关问题，包括立法修改问题。"这个批示对于社区矫正工作的进一步研究、探索和实践，都产生了重大的指导和影响作用。

这份《报告》可以说是新中国最早全面阐述社区矫正问题的综合性研究文献。它的重要价值不仅表现在推动领导机关和高层领导的决策方面，而且发挥了重要的社区矫正启蒙作用。后来，在社区矫正试点工作正式开始之后，这份《报告》成为各试点地区了解社区矫正工作的最初文献，也成为后来很多研究者大量引用的社区矫正文献。①

为了落实罗干的批示，司法部领导要求预防犯罪研究所课题组在深入调查研究的基础上，拿出如何落实领导批示的具体方案。在得知上海等地进行了这方面的尝试后，课题组于 2002 年 11 月中旬到上海、浙江、江苏调研，了解他们开展相关工作的具体情况。

在此基础上，课题组讨论并起草了《社区矫正试点工作方案》上报司法部。司法部领导对此进行完善之后，与有关部门的领导进行了大量的协商工作。在此过程中，将题目改为《关于开展社区矫正试点工作的意见（征求意见稿）》。

2003 年 7 月 10 日，最高人民法院、最高人民检察院、公安部和司法部联合发布《关于开展社区矫正试点工作的通知》（司发〔2003〕12 号）。这个文件成为全国性的社区矫正试点工作的主要依据，是在中国开始社区矫正工作的最具权威性的文件。

2003 年 9 月 1 日，全国社区矫正试点工作协调会在北京首都大酒店举行。这个会议标志着依据两院两部《通知》进行的中国社区矫正试点工作的正式开始。

在总结各地经验和深入研究的基础上，2004 年 5 月 9 日司法部印发了《司法行政机关社区矫正工作暂行办法》，这是中央部门发布的社区矫正方面的一个综合性文件，有力地指导了试点地区社区矫正工作的进行。

2005 年 1 月 20 日，最高人民法院、最高人民检察院、公安部和司法部又联合发布了《关于扩大社区矫正试点范围的通知》（司发〔2005〕3 号），将河北、内蒙古、黑龙江、安徽、湖北、湖南、广东、广西、海南、四川、贵州、重庆等 12 个省（自治区、直辖市）作为第二批社区矫正试点地区，使中国的社区矫正试点工作在更广大的范围内开展。

（四）全国试行阶段

这个阶段从 2009 年 9 月开始。2009 年 9 月 2 日，最高人民法院、最高人民检察院、公安部、司法部发布《关于在全国试行社区矫正工作的意见》，社区矫正工作开始在全国全面试行。

2009 年 10 月 21 日，最高人民法院、最高人民检察院、公安部、司法部联合召开全国社区矫正工作会议，总结社区矫正试点经验，部署在全国试行社区矫正工作。由此开始，中国社区矫正进入全国试行阶段。

两院两部《意见》对于中国社区矫正的一个重大贡献，就是将社区矫正的内容归纳为 3 个方面：（1）对社区服刑人员的教育矫正；（2）对社区服刑人员的监督管理；（3）对社区服刑人员的帮困扶助。

---

① 这份《报告》的缩减稿以《改革和完善我国社区矫正制度之研究》为题，发表在 2003 年《中国司法》杂志第 5 期（第 4～6 页）和第 6 期（第 6～8 页）。

（五）法律确认阶段

这个阶段从 2011 年 2 月开始。2011 年 2 月 25 日，中华人民共和国第十一届全国人民代表大会常务委员会第十九次会议通过的刑法修正案（八），正式在法律中确定了社区矫正制度。这项立法的通过，标志着中国社区矫正进入法律确认阶段，社区矫正正式成为刑法规定的中国刑罚制度的组成部分。

三、中国社区矫正的现状

中国社区矫正工作的现状，可以通过取得的成绩和存在的问题两个方面加以论述。

（一）中国社区矫正工作的成绩

在开展社区矫正试点工作的过程中，取得了很大的成绩。这些成绩主要表现在下列 6 个方面。

1. 社区矫正涉及面广

中国社区试点工作涉及的地域广、人数多、部门多。

根据司法部提供的信息，自 2003 年我国开始社区矫正试点工作以来，社区矫正工作进展顺利。截至 2017 年年底，全国 31 个省（自治区、直辖市）和新疆生产建设兵团都建立了社区矫正管理机构，99％的地（市、自治州）、98％的县（市辖区、自治县）建立了社区矫正机构。① 截至 2017 年年底，各地累计接收社区服刑人员 3 709 399 人，累计解除矫正 3 015 724 人，现有社区服刑人员 693 675 人。②

社区矫正工作涉及的部门也很多。从社区矫正工作的情况来看，社区矫正除了涉及公、检、法、司各部门之外，还涉及人力资源和社会保障部门、社会福利部门、卫生部门、教育部门、市场监督管理部门、税务部门以及社会组织等。社区矫正试点工作的进行，让这些部门了解了这项工作的主要内容，认识到这项工作对于社会、国家和有关人员的积极价值，得到了这些部门的大力支持。

2. 重新犯罪率非常低

从开展社区矫正试点工作的一些地方的统计来看，实行社区矫正的罪犯的重新犯罪率很低。自社区矫正试点工作开展以来到 2017 年 1 月底，社区矫正人员在矫正期间再犯罪累计 6 199 人，再犯罪率为 0.19％。③

不仅如此，社区服刑人员还在发生重大事件或者举行重大活动期间，有良好的表现。例如，在 2008 年抗震救灾工作中，北京、上海、江苏、湖北、广东等地的社区矫正人员通过红十字会、慈善团体、所在单位等多种渠道，主动为灾区人民捐款、捐物、献血。④ 再如，在 2008 年北京举行奥运会期间，各地社区矫正人员没有发生严重刑事案件和群体性事件，北京市还实现了 6 300 余名社区矫正人员零脱管、零漏管、零重新犯罪、零涉奥事件的目标，圆满完成了奥运安保任务。⑤ 又如，在 2010 年上海举行世界园艺博览会期间，上海、

---

① 司法部社区矫正管理局编．2012～2017 年全国社区矫正工作统计分析报告．北京：法律出版社，2018：8.

② 司法部社区矫正管理局编．2012～2017 年全国社区矫正工作统计分析报告．北京：法律出版社，2018：2.

③ 司法部社区矫正管理局简报，2017（8）.

④ 司矫轩．齐心协力实现“社区矫正”新跨越“十一五”期间全国社区矫正工作回眸．法制日报，2011－03－08（8）.

⑤ 同④.

广东周边省（区、市）司法行政机关也根据司法部的部署和当地党委政府的要求，扎实做好社区矫正工作，为世博会、亚运会安保工作做好服务。①

3. 立法取得重大进展

2011年2月25日通过的刑法修正案（八），是社区矫正立法方面取得的具有标志性的重大成就。这项立法通过之后，为了准确适用和恰当执行其中新设立的禁止令制度，最高人民法院、最高人民检察院、公安部和司法部在2011年4月28日联合发布了《关于对判处管制、宣告缓刑的犯罪分子适用禁止令有关问题的规定（试行）》。

2012年3月14日第十一届全国人民代表大会第五次会议通过的《关于修改〈中华人民共和国刑事诉讼法〉的决定》，规定："对被判处管制、宣告缓刑、假释或者暂予监外执行的罪犯，依法实行社区矫正，由社区矫正机构负责执行。"

同时，国家还制定了一系列其他的立法。例如，司法部在2004年印发了部门规章《司法行政机关社区矫正工作暂行办法》。又如，开展社区矫正试点工作的一些地方，也通过了地方性法规或者制定了相关的规范性文件。截至2011年3月，北京、天津、上海、江苏等25个省（自治区、直辖市）制定了社区矫正工作办法或实施细则，形成了较为规范的工作制度，保证了社区矫正工作依规开展。②

除此之外，《社区矫正法》的制定等工作，也在进行之中。

4. 社会公众比较支持

中国社区矫正试点工作的进行，得到了社会公众的广泛支持。根据北京市司法局2006年委托零点公司进行调查的结果，社会公众是比较支持社区矫正工作的。调查发现，67.8%的居民接受社区矫正制度，40.3%的居民愿意成为志愿者，85%以上的人认为社区矫正工作取得了明显成绩。③

根据零点公司2006年对上海市民的问卷调查，市民总体上对犯罪与惩罚的态度比较理性，75.7%的居民表示"要根据所犯罪行的轻重，再确定是否应该进入监狱服刑"；认为不管是什么罪都必须进监狱服刑的居民占19%；38.6%的受访者对服刑人员比较信任，认为他们已经对社会和他人没有危害，属于普通居民。④

上述调查结果是令人乐观的，它表明社区居民对于社区矫正工作的抵触情绪不大，在一些西方国家中居民反对社区矫正的居民排斥综合征（NIMBY syndrome，Not in my back yard）⑤ 在中国并不严重。因此，在中国进行社区矫正有良好的群众基础。

5. 机构建设得到发展

社区矫正执行机构的建设得到较快的发展。在社区矫正试点工作中，社区矫正工作主要由司法行政部门承担。直接从事社区服刑人员监管和帮助等工作的，是最基层的司法行政部门——街道和乡镇的司法所。在社区矫正试点工作期间，司法行政系统的社区矫正机

① 司矫轩．齐心协力实现"社区矫正"新跨越"十一五"期间全国社区矫正工作回眸．法制日报，2011-03-08（8）．

② 同①．

③ 黄秀丽．社区服刑人员重新犯罪率低于0.6%．北京日报，2006-09-08．

④ 朱久伟．论社区矫正在和谐社会建设中的作用//"2006年刑事司法与犯罪控制的新发展"国际研讨会论文集．上海，2006：34．

⑤ Todd R. Clear，George F. Cole & Michael Reisig. *American Corrections*. 9th ed.. Belmont，CA：Wadsworth，2011：269．

构有了较大发展，不仅建立了各级社区矫正管理机构，而且各地司法所及相关机构的建设，也有了很大发展，为以后全面推行社区矫正工作创造了必要条件。根据司法部提供的数据，截至2017年年底，全国31个省（自治区、直辖市）司法厅（局）经所在省（自治区、直辖市）编办批准，设立了社区矫正局（处、办）；全国共有347个地（市、自治州）司法局单独设立社区矫正处（室），2 885个县（市辖区、自治县）司法局单独设立社区矫正科（股），分别占全国地（市、自治州）和县（市辖区、自治县）建制数的99%、98%。①

2010年11月，中央机构编制委员会办公室同意司法部基层工作指导司加挂社区矫正管理局牌子。11月8日，司法部社区矫正管理局正式成立。此后，很多地方的司法行政机关也加挂了社区矫正管理局的牌子。

根据司法部提供的数据，截至2017年年底，在全国省市县三级司法行政机关（不包括司法所）中从事社区矫正工作的专职工作人员共计12 610人，专职从事社区矫正工作的警察3 017人，从事社区矫正工作的社会工作者80 008人，社会志愿者659 352人。② 截至2017年年底，全国建立县（市辖区、自治县）社区矫正中心2 283个，80.0%的县（市辖区、自治县）建立了社区矫正中心。③ 截至2017年1月底，全国已建立社区服务基地25 204个，教育基地9 353个，就业基地8 216个。④

6. 理论研究发展迅速

随着社区矫正试点工作的进行，社区矫正方面的研究得到迅速发展，已经成为中国法学界以及社会学等学科的一个重要理论研究领域。在2001年以前，中国几乎没有涉及社区矫正的文章；2002年开始出现这方面的文章。⑤ 自2003年以来，这方面的文章和书籍不断增加。根据笔者2019年3月5日的检索，中国研究人员发表了大量涉及社区矫正的文章，通过在“中国知网”输入关键词“社区矫正”进行“主题”检索，检索出9 442篇；以同样的方式在“中国重要会议论文全文数据库”检索出189篇，在“中国博士学位论文全文数据库”检索出2 191篇，在“中国优秀硕士学位论文全文数据库”检索出2 192篇。

同时，社区矫正的教科书和专著也陆续出版。根据2019年3月5日对中国国家图书馆的检索，在“题名”中带有“社区矫正”字样的书籍文献已经有150部。

（二）中国社区矫正工作存在的问题

尽管中国的社区矫正工作取得了很大的成绩，但是，目前仍然存在很多制约社区矫正工作发展的问题。其中，对于社区矫正工作的顺利进行影响特别大的问题主要有4个，下面简要论述。

1. 国家立法问题

社区矫正属于立法法规定的必须由国家立法机关制定法律加以规范的事项（立法法第8条第4项），但是，目前关于社区矫正的国家立法，还存在一些问题。这类问题主要表现为

---

① 司法部社区矫正管理局．2012～2017年全国社区矫正工作统计分析报告．北京：法律出版社，2018：8.

② 同①.

③ 同①20.

④ 司法部社区矫正管理局简报．2017（8）.

⑤ 通过中国知网相关数据库查询：第一篇公开发表的标题中有“社区矫正”字样的期刊文章，是刘强撰写的《上海社区矫正的发展与评价》。刘强．上海：社区矫正的发展与评价．法治论丛，2002（6）：67－70. 第一篇报纸报道文章，是刘建撰写的报道《上海将全面推行社区矫治工作》。刘建．上海将全面推行社区矫治工作．法制日报，2002－11－28. 不过，应当注意的是，一些相关刊物及其文章并未被中国知网的数据库收录。

以下两个方面。

第一，一些法律对于社区矫正的规定，还存在需要进一步完善的问题。例如，2011 年修订的刑法和 2012 年修订的刑事诉讼法，将“被判处剥夺政治权利并在社会上服刑的罪犯”排除在社区矫正之外的规定，其合理性就值得探讨。从中国审判机关适用剥夺政治权利刑罚的情况来看，单独适用这种刑罚的数量很少[①]，在大多数情况下，审判机关都是附加判处剥夺政治权利，罪犯服完主刑并从监狱释放之后，才开始在社会上执行剥夺政治权利刑罚。在这种情况下，尽管这类罪犯的实际情况与假释犯类似，却没有将他们纳入社区矫正的范围，从而使得这类罪犯得不到应有的管束，特别是他们中的一些特别需要帮助的人得不到十分需要的帮困扶助。

第二，还没有颁布全面规范社区矫正工作的内容全面、具有综合性的专门法律。目前在刑法和刑事诉讼法中有关社区矫正的规定，内容极其简略，不能满足社区矫正工作的需要。

2. 经费保障问题

社区矫正属于国家刑罚执行工作，应当有正常的经费保障体制和可靠的工作经费保障。只有这样，才能保证社区矫正工作的顺利进行，才能体现社区矫正工作的严肃性和权威性。从各地社区矫正经费保障的情况来看，尽管各地进行了多方努力和很多探索，一些地方也有了较好的经费保障，但是，迄今为止尚未普遍建立正式的、多层次的、科学合理的经费保障体制，一些地方的社区矫正工作仍然缺乏有力的经费保障，能够用于社区矫正工作的经费不多。可以说，在中国开展社区矫正试点工作的一些地方，经费短缺极大地限制了社区矫正工作的顺利进行和健康发展。

3. 队伍建设问题

社区矫正是一项刑罚执行工作，应当有高素质的、稳定的工作人员队伍。这样，才能保证社区矫正工作的严肃性和高效性。但是，目前在社区矫正工作者队伍建设方面，存在较多问题。根据目前的实际情况和有关规定，社区矫正工作主要由司法部及其所属的各级司法行政机构负责，然而，目前最基层的司法行政机构——司法所的现状不容乐观。根据司法部发布的信息，截至 2016 年年底，全国共有 40 371 个司法所；全国司法所专兼职工作人员 123 343 人，其中，专职在编人员 79 877 人，占总人数的 64.76%，聘用人员 33 982 人，占总人数的 27.55%。[②] 虽然司法所的机构建设和队伍建设有了很大发展，但仍然存在社区矫正工作覆盖面有限（并非所有的司法所都开展社区矫正工作）、人员不足（从政法专项编制人员情况来看，没有政法专项编制人员的无人所 3 027 个，占 7.50%；一人所 14 269 个，占 35.34%；二人所 14 156 个，占 35.06%；三人及三人以上所 8 919 个，占 22.09%[③]）、任务繁重（司法所工作人员担负的工作很多，普遍达到八九项，很难有充裕的精力和足够的时间专门从事社区矫正工作）、素质较低（真正接受过系统训练、具备从事社区矫正工作的专业知识和专门技能的人员较少）等问题。因此，社区矫正工作者队伍建设中存在的问题，是制约社区矫正工作顺利进行的一个重要因素。

---

① 根据最高人民法院披露的信息，在 2017 年，全国法院对 1 270 141 名刑事案件被告人做出生效的刑事判决，但是，仅对 27 人单处剥夺政治权利附加刑。2017 年全国法院司法统计公报．[2019-03-05]．http://gongbao.court.gov.cn/Details/c15ac3fd6bd534567eec8e047941eb.html.

② 司法部基层工作指导司司法所工作指导处．2016 年度司法所工作发展报告．人民调解，2017（5）：5-6.

③ 同②5.

4. 制度完善问题

虽然在进行社区矫正试点工作的过程中，已经建立了一系列日常管理制度，但是，社区矫正制度建设仍然存在很多问题，主要是：第一，不能满足法治精神的要求。社区矫正工作的很多方面，还没有在立法中明确加以规定。第二，制度缺乏统一性。社区矫正的一些具体工作制度在各地有差异，这与中国的单一制国家结构不吻合。在单一制国家中，地方政府进行立法创新的空间是极其有限的。因此，应当在调查研究的基础上，择优选择和合理统一相关制度。

【问题与思考】

1. 国外的社区矫正相关概念有哪些？
2. 如何恰当地理解社区矫正的概念？
3. 社区矫正有哪些优势？
4. 社区矫正有哪些不足？
5. 如何认识外国社区矫正的历史与现状？
6. 如何看待中国社区矫正的简要历史？
7. 如何认识和解决中国社区矫正存在的问题？

【推荐参考论著】

1. 吴宗宪，蔡雅奇，彭玉伟．社区矫正制度适用与执行．北京：中国人民公安大学出版社，2012.

2. 吴宗宪主编．社区矫正导论．北京：中国人民大学出版社，2011.

3. 吴宗宪．社区矫正比较研究（上，下）．北京：中国人民大学出版社，2011.

4. 姜祖桢主编．社区矫正理论与实务．北京：法律出版社，2010.

5. 王平，杨诚．中加社区矫正概览．北京：法律出版社，2008.

6. 刘强主编．社区矫正制度研究．北京：法律出版社，2007.

7. Leanne Fiftal Alarid（2018）．*Community-Based Corrections*. 12th edition. Cengage Learning, Belmont，CA.

8. Edward J. Latessa & Paula Smith（2015）．*Corrections in the Community*. 6th edition. Routledge，New York.

9. Hans-Jörg Albrecht & Anton van Kalmthout（eds.，2002）．*Community Sanctions and Measures in Europe and North America*. Freiburg i. Br.：Max-Planck-Institut für ausländisches und internationales Strafrecht.

10. Anthony E. Bottoms，Loraine Gelsthorpe & Sue Rex（2001）．*Community Penalties：Change and Challenges*. Devon，UK：Willan Publishing.

第十三章
社区矫正机构与人员

内容导读

社区矫正机构在开展社区矫正工作的过程中，发挥着极为重要的作用。为了推动自2003年7月10日两院两部《通知》发布后开始的国家层面的社区矫正试点工作，我国建立了相应的社区矫正机构；这个时期的社区矫正机构，体现了中国社区矫正初创时期的特点。随着刑法修正案（八）确立社区矫正制度，中国社区矫正机构的发展进入了新的时期，应当在总结已有的工作经验的基础上，建立正规的社区矫正机构体系。广义的社区矫正机构是指参与社区矫正工作的所有相关机构的总称，包括社区矫正执行机构和社区矫正相关机构；狭义的社区矫正机构是指直接负责开展社区矫正工作的社区矫正执行机构。通常所讲的"社区矫正机构"，应当是指狭义的社区矫正机构。在中国社区矫正工作的发展过程中，各地已经普遍建立了以司法行政部门工作人员为主、社会工作者协助和社会志愿者配合的专兼职人员结合的社区矫正工作者队伍。

第一节　社区矫正机构概述

一、试点工作期间的社区矫正机构

2003年7月10日两院两部《通知》发布后开始的国家层面的社区矫正试点工作，开创了中国非监禁刑执行的新阶段，有力地促进了刑罚适用与刑罚执行的重大改革。在这个过程中，社区矫正机构发挥了极为重要的作用。

为了启动和推动社区矫正试点工作，依据两院两部《通知》开展社区矫正试点工作的省（直辖市）[①]，建立了相应的社区矫正机构。这类机构的建设，深受上海市政法委员会在

① 两院两部《通知》确定北京、天津、上海、江苏、浙江和山东等6省（市）为进行社区矫正工作的试点省（市）。

2002 年 8 月发布的两个文件的影响。这两个文件是：中共上海市政法委员会《关于开展社区矫治工作试点的意见》（沪委政法〔2002〕101 号）和中共上海市政法委员会《关于推进本市社区矫治工作的实施意见（试行）》（沪委政法〔2002〕102 号）。

参照上海市社区矫正机构的设置情况，开展社区矫正试点工作的地方，分别建立了包括社区矫正工作领导小组、领导小组办公室一类的机构；公、检、法、司等机关和其他相关部门在社区矫正工作领导小组的领导下开展相关工作。

大体而言，社区矫正工作领导小组是当地开展社区矫正试点工作的最高领导者，一般由政法委员会牵头，公、检、法、司等机关和其他相关部门的有关领导参加，通常由政法委员会书记担任领导小组组长。领导小组负责协调开展社区矫正试点工作中的有关事务，解决社区矫正试点工作中涉及的法律政策等重大问题，明确公、检、法、司等机关和相关部门在社区矫正试点工作中的职责等。

社区矫正工作领导小组下设办公室，办公室通常设在同级司法行政机关。办公室负责社区矫正试点工作的日常事务。司法行政机关的负责人担任办公室主任。

对于在社区矫正工作领导小组领导下，公、检、法、司各机关在社区矫正试点工作中的职责，两院两部《通知》做了明确规定。

（1）公安机关要配合司法行政机关依法加强对社区服刑人员的监督考察，依法履行有关法律程序。对违反监督、考察规定的社区服刑人员，根据具体情况依法采取必要的措施；对重新犯罪的社区服刑人员，及时依法处理。

（2）人民检察院要加强法律监督，完善刑罚执行监督程序，保证社区矫正工作依法、公正地进行。

（3）人民法院要严格准确地适用刑事法律和刑事司法解释，依法充分使用非监禁刑刑罚措施和减刑、假释等鼓励罪犯改造、自新的刑罚执行措施。在判处非监禁刑、减刑、假释工作中，可以征求有关社区矫正组织的意见，并在宣判、宣告后，将判决书、裁定书抄送有关社区矫正组织。

（4）司法行政机关要牵头组织有关单位和社区基层组织开展社区矫正试点工作，会同公安机关搞好对社区服刑人员的监督考察，组织协调对社区服刑人员的教育改造和帮助工作。街道、乡镇司法所要具体承担社区矫正的日常管理工作。监狱管理机关要依法准确适用暂予监外执行措施，对符合假释条件的人员要及时报请人民法院裁定假释，并积极协助社区矫正组织的工作。

此外，同级的财政、民政、人力资源和社会保障、宣传、教委等相关部门，也在社区矫正试点工作中承担着与其本来职责密切相关的工作职责。

省（自治区、直辖市）、地（市、自治州）、县（市辖区、自治县）、乡（镇）各个层次的社区矫正试点工作机构，基本上都是按照这个框架设立的，有关机关和部门的职责大体上也类似。可以说，这个时期的社区矫正机构，体现了中国社区矫正初创时期的特点。

二、法律确认以后的社区矫正机构

随着刑法修正案（八）2011 年 2 月 25 日通过和 2011 年 5 月 1 日施行，中国的社区矫正工作进入了法律确认阶段。这意味着，中国社区矫正工作进入了正常发展的阶段，社区矫正机构建设进入了新的时期。在社区矫正工作正常发展的阶段，应当在总结已有的工作经验的基础上，建立正规的社区矫正机构体系。

“社区矫正机构”有广义和狭义之分：广义的社区矫正机构是指参与社区矫正工作的所有相关机构的总称；狭义的社区矫正机构是指直接负责开展社区矫正工作的社区矫正执行机构。

广义的社区矫正机构可以分为两大类。

1. 社区矫正执行机构

这是指直接负责开展社区矫正工作的机构。这类机构可以区分为两小类。

(1) 社区矫正管理机关，即负责组织开展社区矫正工作和处理刑罚执行事务的国家机构，包括各级司法行政机关，特别是县级司法行政机关。由于这类机构在社区矫正中担负着执行非监禁刑罚和领导开展社区矫正工作的职能，属于国家机关的组成部分，因此，又可以称为“社区矫正执行机关”。

(2) 社区矫正工作机构，即直接对社区服刑人员开展有关工作的机构。这类社区矫正机构实际上也包括两类性质不同的机构。

一是司法所。它是县区司法行政机关的派出机构[①]，在社区矫正工作中，既是最基层的社区矫正管理机关，也是最主要的社区矫正执行机构。司法所具有双重身份，承担双重职责：在强调社区矫正的执法特征和行政管理特征时，司法所属于社区矫正管理机关；在强调社区矫正的实际业务特征和与社区服刑人员直接接触的特征时，司法所属于社区矫正工作机构。应当说，司法所的建设和运行情况，对于社区矫正工作的成功有着举足轻重的作用。

二是相关工作机构。这是指为了协助司法行政机构开展社区矫正工作而建立的社会性机构，包括各类社区矫正中心、中途之家一类的机构。

上述的社区矫正管理机关和社区矫正工作机构，属于狭义的社区矫正机构；其中的社区矫正管理机关（包括司法所），属于最狭义的社区矫正机构。

2. 社区矫正相关机构

这是指参与社区矫正工作的有关刑事司法机关和其他国家机关。包括公安机关、检察机关、审判机关以及参与社区矫正工作的其他国家机关。

通常所讲的“社区矫正机构”，应当是指狭义的社区矫正机构。

在中国的语境中，人们对“机构”和“机关”两个术语的用法似乎是有区别的。首先，“机构”是一个可以从不同角度使用的多义词，既可以泛指机关、团体或其他工作单位，也可以指机关、团体等的内部组织[②]；“机关”是指办事单位或部门[③]，是机构中的一个部分，特别是指级别较高的办理事务的部门。其次，“机构”既可以指国家权力部门，也可以指社会机构；“机关”似乎更多用于国家权力部门，很少用于社会机构。在本书中，将根据不同情况，分别使用“机构”和“机关”的概念。

---

① 根据司法部1996年6月24日发布的《关于加强司法所建设的意见》，“加强司法所建设是强化和完善县区司法行政工作的需要”；“司法所的建立，有利于完善司法行政工作体制，使县区司法行政工作职能延伸到乡镇（街道），为县区司法行政机关履行法律赋予的职能提供组织保证”。

② 夏征农，陈至立．辞海：第2卷．6版彩图本．上海：上海辞书出版社，2009：0998.

③ 同②.

第二节　社区矫正执行机构

一、社区矫正管理机关

社区矫正管理机关是指负责组织开展社区矫正工作和处理刑罚执行事务的国家机构。

社区矫正管理机关的主要特征有以下几点。

（1）在社区矫正工作中起组织领导作用。从中国开展社区矫正工作的实践来看，社区矫正并非仅仅由某个一国家机构进行的，而是由多个相关的国家机构根据分工制约的原则，共同开展的。就社区矫正工作的主要方面来看，作为国家刑事司法机构的公安机关、检察机关、审判机关和司法行政机关，都根据职责分工参与社区矫正工作；社区矫正管理机关就是在这些机构中起组织领导作用的机构。

（2）在社区矫正工作中承担管理职责。社区矫正管理机关是在社区矫正工作中承担管理职责的国家机构。在社区矫正工作中，不仅要对社区矫正工作的对象——社区服刑人员，进行大量的日常管理工作，而且要对社区矫正工作的实施者——社区矫正工作者，也进行大量的日常管理工作，例如，对社区矫正工作者的招考录用和日常管理等。社区矫正管理机关就是在社区矫正工作中承担大量管理职责和进行大量管理工作的机构。

（3）在社区矫正工作中担任执法者的角色。社区矫正工作是一项非监禁刑刑罚执行工作，在执行属于社区矫正的非监禁刑刑罚的过程中，要对社区服刑人员开展一系列的执法工作，包括接收社区服刑人员、对社区服刑人员进行奖惩、解除社区矫正等。社区矫正管理机关就是代表国家执行法律的国家机构，是社区矫正中的执法者。

（4）属于国家机构的组成部分。社区矫正工作是非监禁刑刑罚执行工作，作为组织实施社区矫正工作的社区矫正管理机关，如同其他刑罚执行机构和刑事司法机构那样，是国家机构的组成部分，是从事社区矫正工作的国家机构。因此，其中的工作人员是国家工作人员，具有国家公务员的身份。

尽管立法中没有明确规定社区矫正管理机关，但是，从有关文件和我国社区矫正工作的实践来看，社区矫正管理机关就是司法行政机关。根据 2003 年 7 月 10 日的两院两部《通知》，“司法行政机关要牵头组织有关单位和社区基层组织开展社区矫正试点工作，会同公安机关搞好对社区服刑人员的监督考察，组织协调对社区服刑人员的教育改造和帮助工作”。根据 2005 年 1 月 20 日的两院两部《扩大试点范围通知》，社区矫正工作由“司法行政机关负责组织实施，法院、检察院、公安、司法行政等相关部门紧密配合”。根据 2009 年 9 月 2 日的两院两部《意见》，社区矫正工作由“司法行政部门牵头组织，相关部门协调配合”。上述 3 个文件中使用的文字表述和具体内容清楚地表明，司法行政机关在社区矫正工作中起主导作用，是社区矫正管理机关。在上述文件的基础上，2012 年发布的两院两部《实施办法》第 2 条第 1 款明确规定：“司法行政机关负责指导管理、组织实施社区矫正工作。”同时，从社区矫正工作的实践来看，自 2003 年两院两部《通知》发布以来，在社区矫正工作中司法行政机关担负起了牵头组织实施社区矫正工作的职责，在社区矫正工作中发挥了主导作用，大量的社区矫正工作都是在司法行政机关的组织下开展的。

我国的社区矫正管理机关就是各级司法行政机构。处在这个机构系统最上层的，是国家司法部，然后依次是省级司法行政机关、地级司法行政机关、县级司法行政机关和基层（乡镇）司法所。在司法部、省级司法行政机关、地级司法行政机关和县级司法行政机关内部，往往设立专门的机构，具体负责社区矫正工作。基层司法所既是社区矫正工作中最低层次的行政管理机构，也是负责社区矫正日常管理工作的主要工作机构，因此，基层司法所实际上承担着既是管理者也是执行者的双重角色和双重功能。

应当准确理解刑事诉讼法规定的“社区矫正机构”。2018 年修订的刑事诉讼法第 269 条规定：“对被判处管制、宣告缓刑、假释或者暂予监外执行的罪犯，依法实行社区矫正，由社区矫正机构负责执行。”那么，这里的“社区矫正机构”究竟是指哪些机构？一些书籍认为，这里的“社区矫正机构”是指基层司法行政机关。[①] 这种理解和表述存在两个明显的问题：第一，法律并没有规定“社区矫正机构”就是指基层司法行政机关。司法行政机关是一个系统、一个整体，不同层次的司法行政机关担负着不同的工作任务，工作的侧重点可能有所不同，但是，它们共同担负着开展有关工作的任务。如果离开上级司法行政机关的支持，仅仅依靠基层司法行政机关是无法开展社区矫正工作的。第二，该观点并没有进一步明确“基层司法行政机关”的确切含义。

笔者认为，刑事诉讼法第 269 条规定的“社区矫正机构”，应当是指司法行政机关中的各级社区矫正管理机关，包括四个层次：（1）司法部社区矫正管理局；（2）省（自治区、直辖市）司法厅（局）社区矫正处（办、局）；（3）地（市、自治州）司法局社区矫正处（室）；（4）县（市辖区、自治县）司法局社区矫正科（股）。[②] 在这四个层次的社区矫正管理机关中，真正实际运作社区矫正工作和直接处理社区矫正业务的，是处在最基层的县（市辖区、自治县）司法局社区矫正科（股）。从这种意义上可以讲，刑事诉讼法第 269 条规定的“社区矫正机构”，是“基层司法行政机关”。因此，所谓的“基层司法行政机关”，应当是指县级司法行政机关。

在涉及司法行政机关的文献中，还使用“基层司法所”的名称。例如，在 2008 年 7 月 10 日发布的国务院办公厅《关于印发司法部主要职责内设机构和人员编制规定的通知》中，规定司法部的主要职责之一，就是“指导、监督基层司法所建设和人民调解、社区矫正、基层法律服务和帮教安置工作”。尽管“基层司法所”与“基层司法行政机关”都带有“基层”字样，但是，不能将它们相混淆：“基层司法行政机关”是指县级司法行政机关，而“基层司法所”是“基层司法行政机关”或者县级司法行政机关的派出机构。

二、社区矫正工作机构

（一）定义和特点

社区矫正工作机构是指直接对社区服刑人员开展有关工作的机构。

社区矫正工作机构的主要特点有以下几点。

---

① 樊崇义．2012 刑事诉讼法解读与适用．北京：法律出版社，2012：347．宋英辉．中华人民共和国刑事诉讼法精解．北京：中国政法大学出版社，2012：315．

② 一些县级司法行政机关还加挂了“社区矫正管理局”的牌子。

1. 直接性

直接性是指社区矫正工作机构直接对社区服刑人员开展多方面工作的特性。从社区矫正工作的实际情况来看，在开展社区矫正工作的过程中，社区矫正管理机关主要从事执法工作，它们虽然也能够从事一些较为具体的社区矫正工作，但是，由于行政级别、人员数量等方面的限制，它们不可能从事大量的、直接的社区矫正工作。在社区矫正工作中，还必须建立直接面对社区服刑人员的社区矫正工作机构，这类工作机构是中国社区矫正工作的最基层、最直接的工作承担者。从直接性来看，可以认为最重要的社区矫正工作机构是司法所。但是，由于司法所普遍存在人员不足等问题，因而为了更好地开展社区矫正工作，往往由县区司法行政机关甚至更高层次的司法行政机关出面，建立其他一些辅助性机构，帮助司法所开展具体的社区矫正工作。

2. 多样性

多样性是指社区矫正工作机构包括不同类型的具体机构的特性。在社区矫正工作机构中，不仅有兼具执法职责和管理职责的司法所，还包括其他辅助性的社会性机构。而且，在不同的地方，社会性机构在名称、组织结构、具体功能、运作方式等方面，也有不同的特点。

（二）主要类别

根据中国社区矫正工作的实践，目前直接从事社区矫正工作的社区矫正工作机构有两类。

1. 司法所

司法所是司法行政系统最基层的职能工作部门。由于司法所是司法行政系统最基层的机构，因而又称为“基层司法所”。根据司法部发布的有关规章①，司法所是县（市辖区、自治县）司法局在乡镇（街道）的派出机构，负责具体组织实施和直接面向广大人民群众开展基层司法行政各项业务工作。

基层司法所是行政管理和实务工作合一的社区矫正机构。首先，司法所是一个行政管理机构。在社区矫正工作中，基层司法所要承担大量的社区矫正管理工作，包括对社区服刑人员的管理工作和对社区矫正工作者的管理工作。社区矫正管理机关的很多管理职能，往往要通过司法所的管理工作来履行。其次，司法所是一个实务工作机构。司法所要对社区服刑人员和社区矫正工作者进行很多的实际业务工作，特别是要直接对社区服刑人员开展大量具体的社区矫正工作。根据2004年5月9日印发的司法部《暂行办法》第9条的规定，乡镇、街道司法所具体负责实施社区矫正，履行下列职责：（1）贯彻落实国家有关非监禁刑罚执行的法律、法规、规章和政策；（2）依照有关规定，对社区服刑人员实施管理，会同公安机关对社区服刑人员进行监督、考察；（3）对社区服刑人员进行考核，根据考核结果实施奖惩；（4）组织相关社会团体、民间组织和社区矫正工作志愿者，对社区服刑人员开展多种形式的教育，帮助社区服刑人员解决遇到的困难和问题；（5）组织有劳动能力的社区服刑人员参加公益劳动；（6）完成上级司法行政机关交办的其他有关工作。从这条规定中可以看出，司法所承担的社区矫正工作具有行政管理和实务工作合一的特点。根据两院两部《实施办法》的规定，大量的社区矫正实务工作，实际上都要由司法所承担。

① 主要是指司法部1996年6月24日发布的《关于加强司法所建设的意见》、1998年11月19日发布的《关于加强司法所业务规范化建设的意见》和2000年4月13日发布的《关于进一步加强基层司法所建设的意见》。

2. 相关工作机构

这里所讲的“相关工作机构”是指协助司法行政机关开展社区矫正工作的社会机构。

在开展社区矫正工作的过程中，为了解决司法行政机关人力资源匮乏、人员结构单一等突出问题，也为了进一步增强社区矫正的社区性，充分利用社会资源开展社区矫正工作，各地司法行政机关尝试建立了一批协助其开展社区矫正工作的社会机构。其中的典型包括3个地区建立的机构。

(1) 上海市的新航社区服务总站。2004年1月19日成立的新航社区服务总站，是上海市社区矫正工作办公室旗下的非营利专业社区矫正组织。作为社区矫正工作的主力军，新航总站组织420多名社工从事社区矫正的辅助性、服务性工作，总站在全市19个区县设立工作站，工作网络遍布上海市所有街道（乡镇），共动员了5 600多名志愿者，其中心理咨询师（助理）志愿者有225人。①

(2) 北京市的阳光社区矫正服务中心和阳光中途之家。北京市朝阳区借鉴国际有益经验，结合区域改革发展稳定实际，在全市范围内成立了阳光社区矫正服务中心和中途之家。2005年1月29日，西城区率先成立首家公益事业社会团体性质的阳光社区矫正服务中心——北京市西城区新街口街道阳光社区矫正服务中心，之后全市其他区也成立了类似机构。2005年4月29日北京市社区矫正办公室发布《关于进一步做好阳光社区矫正服务中心工作的试行意见》，决定在全市18个区县建立阳光社区矫正服务中心。2008年7月8日，朝阳区建成了“阳光中途之家”，对社区服刑人员开展“三统一两服务”（统一开展法制教育、统一开展社会认知教育和统一开展心理矫治，为有需求者提供技能培训服务和过渡性安置服务），取得了良好的社会效果。2010年9月，北京市司法局发布《关于推进区县阳光中途之家建设的意见》，决定在全市各区县积极推广“中途之家”建设的成功经验，决定用2年左右的时间在全市各区县全面推广建立阳光中途之家。阳光中途之家的基本功能包括三个方面：1）对社区服刑人员进行集中教育；2）为有需求的社区服刑人员等提供社会适应指导；3）为有需求的社区服刑人员等提供心理咨询和心理辅导。阳光中途之家的辅助功能也包括三个方面：1）为“三无”人员无家可归、无亲可投、无生活来源的人员）提供临时安置；2）为“两类”人员提供就业帮助；(3) 为社区服刑人员提供公益劳动项目。

(3) 江苏省在全省县（市、区）大力推行的“社区矫正中心”②。中心设置集中教育室、沟通谈心室、心理矫正室、公益劳动场所等功能区域，集中组织社区服刑人员参加思想、法制、社会公德教育活动和公益劳动，集中对社区服刑人员进行心理健康教育，提供心理咨询和心理矫正；为区域内有就业需求的社区服刑人员提供免费就业技能培训和就业指导，在社区服刑人员与政府职能部门之间起到搭建桥梁的作用，将符合条件的社区服刑人员纳入最低生活保障，帮助其解决基本生活保障等方面的困难和问题，促使其顺利回归和融入社会，减少社会对抗因素，积极增加社会和谐因素，取得了良好的效果。江苏省司法厅先后发布《关于进一步推进县（市、区）社区矫正教育矫正中心（基地）建设的意见》(2009

① 朱军，孙薇薇．上海社区矫正试点报告．[2011-10-20] http://www.chinalawedu.com/news/16900/173/2006/12/li122621701312160020-0.htm.

② 这类中心过去的名称是“社区矫正管理教育服务中心”，后来简化为“社区矫正中心”。例如，江苏省人民代表大会常务委员会2014年1月16日通过的《江苏省社区矫正工作条例》中，就采用了“社区矫正中心”的名称，其中第33条第2款规定：“县（市、区）人民政府司法行政部门应当规范社区矫正中心建设，发挥其整合社区矫正资源、协调调度监督管理、落实教育帮扶措施的作用。”

年7月14日）、《江苏省县（市、区）社区矫正管理教育服务中心建设标准（试行）》（2011年）等文件，对其进行规范化建设。

这类机构的主要特点如下。

第一，从性质来看，这类机构属于社会机构。根据目前这类机构的情况来看，它们不是行政机关，也不是传统上所讲的事业单位，而属于除此之外的其他社会机构。例如，上海新航社区服务总站是上海市社区矫正工作办公室旗下的“非营利专业社区矫正组织”。又如，北京市的阳光社区矫正服务中心被定性为“从事社区矫正社会服务活动的非营利性民间社团组织”，按照“民办非企业单位”的运行规律开展工作。

第二，从职能来看，这类机构主要从事辅助性工作。这类机构协助社区矫正管理机关开展辅助性、服务性的社区矫正工作。例如，根据北京市的有关规定，北京市阳光社区矫正服务中心作为专门为社区矫正工作提供服务的民间公益性社会组织，其职能是：（1）组织发动社会力量参与社区矫正；（2）对社区服刑人员提供回归社会辅导、心理矫正、帮助教育、技能培训、临时救助等各类服务；（3）组织开展社区矫正宣传、培训、理论研究与交流活动；（4）对社区矫正社会工作者进行招聘、管理、教育、培训和考核等。阳光社区矫正服务中心作为参与社区矫正工作的非政府组织，不得从事对社区服刑人员接收、宣告、考核、奖惩、解除矫正等执法工作。这样的规定是合适的，与这类机构的性质相吻合。

第三，从人员来看，这类机构的从业人员不属于国家机关工作人员。在这类社会机构中从事相关社区矫正工作的人员，属于社会机构聘用人员，他们应当获得与公务员类似、与其任职资格和工作业绩相称的劳动报酬，但是，他们不属于国家机关工作人员，不是通常所讲的公务员。

第三节　社区矫正相关机构

一、其他刑事司法机关

（一）公安机关

公安机关是与社区矫正工作的开展具有密切关系的刑事司法机关。在社区矫正工作中，公安机关发挥着极其重要的作用，这类作用突出地表现在下列方面。

首先，公安机关是犯罪案件的侦查机关，承担着为社区矫正工作输送工作对象的重要任务。如果没有公安机关的侦查工作，不通过公安机关查明犯罪和犯罪人，就不可能产生后来的社区服刑人员。因此，公安机关的犯罪侦查工作，是开展社区矫正工作的基础性、前提性工作。

其次，公安机关是社区矫正工作的重要参与机关。一方面，公安机关曾经是社区服刑人员的监督者、考察者和管理者，是对社区服刑人员开展工作的“法律主体”。在2011年2月通过刑法修正案（八）之前，公安机关是法律规定的对5类社区服刑人员开展执法工作的国家机关，随着社区矫正试点工作的进行，公安机关在这方面的职权逐渐转移到司法行政机关。

另一方面，公安机关在社区矫正工作中发挥着重要的作用。2003 年两院两部《通知》规定："公安机关要配合司法行政机关依法加强对社区服刑人员的监督考察，依法履行有关法律程序。对违反监督、考察规定的社区服刑人员，根据具体情况依法采取必要的措施；对重新犯罪的社区服刑人员，及时依法处理。"根据刑法修正案（八）第 2 条的规定，如果社区服刑人员在社区矫正期间进行了违反禁止令的行为，由公安机关依照治安管理处罚法的规定处罚。根据两院两部《实施办法》第 2 条第 4 款的规定，"公安机关对违反治安管理规定和重新犯罪的社区矫正人员及时依法处理"。

大体而言，公安机关在社区矫正中应当进行下列工作。

（1）依法加强对被剥夺政治权利并在社会上服刑的罪犯的监督考察和管控帮教，切实做好有危害社会可能的重点人的管理教育，并加强与司法行政机关的联系沟通，配合做好帮教工作。

（2）对违反治安管理处罚法的社区服刑人员依法进行处理。

（3）及时组织力量查找那些脱管、下落不明的社区服刑人员。

（4）对符合撤销缓刑、撤销假释、收监执行条件的社区服刑人员，协助司法行政机关做好收监工作，将罪犯送交监狱或者看守所。

（5）做好看守所服刑罪犯出所教育工作，加强看守所与相关部门的工作衔接。

（6）按照有关规定为社区服刑人员办理户籍手续。

（二）检察机关

检察机关是与社区矫正工作的开展具有密切关系的刑事司法机关。检察机关作为国家的法律监督机关，依法对社区矫正及其相关工作进行法律监督。根据 2003 年两院两部《通知》的规定，"人民检察院要加强法律监督，完善刑罚执行监督程序，保证社区矫正工作依法、公正地进行"。根据两院两部《实施办法》第 2 条第 3 款的规定，"人民检察院对社区矫正各执法环节依法实行法律监督"。

大体而言，检察机关在社区矫正中应当进行下列工作：（1）加强刑罚执行监督，保证社区矫正工作依法、公正地进行；（2）对社区矫正工作中不符合法律的问题及侵犯社区服刑人员合法权益的行为提出检察建议；（3）在社区矫正工作中，对由于严重不负责任致使社区服刑人员漏管、脱管造成严重后果的，依法追究有关人员的责任，并提出纠正违法建议；（4）依法查办刑罚执行和监管活动中发生的贪污贿赂、渎职侵权等职务犯罪。

（三）审判机关

审判机关是与社区矫正工作的开展具有密切关系的刑事司法机关。从很多方面来看，审判机关在社区矫正中发挥着至关重要的、甚至是决定性的作用。这是因为，绝大部分社区服刑人员都是经由审判机关的判决或者裁定，才由一般的刑事被告人或者罪犯变成社区服刑人员的。如果审判机关不对刑事被告人判处管制刑和剥夺政治权利刑，不对符合条件的罪犯宣告缓刑、裁定假释和决定暂予监外执行，就没有绝大多数的社区服刑人员。[①] 审判机关对于刑事立法的理解和适用的准确性、科学性，在很大程度上决定着社区服刑人员的数量多少。

---

① 还有一部分暂予监外执行的罪犯，是由县级以上公安机关和省级监狱管理机关直接决定的。不过，从我国 2003 年以来社区服刑人员的类型分布来看，被宣告缓刑的社区服刑人员占社区服刑人员总数的 70%以上。

2003年两院两部《通知》规定："人民法院要严格准确地适用刑事法律和刑事司法解释，依法充分使用非监禁刑刑罚措施和减刑、假释等鼓励罪犯改造、自新的刑罚执行措施。在判处非监禁刑、减刑、假释工作中，可以征求有关社区矫正组织的意见，并在宣判、宣告后，将判决书、裁定书抄送有关社区矫正组织。"根据两院两部《实施办法》第2条第2款的规定，"人民法院对符合社区矫正适用条件的被告人、罪犯依法作出判决、裁定或者决定"。

大体而言，审判机关在社区矫正中应当进行下列工作：（1）贯彻落实宽严相济刑事政策，依法充分适用非监禁刑罚；（2）加强对社区矫正配套措施的调查研究，做好与司法行政机关、公安机关等相关部门的社区矫正衔接工作，不断完善对拟判处缓刑被告人的审前社会调查评估制度，做好社区服刑人员法律文书的送达工作；（3）完善对监狱罪犯的假释裁定制度；（4）建立健全对社区服刑人员的庭审教育、缓刑撤销、减刑裁定等制度，配合司法行政机关做好社区服刑人员的教育矫正等工作。

二、其他相关行政机关

在我国社区矫正工作中，其他行政机关也从不同的角度参与社区矫正工作。这些机关主要包括以下几个部门。

（1）财政部门。负责将社区矫正工作所需的业务经费列入政府财政预算，为社区矫正工作的顺利进行提供经费保障，并且对经费使用情况进行监督。

（2）人力资源和社会保障部门。对符合条件的社区服刑人员提供最低社会保障、开展技能培训、职业介绍、职业指导、推荐就业等各项服务工作，并开辟多种渠道，帮助他们尽快就业；对参加过失业保险的，按规定核发失业保险金；对已经就业的，解决劳动报酬支付、劳动争议解决等方面的问题，依法保障其合法权益。

（3）民政部门。按相关政策规定及时给符合规定条件的社区服刑人员提供医疗救助、临时救助等帮助，保障其基本生活；指导居（村）委会配合做好社区服刑人员的日常帮教和监控工作，鼓励居（村）委会在自办的经济实体中安置社区服刑人员就业。此外，民政部门还要解决非政府社区矫正组织和团体成立时的登记注册问题，为完善社区矫正的组织体系开展工作。

（4）卫生部门。做好患传染病、艾滋病、严重精神病等社区服刑人员的疾病监测、治疗和卫生防疫工作；对符合条件的社区服刑人员进行医疗救治，缓解他们的就医压力。

（5）教育部门。解决社区矫正人员的学历教育和其他教育等方面的问题，特别是要解决从监狱中释放的符合条件的假释犯和其他社区服刑人员的就学等问题；解决对社区服刑人员进行文化教育和职业技能培训中的质量监督等问题。

（6）市场监督管理部门。对申请从事个体经营和开办经济实体并且符合登记条件的，依法受理登记，并在办理证照时提供方便和服务；对办理失业登记后自谋职业从事个体经营且领取了执照的社区服刑人员，及时按照相关规定落实优惠政策；加强对社区服刑人员的市场法律法规宣传教育，增强其守法经营观念，提高其职业道德水平；为非政府性社区矫正组织和团体开展经营性活动提供证照，对经营活动进行日常监督和年度审核等工作。

（7）税务部门。对办理失业登记后实现就业或者自谋职业从事个体经营并且符合规定条件的社区服刑人员，按照相关政策规定予以减免税费和税务登记工本费。

(8) 工会。协调稳定已加入工会组织的社区服刑人员的劳动关系，维护他们的合法权益，并配合区司法行政机关做好帮教工作。

(9) 共青团。维护青少年社区服刑人员的合法权益，重点做好对他们的矫正帮教工作；组织青年志愿者与社区服刑人员结成帮教对子，感化挽救失足青少年。

(10) 妇联。将对女性社区服刑人员的教育纳入妇联女性教育管理目标，将女性社区服刑人员作为重点人群开展法制、人生观教育；维护女性社区服刑人员的合法权益，配合区司法行政机关做好帮教工作。

(11) 残疾人联合会（简称“残联”）。维护残疾社区服刑人员的合法权益，配合司法行政机关做好残疾社区服刑人员的帮教工作，教育他们遵纪守法，树立自尊、自信、自强、自立观念；弘扬人道主义精神，开展残疾社区服刑人员的康复、扶贫、教育、劳动就业、职业培训等工作，创造良好的社会环境和条件，扶助他们平等参与社会生活。

除了这些经常性地参与社区矫正相关工作的行政机关之外，还有一些与社区矫正工作的进行有密切关系的行政机关。例如，各级编制委员会及其办公室在落实社区矫正工作人员编制方面，各级财政部门在给社区矫正拨付经费方面，都发挥着重要的作用。

第四节 社区矫正工作者

一、概述

社区矫正工作者是指依法参加社区矫正工作的所有人员。社区矫正工作者是一个统称，包括社区矫正官、社会工作者、社区矫正志愿者等不同类型的工作人员。

在中国社区矫正工作的发展过程中，各地已经普遍建立了以司法行政部门工作人员为主、社会工作者协助、社会志愿者参与的专兼职人员结合的社区矫正工作者队伍。

社区矫正工作者不仅是在学术研究领域使用的概念[①]，而且在有关的立法中得到确认。例如，在2004年5月9日印发的司法部《暂行办法》第12条中，就使用了“社区矫正工作者”的概念。

除了“社区矫正工作者”这个概念之外，还有“社区矫正队伍”[②]“社区矫正人员”[③]“社区矫正工作人员”[④]等概念。

从中国的立法规定和有关实践来看，社区矫正工作者具有下列特点。[⑤]

第一，种类的多样性。这是指社区矫正工作者包括多种不同类型人员的特性。社区矫正工作者这个名称实际上是对以不同身份从事社区矫正工作的人员的统称。根据有关规定

① 刘强．社区矫正的定位及社区矫正工作者的基本素质要求．法治论丛，2003 (2)：5-8.

② 齐雨晨，龚俊．建立专职矫正工作队伍的思考．中国司法，2006 (2)：67-70. 荣容，肖君拥．社区矫正的理论与实践．北京：中国民主与法制出版社，2007：178-188.

③ 刘强．社区矫正制度研究．北京：法律出版社，2007：379.

④ 吴宗宪．论社区矫正工作人员的种类与名称．中国司法，2005 (12)：60-65.

⑤ 吴宗宪．社区矫正导论．北京：中国人民大学出版社，2011：101-102.

和社区矫正工作的实践，目前我国的社区矫正工作者大体上包括社区矫正执法人员（司法所工作人员）和社区矫正辅助人员，而在社区矫正辅助人员中，又包括不同的种类，例如，社会工作者、社会志愿者等。这些不同种类的社区矫正工作者构成一支社区矫正队伍，共同对社区矫正对象——社区服刑人员开展社区矫正工作，完成社区矫正的任务。

第二，待遇的差异性。这是指社区矫正工作者在身份和其他待遇方面存在巨大差异的特性。在社区矫正工作者中，一些社区矫正工作者属于执法者，他们应当是国家公务员，是从事社区矫正执法工作的公职人员，享有其他类型的公务员所享受的一切待遇。一些社区矫正工作者属于合同制人员，他们根据合同约定享有权利和履行义务，例如，社会工作者就属于这种类型。还有一些社区矫正工作者主要出于自愿从事有关工作，他们在开展社区矫正工作中会获得荣誉和某些津贴，从事一定的社区矫正工作，例如，社会志愿者就属于这种类型。

第三，素质的复杂性。这是指社区矫正工作者之间存在不同程度的素质差别的特性。由于社区矫正工作者是由不同种类的人员构成的，而在不同种类的人员之间，甚至在同一种类的不同工作人员之间，往往存在很大的素质差异：他们在文化程度、专业知识、工作技能、社会经验等方面，都有不同程度的个别差异。例如，一般而言，社区矫正执法人员的整体素质，要好于社会志愿者群体；接受过系统教育和训练的社会工作者，在社会工作专业技能方面，要优于其他社区矫正工作者。

第四，行动的主动性。这是指社区矫正工作者积极主动地对社区服刑人员开展社区矫正工作的特性。与社区矫正的对象——社区服刑人员相比，社区矫正工作者是积极主动地开展相关工作的一方，社区服刑人员则是服从社区矫正工作者的指挥、根据社区矫正工作者的要求开展有关活动的被动者。无论是哪一种社区矫正工作者，都会根据立法和有关规定的要求，积极主动地采取多种多样的行动，对社区服刑人员开展社区矫正工作。

第五，功能的建设性。这是指社区矫正工作者在社会中发挥积极的建设性作用的特性。社区矫正工作者是根据规定从事社区矫正工作，最大限度地发挥社区矫正优势的人员。他们的社区矫正工作对于国家、社会、司法机关、社区服刑人员及其相关人员、社区居民等，都能够产生有益的结果，因此，他们在社区矫正工作中发挥着建设性的功能。

二、社区矫正官

社区矫正官是在社区矫正中承担执法职能的国家工作人员。

迄今为止，“社区矫正官”是一个学术概念，有关规定中并未使用这样的概念，它在目前的正式名称实际上是“司法助理员”。例如，司法部1981年11月18日印发的《司法助理员工作暂行规定》，对司法助理员的工作职责等做出了规定，规定司法助理员的工作职责有5项。国务院1989年6月17日颁布的《人民调解委员会组织条例》第2条第2款规定，“基层人民政府及其派出机关指导人民调解委员会的日常工作由司法助理员负责。”司法部1996年6月24日发布的《关于加强司法所建设的意见》中，对司法所及司法助理员承担的职能做出了具体规定。

根据中国社区矫正工作的有关规定和工作实践，司法行政机关的工作人员承担着社区矫正的主要管理工作，是社区矫正工作的主要承担者。其中，具体从事社区矫正工作和管理社区服刑人员的工作人员，是最基层的司法行政机关——街道、乡镇司法所的工作人员，他们通常被称为“司法助理员”。

司法助理员是社区矫正工作的主要承担者。根据中国开始社区矫正试点工作的最具权威性的文件——2003 年 7 月 10 日发布的两院两部《通知》的规定，“司法行政机关要牵头组织有关单位和社区基层组织开展社区矫正试点工作，会同公安机关搞好对社区服刑人员的监督考察，组织协调对社区服刑人员的教育改造和帮助工作。街道、乡镇司法所要具体承担社区矫正的日常管理工作”。这意味着，街道、乡镇司法所的正式工作人员——司法助理员，是社区矫正工作的主要承担者，他们要具体承担社区矫正的日常管理工作。

同时，司法助理员也是社区矫正工作者中居于领导地位的执法人员。为了顺利开展社区矫正工作，我国很多地方进行了聘请专业社会工作者（矫正社会工作者）和社区矫正志愿者参与社区矫正工作的尝试，使司法助理员与矫正社会工作者、社区矫正志愿者一起，构成了基本的社区矫正工作队伍——社区矫正工作者，共同开展社区矫正工作。在这支社区矫正工作队伍中，司法助理员是居于领导地位的执法人员。首先，他们是居于领导地位的工作人员。司法助理员代表国家，组织、领导其他社区矫正工作者开展社区矫正工作，而其他社区矫正工作者——矫正社会工作者和社区矫正志愿者，要在司法助理员的组织、领导下，从事社区矫正工作。其次，他们是执法者。在社区矫正工作者中，司法助理员是代表国家刑事司法机关的执法者，矫正社会工作者和社区矫正志愿者则是辅助工作人员，他们在司法助理员的组织领导下，从事相关的辅助性工作，特别是帮困扶助性质的工作。

自 2003 年开展社区矫正试点工作以来，基层司法所的建设有了很大发展，从事社区矫正工作的司法所工作人员的数量不断增加。根据司法部提供的数据，截至 2016 年年底，全国司法所专兼职工作人员达 123 343 人，专职在编人员 79 877 人，占总人数的 64.76%[①]，其中相当一部分人员从事社区矫正工作。此外，截至 2017 年年底，全国省市县三级司法行政机关（不包括司法所）中专职从事社区矫正工作的人员共计 12 610 人。[②]

尽管司法助理员在社区矫正中居于如此重要的地位，发挥着十分重要的作用，他们却没有一个与其地位和作用相称的恰当的名称。实际上，除了司法助理员这个名称之外，对于作为执法者的司法助理员，人们还使用了别的名称。例如，“司法所工作人员”[③]“专业社区矫正工作者”“专业社区矫正人员”“社区矫正官员”等。[④] 这些名称的使用，造成对社区矫正工作人员队伍中最重要的那部分人员的称谓混乱的现象，不利于社区矫正工作的顺利进行，有必要在深入研究的基础上，确定一个合理的名称。从学术研究者的倡导、社区矫正工作的实际要求等方面来看，应当确立“社区矫正官”的名称，把它作为专门从事社区矫正工作的国家机关工作人员的正式名称。

一般而言，社区矫正官应当具有下列特征。

（1）公务员。社区矫正官是国家公务员，他们具有国家公务员的身份，享受国家公务员的待遇。

（2）执法者。社区矫正官是社区矫正工作中的执法者，他们在社区矫正工作中从事与刑罚执行有关的执法工作。

---

① 司法部基层工作指导司司法所工作指导处．2016 年度司法所工作发展报告．人民调解，2017（5）：5.

② 司法部社区矫正管理局．2012～2017 年全国社区矫正工作统计分析报告．北京：法律出版社，2018：9.

③ 参见司法部《暂行办法》第 12 条。2012 年发布的两院两部《实施办法》第 7 条第 2 款。

④ 吴宗宪．论社区矫正工作人员的种类与名称．中国司法，2005（12）：60－65.

（3）领导者。社区矫正官是社区矫正工作中的领导者，他们在社区矫正工作中发挥领导作用，带领其他社区矫正工作者（矫正社会工作者和社区矫正志愿者）开展社区矫正工作。

三、社区矫正警察

（一）不同看法

在开展社区矫正工作的过程中，人们对于需要配备一定数量的警察从事相关工作，有不同的看法。最初，一些人试图让从事社区矫正执法工作的所有人员都具有警察身份，尝试建立一种新的警察队伍——社区矫正警察。不过，这种想法和看法遇到了巨大的阻力，实现的可能性极小。于是，在以后的探讨中，又有人提出在社区矫正机构中配备一定数量的警察，协助社区矫正官开展工作。例如，笔者在主持起草《社区矫正法（专家建议稿）》的过程中，就提出了这样的观点："可以根据社区矫正工作的实际需要，在社区矫正机构中配备一定数量的警察，协助社区矫正官开展工作。"[①] 这种观点引起了普遍关注。

大体而言，对于在社区矫正机构中是否配备警察，人们主要有两种基本看法，可以归纳为赞同说和反对说。[②]

1. 赞同说

一些人持"赞同说"，认为社区矫正官应当是警察。特别是基层一线工作的社区矫正执法者，普遍认为社区矫正官应当具有警察身份。部分研究人员也赞同这样的观点，认为社区矫正执法者应当具有警察身份。[③]

归纳起来看，赞同说的主要理由包括下列方面。

（1）警察身份符合社区矫正工作的性质。社区矫正是非监禁刑执行工作，社区服刑人员是罪犯，警察执行刑罚、管理罪犯是顺理成章、自然而然的事情，既符合社区矫正工作的执法性质，也符合警察的身份和职责。一些研究者强调这一点，提出了类似的看法。例如，有的研究者指出："社区矫正是限制人身自由的刑罚执行方式，涉及到刑罚权的实现、社会秩序和公共安全的稳定，也会对社区服刑人员的人身、财产和隐私权利产生极大影响。因此社区矫正工作应由警察实施。"[④] 再如，也有研究者指出："从社区矫正的刑罚执行属性角度看，赋予社区矫正执法人员警察身份，更为符合刑罚执行的执法属性，有利于社区矫正工作的顺利开展，可以更好地维护社区安全，减少不服管教的情况发生。"[⑤] 又如，还有研究者认为："社区矫正在本质上是限制人身自由的刑罚执行方式，这种属性要求执法人员具备人民警察的身份。"[⑥]

（2）警察身份有利于开展社区矫正工作。警察身份必然会通过警察服饰、警用器械等

---

① 赵秉志．社区矫正法（专家建议稿）．北京：中国法制出版社，2013：35.

② 吴宗宪．社区矫正法立法中的警察问题探讨．中国司法，2014（11）：57-59.

③ 庄春英．关于社区矫正队伍建设的调研报告．［2014-10-07］．http：//www.legalinfo.gov.cn/moj/yjs/content/2012-10/18/content_2787355.htm? node=30053. 刘武俊．社区矫正执法人员应有警察身份．法制晚报，2013-02-05.

④ 司绍寒．社区矫正警察队伍建设问题研究．中国司法，2012（4）：72.

⑤ 刘武俊．社区矫正执法人员应有警察身份．法制晚报，2013-02-05.

⑥ 陈国庆，陈惜珍．社区矫正执法人员队伍建设探讨．中国司法，2013（10）：77.

外部标识体现出来，而这类外部标识有利于将社区矫正官与社区服刑人员区分开来；而且，警察标识本身具有巨大的威慑力，可以解决罪犯服刑意识淡薄等问题，从而在管束作为罪犯的社区服刑人员中发挥显而易见的作用，在社区矫正管理等工作中可以产生事半功倍的效果。

(3) 警察在社区矫正试点工作中发挥了积极的作用。在开展社区矫正试点工作的过程中，为了帮助缺乏管理和教育罪犯经验的基层司法行政部门工作人员开展社区矫正工作，北京、上海等地都从监狱、劳教所（已废除）中抽调一部分警察帮助司法所开展社区矫正工作。这些抽调来的警察至今仍然在帮助基层司法所开展社区矫正工作。社区矫正试点工作的经验表明，这些抽调来的警察不仅在帮助基层司法所的工作人员开展社区矫正工作方面，发挥了积极的作用，而且在直接管理和教育矫正社区服刑人员方面，发挥了不可替代的作用。一些对于基层司法所的工作人员而言难管、甚至难缠的社区服刑人员，如果由警察接触和管教他们，情况就会变得容易起来，特别是那些有过在监狱服刑经历的社区服刑人员，更容易接受警察的管理和服从警察的教育。一些作者也指出了这一点："从我国社区矫正的试点情况来看，由警察担任社区矫正执法人员有利于增强社区矫正工作的严肃性和权威性，有利于增强或提高社会各界对社区矫正工作的理解、支持和参与，有利于增强社区矫正执法人员的使命感和责任感。"[①]

(4) 警察管理罪犯符合法律规定。2012 年修改之前的警察法第 6 条第 11 项规定，警察的职责之一就是"对被判处管制、拘役、剥夺政治权利的罪犯和监外执行的罪犯执行刑罚，对被宣告缓刑、假释的罪犯实行监督、考察"[②]。既然社区矫正的对象由公安机关管理时，由公安警察对他们执行刑罚和进行监督、考察，那么，当其中的大部分转由司法行政机关管理时，同样也应当由警察对他们执行刑罚和进行监督、考察，因此，社区矫正官应当具有警察身份。

2. 反对说

另一些人持"反对说"，认为社区矫正官不应当是警察。持反对说的人员中，也包括了一些研究人员。[③]

持反对说的主要理由包括下列方面。

(1) 警察身份会改变社区矫正工作的风格。警察是"负责维持治安和执行法律（包括侦查和防止犯罪）的公职人员机构"[④]。警察是"具有武装性质的国家治安行政人员"[⑤]。在警察的职责中，与犯罪和刑罚有关的主要职责是预防、制止和侦查违法犯罪活动；维护社会治安秩序，制止危害社会治安秩序的行为等（警察法第 6 条第 1、2 项）。他们履行这些职责的重要特征，是以国家强制力为后盾履行职责，履行职责的行为带有明显的命令性、强制性、强迫性；不管工作对象是否心理上想得通，也不管是否解决了工作对象存在的问题，都要求工作对象服从警察的指挥和管理。如果社区矫正官具有了警察的身份，就必然会把这种工作作风带到社区矫正工作中，简单甚至粗暴地对社区服刑人员进行命令、强制、强迫，而忽视对社区服刑人员进行耐心细致的工作，忽视对社区服刑人员存在的问题的解

① 陈国庆，陈惜珍．社区矫正执法人员队伍建设探讨．中国司法，2013 (10)：77.

② 2012 年警察法修改之后，该项修改为"对被判处拘役、剥夺政治权利的罪犯执行刑罚"。

③ 陈威仪．浅析社区矫正执法人员是否应具有警察身份．青年与社会．2013 (5)：48-49.

④ 不列颠百科全书（国际中文版）：第 13 卷．北京：中国大百科全书出版社，1999：377.

⑤ 中国社会科学院语言研究所词典编辑室．现代汉语词典．6 版．北京：商务印书馆，2012：688.

决。这种工作作风会给社区矫正工作带来极大的风险：在命令、强制和强迫下表面服从的社区服刑人员，在内心想不通、问题未解决的情况下，有可能利用所享有的行动自由，再次进行违法犯罪行为。这种工作作风的改变，对社区矫正工作来讲，是极其危险的。

（2）警察身份会妨碍社区矫正工作的进行。在社区矫正中，社区矫正执法者需要经常性地接触社区服刑人员及其家人等，包括进入社区、家庭等地点对社区服刑人员开展工作。但是，目前在社会上，人们对于警察的接触十分敏感，如果警察身着警服接触某人或者进入某个家庭，就会在社区中、在该人及其家庭周围的其他人中产生较大的反响，使人们对警察接触的对象产生消极的联想、印象等，例如，被接触的对象及其家人是否干了坏事？是否犯了罪？这会干扰社区服刑人员及其家庭的正常生活与工作，加重社区服刑人员的心理负担，不利于社区服刑人员顺利回归社会。

（3）警察职责可以通过与公安机关的协作行使。实务部门的社区矫正执法者之所以要求具有警察身份，重要的理由之一就是在社区矫正工作中，有可能进行诸如制止社区服刑人员的违法犯罪行为以及追捕社区服刑人员等活动，而这些工作在传统上属于警察的职责，因此，他们感到在进行这些活动时如果没有警察身份，就难以有效地开展这方面的工作。尽管在社区矫正工作中确实存在这样的问题，但是，从另一个角度来看，对于这些严重违法行为的处理，可以通过社区矫正官与公安警察的协作来进行：当社区服刑人员进行或者可能进行这类行为时，社区矫正官可以通知公安警察进行协助，通过公安警察从事这些方面的工作。

同时，也应当看到，虽然自2003年开展社区矫正试点工作以来，社区矫正工作的主要部分已经转移到司法行政机关，但是，这并不意味着司法行政机关要包办所有的社区矫正工作；司法行政机关仅仅是国家刑事司法机关的一个部分，根据刑事司法机关的职责分工，它们的主要职责是执行刑罚，而在刑罚执行中涉及严重的违法犯罪等问题时，需要由专门处理这类事务的公安机关来处理。

（4）警察身份会影响社区矫正官素质的提高。从中国和一些国家的情况来看，警察的任职资格是较低的。例如，警察法规定，警察的任职资格包括6项：“（一）年满十八岁的人民；（二）拥护中华人民共和国宪法；（三）有良好的政治、业务素质和良好的品行；（四）身体健康；（五）具有高中毕业以上文化程度；（六）自愿从事人民警察工作。”（警察法第26条第1款）在其他一些国家也类似。如果按照这种条件招募和配备社区矫正官，会大大降低社区矫正官的素质，导致他们无法胜任社区矫正工作。从一些国家的情况来看，社区矫正官的素质普遍较高，例如，在一些国家中，普遍要求缓刑官、假释官具有大学以上学历，美国绝大部分州、罗马尼亚、加拿大、以色列、匈牙利、菲律宾、瑞典、澳大利亚的一些州等，都要求缓刑官和假释官至少要具有大学学历。[①] 在我国社区矫正工作的未来发展中，必须要逐步提高社区矫正官的素质，否则，他们无法胜任社区矫正工作；如果按照警察的任职条件要求他们，十分不利于提高他们的整体素质。

（5）由警察管理社区服刑人员不符合联合国倡导的原则。联合国作为国家间的政府组织，也倡导不由警察监管社区服刑人员。例如，联合国《囚犯待遇最低限度标准规则》第60条第2款规定：“刑期完毕以前，宜采取必要步骤，确使囚犯逐渐纳入社会生活。按个别情形，可以在同一监所或另一适当机构内制定出狱前的办法，亦可在某种监督下实行假释，

① 吴宗宪．社区矫正比较研究：上．北京：中国人民大学出版社，2011：276-280.

来达到此项目的；但监督不可委之于警察，而应该结合有效的社会援助。”这表明，联合国不赞同由警察监管假释犯等社区服刑人员。

（二）改革建议

尽管在社区矫正机构中配备一定数量警察协助社区矫正官开展工作的建议有很大的合理性，也已经有大量警察参与社区矫正工作[①]，但是，这样的观点在社区矫正法的制定中仍然遇到巨大的阻力。一些人认为，在社会上不能出现另外的警察，意思是不能有社区矫正警察这种新的警察力量。这种反对理由是十分牵强的，因为社区矫正警察虽然在社会上工作，但是，其工作对象是明确的，即社区服刑人员，而不是普通公众，所以，并不会对现有的工作秩序造成干扰，也不会在社会公众中引起混乱。然而，这种反对声音力量强大，成为阻滞社区矫正法立法工作顺利进行的重要因素。在这种情况下，笔者再次撰文提出了新的改革设想，建议将司法行政系统的所有警察统称为“矫正警察”，这样，司法行政机关就可以根据工作需要，统一调配所属的监狱警察和戒毒警察，使他们无障碍地到社区矫正领域开展工作。[②]

在这篇文章中，笔者重申了在社区矫正工作中需要一定数量警察的理由。从多方面来看，在社区矫正机构中配备警察，是绝对必要的。第一，警察是国家强制力的重要代表。我国的社区矫正是非监禁刑罚执行工作，其中蕴含的国家强制力是刑罚的本质特征之一，而警察是国家强制力的重要代表，与军队、法庭、监狱等共同构成国家强制力。虽然并非所有的社区矫正工作都要由警察去做，但是，必须要有警察作为坚强的后盾，在需要时能够代表国家行使强制力，确保有效执行刑罚和保障社会安全。

第二，警察身份有利于开展社区矫正工作。警察身份必然通过警察服饰、警用器械等外部标识体现出来，而这有利于将社区矫正执法者与社区服刑人员、社会公众区分开来，并且，警察标识本身具有巨大威慑力，可以解决罪犯服刑意识淡薄等问题，从而在管束社区服刑人员中发挥显而易见的作用，在社区矫正管理等工作中产生事半功倍的效果。此外，警察的良好体能以及专业知识和技能，也有利于处置危险事务和特殊情况。

第三，社区矫正工作对警察有刚性需求。并非所有的社区矫正工作都适合警察去做。调查发现，当警察出现在社区服刑人员的家庭、学校和工作场所等，让别人看到警察找他们时，往往会使他们产生巨大压力，给他们正常的生活、工作等带来不必要的烦恼甚至麻烦。但是，有一些社区矫正工作确实需要警察进行。这类需要警察去做、也适合于他们去做的工作，主要包括两方面：一是社会危险性较大的工作，包括收监执行刑罚，追查脱管社区服刑人员，对于在生活、工作中遇到挫折等而情绪激动、危险性增大的社区服刑人员进行干预等；二是增强执法严肃性的工作，包括接收与宣告、处理违纪、违法和犯罪人员，解除社区矫正宣告等。

第四，实践证明警察可以有效管教社区服刑人员。在开展社区矫正试点工作的过程中，为了帮助缺乏管理和教育罪犯经验的基层司法行政部门工作人员开展工作，北京、上海等地都从监狱、劳教所（已废除）中抽调一部分警察协助工作，现在他们仍然在社区矫正机

---

① 根据司法部提供的数据，截至2017年年底，全国有3 017名警察从事社区矫正工作，涉及20个省（自治区、直辖市），用警省份覆盖率达到62.5%。司法部社区矫正管理局．2012～2017年全国社区矫正工作统计分析报告．北京：法律出版社，2018：13.

② 吴宗宪．社区矫正机构应设立矫正警察．法制日报，2017-04-19（12）．

构工作。实践表明，这部分警察不仅在协助开展相关社区矫正工作中发挥了积极作用，而且在直接管理和教育矫正社区服刑人员方面，发挥了不可替代的重要作用。一些对于基层司法行政部门工作人员而言难管、甚至难缠的社区服刑人员，如果由警察管教他们，工作就会变得相对容易，特别是那些在监狱服过刑的社区服刑人员，更容易接受警察的管教。对于这些罪犯而言，警察的管理和教育比其他人的更有效。

第五，难以通过与公安警察的协作开展工作。反对在社区矫正机构设警察的重要理由是，认为可以让公安警察协助开展相关工作。调查发现，这种做法存在不少问题。一是协作受制于人际关系。很多地方与公安警察的协作情况，取决于社区矫正机构与公安机关的领导人之间的人际关系，人际关系好，协作顺利，反之则不然。将工作关系变成人际关系的做法，违反了相互配合的刑事司法原则，却普遍存在，严重影响了一些地区的社区矫正工作。二是公安机关很难快速协作。需要公安机关派员协助处理的一些事务，往往很紧迫，但是，在协作过程中需要经过多种程序、办理多项手续，这会耽搁不少时间，贻误最佳时机。三是参与协助的警察往往难以胜任工作。公安机关不可能专门为社区矫正机构建立一支擅长从事这方面工作的专业警察队伍，临时抽调的警察往往存在体质较差、工作能力不强等问题，即使前去协助也难以有效地开展工作。

第六，类似情况证明需要专门的社区矫正警察。检察机关和审判机关中司法警察（法警）的工作与社区矫正警察类似，按道理似乎也可以让公安警察协助进行，但是，它们都有各自法警的情况表明，这是行不通的。社区矫正工作既不同于一些监狱工作，也不同于很多公安工作，它有自己的特点和规律，从多方面来看，社区矫正警察工作的专业性要强于法警，因此，更需要培养和训练专门的警察队伍。从其他部门抽调警察协助工作只能是特殊情况下的权宜之计，而不是做好社区矫正工作的根本之道。

第七，联合国规则并不反对配备警察。1955 年通过、2015 年修订的联合国《囚犯待遇最低限度标准规则》提到，对于假释犯的“监督不可委之于警察，而应该结合有效的社会援助”。这是指不能让警察垄断性、排他性地从事监督工作，但是并不排斥警察从事这类工作。

笔者建议，可以把“矫正警察”作为司法行政系统所有警察的统称，用作与公安警察、司法警察等并列的警种名称。过去，司法行政系统既有监狱警察，也有劳教警察（废除劳教之后变为戒毒警察），这些名称划分过细，也没有体现相关工作的共同特征。司法行政系统内不同类别警察的具体工作虽有差别，但是都具有“矫正”的共同属性，即改正和纠正错误的认识观念、有害的心理特征与不良的行为习惯等，让矫正对象遵纪守法、变得更好。“矫正警察”可分为监狱警察（即监禁矫正警察）、社区矫正警察和戒毒警察三类。在不特别强调他们的工作差别时，可以统称为“矫正警察”。既然都属于矫正警察，那么，根据工作需要在监狱、戒毒所和社区矫正机构之间统一调配使用应当不存在障碍。①

采用“矫正警察”不仅仅是名称的变化，而且有重要的实际意义。第一，减少警种。如果将司法行政系统中不同类型的警察名称都作为警种名称，必然会增加警种数量，带来

---

① 实际上，目前在社区矫正机构中工作的大多数警察，都是从监狱和戒毒所调配而来的。根据司法部的统计，截至 2017 年年底，在社区矫正机构中工作的警察 3 017 人，其中从监狱和戒毒所中调配而来的达 2 040 人，占 67.62%；其余 997 名警察是一些省（自治区、直辖市）司法厅（局）授予警衔后开展工作的。司法部社区矫正管理局编．2012～2017 年全国社区矫正工作统计分析报告．北京：法律出版社，2018：9. 其中的百分数是引者计算的。

很多相关问题。第二，便于管理。将监狱警察和社区矫正警察等统称“矫正警察”后，司法行政机关可以根据工作需要，调配相关警察。例如，在废除劳教制度后，一些地方已经将部分劳教警察调配到社区矫正机构中工作。在未来，也可以根据需要在监狱警察、戒毒警察和社区矫正警察之间调配，让被调配者接受必要培训后从事新的工作。

如果在修改警察法时能够确立“矫正警察”的警种，那么，不仅可以较好地解决社区矫正工作中的警察问题，而且有利于完善我国的警察制度，起码可以统一划分警种的标准。

四、矫正社会工作者

矫正社会工作者是指根据一定条件选择并经培训后对社区矫正服刑人员开展相关社会工作的全日制专业人员。可以简称为“社会工作者”[①] 或者“社工”。

矫正社会工作者应当是司法社会工作者的重要类型。从法律角度来看，司法是指司法机关按照诉讼程序依法处理案件的工作。狭义的“司法机关”仅仅指法院；广义的“司法机关”是指依法处理案件的所有国家机关，包括公安机关、检察机关、审判机关和刑罚执行机关（或者“矫正机关”）。司法工作大体分为刑事司法、民事司法和行政司法，司法社会工作者就是协助司法机关开展有关社会工作的专业人员，他们可以在司法工作的不同环节中开展相应的社会工作；矫正社会工作者则是其中专门帮助刑罚执行机关开展有关社会工作的专业人员。

在我国社区矫正研究中，对于矫正社会工作者，人们使用了不同的概念。例如，有的文献使用了“社会工作者”[②] 的概念；有的文献使用了“社区矫正社会工作者”[③] 的概念。现在看来，“社会工作者”这个概念没有涉及矫正方面的内容，没有体现社区矫正工作的特色，显得过于宽泛；“社区矫正社会工作者”的概念又显得过于狭窄，而且，字数较多，不太简洁。

在社区矫正领域中，给社会工作者确定名称时，应当考虑他们从事的具体工作的范围。如果他们仅仅从事矫正工作，可以称为“矫正社会工作者”；如果他们从事的工作大大超出了矫正的范围，工作的重点是审前调查等事务，可以称为“司法社会工作者”。司法社会工作者是一个包容性更强的概念。鉴于在我国社区矫正中，社会工作者的主要职能是从事矫正工作，而审前调查等可能仅仅是他们从事的较为次要的工作，并且从事审前调查等工作也有为以后的矫正工作奠定基础的性质，因此，可以称为“矫正社会工作者”[④]。

自 2003 年开始社区矫正试点工作以来，参与社区矫正工作的矫正社会工作者的数量不断增加。根据司法部提供的数据，截至 2017 年年底，全国从事社区矫正工作的社会工作者达到 80 008 人，其中，专职社会工作者 54 189 人，临时聘用人员 25 828 人。[⑤]

在社区矫正工作中，矫正社会工作者按照社区矫正机构的要求开展相关的社区矫正工作，特别是教育、帮助一类的辅助性工作。

---

① 两院两部《实施办法》第 3 条第 2 款规定：“社会工作者和志愿者在社区矫正机构的组织指导下参与社区矫正工作。”

② 吴宗宪．论社区矫正工作人员的种类与名称．中国司法，2005（12）：63.

③ 张昱．矫正社会工作．北京：高等教育出版社，2008：184.

④ 史柏年．矫正社会工作．社会工作，2010（8）：28－32.

⑤ 司法部社区矫正管理局．2012～2017 年全国社区矫正工作统计分析报告．北京：法律出版社，2018：9.

从我国社区矫正工作的实践来看，矫正社会工作者参与社区矫正工作的机制主要包括下列方面。①

第一，具有专门组织。矫正社会工作者是通过专门组织与社区矫正机关发生工作关系的。从我国社区矫正工作的实践来看，矫正社会工作者是通过一定的组织形式，而不是作为个人与社区矫正机关发生工作关系的。在开展社区矫正工作的过程中，一些地方建立了专门的社会工作者组织，专门开展社区矫正方面的业务。例如，上海的新航社区服务总站、北京的阳光社区矫正服务中心等。一些地方建立了多功能性的社会工作者组织，例如，北京惠泽人咨询服务中心，其中包括了从事社区矫正相关工作的业务。这些社会工作者组织作为整体，与社区矫正机关建立工作联系，根据社区矫正机关的要求和需要，从事相关的社区矫正工作。

第二，花钱购买服务。社会工作者组织通过政府“花钱购买服务”的方式，为社区矫正机关提供所需要的服务和工作。应当说，确立“花钱买服务”的方式引入社会工作者参与社区矫正工作，是社区矫正工作的重要创新，是我国刑罚执行工作理念和机制的重大发展。在这方面，上海市的探索产生了重大的影响作用，具有开拓创新的重要价值。2004年1月，上海市成立了第一家民办非企业、非营利性质的社会工作者参与社区矫正的组织——上海市新航社区服务总站，它通过与上海市社区矫正办公室签订政府采购服务合同的形式，参与上海市的社区矫正工作，协助社区矫正机关从事相关工作，而政府部门给它支付相应的费用。由于通过“花钱购买服务”的方式吸收社会工作者参与社区矫正工作，因此，社会工作者实际上属于“合同制矫正工作者”。

第三，从事约定工作。在签订合同之后，矫正社会工作者要根据合同约定，对社区服刑人员等开展所约定的具体工作。

五、社区矫正志愿者

社区矫正志愿者是指自愿地为社区矫正工作提供一定服务和帮助的社区居民。可以简称为“志愿者”②。

“社区矫正志愿者”是在文献中使用得较多的一个概念。早在中国社区矫正试点工作开始后不久，就有文献使用这个概念。③ 以后，不断有文献使用这个概念。

同时，“社区矫正志愿者”也是一个具有较大合理性的概念。首先，其中的“社区矫正”字样，表明了这类志愿者从事志愿工作的领域，从而将他们和一般的社会志愿者区分开来。其次，其中的“志愿者”字样，表明了这类社区矫正工作者的身份——志愿者，从而将他们和其他种类的社区矫正工作者区分开来。因此，应当采用这个概念。

对于社区矫正志愿者，不同的文献使用了不同的概念。在一些文献中，使用了“社会志愿者”的概念。例如，在2004年5月9日印发的司法部《暂行办法》第2、12、13、31条中使用了“社会志愿者”的概念。这个概念的确很简洁，但是，并没有突出他们的工作

① 吴宗宪．社区矫正导论．北京：中国人民大学出版社，2011：114－117．

② 两院两部《实施办法》第3条第2款规定：“社会工作者和志愿者在社区矫正机构的组织指导下参与社区矫正工作。”

③ 赵暖芷，马凯．首批社区矫正志愿者昨亮相．北京法制报，2003－11－15（1）．

领域，没有将这类志愿者与其他志愿者区分开来。

在另一些文献中，使用了“社区矫正工作志愿者”的概念。例如，在司法部《暂行办法》第9、13条中使用了“社区矫正工作志愿者”的概念。不过，根据概念应当简明扼要、表述准确的一般原则，删去其中的“工作”两个字，既能够使名称更加简洁，也不影响其准确性，因此，本书使用“社区矫正志愿者”的概念。还有的文献使用了“社区矫正志愿者队伍”[①]。在这个概念中，“队伍”二字属于赘述，可以省略。

一般来说，社区矫正志愿者具有下列特点。[②]

第一，自愿性。社区矫正志愿者是自愿参与社区矫正工作的。他们参与社区矫正工作的内部动机可能是多种多样的，例如，奉献社会、发挥“余热”、响应号召、满足兴趣等。不管出于什么动机，他们都是自觉自愿地参与社区矫正工作的。就“自愿”参与社区矫正工作而言，他们是应当受到尊重和值得赞赏的。

第二，兼职性。他们并不是专职的社区矫正工作者，而是真正的兼职人员：他们仅仅在自己的主业（本职工作）之外或者在退休之后，利用一定时间从事社区矫正工作。因此，社区矫正志愿者的工作时间往往是不固定的，他们根据社区矫正机构的需要和自己的情况，从事一定时间的社区矫正工作。

第三，无偿性。这意味着，他们不是领取薪水的工作人员。但是，“无偿性”并不意味着社区矫正志愿者在从事社区矫正工作时得不到任何报酬，而是意味着他们只能根据开展工作的情况，领取一定的工作津贴，例如，午餐补贴、交通津贴、办公用品津贴等。社区矫正机关应当认识到发放必要的工作津贴的重要意义，把发放合理的工作津贴作为鼓励社区矫正志愿者开展社区矫正工作的重要措施。与获得的报酬相适应，志愿人员承担的义务和责任也要比专职社区矫正工作者少。

第四，差异性。社区矫正志愿者在个人背景和知识技能等方面往往具有较大的差异。一些社区矫正志愿者具有与社区矫正相关的工作经历、专业知识和专门技能，能够从事高水平的社区矫正工作；另一些社区矫正志愿者可能不具备这样的工作经历、专业知识和专门技能，他们可能仅仅是一些热心公益事业的普通人，难以从事较为复杂的社区矫正工作。因此，在社区矫正中，要充分考虑社区矫正志愿者的差异性，根据他们每个人所具有的经验和技能等优势，安排他们从事个人擅长的社区矫正工作。

第五，流动性。社区矫正志愿者是无偿为社区矫正工作提供一定服务和帮助的社区居民，这种特性也决定了社区矫正志愿者具有较大的流动性。他们是否继续从事社区矫正工作，完全取决于自己的情况，而不受社区矫正机构的制约，不接受社区矫正机构的强制性管理。社区矫正机关应当采取有效措施，鼓励、吸引社区矫正志愿者尽可能长时间地从事社区矫正工作。

在社区矫正工作中充分利用志愿人员开展相关工作，是社区矫正工作中得到普遍重视的内容。利用志愿者开展社区矫正工作，是社区矫正工作发展的应有内容和必然趋势。首先，充分利用社区矫正志愿者开展社区矫正工作，是发挥社区矫正在利用社区资源方面的优势的重要途径。其次，充分利用社区矫正志愿者开展社区矫正工作，是吸收公民广泛参与刑罚执行工作和社会管理工作的重要方式。再次，充分利用社区矫正志愿者开展社区矫

---

① 张昱．矫正社会工作．北京：高等教育出版社，2008：189.

② 吴宗宪．社区矫正导论．北京：中国人民大学出版社，2011：117-118.

正工作，是解决社区矫正工作中专职人员数量不足而社区服刑人员需求繁多的突出问题的最佳途径之一。最后，充分利用社区矫正志愿者开展社区矫正工作，是有效利用社区居民的才干和经验，为他们发挥“余热”和奉献社会创造条件的可行方法之一。“应把公众参与视作社区成员自身为保护社会作出贡献的一个机会。”［联合国《非拘禁措施最低限度标准规则》（东京规则）第17条第2款］

自2003年开始社区矫正试点工作以来，参与社区矫正工作的社区矫正志愿者的数量不断增加。根据司法部提供的数据，截至2017年年底，全国参与社区矫正工作的社区矫正志愿者达到659 352人。①

随着我国社区矫正工作的不断发展，应当在如何利用志愿人员开展社区矫正工作方面进行多方面的积极探索，努力创造出符合中国经济社会特点的、切实可行的招募与使用社区矫正志愿者的途径和方法。例如，应当注意利用罪犯相关人员（罪犯的亲属、监护人、保证人等）、民间组织以及刑释人员等，开展社区矫正工作。

【问题与思考】

1. 法律确认社区矫正制度前后的社区矫正机构有什么变化？
2. 社区矫正执行机构有哪些？
3. 社区矫正相关机构有哪些？
4. 如何认识社区矫正工作者及其特点？
5. 如何认识社区矫正官？
6. 如何认识矫正社会工作者？
7. 如何认识社区矫正志愿者？

【推荐参考论著】

1. 吴宗宪，蔡雅奇，彭玉伟．社区矫正制度适用与执行．北京：中国人民公安大学出版社，2012.

2. 吴宗宪主编．社区矫正导论．北京：中国人民大学出版社，2011.

3. 吴宗宪．社区矫正比较研究（上，下）．北京：中国人民大学出版社，2011.

4. 武玉红．社区矫正管理模式研究．北京：中国法制出版社，2011.

5. 姜祖桢主编．社区矫正理论与实务．北京：法律出版社，2010.

6. 汤道刚．社区矫正制度分析．北京：中国社会出版社，2010.

7. 葛炳瑶主编．社区矫正导论．杭州：浙江大学出版社，2009.

8. 王平，杨诚．中加社区矫正概览．北京：法律出版社，2008.

9. 刘强主编．社区矫正制度研究．北京：法律出版社，2007.

10. 刘强主编．各国［地区］社区矫正法规选编及评价．北京：中国人民公安大学出版社，2004.

---

① 司法部社区矫正管理局．2012～2017年全国社区矫正工作统计分析报告．北京：法律出版社，2018：9.

第十四章
社区矫正程序

内容导读

社区矫正程序是开展社区矫正工作的先后顺序和相关手续。社区矫正程序是社区矫正工作的重要组成部分，对于保障社区矫正工作的顺利进行，具有十分重要的作用。本章论述社区矫正工作的基本程序，包括矫前调查评估、接受社区服刑人员、实施社区矫正和解除社区矫正。本章关于社区矫正程序的介绍，主要依据是司法部《暂行办法》、两院两部《实施办法》及2016年《加强社区矫正工作衔接配合意见》，同时参照一些地区制定的关于社区矫正工作的实施细则以及实践中的一些通行做法。由于我国社区矫正的专门立法尚未出台，有关的程序正在发展之中，一些程序性问题尚缺乏细致严密的法律规定，因而需要对这些方面的问题进行探讨和研究，寻求完善我国社区矫正程序的方法和途径。

第一节　矫前调查评估

一、概述

矫前调查评估又称为“适用社区矫正前调查评估”，是指为了帮助法院和有关机关作出恰当的社区矫正裁决而由合适机构进行的调查评估工作。

与“适用社区矫正前调查评估”的概念相比，“矫前调查评估”的概念具有明显的优势。首先，表述更加简练。文字简练是衡量概念的科学性的重要因素，对于概念的传播和流行具有重要的影响作用。其次，表述更加准确。严格来讲，社区矫正是一系列性质和特点不同的制度和工作的总称，例如，管制是一种刑罚种类，审判机关可以“适用”，但是，缓刑在我国并不是一种刑罚种类，而是一种“量刑制度”和“刑罚执行制度”[1]，不能简单

① 张明楷．刑法学．4版．北京：法律出版社，2013：541．

地讲“适用缓刑”，确切的表述是“宣告缓刑”（刑法第72条）。因此，表述为“适用社区矫正”并不准确。与此相比，“矫前调查评估”的概念在表述上不存在这类问题。

对于这一制度，在实践和研究中还使用了其他的名称。例如，不少地方称之为“社会调查”。显然，“社会调查”一词的内涵比较模糊，外延过于宽泛，不能准确揭示和概括该制度的属性。又如，在一些文献中使用了“人格调查”的概念，似乎也不太恰当。首先，对于“人格”一词缺乏共识。心理学和法学等不同的学科对于“人格”有不同的理解。即使在心理学中，不同的研究者也有各自的人格定义。其次，矫前调查评估内容应当更加宽广，而不仅仅限于人格方面。即使将“人格”一词的含义扩展到个人的所有心理方面，也不能满足裁决前参考的需要。除此之外，在进行这种调查活动的过程中，还应该调查罪犯的其他方面以及罪犯之外的很多方面的内容。

矫前调查评估的主要特点包括以下几点。

第一，由合适机构进行。矫前调查评估是一种专业性很强的工作，应当由能够胜任此项工作的机构进行，否则，就难以保证矫前调查评估工作的质量，就无法实现矫前调查评估工作的目的。

第二，有明确的目的。矫前调查评估是一项具有明确目的的专门性工作，其目的就是帮助有关机关和人员做出社区矫正方面的恰当裁决。其中的“裁决”包括涉及社区矫正的判决、裁定和决定，即人民法院做出的判决（判处管制刑、判处拘役和三年以下有期徒刑并宣告缓刑）、人民法院做出的裁定（裁定假释）、多个机关做出的决定（人民法院、省级以上监狱管理机关、设区的市一级以上公安机关做出的暂予监外执行决定）。

第三，有侧重的内容。矫前调查评估工作有需要重点关注的内容。首先，从工作方面来看，包括调查和评估两个方面，每个方面各有不同的特点。其次，从工作内容来看，调查工作的主要内容是犯罪事实之外的其他相关情况；评估工作的主要内容是调查对象（犯罪嫌疑人、罪犯等）的社会危险性和社会适应性，其中社会危险性主要是指调查对象再次进行违法犯罪行为的可能性，而社会适应性是指调查对象顺利适应社会生活的情况，包括顺利适应居住社区中的生活、不给居住社区的居民造成不良影响的情况。

矫前调查评估对于社区矫正工作十分重要。管制、缓刑、假释等非监禁刑罚和相关制度与措施的适用水平，在很大程度上受再犯预测机制与能力的制约，需要由专门机构承担这项工作，以保障社区矫正措施的准确适用，促进刑罚效益的最优实现。从多数国家的做法来看，这一工作一般是由社区矫正机构来完成的。如英美的缓刑官的职责之一就是为法官提供判决前的报告，对犯罪人适用监禁还是社区方案提出意见。

我国刑法修正案（八）出台后，将对社区有无不良影响作为宣告缓刑和裁定假释的重要条件，从而为矫前调查评估提供了基本的法律依据。两院两部《实施办法》则对矫前调查评估的主体、程序等做了专门规定。该办法第4条规定：人民法院、人民检察院、公安机关、监狱对拟适用社区矫正的被告人、罪犯，需要调查其对所居住社区影响的，可以委托县级司法行政机关进行调查评估。受委托的司法行政机关应当根据委托机关的要求，对被告人或者罪犯的居所情况、家庭和社会关系、一贯表现、犯罪行为的后果和影响、居住地村（居）民委员会和被害人意见、拟禁止的事项等进行调查了解，形成评估意见，及时提交委托机关。此后，2016年加强衔接配合意见对调查评估的程序进一步予以细化。根据该意见以及最高人民法院相关司法解释[①]，对罪犯提请假释的，应当进行调查评估，调查评估实际上成为适用假释的必经前置程序。

二、调查评估的主体和内容

调查评估的主体是指具体从事调查评估工作的机构。根据两院两部《实施办法》，由县级司法行政机关承担矫前调查评估职能，这解决了以往实践中存在的调查主体散乱的问题。同时，在我国，县级司法行政机关具体负责对社区服刑人员的监督管理和教育帮助，由其进行矫前调查评估，既符合多数国家的通行做法，也有着其他主体所不具备的优势：(1) 社区矫正机构及其工作人员植根于社区，在调查评估的开展上有诸多便利；(2) 社区矫正机构独立于刑事诉讼中的控辩审三方之外，由其履行调查职能不会产生职责上的冲突，有助于保证调查评估结果的公正性；(3) 社区矫正机构承担调查评估工作，及早了解犯罪人的各方面情况，有助于其以后更顺利地开展监督帮教工作，保障工作的连续性；(4) 相对于普通公民担任调查员的做法，社区矫正机构工作人员作为公职人员，职责明确，且在专业知识与技能方面更胜一筹，有利于保证调查评估结论的准确性。

不过，从另一个角度来看，如果审前调查的案件数量较多的话，仅仅依靠县级司法行政机关自身可能难以全部承担这样的工作，因此，还应当考虑让有资质的社会机构从事这类工作。

矫前调查评估的具体内容主要包括以下几点。

(1) 犯罪人的个人情况，包括犯罪人的年龄、性格特征、生活经历、受教育程度、社会经济地位、有无前科、平时的一贯表现、犯罪后的悔罪态度等。

(2) 犯罪人的家庭情况，如婚姻状况、子女情况、其他家庭成员的情况、家庭中的人际关系等。

(3) 犯罪人所处的环境情况，如生活环境、工作环境、教育环境、人际交往情况、所在社区治安状况等。

(4) 犯罪人在监所内的表现情况，主要是指被采取审前羁押措施的被告人在看守所的表现情况，以及拟裁定假释的罪犯在监狱的表现情况等。在监所内的表现情况应当由相关的监管机构来认定。

(5) 对社区的影响及社区的评价。根据刑法第 72 条及第 81 条，人民法院宣告缓刑要考虑“对所居住社区没有重大不良影响”；人民法院“对犯罪分子决定假释时，应当考虑其假释后对所居住社区的影响”。因此，是否适用社区矫正措施，应当考虑该措施对社区的影响及社区的评价，如是否会对社区的安全造成威胁，居住地村（居）民委员会和被害人意见等。

(6) 拟禁止的事项。刑法修正案（八）创设了禁止令制度，以规范社区矫正的执行。禁止令实质上是以限制社区服刑人员一定自由为表现的监管手段，主要表现为禁止犯罪人

---

① 根据最高人民法院 2012 年《解释》第 450 条，罪犯假释后对所居住社区影响的调查评估报告是执行机关提请法院对罪犯裁定假释时应当移送审查的材料之一。另根据最高人民法院 2014 年 4 月 23 日发布的《关于减刑、假释案件审理程序的规定》第 2 条第 2 款，报请假释的，应当附有社区矫正机构或者基层组织关于罪犯假释后对所居住社区影响的调查评估报告。

从事特定活动、禁止进入特定区域及禁止接触特定的人。对拟适用社区矫正的人员是否同时适用禁止令以及禁止令的具体内容，由人民法院根据案件具体情况来决定，而禁止令的适用必须充分考虑犯罪人各方面的情况，以及同所犯罪行的关联程度。为了准确有效地适用禁止令，社区矫正机构在调查评估报告中，可以提出是否适用禁止令的具体意见和理由，供裁决机构裁量时予以参考。

对上述这些情况的了解与评估，对于准确认识犯罪人的人身危险性、再犯可能性以及适用社区矫正后的生活与管理等，都有重要的参考价值，有利于帮助有关机关作出恰当的社区矫正裁决。[①]

三、调查评估的基本程序

（一）调查评估的委托与受理

调查评估是由有关机关的委托而启动的。有权委托的机关包括人民法院、人民检察院、公安机关和监狱。根据刑法、刑事诉讼法的相关规定，我国社区矫正的决定主体主要是法院，管制、缓刑、假释等社区矫正措施，都是由法院进行裁判的。对于暂予监外执行的适用，则分两种情况：在交付执行前，由交付执行的人民法院决定；在交付执行后，由罪犯服刑地省级以上监狱管理机关或者设区的市一级以上公安机关批准。因此，监狱机关和公安机关在一定范围内享有社区矫正的决定权。[②] 人民检察院虽然不具有社区矫正的决定权，但享有量刑建议权，其中包括对是否适用社区矫正提出建议，因此，人民检察院亦有权委托司法行政机关进行相关的调查评估。

根据 2016 年加强衔接配合意见，委托机关对拟适用或者提请适用社区矫正的被告人、犯罪嫌疑人或者罪犯，需要进行调查评估的，可以委托其居住地县级司法行政机关调查评估。对罪犯提请假释的，应当委托其居住地县级司法行政机关调查评估。委托机关应当核实拟适用社区矫正的被告人或者罪犯的居住地。委托调查评估时，委托机关应当发出调查评估委托函，并附下列材料：（1）人民法院委托时，应当附带起诉书或者自诉状；（2）人民检察院委托时，应当附带起诉意见书；（3）看守所、监狱委托时，应当附带判决书、裁定书、执行通知书、减刑裁定书复印件以及罪犯在服刑期间表现情况材料。调查评估委托函不得通过案件当事人、法定代理人、诉讼代理人或者其他利害关系人转交居住地县级司法行政机关。县级司法行政机关接受委托后，应选派有一定工作经验的社区矫正工作人员担任调查员，按照规定的项目和要求，全面细致地调查了解，客观公正地分析评估，及时形成调查报告并向法院提交。

---

① 尽管矫前调查评估的具体事项很多，但其核心内容是对犯罪人的再犯罪风险大小以及对所居住社区有无不良影响的评估。对拟适用暂予监外执行的罪犯进行的病情诊断、妊娠检查或生活不能自理的鉴别，严格意义上讲不属于这里讲的社区矫正前调查评估。暂予监外执行作为刑罚执行中的人道主义措施，其适用主要考虑的是罪犯的身体状况，如是否患有严重疾病、是否怀孕或正在哺乳自己的婴儿，但一定条件下也需要考量罪犯的人身危险性情况。根据刑事诉讼法第 265 条第 1 款规定，对于生活不能自理的罪犯，适用暂予监外执行的前提是“不致危害社会”，这就意味着需要进行人身危险性的判断。根据暂予监外执行规定，监狱、看守所对拟提请暂予监外执行的罪犯，需要调查其对所居住社区影响的，可以委托居住地县级司法行政机关进行调查。

② 根据我国刑事诉讼法第 264 条第 2 款，罪犯在被交付执行刑罚前剩余刑期在 3 个月以下的，由看守所代为执行。

(二) 调查评估报告的形成与提交

在矫前调查评估工作中，应综合考虑以下因素：适用社区矫正措施是否符合公共利益，是否会对社区的安全产生不利影响，是否有助于实现有效监管，是否有利于对犯罪人的教育改造，是否有利于发挥刑罚的最大效益。

调查工作可采取查阅有关档案、个别谈话、家访、走访社区等途径进行。为保证调查评估结论的客观公正性，调查过程中应实行回避制度，调查员与案件当事人、案件审判结果有利害关系的，应当自行回避，被调查人也有权要求其回避。

调查工作应当由两名以上调查员共同实施。调查人员应向被调查单位和个人出示有关机关的委托函和工作证，告知被调查人有要求回避的权利，但不得向被调查人透露调查目的和有关机关的裁判意向。

调查过程中应使用统一格式的调查笔录纸，现场做好笔录及录音，并经被调查人或单位核实确认。

调查结束后，调查人员应当在综合分析调查材料的基础上，提出是否适用社区矫正的建议，并形成书面调查报告，按时提交委托机关。调查评估意见应当客观公正反映被告人、犯罪嫌疑人、罪犯适用社区矫正对其所居住社区的影响。根据 2016 年加强衔接配合意见，居住地县级司法行政机关应当自收到调查评估委托函及所附材料之日起 10 个工作日内完成调查评估，提交评估意见。对于适用刑事案件速裁程序的，居住地县级司法行政机关应当在 5 个工作日内完成调查评估，提交评估意见。评估意见同时抄送居住地县级人民检察院。需要延长调查评估时限的，居住地县级司法行政机关应当与委托机关协商，并在协商确定的期限内完成调查评估。

关于社区矫正前的调查评估报告的性质，目前理论上存在争议。有人认为其具有证据的属性，属于品格证据或量刑证据（有人认为其具有刑事证据中的鉴定意见的性质）；也有人否认其证据属性。在西方有些国家，立法上确立了品格证据规则，社区矫正前的调查评估报告可归类于品格证据。但在我国，由于刑事诉讼法将证据界定为“可以用于证明案件真实情况的材料”，而调查评估报告反映的主要内容如被告人、罪犯的成长经历、家庭背景、日常表现、适用社区矫正可能对社区的影响等，这些明显不属于案件事实，因而调查评估报告不符合当前法定的证据定义。不过，调查评估报告作为专门机构提交的反映被告人、罪犯的人身危险性大小的材料，对于刑罚的适用会产生一定影响。我们同意部分学者的见解，即“在现阶段将调查评估报告定性为公安机关检察院办案、法院教育和量刑的参考较为合适”①。

(三) 对调查评估报告的审查和采纳

收到调查评估报告后，委托机关应当认真审查调查评估意见，作为依法适用或者提请适用社区矫正的参考。审查后如对调查评估内容有异议，可自行核查或继续委托原调查机构另行指派调查员进行核查；如需要补充调查事项，可委托原调查机构补充调查。调查机构应在一定期限内完成核查和补充调查工作。

对于在法院开庭审理过程中，社区矫正前的调查评估报告是否应当宣读、质证，目前法律及权威性的司法文件缺乏明确规定，各地做法不一。有的地方制定的社区矫正实施细则规定调查评估报告应当庭宣读。我们认为，这一问题在将来社区矫正立法时应当予以明

① 高贞．社区矫正执行体系研究．北京：法律出版社，2017：115.

确。鉴于调查评估报告很可能涉及被告人、罪犯及其家庭的某些生活隐私，是否当庭宣读应当慎重决定。但是，由于调查评估报告可能会对量刑结果或行刑方式产生影响，为了保证调查评估结论的真实性、准确性，应当允许被告人（罪犯）、律师等阅读、了解调查评估报告的相关内容。对审前调查报告的内容存在异议的，法官、检察官、被告人（罪犯）及律师等可以提出质询，必要时法庭可通知调查人员出庭接受询问，以决定是否采纳调查评估报告的建议。法院应在宣判后一定期限内将判决结果通知负责实施调查的县级司法行政机关。

第二节　接受社区服刑人员

一、概述

接受社区服刑人员是指在有关机关作出实施社区矫正的判决、裁定或决定并生效之后，社区服刑人员在法定时间内，到指定的社区矫正机构报到，社区矫正机构及其工作人员依法办理接收手续的活动。

社区服刑人员的交付和接收是社区矫正的基础性工作，做好这一工作，对于社区矫正工作的依法、规范进行，避免社区服刑人员脱管、漏管，具有重要意义。具体讲，接受社区服刑人员的工作具有下列特点。

（1）起始性。接受社区服刑人员是社区矫正工作的第一个环节，是将社区服刑人员纳入社区矫正工作的开始。对于社区矫正机关来说，这是将社区服刑人员纳入其管理和教育等工作的第一道关口，标志着社区矫正工作的正式启动。

（2）严肃性。接受社区服刑人员是一项严肃的执法工作，应当认真遵守有关规定，严格履行法律手续，细致进行有关工作，为以后的社区矫正工作奠定良好的基础。

（3）时效性。接受社区服刑人员是一项时效性很强的工作，有关的工作必须在规定的时间内开始，也必须在规定的时间内完成，不得随意延长，也不能任意拖延。

（4）复杂性。接受社区服刑人员是一项涉及多个机关、进行多项工作的活动。从目前的情况来看，接受社区服刑人员要涉及审判机关、监狱、公安机关、司法行政机关、民政机关、人力资源和社会保障机关等；在接受社区服刑人员的过程中，要进行查验法律文书、办理相关手续、进行有关帮助等很多方面的工作。因此，在接受社区服刑人员过程中，各相关部门之间应密切配合，注意多项工作的有机衔接。

二、接受依据与接受机构

（一）接受的法律依据

社区矫正属于国家刑罚执行活动的重要组成部分，对社区服刑人员的接受，必须有明确的法律依据。根据有关立法规定和目前的做法，接受社区服刑人员的法律依据主要是指已生效的人民法院关于适用非监禁刑罚措施的刑事判决或刑事裁定，以及省级监狱管理机关及设区的市一级以上公安机关批准暂予监外执行的决定。

根据我国刑法、刑事诉讼法及监狱法等有关法律的规定，接受社区服刑人员的法律依据有四类。

(1) 审判机关的判决。对于被判处管制和判处有期徒刑而宣告缓刑的社区服刑人员，接受的法律依据是人民法院生效的判决。

(2) 审判机关的裁定。对于被假释的社区服刑人员，接受的法律依据是人民法院生效的裁定。

(3) 审判机关的决定。对于在判刑后送交监狱收监时由于存在法定事由而暂予监外执行的社区服刑人员，接受的法律依据是人民法院生效的决定。所谓的“法定事由”，是指刑事诉讼法第 265 条第 1 款规定的三类情况：有严重疾病需要保外就医；怀孕或者正在哺乳自己婴儿的妇女；生活不能自理，适用暂予监外执行不致危害社会的。

(4) 监狱管理机关或公安机关的决定。对于在监狱、看守所服刑期间因发生法定事由而暂予监外执行的社区服刑人员，接受的法律依据是省级以上监狱管理机关或者设区的市一级以上公安机关的决定。

(二) 接受机构

接受机构是指接纳社区服刑人员开始在社区中服刑的具体组织。

根据两院两部《实施办法》，社区服刑人员应当由其居住地县级司法行政机关负责接收，这样便于对社区服刑人员的管理和矫正。根据上述办法第 5 条，对于适用社区矫正的罪犯，人民法院、公安机关、监狱应当核实其居住地，在向其宣判时或者在其离开监所之前，书面告知其到居住地县级司法行政机关报到的时间期限以及逾期报到的后果，并通知居住地县级司法行政机关。

由于现实中存在大量“人户分离”的问题，司法部《暂行办法》第 16 条规定，如果社区服刑人员的户籍所在地与居住地不一致的，户籍所在地司法行政机关应当协助、配合居住地司法行政机关开展矫正工作。关于居住地的具体含义，有关司法文件并未做统一的界定。鉴于实践中因人员流动带来的认定上的困难，有的地区通过地方性规定对此予以进一步的明确。如根据北京市《社区服刑人员接收工作暂行规定》中的解释，居住地是指居住时间超过 3 个月的住地，但不包括社区服刑人员因工作、上学、就医以及其他特殊情况经批准外出后的临时住地。也就是说，居住地应理解为社区服刑人员的长期固定居住地。

有的地区还对暂无住所的社区服刑人员的接受机构做了规定。如北京市《社区服刑人员接收工作暂行规定》中规定，社区服刑人员因住房拆迁、亲属不接纳等原因导致暂时无住所的，由户籍地的司法所暂时负责管理，其有了较为固定的居住地后再移交当地司法所管理。因判刑被注销本地户口的社区服刑人员暂时无住所的，由其捕前户籍地的司法所暂时负责管理。

三、法律文书及材料的送达和接受

根据司法部《暂行办法》第 17 条，司法行政机关应当及时接收人民法院、公安机关和监狱发出的有关社区服刑人员的法律文书和有关材料。两院两部《实施办法》第 5 条进一步规定，人民法院、公安机关、监狱在适用社区矫正的判决、裁定生效起 3 个工作日内，应当向居住地县级司法行政机关送达判决书、裁定书、决定书、执行通知书、假释证明书副本等法律文书，同时抄送其居住地县级人民检察院和公安机关。县级司法行政机关收到法律文书后，应当在3个工作日内送达回执。

社区矫正工作中需要送达和接受的法律文书和有关材料，具体包括：被判处管制和宣告缓刑人员的判决书、起诉书副本、结案登记表、执行通知书；假释人员的原判法律文书、假释裁定书、罪犯出监鉴定表；暂予监外执行人员的判决（裁定）书、起诉书副本、结案登记表、执行通知书、暂予监外执行审批表、具保书等。根据2016年加强衔接配合意见，对于暂予监外执行的罪犯，交付时还应当将罪犯的病情诊断、妊娠检查或者生活不能自理的鉴别意见等有关材料复印件一并送达居住地县级司法行政机关。

在实践中，一些地区还要求有接受社区矫正保证书，即人民法院或其他有关机关在作出社区矫正的决定时，要求被告人或罪犯作出的接受社区矫正的书面保证。接受社区矫正保证书是反映社区服刑人员认罪服判的依据，而其认罪服判是社区矫正工作有效开展的重要条件之一。在接受社区矫正保证书中，应体现以下基本内容：(1) 被告人或罪犯表示自愿接受社区矫正，保证在接受社区矫正期间遵守法律和行政法规，认真履行法律义务；(2) 被告人或罪犯保证在规定的时限内，到居住地的司法所报到接受社区矫正；(3) 被告人或罪犯保证在接受社区矫正期间，遵守社区矫正有关规定，服从管理，接受教育。被告人或罪犯应在接受社区矫正保证书上签字，如果被告人或罪犯系未成年人的，一般还要求其监护人签字。

我们认为，在作出社区矫正的决定时，让罪犯签署接受社区矫正保证书的做法是有必要的，这样有利于树立罪犯对社会的责任感，更好地实现社区矫正的目标。有关国际刑事司法准则中也有类似要求。例如，联合国《非拘禁措施最低限度标准规则》（东京规则）第3条第4款规定，正规诉讼或审判之前或拟替代此类诉讼或审判的所有非拘禁措施，实施前应征得罪犯的同意。《欧洲社区制裁与措施规则》中，更将“犯罪人的合作与同意”作为专章规定。①

在社区服刑人员的接收过程中，县级司法行政机关要根据相关规定，及时做好法律文书、相关材料的交接。在收到法律文书后，应确认签收并在3个工作日内送达回执。如收到的法律文书、相关材料不齐备的，在接收程序正常进行的前提下，应积极协调有关部门尽快补齐所缺法律文书及相关材料。对此，2016年加强衔接配合意见中补充规定，社区服刑人员前来报到时，居住地县级司法行政机关未收到法律文书或者法律文书不齐全的，可以先记录在案，并通知人民法院、监狱或者看守所在5日内送达或者补齐法律文书。

县级司法行政机关收到人民法院的判决、裁定、决定或监狱管理机关、公安机关的批准书后，应在一定期限内将社区服刑人员相关材料移送实际执行地的街道（乡镇）司法所，并指导、帮助司法所针对社区服刑人员的具体情况制定矫正方案。

为保证接受工作的顺利进行，接受工作涉及的司法行政机关、人民法院、公安机关、监狱机关等多家机关，应当加强彼此之间的沟通与衔接，明确责任部门和责任人，并对责任部门和责任人的工作情况加强监督检查，发现问题，及时纠正，以体现刑罚执行活动的规范性和严肃性，从源头上防止社区服刑人员脱管、漏管。在接受工作中，相关机关应通过社区矫正信息平台实现信息共享，提高接收工作的效率。人民检察院应当对有关的衔接

① 郭建安等．社区矫正通论．北京：法律出版社，2004：503.

工作进行重点监督，发现违反有关规定的情形，及时向有关单位提出检察建议。凡违反有关规定，致使社区服刑人员漏管、脱管，造成严重后果的，依法追究有关人员的责任。

四、社区服刑人员报到

根据两院两部《实施办法》第 6 条第 1 款，社区矫正人员应当自人民法院判决、裁定生效之日或者离开监所之日起 10 日内到居住地县级司法行政机关报到。县级司法行政机关应当及时为其办理登记接收手续，并告知其 3 日内到指定的司法所接受社区矫正。发现社区矫正人员未按规定时间报到的，县级司法行政机关应当及时组织查找，并通报决定机关。2016 年加强衔接配合意见补充规定，对于被判处管制、宣告缓刑、假释的罪犯，人民法院、看守所、监狱应当书面告知其到居住地县级司法行政机关报到的时间期限以及逾期报到的后果。

对于暂予监外执行的社区服刑人员，根据暂予监外执行规定，在罪犯离开监狱、看守所之前，监狱、看守所应当核实其居住地，书面通知其居住地社区矫正机构，并对其进行出监、出所教育，书面告知其在暂予监外执行期间应当遵守的法律和有关监督管理规定。罪犯应当在告知书上签名。监狱、看守所应当派员持暂予监外执行决定书及有关文书材料，将罪犯押送至居住地，与社区矫正机构办理交接手续。监狱、看守所应当及时将罪犯交接情况通报人民检察院。罪犯原服刑地与居住地不在同一省、自治区、直辖市，需要回居住地暂予监外执行的，原服刑地的省级以上监狱管理机关或者设区的市一级以上公安机关监所管理部门应当书面通知罪犯居住地的监狱管理机关、公安机关监所管理部门，由其指定一所监狱、看守所接收罪犯档案，负责办理罪犯收监、刑满释放等手续，并及时书面通知罪犯居住地社区矫正机构。人民法院决定暂予监外执行，罪犯被羁押的，应当通知罪犯居住地社区矫正机构，社区矫正机构应当派员持暂予监外执行决定书及时与看守所办理交接手续，接收罪犯档案；罪犯被取保候审、监视居住的，由社区矫正机构与执行取保候审、监视居住的公安机关办理交接手续。

应当重视与社区服刑人员报到密切相关的“漏管”问题。根据 2016 年加强衔接配合意见第 7 条，“漏管”是指在社区服刑人员接收工作中，人民法院、公安机关、司法行政机关在社区服刑人员交付接收工作中衔接脱节，或者社区服刑人员逃避监管、未按规定时间期限报到，造成没有及时执行社区矫正的现象。居住地社区矫正机构发现社区服刑人员漏管，应当及时组织查找，并由居住地县级司法行政机关通知有关人民法院、公安机关、监狱、居住地县级人民检察院。社区服刑人员逃避监管、不按规定时间期限报到导致漏管的，居住地县级司法行政机关应当给予警告；符合收监执行条件的，依法提出撤销缓刑、撤销假释或者对暂予监外执行收监执行的建议。

根据 2016 年加强衔接配合意见第 9 条，人民检察院应当加强对社区矫正交付接收中有关机关履职情况的监督，发现有下列情形之一的，依法提出纠正意见：(1) 人民法院、公安机关、监狱未依法送达交付执行法律文书，或者未向社区服刑人员履行法定告知义务；(2) 居住地县级司法行政机关依法应当接收社区服刑人员而未接收；(3) 社区服刑人员未在规定时间期限报到，居住地社区矫正机构未及时组织查找；(4) 人民法院决定暂予监外执行，未通知居住地社区矫正机构与有关公安机关，致使未办理交接手续；(5) 公安机关、监狱管理机关批准罪犯暂予监外执行，罪犯服刑的看守所、监狱未按规定与居住地社区矫正机构办理交接手续；（6）其他未履行法定交付接收职责的情形。

五、接受后的登记、建档

（一）登记

社区服刑人员报到后，县级司法行政机关应当及时为其办理登记接收手续，并填写《社区服刑人员登记表》。登记的主要内容有：社区服刑人员的姓名、性别、年龄、民族、身份证号、文化程度、婚姻状况、健康状况、户籍所在地、现家庭住址、电话、原工作单位或职业、罪名、刑种及刑期、矫正期限及起止日期、本人简历、家庭成员等。《社区服刑人员登记表》应当有统一的格式。

（二）建立档案

根据两院两部《实施办法》第10条，县级司法行政机关应当为社区服刑人员建立社区矫正执行档案，包括适用社区矫正的法律文书，以及接收、监管审批、处罚、收监执行、解除矫正等有关社区矫正执行活动的法律文书。司法所应当建立社区矫正工作档案，包括司法所和矫正小组进行社区矫正的工作记录，社区服刑人员接受社区矫正的相关材料等。同时留存社区矫正执行档案副本。

社区矫正执行档案应存放的材料主要有：（1）社区服刑人员登记表；（2）人民法院、监狱机关、公安机关送达的法律文书和有关手续；（3）社区矫正期满宣告书；（4）解除管制通知书、假释考验期满证明书、缓刑期满证明书；（5）其他应当存档的重要材料。

社区矫正工作档案应存放的材料主要有：（1）社区矫正宣告书；（2）监督帮教协议书；（3）分类测评材料；（4）矫正方案；（5）考核奖惩材料；（6）外出请假、迁居等的审批备案手续；（7）社区服刑人员个人总结小结；（8）社区矫正工作记录；（9）公益劳动记录簿；（10）社区矫正期满鉴定表；（11）其他应当存档的重要材料。

社区服刑人员死亡的，死亡证明、法医鉴定等有关材料也应当归档。社区矫正档案应由专人负责管理和收集、整理，并专柜存放。

六、告知权利和义务

根据两院两部《实施办法》第7条，司法所接收社区服刑人员后，应当及时向社区服刑人员宣告判决书、裁定书、决定书、执行通知书等有关法律文书的主要内容；社区矫正期限；社区服刑人员应当遵守的规定、被禁止的事项以及违反规定的法律后果；社区服刑人员依法享有的权利和被限制行使的权利；矫正小组人员组成及职责等有关事项。宣告由司法所工作人员主持，矫正小组成员及其他相关人员到场，按照规定程序进行。

在社区矫正工作实践中，有的地区采取了比较正规的告知权利、义务的形式。例如，向社区服刑人员宣读社区矫正宣告书，并发给书面的《社区矫正告知书》（或称《社区矫正须知》），这种形式具有较好的效果。在《社区矫正告知书》中，具体说明社区矫正的性质、任务；社区服刑人员的权利和义务，以及权利受到侵犯时的投诉方式；不同类型社区服刑人员应遵守的有关规定，以及违法、违规的后果与法律责任等。

第三节 实施社区矫正

一、建立矫正小组

矫正小组是以社区矫治执法者为核心建立的对社区服刑人员开展社区矫正工作的小集体。作为一种社会化的行刑模式，社区矫正必须贯彻专门机关与群众路线相结合的方针，立足社区，依靠社区，充分发动各种社会力量参与矫正工作。两院两部《实施办法》中关于矫正小组的规定，即体现了这一精神，根据该办法第8条，司法所在接受社区服刑人员后，应当为社区服刑人员建立专门的矫正小组。矫正小组由司法所工作人员担任组长，由社会工作者、志愿者、有关部门及村（居）民委员会人员、社区服刑人员所在单位代表、就读学校代表、家庭成员或者监护人、保证人等组成。社区服刑人员为女性的，矫正小组应当有女性成员。司法所应当与矫正小组签订矫正责任书，根据小组成员所在单位和身份，明确各自的责任和义务，确保各项矫正措施落实。

矫正小组组长在实践中也被称为矫正责任人或个案负责人。矫正小组组长具体负责特定社区服刑人员的所有矫正事务；社区服刑人员遇到任何问题时，都可以找自己的矫正小组组长寻求帮助和解决。这种“责任到人”的管理方法，可以有效地避免社区服刑人员脱管等问题，也可以增强矫正责任人的工作责任感，从而促进社区矫正工作的效果。

矫正小组组长负责起草并落实矫正方案，负责对社区服刑人员的日常管理工作，组织指导社会志愿者对社区服刑人员进行帮教，并协调有关部门解决社区服刑人员在就业及生活等方面的困难。

担任矫正小组组长的司法所工作人员是当然的矫正责任人。如果矫正小组中有专职的社会工作者，他们也可以在司法所工作人员的指导下，与司法所工作人员一起担任矫正责任人。

除了专职的矫正责任人外，司法所还应积极争取为社区服刑人员确定社会帮教者。社会帮教者是对社区服刑人员提供帮助和教育的人员。社会帮教者又可分为两类。

1. 监督帮教人

监督帮教人是指对社区服刑人员进行监督、帮助和教育的人员，主要由社区服刑人员的成年亲属或者所在社区基层组织、所在单位或学校及有关单位的人员参加。这些人员与社区服刑人员有较为密切的联系，容易了解、掌握其思想动态和活动情况，对有效开展监督帮教工作具有积极作用。司法所应当在对社区服刑人员宣告接收后的一定时间内，对其家庭和居住地的居（村）委会进行走访了解，确定监督帮教人，并签订监督帮教协议，明确司法所和监督帮教人在对社区服刑人员的监督和管理中的责任。社区服刑人员系未成年人或精神病人的，监督人由其法定监护人担任。监督帮教人应积极配合司法所做好对社区服刑人员的监督管理和教育工作。司法所应当加强与监督帮教人的沟通联系，及时了解社区服刑人员的思想、学习、工作、生活、遵纪守法等情况。对不积极履行监督帮教责任的监督帮教人，要及时教育，争取他们的支持和配合。

2. 志愿帮教者

志愿帮教者也就是社区矫正志愿者，是无偿地为社区矫正工作提供一定服务的社区居民。

在确定志愿帮教者时，主要应考虑以下条件。

(1) 遵纪守法，品行端正。

(2) 热心社区矫正工作。

(3) 有一定的法律政策水平、文化素质和专业知识。

(4) 有足够的时间和精力从事矫正工作。

(5) 尽可能与社区服刑人员居住在一个社区内，以便于帮教。

在确定志愿帮教者时，应将社区服刑人员的具体情况详细向志愿者加以介绍，志愿者自己决定是否接受，同时，还可以适当地征求社区服刑人员的意见，尽可能得到双方的认可，这样有助于彼此之间融洽相处，为顺利地开展帮教工作奠定基础。

二、进行评估与分类

为了贯彻分类管理、个性化教育的社区矫正原则，应建立社区矫正评估体系，对社区服刑人员进行相关评估和分类。目前，开展得较多的是风险评估。

社区服刑人员风险评估，就是运用多种技术和方法对社区服刑人员的社会危险性进行的评定。所谓“社会危险性”，一般是指社区服刑人员在未来从事危害社会行为的可能性。社会危险性既包括从事轻微的危害社会行为的可能性，也包括从事严重犯罪行为的可能性，或者称为重新犯罪的可能性。进行风险评估的具体技术和方法包括心理测量学方法、统计学方法等。

在进行风险评估的基础上，要根据社区服刑人员的社会危险性，对他们进行分类，以便对不同类型的社区服刑人员采取相应的监管措施，预防危害社会行为的发生，从而保护社会的安宁。

我国一些地区在风险评估和社区服刑人员分类方面，进行了有益的探索，取得了一定的成效。例如，上海市的一些街道推出了一套风险评估的测评标准，每名社区服刑人员刚报到时，由社区的司法社会工作者（简称“司法社工”）对其进行矫正风险系数测评，初次测评表包括13个测评项目，分为个人因素、家庭因素和社区因素三部分，每一项分为A、B、C、D四级，共10个分值。测评结果按分值分为A、B、C、D四级，分别代表稳定、一般、重点关注和高危控制，分值越低则表示矫正风险越小。测评过程除了关注社区服刑人员的个性特点、工作阅历和家庭环境等因素外，也适当考虑居委会、被害人以及社区民警的意见。社区矫正工作者以测评结果为依据，为社区服刑人员制定符合个人特点的矫正方案。

又如，在北京，以社区服刑人员的人身危险性大小为标准，结合其回归社会的趋向程度，将其分为A、B、C三类，其中A类为人身危险性小、回归社会趋向好的服刑人员，B类为人身危险性较大、回归社会趋向较差的服刑人员，C类为人身危险性大、回归社会趋向差的服刑人员，三类人员从报到、走访、活动范围、教育、公益劳动等方面分别实施低、中、高三种不同强度的管理。为确保分类方法的科学准确，北京市司法局与有关高校合作研发了《北京市社区服刑人员综合状态评估指标体系》。该指标体系设计了包括接受社区矫正态度、再犯罪可能性、个性心理特质、再社会化程度、社会期望值等九个方面内容100项指标的测试量表，根据对测量指数的综合分析评估服刑人员的人身危险性大小和回归社会的趋向程度，然后依据评估结果对服刑人员进行分类和不同强度的管理。

除了社区服刑人员风险评估之外，还应当对社区服刑人员进行需要评估，以便了解他们在服刑期间的个人需要，从而增强社区矫正工作，特别是帮助扶持性工作的针对性。

三、制定矫正方案

（一）概述

矫正方案是针对社区服刑人员自身及相关情况而制订的对其开展个别化社区矫正工作的计划。矫正方案是在对社区服刑人员进行测评与分类的基础上制定的，其目标是更好地对每个社区服刑人员开展社区矫正工作，以便实现社区矫正的总体目标。根据两院两部《实施办法》第9条，司法所应当为社区服刑人员制定矫正方案，在对社区服刑人员被判处的刑罚种类、犯罪情况、悔罪表现、个性特征和生活环境等情况进行综合评估的基础上，制定有针对性的监管、教育和帮助措施。根据矫正方案的实施效果，适时予以调整。

在制定矫正方案时，要认真考虑社区服刑人员的年龄、性别、教育与职业背景、犯罪类型、心理特点、生活状况等个人情况，考虑社区服刑人员具备的有利条件和周围可以利用的社会资源，因人而异地制定出具体的、有针对性的矫正工作计划。周密、科学的矫正方案，是有效开展教育矫正的前提和基础。

（二）矫正方案的主要内容

一个比较完整、系统的矫正方案，大致包括以下内容。

（1）矫正方案编号。

（2）社区矫正工作者的基本情况，包括姓名、性别、职务、工作单位等。

（3）社区服刑人员的基本情况，包括姓名、性别、年龄、学历、罪名、刑种、刑期及时间起止、开始矫正的时间、家庭成员、职业背景、前科情况等。

（4）社区服刑人员存在的主要问题，包括社区服刑人员在思想观念、心理特征、行为习惯、综合素质等方面存在的问题，以及他们的社会危险性程度、矫正难易程度、分类测评反映出的问题等。

（5）预期要达到的矫正目标，包括总目标和具体目标。

（6）矫正意见，即根据社区服刑人员存在的问题，应当强化的教育和管理内容、有针对性的矫正措施，例如，谈话诫勉、控制活动范围、就业培训、公益劳动、心理咨询、监督考察等。

（7）结束矫正时间、矫正效果评估方式等。

（三）制定矫正方案的基本要求

根据司法部《暂行办法》第23条规定，司法所应当全面掌握社区服刑人员的犯罪原因、犯罪类型、危害程度、悔罪表现、家庭及社会关系等情况，进行综合分析，根据社区服刑人员被判处管制、宣告缓刑、暂予监外执行、裁定假释等类别和不同特点，制定有针对性的教育改造计划和措施，并根据矫正效果和需要，适时作出调整。根据这一规定以及两院两部《实施办法》第9条，矫正方案的制订应注意以下几点基本要求。

1. 全面把握

为使矫正方案具有针对性，首先要通过细致的调查、了解工作，全面把握社区服刑人员的有关个人情况。在接收社区服刑人员后，社区矫正工作者应当通过查阅档案、个别谈话、走访调查等途径，摸清其基本情况、家庭背景、犯罪成因、个性特征和不良思想、心理、行为习惯等，为矫正方案的制订打好基础。

2. 综合分析

为强化矫正方案的科学性，应在调查了解的基础上，引入心理测评等手段，把测评数据作为制定矫正方案的参考依据。对于调查中了解到的社区服刑人员各方面的个人情况，应结合心理测评反映出的情况，对其危险程度、矫正难易程度、素质缺陷和需求进行分析评估，通过认真、深入的思考、分析，以明确社区服刑人员存在的主要问题，并确定相应的矫正目标和具体行动，进而完成矫正方案的起草和制定。

3. 适时调整

矫正方案形成之后，并非一成不变的，在矫正方案的实施过程中，矫正工作者应当针对社区服刑人员的思想、心理及行为的变化，以及同矫正有关的环境因素的变化，对矫正方案进行必要的调整、修正，以及时满足社区服刑人员的矫正需要，争取最佳的矫正效果。为及时了解社区服刑人员的思想、心理及其生活环境等方面的变化，矫正工作者应当定期找社区服刑人员谈心，定期对社区服刑人员进行走访，定期对社区服刑人员的情况进行摸排，在此基础上，弄清社区服刑人员的思想动态、行为倾向和其家庭生活、社会交往等方面的情况与变化，以及有什么困难需要解决，以便为矫正方案的合理调整提供事实依据。

除以上几点外，在矫正方案的形成过程中，还应尽可能与社区服刑人员进行沟通、协商，以取得其理解和配合，激发其在矫正活动中的自主性，这样才能使矫正过程更为顺利，矫正效果更为理想。不能将矫正工作看成社区矫正工作者单方面的行动，仅靠强制来推行一厢情愿的矫正方案，这样会因社区服刑人员内在动力不足而影响矫正质量。我国可以借鉴一些国家或地区的做法，以立法形式倡导对服刑人员的矫正计划须征求其本人的意见。为了强化服刑人员自主矫正的热情和动力，可以采取由矫正工作者与社区服刑人员签订矫正协议的形式，使矫正活动在双边合力的推动下进行。

四、实施矫正方案

实施矫正方案就是具体落实矫正方案中确定的内容和要求的活动。

矫正方案确定后，社区矫正机构及社区矫正工作者应根据方案的内容和要求，对社区服刑人员进行有计划的管理和教育活动。实施矫正方案的具体工作包括以下几点。

(1) 根据对社区服刑人员的测评与分类结果，采取相应的监督和管理措施，促其遵纪守法，确保矫正工作的正常开展和非监禁刑罚的有效执行。

(2) 根据社区服刑人员的特点和矫正工作的需要，制定切实可行的学习教育计划，开展形势政策教育、法制教育、公民道德教育、心理健康教育等。应注重采取个别谈话的方式，对社区服刑人员进行经常性的个别教育。

(3) 根据社区服刑人员在不同阶段的心理变化与矫正需求，实行分阶段教育。通常将社区矫正全程分为入矫教育（也称初始教育）、常规教育和解矫教育三个阶段。其中，入矫教育阶段一般为接受矫正后的一个月，解矫教育阶段一般为解除矫正前一个月，中间时段为常规教育阶段。应针对社区服刑人员在三个阶段不同的心理、行为特征和需求，设定相应的教育目标、教育内容和教育方式。

（4）及时了解和分析社区服刑人员的思想动态，并根据了解和分析的情况，调整和完善矫正方案，以加强矫正工作的针对性、适应性和实效性。

（5）组织有劳动能力的社区服刑人员参加社区服务。社区服务的内容要考虑社区服刑人员的特点，在其力所能及的范围内进行。社区服刑人员每月参加社区服务时间不少于8小时。

（6）对社区服刑人员进行计分考核。应由专人负责日常考核、台账管理及数据统计、上报等工作。

（7）依据有关政策、规定，尽可能帮助社区服刑人员解决在就业和生活中存在的问题或困难，以促进其顺利地适应社会。

五、评估矫正效果

对社区服刑人员的矫正效果进行评估，是社区矫正工作的一个重要方面，是教育矫正工作不可缺少的“后续工程”。全面、准确的评估，有助于总结经验、发现问题，不断改进矫正工作，促进矫正质量的提高。

对矫正效果的评估，可以分为两类。

1. 矫正期间的评估

矫正期间的评估是指对社区服刑人员在接受矫正期间各方面表现的评估。

矫正期间的评估，应由矫正责任人组织矫正小组成员进行。这种评估应当结合对社区服刑人员的日常管理和考核奖惩进行。进行评估的主要方式有：对行为表现的直接记录、定量考核、观察与谈话、考试与考查、量表测验等。

矫正期间的评估工作至少每季度应当进行一次，就社区服刑人员的主要表现及矫正方案的落实情况进行考察、分析，进而形成评估结果，并根据评估结果，结合服刑人员的新情况、新特点，及时对矫正方案加以调整和完善，以提高矫正措施的针对性，确保矫正质量。每半年应对社区服刑人员的表现进行讲评小结，及时记录工作台账，并由矫正责任人向司法所进行汇报。每一年应进行一次全面、系统的评估，对社区服刑人员各方面的表现情况进行认真、细致的考核评定，并对矫正工作中的经验与问题进行总结，在此基础上形成书面的年度评估报告，提交当地社区矫正管理机构备案，存入矫正档案。

2. 解矫之后的追踪评估

解矫之后的追踪评估是指在解除对社区服刑人员的矫正后为了巩固矫正成果而进行的评估。

被解除社区矫正的人员，可以称为“解矫人员”。

解矫后的追踪评估，应主要考察以下内容：社区服刑人员被解除矫正后的现实表现，就业或就学情况，是否存在或者出现重新违法犯罪的情况及重新违法犯罪的原因，社会对解矫人员的态度等。

解矫后追踪评估的方式，包括与解矫人员面谈，通过其亲属、邻居等知情人进行了解，与街道办、村委会、居委会及解矫人员所在单位领导座谈、问卷调查等。

通过跟踪评估，可以检测社区矫正工作的效果，进一步完善教育矫正的方案与措施。

同时，也可以发现解矫人员存在的困难和问题，以便提供有针对性的帮教，从而更好地实现社区矫正工作的目标。

第四节　解除社区矫正

一、概述

解除社区矫正，是指由于社区服刑人员接受社区矫正的期限届满或者由于法定事由的发生而导致的社区矫正的终止。解除矫正是社区矫正工作的最后一个环节，也是十分重要的一个内容。

解除社区矫正的重要内容，是计算社区矫正的期限。一般来说，社区服刑人员接受矫正的期限与其刑期、考验期和依法予以监外执行的期限是一致的，矫正期满即应依法解除矫正。根据刑法、两院两部《实施办法》第9条及司法部《暂行办法》等的有关规定，不同类型社区服刑人员接受社区矫正的期限及计算方法如下。

（1）被判处管制的社区服刑人员，其矫正期限与管制的期限相等，矫正期从判决执行之日起计算。

（2）被宣告缓刑的社区服刑人员，其矫正期限与缓刑考验期限相等，矫正期从判决确定之日起计算。

（3）被假释的社区服刑人员，其矫正期限与假释考验期限相等，矫正期从假释之日起计算。

（4）被暂予监外执行的社区服刑人员，其矫正期限与暂予监外执行期限相等。人民法院决定的，其矫正期从暂予监外执行决定生效之日起计算；公安机关、监狱管理机关决定的，其矫正期从出监所之日起计算。

从立法规定和实践来看，社区矫正的解除实际上有两类：一类是因矫正期限届满而解除社区矫正，另一类是因出现其他法定事由而解除社区矫正。这两类解除社区矫正的程序是有一定差别的。

二、期满解矫程序

期满解矫程序是指因矫正期限届满而解除社区矫正的程序。

（一）概述

社区服刑人员矫正期满，司法所应当组织解除社区矫正宣告。宣告由司法所工作人员主持，按照规定程序公开进行。因矫正期满而解除矫正，意味着社区服刑人员的法律身份发生变化，由服刑罪犯变成普通公民，其公民权利不再受到限制。

司法所应当针对社区服刑人员的不同情况，通知有关部门、村（居）民委员会、群众代表、社区服刑人员所在单位、社区服刑人员的家庭成员或者监护人、保证人参加宣告。

宣告事项应当包括：宣读对社区服刑人员的鉴定意见；宣布社区矫正期限届满，依法解除社区矫正；对判处管制的，宣布执行期满，解除管制；对宣告缓刑的，宣布缓刑考验期满，原判刑罚不再执行；对裁定假释的，宣布考验期满，原判刑罚执行完毕。

县级司法行政机关应当向社区服刑人员发放解除社区矫正证明书，并书面通知决定机关，同时抄送县级人民检察院和公安机关。

暂予监外执行的社区服刑人员刑期届满的，由监狱、看守所依法为其办理刑满释放手续。

此外，根据两院两部《实施办法》第34条，社区服刑人员社区矫正期满的，司法所应当告知其安置帮教有关规定，与安置帮教工作部门妥善做好交接，并转交有关材料。

（二）具体解矫程序

管制、缓刑、假释的社区服刑人员矫正期满或者暂予监外执行的社区服刑人员刑满前一定期限，司法所应当填写矫正期满鉴定表并附其个人总结，报有关机构审核批准。

管制、缓刑、假释的社区服刑人员矫正期满或者暂予监外执行的社区服刑人员刑满前，司法所应当通知其按期到司法所办理解除矫正手续。社区服刑人员系未成年的，还应通知其监护人到场。

根据暂予监外执行规定，暂予监外执行的社区服刑人员刑期即将届满的，社区矫正机构应当在刑期届满前一个月以内，书面通知罪犯原服刑或者接收其档案的监狱、看守所按期办理刑满释放手续。社区矫正机构应向有关监狱、看守所书面通报社区服刑人员表现情况，并督促其按期到监狱、看守所办理释放手续。人民法院决定暂予监外执行罪犯刑期届满的，社区矫正机构应当及时解除社区矫正，向其发放解除社区矫正证明书，并将有关情况通报原判人民法院。

管制、缓刑、假释的社区服刑人员矫正期满当日或者暂予监外执行的社区服刑人员刑满当日，司法所应当向其宣读解除社区矫正宣告书，其在宣告书上签字。在进行解除矫正宣告的同时，社区矫正工作者还可对他们在社区矫正期间的表现进行综合讲评，并提出对未来的要求和希望，使矫正工作做到有始有终。

社区服刑人员因病、身体残疾等特殊原因本人办理解除矫正手续有困难的，可由其监护人或亲属代为办理，司法所在解除矫正宣告书上注明原因。

社区服刑人员在矫正期满或刑满当日未到司法所办理解除矫正手续的，或者矫正期满或刑满当日仍脱管去向不明的，或者矫正期满当日仍被羁押或行政拘留的，司法所在解除矫正宣告书上注明原因后按期解除社区矫正。

社区服刑人员解除矫正后，司法所应当及时书面通知其居住地的公安派出所和居（村）委会。

三、其他解矫程序

其他解矫程序是指因其他法定事由而解除社区矫正的程序。

（一）概述

根据两院两部《实施办法》第31条，除了因矫正期满而解除社区矫正的情形之外，社区矫正也可以因为出现其他一些法定事由而解除。这些法定事由主要包括三种情形：(1) 社区服刑人员死亡的；(2) 被决定收监执行的；(3) 社区服刑人员因重新犯罪被判处监禁刑罚的。社区服刑人员在社区矫正期间出现上述情形之一的，都应当终止社区矫正。

对因发生上述事由而导致社区矫正终止的，司法所应当将人民法院的法律文书或者公安机关的有关证明存档备案。

（二）具体解矫程序

1. 因社区服刑人员死亡而解除社区矫正的程序

社区服刑人员在矫正期间死亡的，社区矫正自动解除。社区服刑人员在社区矫正期间死亡的，县级司法行政机关应当及时书面通知批准、决定机关，并通报县级人民检察院。具体来讲，对于人民法院裁决适用管制、缓刑、假释或暂予监外执行的社区服刑人员死亡的，应及时通知做出裁决的人民法院，并通报县级人民检察院，同时附相关证明材料，如医院的死亡证明（复印件）及公安派出所的户口注销证明（复印件）；对于监狱管理机关、公安机关决定暂予监外执行的社区服刑人员死亡的，应及时通知原关押监狱、看守所并通报县级人民检察院，同时附相关证明材料。

2. 因社区服刑人员的违法犯罪行为而解除社区矫正的程序

社区服刑人员因重新犯罪、被发现漏罪而被采取取保候审、监视居住、拘留、逮捕等强制措施的，暂时终止社区矫正。经人民法院审理，最终判处社区服刑人员监禁的，应终止社区矫正；未被判处监禁的，司法所应当继续进行社区矫正。

社区服刑人员因违法被行政拘留的，暂时终止社区矫正。对解除拘留后矫正期限未满的，其居住地的司法所要继续进行社区矫正。

被缓刑、假释的社区服刑人员，因实施违法行为或违反考验期内有关监督管理规定，被依法撤销缓刑、假释的，执行原判刑罚或剩余刑罚的，社区矫正自动解除。

3. 因社区服刑人员被收监执行而解除社区矫正的程序

此处的收监执行，专指暂予监外执行的罪犯被发现不符合暂予监外执行的条件，或者暂予监外执行的情形消失后，罪犯刑期未满而需要收监执行的情况。依照法律和有关规定，对于暂予监外执行的社区服刑人员被依法收监执行的，自收监之日起，社区矫正自动解除。

社区服刑人员暂予监外执行期限届满前，司法所应当出具其在社区矫正期间的表现情况，由县级司法行政机关向原关押监狱、看守所或者原作出暂予监外执行决定的人民法院提出收监或继续监外执行的建议。

社区服刑人员暂予监外执行情形消失，其刑期尚未届满的，县级司法行政机关应当及时书面建议有关机关依法办理收监手续。

对于暂予监外执行的社区服刑人员，因违反有关规定，情节严重，有收监执行必要的，由县级司法行政机关提议，经原作出暂予监外执行决定的机关批准后，移送社区服刑人员原关押机构执行收监。

从广义上讲，社区服刑人员因重新犯罪、被发现漏罪而被判监禁刑的，缓刑、假释人员因违法违规而被撤销缓刑、假释的，也都存在收监执行的问题。2016年加强衔接配合意见进一步明确了各类收监执行的程序。社区服刑人员符合收监执行条件的，居住地社区矫正机构应当及时按照规定，向原裁判人民法院或者公安机关、监狱管理机关送达撤销缓刑、撤销假释建议书或者对暂予监外执行的收监执行建议书并附相关证明材料。人民法院、公安机关、监狱管理机关应当在规定期限内依法作出裁定或者决定，并将法律文书送达居住地县级司法行政机关，同时抄送居住地县级人民检察院、公安机关。社区服刑人员因违反监督管理规定被依法撤销缓刑、撤销假释或者暂予监外执行被决定收监执行的，应当本着就近、便利、安全的原则，送交其居住地所属的省（自治区、直辖市）的看守所、监狱执行刑罚。撤销缓刑、撤销假释裁定书或者对暂予监外执行罪犯收监执行决定书应当在居住地社区矫正机构教育场所公示，但属于未成年或者犯罪的时候不满18周岁被判处5年有期徒刑以下刑罚的社区服刑人员除外。人民检察院应当加强对社区矫正收监执行活动的监督，发现违反相关规定行为的，依法提出纠正意见。

第五节　社区矫正相关程序的完善

社区矫正虽然属于刑罚执行活动的范畴，但作为一项综合性很强的工作，涉及多家部门的参与，也涉及矫正前后多个环节的配合，尤其是矫正前的某些配套程序，对于保证正确地作出社区矫正的决定，并有效开展社区矫正活动，具有积极意义；但社区矫正的一些程序在我国目前尚不健全，需要通过立法予以建立、完善，以促进社区矫正工作更为顺畅地运作。

一、社区矫正裁量中的听证程序

社区矫正是将罪犯放在社会上执行刑罚和加以改造的制度，其效果如何，同社区公众的支持、配合程度有很大关系。要取得公众对社区矫正工作的最大支持，应当在社区矫正的决定过程中，充分听取社会各方面的意见，保障社区公众对于社区矫正决定过程的知情权和参与权，使裁决建立在坚实的群众基础之上。为此，有必要在社区矫正的决定阶段设置一个听证程序——举行听证会，吸收检察官、公安机关辖区派出所的管片民警、被告人所在单位的代表、被告人居住的社区的基层组织代表、被告人本人及其辩护人、监护人或近亲属等参加，还可考虑邀请犯罪被害人参加。①

在听证会上，可以就被告人的悔罪表现、犯罪情节、再犯可能、社区改造环境、监督考察责任等问题进行广泛的交流、核实、论证，在此基础上决定是否对被告人适用社区矫正。举行听证会，可以避免暗箱操作的种种弊病，有利于保证社区矫正决定的公正性和合理性，同时可以调动社会各方面参与矫正活动的积极性，促进监督、考察工作的落实，提高社区矫正工作的质量。

近年来，在缓刑的适用或者作出撤销决定前进行公开听证，成为很多地方普遍的做法。听证程序也逐步引入假释和暂予监外执行的适用中。例如，成都市有关机关借助远程视频庭审系统，对拟假释案件进行公开听证。② 广州市海珠区检察院会同该区法院、司法局制定了《关于对罪犯暂予监外执行实行公开听证的实施意见》，通过公开听证对暂予监外执行的

---

① 被害人的态度在一定程度上制约着社区矫正的社会效果，是法官在决定是否适用社区矫正措施时应予考虑的因素。可考虑在社区矫正的决定过程中引入刑事和解程序，尽力使社区矫正得到被害人的认同，实现社区矫正与刑事和解两种制度的对接，更好地实现社区矫正的效果。对此，联合国《非拘禁措施最低限度标准规则》第8条第1款也规定，“在作出判决时应考虑到罪犯改过自新的需要、对社会的保护和受害者的利益，并应尽可能征求受害者的意见”。

② 王鑫等．减刑假释是否符合条件，成都中院远程视频听证．人民法院报，2014-11-14（3）．

适用实现全程同步监督。[1] 上述这些措施，有利于更加充分地听取相关各方面的意见，确保社区矫正的适用更加透明和公正。在条件成熟的时候，可以将社区矫正听证程序以立法形式加以确认。

二、社区矫正中的司法担保制度

为更有效地对社区服刑人员进行监督管理，强化社区矫正中的风险控制，可考虑建立社区矫正的司法担保制度。这项制度的主要内容可以包括：法院在适用社区矫正措施的同时，责令社区服刑人员提供担保人，由担保人出具保证书并交纳保证金。如果社区服刑人员在接受矫正期间有违法违规行为，法院可撤销社区矫正措施，并没收保证金；如果社区服刑人员遵纪守法，社区矫正期满后，归还保证金。虽然社区矫正的司法担保制度尚未立法化，但有关司法文件在一定范围内有所体现，即暂予监外执行规定设立的保外就医的保证人制度。根据该规定，罪犯需要保外就医的，应当由罪犯本人或者其亲属、监护人提出保证人，保证人由监狱、看守所审查确定；罪犯没有亲属、监护人的，可以由其居住地的村（居）民委员会、原所在单位或者社区矫正机构推荐保证人；保证人应当向监狱、看守所提交保证书。该规定还对保证人应当具备的条件和应当履行的义务作了具体规定。但是，由于该规定仅仅属于司法性文件，不是严格意义上的立法，受层级和效力所限，未能设立保证金制度，也没有对保证人没有履行保证义务的法律后果作出规定。将来在相关的正式立法中，可以考虑增设针对所有社区矫正措施的司法担保制度，并明确保证人不履行保证义务的法律后果。

三、社区服刑人员的权利保护与救济机制

在社区矫正工作中，有关机构及人员应当注重保护社区服刑人员的合法权利，刑罚的执行应以法律及人民法院的判决为限。对此，有关的国际性刑事司法准则有明确的规定。如联合国大会《非拘禁措施最低限度标准规则》中规定，应始终保护受非拘禁措施罪犯的尊严（第 3 条第 9 款）；在执行非拘禁措施时，对罪犯权利的限制不应超过原判决主管当局所规定的程度（第 3 条第 10 款）。在适用非拘禁措施时，应尊重罪犯的以及其家庭成员的隐私权（第 3 条第 11 款）。罪犯的个人档案记录应予严格保密，不应让第三方接触。只有直接参与处置有关罪犯案件者或其他经过适当授权的人员，才能接触这类档案记录（第 3 条第 12 款）。该规则还确立了受非拘禁措施罪犯的权利救济机制，如根据第 3 条第 6 款的规定，罪犯应有权就非拘禁措施执行中影响其个人权利的事宜，向司法机关或其他独立的主管当局提出请求或申诉。另外，该规则还对更改或撤销非拘禁措施时罪犯的申诉权利作了规定，如第 14 条第 2 款规定，更改或撤销非拘禁措施应由主管当局作出，但事先必须对监督人员和罪犯双方提出的事实进行仔细的审查；第 14 条第 6 款规定，更改或撤销非拘禁措施时，罪犯应有权向司法当局或其他独立的主管当局提出上诉。在 1997 年通过的《欧洲社区制裁与措施规则》中，也对犯罪人的基本权利、投诉程序等问题作了细致的规定。

在我国，对社区服刑人员的权利保护与救济机制尚不完善，尤其是对于撤销非监禁措

① 翟兰云．公开听证，同步监督“暂予监外执行决定”．检察日报，2015－02－25（11）．

施如缓刑、假释时服刑人员的申诉权利与程序缺乏规定，因而亟须加强这方面的立法，以促进社区矫正向着更加文明、公正、规范的方向发展。

【问题与思考】

1. 接受社区服刑人员的主要程序有哪些?
2. 你认为应当如何制定社区矫正方案?
3. 什么是解除社区矫正? 主要类型有哪些?
4. 你认为应当如何完善我国社区矫正的有关程序?

【推荐参考论著】

1. 高贞主编. 中国特色社区矫正制度研究. 北京：法律出版社，2018.
2. 张新民，刘远. 中国社区矫正制度与立法研究. 北京：世界知识出版社，2018.
3. 高贞主编. 社区矫正执行体系研究. 北京：法律出版社，2017.
4. 刘强，武玉红. 社区矫正制度惩罚机制完善研究. 北京：中国人民公安大学出版社，2016.
5. 武玉红，刘强. 社区矫正典型案例与矫正指要. 北京：中国法制出版社，2015.
6. 吴宗宪，蔡雅奇，彭玉伟. 社区矫正制度适用与执行. 北京：中国人民公安大学出版社，2012.
7. 吴宗宪. 社区矫正比较研究. 北京：中国人民大学出版社，2011.
8. 贾宇. 社区矫正导论. 北京：知识产权出版社，2010.

第十五章 社区矫正内容

内容导读

社区矫正工作不仅包括程序方面，也包括实体方面。社区矫正工作就是社区矫正程序性工作和实体性工作的合称。社区矫正内容是指在社区矫正中对服刑人员进行的刑罚执行以及其他相关措施与活动的总称，它是社区矫正工作实体方面的主要体现，是日常社区矫正工作的基本内容。尽管社区矫正的内容纷繁复杂，但是，可以概括为社区服刑人员日常管理、社区服刑人员教育、社区服刑人员帮助、社区服刑人员考核、社区服刑人员奖惩等方面。社区矫正机构的日常工作，主要是围绕社区矫正内容而进行的。

第一节 概 述

一、社区矫正内容的概念

社区矫正内容是指在社区矫正中对服刑人员进行的刑罚执行以及其他相关措施与活动的总称。社区矫正内容相当于一些文献中所说的“社区矫正处遇”，是社区矫正实体性工作的主要体现。

社区矫正内容具有下列特点。

1. 对象的特定性

社区矫正内容是针对社区服刑人员的。社区矫正工作的对象是社区服刑人员，社区矫正工作的所有内容，都是围绕社区矫正工作的对象的。这个特点决定了社区矫正与安置帮教的主要区别。根据中央社会治安综合治理委员会、公安部、司法部、劳动部、民政部和国家工商行政管理局 1994 年 2 月 14 日发布的《关于进一步加强对刑满释放、解除劳教人员安置和帮教工作的意见》，安置帮教是指在党委、政府统一领导下，依靠各有关部门和社会力量对特定对象进行的一种非强制性的引导、扶助、教育和管理活动。尽管社区矫正工作的一些内容与安置帮教工作类似甚至相同，从事两类活动机构和人员也有重叠甚至相同，但是，这两类工作的对象是不同的：社区矫正工作的对象是罪犯，目前主要是在社区中服刑的四类罪犯（管制犯、缓刑犯、假释犯和暂予监外执行犯）；而安置帮教工作的对象是刑满释放三年之内没有生活出路和有重新犯罪倾向的人员。[①]

2. 地点的社区性

社区矫正措施与活动是在社区中采取和进行的。由于社区服刑人员是在社区，特别是在自己居住和工作的社区中服刑的，因而社区矫正工作自然也要在社区中进行。不过，这里的“社区”是一个比较宽泛的概念，它包括社区服刑人员和社区矫正机构所在的以及与社区矫正机构有联系的社区。例如，社区矫正机构安排社区服刑人员进行公益劳动的社区，不一定是社区服刑人员居住和工作的社区，也不一定是社区矫正机构所在的社区，而有可能是其他的社区。

3. 主体的多样性

社区矫正措施与活动是由社区矫正工作者采取和进行的。不过，由于社区矫正工作包含性质不同的多方面的内容，因而社区矫正活动也由不同类型的社区矫正工作者进行。一些具有刑罚执行性质的社区矫正措施与活动，只能由社区矫正官采用和进行，而另外一些具有帮助扶持性质的社区矫正措施与活动，可以由其他社区矫正工作者采用和进行。

4. 内容的复杂性

社区矫正内容包括复杂多样的相关措施与活动。社区矫正内容是对社区服刑人员采取的相关措施和进行的相应活动的总称。这些措施涉及的具体种类很多，按照它们的内容，可以分为管理措施、教育措施、帮助措施、考核措施、奖惩措施等；按照它们的性质，可以分为惩罚管束性措施和帮助扶持性措施两大类。同时，社区矫正的内容不仅仅是静态的措施和制度，还包括贯彻落实这些措施的具体工作，这些工作就构成了社区矫正活动。换言之，社区矫正活动就是贯彻落实社区矫正措施和制度的工作行动。

二、社区矫正内容的种类

（一）惩罚管束性措施及其必要性

惩罚管束性措施是指以惩罚社区服刑人员和控制其行为为主要目的的社区矫正措施。根据现行立法的规定，目前中国社区矫正中对于服刑人员的惩罚管束性措施主要包括下列四类。

1. 限制行动自由

尽管社区服刑人员享有很大的行动自由，但是，这并不意味着他们的行动自由不受任何限制。实际上，我国现行法律规定了对于社区服刑人员的行动自由的一些限制。例如，根据刑法第 39 条的规定，未经执行机关批准，管制犯不得进行集会、结社、游行、示威等行为；不得随意会见客人；不得随意离开居住的市、县或者迁居。在刑法第 75 条和第 84 条中，对于缓刑犯和假释犯，也规定了不得随意会见客人；不得随意离开居住的市、县或

① 安置帮教的对象过去还包括被解除劳动教养的人员。在 2013 年 11 月 15 日公布的《中共中央关于全面深化改革若干重大问题的决定》提出废止劳动教养制度后，这部分人员不复存在。

者迁居的行动自由限制。此外，根据刑法第38条第2款和第72条第2款的规定，在被判处管制和宣告缓刑的同时适用禁止令的，社区服刑人员不得在社区矫正期间从事特定活动，进入特定区域、场所，接触特定的人。

2. 限制权利行使

根据中国现行法律的规定，限制社区服刑人员行使某些法律权利。例如，根据刑法第39条第1款第2项的规定，未经执行机关批准，管制犯不得行使言论、出版、集会、结社、游行、示威自由的权利。

3. 实行行为监督

现行法律规定，对于社区服刑人员的行为要实行监督。例如，在刑法第38条、第39条、第72条、第75条和第84条中，对于管制犯、缓刑犯和假释犯，都规定了遵守法律、行政法规，服从监督，按照执行机关（或者考察机关、监督机关）规定报告自己的活动情况，不得从事特定活动，不得进入特定区域、场所，不得接触特定的人的内容，从而将社区服刑人员纳入有效的行动监督之下。

4. 判处附加刑罚

根据刑法第34条的规定，在刑罚体系中设立了罚金、剥夺政治权利和没收财产这三种附加刑。附加刑既可以附加适用，也可以独立适用。根据刑法第72条的规定，对于被判处拘役、三年以下有期徒刑的犯罪分子在宣告缓刑的同时，可以判处附加刑。此外，对于被判处管制、三年以上有期徒刑和无期徒刑的犯罪分子，也可以判处附加刑。如果审判机关对这些犯罪分子判处了附加刑，那么，当这些服刑人员直接到社区中服刑或者通过假释到社区服刑之后，执行所判处的附加刑也体现了对他们的惩罚和管束。

在社区矫正中，对社区服刑人员采取惩罚管束性措施，是很有必要的。

首先，惩罚管束性措施体现了社区矫正的性质。社区矫正是一项刑罚执行工作，而刑罚是现行法律体系中对于违法者惩罚性最重的法律制裁措施。这就意味着，在开展社区矫正的过程中，必然包含着对于社区服刑人员的惩罚问题。因此，对社区服刑人员给予法律规定的惩罚，是社区矫正工作的必然要求。

其次，惩罚管束性措施体现了社会正义。社区服刑人员是进行了犯罪行为后被审判机关判决有罪的人，他们必须要为自己的犯罪行为承担刑事责任，必须要在犯罪之后依法受到相应的惩罚，这样才能体现社会正义，惩罚管束性措施则是社区服刑人员刑事责任的重要体现，对他们采取这类措施，有利于实现社会正义和维护社会公正。

最后，惩罚管束性措施有利于保护社会安全。在开展社区矫正工作中，一个不可避免的问题就是社区服刑人员居住的社区乃至更大范围的社会的安全问题。这是因为，社区服刑人员具有很大的行动自由，这类行动自由在客观上为他们进行侵害社会的行为提供了便利条件。因此，为了保护社会安全，必须对社区服刑人员采取一定的措施，降低他们进行危害行为的可能性。惩罚管束性措施就具有控制社区服刑人员行为，降低他们的社会危险性的作用，所以，这类措施有利于保护社会安全。

（二）帮助扶助性措施及其必要性

帮助扶持性措施是指以帮助服刑人员解决存在的问题和困难为主要目的的社区矫正措施。

由于现行的刑事立法在价值取向上以惩罚控制为主导，因而在条文中规定的惩罚管束性措施较多，规定的帮助扶持性措施较少。甚至可以说，在刑法和刑事诉讼法中，几乎看不到对服刑人员进行帮助扶持方面的规定。从目前的资料来看，只在一些层次较低的规范性文件中，规定了对社区服刑人员的帮助扶持性措施。这类规范性文件主要是部委规章，其中包括 2003 年 7 月 10 日发布的两院两部《通知》和 2005 年 1 月 20 日发布的两院两部《扩大试点范围通知》、2004 年 5 月 9 日发布的司法部《暂行办法》等。这些规范性文件中规定的帮助扶持性措施主要包括下列内容。

1. 教育

一些规范性文件规定要对社区服刑人员进行教育。教育的内容包括思想教育、形势政策教育、法制教育、公民道德教育以及其他方面的教育。这里所说的“其他方面的教育”应当包括文化教育和职业技能教育等。

2. 就业帮助

一些规范性文件规定，在社区矫正中要帮助服刑人员解决就业问题，主要包括提供就业培训和就业指导等。

3. 生活帮助

一些规范性文件规定，在社区矫正中要帮助服刑人员解决生活问题，主要包括为符合条件的服刑人员提供最低生活保障，帮助解决他们的住房问题、子女教育问题、家庭关系问题等。

4. 法律帮助

主要是指帮助服刑人员学习法律知识、解答法律方面的问题、帮助解决法律方面存在的其他问题等。

5. 心理矫治

主要包括开展心理健康教育、提供心理咨询服务、矫正不良心理和行为等。

在社区矫正中，对于服刑人员采取帮助扶持性措施，是很有必要的。

首先，这是顺利进行社区矫正的需要。从中国社区矫正的实践来看，相当多的社区服刑人员存在不同的问题和困难，概括起来主要有四类：第一类是物质经济方面的问题和困难，包括没有住房、缺乏生活来源、缺乏劳动岗位和职业技能等。第二类是婚姻家庭方面的问题和困难，包括适婚服刑人员没有配偶、家庭成员之间关系不融洽等。第三类是社会交往方面的问题，包括缺乏社会交往或者进行不良社会交往、不能恰当对待社会歧视等。第四类是心理行为方面的问题和困难，包括对自己的犯罪与判决的疑问、存在一些心理异常、有不良个人嗜好、养成了不良行为习惯等。如果不解决这些问题，服刑人员就无法安心生活和工作，社区矫正工作就不能顺利进行。

其次，这是预防重新犯罪和保护社会安全的需要。如果不解决服刑人员存在的多种问题，特别是如果不解决那些严重影响他们生活与工作的重大问题，不仅难以保证他们在社区中过正常的生活，而且难以控制他们的行为，无法预防他们可能产生新的违法犯罪行为。因此，只有在帮助服刑人员解决了困扰他们心理和生活的突出问题，消除了他们进行危害社会行为的主观原因时，才能从根本上预防重新犯罪和有效保护社会安全。

再次，这是人道主义精神的体现。人道主义是指高度重视人、人的价值和人的尊严的思想态度。人道主义是自文艺复兴时期以来得到不断发展和普遍接受的思想潮流，是人类文明进步的重要结晶。在社区矫正中，在惩罚服刑人员的同时，关注服刑人员存在的问题和困难，给他们以必要的帮助和扶持，使他们能够过上有尊严的守法生活，充分体现了人道主义精神和以人为本的思想，是符合人类文明进步的潮流的。

最后，这体现了管理方式的重大转变。应当看到，在社区矫正中重视对服刑人员的帮助扶持性活动，是服刑人员管理中的重大转变。过去，在对社区服刑人员的管理中，把他们作为需要重点管理的人群，主要强调对他们的控制，而不太重视对他们的帮助扶持。这样的心理态度和管理方式，“治标不治本”，是一种片面的管理，难以真正把服刑人员管理好。只有把社区服刑人员可能发生的危害行为和实际存在的困难、问题都纳入管理的范围，一并加以管理，既注意控制可能发生的危害行为，又帮助解决实际存在的困难、问题时，才能真正实现全面有效的管理。因此，从管理方式上讲，在社区矫正中重视对服刑人员的帮助扶持，具有明显的进步意义。

第二节　社区服刑人员日常管理

一、档案管理

（一）概述

档案是指分类保存以备查考的文书和资料。它是有关机关、组织以及个人从事多种活动时直接形成的具有保存价值的各种文字、图表、声像等不同形式的历史记录。在社区矫正工作中，进行档案管理是基本的日常管理活动之一。

社区矫正档案管理，就是将记录社区服刑人员信息和社区矫正机构活动的有关文书和资料按照规定进行管理的工作。社区矫正档案管理的具体内容包括档案收集、档案整理、档案保管、档案编目与检索、档案通缉、档案提供利用等方面。

在社区矫正中做好档案管理工作，具有重要意义。首先，做好档案管理工作是做好执法工作的基本要求。社区矫正是一项执法工作，其整个过程都伴随着文书资料的制作与交流，制作、查验和交接相关的文书资料，是社区矫正工作的重要内容；缺少这个环节，就不可能做好社区矫正工作。其次，做好档案管理工作是做好矫正工作的重要保证。社区矫正工作是一项内容繁多、不断变化的工作，只有把各个方面、各个时期的工作都加以记录，才能提醒社区矫正工作者注意和兼顾社区矫正工作的不同方面，防止在工作中顾此失彼，发生遗漏。这就是社区矫正档案的“备忘录”作用。同时，社区矫正档案记载了各项工作的进展情况，包括取得的成绩和存在的问题等，为以后继续进行相关工作奠定了必要基础，使后来者可以在前人努力的基础上开展新的工作，既有助于迅速熟悉情况和进入角色，又能够避免重复和其他无效劳动。最后，社区矫正档案是记录社区矫正工作的重要载体。社区矫正档案忠实地记录了社区矫正工作的进行和发展情况，这些记录可以为人们了解社区矫正工作、撰写社区矫正工作的历史等，发挥多方面的作用。

在社区矫正档案管理工作中，应当遵循下列原则。

（1）个别化原则。这是指要为每个社区服刑人员建立单独档案的原则。在社区矫正档案管理工作中，要实行一人一档的制度，将每个社区服刑人员的档案单独立卷，集中保存。

（2）专门化原则。这是指在社区矫正工作中要指定专人负责档案工作的原则。档案工作是一项复杂的、专门化的工作，其中包含着很多专门化的技术，随着社区服刑人员的不断增加，对档案工作的技术方面的要求会越来越高，没有专门学过档案学科的人，是很难胜任这项工作的。因此，不仅要由专人负责社区矫正档案的管理，还要注意提高档案管理人员的专业水平。

(3) 规范化原则。这是指按照一定的规则和标准进行档案管理的原则。作为社区矫正执法工作的一项内容，社区矫正档案管理也要有章可循，使建档内容、档案格式和档案利用等都能够按照统一标准进行。这样，不仅可以提高档案工作的科学化水平，还可以提高档案利用的效率。社区矫正主管部门应该及时调查和研究各地档案管理工作的状况，总结成功经验，制定出社区矫正档案管理的规范和标准，统一各地的档案管理工作。

(4) 多样化原则。这是指社区矫正档案要在纸质文字档案的基础上向介质多样化方向发展的原则。作为一项执法工作，社区矫正中的档案涉及相关人员签名等内容，因此，纸质文字档案是社区矫正工作中最基本、最主要的档案。但是，也应当根据科学技术的发展，向档案介质的多样化方向努力，不仅要继续完善文字档案，还要探索和使用图形档案（照片和其他图片资料）、声像档案（录音、录像、影片、光盘等），从而多方面、多角度、形象化地记载社区矫正工作。

(5) 信息化原则。这是指在社区矫正档案管理中要重视利用日益发展的信息技术的原则。在这方面，要特别重视以计算机技术为代表的信息技术的发展状况，重视利用计算机软件、计算机网络等制作、传输、开发与利用社区矫正档案，增加社区矫正档案的技术含量，提高档案工作的效率。

(二) 档案管理的内容

根据两院两部《实施办法》第10条的规定，县级司法行政机关和乡镇司法所进行档案管理的侧重点是不同的：县级司法行政机关应当为社区矫正人员建立社区矫正执行档案，包括适用社区矫正的法律文书，以及接收、监管审批、处罚、收监执行、解除矫正等有关社区矫正执行活动的法律文书；而乡镇司法所应当建立社区矫正工作档案，包括司法所和矫正小组进行社区矫正的工作记录，社区矫正人员接受社区矫正的相关材料等，同时留存社区矫正执行档案副本。

社区矫正档案管理主要包括下列具体内容。

1. 法律文书

由相关执法机关制作的法律文书，是社区矫正工作中最重要的档案，也是开展社区矫正工作的法律依据。没有这样的文书资料，就不能接受社区服刑人员，不能将有关人员纳入社区矫正的范围，也不能对他们开展社区矫正工作。这样的法律文书包括判决书、裁定书和决定书等。

2. 个人信息

个人信息是指社区服刑人员及相关人员的信息资料。这样的信息资料除了判决书、裁定书和决定书等载明的姓名、年龄、性别、住址等资料之外，还应当有婚姻状况、学习状况、工作状况与工作历史、犯罪历史、性格特征、兴趣爱好以及社区服刑人员亲属等相关人员的资料。这些资料可以为更好地了解社区服刑人员、更好地利用有关社会力量和资源开展社区矫正工作，提供重要的参考。

3. 活动信息

活动信息是指社区矫正机构和社区服刑人员进行有关活动的信息。其中，社区矫正机构的活动信息包括监督、考察和管理社区服刑人员以及组织社区服刑人员开展其他活动等信息；社区服刑人员的活动信息包括他们定期汇报自己活动情况、请销假、参加社区矫正机构组织的活动等方面的信息。

4. 考核奖惩材料

考核奖惩材料是指社区矫正机构对社区服刑人员进行日常考核并根据考核结果予以奖惩的活动的记录资料。考核奖惩是社区矫正机构进行的活动的组成部分，但是，由于这类活动对于社区服刑人员具有特别重要的意义，因而有必要单独分类，给予特别重视。

二、行为监督

（一）行为监督及其内容

对社区服刑人员的行为监督是指社区矫正机构对于社区服刑人员的行为进行察看和督促的活动。行为监督是约束社区服刑人员的活动，对其自由进行限制的重要方面，是对社区服刑人员进行法律惩罚的重要体现。

行为监督的内容主要包括下列方面。

1. 守法行为监督

守法行为监督是指对社区服刑人员是否进行法律要求或者禁止的行为的监督。我国刑法和刑事诉讼法等，都对社区服刑人员做出了明确的命令性规定和禁止性规定，要求他们必须进行有关行为，或者不得参加有关活动、不得进行行使有关权利的行为。社区矫正机构对社区服刑人员是否遵守这些命令性规定和禁止性规定的情况，给予监督。

2. 日常行为监督

日常行为监督是指对社区服刑人员的日常生活和工作行为进行的监督。除了对社区服刑人员是否遵守法律的命令性规定和禁止性规定的情况进行监督之外，社区矫正机构还应当对社区服刑人员在日常生活和工作中的其他行为进行必要的监督，包括社区服刑人员的个人生活、家庭生活、学习生活、职业生活等方面的行为。这些方面的监督，可以为更好地进行守法行为监督、帮助社区服刑人员预防违法犯罪、解决困难和问题等，提供有用的信息。

3. 会客监督

会客监督是指对社区服刑人员会见客人的行为进行的监督。这里的客人，主要是指可能对社区服刑人员的违法犯罪有消极影响或者对社区矫正机构的正常管理有干扰作用的特殊客人，而不是指普通的亲属、朋友等。社区服刑人员会见客人，涉及他们的社会交往。犯罪学等学科的研究表明，社会交往特别是不良社会交往与犯罪和重新犯罪有密切的关系，因此，为了预防社区服刑人员重新犯罪，对他们的社会交往进行限制和管理，限制甚至禁止他们会见有劣迹的人和违法犯罪人员，是很有必要的。同时，社区服刑人员对于某些人员的会见，可能会干扰正常的社区矫正管理工作，为此，对社区服刑人员会见这样的客人予以监督，也是有必要的。

4. 请销假监督

请销假监督是指对社区服刑人员请假外出行为进行的监督。这里所说的“请假外出行为”，应当是指社区服刑人员请假离开所居住的市、县的行为。社区服刑人员离开所居住的市、县，涉及对他们行为的正常监督可能会出现缺失，因此，要求他们在离开之前进行请假，对将要离开居住地的理由、将要去往的目的地以及离开居住地的时间等做出说明，请求社区矫正机构予以批准，使社区矫正机构对他们请假外出行为的必要性、发生危险的可能性等进行评估，然后再做出是否批准外出，是很有必要的。同时，在社区服刑人员返回居住地之后，及时报告自己的这一情况，进行销假，让社区矫正机构了解自己的活动情况，恢复正常管理，也是很有必要的。

5. 迁居监督

迁居监督是指对社区服刑人员离开所居住的县市而迁往别处居住的行为进行的监督。社区服刑人员在服刑期间，由于家庭变故、生活问题、个人问题、工作问题等离开原居住地，迁往新的地点居住，是在所难免的。根据他们的具体情况，批准他们合理的迁居，体现了人道主义思想和以人为本的精神，有利于社区服刑人员的正常生活。但是，对于这样的迁居行为进行监督，是很有必要的。在迁居之前，社区服刑人员应当报告迁居的理由、迁居的时间、迁居地及其相关情况等，由社区矫正机构进行审查，了解迁居是否必要、合理。在批准迁居后，社区矫正机构要及时办理相关手续，包括将社区服刑人员的档案等移交迁居地的社区矫正机构，由其接受并接着进行社区矫正管理工作。

（二）行为监督的方法

对社区服刑人员的行为监督，可以采用多种方法。从我国司法实践来看，行为监督的方法主要如下。

1. 走访

走访是指社区矫正工作者到社区服刑人员居住、学习、工作的场所看望和谈话的行为。在社区矫正过程中，社区矫正工作者要根据社区服刑人员的具体情况，定期或者不定期地到他们居住、学习、工作的场所，看望他们，和他们进行谈话，了解他们的实际情况，其中既包括需要督促他们改正的问题、提醒他们预防的现象，也包括需要帮助他们解决的问题和困难。了解这些方面的实际情况，有助于做好社区矫正工作。此外，对于行动不便的保外就医人员或者其他社区服刑人员，应当主要采取走访等合适的方式进行行为监督。

2. 约谈

约谈是指社区矫正工作者按照约定时间要求社区服刑人员到指定场所进行谈话的行为。与社区矫正工作者去找社区服刑人员谈话的走访不同，约谈是要求社区服刑人员找社区矫正工作者谈话。约谈涉及两个关键的问题：一是约定时间。时间可以是有关规定中具体规定的，也可以是社区矫正工作者与社区服刑人员协商后确定的。约定时间中既包含每次谈话的具体时间，也包含一定时间内的谈话次数。二是谈话场所。进行谈话的具体地点通常是社区矫正工作者办公的地方，但是，也可以是双方约定的其他场所。适合采用约谈方式的社区服刑人员，应当是身体健康、有行动能力的社区服刑人员。

3. 打电话

随着社会的发展，电话的普及率不断增加。在使用电话比较方便的地区，社区矫正工作者可以通过打电话的方式进行行为监督。为了增加监督效果，社区矫正机构的电话可以使用“来电显示”功能，以便了解社区服刑人员所使用的电话的号码。在打电话之前，社区矫正工作者可以和社区服刑人员约定所使用的具体电话（可以使用家中的固定电话、周围的公用电话甚至移动电话等，并将电话号码告知社区矫正工作者）、一定时间内通电话的次数、电话交谈的内容等。

4. 书信联系

对于行动不便、距离较远或者有其他特殊情况的社区服刑人员，可以采用撰写和邮寄书信的方式，与社区矫正工作者沟通，社区矫正机构通过收到的书信对社区服刑人员进行监督。例如，对于较长时间外出经商或者从事其他活动的社区服刑人员，如果打电话不方便时，社区矫正工作者可以考虑通过要求他们定期邮寄书信的方式进行监督。

5. 电子监控

电子监控是指利用专门的电波发射和接收装置监控社区服刑人员行动的方式。在使用这种方式进行监控时，一方面在社区矫正机构设立电波发射和接收装置，另一方面在社区服刑人员身上安装电波发射和接收装置，通过两类装置之间的电波交流，确定社区服刑人员是否处在规定的范围内。如果佩带专门装置的社区服刑人员超出规定的空间范围或者破坏该装置，社区矫正机构的专用装置就会发出警报，提醒社区矫正工作者注意和采取相应措施。在一些发达国家的社区矫正中，较多使用这种方式监督社区服刑人员的行动。在中国，一些地方也已经采用了这种方法。

电子监控有一定的优势。例如，国外的研究发现，使用电子监控技术的优点主要有下列方面。①

（1）使用电子监控技术可以帮助犯罪人避免看守所或者监狱中的犯因性气氛（criminogenic atmosphere），有利于帮助他们重新融入社区。

（2）电子监控有利于帮助犯罪人保持工作和赡养家庭。

（3）电子监控可以帮助缓刑官从事监控活动，并且可以使缓刑官更加容易地承担起自己负责的案件量。

（4）电子监控给法官和其他有关官员在进行量刑等活动时提供了更多的选择性。

（5）电子监控可以比现有的缓刑替代措施更能够降低累犯率。

（6）电子监控有利于减少看守所和监狱中的犯人数量。

（7）与监禁相比，电子监控的成本更低而效益更高。

（8）电子监控还可用于审前释放监督以及特别治疗案件，例如，适用于吸毒者、智力落后者（mentally retarded）、怀孕妇女和少年犯。

不过，电子监控的问题也是很明显的，包括费用昂贵、监控内容有限（只能监控社区服刑人员是否在一定空间范围内，但是，无法监控社区服刑人员在此空间范围内是否进行违法犯罪活动）等。因此，在中国这样一个发展中国家，电子监控不应当是对社区服刑人员进行行为监督的主要方法和首选方法。

三、社区服务

中国社区矫正中的社区服务，实际上是指社区服刑人员进行的公益劳动，即社区服刑人员根据社区矫正机构的安排进行的公共服务方面的无偿劳动。

这类社区服务的主要特点是：（1）社区服务的提供者是社区服刑人员。（2）社区服务的组织者是社区矫正机构。（3）社区服务的领域是公共服务方面，涉及为不特定多数人服务的各种劳动，但是，不包括为私人或者私营机构进行的劳动。（4）社区服务具有惩罚犯罪人、赔偿犯罪行为给社会造成的损害和教育犯罪人养成劳动观念等赎罪和教育性质，而

---

① Dean J. Champion. *Corrections in the United States: A Contemporary Perspective*. Upper Saddle River, New Jersey: Prentice Hall, 1998: 426 - 427.

不是普通的有偿劳动，因此，社区服务是无偿劳动，社区服刑人员不能通过这样的劳动获得报酬。

在国外，对于公益劳动的法律规定和实践与中国有所不同。在国外，社区服务（community service）是指由法庭判决犯罪人到社区中进行一定时间无偿劳动或者服务的非监禁刑措施。[①] 在英国、美国、澳大利亚、加拿大、新西兰等国家，社区服务由法庭判处，由刑罚执行部门实施。不过，在具体名称上有一定的差别和变化，除了“社区服务”这个名称之外，还使用了别的名称。例如，在英国，有“社区刑罚”（community punishment）、“无偿劳动”（unpaid work）等名称；在德国，社区服务被称为“公益劳动”（*gemeinnützige Leistungen*，work for the general good）[②]；在荷兰，社区服务被称为“无偿公益劳动”（unpaid work for the general good）[③]；在意大利，社区服务被称为“替代劳动”（*lavoro sostitutivo*）[④]；在葡萄牙，社区服务被称为“公益劳动”（*trabalho a favor da communidade*）[⑤] 等。

在中国，刑法、刑事诉讼法都没有对社区服刑人员规定社区服务的内容。规定社区服刑人员参加公益劳动或者社区服务[⑥]的主要规范性文件，是 2004 年 5 月 9 日发布的司法部《暂行办法》和 2012 年的两院两部《实施办法》。司法部《暂行办法》第 21 条第 3 款规定：“社区服刑人员在接受社区矫正期间，应当遵守国家法律、法规、规章和社区矫正有关规定，服从管理，接受教育，按照规定参加公益劳动。”根据这个《暂行办法》，公益劳动的决定机构和实施机构，都是社区矫正机构——基层司法所。两院两部《实施办法》第 16 条规定：“有劳动能力的社区矫正人员应当参加社区服务，修复社会关系，培养社会责任感、集体观念和纪律意识。社区矫正人员每月参加社区服务时间不少于八小时。”这个《实施办法》虽然没有明文规定社区服务的决定机构和实施机构，不过，从社区矫正工作的实际情况来看，应当都是基层司法所。

在安排社区服刑人员进行社区服务时，要注意下列原则。

（1）符合公益原则。这是指组织社区服刑人员进行能够促进公共利益的劳动的原则。社区服务必须是为了促进公共利益而进行的劳动，劳动的方式、过程和结果都应当有利于增进公共利益。这个原则意味着，不能组织社区服刑人员为私营组织、私营企业或者某个、某些私人从事这类劳动；社区矫正机构不能利用这类劳动获取利益。同时，也意味着，不能为了劳动而劳动，不能利用社区服刑人员的劳动力进行无积极意义、缺乏建设性的活动。

（2）力所能及原则。这是指组织社区服刑人员进行他们能够胜任的劳动的原则。这意味着，在组织社区服务时，要考虑社区服刑人员的时间、体力、技能等情况，安排他们从事他们能够承担的劳动内容。一般而言，社区服务都是在社区服刑人员的业余时间中进行

---

① 吴宗宪．社区矫正比较研究：下．北京：中国人民大学出版社，2011：581.

② Anton Van Kalmthout & Peter J. P. Tak (eds.). *Sanctions-Systems in the Member-States of the Council of Europe: Deprivation of Liberty, Community Service and Other Substitutes*. Part II. Deventer: Kluwer Law and Taxation Publishers, 1992: 472.

③ 同②710.

④ 同②579.

⑤ 同②211.

⑥ 鉴于中国社区矫正中的公益劳动或者社区服务的“非法定性”（国家立法机关颁布的法律中没有明文规定）和“非司法性”（不是由法院在判决时确定的），或许称之为“公益劳动”可能更为恰当一些，因为在国际社会中，社区服务的法定性和司法性都已经是一种普遍的现象，这与中国的情况有明显的区别。

的，社区矫正机构不能强迫社区服刑人员在正常的上班、上学和其他日常活动时间中进行社区服务，不能用社区服务冲击社区服刑人员的正常工作和学习。

（3）要求明确原则。这是指在安排社区服刑人员进行社区服务时所提出的要求应当具体明确的原则。在安排社区服刑人员进行社区服务时，要具体而明确地指出进行劳动的内容、方法、时间、地点、结果等，以便社区服刑人员能够按照要求开展劳动，避免因为所提要求含糊不清而产生的问题。

（4）便于监督原则。这是指组织社区服刑人员进行社区服务要便于社区矫正机构和有关人员等进行监督的原则。当社区矫正机构决定某个社区服刑人员参加社区服务时，那么，这种决定就具有强制性，如果没有正当理由，社区服刑人员必须参加。为此，就必须对他们参加社区服务的情况进行监督。对社区服务进行监督的主体，可以是社区矫正机构的人员，也可以是社区服务场所的有关人员，甚至可以是社区矫正机构委托的其他人员。

第三节　社区服刑人员教育

一、思想教育

对犯罪人进行思想教育，是具有突出的中国特色的刑罚执行内容。在社区矫正中，强调对于社区服刑人员的思想教育。尽管两院两部《通知》、司法部《暂行办法》和两院两部《实施办法》都规定，要对社区服刑人员进行思想教育，不过，思想教育是一个使用频繁但含义模糊、内容不定的概念。很多论著从不同的角度强调其中的某个或者某些方面，但是，往往看不到一个完整定义。《中国大百科全书·政治学》卷中的“思想政治工作”条中认为，它是“思想政治教育工作的简称，亦称思想工作或思想教育。它是一定的阶级和政治集团，为实现一定的政治目标，有目的地对人们施加意识形态的影响，以转变人们的思想和指导人们行动的社会行为。中国共产党的思想政治工作是以社会主义、共产主义思想体系教育人民，启发人们的觉悟，提高人们认识世界和改造世界的能力，动员人们为实现当前和长远的革命目标而奋斗的实践活动。它不仅要解决人们的政治立场、政治观点、政治行为等问题，还要解决人们的世界观、人生观、道德观问题。”① 根据这个条目中的解释，“思想政治工作”概念的形成与共产主义运动有关。1920年，列宁首先在一次讲话中提出“政治教育”“政治教育工作”两个概念。1934年，斯大林在苏联共产党（布）第十七次代表大会的总结报告中，提出了“政治思想工作”“思想工作”两个概念。中国共产党诞生后，长期使用“政治工作”这个概念。1945年毛泽东在《论联合政府》中提出了“思想教育”的概念。中华人民共和国成立后，刘少奇于1951年在《党在宣传战线上的任务》中第一次提出了“思想政治工作”的概念。1957年毛泽东在《关于正确处理人民内部矛盾的问题》一文中，对“思想政治工作”做了进一步的阐述。此后一直沿用“思想政治工作”这

① 童彭庆，柏柯．思想政治工作//中国大百科全书·政治学．光盘1.2plus版．北京：中国大百科全书出版社．

个概念。

从上述解释来看，思想教育有很浓厚的政治色彩和意识形态方面的内容。从本章的目的出发，可以将社区服刑人员的思想教育定义为：对社区服刑人员进行的以转变错误认识和增进道德修养为主要目的的教育。有关规定体现了这方面的内容。例如，两院两部《实施办法》第 15 条规定："社区矫正人员应当参加公共道德、法律常识、时事政策等教育学习活动，增强法制观念、道德素质和悔罪自新意识。"

具体内容主要包括下列方面。

1. 观念教育

观念教育就是为了转变社区服刑人员的基本观念而进行的教育。其中主要有两个方面。①

（1）人生观教育。人生观是关于人生目的、态度、价值和理想的根本观念。在对社区服刑人员进行人生观教育时，要帮助他们树立恰当的荣辱观、苦乐观、生死观以及理想与现实关系的恰当观念，消除他们的悲观厌世、享乐主义等人生观。

（2）价值观教育。价值观是指社会成员用来评价行为、事物以及从各种可能的目标中选择自己合意目标的准则。个人的价值观主要表现为个人判断是与非、好与坏、善与恶、美与丑的标准。对社区服刑人员进行价值观教育的目的，是要纠正他们不恰当的价值观，帮助他们形成合理的价值标准，从而使他们能够在社会生活中进行合理的判断和做出恰当的选择。

2. 法制教育

法制教育是指为了让社区服刑人员了解法律制度的内容和树立法律意识而进行的教育。其中，法律制度方面的教育，要着重让他们了解两个方面的内容：一是要让他们了解法律中的禁止性规定，这方面的教育有助于他们认识自己的犯罪，也可以避免他们在以后违反这类规定。二是要让他们了解法律中的保护性规定，指导他们如何利用法律武器维护自己的合法权利。

法律意识方面的教育，要着重让他们形成守法观念和依法办事的态度。首先，他们要有尊重法律、遵守法律的观念，不进行违反法律的行为。其次，要有遇到问题时想办法利用法律加以解决，而不是非法使用暴力等手段解决的态度和习惯。

这些方面的教育，都有助于预防重新犯罪的发生。

3. 道德教育

道德教育是指为了让社区服刑人员了解和遵守道德规范而进行的教育。道德教育的内容首先是道德认识教育，即让社区服刑人员了解有关道德规范的内容，特别是要让他们了解社会公德（所有的社会成员都应当遵循的最简单、最起码的公共生活规则）、角色道德（不同社会角色的人们应当遵守的道德规范）、时年道德（不同年龄的人们应当遵循的道德规范）、独处道德和闲暇道德等的基本内容。其次，还要帮助他们形成遵守道德规范的态度和习惯，提高遵守道德规范的自觉性。

4. 前途教育

前途教育是指为了让社区服刑人员恰当认识目前的社会情况和个人的未来发展而进行

① 过去讲到这方面的内容时，往往讲"三观"教育，即世界观、人生观、价值观教育，但是，由于世界观的内容高度抽象，对于社区服刑人员这个特殊群体而言，似无必要，因此，这里仅讲人生观和价值观教育。

的教育。这方面教育的目的，是要帮助社区服刑人员恰当认识社会生活中存在的问题，了解社会和个人在未来的发展情况，从而消除他们的悲观情绪和自卑心理，增强对未来生活的信心。

前途教育是以时事教育为基础的，只有让社区服刑人员清楚认识目前的情况，才有可能准确预测和认识未来的发展。在这个教育的过程中，也要让他们了解国家的有关政策，了解国家对他们改恶从善的态度和帮助扶持措施等。

思想教育可以教育内容的不同而采用多种方式进行。例如，讲解有关内容、小组讨论、指定阅读有关报纸书刊和撰写读后感想、安排观看有关影视节目、实地参观、现场服务与实践等。

二、文化技术教育

文化技术教育是指为了提高社区服刑人员的文化水平和职业技能而进行的教育。其中包括文化教育和职业教育两个方面。

1. 文化教育

文化教育是指为了提高社区服刑人员的文化水平而进行的教育。随着科学技术的发展，社会生活中对于文化知识的依赖不断增加，没有文化或者没有一定文化的人在社会中的生活越来越困难。因此，要帮助社区服刑人员提高文化水平，特别是要帮助文盲和半文盲的社区服刑人员达到义务教育的水平。

鉴于社区服刑人员生活在当地社区，对于他们的文化教育，应当主要依靠当地教育资源进行。对于尚处在学龄的社区服刑人员，要帮助他们复学，在适合的学校年级中学习。对于已超过正常受教育年龄的社区服刑人员，要帮助他们在当地社区中的成人教育机构接受教育。此外，还要鼓励所有社区服刑人员通过自学，提高他们的文化水平。

社区矫正机构要努力将社区服刑人员的文化教育纳入所在地区教育规划，利用当地教育资源开展文化教育工作。

2. 职业教育

职业教育是指为了提高社区服刑人员的职业技能水平而进行的教育和培训活动。

犯罪学研究发现，已达就业年龄的人不能就业或者就业后失业，都是引起违法犯罪行为的重要因素。因此，为了帮助社区服刑人员过上建设性的守法生活，预防他们重新违法犯罪，有必要对他们进行职业教育，提高他们自主就业的能力，使他们能够依靠自己的职业技能在劳动力市场上找到适合自己的职业。

职业教育主要包括两个方面：一是知识教育，即帮助社区服刑人员掌握从事一定职业所必需的专门知识；二是技能培训，即帮助社区服刑人员掌握从事一定职业所必需的专门技能。职业教育实际上是学（知识）和练（技能）相结合的综合性教育。

与文化教育相类似，对于社区服刑人员的职业教育，也应当尽量依靠当地教育资源进行。社区矫正机构要努力将社区服刑人员的职业教育纳入所在地区教育规划，利用当地的职业教育机构开展职业技能教育。如果当地没有可以利用的职业教育资源，社区矫正机构也可以考虑通过“花钱买服务”的方式，出资聘请适合的职业教育机构专门对社区服刑人员进行职业教育。

三、生活教育

生活教育是指帮助社区服刑人员掌握必要的生活知识和形成良好的生活方式的教育。

之所以对社区服刑人员进行这方面的教育，是因为很多社区服刑人员犯罪的重要原因是缺乏必要的生活知识和恰当的生活方式。进行这方面的教育，有助于预防他们再次进行违法犯罪行为。同时，很多社区服刑人员的生活中存在很多问题，进行这些方面的教育，可以帮助他们解决所存在的问题，有助于他们过上更具建设性的健康的生活。

生活方式是一个含义复杂并且缺乏公认的定义的概念。一般而言，狭义上的生活方式是指日常生活领域的活动形式和行为特征。[①] 这种意义上的生活方式包括人们在衣食住行、时尚习俗、社会交往等方面的活动方式、时间的利用方式、精神和物质领域的消费方式以及相应的生活观念等。

对于社区服刑人员的生活教育，要特别注意下列方面。

(1) 人际关系教育。这是指为了帮助社区服刑人员学会如何建立和维持良好人际关系的技能的教育。主要内容包括友谊观（如何看待人与人之间的友谊、如何处理友谊与法律的关系等）、人际交往技能（如何认识别人、如何做出恰当反应、如何拒绝不良朋友的诱惑等）、维持良好的婚姻家庭关系的技能、社交礼仪等。

(2) 个人理财教育。这是指为了帮助社区服刑人员学会如何管理自己的金钱收支技能的教育。主要内容包括基本理财原则（量入为出、开源节流等）、恰当的消费观念、避免不恰当的消费行为（寄生性消费、超前性消费、攀比性消费、挥霍性消费、情绪性消费、情境性消费等）。

(3) 闲暇管理教育。这是指为了帮助社区服刑人员恰当度过闲暇时间而进行的教育。闲暇时间是指人们在正常的学习工作之余可以自由支配的时间。在通常情况下，人们进行两类闲暇活动：一类是恢复性活动，即为了恢复体力和精神而进行的活动。另一类是发展性活动，即利用闲暇进行的学习、创作和其他发展个人才能的活动。要通过闲暇管理教育，引导社区服刑人员合理分配进行两类活动的时间，以建设性的方式度过闲暇时间，预防在闲暇时间进行不健康的甚至是违法犯罪的行为。

(4) 独处管理教育。这是指为了帮助社区服刑人员如何以恰当的状态和方式独自相处的教育。独自一人相处，是人们生活的必要组成部分。任何人都有可能在一定时间中独自相处。良好的独处态度和方式，有助于人们避免在独处时发生不良心理和行为，例如，可以避免陷入消极情绪，可以避免自我放纵等。

(5) 个人风度教育。这是指为了帮助社区服刑人员养成恰当的待人接物的举止态度而进行的教育。风度是美好而优雅的待人接物的举止态度。这方面的教育主要包括：健美的身体、恰当的言谈、优雅的举止、合适的仪表等。要在这些方面给社区服刑人员以指导和训练。

---

① 中国大百科全书·社会学．北京：中国大百科全书出版社，1991：369．

第四节　社区服刑人员帮助

社区服刑人员帮助是指对存在问题和困难的社区服刑人员给予的支援、救助和辅导活动。主要包括临时救助、社会保障、就业帮助、法律帮助、心理矫治等。此外，对于处在学龄期或者愿意继续在校学习的社区服刑人员，还有就学帮助等。

一、临时救助

社区矫正中的临时救助是指在社区服刑人员面临生活困难时提供暂时性救济帮助的活动。

一些社区服刑人员需要得到临时救助。社区服刑人员是社会中一个特殊的人群，其中一些人由于多种原因，很有可能产生多方面的生活困难。例如，长期服刑之后被假释的社区服刑人员，从监狱中释放出来之后，可能面临没有亲属可以投靠、找不到住所、无处吃饭等问题。在这种情况下，社区矫正机构应当从人道主义出发，提供临时救济和帮助，帮助社区服刑人员渡过难关，顺利地重新适应社会生活。再如，保外就医的社区服刑人员在遇到病情复杂、医疗费用发生困难等问题时，也会产生严重的心理危机和情绪波动，需要社区矫正机构及时提供必要救助和进行危机干预工作。又如，很多社区服刑人员在日常生活中，都有因为人际关系冲突、遭受不法侵害、遇到意外事故或者灾害等而产生紧急困难，需要社区矫正机构给予必要的救助。

社区矫正机构对遇到困难的社区服刑人员提供临时救助，具有重要的意义。首先，可以帮助社区服刑人员度过困难，避免他们因为严重困难而产生悲剧性事件或者再次进行违法犯罪行为。其次，可以使社区服刑人员体验到国家、社会对他们的关怀，有利于促进他们的改造和积极转变。最后，可以帮助他们树立生活的自信心，增强他们以建设性的态度和方式重新适应社会生活的能力，加速他们重新融入社会生活的进程。

社区矫正机构应当充分认识到临时救助工作的重要意义，重视做好这类工作。从目前的实践和未来的发展来看，做好这类工作可以考虑使用下列方式。

（1）设立专项救助基金。应当由社区矫正机构与政府财政部门等协商，由国家出资设立对发生严重困难的社区服刑人员进行临时救助的专项基金，用来帮助社区服刑人员度过困难。同时，应当制定优惠政策，在有条件的地区吸收社会捐助资金，充实专项救助基金，更好地对发生困难的社区服刑人员实行救助。

（2）建立过渡性安置实体。在对刑释解教人员的安置帮教工作中，已经进行了建立过渡性安置实体的尝试。原中央社会治安综合治理委员会等六部门在1994年2月14日发布的《关于进一步加强对刑满释放、解除劳教人员安置和帮教工作的意见》中，要求司法行政部门和劳动部门继续按照中共中央〔1992〕7号文件的要求，做好过渡性安置实体的试点工作。2004年，原中央社会治安综合治理委员会等八部门在《关于进一步做好刑满释放、解除劳教人员促进就业和社会保障工作的意见》中，再次提到要对“过渡性安置的企业”

提供税收优惠等内容。应当考虑扩大这类实体接纳人员和工作业务的范围，将社区服刑人员包括进去，在其中设立对社区服刑人员提供临时救助的设施。

(3) 应当考虑扩大流浪乞讨人员救助站的对象，将遇到食宿困难的社区服刑人员纳入救助范围。根据国务院 2003 年 6 月 20 日颁布的《城市生活无着的流浪乞讨人员救助管理办法》，由民政部门负责的流浪乞讨人员救助站，只接受外地人员，而不接受本地人员。对这种规定的合理性，有必要继续探讨。可以考虑修改这个管理办法的内容，将生活无着的社区服刑人员纳入救助范围，经社区矫正机构与民政部门协商后，对符合条件的本地社区服刑人员实行临时救助。

二、社会保障

社会保障是国家和社会依法对社会成员的基本生活予以物质帮助和保障的社会安全制度。劳动者在丧失或中断劳动能力，以及遭受各种风险而不能维持最低水平的生活等情况下，有从国家和社会获得物质帮助的权利。中国的社会保障制度主要包括社会保险、社会救济、社会福利和公共医疗卫生。

社区矫正中的社会保障主要是指对符合条件的社区服刑人员提供的最低生活保障。

最低生活保障简称“低保”，是指对于家庭生活困难、家庭收入达不到最低收入标准的人员，由政府提供基本物质帮助的社会保障制度。在中国，这项制度是从早期的社会救济发展起来的。1993 年 6 月 1 日上海市城市居民最低生活保障制度出台，标志着城市社会救济制度改革的开始。1999 年 9 月 28 日国务院颁布的《城市居民最低生活保障条例》，使这项制度进入规范化、法制化管理的轨道。目前这项制度的适用对象为城市居民，城市居民家庭人均收入低于当地最低生活保障标准的下岗失业人员，可按规定申请享受城市居民最低生活保障待遇。城市居民最低生活保障资金由地方政府列入财政预算。对财政确有困难的地区，中央财政给予支持。不过，很多地方已经进行了将保障对象扩大到农村人口的尝试。

在社区矫正工作中，通过中央有关部门和各地政府与社区矫正机构的努力，大多数地方符合条件的社区服刑人员，都能够经过一定程序，获得最低生活保障待遇。一些地方还对此作了规定。例如，在山东省社区矫正工作领导小组办公室 2007 年 9 月发布的《山东省社区矫正工作实施细则（试行）》中，明确规定了社区服刑人员的最低生活保障：“凡符合低保条件的，经民政部门审核后，纳入城乡最低生活保障范围，按规定享受低保待遇。司法所负责向民政部门提供有关情况。”（第 48 条）一些地方社区服刑人员申请最低生活保障的程序是：由社区服刑人员向家庭所在的居委会提出申请，填写申请表格；采取适当形式，在辖区内对申请家庭进行公示，征求群众意见，并对其家庭情况进行核实，填写有关的审批表，提出具体意见，上报街道或者乡镇人民政府。街道或者乡镇人民政府对上报材料进行审核后，签署意见，再上报县区民政部门审批。有关资料一般都要抄送社区矫正机构备案。

从实践来看，将社区服刑人员纳入社会保障范围，使一批符合条件的社区服刑人员获得了最低生活保障待遇，解决了他们的实际困难和后顾之忧，对于促进他们遵守法律、服从管理，预防他们重新违法犯罪等，都产生了积极的效果。

三、就业帮助

社区矫正中的就业帮助是指为了解决有劳动能力的社区服刑人员的就业问题而提供的帮助。

对社区服刑人员进行就业帮助，具有重要意义。首先，有利于落实宪法规定。根据中国宪法第42条的规定，有劳动能力的公民参加劳动，既是一项法律权利，也是一项法律义务。对于社区服刑人员来讲，也不例外。但是，在实践中，一些社区服刑人员由于缺乏劳动技能等问题，无法找到劳动岗位，难以实现就业，宪法规定的劳动权利难以实现，劳动义务无法履行。为此，有必要对他们进行就业帮助。其次，有利于提高社区服刑人员的生活品质。无法找到职业或者职业待遇很差的社区服刑人员，难以过上有一定质量的物质生活，而对他们提供就业帮助，可以提高他们的生活品质。最后，有助于预防重新犯罪。不能就业或者失业，是引起违法犯罪行为的重要因素，对社区服刑人员进行就业帮助，可以消除这种犯因性因素。

对社区服刑人员的就业帮助，主要包括下列方面。

（1）职业技能培训。这是指为了提高社区服刑人员的职业技能而进行的培训。许多社区服刑人员之所以难以就业，是因为缺乏符合劳动力市场需要的职业技能，因此，社区矫正机构通过多种途径，对社区服刑人员进行职业技能培训，帮助他们掌握有市场竞争力的职业技能，就可以有效促进他们的就业，帮助他们找到适合的职业。从目前的情况来看，这类培训的一种较好的形式，就是社区矫正机构通过“花钱买服务”的方式，与周围社区中资质信誉良好的职业技能培训机构合作，共同对社区服刑人员进行职业技能培训。目前，很多地方的社区矫正机构与当地人力资源和社会保障部门合作，对没有自谋职业能力的社区服刑人员，在一定时间内免费给予职业技能培训。

（2）就业信息提供。这是指给社区服刑人员提供用人单位招聘信息的就业帮助活动。在一些情况下，社区服刑人员难以就业，可能是因为缺乏关于用人单位招聘人员的用工信息造成的。因此，社区矫正机构可以和社会上的职业介绍机构合作，通过资质和信誉良好的用人中介单位的工作，为社区服刑人员提供就业信息和进行就业指导，帮助他们找到适合自己的就业岗位。

（3）创业资金支持。这是指对具有一定自谋职业能力的社区服刑人员提供必要资金支持的就业帮助。在一些情况下，社区服刑人员有一定的自谋职业的能力，但是，他们缺乏自谋职业所需要的资金、设备和其他条件，他们自己也难以从银行获得贷款。在这种情况下，社区矫正机构应当考虑给这样的社区服刑人员提供必要的创业资金支持，帮助他们顺利自谋职业。

（4）其他就业帮助。在实践中，社区服刑人员还有可能遇到其他的就业问题和困难，在这些情况下，社区矫正机构应当与有关部门、企业等合作，给社区服刑人员一定帮助。例如，如果社区服刑人员适合在原单位工作的，社区矫正机构应当努力与原单位协商，帮助社区服刑人员在原单位获得劳动岗位。

四、法律帮助

对社区服刑人员的法律帮助是指社区矫正机构指导、督促、协助社区服刑人员学习、遵守和应用法律的活动。

这方面的帮助活动主要包括三个方面的内容：（1）指导、督促社区服刑人员学习法律知识，认识自己的犯罪行为。（2）指导、督促社区服刑人员遵守法律规定。（3）协助社区服刑人员解决所遇到的法律问题，依法维护自己的合法权益，具体方法包括解答社区服刑人员遇到的法律方面的问题、帮助解决法律方面存在的其他问题等。其中，对于符合法律援助条件的社区服刑人员，在他们遇到法律问题、需要获得法律援助时，社区矫正机构应当予以协助，帮助他们获得法律援助。

实际上，上述三个方面的大部分内容，也属于法制教育的范围。

五、心理矫治

社区服刑人员心理矫治是指利用心理学原理和方法调整社区服刑人员心理和行为并促使其发生积极变化的活动。

社区服刑人员心理矫治的很多内容，与监狱服刑人员心理矫治相同。因此，这方面的有关内容，可以参见本书第十章。所不同的是，在社区矫正中，可以更加方便地利用社区中的专门机构和专业人员对服刑人员进行心理矫治。社区矫正机构可以通过“花钱买服务”的方式，雇请当地社区中的有关机构和人员对社区服刑人员开展这方面的活动。

第五节　社区服刑人员考核

一、概述

社区服刑人员考核是指对社区服刑人员的服刑表现进行的定期评价和鉴定。

对社区服刑人员的服刑表现进行考核，具有重要意义。首先，有利于准确执法。社区矫正是一项严肃的执法工作，在工作中做出的决定等要有可靠的事实依据，而完备的考核制度可以满足在事实基础上进行执法工作的要求，从而增强执法工作的准确性。其次，有利于提高管理水平。通过考核，社区矫正工作者能够比较全面地了解社区服刑人员的服刑表现，也容易发现管理中存在的问题与不足，从而可以全面了解和及时调整社区矫正管理工作，增强管理决策的科学性。最后，有利于更好地调动社区服刑人员的改造积极性。通过恰当的考核，可以发现社区服刑人员的良好表现，给他们以相应的奖励；也可以发现他们存在的问题和不足，给他们以相应的处罚。这种实事求是的做法，可以避免奖惩工作中的片面性和盲目性，能够使社区服刑人员心悦诚服地服从社区矫正机构的决定，有利于他们转变思想和态度。

在社区服刑人员考核中，应该贯彻下列原则。

（1）依法考核原则。这是指要依照有关立法进行考核活动的原则。社区矫正是一项执法工作，作为社区矫正工作的重要方面，对社区服刑人员的考核当然也要依法进行。2004年5月9日发布的司法部《暂行办法》，对社区服刑人员考核问题，做了多方面的规定，这是目前社区服刑人员考核的重要法律依据。

（2）科学考核原则。这是指在考核项目的设置、考核时间的确定、考核方法的应用等方面，都要符合科学精神的原则。从考核项目设置来看，考核项目的设置要覆盖社区服刑人员的服刑生活的各个方面，起码应该覆盖所有主要的方面，使考核结果能够反映社区服刑人员的真实表现。同时，考核项目的表述必须清楚而具体，便于对照操作。从考核时间来看，在什么时间进行考核，每次考核多长时间等，都要有科学依据。从考核方法来看，对于每个考核项目的分数权重如何确定，考核信息如何收集，考核工作由谁进行和参与，考核的信度和效度如何保证，考核工作怎样才能做到客观、公正和公平，考核应当遵循什么程序，考核结果如何表达和使用等，都需要以科学研究为基础。

（3）恰当兑现原则。这是指对社区服刑人员的考核结果要恰当兑现为对他们的奖惩的原则。考核的重要目的是为进行科学的奖惩提供事实基础，因此，在进行考核之后，要恰当地将考核结果转换为实际的奖惩，从而通过奖惩影响社区服刑人员的行为表现和思想态度。所谓“恰当兑现”，包括多个方面：首先，要及时兑现。只有这样，才能最大限度地发挥考核的激励效果。其次，要合理兑现。什么样的考核结果转换为什么样的奖励或者惩罚，要进行研究，力争使其符合科学原理。最后，要公开兑现。让尽可能多的社区服刑人员了解兑现情况，从而更好地发挥兑现奖惩的替代性示范作用，让更多的社区服刑人员了解到什么样的行为可以受到奖励或者惩罚。

二、具体考核办法

目前，对于社区服刑人员进行考核的具体办法，各地做法不统一。综合各地的做法，可以概括出具体考核办法的要点。

1. 确立考核项目

考核方法的重要内容和进行考核的第一步，是确立需要考核的具体项目。在这方面，各地采取了不同的做法。上海市等地采用列举的方法，列举出可以得到奖励或者处罚的具体行为表现，据此对社区服刑人员进行考核；北京市、江苏省、浙江省等地采用了计分考核的方法，把社区服刑人员各个方面的表现加以分解，对不同表现进行加分或者减分。例如，根据2004年9月制定的《江苏省社区矫正对象计分考核规定（试行）》，不同的表现可以获得加分或者扣分（参见专栏15—1）。从我国对监狱服刑人员进行考核的发展历史来看，只要考核项目合理、考核方法科学，计分考核的方法具有较大的优越性，也有更好的发展前景，值得重视和进一步研究。

专栏 15-1

江苏省社区服刑人员考核加分和考核扣分的不同情况

第四章　考核加分

第13条　矫正对象在规定时间内到司法所报到登记的，给予基础分5分。

第14条　矫正对象有下列情形之一的，加1—2分：

（一）当月按规定到司法所汇报，递交书面情况汇报的；

（二）司法所在矫正对象所在单位、街道（乡镇）、居（村）委会、帮教志愿者等不少于30人的范围内对其矫正表现组织月度测评，满意率在80%以上的。

第15条　矫正对象有下列情形之一的，加2—3分：

（一）承认犯罪事实，服从法院判决的；

（二）主动接受社区矫正工作者管理和教育的；

（三）严格遵守法律、法规及社区矫正管理规定的；

（四）积极参加政治、法制、道德教育，完成规定的教育课时，考核成绩合格的；

（五）按时参加社区公益劳动等活动，完成和超额完成规定任务的；

（六）积极参加健康有益的社会活动的；

（七）每周按时向司法所报告上周活动情况的。

第16条　矫正对象有下列情形之一的，加3—5分：

（一）表现较好，连续3个月未被扣分的；

（二）因表现突出，受到所在单位或街道（乡镇）表彰的；

（三）在自主创业、帮困解难、公益事业等方面有突出表现的。

第17条　矫正对象有下列情形之一的，加5—10分：

（一）表现良好，连续6个月未被扣分的；

（二）因表现突出，受到县（市、区）一级或以上表彰的；

（三）在自主创业、帮困解难、公益事业等方面有特别突出表现的。

第五章　考核扣分

第18条　矫正对象有下列情形之一的，扣1分：

（一）当周未按规定向司法所汇报上周活动情况的；

（二）违反学习教育、公益劳动等纪律的。

第19条　矫正对象有下列情形之一的，扣2分：

（一）当月未按规定到司法所汇报、递交书面情况汇报的；

（二）经批准外出，返回时未立即报告并销假的；

（三）未经请假，或请假未予批准而不参加司法所组织的各项活动的。

第20条　矫正对象有下列情形之一的，扣3分：

（一）违反规定擅自接受新闻媒体采访的；

（二）违反规定擅自会见犯罪嫌疑人、同案犯的；

（三）参加公益劳动不服从分工的。

第21条　矫正对象有下列情形之一的，扣5分：

（一）在规定时间内未到司法所和公安派出所报到登记的；

（二）违反规定擅自会见境外人士的；

（三）未经批准在活动范围以外就业的；

（四）当月两次或两次以上擅自不参加公益劳动的；

（五）参加公益劳动时故意损坏设备、工具或违章作业造成损失，情节轻微的；

（六）保外就医的矫正对象不到指定医院进行病情诊断鉴定或未经批准转院的；

（七）保外就医的矫正对象擅自进行治疗疾病以外的社会活动的。

第22条　矫正对象有下列情形之一的，扣10分：

（一）未经批准迁离户籍所在地或经常居住地的；

（二）被管制、假释和暂予监外执行的矫正对象，擅自离开户籍所在县（市、区）外出经商的；

（三）剥夺政治权利和宣告缓刑的矫正对象，未经批准外出经商的；

（四）擅自参加公民组织的集会、游行、示威活动，情节轻微的；

（五）擅自会见“法轮功”等邪教组织人员的。

第23条　矫正对象具有其他违法违纪之情形，不在上述扣分条款之列的，可参照上述条款予以扣分，扣5分以下（含5分）的须报县（市、区）司法局审核备案；扣5分以上10分以下（含10分）的须报省辖市司法局审核备案。

2. 定期进行评定

在确定考核项目之后，按照一定的时间间隔，定期根据考核项目，对社区服刑人员的服刑表现加以评定。有的地方以周为时间周期进行考核，有的地方以月为时间周期进行考核。在采用计分考核方法的地方，用服刑人员获得的总分表示考核结果。

3. 适时进行兑现

对于考核结果，定期进行兑现，将他们转化为实际的奖惩，使社区服刑人员受到实际的奖励和处罚。有的地方每季度或者每半年兑现一次，有的地方每年兑现一次。

第六节　社区服刑人员奖惩

一、概述

（一）奖惩的概念

社区矫正中的奖惩是指社区矫正机构依照规定，根据对社区服刑人员的服刑表现进行考核的结果分别给予奖励和处罚的活动。

社区矫正中的奖惩具有若干特点。首先，这类奖惩是社区矫正机构进行的，是社区矫正机构代表国家行使刑罚执行权的重要表现。其他任何组织、个人等，都无权对社区服刑人员进行这种意义上的奖惩。其次，这类奖惩要依照规定进行。目前，这类规定主要是司法部颁发的行政规章和各地有关省级机关制定的具体规定。“依照规定”不仅意味着奖惩的程序要按照规定，奖惩的内容等也要按照规定。再次，这类奖惩是根据服刑表现和考核结果进行的。其中，服刑表现是最主要的事实根据，而考核结果是以评价和鉴定的方式对这种事实的具体反映。当服刑表现与考核结果不一致时，要以服刑表现为依据，或者重新进行考核。最后，奖励和处罚代表了对社区服刑人员的不同服刑表现的不同对待，表明了社区矫正机构对于社区服刑人员的不同服刑表现的态度和评价。

社区矫正中的奖惩，具有重要的功能。首先，有利于贯彻落实区别对待的方针。通过奖励积极、先进和处罚错误、落后，可以使具有不同行为表现的社区服刑人员受到不同对待，从而发挥出惩恶扬善等方面的不同效果。其次，表明了社区矫正机构对于不同服刑表现的立场和态度，体现了执法工作的严肃性，有利于维护法制的尊严。再次，有利于促进社区服刑人员的改造。受到奖励的社区服刑人员，能够产生更大的改造积极性，加速改造的进程。受到惩处的社区服刑人员，也能够抑制其不良行为，避免在错误的道路上越走越远，并且通过惩罚而产生情绪震动，有利于促使他们冷静下来深入思考，从而有可能发生积极转变。最后，有利于提高社区矫正管理效果。奖惩是重要的管理手段，可以发挥其他管理手段所不具备的作用，恰当运用奖惩能够大大提高社区矫正管理效果。

在社区矫正中对社区服刑人员进行奖惩，要贯彻下列原则。

（1）依法奖惩原则。这是指对社区服刑人员的奖惩活动要依照立法规定进行的原则。对于社区服刑人员的奖惩，是刑罚执行工作的重要方面，应当严格依法进行。尤其是对于社区服刑人员的惩罚，更要坚持严格依法办事的作风。

（2）公平进行原则。这是指对社区服刑人员的奖惩要公平进行的原则。无论是奖惩的条件，还是奖惩的过程与结果，都要贯彻公正、公开、平等的精神。

（3）及时奖惩原则。这是指对于社区服刑人员的奖惩要尽可能迅速地进行的原则。根据心理学的原理，在某种行为与奖惩结果之间的时间间隔越短，越有利于形成条件反射，就越能够有效地发挥奖惩的影响作用。如果行为与奖惩之间的时间间隔太长，那么，在行为与奖惩之间形成条件反射的可能性就越小，奖惩就因为时过境迁而难以发挥应有的作用。

（4）以理服人原则。这是指在对社区服刑人员进行奖惩时要说明奖惩的理由的原则。奖惩的目的是要让社区服刑人员明白应当进行什么行为，不应当进行什么行为，从而以奖惩为中介，促使社区服刑人员向好的方面转变。因此，社区矫正机构不仅要对社区服刑人员进行奖惩，更要在奖惩的同时，说明奖惩的理由和原因，指导社区服刑人员从中获得鼓舞或者吸取教训，将自己的行为调整到所需要的方向上来。

（二）奖惩的种类

对于社区服刑人员的奖惩，有不同的种类。大体而言，可以分为两大类。

1. 行政奖惩

行政奖惩是指由社区矫正机构依照行政权限对社区服刑人员给予的奖惩。根据司法部《暂行办法》第 34 条第 2、3 款的规定，行政奖励主要是表扬；行政处罚主要是警告、记过和治安处罚。

2. 司法奖惩

司法奖惩是指通过审判机关对社区服刑人员进行的奖惩。根据我国有关立法的规定，对于社区服刑人员的司法奖励主要是减刑；对于社区服刑人员的司法处罚包括撤销缓刑、撤销假释、收监执行以及对又犯罪者判处的刑罚。

二、行政奖励

（一）概述

行政奖励是指由社区矫正机构依照行政权限对社区服刑人员给予的奖励。

在实践中，这类奖励除了司法部规章中规定的表扬之外，一些地方还发展了其他的形式。例如，根据北京市社区矫正领导小组办公室 2003 年 8 月发布的《社区矫正对象考核奖惩暂行办法》，对社区服刑人员的行政奖励包括表扬、物质奖励和减短矫正期。根据上海市司法局 2003 年 12 月发布的《关于社区服刑人员日常行为奖惩的规定（试行）》，奖励项目包括表扬、记功、评为社区矫正积极分子。根据江苏省高级法院、江苏省检察院、司法厅和公安厅2004年5月联合发布的《社区矫正对象考核奖惩办法（试行）》，行政奖励包括表扬、评为矫正积极分子和记功。

上述各地不同的规定，一方面体现了各地的探索、创新精神，另一方面也说明，社区矫正立法需要进一步完善和发展。这是因为，社区矫正本身是一项刑罚执行工作，而根据《立法法》的规定，刑罚及其相关事项的立法权，只能由全国人民代表大会及其常务委员会行使。该法第8条明确规定，涉及犯罪和刑罚，对公民政治权利的剥夺、限制人身自由的强制措施和处罚的事项，只能制定法律。

（二）行政奖励的种类

下面根据司法部和一些地方的有关规定，论述行政奖励的主要种类。

1. 表扬

表扬是指社区矫正机构依照规定程序对符合条件的社区服刑人员予以公开称赞的奖励形式。

表扬的主要特点是：首先，社区服刑人员具有所规定的良好行为表现，这是进行表扬的客观基础。社区服刑人员的良好表现可以通过考核结果体现出来。其次，表扬是由社区矫正机构进行的，表明了社区矫正机构对于社区服刑人员的肯定态度。再次，表扬是依照规定程序进行的。从一些地方的情况来看，表扬的程序一般是，司法所根据考核结果提出建议，由街道（乡镇）社区矫正领导小组批准。表扬按月进行为宜。最后，表扬要公开进行，并且可以有不同的形式，例如，开会时予以口头表扬，在正式的文书中给予书面表扬等。

表扬的条件各地并不一致。例如，北京市的表扬条件如下：（1）认真遵守法律法规及矫正制度；（2）积极参加公益劳动，表现突出；（3）在司法所组织的学习、活动中态度端正，成绩优秀；（4）遵守公民道德规范，受到社区群众普遍好评；（5）当月未出现扣分。又如，上海市规定社区服刑人员在季度考核中有下列情形之一的，可以予以表扬：（1）积极接受教育矫正，遵守分类矫正的各项制度，表现良好的；（2）积极参加公益劳动，超时超量完成公益劳动的。

2. 物质奖励

物质奖励是指社区矫正机构依照规定程序对符合条件的社区服刑人员予以实物和金钱鼓励的奖励形式。

物质奖励的特点与表扬基本相同，但是，它是比表扬更为重要的一种奖励形式，用来奖励社区服刑人员更加突出、更加优秀的良好表现。同时，物质奖励是一种简便易行、效果很好的奖励形式，具有良好的发展前景。

一些地方使用了物质奖励。例如，北京市的物质奖励条件如下：（1）遵守法律法规及矫正制度，服从管理，接受教育，积极参加公益劳动，悔改表现突出的；（2）在抢救国家财产，防止或消除灾害事故中做出一定贡献的；（3）模范遵守公民道德规范，邻里和睦，热心帮助他人，受到社区群众好评的；（4）对国家、社会有其他贡献的。

物质奖励的程序与表扬相同。

3. 评为矫正积极分子

评为矫正积极分子是指社区矫正机构依照规定程序对符合条件的社区服刑人员授予矫正积极分子荣誉称号的奖励形式。

对于这种奖励形式的定位，有不同的观点。上海市把它作为最高的行政奖励形式，其地位要高于记功，而江苏省把它作为次于记功的行政奖励形式。由于定位不同，规定的奖励条件也有差异。不过，从一般情况来看，把评为矫正积极分子作为次于记功的奖励形式，似乎更适合一些。

根据江苏省的做法，评为矫正积极分子的条件很简单：连续两次受到表扬的，可以评为矫正积极分子。评为矫正积极分子的程序为：由司法所提出建议，经街道（乡镇）社区矫正领导小组审核后，报县（区）司法局批准。

4. 记功

记功是指社区矫正机构依照规定程序对符合条件的社区服刑人员予以登记功绩的奖励形式。

根据江苏省的做法，记功是对社区服刑人员的最高行政奖励，其条件分为两类。一类是可以记功的条件，包括：（1）检举、揭发犯罪活动，或者提供重要的破案线索，经查证属实的；（2）阻止他人犯罪活动的；（3）在生产、科研中进行技术革新，成绩突出的；（4）在抢险救灾或者排除重大事故中表现积极的；（5）有其他有利于国家和社会的突出贡献的。

另一类是应当记功的条件，包括：（1）阻止他人重大犯罪活动的；（2）检举揭发重大犯罪活动，经查证属实的；（3）在日常生产、生活中舍己救人的；（4）在抗御自然灾害或者排除重大事故中有突出表现的；（5）对国家和社会有其他重大贡献的。

根据江苏省的做法，记功的程序与评为矫正积极分子相同。

此外，北京市发展了减短矫正期的奖励形式。根据北京市的规定，社区服刑人员在参加社区矫正期间，如果认真遵守法律法规及社区矫正制度，服从管理，积极参加公益劳动，并且升为一级宽管满6个月无违纪行为的，可建议减短矫正期1个月至3个月。这种奖励的程序是，由司法所报街道（乡镇）社区矫正领导小组审核后，由区（县）社区矫正领导小组批准。这是一种新的探索。[①]

三、司法奖励

司法奖励是指通过审判机关对社区服刑人员进行的奖励。

司法奖励的主要形式是减刑。不过，各地在社区矫正实践中，还发展了新的方式。例如，浙江省《社区矫正对象奖惩考核办法》规定，被暂予监外执行的社区服刑人员符合法定条件的，也可以提请人民法院予以假释。这是一种新的探索，值得进一步研究。

社区服刑人员获得减刑奖励的一般原则是：在社区矫正期间，如果认真遵守法律法规和社区矫正制度，接受教育改造，确有悔改表现的，或者有立功表现的，可以减刑；有重大立功表现的，应当减刑。最高人民法院2016年《规定》对“确有悔改表现”（第3条）、“立功表现”（第4条）和“重大立功表现”（第5条）的含义做了解释。

“确有悔改表现”是指同时具备以下四个方面情形：（1）认罪悔罪；（2）遵守法律法规及监规，接受教育改造；（3）积极参加思想、文化、职业技术教育；（4）积极参加劳动，

---

① 最高人民法院在1985年5月9日《关于缓刑考验期内表现好的罪犯可否缩减其缓刑考验期的批复》中认为，对缓刑考验期单独缩减没有法律依据。

努力完成劳动任务。对职务犯罪、破坏金融管理秩序和金融诈骗犯罪、组织（领导、参加、包庇、纵容）黑社会性质组织犯罪等罪犯，不积极退赃、协助追缴赃款赃物、赔偿损失，或者服刑期间利用个人影响力和社会关系等不正当手段意图获得减刑、假释的，不认定其“确有悔改表现”。此外，罪犯在刑罚执行期间的申诉权利应当依法保护，对其正当申诉不能不加分析地认为是不认罪悔罪。

“立功表现”是指下列情形之一：（1）阻止他人实施犯罪活动的；（2）检举、揭发监狱内外犯罪活动，或者提供重要的破案线索，经查证属实的；（3）协助司法机关抓捕其他犯罪嫌疑人的；（4）在生产、科研中进行技术革新，成绩突出的；（5）在抗御自然灾害或者排除重大事故中，表现积极的；（6）对国家和社会有其他较大贡献的。上述第（4）项、第（6）项中的技术革新或者其他较大贡献应当由罪犯在刑罚执行期间独立或者为主完成，并经省级主管部门确认。

“重大立功表现”是指下列情形之一：（1）阻止他人实施重大犯罪活动的；（2）检举监狱内外重大犯罪活动，经查证属实的；（3）协助司法机关抓捕其他重大犯罪嫌疑人的；（4）有发明创造或者重大技术革新的；（5）在日常生产、生活中舍己救人的；（6）在抗御自然灾害或者排除重大事故中，有突出表现的；（7）对国家和社会有其他重大贡献的。上述第（4）项中的发明创造或者重大技术革新应当是罪犯在刑罚执行期间独立或者为主完成并经国家主管部门确认的发明专利，且不包括实用新型专利和外观设计专利；第（7）项中的其他重大贡献应当由罪犯在刑罚执行期间独立或者为主完成，并经国家主管部门确认。

根据两院两部《实施办法》第28条，对社区服刑人员减刑的程序一般是：社区服刑人员符合法定减刑条件的，由居住地县级司法行政机关提出减刑建议书并附相关证明材料，经地（市）级司法行政机关审核同意后提请社区服刑人员居住地的中级人民法院裁定。人民法院自收到之日起一个月内依法裁定；暂予监外执行罪犯的减刑，案情复杂或者情况特殊的，可以延长一个月。司法行政机关减刑建议书和人民法院减刑裁定书副本，应当同时抄送社区服刑人员居住地同级人民检察院和公安机关。

四、行政处罚

行政处罚是指由社区矫正机构依照行政权限对社区服刑人员给予的处罚。根据司法部《暂行办法》第34条第3款的规定，行政处罚主要是警告、记过和治安处罚。2012年发布的两院两部《实施办法》仅仅规定了警告和治安管理处罚。与在奖励方面进行较多探索不同，各地在行政处罚方面基本上遵照司法部规章和两院两部《实施办法》，没有提出新的处罚措施，体现了在处罚问题上的审慎态度。

1. 警告

警告是指社区矫正机构依照规定程序对符合条件的社区服刑人员予以提醒、劝告和批评的处罚形式。

警告的主要特点是：首先，社区服刑人员具有所规定的不良行为表现，而对于这些不良行为表现的规定是公开的。社区服刑人员是否具有不良行为表现，可以通过考核结果体现出来。其次，警告是由社区矫正机构进行的，表明了社区矫正机构对于社区服刑人员的否定、谴责的态度。最后，警告是依照规定程序进行的。从一些地方的情况来看，警告的程序一般是，司法所根据考核结果提出建议，由县级司法行政机关批准决定。

根据两院两部《实施办法》第23条，给予警告的情形包括：（1）未按规定时间报到；（2）违反关于报告、会客、外出、居住地变更的规定；（3）不按规定参加教育学习、社区服务等活动，经教育仍不改正；（4）保外就医的社区矫正人员无正当理由不按时提交病情复查情况，或者未经批准进行就医以外的社会活动且经教育仍不改正；（5）违反人民法院禁止令，情节轻微；（6）其他违反监督管理规定的情形。社区服刑人员有上述情形之一的，由县级司法行政机关给予警告，并出具书面决定。

2. 记过

记过是指社区矫正机构依照规定程序对符合条件的社区服刑人员予以记录过错的处罚形式。

记过是一种比警告更加严重的处罚形式。由于其性质比较严重，因此，记过的程序一般是，司法所根据考核结果提出建议，经街道（乡镇）社区矫正领导小组审核后报县（区）司法局批准。

记过的条件各地并不一致。江苏省的记过条件如下：（1）不请假私自外出的；（2）对抗管理教育，情节严重的；（3）违反社会公德，侵害他人合法权益、公共利益，造成严重后果的；（4）多次拒绝参加社区矫正活动，经教育不改的；（5）保外就医人员故意延误治疗的；（6）其他严重违反社区矫正管理规定，造成较大影响的。

受到两次警告的应当给予记过。

3. 治安管理处罚

治安管理处罚是指公安机关对扰乱公共秩序，妨害公共安全，侵犯人身权利、财产权利，妨害社会管理，具有社会危害性，尚不够刑事处罚的行为给予的行政处罚。

适合进行治安管理处罚的行为，在第十届全国人民代表大会常务委员会于2005年8月28日通过的治安管理处罚法中有详细的规定。根据该法规定，治安管理处罚包括4种：（1）警告；（2）罚款；（3）行政拘留；（4）吊销公安机关发放的许可证。

社区服刑人员进行了违反治安管理处罚法的行为，需要给予治安管理处罚的具体程序，可以根据治安管理处罚种类的不同而有区别。需要给予警告和500元以下罚款的，可以由司法所进行调查后移送当地公安派出所决定和执行；需要给予其他治安管理处罚的，可以由司法所调查和提出意见后，经县（区）司法局移送当地公安局决定和执行。

根据两院两部《实施办法》第24条，给予治安管理处罚的程序是：社区服刑人员违反监督管理规定或者人民法院禁止令，依法应予治安管理处罚的，县级司法行政机关应当及时提请同级公安机关依法给予处罚。公安机关应当将处理结果通知县级司法行政机关。

五、司法处罚

司法处罚是指通过审判机关对社区服刑人员进行的处罚。

对于社区服刑人员的司法处罚有三种，进行这三种处罚的实际后果，都是收监执行。

1. 撤销缓刑

撤销缓刑是指被宣告缓刑的社区服刑人员在缓刑考验期限内，违反法律、行政法规或者国务院主管部门有关缓刑监督管理的规定并且情节严重时撤销缓刑和执行原判刑罚的刑罚制度。

根据现行立法的有关规定和实践，撤销缓刑的主要程序是：由司法所对被宣告缓刑的社区服刑人员所进行的违法违纪行为，提出书面意见，经街道（乡镇）社区矫正领导小组审核后报县（区）司法局审查并提出书面意见，然后将材料移送公安机关，由公安机关报人民法院办理法律手续后收监执行原判刑罚。

也有有的地区经县（区）社区矫正领导小组办公室或者司法局审核后直接移送人民法院办理法律手续后收监执行原判刑罚。

对于撤销缓刑的具体情况，已有法律做出了规定。例如，两院两部《实施办法》第25条第1款规定："缓刑、假释的社区矫正人员有下列情形之一的，由居住地同级司法行政机关向原裁判人民法院提出撤销缓刑、假释建议书并附相关证明材料，人民法院应当自收到之日起一个月内依法做出裁定：（一）违反人民法院禁止令，情节严重的；（二）未按规定时间报到或者接受社区矫正期间脱离监管，超过一个月的；（三）因违反监督管理规定受到治安管理处罚，仍不改正的；（四）受到司法行政机关三次警告仍不改正的；（五）其他违反有关法律、行政法规和监督管理规定，情节严重的。"一些地方也根据实践做出了相应规定。例如，北京市和天津市都规定，被宣告缓刑的社区服刑人员受到警告处分两次、治安管理处罚一次，经教育仍不改悔的，可以建议依法撤销缓刑。

2. 撤销假释

撤销假释是指被假释的社区服刑人员在假释考验期限内，有违反法律、行政法规或者国务院公安部门有关假释的监督管理规定的行为但尚未构成新罪时依照法定程序撤销假释并收监执行未执行完毕的刑罚的刑法制度。

根据现行立法、有关规定和实践，撤销假释的主要程序、具体情况都与撤销缓刑相同。

3. 撤销暂予监外执行

撤销暂予监外执行是指被暂予监外执行的社区服刑人员在发现不符合保外就医条件或者严重违反有关保外就医的规定时收监执行刑罚的刑罚制度。

根据现行立法，我国目前的暂予监外执行有三种，这三种暂予监外执行的批准和撤销程序都是不同的。

（1）人民法院决定的暂予监外执行。

人民法院有权决定暂予监外执行。根据刑事诉讼法第265条第1款和第5款、监狱法第17条、两院两部《实施办法》第27条第1款和最高人民法院2012年《解释》第432～435条的规定，监狱应当对交付执行刑罚的罪犯进行身体检查。经检查，被判处有期徒刑或者拘役的罪犯有下列情形之一的，可以暂不收监：1）有严重疾病需要保外就医的；2）怀孕或者正在哺乳自己婴儿的妇女；3）生活不能自理，适用暂予监外执行不致危害社会的。对被判处无期徒刑的罪犯，有前款第2）项规定情形的（即罪犯属于"怀孕或者正在哺乳自己婴儿的妇女"），可以暂予监外执行。对于这类不收监的罪犯，应当由交付执行人民法院决定暂予监外执行。人民法院应当制作暂予监外执行决定书，写明罪犯基本情况、判决确定的罪名和刑罚、决定暂予监外执行的原因、依据等，通知罪犯居住地的县级司法行政机关派员办理交接手续，并将暂予监外执行决定书抄送罪犯居住地的县级人民检察院和公安机关。人民检察院认为人民法院的暂予监外执行决定不当，在法定期限内提出书面意见的，人民法院应当立即对该决定重新核查，并在一个月内做出决定。

当这类社区服刑人员出现应予撤销暂予监外执行的情况时，由居住地县级司法行政机关向决定暂予监外执行的法院提出收监执行的建议书并附相关证明材料，决定暂予监外执行的法院应当自收到之日起15日内依法做出决定。人民法院的收监执行决定书一经做出，立即生效。人民法院应当将收监执行决定书送交罪犯居住地的县级司法行政机关，居住地县级司法行政机关应当及时将罪犯送交监狱或者看守所，公安机关予以协助。收监执行决定书应当同时抄送罪犯居住地的同级人民检察院和公安机关。被收监执行的罪犯有不计入执行刑期情形的，人民法院应当在做出收监决定时，确定不计入执行刑期的具体时间。

对于应予撤销暂予监外执行的具体情况，两院两部《实施办法》第 26 条第 1 款做出了规定：1）发现不符合暂予监外执行条件的；2）未经司法行政机关批准擅自离开居住的市、县（旗），经警告拒不改正，或者拒不报告行踪，脱离监管的；3）因违反监督管理规定受到治安管理处罚，仍不改正的；4）受到司法行政机关两次警告，仍不改正的；5）保外就医期间不按规定提交病情复查情况，经警告拒不改正的；6）暂予监外执行的情形消失后，刑期未满的；7）保证人丧失保证条件或者因不履行义务被取消保证人资格，又不能在规定期限内提出新的保证人的；8）其他违反有关法律、行政法规和监督管理规定，情节严重的。

（2）省级监狱管理机关批准的暂予监外执行。

省级监狱管理机关有权批准暂予监外执行。根据刑事诉讼法第 265 条第 1 款和第 5 款，监狱法第 17、25、26 条和两院两部《实施办法》第 27 条第 2 款的规定，对于被判处无期徒刑、有期徒刑或者拘役后在监内服刑的罪犯，如果符合刑事诉讼法第 265 条第 1、2 款规定的条件，由监狱提出书面意见，报省级监狱管理机关批准暂予监外执行。

当这类社区服刑人员出现应予撤销暂予监外执行的情况时，由居住地县级司法行政机关向批准暂予监外执行的省级监狱管理机关提出收监执行的建议书并附相关证明材料，批准暂予监外执行的省级监狱管理机关应当自收到之日起 15 日内依法做出决定。监狱管理机关对暂予监外执行罪犯决定收监执行的，监狱应当立即赴羁押地将罪犯收监执行。

（3）设区的市级以上公安机关批准的暂予监外执行。

设区的市级以上公安机关有权批准暂予监外执行。根据刑事诉讼法第 264 条第 2 款，对被判处有期徒刑的罪犯，在被交付执行刑罚前，剩余刑期在 3 个月以下的，由看守所代为执行；对于被判处拘役的罪犯，由公安机关（在看守所中）执行。根据刑事诉讼法第 265 条第 1 款和第 5 款、两院两部《实施办法》第 27 条第 3 款和公安部《程序规定》第 296、297 条的规定，对于在看守所中服刑的罪犯，如果符合刑事诉讼法第 265 条第 1 款规定的条件，由看守所提出书面意见，报设区的市一级以上公安机关批准暂予监外执行，同时将书面意见抄送同级人民检察院。公安机关决定对罪犯暂予监外执行的，应当将暂予监外执行决定书交被暂予监外执行的罪犯和负责监外执行的社区矫正机构，同时抄送同级人民检察院。

当这类社区服刑人员出现应予撤销暂予监外执行的情况时，由居住地县级司法行政机关向批准暂予监外执行的设区的市一级以上公安机关提出收监执行的建议书并附相关证明材料，批准暂予监外执行的设区的市一级以上公安机关应当自收到之日起 15 日内依法做出决定。公安机关对暂予监外执行罪犯决定收监执行的，由罪犯居住地看守所将罪犯收监执行。

六、又犯罪处理

社区服刑人员又犯罪是指社区服刑人员在社区矫正期间再次实施的新的犯罪。

根据现行立法和有关实践，对于社区服刑人员又犯罪的，可以根据又犯罪情况的不同，经过不同的程序加以处理。

（1）公安机关直接发现社区服刑人员进行犯罪行为，或者接受其他单位、个人等报案、控告、举报，或者接受社区服刑人员自首的，由公安机关直接立案侦查，然后根据侦查结果依照刑事诉讼法的规定，做出相应的处理决定和办理相应的法律手续。在公安机关以及检察机关、审判机关办案的过程中，司法所和其他司法行政机关应当积极配合，协助查明案情和恰当处理案件。

（2）人民法院直接发现社区服刑人员进行犯罪行为，或者接受其他单位、个人等报案、控告、举报，或者接受社区服刑人员自首的，由人民法院依照刑事诉讼法有关规定处理。在处理过程中，司法所和其他司法行政机关应当积极配合，协助查明案情和恰当处理案件。

（3）司法所和其他司法行政机关直接发现社区服刑人员进行犯罪行为，或者接受其他单位、个人等报案、控告、举报，或者接受社区服刑人员自首的，应当及时将有关材料移交公安机关进行侦查，或者依照刑事诉讼法规定，移送人民检察院处理。同时，司法所和其他司法行政机关应当积极配合，协助办案机关查明案情和恰当处理案件。

【问题与思考】

1. 什么是社区矫正内容？社区矫正内容的种类有哪些？
2. 什么是社区服刑人员的档案管理？
3. 什么是对社区服刑人员的行为监督？具体监督方法有哪些？
4. 如何认识社区服刑人员的社区服务？
5. 社区服刑人员教育的主要内容是什么？
6. 什么是社区服刑人员帮助？主要内容有哪些？
7. 什么是社区服刑人员考核？考核的具体方法有哪些？
8. 什么是社区服刑人员奖惩？
9. 如何对社区服刑人员进行行政奖惩？
10. 如何对社区服刑人员进行司法奖惩？
11. 如何处理社区服刑人员的又犯罪？

【推荐参考论著】

1. 吴宗宪主编．社区矫正导论．北京：中国人民大学出版社，2011.
2. 吴宗宪．社区矫正比较研究（上、下）．北京：中国人民大学出版社，2011.
3. 姜祖桢主编．社区矫正理论与实务．北京：法律出版社，2010.
4. 葛炳瑶主编．社区矫正导论．杭州：浙江大学出版社，2009.
5. 郭建安，郑霞泽主编．社区矫正通论．北京：法律出版社，2004.

第四编

其他刑罚执行与相关问题

第十六章
其他刑罚执行

内容导读

在中国，由专门机关与社会监督相结合进行的非监禁刑执行工作，已经纳入社区矫正的范围。本章讨论未纳入社区矫正范围的非监禁刑（没收财产、罚金刑）的执行以及死刑和拘役的执行。执行前三类刑罚的职能归属人民法院，执行第四类刑罚的职能归属公安机关。

第一节 没收财产刑的执行

一、没收财产刑概述

没收财产是将犯罪分子个人所有财产的部分或全部强制无偿地收归国有的刑罚方法。根据刑法的规定，没收财产刑是适用重罪的附加刑方式。它的特点有以下几点。

（1）没收财产是作用特殊的附加刑方式。尽管根据刑法第 34 条规定，附加刑既可以附加适用又可以单独适用，但事实上刑法分则规定的没收财产刑适用都是附加适用的情形：第一，没收财产刑的必须适用。例如，刑法第 239 条规定，对绑架罪行为人适用死刑的必须并处没收财产。第二，没收财产刑与罚金的选科适用。例如，刑法第 263 条规定，抢劫罪具有八个加重情节的，在判处主刑的同时应当并处罚金或没收财产。第三，没收财产的选科适用。刑法规定对危害国家安全的犯罪人在判处主刑的同时可以没收财产。可见，无论哪一种执行方式，没收财产刑都是附着于生命刑或长期自由刑适用的刑种。

（2）没收财产刑由人民法院判处。人民法院在审理案件的时候，根据法律的明确规定，对犯罪人适用没收财产刑。

（3）没收财产刑的范围是犯罪人的个人财产。人民法院只能将犯罪人个人财产的一部或者全部予以没收，而不能没收属于犯罪人亲属及他人的财产。

（4）没收财产刑由人民法院执行，公安机关、检察机关必要时对其执行予以配合。

在我国刑事处置制度中，没收财产不同于刑法第 64 条规定的没收犯罪工具、犯罪所得及供犯罪所用的本人财产。后者在刑法理论上被称为“特殊没收”，它们分别具有特殊行政处置、刑事诉讼强制措施的性质。根据刑法第 64 条规定：“犯罪分子违法所得的一切财物，应当予以追缴或者责令退赔；对被害人的合法财产，应当及时返还；违禁品和供犯罪所用的本人财物，应当予以没收。”没收的财物和罚金，一律上缴国库，不得挪用和自行处理。

没收财产刑与特殊没收的主要区别有以下几点。

（1）没收财物的性质不同。没收财产刑执行的对象是犯罪人的合法财产。特殊没收的对象则主要分为三类：一是赃物，即犯罪人通过违法犯罪行为获得的财物，犯罪所得属犯罪人不法占有，追缴或者通过追缴返还被害人不仅令受损的国家、社区及个人财产恢复原状，还彰显了“任何人不得从自己的不法行为获益”的伦理规则。二是违禁品，即被国家法律明令禁止使用和流通的物品。例如，枪支、毒品或者假币，追缴没收这类物品是禁止民间使用和流通的必然结果。三是供犯罪使用之物，犯罪人在犯罪活动中使用的工具、物品，犯罪生成物和犯罪对象物。犯罪工具原属犯罪人的合法财物，但是由于被用来进行犯罪活动，为剥夺其再犯能力和明确个人责任，它们当属应当没收的物品。

（2）没收财物的范围不同。刑法将没收财产刑的对象范围严格限制在犯罪人个人所有的财物，且以有罪认定为前提。特殊没收的对象范围要广泛得多，首先，只要是违法所得、违禁品或犯罪工具，无论犯罪人能否受到我国刑法的有效追究都应予以追缴没收；其次，只要被作为犯罪工具，所有人明知是供犯罪所用仍提供给犯罪人使用的，也在追缴没收之列。

（3）具体适用的法律依据和运用的程序不同。没收财产的适用依据是刑法总则的原则性规定和分则的具体规定。如果刑法分则中没有规定没收财产刑的，人民法院不得依据总则的原则性规定判处没收财产。特殊没收的适用依据是刑法总则的原则性规定。另外，新近修订的刑事诉讼法对其适用程序也明显不同，没收财产刑是运行普通刑事诉讼程序，而追缴没收在必要时须运行特殊程序，即犯罪嫌疑人、被告人逃匿、死亡案件违法所得的没收程序。

（4）适用主体的范围不同。没收财产是一种只能由人民法院裁判和适用的刑罚，特殊没收的适用须由人民法院裁判，负责侦查的公安机关和负责起诉的检察机关都有权先行冻结和扣押犯罪所得及犯罪工具，有权根据法院裁决将相关物品交付国库。

二、没收财产刑执行制度

（一）没收财产刑的执行部门

根据刑事诉讼法第 272 条规定，没收财产的判决，无论附加适用或者独立适用，都由人民法院执行；在必要的时候，可以会同公安机关执行。根据最高人民法院 2014 年 10 月 30 日发布的《关于刑事裁判涉财产部分执行的若干规定》第 2 条：“刑事裁判涉财产部分，由第一审人民法院执行。第一审人民法院可以委托财产所在地的同级人民法院执行。”在目前的司法实践中，人民法院执行没收财产刑的具体部门不尽一致，常见的有刑庭执行、法警队执行和执行局执行等三种方式。其中执行局执行模式的运行相对合理和有效。

首先，这一模式运行已有法律依据。最高人民法院 2008 年调整的《关于人民法院执行工作若干问题的规定（试行）》第 1 条规定了执行机构的职责：“人民法院根据需要，依据有关法律的规定，设立执行机构，专门负责执行工作。”上述规定已明确人民法院可以设立专门的执行机构，而财产刑的执行属于执行工作的一部分。

其次，这一模式符合审执分离的司法原则。审判权与执行权分属两种性质不同的权力，从程序上应由不同的职能部门行使，以起到互相监督和制约的作用。作为具体审判案件的部门，刑事审判庭在审理刑事案件的同时又执行自己判处的财产刑，将审判职能与执行职能合二为一，容易为保证执行而忽略罪刑均衡的基础性要求。由执行局负责财产刑的执行，明显可以对刑事审判权进行合理的监督，同样也置本身的执行工作于其他部门的监督之下，避免司法权力的滥用。

最后，这一模式能优化组合执行资源。执行工作是一项专门的工作，执行局作为人民法院专门的执行机构，有符合执行条件的人员，有丰富的执行经验，而这些是刑事审判庭所不具备的。具体到个案，如对被执行人财产状况的查明、依法适用执行强制措施、依法裁定执行案件的中止和终结等，可以由执行局进行统筹安排。由执行局统一执行财产刑能够充分发挥其执行职能，优化资源配置，避免资源浪费。

(二) 没收财产刑的对象范围

根据刑法第59条的规定，没收财产是没收犯罪分子个人所有财产的一部或者全部。根据这一规定，清晰分割财产是准确执行这种刑罚的首要之举。

(1) 如果法院判决的是没收犯罪人的部分财产，执行部门首先应当严格区分犯罪人及家庭的共有财产，并进一步划清其中归犯罪人个人所有的财产。不能没收属于犯罪人亲属和相关人的财产，这不只是保证犯罪人家属的基本生活所需，也在于有效教育和改造犯罪分子，更在于坚持罪责自负的原则，保证刑罚的公正基础。

(2) 如果法院判处的是没收犯罪人的全部财产，执行部门不仅须划清个人与家庭财产范围，还应当为犯罪人家属保留必需的生活费用，这既是人道主义法律精神的体现，又是有效维护社会安定和消减社会矛盾的明智选择。

(3) 如果犯罪人负有正当债务，应当按其数额从没收财产中划出。刑法第60条规定：“没收财产以前犯罪分子所负的正当债务，需要以没收的财产偿还的，经债权人请求，应当偿还。”根据最高人民法院2000年12月13日发布的《关于适用财产刑若干问题的规定》第7条，“没收财产以前犯罪分子所负的正当债务”，是指犯罪分子在判决生效前所负他人的合法债务。如合法的买卖、借贷、租赁、雇佣等民事法律关系中所产生的债务，不包括非正当的债务，如赌债等。犯罪人负有多项债务的，一般可以优先支付他人劳务支出即工资，其他涉及私人债务、国家税收、银行贷款等债务，应当根据具体情况按比例返还。

(4) 在执行没收财产中，法院执行部门如果发现有被犯罪分子非法占有的公民个人的财产，经原主请求返还，查证属实后归还原主。

(三) 执行没收财产刑的具体措施和程序要求

在刑事案件审理过程中，相关部门有权先行扣押、冻结被告人的财产。人民法院认为依法应当判处被告人财产刑的，可以在案件审理过程中，决定扣押或者冻结被告人的财产。这一规定有利于保障人民法院顺利执行没收财产刑，有利于维护法律的权威。

法院没收的犯罪人财产，须如数上缴国库。

三、没收财产刑执行中存在的问题

(一) 查清犯罪人个人财产的难度较大

没收财产的执行首先需要查清犯罪人有多少财产。由于目前整个社会管理水平不高，犯罪人财产信息往往因分散而不能及时为法院所掌握。在刑事诉讼活动中，侦查起诉与执行部门职能分离，导致法院对犯罪人的财产状况不甚清晰；法院内部分工不明确也会加剧这一现象，具体地说，审判部门有可能受审限限制来不及查清犯罪人财产的情况，执行部门拥有查处经验但又不能先行介入，导致犯罪人财产状况始终模糊，而模糊判罚必然存在执行不能的风险。况且，一些犯罪人往往在拘捕之前就把自己的财产隐藏起来或者划在他人的名下，即使犯罪人在拘捕前来不及转移财产，犯罪人亲属也可能设法转移和隐瞒犯罪人财产，导致法院执行该刑种之时力不从心。

查清犯罪人的财产还须区别和分割犯罪人的个人财产、家庭成员的财产和其他公民个人的财产。这一分割过程同样存在相当大的难度。因为在其分割过程中，犯罪人往往会把本属于自己的财产说成是其亲属的财产，其亲属也往往基于亲情会帮犯罪人隐藏财产，把属于犯罪人的财产说成自己的财产。同理，在犯罪人与其他公民分割财产时，犯罪人也往往会把自己的财产说成其他公民的财产。例如，犯罪人与其他公民合办公司或企业，假如犯罪人占投资份额的60%，为了掩盖真相，犯罪人甚至与其他合伙人另签订假合同，隐藏或降低自己投资份额的比重。

（二）很难查清犯罪人的正当债务

刑法规定，没收财产以前犯罪分子所负的正当债务，需要以没收的财产偿还的，经债权人请求，应当偿还。犯罪人为了逃避财产的没收，往往与亲戚朋友串通起来，让亲戚朋友拿着虚假借条以债权人的身份要求用没收财产偿还。这种虚假的债权往往是较难查清的。

（三）执行工作效率极低

由于法院在没收财产时，既要保留犯罪人本人及其抚养的家属必需的生活费用，又要偿还其正当的债务，加之在现实中，犯罪人可能还会隐藏和转移财产，因而留给法院真正可供执行的财产数量很少，有些案件甚至可能还不够法院为执行没收财产而花费的司法费用。目前由于没收财产刑执行效率极低，一些法院及其执行部门投入执行没收财产刑的人力、物力都显不足。司法实践中，没收财产刑的空判现象较为普遍。

（四）执行制度化程度低

就规范完善而言，长期以来，没收财产刑适用的法律规定较为原则，相关司法解释对规范没收财产刑执行的程序，执行期限规定和执行中止条件，执行逆转的具体举措，以及人民法院内部机构的工作衔接、工作措施等方面的要求，也都不够细致。就司法活动而言，目前没收财产刑的执行主要参照民事执行程序，主要依赖于执行法官个人的经验和责任心，缺乏对执行过程的制度控制，而执行流程诸多模糊区域即执行过程不透明极易掩盖执法随意性甚至掩盖司法腐败。就法律监督而言，检察机关几乎没有介入没收财产刑执行活动，在现有制度框架下，检察机关也很难有效介入没收财产刑的执行活动。

四、没收财产刑制度的改进

从长远来说，可以考虑用特殊没收替代现有的没收财产刑。就目前而言，为有效解决执行难的问题，有必要改进和完善没收财产刑制度。

（一）改变刑法必罚财产刑的规定

由于刑法分则对一些具体犯罪的处罚明确要求必须并处没收财产，法院判罚时没有选择的可能；即使犯罪人没有财产或者财产极少，也必须做出相应的判决，从而导致不甚合理的判决。这是导致没收财产刑执行难的重要原因。坐视这种状况继续存在，既无端浪费司法资源又极大降低了司法的信度。因此，逐步改变为选科财产刑，或者用选科罚金替代其刑种，可能提高财产刑的执行率。

（二）增设量刑前的财产调查制度

为了实现量刑个别化，保证财产刑的执行，有必要建立和完善犯罪人调查制度，其中包括犯罪人财产调查的项目。如果侦查起诉部门将前期工作中收集的犯罪人情况汇总提供给法院，法官在判决案件前就有可能清晰准确地掌握犯罪人的财产状况。例如，公安机关和检察机关在侦查普通案件和职务犯罪案件时，如果被法律明确要求必须附上对犯罪人的财产进行调查的材料，并制作调查书，被要求必须在向法院移送刑事卷宗时随之移送财产调查书，法院对刑事被告人的财产状况的掌握就更准确，审判法官对应否适用没收财产刑、执行法官对能否执行就都能够做到心中有底，没收财产刑的执行难度也会随之降低。

（三）完善财产保全制度

为了提高没收财产刑的执行效果，司法部门可以考虑借鉴民事诉讼中的诉讼保全制度和民事、刑事诉讼中共用的证据保全制度，建立刑事案件财产保全制度。所谓财产保全制度，是指刑事司法机关在办理刑事案件的过程中应对犯罪嫌疑人有可能转移和毁坏财产等情况先行扣押其财产的制度。根据最高人民法院 2014 年 10 月 30 日发布的《关于刑事裁判涉财产部分执行的若干规定》第 4 条，人民法院刑事审判中可能判处被告人财产刑、责令退赔的，刑事审判部门应当依法对被告人的财产状况进行调查；发现可能隐匿、转移财产的，应当及时查封、扣押、冻结其相应财产。第 5 条规定，刑事审判或者执行中，对于侦查机关已经采取的查封、扣押、冻结，人民法院应当在期限届满前及时续行查封、扣押、冻结。人民法院续行查封、扣押、冻结的顺位与侦查机关查封、扣押、冻结的顺位相同。对侦查机关查封、扣押、冻结的财产，人民法院执行中可以直接裁定处置，无需侦查机关出具解除手续，但裁定中应当指明侦查机关查封、扣押、冻结的事实。

但是，如果公安机关和检察机关在调查中发现犯罪嫌疑人恶意转移财产或隐藏财产的，先行扣押、冻结财产，执行效果会更明显，毕竟两类权力的积极作用相对处于后期执行且处于消极状态的司法权来说，更具有效率，至少两个部门采取的暂时冻结或查封犯罪嫌疑人的财产，能够保障财产刑的执行。

（四）建立没收替代制度和没收补偿制度

犯罪人在实施犯罪以后，为了规避一般没收和特殊没收，往往将用于犯罪之物、犯罪所得之物以及自己的合法财产一并予以处分。一些犯罪人转移或隐藏财产。例如，将本应属于没收之列的物品无偿赠与他人，或者通过买卖形式将自己的财物转让给第三人。由于上述物品的所有权在此情况下发生了转移，法院硬性没收原物就可能侵犯已经形成的有序的社会关系，伤害善意第三人的利益。因此，为了保护第三人的合法权益，同时又不放纵犯罪人，可以借鉴民法中的善意取得制度，即对第三人善意取得应予没收的财物的，不再没收原物，而代之以没收犯罪人的转让所得。对于第三人恶意取得的财物，应没收原物，如果第三人为此支付了代价的，可以视情况给予一定的补偿。对于犯罪人将自己的财产以无偿赠与名义转移他人的，可予没收而不给予任何补偿。这样，就可以有效地防止犯罪人为规避没收从而转移财产的行为，以解决执行难的问题。

至于在与他人共有财物中属于犯罪人却不宜没收的部分，可以考虑做出这样的规定：经共有人申请，责令犯罪人缴纳相应价值的其他财物；犯罪人确实无力缴纳的，共有人可以优先购买犯罪人的份额，法院代之没收犯罪人的转让所得；共有人不愿购买的，人民法院应依法没收共有财物中属于犯罪人的部分。①

（五）增强判决的明确性

人民法院在判处没收财产刑时，应当在判决书中明确指出所要没收的财产的数量。这样，可以减少不确定性，便于没收财产刑的执行。如果法官仅仅判处没收犯罪人的一部分财产，而不明确指出应当没收的财产的数量，不仅使执行人员难以执行，而且存在非法将部分审判权交由执行人员行使的问题。前述《关于刑事裁判涉财产部分执行的若干规定》第6条已经提出了要求。

（六）健全司法补救机制

根据最高人民法院相关解释，被判处没收财产同时又承担刑事附带民事诉讼赔偿责任的犯罪人，应当先履行对被害人的民事赔偿责任。这个赔偿优先于犯罪人所负的其他正当债务。此外，如果执行标的物系人民法院或者仲裁机构正在审理的案件争议标的物，需等待该案件审理完毕确定权属的；案外人对执行标的物提出异议确有理由的；或者存在其他应当中止执行的情形，人民法院应当裁定中止执行。这些都是防止执行不当的措施。不仅如此，对于其他有可能发生的侵犯他人合法财产权益的情况，还应建立和完善相应的司法补救措施。例如，在没收的财物中，有些财物可能为罪犯以外的个人所有，只是因为被罪犯占有或用作实施犯罪而被法院作为罪犯的个人财产予以没收。财物的所有人可能并未同意罪犯占有其财产，或者对罪犯占有其财产用于实施犯罪并不知情，没收这类财物实际上侵犯的是他人的合法财产所有权。为了防止这类情况发生，可以借鉴有关国外立法经验，对没收财物的所有权实行公开宣告制度，规定一定的期限，允许财物所有人提出异议，以便法院最后确认。对于已经执行完毕的没收财产刑，还可以考虑明确规定执行错误的补救措施。例如，规定执行回转制度，将已经没收的财产返还给财物所有人；原物不能返还的，应当规定给予适当的补偿。对此，已有国外经验可资借鉴，日本刑事诉讼法第497条规定：“在执行没收后3个月内，有权利的人请求交还没收物时，除了应毁坏、废弃的物体外，检察官必须交还没收物。”

第二节 罚金刑的执行

一、罚金刑概述

（一）罚金刑的定义和特征

罚金刑是人民法院判处犯罪分子向国家缴纳一定数额金钱的刑罚方法。

罚金刑具有下列特点。

1. 罚金刑是附加刑

根据刑法第34条规定，罚金作为附加刑，既可以附加适用又可以独立适用。根据刑法

① 杨彩霞．没收财产刑的困境与出路．华东政法学院学报，2001（4）．

分则对罚金适用的具体规定，判处罚金刑方式有四种：(1) 选处罚金。作为一种与主刑并列的刑罚，罚金由人民法院根据犯罪的具体情况选择适用。例如，我国刑法规定的故意毁坏财物罪中，对数额较大或者有其他严重情节的，处 3 年以下有期徒刑、拘役或者罚金。(2) 单处罚金。对单位犯罪主体只能适用罚金而不能处以其他刑罚。(3) 并处罚金。犯罪人被判处主刑的同时还须判处罚金刑。例如，在侵占罪中，对数额巨大或者有其他严重情节的犯罪人，须处 2 年以上 5 年以下有期徒刑，并处罚金。(4) 并处或单处罚金。法院在决定对某些具体犯罪人判罚时既可以单处也可以并处罚金刑。例如，在盗窃罪中，对数额较大或者多次盗窃、入户盗窃、携凶器盗窃、扒窃的行为人，法官在判罚 3 年以下有期徒刑、拘役或者管制以外，可以决定是并处还是单处罚金。

2. 罚金刑由人民法院依法适用和执行

根据刑法规定，罚金刑只能由人民法院根据法律的具体规定判处，由第一审法院的执行部门负责执行。其他任何机关、团体和个人都不能适用罚金刑。人民法院判处罚金刑时，既要考虑刑法总则的规定，又要考虑分则的规定，从而对犯罪人正确适用罚金刑。

3. 所判罚金必须向国家缴纳

罚金刑是审判机关代表国家适用的刑罚，所判处和执行的罚金必须上缴国库。判决和执行机关都不得截留、挪用罚金。

作为一种普遍使用的刑罚方法，罚金适用于很多犯罪。从国际社会的情况来看，进入 20 世纪以来，罚金在刑罚体系中的地位不断上升，甚至大有取代自由刑而成为刑罚体系中心的趋势。这主要是因为罚金刑不仅符合刑罚轻缓化、人道化的发展方向，还能够克服短期自由刑带来的犯罪交叉和深度感染的弊端，因而适合于处理大量过失犯罪、法人犯罪等现代社会中发生较多的犯罪人类型。在我国大陆地区，目前罚金的判罚率已仅次于有期徒刑的判罚率。

(二) 罚金刑与相关法律概念的区别

1. 罚金刑与赔偿损失的区别

赔偿损失是指犯罪人因其犯罪行为造成被害人的经济损失时向被害人进行的物资补偿。我国刑法第 36 条第 1 款规定，由于犯罪行为而使被害人遭受经济损失的，对犯罪分子除依法给予刑事处罚外，并应根据情况判处赔偿经济损失。第37条也规定了类似内容。与此相适应，我国刑事诉讼法第 101 条第 1 款规定："被害人由于被告人的犯罪行为而遭受物质损失的，在刑事诉讼过程中，有权提起附带民事诉讼。"

罚金与赔偿损失的相似之处是：(1) 它们都是由人民法院以判决的方式对犯罪人适用的；(2) 犯罪人交付相应的物质利益，即遭受一定的经济损失。

两者的不同之处在于：(1) 措施的法律性质不同。罚金是一种刑罚方法，受过罚金处罚意味着行为人有前科经历；而赔偿损失只是一种民事强制方法，按照刑法第 37 条的规定，对犯罪人免于刑事处分而责令赔偿损失的，不存在前科的问题。(2) 支付的对象不同。罚金是判处犯罪分子向国家缴纳一定数额的金钱；赔偿损失则是责令向被害人交付一定数额的金钱。需予以注意的是，如果犯罪人既被判处罚金又因被害人提起刑事附带民事诉讼而被判处赔偿损失的，根据刑法第 36 条的规定，犯罪人应优先承担对被害人的民事赔偿责任。如果罚金已先上缴国库，法院应当在已上缴罚金的数额中返还一部或全部于犯罪被害人。

2. 罚金与罚款的区别

罚款是指行政机关要求违法者缴纳一定金钱的行政处罚方法。罚款的典型形态是由行政机关适用的，只有一种例外，民事诉讼法第110条第2款规定："人民法院对违反法庭规则的人，可以……予以罚款"。这种情况明显不是刑法意义上的罚款，而更接近于罚款的性质。

罚金与罚款都是财产罚。它们的不同之处是：(1) 法律性质不同。罚金刑是刑罚方法，罚款则是行政处罚。(2) 适用的对象不同。罚金刑的适用对象是犯罪人，而罚款的适用对象主要是违反行政法规的人。(3) 适用的机关不同。罚金刑只能由人民法院适用，而罚款既可以由人民法院适用（在民事诉讼活动中），又可以由行政机关适用，例如，公安机关、海关机关、税务机关等。(4) 适用后果不同。作为刑罚方法，罚金适用即行产生刑事法律后果，受罚人可能因有前科而对其再犯罪的量刑产生不利影响，罚款的属性是行政处罚，因而不会形成犯罪记录。

二、罚金刑执行制度

（一）罚金刑的执行主体

根据刑事诉讼法第271条的规定："被判处罚金的罪犯，期满不缴纳的，人民法院应当强制缴纳。"据此，罚金刑的执行主体是人民法院，公安机关、检察院和其他任何机关均不得行使罚金的执行权。罚金由一审法院负责执行，被执行的财产在异地的，第一审人民法院可以委托财产所在地的同级人民法院代为执行。

（二）罚金刑的执行方式

按照刑法第53条的规定，执行罚金共有五种方式。

(1) 一次性缴纳。法院在判决规定的期限内要求犯罪人一次将判决所确定的罚金额全部缴清的执行方法。这种方式主要适用于经济条件较好，有能力一次缴清的犯罪人。所谓有能力缴清是指犯罪人一次性缴纳罚金之后，他本人以及抚养、赡养的人的基本生活不致受到严重的影响。

(2) 分期缴纳。法院在判决规定的期限内要求犯罪人将判决确定的罚金额分数次缴清的执行方法。这方式主要适用于经济条件不稳定，无力一次缴纳的犯罪人。

(3) 强制缴纳。犯罪人在规定的期限内不缴纳罚金时，法院在期满之后采用强制方法迫使其缴纳的执行方法。刑法第53条第1款规定，犯罪人在规定期满时仍不缴纳的，应予强制缴纳。这种缴纳方式以犯罪人有能力一次或分期缴纳为前提，法院主要通过冻结罪犯在银行的存款，查封和扣押、拍卖罪犯的财产等方式，强制执行罚金。

(4) 随时追缴。对于不能或没有缴纳全部罚金的犯罪人，法院在发现可以执行的财产时立即进行追缴的执行方法。刑法第53条第1款规定："对于不能全部缴纳罚金的，人民法院在任何时候发现被执行人有可以执行的财产，应当随时追缴。"事实上对于不愿缴纳罚金的犯罪人，法院有权在任何时候针对其可以执行的财产，予以追缴。

(5) 延期缴纳。犯罪人在判决规定的时间不能缴纳罚金时，法院允许其延迟一定时间后缴纳的执行方法。过去很长一段时间，对于犯罪人缴纳罚金确有困难，本人及家属向法院提出请求的，法院可以采纳其请求。2015年刑法修正案（九）对此予以确认。

（三）罚金刑的执行时间

罚金执行时间是指要求犯罪人缴纳罚金和人民法院执行罚金刑的时间期限。根据有关司法解释，第一审人民法院应当在本院作出的刑事判决、裁定生效后，或者收到上级人民法院生效的刑事判决、裁定后，对有关财产刑执行的法律文书立案执行。罚金刑的执行时间通常由人民法院在判决书中明确限定。按一般做法，罚金刑的执行时间通常是从判决发生法律效力第 2 日起 3 个月之内。

(四) 罚金数额的减免

罚金数额的减免是指在判处罚金之后犯罪人由于遭遇不能抗拒的灾祸缴纳确实有困难的，人民法院按照一定程序依法减少或者免除罚金的执行方法。

对犯罪人判处罚金刑的目的不是增加国家财政的收入，而是通过罚金剥夺犯罪人的再犯罪能力，令其因遭受经济损失而不得不约束自己的行为，防止其再次犯罪。因此，当犯罪人确因天灾人祸而无力缴纳罚金时，适当减少罚金的数额或者免除罚金的执行，并不违背罚金刑的主旨，反而能够体现刑罚执行的人道主义原则，有利于感化犯罪人，促使犯罪人自省。①

我国刑法第 53 条第 2 款明确规定："由于遭遇不能抗拒的灾祸等原因缴纳确实有困难的，经人民法院裁定，可以延斯缴纳、酌情减少或者免除。"具有刑法第 53 条第 2 款规定"可以延期缴纳、酌情减少或者免除"事由的，由罪犯本人、亲属或者犯罪单位向负责执行的人民法院提出书面申请，并提供相应的证明材料。人民法院审查以后，根据实际情况，裁定减少或者免除应当缴纳的罚金数额。

在罚金数额的减免问题上，应当重视下列情况。

(1) 要查清楚是否确实发生了不能抗拒的灾祸。即使在真正发生灾祸的情况下，也要查明所发生的灾祸是由不可抗力的因素引起的，还是由犯罪人引起或者放纵其发生的。如果灾祸是犯罪人为了逃避刑罚而人为制造或者有意放纵其发生的，对于犯罪人要从重处罚。

(2) 要查清楚所发生的灾祸是否导致犯罪人无力缴纳罚金。虽然发生了一定灾祸，但是，灾祸并没有使犯罪人丧失缴纳罚金能力的，仍然要求犯罪人缴纳罚金。

(3) 只有在确实发生了不能抗拒的灾祸，而且灾祸确实导致犯罪人发生极大困难，无力缴纳罚金时，才能考虑减免罚金数额。

三、罚金刑执行中存在的问题

(一) 罚金刑普遍执行难

与没收财产刑执行一样，落实罚金刑执行是一个困扰裁判和执行部门的难题。在罚金刑适用率高的西方国家，罚金刑执行率不尽如人意。在我国的司法实践中，有人经调查发现，大部分人民法院不能执行的罚金占到被判罚金总数的 70%以上，有的甚至高达 90%以上。② 近年司法部门进行的调查研究，也揭示了相同的问题。

导致罚金执行难的原因主要有以下几点。

(1) 犯罪人执行监禁刑引起的罚金执行困难。被判处罚金刑的犯罪人往往需要在监狱服刑，其行动自由受到限制，无法通过独立劳动创造价值、获取经济利益，在客观上难以配合执行机关追缴罚金。犯罪人被监禁后，其财产就不在自己的控制保管之下，虽有缴纳罚金的义务，但自己无法履行缴纳罚金的行为，造成罚金刑难以执行。

---

① 侯国云．刑罚执行问题研究．北京：中国人民公安大学出版社，2005：230－231.

② 王利荣．量刑说理机制．北京：中国人民公安大学出版社，2013：231.

（2）不合理判决引起的罚金执行困难。罚金刑以剥夺犯罪人财产为内容，在财富不均的情况下，一旦没有足够的个人财产缴纳罚金时，罚金刑就无法执行。如果在判决的过程中不考虑犯罪人的财产状况，盲目判处罚金，就很可能造成罚金刑执行困难。

（3）犯罪人隐匿变卖等行为导致罚金执行困难。在单位犯罪中，只要采取双罚制，单位必被判处罚金。但一些单位为逃避刑事制裁，在侦查、起诉和审判过程中就设法采取种种手段转移财产、注销企业、设定虚假抵押，直到单位的流动资金或者固定资产流失殆尽，甚至最终成为一个"空架子"，即没有留下任何财产供司法机关执行。由于执行程序粗糙，相应的抑制和处罚措施难以到位，在司法实践中，对单位恶意转移、隐匿财产行为的查处力度很小，这使得一些人钻法律漏洞，与司法机关玩起了猫与老鼠间的博弈，罚金刑执行的难度有所加大。

（4）诉讼前期财产保全措施不到位引起的罚金执行困难。与没收财产刑执行一样，由于法院在作出判决前未能对罪犯的个人财产采取查封、扣押、冻结等措施，以致犯罪人及其家属钻法律空子，千方百计地逃避法律的制裁。

（5）因犯罪人无财产可执行导致执行不能。尤其是并处罚金的执行率极低。目前在监狱服刑的人员中有相当一部分是进城打工的农民或者外地人，他们进入城市只带来简单的行囊，加上收入微薄，一般很难如数缴纳罚金。至于对异地犯罪而被判处罚金的人员，法院执行罚金也是困难重重。

（6）其他原因引起的罚金执行困难。罚金刑的执行程序不顺畅、不明确、不规范，加上对罚金刑的执行缺乏监督机制，使得罚金刑案件被搁置而无人问津。这些都会引起罚金刑的执行率低。

（二）将缴纳罚金捆绑剥夺自由刑减刑和假释

在罚金刑普遍存在执行难的情况下，一些法院为了有效执行罚金刑，采取了以缴纳罚金制约减刑和假释的做法。这种做法的内容为：在监狱机关申报对罪犯减刑或者假释时，受理法院首先审查罪犯是否缴纳罚金，如果缴纳了罚金，就裁定减刑或者假释；如果没有缴纳罚金，就不裁定减刑或者假释。这种做法不仅实际效果差，还会带来诸多负面影响。

在监狱服刑的罪犯不缴纳罚金的原因很复杂。除了罪犯对既判处监禁又判处罚金心怀不满，有能力缴纳罚金而不缴纳的情况之外，还有其他复杂的原因。只有查明这些原因，法院和监狱才可能知道行为人是无力缴纳还是拒不缴纳。例如，法院如果对身无分文的犯罪人判处罚金，那么这种判罚一开始就不会有结果；如果罪犯入监服刑之后失去对财产的控制，家属以财产归属存在争议为由拒不缴纳，判罚就只能在查清财产归属的基础上，予以强制执行；如果犯罪人在入监服刑后家中发生变故，发生不可抗力灾祸，他们同样难以缴纳罚金等。这些都须一一查明。不调查罪犯不缴纳罚金的具体原因，就一概地拒绝裁定减刑或者假释，明显不尽合理。

四、罚金刑的综合改革

罚金刑执行难不仅暴露适用或者执行程序粗糙、规则缺失等种种问题，也与罚金刑的立法配置密切相关。因此，要提高罚金刑执行率，发挥罚金刑在惩罚犯罪方面的积极作用，必须对其进行多方面的综合性改革。

（一）合理控制罚金适用范围

首先，要考察"并处罚金"的规定。所谓"并罚制"是指刑法分则硬性规定对同一个犯罪人既判处监禁又判处罚金的刑罚制度。这种制度的本意是要增加犯罪人的痛苦，进一步剥夺行为人的再犯罪能力。具体地说，判处监禁刑使犯罪人遭受身体和心理痛苦，判处罚金刑同时让犯罪人遭受经济损失，这种双重力度的处罚形成"组合拳"，打击那些罪行严重且社会危险性大的犯罪人或许是适当的，但是在一些罪名中硬性规定并处罚金的做法极易导致刑罚过剩。即使是财产罚对侵财犯罪具有针对性，对其中情节较轻的行为单处罚金就剥夺再犯罪能力和规导犯罪人行为来说，都能起到作用，并且能够避免短期监禁刑的弊端。不加区别的"并罚制"与罪刑相适应原则精神不吻合，而且因显失公平还会引发犯罪人家属的不满情绪和犯罪人的抗拒心理。

其次，要限制罚金刑适用的对象。罚金应当限制适用于未成年人，对没有经济来源的未成年人普遍适用罚金会将刑罚评价对象由犯罪人转移到他们的监护人身上，评价要点也由犯罪行为转移到监护人履行职责程度，在监护人最大限度尽责情形下，评价要点甚至转移到了犯罪人与监护人的亲缘关系上，因而潜性偏离了罪刑法定原则。因此，对未成年人的处罚更宜考虑适用具有社区服务性质的非监禁刑。在金钱支付问题上，他们及监护人的主要责任是向被害人做出赔偿，这一重要性远远大于向国家缴纳一定数额的金钱。

（二）引入日罚金制度

日罚金（day fine）① 又称为"结构性罚金"（structured fine），它是以日为单位判处和缴纳的罚金。

日罚金是为了消除传统的定额罚金刑的弊端而发展起来的，北欧一些国家在日罚金的创立方面作出了贡献。尽管传统的罚金刑（即"定额罚金制"）在替代短期监禁刑方面，有很好的效果，但是，人们认为，定额罚金刑存在很多的弊端，其中最明显的弊端之一就是适用方面的不平等：同样数额的罚金，对于富人来说很容易缴纳，很多时候甚至没有什么惩罚性；对于穷人来讲，却无力缴纳，很多时候惩罚性可能过于严厉，因为罚金刑的适用范围主要是轻微犯罪行为，即使判处监禁刑也可能是短期监禁刑。为了克服传统罚金刑的这些弊病，人们尝试改革罚金刑，使它能够变得更加公平、更加合理。在这种背景下，位于北欧的斯堪的纳维亚半岛的一些国家率先发展起了日罚金制度。1921年，芬兰首先实行日罚金制度。② 根据这种罚金刑制度，不管是对富人还是对穷人，都可以判处日罚金。当犯罪人的犯罪行为相同时，可以判处同样天数的日罚金，做到法律面前一律平等。但是，考虑到富人和穷人的财产状况方面的差异，在确定每天所应缴纳的罚金数额时，可以有一些差别。在这种情况下，实际上根据两个标准确定日罚金：根据犯罪行为的严重性确定日罚金的天数；根据犯罪人的收入水平和财产状况，确定每日应当缴纳的罚金数额。③

与现行罚金制度相比，日罚金制度有三个优点：（1）体现了罚金数额的合理性。不仅限制了法官在判处罚金时过大的自由裁量权，而且按犯罪人的实际受罚能力判处罚金，可以减少罚金执行难的问题。（2）体现了罚金刑的相对平等性。可以使富人多罚穷人少罚，

---

① 也有人将其翻译为"日额罚金""日额金制"等。山口厚．刑法总论．付立庆译．北京：中国人民大学出版社，2011：394.

② 威克斯，库珀．各国矫正制度．郭建安等译．北京：中国政法大学出版社，1988：150.

③ 吴宗宪．非监禁刑研究．北京：中国人民公安大学出版社，2003：274.

克服相同罚金对经济背景完全不同的人效果完全不同的不平等现象，既达到了从经济上打击犯罪人的刑罚目的，也达到了刑罚个别化原则的要求。（3）体现了罚金刑的相对公正性。宣判罚金数额时适应因通货膨胀而引起的单位货币贬值的变化，符合刑罚与时俱进的要求。

但是，采取日罚金制度对一个国家或地区的社会管理能力提出了更高的要求，如何找到适合有偿社区服务而不放大罪犯标签的劳力项目，如何展开系统有效的执行管理，在我国劳动力如此丰富的环境下，如何有效处理实施日罚金制度与保障诚实公民劳动岗位的内在紧张关系，都须在制度尝试中系统和准确地作答。

（三）增设罚金刑易科方式

罚金刑易科方式是指对于不能或拒不缴纳罚金的犯罪人按照法律规定改为执行其他刑罚的做法。这里所说的“按照法律规定”，包括罚金刑如何易科为其他刑罚的刑法即实体法规定和刑事执行法即程序法规定。“其他刑罚”既包括监禁，也包括社区服务等替代处罚。

从各国行为理论与实践，并结合我国情况分析，罚金刑易科方式主要分为以下两种。

（1）易科公益劳动或社区服务。被执行人愿意缴纳罚金但确实无力缴纳的，可以通过公益劳动或者社区服务抵偿罚金，这明显是易科方式。这样做的积极意义是首先使得法院的判罚得到了变通执行，犯罪人的刑事责任得到落实而还社会于公道；其次是能够让犯罪人在较短时间内履行服刑义务而不致长久沦为国家刑事债务人，进而摆脱了其隐性犯罪人的心理阴影，保证其尽快恢复常态生活，刑罚的权威性和司法信度也都通过变更执行而得到树立。

（2）易科剥夺自由刑。被执行人即犯罪人有能力缴纳却恶意拒不缴纳罚金的，应考虑将罚金易科为剥夺自由刑。易科监禁是以剥夺人身自由作为罚金刑执行的后盾，并非扩张监禁刑适用的范围，制度设置的意图是迫使犯罪人在金钱与自由之间权衡利弊，由此提升罚金执行率；如果犯罪人仍然拒不缴纳罚金，易科剥夺自由也能有效兑现犯罪的法律后果，进而起到安抚被害人和维护社会基本秩序的作用。同样重要的是，易科方式的存在能有效消除犯罪人逃避刑罚的侥幸心理。罚金刑易科方法具有较强的可操作性。但基于“法无明文不处罚”规则，这样做的前提条件是刑事法明确规定易科的适用条件、罚金刑与易科措施的比价关系以及易科的具体程序。①

应当看到，刑种转处在任何一个现代法治国家都应是常态制度。行刑一体化集中表达了这一特点。刑罚体系不只是等级位阶的排列，结构体系内的转处才明显更有利于实现刑罚目的。因为任何刑罚独立发挥作用的空间总是有限的，组合刑罚方式才能真正落实犯罪人的刑事责任，并兼顾他们的再社会化需要。尤其在轻刑执行过程中，无论强令服刑人履行特定义务还是有效保护社会基本安全，都须注重转处措施的运用，比如保护观察、社会服务令、管制执行，往往须有更具惩罚力度的处罚作为保障执行的措施。可见，罚金须有替代措施保障执行，符合刑事法运行规律。

（四）建立罚金缓刑与时效制度

罚金缓刑制度是指对判处罚金刑的犯罪人，由于其具备法定条件而宣告在一定期间内暂缓罚金刑执行的制度。如果犯罪人在考验期内没有犯罪或者没有违反法律法规及有关缓刑的监管规定，缓刑考验期满后，原判的罚金刑就不再执行。我国刑法第 53 条规定虽在客观上相同于罚金缓刑的实际后果，但是减免事由是基于服刑人的服刑能力，而与引导犯罪

① 左坚卫，阴建峰．论我国罚金刑执行制度的完善．四川警官高等专科学校学报，2006（4）．

人规范自身行为无关，因而制度设置意图差别很大。

对于罚金刑能否适用缓刑，目前立法上有肯定和否定两种对立的态度。巴西、俄罗斯、瑞士、朝鲜以及我国刑法明确规定对罚金刑不适用缓刑或者没有规定对罚金刑可以适用缓刑。日本、法国、意大利、奥地利、西班牙、韩国以及我国台湾地区的“刑法”的有关规定则规定可以对罚金刑适用缓刑。从刑罚的教育和感化功能考虑刑法典，对于那些情节较轻的犯罪人，只要其确实已深刻认识到行为错误，能根据其本人的综合表现判断其日后不再犯罪，没有人身危险性，就可以考虑适用罚金缓刑制度。基于刑罚运行原理，自由刑执行中的缓刑和假释既然旨在彰显引导公民行为的刑法功能，财产刑执行也理应表达一致。

在众多刑种执行中，建立财产刑行刑时效尤其是建立罚金执行时效是必要的。由法律规定对被判处罚金刑罚的犯罪人执行刑罚的有效期限，超过这一期限就不再执行刑罚，可以督促执行部门改进执行方法，提高单位时间内执行效率，同时在社会生活秩序恢复正常后，尽可能有效维系这种社会生活样态，不再破坏已经正常化了的个人与家庭、个人与社会间的人际关系。

第三节 拘役刑的执行

一、拘役刑及其执行

（一）拘役的概念与特征

拘役是由公安机关依法短期剥夺犯罪分子的人身自由并就近执行刑罚的方法。拘役具有以下特点。

（1）剥夺犯罪分子的人身自由。在我国刑罚体系中，拘役是轻刑刑种，在主刑中惩罚程度仅重于管制刑，但仍具剥夺自由的刑罚特征。

（2）刑期较短。根据我国刑法第42条和第69条的规定，拘役的期限为1个月以上6个月以下，数罪并罚不超过一年，与有期徒刑和无期徒刑相比，犯罪人被剥夺自由的期限较短。而且刑罚的期限与行政拘留的期限相衔接，形成制裁阶梯。

（3）就近收押与执行。由于刑期太短，被判处拘役的犯罪人，一般不离开其居住地区，而是在其户籍所在地或居住地的县、市或市辖区的看守所或者拘役所服刑。

（二）拘役的执行

1. 拘役执行机关

拘役执行机关是公安机关。我国刑法和刑事诉讼法明确规定，拘役的执行机关是公安机关。2013年公安部《看守所拘留所执行刑罚罪犯管理办法》第2条第1款明确规定，被判处拘役的成年和未成年罪犯，在被交付执行前，剩余刑期在3个月以下的，由看守所代为执行刑罚。过去一段时期，可能是基于分类管理的考虑，一些省市公安机关另设拘役所，收容被判处拘役或被判处有期徒刑经先行羁押余刑1年以下的服刑人。但是从全国拘役所设置的情况看，场所的建设和建制都极不规范，场所管理缺乏法律支持和制约，已在运行的场所基础设施条件差，安全系数低，将相关人员送入这样的场所反而会影响刑罚执行和管理的质量。同时，由于被判处拘役罪犯的数量相对较少，单独设置拘役所难以形成收容规模，场所管理成本过高，检察机关难以介入监督。为全面规范刑罚执行工作，公安部于2005年决定撤销拘役所，将现有拘役所的人员、编制原则上并入当地看守所，一些具有较好羁押监管条件，月均羁押量在100人以上的拘役所直接更名为看守所，同时关押犯罪嫌疑人、被告人和留所服刑的罪犯。并明确规定，看守所必须接受检察机关的全面监督。

2. 拘役执行对象

拘役适用于犯罪危害较为轻微，但是又需要予以关押的犯罪分子。① 刑法分则对具体罪名配置的法定刑中，除少数重罪罪名外，绝大多数罪名所对应的最低法定刑中均配有拘役，且拘役被用于处罚这些罪名中行为危害社会较轻或罪过较轻的行为人。刑法修正案（八）增设的危险驾驶罪的主刑仅有拘役，是一个特例，但刑法同时规定，危险驾车行为同时触犯其他罪名的，按其他犯罪处罚，表明拘役的对象只能是实施了轻微犯罪的人。

正因如此，拘役虽是剥夺自由的刑罚方法，但期限较短，而且被判处拘役的人受监禁的力度明显小于被判处徒刑的人。根据刑法规定，拘役中的服刑人每个月可以回家1至2天，参加劳动的可以酌量发给报酬。

3. 被拘役人的权利和义务

被判处拘役的人负有的服刑义务与其他处于监禁阶段服刑人的服刑义务相似，比如，他们应当服从执行机关的管理，有劳动能力的，应当参加看守所组织的劳动。他们拥有的权利也与其他处于监禁状态的服刑人相同，比如，拥有人格受到尊重的权利，拥有人身安全权和劳动休息权，可以行使申诉、控告、检举等自我保护的权利。他们在符合法定条件时仍应予以减刑或者假释。

4. 拘役执行期限

拘役的期限为1个月以上6个月以下，数罪并罚不超过1年。拘役的执行期限从判决执行之日起算，执行前被羁押的，羁押1日折抵1日。一般来说，被判处拘役的人员未经羁押的情形较为常见，对此，法庭应当及时将判决的结果移送到拘役人所在地的公安机关，以保证公安机关及时将其收所执行，法庭还须将判决书副本送达检察机关，便于监督机关及时介入监督，保证执行效度。拘役执行完毕，公安机关应当在刑满之日前1天，办理释放手续和发给释放证明。

二、拘役刑执行中存在的问题

（一）因刑期过短，改造效果欠佳且威慑力不足

1. 因刑期过短，改造效果欠佳

由于拘役刑的刑期为1个月以上6个月以下，数罪并罚不超过1年，服刑人服刑期限比较短，执行机关对服刑人的情况不易全面掌握，因而难以对其进行有针对性的行为管理、观念引导和心理服务。特别是在服刑人判决前已被羁押而折抵刑罚的情形下，服刑人留在看守所的时间更短。此外，与目前监狱人员配置的情形一样，负责拘役执行的看守所干警往往不具备相关行为矫正和专门性管理的知识和技能。由此造成的后果是，拘役执行基本上属于以押代管，以惩罚代改造，而且针对性管理措施难以到位。

① 王利荣．严控再犯罪指标下的行刑误区．政治与法律，2018（11）．

2. 因处罚过轻，缺乏威慑力

作为轻刑刑种，拘役对服刑人的处罚效度明显大于对其他潜在犯罪人的处罚效度，即它的特殊预防效果优于一般预防效果。因为失去自由的人才真正体会到自由的可贵。况且，在制定、宣告、执行刑罚过程中国家制裁机制所体现的威慑力，是与刑罚轻重呈正比的。至少重刑对潜在犯罪人形成的心理强制要明显大于轻刑。拘役刑期短，因而威慑力有限。

（二）犯罪传染难以避免

犯罪的深度和广度传染是所有剥夺自由刑刑种的弊端。因而，在国外刑法学界建议尽量不适用6个月以下的短期自由刑，法官判罚时也在尽量减少短期自由刑的适用。在我国大陆地区，在执行拘役过程中，犯罪传染现象既可能存在于被判处拘役的犯罪分子之间，又可能发生于所有的场所收容对象之间。而由于余刑在3个月以下的被判处有期徒刑的服刑人、犯罪嫌疑人或刑事被告人，通常所犯罪行重于前者，三类人的交叉感染会增加再犯概率。如何通过严格有效的管理，减少犯罪传染，是摆在执行机关面前的艰巨任务。

（三）服刑人标签化，导致重返社会困难

从服刑人的痛苦程度上看，拘役的执行对服刑人而言远非一定期限的剥夺自由，因处罚而带给他未来生活的影响恐怕同样严重。一方面，服刑人因被认定犯罪且被执行拘役，而丧失了原有的社会地位和工作岗位，尤其是原本担任国家机关职务或者担任国有公司、企业、事业单位和人民团体领导职务的人员，因犯罪而被我国法律明确排除在公职活动之外，给其带来的社会地位反差更大，自身的心理落差也更大。另一方面，在社会生活当中，犯罪人的标签致使普通公民归其为社会异类，他们的就学、就业或多或少因社会排斥而变得困难，甚至他们的家庭成员的生活也会受到不利影响。

三、拘役刑及其执行的改进

（一）尽可能寻求替代拘役的处罚方法

拘役的适用对象是犯罪情节较为轻微，但又确实需要关押的犯罪分子。因此法官应当特别注意从具体犯罪危害程度和关押必要性两方面择用刑种。

首先，对于犯罪情节较为轻微的轻罪案件，法院应当按照行为危害程度和法定刑的具体配置，在由免于刑事处罚、管制、拘役组成的呈现梯度的轻罪刑罚体系中决定具体的刑罚种类和期限。对于犯罪人行为危害或罪过程度较重的，适用有期徒刑可能要比适用拘役更能体现报应犯罪的基础性要求；对于犯罪人行为危害或罪过程度较轻的，适用有期徒刑缓刑且必要时责令犯罪人赔偿可能比单纯适用拘役更有效。

其次，在执行方式上，可以依照缓刑的适用条件，考虑更新立法，即增设拘役的缓期执行，减少拘役执行的负效应。

（二）完善拘役执行制度

在拘役执行阶段，应当改变单纯关押和强制劳动的传统模式，增加有针对性的矫正改造，利用轻微犯罪人主观上罪过较轻以及自身的尊严感、认同感等心理特点引导、促进犯罪人改过自新，使其在思想和心理上彻底放弃再犯罪。在执行场所方面，对于在看守所执行的，应当将拘役服刑人与羁押在看守所中的未决犯分开关押，避免二者之间的直接接触，防止犯罪传染。在执行人员配置方面，负责拘役执行的干警应当具备矫正改造方面的专业技能，并注重专业素质的提高。在落实拘役对象权利义务方面，应当切实保障犯罪人每个月回家2至3天的权利，毕竟犯罪人的家庭成员在犯罪人回家期间增加对犯罪人的关心和鼓励，有利于稳定其在执行过程中的心理状态，使其安心接受改造。

（三）加强释放后的帮扶工作

拘役执行完毕之后，公安机关应当继续与重返社会的服刑人员保持联系，及时了解其在社会生活中遇到的相关困难，并采取相关的帮扶措施。对于劳动技能缺乏，失去职业的服刑人，公安机关应当对其进行必要的劳动职业培训；对于重返社会生活不便的服刑人，公安机关应当进行必要的生活指导和心理疏导。目前，公安机关作为维持社会治安的主要力量，工作精力和重点放在惩罚犯罪和维系治安秩序方面，对服刑人重返社会的重视程度远远不能满足社会的期待。

因此，在理顺执行管理体制和强化刑释人员帮扶方面，如何有效整合管理资源，实现行刑和帮扶的无缝衔接，是值得进一步研究的问题。

第四节　死刑的执行

一、死刑概述

死刑是剥夺人生命的刑罚方法，是我国刑罚体系中最严厉的主刑刑种。

一般认为，死刑具有剥夺犯罪人生命和威慑其他人心理的功能。前者意味着用简单、最经济的办法，从肉体上消灭犯罪人，彻底铲除重新犯罪的条件；后者则意味着用执行死刑所产生的恐怖效应，阻止欲犯罪者走上犯罪之路。不过，对于死刑的后一项功能，人们有不同的看法。有的人认为死刑确实具有威慑其他人、阻止其他人犯罪的功能，有的人则认为这样的说法缺少可靠的证据。

无论是中国学者，还是外国学者，都有各自的死刑存废理由。在中国的刑法学著作中，通常认为废除死刑的理由是：（1）死刑对犯罪分子不足以发生威吓作用；（2）死刑断绝了犯罪分子的悔过自新之路；（3）死刑不利于社会安定；（4）死刑是野蛮时代血腥复仇的沿袭，是出于本能的报复，而非基于人的理性；（5）死刑能助长人的残忍，违反人道主义。

与此相对，通常认为保留死刑的理由是：（1）死刑具有最大的威慑力；（2）死刑是实现刑罚预防犯罪目的的必不可少的手段；（3）死刑有利于维护社会安定；（4）死刑是基于伦理正义的必然要求；（5）死刑的适用是人道主义的要求。①

同样，在外国学者的著作中，也有大体上类似的见解。根据犯罪学家弗兰克·E.哈根（Frank E. Hagan，1998）的归纳，在美国等西方国家中，反对死刑的理由主要是：（1）死刑是不能撤销的。因此，对于无辜者执行死刑之后很难补救。（2）不管出于什么理由执行死刑，国家都会变成一个谋杀者，变成一个冷血杀手。（3）死刑是野蛮的，在文明社会中不应当存在。（如果执行死刑的话）社会会变得像被执行死刑的人那样不人道。（4）无法证实死刑对犯罪有威慑作用。（5）对死刑案件的判决代价越来越昂贵，找到愿意判决被告人

---

① 陈兴良．刑法适用总论：下卷．北京：法律出版社，1999：134－137．

有罪的陪审团越来越困难。(6) 在死刑使用中一直存在种族歧视。在美国，大多数被判处死刑的人都是黑人。1982 年，被判处死刑的犯人中，黑人仍然占一半以上。(7) 所有那些具有与美国类似的价值观的国家，都已经废除了死刑。[①]

外国学者赞同死刑的理由包括：(1) 无论是在《圣经》中，还是从文化传统来看，用文化上认可的方式处理罪大恶极的犯罪人，都是得到支持的；(2) 死刑是预防冷血杀手的有效威慑因素；(3) 死刑比长期终身监禁那些最危险的犯罪人更经济；(4) 死刑是最有效的威慑因素；(5) 从报应的观点来看，那些用残忍的方式杀害无辜者的犯罪人，应当受到类似的处罚，这就是公平的惩罚；(6) 恰当地设立死刑，可以阻止私人报复和警戒行动(vigilantism[②])。[③]

尽管长期以来很多国家和地区一直在保留和使用死刑，但是，纵观死刑适用的历史，社会正在朝着限制和废除死刑的方向发展。目前，我国大陆地区限制死刑适用取得两大明显进展。第一，最高人民法院收回死刑复核权。第十届全国人民代表大会常务委员会第二十四次会议 2006 年 10 月 31 日决定将法院组织法第 12 条修改为："死刑除依法由最高人民法院判决的以外，应当报请最高人民法院核准。"最高人民法院 2006 年 12 月 28 日发布了《关于统一行使死刑案件核准权有关问题的决定》，决定自 2007 年 1 月 1 日起施行。最高人民法院、最高人民检察院、公安部、司法部 2007 年 3 月 9 日联合发布了《关于进一步严格依法办案确保办理死刑案件质量的意见》，要求各级人民法院、人民检察院、公安机关、司法行政机关全面落实科学发展观和牢固树立社会主义法治理念，依法履行职责，严格执行刑法和刑事诉讼法，切实把好死刑案件的事实关、证据关、程序关、适用法律关，使办理的每一起死刑案件都经得起历史的检验。这些变化，无疑对限制用死刑和提高死刑案件的质量，都会产生重大的意义。第二，刑法修正案（八）一次性消减了 13 个经济性非暴力犯罪的死刑。

二、死刑执行制度

根据我国刑法和刑事诉讼法的有关规定，死刑执行制度主要包括下列内容。

(一) 执行死刑的依据

根据我国法律的规定，执行死刑的依据有两个方面：(1) 由最高人民法院判处和核准的死刑立即执行的判决。(2) 由最高人民法院院长签发的执行死刑命令。只有根据生效的死刑判决和最高人民法院院长签发的执行死刑命令，才能执行死刑。

(二) 执行死刑的准备

除了直接判决的死刑案件之外，其他死刑案件在最高人民法院院长签发执行死刑的命令后，均由高级人民法院交付原审人民法院执行。根据刑事诉讼法第 21 条关于死刑案件管辖权的规定，原审人民法院通常是中级人民法院。

根据刑事诉讼法第 262 条第 1 款的规定，"下级人民法院接到最高人民法院执行死刑的

---

① 吴宗宪．论死刑的困境与出路．江西公安专科学校学报，2003 (2)：11.

② 警戒行动 (vigilantism) 又译为"警戒主义"，是指由于当地警方治安不力导致居民自发组织起来维护治安的行动，这类行动往往具有专横、暴力、非法等特点。

③ 同①11－12.

命令后，应当在七日以内交付执行”。在此期间，负责执行死刑的人民法院应当迅速做好下列准备工作。

（1）确定执行死刑的具体日期、执行死刑的场所和执行死刑的方法。

（2）确定执行死刑的指挥人员、参与人员和具体执行人员。

（3）通知同级人民检察院派员临场监督。

（4）通知公安机关派员进行刑场警戒。

（5）起草、印刷和张贴执行死刑的布告。执行死刑的情况应当公布，要有选择性地在适当范围和适当地点张贴死刑布告，以便公民了解死刑执行情况。

（三）执行死刑的步骤

1. 询问罪犯是否会见亲属

根据最高人民法院、最高人民检察院、公安部、司法部2007年3月9日联合发布的《关于进一步严格依法办案确保办理死刑案件质量的意见》，“人民法院向罪犯送达核准死刑的裁判文书时，应当告知罪犯有权申请会见其近亲属。罪犯提出会见申请并提供具体地址和联系方式的，人民法院应当准许；原审人民法院应当通知罪犯的近亲属。罪犯近亲属提出会见申请的，人民法院应当准许，并及时安排会见”。（第45条）这一规定表明，询问罪犯是否会见近亲属应当是执行死刑的必经程序和第一个步骤。

如果罪犯申请会见近亲属而近亲属在规定时间内由于不可抗力的原因无法赶到会见的，可以考虑延期执行。在这方面，曾经发生过这样一个案例。2005年3月17日下午，安徽省淮北市第二看守所向次日将被执行死刑的死刑犯朱某传达了淮北市中级人民法院的通知：因朱某未能与远在吉林省的妻儿见最后一面，经其亲属申请，淮北中院同意对朱某延期一天执行。听完淮北中级法院的通知，35岁的朱某眼里噙满了感激的泪水。法院在因飞机误点，远在吉林省的朱某妻儿未能赶到淮北的情况下，同意推迟一天执行死刑，体现了人道关怀。另外，2003年9月1日北京市高级人民法院出台了“司法为民50条”，使死刑犯临刑前可以见近亲属的规定从2004年起在北京率先得到全面落实。[①] 应该说，这些做法体现了人道主义精神及建设和谐社会的理念，值得肯定。

2. 验明正身

验明正身是指负责执行死刑案件的法院对准备交付执行的罪犯查验身份以便确认其就是接受该项判决的罪犯本人的活动。

根据刑事诉讼法第263条第4款的规定，指挥执行死刑的审判人员，必须对将要执行死刑的罪犯验明正身。只有在经过查验，确认该罪犯就是被判决执行死刑的罪犯之后，才能将该罪犯交付具体的执行人员执行死刑。

验明正身的内容包括核对罪犯的姓名、性别、年龄、籍贯、职业、住址、犯罪事实等情况。只有在核对这些情况无误的情况下，才能对该罪犯执行死刑。

验明正身是一项极其严肃的司法工作，也是防止错杀的最后一道程序。负责验明正身的审判人员，必须以高度的责任感和职业精神，认真细致地做好这项工作，以免发生错杀事件，造成无可挽回的悲剧性后果。

3. 讯问有无遗言、信札

根据刑事诉讼法第263条第4款的规定，在验明正身之后，负责指挥死刑执行的审判

① 杨涛．死刑犯及其家属最后的权利应有保障．中国青年报，2005-03-31.

人员要讯问有无遗言、信札。遗言是指将要执行死刑的罪犯在临死前遗留的话。信札是指将要执行死刑的罪犯在临死前写给别人的信件。

在执行死刑前讯问罪犯有无遗言和信札，体现了刑罚执行工作中的人道主义精神。负责讯问的审判人员应当态度和蔼、语气平静、言语清晰，准确表达讯问的意思，让罪犯明确讯问的内容。

4. 执行死刑

执行死刑主要涉及两个方面的问题。

（1）执行死刑的方法。根据刑事诉讼法第 263 条第 2 款的规定，“死刑采用枪决或者注射等方法执行”。这表明，死刑的执行既可以用枪决的方法，也可以用注射的方法，还可以用其他方法。

枪决是指用枪弹射击罪犯身体致其死亡的死刑执行方法。这是我国长期使用的死刑执行方法。

注射是指通过向罪犯身体注射致命性药物而致其死亡的死刑执行方法。这种方法是在 1996 年 3 月 17 日修订的刑事诉讼法中新增加的死刑执行方法。用注射方法执行死刑，具有执行方便、罪犯遭受痛苦小、死亡迅速等特点，体现了执行死刑中的文明、进步和人道主义精神。同时，使用注射方法执行死刑，也可以避免使用枪决方法时存在的很多问题，例如，需要很大的执行场地，动用许多人力和物力，难以一枪毙命和增加罪犯痛苦，执行场面比较血腥等。

刑事诉讼法第 263 条第 2 款规定中的“等方法”，应当是比枪决和注射更为人道、科学和文明的其他死刑执行方法。目前，在中国司法实践中，尚未使用枪决和注射之外的其他方法执行死刑。根据最高人民法院 2012 年解释第 425 条第 3 款的规定，“采用枪决、注射以外的其他方法执行死刑的，应当事先层报最高人民法院批准”。

（2）执行死刑的场所。这是指具体执行死刑的地点，俗称“刑场”。根据刑事诉讼法第 263 条第 3 款的规定，“死刑可以在刑场或者指定的羁押场所内执行”。由于传统的死刑执行方法是枪决，因而为了减少社会负面效果，传统意义上的“刑场”通常设在比较偏僻的地方，远离繁华地区、交通要道和旅游胜地。

所谓“指定的羁押场所”，是指人民法院指定的监狱或者看守所。在大部分情况下，执行死刑的场所往往是指看守所，因为根据中国刑事司法实践，被判处死刑立即执行的罪犯羁押在看守所，在死刑判决生效之后迅速执行死刑，而不移送到监狱。

执行死刑的人员，应当严格控制执行死刑的场所，除了依法参与死刑执行工作的人员以外，禁止其他任何人进入刑场。

根据公安部、最高人民法院、最高人民检察院 1990 年 7 月 16 日发布的《关于严格控制在死刑执行现场进行拍摄和采访的通知》，在执行死刑现场，应当注意下列问题。

（1）死刑执行现场和处决后罪犯的照相、录像由法院组织拍摄，随案卷存档，其他政法机关一般不能到现场进行拍摄。检察院、公安机关因工作需要死刑执行现场照片和录像时，可商请法院提供。

（2）严禁新闻记者到刑场采访、拍照、录像，特殊案件确因宣传需要，新闻单位要求提供照片和录像资料的，由法院酌情提供，用完收回。新闻稿须经省级法院审核。

（3）对刑场照片、底片、录像带等资料，法院要制定管理制度，严格控制，防止流入社会或流出境外、国外。对因违反制度造成不良后果的人员，要严肃处理。

5. 制作笔录

死刑执行是一项极其严肃而重大的刑罚执行工作，对于这项工作的任何环节的情况，都要认真制作笔录，记录在案。

特别是在“执行死刑后，在场书记员应当写成笔录。交付执行的人民法院应当将执行死刑情况报告最高人民法院”。（刑事诉讼法第263条第6款）笔录应当记明执行死刑的具体情况，包括执行的时间、场所、方法、指挥执行死刑人员的姓名、临场监督的人民检察院的检察人员的姓名、执行死刑的其他具体情况等。

交付执行的人民法院应当将执行死刑的情况以及所附执行死刑前后罪犯的照片等，及时逐级上报核准执行死刑的最高人民法院。

6. 做好善后工作

执行死刑后，负责执行的人民法院要做好有关的善后工作。根据刑事诉讼法第263条第7款和最高人民法院2012年《解释》第428条的规定，死刑执行善后工作的内容主要包括下列方面。

（1）处理遗书等事宜。对于死刑罪犯的遗书、遗言笔录，应当及时进行审查；涉及财产继承、债务清偿、家事嘱托等内容的，将遗书、遗言笔录交给家属，同时复制存卷备查；涉及案件线索等问题的，应当抄送有关机关。

（2）通知罪犯家属。通知的内容包括已经执行死刑的事实、领取罪犯尸体或者骨灰等。其中，在没有火化条件或者因民族、宗教等原因不宜火化的地方，法院通知罪犯家属限期领取罪犯尸体；在其他地方，法院在会同民政部门将罪犯尸体火化后通知罪犯家属领取罪犯骨灰。过期不领取的，由人民法院通知有关单位处理，并要求有关单位出具处理情况的说明。对于死刑罪犯的尸体或者骨灰的处理情况，应当记录在案。

（3）对外国籍罪犯执行死刑后，通知外国驻华使、领馆的程序和时限，依照有关规定办理。

（四）执行死刑的停止

执行死刑的停止是指在执行死刑的过程中由于出现和发现法定事由而暂停死刑执行的制度。

根据刑事诉讼法第262条以及最高人民法院2012年《解释》第418～422条、最高人民检察院2012年10月16日发布的《人民检察院刑事诉讼规则（试行）》第637条的规定，第一审人民法院在接到执行死刑命令后、执行前，发现有下列情形之一的，应当暂停执行，并立即将请求停止执行死刑的报告和相关材料层报最高人民法院：

（1）罪犯可能有其他犯罪的；

（2）共同犯罪的其他犯罪嫌疑人到案，可能影响罪犯量刑的；

（3）共同犯罪的其他罪犯被暂停或者停止执行死刑，可能影响罪犯量刑的；

（4）罪犯揭发重大犯罪事实或者有其他重大立功表现，可能需要改判的；

（5）罪犯怀孕的；

（6）判决、裁定可能有影响定罪量刑的其他错误的。

临场监督执行死刑的检察人员在执行死刑前，发现有下列情形之一的，应当建议人民法院立即停止执行：

（1）被执行人并非应当执行死刑的罪犯的；

（2）罪犯犯罪时不满18周岁，或者审判的时候已满75周岁，依法不应当适用死刑的；

（3）判决可能有错误的；

（4）在执行前罪犯有检举揭发他人重大犯罪行为等重大立功表现，可能需要改判的；

（5）罪犯正在怀孕的。

最高人民法院经审查，认为可能影响罪犯定罪量刑的，应当裁定停止执行死刑；认为不影响的，应当决定继续执行死刑。

最高人民法院在执行死刑命令签发后、执行前，发现有停止执行死刑情形的，应当立即裁定停止执行死刑，并将有关材料移交下级人民法院。

下级人民法院接到最高人民法院停止执行死刑的裁定后，应当会同有关部门调查核实停止执行死刑的事由，并及时将调查结果和意见层报最高人民法院审核。

对下级人民法院报送的停止执行死刑的调查结果和意见，由最高人民法院原作出核准死刑判决、裁定的合议庭负责审查，必要时，另行组成合议庭进行审查。

最高人民法院对停止执行死刑的案件，应当按照下列情形分别处理：

（1）确认罪犯怀孕的，应当改判；

（2）确认罪犯有其他犯罪，依法应当追诉的，应当裁定不予核准死刑，撤销原判，发回重新审判；

（3）确认原判决、裁定有错误或者罪犯有重大立功表现，需要改判的，应当裁定不予核准死刑，撤销原判，发回重新审判；

（4）确认原判决、裁定没有错误，罪犯没有重大立功表现，或者重大立功表现不影响原判决、裁定执行的，应当裁定继续执行死刑，并由院长重新签发执行死刑的命令。

在实践中，已经发生过执行死刑停止的案例。例如，2002 年 4 月 29 日，根据被告人董某的二审辩护律师朱某的请求，最高人民法院通知陕西省高级人民法院暂停执行死刑。后陕西省高级人民法院经审理于 8 月 26 日作出终审裁定，确认被告人构成故意杀人罪。2002 年 9 月 5 日，被告人在最高人民法院死刑缓刑令下达 128 天后被执行死刑。①

（五）其他注意事项

1. 禁止侮辱死刑罪犯

在执行死刑的过程中，可以公布执行死刑的消息，包括公布死刑罪犯的罪行和姓名等信息。但是，禁止通过游街示众等方法侮辱罪犯。对此，刑事诉讼法第 263 条第 5 款明确规定："执行死刑应当公布，不应示众。"最高人民法院、最高人民检察院、公安部、司法部 2007 年 3 月 9 日联合发布的《关于进一步严格依法办案确保办理死刑案件质量的意见》中，再次重申："执行死刑应当公布。禁止游街示众或者其他有辱被执行人人格的行为。禁止侮辱尸体。"（第 48 条）审判机关和有关部门应当坚决执行这些规定，严禁侮辱罪犯的做法。

2. 关于利用死刑罪犯尸体或尸体器官的问题

能否利用死刑罪犯的尸体从事医疗或者科学研究？对此问题，最高人民法院、最高人民检察院、公安部、司法部、卫生部、民政部在 1984 年 10 月 9 日联合发布《关于利用死刑罪犯尸体或尸体器官的暂行规定》，其中作出了明确规定："以下几种死刑罪犯尸体或尸体器官可供利用：1. 无人收殓或家属拒绝收殓的；2. 死刑罪犯自愿将尸体交医疗卫生单位利

---

① 陈兴良．从"枪下留人"到"法下留人"//陈泽宪．死刑——中外关注的焦点．北京：中国人民公安大学出版社，2005：71－83.

用的；3. 经家属同意利用的。”

利用死刑罪犯尸体或者尸体器官的注意事项如下。

（1）利用单位必须具备医学科学研究或移植手术的技术水平和设备条件，经所在省、市、自治区卫生厅（局）审查批准发给特许证，并到本市或地区卫生局备案。

（2）尸体利用统一由市或地区卫生局负责安排，根据需要的轻重缓急和综合利用原则，分别同执行死刑的人民法院和利用单位进行联系。

（3）死刑执行命令下达后，遇有可以直接利用的尸体，人民法院应提前通知市或地区卫生局，由卫生局转告利用单位，并发给利用单位利用尸体的证明，将副本抄送负责执行死刑的人民法院和负责临场监督的人民检察院。利用单位应主动同人民法院联系，不得延误人民法院执行死刑的法定时限。

对需征得家属同意方可利用的尸体，由人民法院通知卫生部门同家属协商，并就尸体利用范围、利用后的处理方法和处理费用以及经济补偿等问题达成书面协议。市或地区卫生局根据协议发给利用单位利用尸体的证明，并抄送有关单位。

死刑罪犯自愿将尸体交医疗单位利用的，应有由死刑罪犯签名的正式书面证明或记载存人民法院备查。

（4）利用死刑罪犯尸体或尸体器官要严格保密，注意影响，一般应在利用单位内部进行。确有必要时，经执行死刑的人民法院同意，可以允许卫生部门的手术车开到刑场摘取器官，但不得使用有卫生部门标志的车辆，不准穿白大衣。摘取手术未完成时，不得解除刑场警戒。

（5）尸体被利用后，由火化场协助利用单位及时火化；如需埋葬或做其他处理的，由利用单位负责；如有家属要求领取骨灰的，由人民法院通知家属前往火化场所领取。

在汉族地区原则上不利用少数民族死刑罪犯的尸体或尸体器官。在少数民族聚居地区，执行《关于利用死刑罪犯尸体或尸体器官的暂行规定》时，要尊重少数民族的丧葬习惯。

【问题与思考】

1. 没收财产刑执行制度的主要内容是什么？
2. 没收财产刑执行中存在哪些问题？应当如何改进？
3. 罚金刑执行制度的主要内容是什么？
4. 罚金刑执行中存在哪些问题？应当如何改进？
5. 如何看待与改进拘役刑执行中存在的问题？
6. 如何认识死刑制度的存废与限制问题？
7. 死刑执行制度的主要内容有哪些？

【推荐参考论著】

1. 侯国云主编．刑罚执行问题研究．北京：中国人民公安大学出版社，2005.
2. 陈泽宪主编．死刑——中外关注的焦点．北京：中国人民公安大学出版社，2005.
3. 陈兴良．刑法哲学．3 版．北京：中国政法大学出版社，2004.
4. 吴宗宪，陈志海，叶旦声，马晓东．非监禁刑研究．北京：中国人民公安大学出版社，2003.
5. 马克昌主编．刑罚通论．武汉：武汉大学出版社，1999.
6. 孙力．罚金刑研究．北京：中国人民公安大学出版社，1995.

第十七章
非刑罚裁决执行与相关问题

内容导读

刑事执行制度的内容，不仅应包括对监禁刑等刑罚裁决内容的执行，而且应包括对非刑罚裁决内容的执行。只有这样，刑事执行制度才是全面的，刑事执行法学才是完整的。本章论述非刑罚裁决执行及其相关问题，主要包括无罪判决的执行、非刑罚裁决方法的执行以及冤案赔偿等内容。此外，对刑事被害人及其近亲属等利害关系人开展多种形式的救助活动，对于抚慰被害人及其近亲属的心理、体现司法公正和司法民主等都具有积极的意义，因此，本章也探讨刑事被害人救助方面的内容。

第一节　无罪判决的执行

一、概述

(一) 无罪判决的含义

无罪判决是与“有罪判决”相对应的一个概念，是指人民法院根据查明的案件事实、证据和相关法律规定，确认被告人无罪或者认为证据不足、指控的犯罪不能成立时宣告其无罪的一种判决。

在我国，刑事审判权由人民法院行使。人民法院审理刑事案件所作出的判决，要么是有罪判决，要么是无罪判决。当然，有罪判决有不同情形：在对被告人宣告有罪的同时科以一定的刑罚；在对被告人宣告有罪的同时对其适用缓期执行；对被告人仅仅宣告有罪而对其免除刑事处罚。因此，可以将有罪判决概括为“定罪量刑、定罪缓刑和定罪免刑”三种模式。但无论是哪一种模式，其前提都是已经“定罪”。与之相反，无罪判决是人民法院基于案件事实、刑事证据和法律规定等原因而对被告人作出的确认所指控犯罪不成立的判决，其前提是“无罪”。因此，被宣告无罪的被告人，自然也就不存在刑法意义上的“前科”问题。

刑事诉讼法对无罪判决作出了相关规定。根据该法第16条，当出现如下六种情形时，不应当追究刑事责任，已经追究的，应当撤销案件，或者不起诉，或者终止审理，或者宣告无罪：(1) 情节显著轻微、危害不大，不认为是犯罪的；(2) 犯罪已过追诉时效期限的；(3) 经特赦令免除刑罚的；(4) 依照刑法告诉才处理的犯罪，没有告诉或者撤回告诉的；(5) 犯罪嫌疑人、被告人死亡的；(6) 其他法律规定免予追究刑事责任的。同时，根据该法第200条第2项和第3项的规定，“在被告人最后陈述后，审判长宣布休庭，合议庭进行评议，根据已经查明的事实、证据和有关的法律规定，分别作出以下判决：……(二) 依据法律认定被告人无罪的，应当作出无罪判决；(三) 证据不足，不能认定被告人有罪的，应当作出证据不足、指控的犯罪不能成立的无罪判决”。此外，根据该法第260条的规定，“第一审人民法院判决被告人无罪、免除刑事处罚的，如果被告人在押，在宣判后应当立即释放”。

(二) 无罪判决的种类

根据刑事诉讼法的规定，依据裁判理由的不同，无罪判决主要有两种。

1. 确定无罪

这是指基于案件事实清楚、证据确实充分，依照刑法不构成犯罪的情形。

这种情形是指被告人的行为根据刑法不构成犯罪。确定无罪的判决是建立在经过庭审，案件事实已经查明，确有证据证明被告人没有犯罪行为的基础之上的，是一种证据确实、充分地证明虽然有犯罪行为存在，但不是被告人实施的，或者被告人实施的行为不构成犯罪的判决。因被告人的行为不符合刑法相关犯罪的犯罪构成，从而作出的无罪判决，是刑事审判活动贯彻罪刑法定原则的必然要求。判断一个人的行为是否构成犯罪、构成何种犯罪、成立一罪还是数罪，应该以犯罪构成为标准。如果被告人所实施的行为根本不符合刑法规定的相关犯罪的犯罪构成，就不能认定该行为属于犯罪行为，人民法院只能据此对被告人作出无罪判决。

2. 证据不足无罪

这是依照无罪推定原则推定“疑罪从无”的情形。

经过法庭审理查明，虽然有对被告人不利的有罪证据，但是不足以证明被告人实施了被指控行为，达不到“证据确实、充分”的法定证明标准时，应当依据相关规定判决被告人无罪。① 在刑事诉讼中，证据是认定案件事实的唯一根据，同时也是正确适用法律的事实基础。刑事诉讼并不是还原案件客观原貌的活动，而是在证据的基础上对犯罪事实予以重构的证明活动。包括人民法院在内的刑事司法机关，对刑事案件作出任何处理决定时所能依据的事实，只能是在刑事诉讼过程中所掌握的各种证据。因此，如果人民法院认为公诉机关或者自诉人未能提出证明被告人有罪的确凿充分的证据，就只能对被告人宣告无罪。这既符合刑事诉讼法第55条②的规定，也是刑事审判活动贯彻“无罪推定原则”的必然要求。

被告人没有犯罪行为的无罪判决，从事实角度讲被告人没有犯罪行为，从法律角度讲

---

① 顾永忠，胡婧．“疑罪从无”判决的再审．法学，2016 (9)．

② 刑事诉讼法第55条规定：“对一切案件的判处都要重证据，重调查研究，不轻信口供。只有被告人供述，没有其他证据的，不能认定被告人有罪和处以刑罚；没有被告人供述，证据确实、充分的，可以认定被告人有罪和处以刑罚。证据确实、充分，应当符合以下条件：(一) 定罪量刑的事实都有证据证明；(二) 据以定罪的证据均经法定程序查证属实；(三) 综合全案证据，对所认定事实已排除合理怀疑。”

被告人是无罪的，是一种肯定判决，一种肯定的无罪。虽然无罪推定原则贯彻整个诉讼过程，但是就结局讲无罪推定原则并不适用。证据不足的无罪判决，从事实角度讲被告人可能有犯罪行为，从法律角度讲被告人是无罪的。无罪推定原则不仅适用于整个诉讼过程，也适用于案件的结局，判决本身就是无罪推定原则适用的结果。① 从法律性质和法律效力而言，两种无罪判决完全相同，判决一旦宣告，被告人如果在押，应当立即释放。但是两者又有一定的区别，“确定无罪”判决无论是在事实上还是在法律上都是彻底的无罪判决，“证据不足无罪”判决则是基于有罪的证据不足，对“疑罪”案件做“从无”处理，实质上是推定无罪的判决。所以，此种无罪判决并不是宣告被告人彻底无罪的判决。被告人即使获得此种无罪判决，事实上仍然戴着一顶“疑罪”的帽子，即虽然没有给被告人定罪，但并没有排除被告人有罪的可能。②

（三）无罪判决的意义

人民法院根据查明的案件事实、证据和相关法律规定，对被告人作出无罪判决，具有重要的意义。具体而言，包括如下三个方面。

1. 反映了无罪推定原则的内在要求

无罪判决贯彻了“疑罪从无”原则。“证据不足无罪”的判决类型旨在强调，对被告人构成犯罪的指控必须通过证据予以证明，并且必须达到事实清楚、证据充分的证明标准时，方能依据法律作出有罪的判决；而与此相对应，证据不足，不能认定被告人有罪的，应当作出证据不足、指控的犯罪不能成立的无罪判决，这一规定反映了无罪推定的内在要求。③

2. 落实程序公正原则的重要体现

无罪判决落实了程序公正原则。司法的最终裁判性质，要求在刑事诉讼中必须贯彻审判中心主义和庭审中心主义，发挥好法庭审判的应有功能和作用。④ 根据程序公正原则，人民法院只能在证据确实、充分的基础上对被告人作出相关判决。因此，刑事案件所有事实都必须有证据证明时才能成立，据以定案的证据均必须经过法定程序查证属实，并且在综合全案证据的基础上，应该对所认定的事实都已排除了合理怀疑。这既体现了刑事司法对被告人的尊重，切实维护了被告人的合法权益，也增进了相关当事人和社会群众对刑事司法机关的信任，还彰显了刑事司法制度的公平和正义。

3. 维持诉讼结构平衡的必然要求

无罪判决维持了诉讼结构平衡。人民法院、人民检察院和公安机关进行刑事诉讼活动，应当分工负责、相互配合、相互制约，以保证准确有效地执行法律。对于由检察机关提起公诉的刑事案件而言，人民法院基于法律规定或者证据不足等原因，对被告人宣告无罪，实际上体现的是审判权对检察权的制约，同时也是对侦查权的一种制约。这种体系的良好运行有利于维护刑事司法公正，促进法治的文明进步。

二、无罪判决的执行内容

无罪判决的执行内容，主要涉及立即释放被告人、对无罪判决予以公开宣告以及对被

① 侯国锋．证据不足无罪判决研究．中国检察官，2017（13）．

② 顾永忠，胡婧．“疑罪从无”判决的再审．法学，2016（9）．

③ 闵春雷，鲍文强．我国无罪判决模式之反思——以《刑事诉讼法》第195条第3项为重点的分析．法学，2018（5）．

④ 沈德咏．论疑罪从无．中国法学，2013（5）．

告人进行刑事赔偿等三个方面。此外，针对“证据不足无罪”判决，被告人仍然戴着“疑罪”的帽子，此种无罪判决可能还伴随着一些对被告人不利的法律后果。

（一）立即释放被告人

根据刑事诉讼法第260条的规定，“第一审人民法院判决被告人无罪、免除刑事处罚的，如果被告人在押，在宣判后应当立即释放”。这是一审人民法院的职责。

这里实际上还涉及另外一个重要问题，即如果被告人因其他原因而处于人身自由受限制的状态，例如，对被告人采取监视居住或者取保候审，其人身自由受限制的状态是否应当随着无罪判决的作出而予以立即解除？就通常意义而言，刑事诉讼中的羁押主要是对被告人采取拘留和逮捕这两种强制措施，但这只是被告人可能受到的五种形式的强制措施[①]中的一部分而已。在一审法院作出判决之前，被告人可能由于其他原因未被羁押但是被采取了其他刑事强制措施，如被取保候审或者监视居住等，而这些限制被告人人身自由的强制措施并不属于“羁押被告人”。换言之，刑事诉讼法第260条所规定的立即释放被羁押的被告人，仅仅是针对被拘留或者逮捕的被告人而言的，即解除被告人的被拘留或者被逮捕的状态。从理论上说，既然拘留或者逮捕这种相对而言更为严厉的刑事强制措施都被解除，那么相对而言较为宽缓的取保候审或者监视居住等限制被告人人身自由的刑事强制措施自然也应该立即解除。只有这样，才能真正实现保障被告人、犯罪嫌疑人人权的目标。

（二）公开宣告无罪判决

作出无罪判决后，除应该立即释放被告人之外，还应当公开宣告该无罪判决的内容。与普通的刑事判决宣告不同，无罪判决宣告的对象主要应该是被告人所在单位、社区及当地群众。这对于被告人恢复原有的工作、学习和生活状态，恢复应有的名誉，重新融入社会，都具有积极的意义。

（三）对被告人进行刑事赔偿

被告人在经历了立案侦查、审查起诉和刑事审判等阶段之后，最终被人民法院宣告无罪，足以说明先前的刑事诉讼程序与活动是错误的，因此，被宣告无罪的被告人有要求获得刑事赔偿的权利。

刑事赔偿是国家赔偿的一种表现形式，是指国家机关及其工作人员因行使职权给公民、法人及其他组织的人身权或者财产权造成损害时依法应当给予的赔偿。对宣告无罪的被告人进行刑事赔偿，有明确的法律根据。国家赔偿法第17条第1项、第2项的规定：“行使侦查、检察、审判职权的机关以及看守所、监狱管理机关及其工作人员在行使职权时有下列侵犯人身权情形之一的，受害人有取得赔偿的权利：（一）违反刑事诉讼法的规定对公民采取拘留措施的，或者依照刑事诉讼法规定的条件和程序对公民采取拘留措施，但是拘留时间超过刑事诉讼法的时限，其后决定撤销案件、不起诉或者判决宣告无罪终止追究刑事责任的；（二）对公民采取逮捕措施后，决定撤销案件、不起诉或者判决宣告无罪终止追究刑事责任的。”同时，国家赔偿法第18条规定：“行使侦查、检察、审判职权的机关以及看守所、监狱管理机关及其工作人员在行使职权时有下列侵犯财产权情形之一的，受害人有取得赔偿的权利：（一）违法对财产采取查封、扣押、冻结、追缴等措施的；（二）依照审判监督程序再审改判无罪，原判罚金、没收财产已经执行的。”

① 其他强制措施包括拘传、监视居住和取保候审。

(四)"证据不足无罪"判决的消极法律后果

1. 可以重新起诉

依据有关法律规定，人民检察院一旦发现新的犯罪事实和证据，可以重新起诉。根据最高人民法院2012年《解释》第181条第4项规定，人民法院依法宣告被告人无罪后，人民检察院根据新的事实、证据重新起诉的，应当依法受理。由此可见，为了发现新的犯罪事实和证据，公安机关和检察机关可以重新启动追诉程序。根据"疑罪从无"原则被宣告无罪的人仍然有着重新被追究刑事责任的可能性。

2. 可以限制涉案人出境

依据相关法律规定，可以限制涉案人出境。出境入境管理法第12条规定："中国公民有下列情形之一的，不准出境：……（二）被判处刑罚尚未执行完毕或者属于刑事案件被告人、犯罪嫌疑人的；……（六）法律、行政法规规定不准出境的其他情形。""证据不足无罪"判决虽然终止了之前针对被告人已经启动的刑事诉讼程序，但是并不能阻止公安、检察机关重新启动刑事诉讼程序。在此过程中，之前被判决无罪的被告人又可能成为犯罪嫌疑人、被告人，并因此被有关机关依据上述规定不准出境。①

三、对无罪被告人的赔偿

执行无罪判决的一项重要内容，是对无罪被告人进行刑事赔偿。鉴于这方面内容的重要性和复杂性，需要专门展开论述。根据我国有关立法的规定，对无罪被告人的刑事赔偿，主要涉及赔偿方式、赔偿标准和赔偿程序等三个问题。

(一) 赔偿方式和赔偿机关

根据国家赔偿法第32条的规定，对宣告无罪的被告人进行国家赔偿，以支付赔偿金为主要方式；能够返还财产或者恢复原状的，予以返还财产或者恢复原状。

对公民采取拘留措施、逮捕措施后经判决宣告无罪的，作出拘留决定的机关、作出逮捕决定的机关为赔偿义务机关。再审改判无罪的，作出原生效判决的人民法院为赔偿义务机关。二审改判无罪，以及二审发回重审后做无罪处理的，作出一审有罪判决的人民法院为赔偿义务机关。

(二) 赔偿标准

对宣告无罪的被告人进行国家赔偿，其赔偿标准因受害人遭受损失的种类的不同而有所区别。根据国家赔偿法第33～36条的规定，其具体的赔偿标准大致如下。

1. 人身自由遭受侵犯的赔偿标准

被宣告无罪的被告人因先期羁押等而使人身自由遭受侵犯的，每日赔偿金的数额应当按照国家上年度职工日平均工资计算。②

2. 生命健康权遭受侵犯的赔偿标准

被宣告无罪的被告人的生命健康权遭受侵犯的，其赔偿金数额按照下列规定计算。

---

① 顾永忠，胡婧."疑罪从无"判决的再审.法学，2016（9）.

② 人身自由遭受侵犯的状态与正常上班的状态，是完全不同的两种情况。将这两种性质截然不同的状态相提并论，是极不合理的，反映了立法者对于公民人身自由遭受侵犯的状态的轻慢和冷漠。在宪法已经规定"国家尊重和保障人权"的情况下，这样的规定应予修改，人身自由遭受侵犯的公民应当获得与其遭受的侵犯相适应的赔偿。——本书主编注

（1）造成身体伤害的，赔偿义务机关应当支付医疗费、护理费，并赔偿其因误工减少的收入。至于减少的收入的每日赔偿金的数额，则应当按照国家上年度职工日平均工资计算，最高额应不超过国家上年度职工平均工资的5倍。

（2）造成部分或者全部丧失劳动能力的，赔偿义务机关应当支付医疗费、护理费、残疾生活辅助具费、康复费等因残疾而增加的必要支出和继续治疗所必需的费用，以及残疾赔偿金。至于残疾赔偿金的数额则应该根据丧失劳动能力的程度，按照国家规定的伤残等级予以确定，但最高额不得超过国家上年度职工平均工资的20倍。此外，如果被宣告无罪的被告人已经丧失全部劳动能力的，则应对其扶养的无劳动能力的人支付生活费。

（3）造成死亡的，赔偿义务机关应当向受害人支付死亡赔偿金和丧葬费，其数额为国家上年度职工平均工资的20倍。此外，对死者生前扶养的无劳动能力的人，还应当支付生活费。

至于上述第（2）种和第（3）种生活费的发放标准，则应当参照当地最低生活保障标准予以执行。如果被扶养的人是未成年人的，所应支付的生活费应该支付至18周岁时止，而其他无劳动能力的人的生活费则应该支付至死亡时止。

3. 遭受精神损害的赔偿标准

被宣告无罪的被告人遭受精神损害的，应当在侵权行为甚至犯罪行为影响的范围内，为受害人消除影响、恢复名誉、赔礼道歉。如果造成严重后果的，还应当向其支付相应的精神损害抚慰金。这实际上涉及对受害人进行精神损害赔偿的问题，相关内容可参见本章第三节的详尽阐述，这里暂不展开。

4. 遭受财产损害的赔偿标准

被宣告无罪的被告人遭受财产损害的，应当按照下列方式处理。

（1）处罚款、罚金、追缴或没收财产或者已经违法进行征收、征用财产的，应当予以返还。

（2）已查封、扣押、冻结财产的，应当解除对财产的查封、扣押、冻结，对于已经造成财产损坏或者灭失的，则应当予以赔偿。

（3）对于应当返还而又损坏的财产，应该尽可能地恢复原状，实在无法恢复原状的，则应当按照损害程度给付相应的赔偿金。

（4）对于应当返还而又灭失的财产，应当给付相应的赔偿金。

（5）财产已经被拍卖或者变卖的，应当给付拍卖或者变卖所得的价款。如果变卖的价款明显低于财产价值的，则应当支付相应的赔偿金。

（6）已经被吊销许可证和执照，或者被责令停产停业的，应当赔偿其停产停业期间必要的经常性费用开支。

（7）返还已被执行的罚款或者罚金、追缴或者没收的金钱，以及解除其已被冻结的存款或者汇款的，应当向被害人支付银行同期存款利息。

（8）对财产权造成其他损害的，应当按照直接损失予以赔偿。

（三）赔偿程序

对宣告无罪的被告人进行赔偿，必须严格依照法定的程序进行。这是保证赔偿活动依法进行、切实维护赔偿请求人合法权益的基本保障。根据《国家赔偿法》《国家赔偿费用管理条例》以及《人民法院赔偿委员会审理国家赔偿案件程序的规定》，人民法院赔偿委员会（以下简称“赔偿委员会”）审理国家赔偿案件的程序主要包括以下几点。

1. 提出赔偿要求

赔偿请求人应当以递交申请书的方式向相关赔偿义务机关提出赔偿要求。赔偿请求人书写申请书确有困难的，可以口头申请。口头提出申请的，人民法院应该填写《申请赔偿登记表》，由赔偿请求人签名或者盖章。

赔偿请求人向赔偿委员会申请作出赔偿决定，应当提供以下法律文书和证明材料：赔偿义务机关作出的决定书；复议机关作出的复议决定书，但赔偿义务机关是人民法院的除外；赔偿义务机关或者复议机关逾期未作出决定的，应当提供赔偿义务机关对赔偿申请的收讫凭证等相关证明材料；行使侦查、检察、审判职权的机关在赔偿申请所涉案件的刑事诉讼程序、民事诉讼程序、行政诉讼程序、执行程序中作出的法律文书；赔偿义务机关职权行为侵犯赔偿请求人合法权益造成损害的证明材料；证明赔偿申请符合申请条件的其他材料。

2. 审查与受理申请

赔偿委员会收到申请材料后，对申请材料进行审查。如果符合申请条件的，应当在7日内立案，并通知赔偿请求人、赔偿义务机关和复议机关；如果认为不符合申请条件的，应当在7日内决定不予受理；立案后发现不符合申请条件的，决定驳回申请。申请材料不齐全的，赔偿委员会应当在5日内一次性告知赔偿请求人需要补正的全部内容，收到赔偿申请的时间应当自赔偿委员会收到补正材料之日起计算。

3. 作出处理决定

赔偿委员会应当在立案之日起5日内将赔偿申请书副本或者《申请赔偿登记表》副本送达赔偿义务机关和复议机关。

赔偿请求人可以委托一至二人作为代理人。代理人既可以是律师、提出申请的公民的近亲属，也可以是有关的社会团体或者所在单位推荐的人以及经赔偿委员会许可的其他公民。赔偿义务机关、复议机关可以委托本机关工作人员一至二人作为代理人。赔偿请求人、赔偿义务机关、复议机关委托他人代理的，应当向赔偿委员会提交由委托人签名或者盖章的授权委托书。授权委托书应当载明委托事项和权限。此外，代理人代为承认、放弃、变更赔偿请求，应当有委托人的特别授权。

赔偿委员会审理赔偿案件，应当指定一名审判员负责具体承办。负责具体承办赔偿案件的审判员应当查清事实并写出审理报告，提请赔偿委员会讨论决定。赔偿委员会作出赔偿决定，必须有3名以上审判员参加，按照少数服从多数的原则作出决定。

赔偿委员会审理赔偿案件应当按照下列情形，分别作出决定：（1）赔偿义务机关的决定或者复议机关的复议决定认定事实清楚，适用法律正确的，依法予以维持；（2）赔偿义务机关的决定、复议机关的复议决定认定事实清楚，但适用法律错误的，依法重新决定；（3）赔偿义务机关的决定、复议机关的复议决定认定事实不清、证据不足的，查清事实后依法重新决定；（4）赔偿义务机关、复议机关逾期未作决定的，查清事实后依法作出决定。赔偿委员会审理赔偿案件作出决定，应当制作国家赔偿决定书，加盖人民法院印章。

四、对无罪判决执行的监督

由于作出无罪判决后需要立即释放被告人，还需要向被告人所在单位、社区及当地群众公开予以宣告，为了切实维护被告人的切身利益、保障刑事执行活动的效果，必须对无罪判决的宣告进行有效的法律监督。在这方面，检察机关应该切实发挥其应有的作用，督促审判机关认真进行所有必须进行的工作，避免审判机关为了图省事而减缩必须进行的相关工作。最高人民检察院对各级人民法院赔偿委员会作出的决定，上级人民检察院对下级人民法院赔偿委员会作出的决定，发现有违反国家赔偿法相关规定的情形的，应当向同级人民法院赔偿委员会提出意见，同级人民法院赔偿委员应当在2个月内重新审查并依法作出决定。此外，相关国家机关、社会团体和人民群众，包括新闻媒体，也应该参与到对无罪判决执行的监督工作中来，以便充分维护各个方面的利益。

另外，对"证据不足无罪"判决的再审启动问题也不容忽视。无罪判决的当事人及其法定代理人、近亲属，对已经发生法律效力的判决、裁定，可以向人民法院或者人民检察院提出申诉，但是不能停止判决、裁定的执行。根据刑事诉讼法第253条的规定，"当事人及其法定代理人、近亲属的申诉符合下列情形之一的，人民法院应当重新审判：（一）有新的证据证明原判决、裁定认定的事实确有错误，可能影响定罪量刑的；（二）据以定罪量刑的证据不确实、不充分、依法应当予以排除，或者证明案件事实的主要证据之间存在矛盾的；（三）原判决、裁定适用法律确有错误的；（四）违反法律规定的诉讼程序，可能影响公正审判的；（五）审判人员在审理该案件的时候，有贪污受贿，徇私舞弊，枉法裁判行为的"。此外，各级人民法院发现本院作出的生效判决和裁定在认定事实上或者适用法律上确有错误，或者最高人民法院发现各级人民法院作出的生效判决或者裁定确有错误，或者上级人民法院发现下级人民法院作出的生效判决和裁定确有错误，应当进行再审。同时，最高人民检察院发现各级人民法院作出的生效判决和裁定确有错误，或者上级人民检察院发现下级人民法院作出的生效判决和裁定确有错误，有权向同级人民法院提起抗诉，接受抗诉的人民法院应当重新审判案件。由此可见，启动再审的基本理由是已经生效的判决或者裁定确有错误，启动再审的主体既可以是法院，也可以是检察院，还可以是当事人。至于审理的方式，由原审人民法院审理的，应当另行组成合议庭进行审理；如果原来是第一审案件，应当按照第一审程序进行审判，所做的判决、裁定可以上诉和抗诉；如果原来是第二审案件，或者是上级人民法院提审的案件，则应当按照二审程序进行审判，所做的判决、裁定是终审的判决、裁定。

第二节 非刑罚裁决方法的执行

一、非刑罚裁决方法及其特点

（一）概述

非刑罚裁决方法，又称为非刑罚处罚方法、非刑罚处罚措施，是指针对免除刑事处罚的犯罪人，人民法院根据案件的不同情况，直接适用或者建议主管部门适用刑罚以外的其他处理方法的总称。非刑罚裁决方法虽然由刑法第37条、第37条之一明文规定，但就其性质而言不是刑种，不具有刑罚的性质、作用和后果，而是刑罚的必要补充或者替代措施，是强制犯罪人实际承担其刑事责任的具体表现方式。

非刑罚裁决方法的适用前提是对犯罪人免除刑事处罚。所谓免除刑事处罚是指对犯罪人实施的行为虽然做有罪宣告，但是不判处任何刑罚处罚，也就是说犯罪人的行为构成犯罪，存在相应的有罪判决。免除刑罚虽然以犯罪情节轻微为前提，却与刑法第13条但书所规定的“情节显著轻微危害不大的，不认为是犯罪”的情形具有本质区别。前者的前提是构成犯罪，后者并不构成犯罪。

(二) 特点

非刑罚裁决方法主要有以下三个特征。

第一，适用前提是有罪判决。非刑罚裁决方法虽然具有非刑罚性，但是只能在人民法院宣告被告人有罪的前提下才可以适用，因此，对其他违法人不可以适用。

第二，由人民法院在刑事判决中予以宣告。虽然诸如行政性处理方法需要特定的主管部门具体实施，但是仍由人民法院根据案件的具体情况提出司法建议。

第三，具有强制性。非刑罚裁决方法虽然不是刑事处罚方法，但是与刑事处罚方法密切联系，相辅相成，仍具有一定的强制性。

总之，非刑罚裁决方法不是独立的刑种，而是刑罚方法的必要补充，它可以辅助刑罚成为刑事制裁的实现方法，它与刑罚方法都体现了国家对犯罪行为和犯罪人的否定性评价和谴责，只不过二者适用的对象和严厉性程度不同而已。

二、非刑罚裁决方法的种类与执行

根据我国刑法第37条、第37条之一的规定，这些非刑罚裁决方法主要包括以下几种。

(一) 训诫

训诫是指人民法院对免予刑事处罚的犯罪人当庭予以批评、谴责，并责令其改正的一种教育方法。

对犯罪人当庭予以训诫，可以表明国家对其犯罪行为的否定评价和对犯罪人的谴责态度，目的在于督促犯罪人认识到自己犯罪行为的社会危害性，从而产生感化、教育作用，进而预防和减少犯罪。

关于训诫的方式，最高人民法院于1964年1月18日发布的《关于训诫问题的批复》明确规定：“人民法院对于情节轻微的犯罪分子，认为不需要判处刑罚，而应予以训诫的，应当用口头的方式进行训诫。在口头训诫时，应当根据案件的具体情况，一方面严肃地指出被告人的违法犯罪行为，分析其危害性，并责令他努力改正，今后不再重犯；另一方面也要讲明被告人的犯罪行为尚属轻微，可不给予刑事处分。”事实上，训诫不仅可以采取口头的方式，还可以采取书面的方式，后者的效果更为明显。[①] 因此，应该强化书面训诫方式的适用。此外，还应该明确训诫的核心内容、规范训诫的基本程序，使其不应仅仅停留在对犯罪人的谴责甚至训斥层面。唯有如此，才能构建具有长效机制的训诫措施执行体系，以更好地发挥该类非刑罚裁决方法对犯罪人所具有的感化和教育作用。

(二) 责令具结悔过

责令具结悔过是指人民法院责令犯罪人用书面方式保证悔改、以后不再重新犯罪的教育方法。

---

① 马克昌．刑罚通论．武汉：武汉大学出版社，1999：737.

这种非刑罚裁决方法通过让犯罪人作出书面保证的方式，可以使其认识到自己行为的社会危害性，认真反思自己的行为方式和行为后果，痛改前非，从而达到改造犯罪人和预防再犯的目的。

责令具结悔过的执行方式，目前法律和司法解释均无明确的规定。在司法实践中，既可以在判决宣告后，要求犯罪人在一定期限内写出不再犯罪的书面保证；也可以让犯罪人事先写好悔罪书，在判决宣告时当庭宣读；还可以将犯罪人所写的悔罪书印成多份，交给有关单位或者张贴在公共场所，以示悔罪。

（三）责令赔礼道歉

责令赔礼道歉是指人民法院责令犯罪人公开向被害人当面承认错误、表示歉意，并保证今后不再侵犯被害人的教育方法。

犯罪人的犯罪行为不仅给国家和社会造成了危害，而且直接侵犯了被害人的法益，因此，直接向被害人当面承认错误并表示自己的歉意，是非常必要的。作为承担刑事责任的一种方式，责令赔礼道歉与一般意义上的赔礼道歉不同，它是在国家强制力的保证下强制进行的，反映了国家对犯罪行为的否定性评价和对犯罪人本人的谴责。作为一种非刑罚裁决方法，赔礼道歉的内容和情况都应当做成笔录，记录在案，以便查证。由于赔礼道歉采取向被害人认错的方式进行，因此，它既能促使犯罪人悔过自新，又能平息被害人及其近亲属甚至社会群众的愤怒情绪，具有消除双方矛盾、促进双方和解的积极作用。

在司法实践中，赔礼道歉往往公开进行。既可以在法庭宣判时当庭直接向被害人赔礼道歉，也可以在有关人员参加的会议上由犯罪人进行公开道歉。至于赔礼道歉的方式，既可以直接进行口头的赔礼道歉，也可以进行书面的赔礼道歉。但无论采取哪一种方式，都应当做成笔录，记录在档。此外，还应该调整司法机关介入赔礼道歉程序的尺度，努力将责令赔礼道歉转换为督促犯罪人主动赔礼道歉，明确主动赔礼道歉的核心内容。①

（四）责令赔偿损失

责令赔偿损失是指人民法院责令犯罪人向被害人支付一定数额的金钱，以弥补被害人因犯罪行为而遭受的损失的处理方法。

通过责令犯罪人赔偿损失，既可以达到惩罚教育犯罪人的目的，也可以实现对被害人的赔偿和补偿。责令赔偿损失应当以免除犯罪人的刑罚为前提，并且即使在被害人没有提起民事诉讼的情形下，法院也可以根据案件的具体情况责令犯罪人赔偿损失。它适用于犯罪行为给被害人造成了损害的情况，除了给被害人造成直接经济损失以外，对犯罪行为给被害人造成其他损失的，也可以通过赔偿损失予以补偿。换言之，责令赔偿损失，包括责令赔偿物质损害与补偿精神损害。对于补偿精神损害的范围，可以参考民法的规定予以决定。②

与“责令赔偿损失”这一非刑罚裁决方法相似的是我国刑法第 36 条规定的“判处赔偿经济损失”。该条规定：由于犯罪行为而使被害人遭受经济损失的，对犯罪分子除依法给予刑事处罚外，并应根据情况判处赔偿经济损失。我国刑法学界的很多学者认为刑法第 36 条规定的“判处赔偿经济损失”的内容也属于非刑罚裁决方法的范畴③，其实，这种观点是值

① 石柏非，陈卫国，闫艳．非刑罚处罚刑事适用的优化路径．政治与法律，2010（4）．

② 张明楷．刑法学．5 版．北京：法律出版社，2016：637

③ 代表性观点之一，可参见马克昌．刑罚通论．武汉：武汉大学出版社，1999：739-747．

得商榷的。刑法第36条所规定的“判处赔偿经济损失”是指在刑事诉讼中，在依法追究犯罪人刑事责任的同时，要求犯罪人赔偿因犯罪行为使被害人遭受的经济损失。“判决赔偿经济损失”只能发生在刑事附带民事诉讼中。换言之，它是以对犯罪人判处刑罚为前提，仅适用于犯罪行为给被害人造成了经济损失的情况，因而不是实现刑事责任的方式，而是实现民事赔偿责任的方式。具体而言是犯罪人在接受刑罚处罚的同时，对其犯罪行为给被害人造成的经济损失进行一定的民事赔偿。作为一种非刑罚裁决方法的“责令赔偿损失”，则以免除刑事处罚为前提，它并非一种民事赔偿，而是承担刑事责任的一种方式。

总之，刑法第36条规定的“判处赔偿经济损失”与刑法第37条规定的“责令赔偿损失”，二者的性质是截然不同的：(1) 前者以对犯罪人判处刑罚为前提，后者则以对犯罪人免除刑事处罚为前提；(2) 前者是在承担刑事责任的同时承担的一种民事责任，后者则是一种独立的承担刑事责任的方式，即为一种独立的非刑罚裁决方法。对二者各自性质的科学界定和对它们之间区别的准确把握，对于依法追究犯罪人的刑事责任、弥补被害人因犯罪行为而遭受的物质损失、发挥刑罚方法和非刑罚裁决方法在打击和预防犯罪方面所各自具有的积极作用，都有所裨益。

(五) 行政性处理方法

行政性处理方法包括由主管部门予以行政处罚或者行政处分，具体是指人民法院根据案件的具体情况，向主管部门提出对犯罪人予以一定行政处罚或者行政处分的司法建议，并由相关主管部门具体确定的一种非刑罚裁决方法。所谓行政处罚是指人民法院根据案件的具体情况，向特定的主管部门提出司法建议，由主管部门给予犯罪人以行政制裁，包括罚款、行政拘留等。所谓行政处分是指人民法院根据案件的具体情况，向特定的主管部门提出司法建议，由主管部门给予犯罪人内部纪律处分的行政惩戒措施，如开除、记过、警告等。

行政性处理方法的特点在于，它并不是由人民法院直接给予的，而是由人民法院向主管部门提出行政处罚或者行政处分的司法建议，再由这些部门给予处罚或者处分。行政处罚或者行政处分的具体内容，则由相关主管部门自行确定。这里的“相关主管部门”，应该是有权对犯罪人作出行政处罚或者行政处分的部门，包括但不限于犯罪人所在的单位。人民法院应该综合权衡案件的性质与特点，向特定的主管部门提出具体的、有针对性的司法建议，以供该主管部门参考。例如，人民法院认为需要吊销犯罪人营业执照的，可以向市场监督管理部门提出该司法建议；认为需要对身为国家机关工作人员的犯罪人予以行政处分的，可以向其所在单位提出该司法建议，等等。需要提醒的是，人民法院向相关主管部门提出的行政处罚或者行政处分的司法建议，是不能写在判决书中的，因为该司法建议不具有法律效力，仅仅是相关主管部门作出行政处罚或者行政处分的一个参考而已，判决书中的内容则是具有法律效力的。

(六) 从业禁止

从业禁止是指依法在一定期限内禁止犯罪人从事相关职业的预防犯罪措施。

关于从业禁止的规定，我国刑法第37条之一第1款明确规定：“因利用职业便利实施犯罪，或者实施违背职业要求的特定义务的犯罪被判处刑罚的，人民法院可以根据犯罪情况和预防再犯罪的需要，禁止其自刑罚执行完毕之日或者假释之日起从事相关职业，期限为三年至五年。”该项规定是在2015年《刑法修正案（九）》中增设的，既是基于有效预防犯罪的现实需要，也是贯彻宽严相济刑事政策的迫切需求，对于切实保障社会公共安全和维护社会公众利益有着重要的意义。

1. 从业禁止的性质

从业禁止并非新的刑种，主要是为防止犯罪人利用职业和职务之便再次进行犯罪，从预防犯罪角度赋予法院按照犯罪情况可以对这类犯罪采取一个预防性措施的权力。①

2. 从业禁止的适用条件

从业禁止的适用对象主要有两类：（1）因利用职业便利实施犯罪被判处刑罚的人；（2）实施违背职业要求的特定义务的犯罪被判处刑罚的人。由此可见，实施其他犯罪被判处刑罚的犯罪人，不能适用从业禁止。

从业禁止的适用前提是犯罪人被判处刑罚。如果犯罪人由于犯罪情节轻微，不需要判处刑罚，而被免予刑事处罚的，也不能适用从业禁止。

适用中应当注意，从立法精神上看，从业禁止的主要目的在于防止有关人员再次犯罪，危害社会。因此，在斟酌是否适用从业禁止时，要根据有关人员的犯罪情况和个人情况进行综合分析，具体包括犯罪原因、犯罪性质、犯罪手段、犯罪后的悔罪表现、个人一贯表现等，准确判断其有无再次危害社会的人身危险性，进而做出决定，不能片面依据其所犯罪行的客观危害大小决定是否适用从业禁止。②

3. 从业禁止的期限

从业禁止的期限为 3 年至 5 年，从刑罚执行完毕或者假释之日起计算。所谓的“刑罚执行完毕”是指主刑执行完毕。例如，2015 年最高人民法院、最高人民检察院《关于办理危害生产安全刑事案件适用法律若干问题的解释》第 16 条规定：对于实施危害生产安全犯罪适用缓刑的犯罪分子，可以根据犯罪情况，禁止其在缓刑考验期限内从事与安全生产相关联的特定活动（禁止令）；对于被判处刑罚的犯罪分子，可以根据犯罪情况和预防再犯罪的需要，禁止其自刑罚执行完毕之日或者假释之日起 3 年至 5 年内从事与安全生产相关的职业（从业禁止）。此外，如果其他法律、行政法规对从业禁止的期限另有规定的，人民法院应该根据其他法律、行政法规的规定宣告从业禁止的时间。

4. 违反从业禁止的后果

刑法第 37 条之一第 2 款的规定：“被禁止从事相关职业的人违反人民法院依照前款规定作出的决定的，由公安机关依法给予处罚；情节严重的，依照本法第三百一十三条的规定定罪处罚。”（刑法第 313 条规定了拒不执行判决、裁定罪）根据该规定，违反从业禁止的法律后果有两种：（1）违反从业禁止措施的，由公安机关依法给予处罚；（2）从业禁止是人民法院生效裁决确定的内容，如果行为人违反该规定，情节严重的，可以构成拒不执行判决、裁定罪。

5. 从业禁止的适用建议

人民检察院在提起公诉时，对因利用职业便利实施犯罪，或者实施违背职业要求的特定义务的犯罪的被告人，可以根据犯罪情况和预防再犯罪的需要，提出适用从业禁止的建议。当事人、辩护人、诉讼代理人可以就应否对被告人适用从业禁止提出意见，并说明理由。公安机关在移送审查起诉时，也可以根据犯罪情况和预防再犯罪的需要，就应否适用从业禁止，向人民检察院提出意见。③

---

① 中国人大网．［2019－02－26］．http：//www. npc. gov. cn/npc/zhibo/zzzb34/node_5826. htm.

② 沈德咏．《刑法修正案（九）》条文及配套司法解释理解与适用．北京：人民法院出版社，2016：26.

③ 同②28.

第三节 冤案赔偿

一、概述

(一)冤案赔偿的概念和特征

冤案又称为“刑事冤案”,是一个没有统一含义的概念,一般认为是指由司法程序正式宣布被指控的被告人根本没有实施过被指控的犯罪行为的案件。① 通俗地理解,冤案即无罪判有罪、轻罪判重罪的刑事案件。② 冤案赔偿是指国家有关机关由于刑事冤案的出现而对被害人及其利害关系人所进行的赔付和补偿。

作为一项对遭受刑事冤案侵害的被害人及其利害关系人进行赔付和补偿的制度,冤案赔偿具有国家赔偿的一般特征。

1. 国家性

这是指由国家对冤案进行赔偿的特性。冤案赔偿的主体是国家。这是其与被害赔偿制度最基本的区别,后者的实施主体是犯罪人及其相关亲属。冤案赔偿则是国家赔偿制度的一种,它是由国家认可的一种法律制度,是以国家的名义、由国家的专门机构按照一定的法律程序来具体实施的。

2. 因果性

这是指根据已经发生的冤案进行相应赔偿的特性。进行冤案赔偿的原因是刑事冤案的发生,冤案赔偿应当是已经发生的冤案的结果。刑事冤案的发生是进行冤案赔偿的直接原因,在侵犯了被害人及其利害关系人合法权益的刑事冤案与冤案赔偿之间,具有直接的因果关系。

3. 延伸性

这是指冤案赔偿不仅包括犯罪行为的直接被害人,而且延伸到其他相关人员的特性。冤案赔偿的对象不仅包括遭受刑事冤案侵害的被害人,而且包括其近亲属等利害关系人。被害人是遭受刑事冤案直接侵害的自然人,其作为冤案赔偿的对象自不待言。在被害人已经死亡或者由于其他原因无法提出赔偿请求时,其近亲属等利害关系人作为遭受刑事冤案间接侵害的自然人,有接受国家有关机关赔付和补偿的权利。

4. 程序性

这是指冤案赔偿必须依照一定的法定程序进行的特性。冤案赔偿是一种专门的国家活动,因此,必须依照一定的法定程序进行。在这方面,冤案赔偿应该严格遵照国家赔偿法

---

① 王新环. 铁案、冤案:防错与追责. 清华法治论衡,2007(2).

② 与“冤案”一词相似并且经常被提及的一个术语是“冤狱”。在我国台湾地区,“冤狱”一词仍沿用至今,台湾“刑事赔偿法”的另外一个称谓即为“冤狱赔偿法”。这里的“冤狱”是以实体结果为唯一依据,判定在具体案件中是否人人于罪。相关论述可参见王永杰. 论冤案的概念. 法治论丛,2008(6).

对赔偿程序的有关规定进行。

（二）冤案赔偿的范围

刑事冤案赔偿的赔偿范围是指刑事司法机关造成并且需要由国家给予赔偿的损害种类。从国家赔偿法来看，我国的刑事冤案赔偿主要涉及以下几个方面。

（1）对没有犯罪事实或者没有事实证明有重大犯罪嫌疑的人错误拘留，并且超过诉讼时限的。

（2）采取逮捕措施后，决定撤销案件、不起诉或者判决宣告无罪的。

（3）依照审判监督程序再审改判无罪，原判刑罚已经执行的。

（4）刑讯逼供或者以殴打等暴力行为或者唆使他人以殴打等暴力行为造成公民身体伤害或者死亡的。

（5）违法使用武器、警械造成公民身体伤害或者死亡的。

（6）违法对财产采取查封、扣押、冻结、追缴等措施的。

（7）依照审判监督程序再审改判无罪，原判罚金、没收财产已经执行的。

（8）人民法院在民事诉讼、行政诉讼过程中，违法采取对妨害诉讼的强制措施、保全措施或者对判决、裁定及其他生效法律文书执行错误，造成损害的。

（三）冤案赔偿的意义和方式

对遭受刑事冤案侵害的被害人及其利害关系人进行赔偿，具有重要的意义。这样做不仅有利于抚慰被害人及其利害关系人受伤的心理、弥补其因遭受侵害而蒙受的各种损失，而且体现了国家刑事司法机关“有错必纠”的决心，因此有利于恢复被害人及其利害关系人乃至整个社会对相关国家司法机关的信任。

对冤案进行赔偿的方式，主要涉及赔偿资金的来源、支付方式等问题。赔偿资金的来源，应该由各级财政部门予以解决。毕竟，国家赔偿的费用是列入各级财政预算的。至于对冤案进行赔偿的支付方式，则主要是以支付一定数额的赔偿金为主。当然，如果能够返还财产或者恢复原状的，应该予以返还或者恢复。

二、冤案赔偿的种类与标准

冤案赔偿是一种特殊形式的国家赔偿，因此，冤案赔偿的种类和标准，实际上也就是国家赔偿的种类和标准。根据国家赔偿法的相关规定，冤案赔偿的种类主要包括对侵犯人身权的赔偿、对侵犯财产权的赔偿和精神损害赔偿三种。

（一）对侵犯人身权的赔偿

根据国家赔偿法第 33、34 条的规定，对于因冤案而遭受人身自由侵害的，其赔偿标准是每日赔偿金应按照国家上年度职工日平均工资计算。对于因冤案而遭受健康权甚至生命权侵害的，其赔偿标准可参见本章第一节对这一问题的介绍，这里不再赘述。

（二）对侵犯财产权的赔偿

根据国家赔偿法第 36 条的规定，对于因冤案而遭受财产权侵害的，应当进行赔偿。其赔偿的标准，亦可参见本章第一节对这一问题的介绍，这里不再赘述。

（三）精神损害赔偿

冤案被害人的精神损害是指刑事冤案的被害人因冤案的发生而遭受的精神痛苦。这种痛苦是一种非财产性损失，主要表现为人格尊严的贬低、精神方面的煎熬、社会地位的下降等。冤案赔偿中的精神损害赔偿则是指赔偿义务机关对因冤案的发生而遭受精神损害的被害人所进行的赔偿。

1. 精神损害赔偿的适用原则

人民法院赔偿委员会适用精神损害赔偿条款，应当严格遵循以下原则：一是依法赔偿原则。严格依照国家赔偿法的规定，不得扩大或者缩小精神损害赔偿的适用范围，不得增加或者减少其适用条件。二是综合裁量原则。综合考虑个案中侵权行为的致害情况，侵权机关及其工作人员的违法、过错程度等相关因素，准确认定精神损害赔偿责任。三是合理平衡原则。坚持同等情况同等对待，不同情况区别处理，适当考虑个案及地区差异，兼顾社会发展整体水平和当地居民生活水平。

2. 精神损害赔偿的前提条件和构成要件

最高人民法院 2014 年 7 月 31 日发布的《关于人民法院赔偿委员会审理国家赔偿案件适用精神损害赔偿若干问题的意见》中指出，人民法院赔偿委员会适用精神损害赔偿条款，应当以公民的人身权益遭受侵犯为前提条件，并审查是否满足以下责任构成要件：刑事侦查、检察、审判职权的机关以及看守所、监狱管理机关及其工作人员在行使职权时有国家赔偿法第 17 条[①]规定的侵权行为；致人精神损害；侵权行为与精神损害事实及后果之间存在因果关系。一般情形下，人民法院赔偿委员会应当综合考虑受害人人身自由、生命健康受到侵害的情况，精神受损情况，日常生活、工作、学习、家庭关系、社会评价受到影响的情况，并考量社会伦理道德、日常生活经验等因素，依法认定侵权行为是否致人精神损害以及是否造成严重后果。受害人因侵权行为而死亡、残废（含精神残疾）或者所受伤害经有合法资质的机构鉴定为重伤或者诊断、鉴定为严重精神障碍的，人民法院赔偿委员会应当认定侵权行为致人精神损害并且造成严重后果。

3. 精神损害赔偿标准

人民法院赔偿委员会适用精神损害赔偿条款，决定采用“支付相应的精神损害抚慰金”方式的，应当综合考虑以下因素确定精神损害抚慰金的具体数额：精神损害事实和严重后果的具体情况；侵权机关及其工作人员的违法、过错程度；侵权的手段、方式等具体情节；罪名、刑罚的轻重；纠错的环节及过程；赔偿请求人住所地或者经常居住地平均生活水平；赔偿义务机关所在地平均生活水平；其他应当考虑的因素。

人民法院赔偿委员会确定精神损害抚慰金的具体数额，还应当注意体现法律规定的“抚慰”性质，原则上不超过依照国家赔偿法第 33 条、第 34 条所确定的人身自由赔偿金、生命健康赔偿金总额的 35%，最低不少于 1 000 元。受害人对精神损害事实和严重后果的产生或者扩大有过错的，可以根据其过错程度减少或者不予支付精神损害抚慰金。

---

① 国家赔偿法第 17 条规定：“行使侦查、检察、审判职权的机关以及看守所、监狱管理机关及其工作人员在行使职权时有下列侵犯人身权情形之一的，受害人有取得赔偿的权利：（一）违反刑事诉讼法的规定对公民采取拘留措施的，或者依照刑事诉讼法规定的条件和程序对公民采取拘留措施，但是拘留时间超过刑事诉讼法规定的时限，其后决定撤销案件、不起诉或者判决宣告无罪终止追究刑事责任的；（二）对公民采取逮捕措施后，决定撤销案件、不起诉或者判决宣告无罪终止追究刑事责任的；（三）依照审判监督程序再审改判无罪，原判刑罚已经执行的；（四）刑讯逼供或者以殴打、虐待等行为或者唆使、放纵他人以殴打、虐待等行为造成公民身体伤害或者死亡的；（五）违法使用武器、警械造成公民身体伤害或者死亡的。”

三、冤案赔偿的程序

对冤案进行赔偿，必须严格依照法定的程序进行，这是由冤案赔偿的自身特点所决定的。同时，由于冤案赔偿是一种特殊形式的国家赔偿，其程序必须严格依照国家赔偿法对刑事赔偿程序的相关规定展开。本章第一节已经对刑事赔偿的程序问题作出了详尽的介绍，因此这里亦不再赘述。

第四节　刑事被害人救助

开展刑事被害人救助工作，在刑事被害人遭受犯罪行为侵害，无法及时获得有效赔偿的情况下，由国家给予适当的经济资助，既彰显党和政府的关怀，又有利于化解矛盾纠纷，促进社会和谐稳定。因此，近年来，一些地方在当地党委政法委领导下，积极探索和尝试对刑事被害人开展救助，取得了很好的社会效果。2009 年 3 月 9 日中央政法委等《刑事被害人救助意见》的出台标志着我国刑事被害人救助制度开始正式确定。2014 年 1 月中央政法委等《完善司法救助意见》，将刑事被害人救助纳入国家司法救助制度之中。

一、概述

（一）刑事被害人救助的含义

刑事被害人救助是指国家有关部门对遭受犯罪侵害，无法通过诉讼获得有效赔偿的特定对象，所采取的以经济救助为主的多元救助方式并行的辅助性救济措施。①

依据我国法律，刑事被害人因犯罪行为所遭受的经济损失，主要是通过提起刑事附带民事诉讼，由被告人及其他赔偿义务人依法赔偿。但是，在现实生活中，刑事案件尤其是造成被害人伤亡的刑事案件中被告人及其他赔偿义务人没有赔偿能力或赔偿能力不足的情况大量存在，有的刑事案件发生后难以查获犯罪嫌疑人或者证据不足无法认定责任者，致使刑事被害人或其近亲属依法要求赔偿经济损失的权利不能实现，生活陷入困境，甚至由此引发恶性报复事件或者久访不息，直接影响社会和谐稳定。

刑事被害人救助制度设立的出发点，就在于在犯罪人或者其他途径无法赔偿或者补偿被害人损失的情况下，由国家通过一定的形式和程序来对被害人给予相应的救济和帮助，以此弥补被害人因受到犯罪行为侵害而遭受的损失。

（二）刑事被害人救助的特征

作为对被害人进行救济和帮助的一种法律制度，刑事被害人救助具有如下特征。

1. 国家性

这是指刑事被害人救助的主体是国家的特性。这也是其与被害赔偿制度最基本的区别，后

---

① 李伟．犯罪被害人学教程．北京：北京大学出版社，2014：247．

者的实施主体是犯罪人及其相关亲属。被害人救助则是国家认可的一种法律制度，国家是实施补偿的主体，它是以国家的名义、由国家的专门机构按照一定的法律程序来具体实施的。

2. 延伸性

这是指刑事被害人救助的对象不仅包括被害人本人，而且延伸到其近亲属等利害关系人的特性。被害人是遭受犯罪行为直接侵害的自然人，也是犯罪行为的直接承受者。因此，对被害人本人进行救助，无论是对于弥补其因犯罪行为而遭受的损失，还是对于抚慰其受伤的心灵，都具有重要的意义。在被害人因犯罪行为而死亡，或者虽未死亡但身体遭受严重伤害的情况下，已经无法或者不能有效地再对其进行各种救助活动。但对于被害人的近亲属而言，他们因犯罪行为而遭受间接侵害的事实，仍是客观存在的。这些人本身就已经承受了被害人死亡或者身体遭受严重伤害的后果，如果再不对他们进行必要的救助，将会造成更大的不公平，甚至会引发社会矛盾，危及社会稳定。

3. 补充性

这主要是指刑事被害人救助活动只有在被害人赔偿或者其他途径未能起作用时才能进行的特性。被害人救助不是对所有的刑事损害的直接赔偿，而是对被害人赔偿或者其他途径未能起作用的部分进行补充。从这一点来说，被害人救助活动发生的前提是被害人赔偿或者其他途径不能发挥其应有的作用。换言之，如果刑事被害人能够从被告人那里获得相应赔偿，或者能够从其他渠道获得相应的救助或者援助，是不能对其进行被害人救助的。这里所谓的“其他渠道”主要是指社会保障、社会保险等渠道。例如，在刑事被害人已经参加了社会保险的情况下，如果其能够从社会保险经办机构获得相应的保险赔付，或者虽未参加社会保险但依照有关社会保障政策，能够从最低生活保障、医疗保险、大病救助和就业扶助等渠道获得相应救助的，是不能再对其进行被害人救助的。

（三）刑事被害人救助的意义

对刑事被害人进行救助，具有重要的意义和价值。具体而言，刑事被害人救助的积极意义包括如下方面。

1. 有利于帮助被害人及其近亲属正常生活

被害人及其近亲属因犯罪行为而遭受的损失是多方面的，既有财产方面的损失，也有健康甚至生命方面的损失。但无论是哪方面的损失，遭受犯罪行为侵害的被害人及其近亲属，其日常生活肯定会比原来大大改变，甚至可能会因犯罪行为而遇到物质生活困难、生活质量急剧下降、无钱就医看病等极为紧迫的问题。刑事被害人救助活动，则可以在很大程度上帮助被害人及其近亲属解决上述生活问题，这对于他们重建正常生活、重树生活信心、尽可能复归原有生活状态，都大有裨益。

2. 有利于抚慰被害人及其近亲属的心理

犯罪人的犯罪行为给被害人及其近亲属不但造成了物质方面的损失，而且带来了精神上和心理上的痛苦，这种痛苦可能会在相当长的一段时期内都无法消除。如果被害人及其近亲属通过刑事附带民事诉讼的途径无法从犯罪人那里得到应有的赔偿，则可能会加剧这种损失和痛苦。因此，国家通过一定的程序，对符合特定条件的刑事被害人予以救助，对于进一步减轻被害人及其近亲属的痛苦、平息其愤怒的情绪、抚慰其受伤的心理，都具有一定的意义。

3. 有利于体现司法公正和民主

如上所述，刑事被害人救助是在被害人赔偿或者其他途径无法发挥作用时，由专门的国家机构对被害人实施的一种救济和帮助活动。从我国已经开展了的刑事被害人救助实践来看，这里的“专门的国家机构”，主要是指办理刑事案件的公安机关、人民检察院和人民法院。至于刑事被害人救助的审批机关，则往往是各级政法主管机关。司法机关在打击刑事犯罪、惩罚犯罪人的犯罪行为的同时，对刑事被害人展开救助工作，是司法公正和司法民主的重要体现，有助于使被害人及其近亲属增进对司法机关的信任，有助于使他们感受到来自司法体制的温暖。

4. 有利于维护社会和谐稳定

当被害人及其近亲属无法从犯罪人或者有关社会渠道那里得到应有的赔偿和补偿时，由国家的专门机构对刑事被害人及其近亲属展开救助工作，对于均衡保护刑事被害人、犯罪嫌疑人或者被告人的合法权益，保障司法机关公正执法，全面有效贯彻落实宽严相济刑事政策，消除化解社会矛盾，减少涉法涉诉上访，提高我国人权保障水平，推进社会主义和谐社会建设，都发挥了积极的作用。[①] 同时，这也是我国司法机关在深化司法体制改革、增强司法能动性、提高社会管理创新水平方面的重要举措。

（四）刑事被害人救助的原则

刑事被害人救助的原则，是保证被害人救助能够依法、顺利进行的指导原则，也是贯穿于整个救助程序的指导性准则。中央政法委等《完善司法救助意见》的第1条确立了刑事被害人救助的四项原则。

1. 坚持辅助性救助

国家司法救助是对遭受犯罪侵害或民事侵权，无法通过诉讼获得有效赔偿的当事人，采取的辅助性救济措施。重点解决符合条件的特定案件当事人生活面临的急迫困难。对同一案件的同一当事人只进行一次性救助。对于能够通过诉讼获得赔偿、补偿的，一般应当通过诉讼渠道解决。

2. 坚持公正救助

严格把握救助标准和条件，兼顾当事人实际情况和同类案件救助数额，做到公平、公正、合理救助，防止因救助不公引发新的矛盾。

3. 坚持及时救助

对符合救助条件的当事人，办案机关应该根据当事人申请或者依据职权及时提供救助，确保及早化解社会矛盾。

4. 坚持属地救助

对符合救助条件的当事人，不论其户籍在本地或者外地，原则上都由案件管辖地负责救助。

二、刑事被害人救助对象与方式

根据中央政法委等《刑事被害人救助意见》和中央政法委等《完善司法救助意见》，刑事被害人救助的对象及方式主要包括以下内容。

（一）刑事被害人救助的对象

刑事被害人救助的对象主要包括以下几类。

---

① 肖荣．刑事被害人救助：有效化解矛盾，实现均衡保护．检察日报，2011-02-28.

(1) 刑事案件被害人受到犯罪侵害，致使重伤或严重残疾，因案件无法侦破造成生活困难的；或者因加害人死亡或没有赔偿能力，无法经过诉讼获得赔偿，造成生活困难的。

(2) 刑事案件被害人受到犯罪侵害危及生命，急需救治，无力承担医疗救治费用的。

(3) 刑事案件被害人受到犯罪侵害而死亡，因案件无法侦破造成依靠其收入为主要生活来源的近亲属生活困难的；或者因加害人死亡或没有赔偿能力，依靠被害人收入为主要生活来源的近亲属无法经过诉讼获得赔偿，造成生活困难的。

(4) 刑事案件被害人受到犯罪侵害，致使财产遭受重大损失，因案件无法侦破造成生活困难的；或者因加害人死亡或没有赔偿能力，无法经过诉讼获得赔偿，造成生活困难的。

同时，为了保证刑事被害人救助公平公正有序进行，当上述人员出现以下情形时，一般不予救助：(1) 对案件发生有重大过错的；(2) 无正当理由，拒绝配合查明犯罪事实的；(3) 故意做虚伪陈述或者伪造证据，妨害刑事诉讼的；(4) 在诉讼中主动放弃民事赔偿请求或拒绝加害责任人及其近亲属赔偿的；(5) 生活困难非案件原因所导致的；(6) 通过社会救助措施，已经得到合理补偿、救助的。对社会组织、法人，不予救助。

(二) 刑事被害人救助的方式及其救助金标准

1. 救助方式

国家司法救助以支付救助金为主要方式，同时与思想疏导、宣传教育相结合，与法律援助、诉讼救济相配套，与其他社会救助相衔接。有条件的地方，积极探索建立刑事案件伤员急救“绿色通道”、对遭受严重心理创伤的被害人实施心理治疗、对行动不便的受害人提供社工帮助等多种救助方式，进一步增强救助效果。

2. 救助标准

各地应根据当地经济社会发展水平制定具体救助标准，以案件管辖地上一年度职工月平均工资为基准，一般在 36 个月的工资总额之内。损失特别重大、生活特别困难，需适当突破救助限额的，应严格审核控制，救助金额不得超过人民法院依法应当判决的赔偿数额。

3. 救助金额

确定救助金具体数额，要综合考虑救助对象实际遭受的损害后果、有无过错以及过错大小、个人及其家庭经济状况、维持当地基本生活水平所必需的最低支出以及赔偿义务人实际赔偿情况等。

三、刑事被害人救助程序

对刑事被害人进行救助活动，必须依照法定的程序进行。根据中央政法委等《刑事被害人救助意见》和中央政法委等《完善司法救助意见》，并结合我国各地已经开展了的刑事被害人救助实践，刑事被害人救助活动应该依照告知、申请、审批、发放程序进行。

(一) 告知程序

在告知程序中，主要规定的是告知义务主体和被害人享有的被告知权。

人民法院、人民检察院、公安机关、司法行政机关在办理案件、处理涉法涉诉信访问题过程中，对符合救助条件的当事人，应当告知其有权提出救助申请。

(二) 申请程序

在申请程序中，主要规定了救助申请人的义务和方式。

救助申请由当事人向办案机关提出；刑事被害人死亡的，由符合条件的近亲属提出。

申请一般采取书面形式。确有困难，不能提供书面申请的，可以采用口头方式。申请人应当如实提供本人真实身份、实际损害后果、生活困难、是否获得其他赔偿等相关证明材料。

（三）审批程序

在审批程序中，主要规定了审批主体的义务和审批期限。

相关的办案机关应当认真核实申请人提供的申请材料，综合相关情况，在10个工作日内作出是否给予救助和具体救助金额的审批意见。决定不予救助的，应当及时将审批意见告知当事人，并做好解释说明工作。

（四）发放程序

在发放程序中，主要规定了财政部门、办案机关的义务以及紧急救助程序。

对批准同意的，财政部门应及时将救助资金拨付办案机关，办案机关在收到拨付款后2个工作日内，通知申请人领取救助资金。对急需医疗救治等特殊情况，办案机关可以依据救助标准，先行垫付救助资金，救助后及时补办审批手续。

【问题与思考】

1. 无罪判决执行的主要内容有哪些？
2. 非刑罚裁决方法的特点和执行内容有哪些？
3. 冤案赔偿的主要内容是什么？
4. 刑事被害人救助的主要内容是什么？

【推荐参考论著】

1. 张明楷．刑法学．5版．北京：法律出版社，2016.
2. 曲新久主编．刑法学．5版．北京：中国政法大学出版社，2016.
3. 曲涛．刑事被害人国家补偿制度研究．北京：法律出版社，2010.
4. 赵可主编．犯罪被害人及其补偿立法．北京：群众出版社，2009.
5. 卢希起．刑事被害人国家补偿制度研究．北京：中国检察出版社，2008.
6. 莫洪宪．刑事被害救济理论与实务．武汉：武汉大学出版社，2004.
7. 麻国安．被害人援助论．上海：上海财经大学出版社，2002.
8. 马克昌主编．刑罚通论．武汉：武汉大学出版社，1999.

第十八章
赦　免

内容导读

敖免是在很多国家都实行的一种在客观上减轻或者免除刑罚的法律制度。由于这种制度影响到刑罚的实际执行，因此，属于刑事执行法学研究的内容之一。本章论述了赦免的意义、概念和我国的赦免立法与实践，并从赦免的类型、程序、立法等方面对如何完善我国现行赦免制度进行探讨。

第一节　概　述

一、赦免的意义

赦免是指国家元首或者最高权力机关宣告对犯罪人免除其罪，或者虽不能免除其罪但免除或者减轻其刑，进而消除刑事追诉权、刑罚裁量权或者刑罚执行权的法律制度。

作为一种免除或减轻刑罚的刑罚消灭事由，赦免制度具有悠久的历史和重要的刑事政策意义。古今中外的法律体系，都或繁或简地设置有赦免制度。中国古代赦免制度从孕育、发展、修正到成熟与不断完善的数千年的历程，已充分体现了该制度对于维系封建统治的积极意义。它已与“严刑峻法”一起共同成为封建帝王“刚柔相济、恩威并举”的有效统治手段。但是，在封建帝王所娴熟运用的这两种统治手段中，赦免制度只能处于从属、辅助的地位，不过是“严刑峻法”的例外补充而已。其存在充其量也只是为封建帝王专制涂上了一层宽容、仁慈的色彩，却不能从根本上改变重刑思想支配下的封建刑罚残忍、严酷的本质。在当今法治发达的国家，赦免制度已经在法理上经历了脱胎换骨式的性质转变与观念革新。从性质上讲，赦免制度已经脱离了帝王时代的专制底蕴，在权力的归属上亦不再是帝王的特权。从观念上说，赦免制度的存在和适用，也不再是帝王基于至高无上的王权而给予犯罪人的“恩赐”，其出发点在于充分发挥调节利益冲突、衡平社会关系、弥补法律不足的刑事政策机能，并且能够切实维护国家和社会的整体利益。国家通过现代赦免制度的运作，以牺牲局部或个体利益乃至一定程度的形式正义为代价，获得了维护社会整体利益和实现个案处理的实质正义的功效。

诚然，赦免权的施行会影响审判程序的进行，甚至会动摇确定判决的执行力，从而在一定程度上冲击了司法权，但它并不是对法律乃至法治的否定，而是对法治的必要救济。在以民主和法治为根基而构建的现代赦免制度中，赦免权已不能被恣意而无所顾忌地行使。即便是国家元首的赦免权，通常也已不是由元首个人独断专行，而须征询专门赦免机关的建议，并被设置了严格的法定适用程序和监督机制，其被滥用的可能性已受到极大限制。因此，正如有论者所言，现代赦免制度，这个源自民主宪法，遵从法治原则，折射着人性光辉，饱含着人道意蕴的刑事政策，正是人们秉持善的冲动、追求法的实体正义和人文品格的天才创设。现代赦免制度通过以宪法为依据，以民主、法治为基本规则，以尊重和保障人权为价值导向，在犯罪人和国家之间构筑起了一个人道而又理性的屏障与庇护所，从而在现代宪法体制中扎下了根基。[①] 在全面依法论国的今天，现代赦免制度代表了刑罚轻缓化的方向，是重刑桎梏中宽容精神的有力突显，顺应了刑事法治发展的基本规律。它在遵从依法治国理念的同时，突出了以德治国的仁政思想，集中凸显了依法治国和以德治国的有机结合，为社会主义政治文明和法治文明拓展了新的领地。现代赦免制度的存在，不仅是对“国家尊重和保障人权”精神的充分印证，而且与我国当前努力构建社会主义和谐社会的宏伟目标相契合。

二、赦免的基本问题

（一）赦免的不同定义

如何在现代意义上界定赦免的概念，学者们仍有不同看法。概括而言，主要有以下几种观点。

（1）赦免是指国家宣告对犯罪人免除其罪、免除其刑的法律制度。[②]

（2）赦免又称恩赦，是指国家免除或减轻犯罪人的罪责或刑罚的制度。[③]

（3）赦免通常是指国家对犯罪人免除或者减轻其刑罚的一种制度。[④]

（4）根据其刑法特征，赦免是指通过国家权力，消除法律规定的刑事追诉，也即放弃刑事执行权或刑事追诉权。[⑤]

（5）所谓赦免，是指以国家的名义对已经确认为有罪的人免除其罪和刑或者虽然不能免除其罪但是免除或者减轻其刑的一种制度。[⑥]

（6）所谓赦免（恩赦），就是以行政权消灭刑罚权的全部或者一部分，削弱其效果的制度。[⑦]

---

① 陈东升．赦免制度研究．北京：中国人民公安大学出版社，2004：292.

② 高铭暄，马克昌．刑法学．北京：北京大学出版社、高等教育出版社，2000：326.

③ 马克昌．刑罚通论．武汉：武汉大学出版社，1999：692.

④ 高铭暄．刑法学原理：第3卷．北京：中国人民大学出版社，1994：672.

⑤ 这是德国法学界的主流观点，具体可参见有关的德国刑法书籍。

⑥ 力康泰，韩玉胜．刑事执行法学．北京：中国人民大学出版社，1998：244.

⑦ 大谷实，刑法总论．黎宏译．北京：法律出版社，2002：399.

(7) 所谓赦免，是指行政权根据法律的规定，而介入刑事司法，以舍弃法律规定的刑事追诉与处罚。①

(8) 赦免者，乃国家元首依其特权作用为变更罪刑的行政处分。②

上述关于赦免概念的不同表述，主要在赦免的主体、内容、对象和属性等方面存在分歧。

(二) 赦免的主体

上述第八种观点是由高仰止教授提出的，他认为，赦免权属于国家元首，其他几种观点对此则未作揭示。事实上，从各国立法例来看，行使赦免权的主体不外乎以下四种情况。

(1) 由国家元首行使。例如，巴基斯坦1973年《宪法》第45条即规定，总统有权决定赦免和缓刑，并有权对任何法院、法庭或者其他当局作出的判决，决定减免刑、暂缓执行或改判。

(2) 由国家最高权力机关行使。例如，蒙古人民共和国1960年《宪法》第18条规定，蒙古人民共和国最高国家权力机关为大人民呼拉尔。第20条规定，蒙古人民共和国大人民呼拉尔行使一切国家权力，包括决定特赦。大人民呼拉尔主席团在大人民呼拉尔闭会期间为最高国家权力机关，其有权根据《宪法》第33条的规定决定赦免。

(3) 由国家最高行政机关行使。例如，日本1947年《宪法》第73条规定，内阁除执行一般行政事务外，有权决定大赦、特赦、减刑、免除刑罚执行及恢复权利。

(4) 由国家元首与州统治者或者州元首分享。例如，马来西亚1984年修订的《联邦宪法》第42条第1项即规定，最高元首对一切经军事法庭审判的犯罪以及在吉隆坡与纳闽联邦直辖区内发生的一切犯罪有赦免、减刑及缓刑的权力，州统治者或州元首对本州境内发生的一切犯罪有赦免、减刑及缓刑的权力。同时，该条第2项还规定，关于联邦法律或州法律所赋予对任何刑事判决实行赦免、缓刑及减刑的权力，凡涉及军事法庭或吉隆坡与纳闽联邦直辖区民事法庭的刑事判决时，应由最高元首行使；如涉及其他各州的刑事判决时，应由该州的统治者或州元首行使。

可见，仅仅将赦免的主体限定为国家元首的观点，是有很大局限性的。

(三) 赦免的内容

赦免权的内容较为宽泛，学者们对此也曾有较大争议。

1. 赦免是仅仅限于免除，还是也能包括减轻

上述第一种观点明确将赦免限定为免除犯罪人的罪刑。而第四种观点虽然没有明确将赦免限于免除罪刑，但所谓“放弃刑事执行权或刑事追诉权”，实际也就意味着对犯罪人罪刑的免除。此点显然得到了第七种观点的认同，因为其同样将赦免表述为“舍弃法律规定的刑事追诉与处罚”。这与其余几种观点显然有别。其实，尽管“赦免”一词从构造上讲似乎更侧重于“免”，即“免除”，但即便从其本意上讲，也不能仅局限于此。因为所谓“赦”就是“免除或者减轻刑罚”③。并且，绝大多数国家的宪法或者刑法并不将赦免仅仅局限于“免除”，而将“减轻”罪刑的情形亦纳入其中。例如，俄罗斯1996年《刑法典》第84条即规定，因实施犯罪而被判刑的人，可以被免除刑罚，或者所判处的刑罚可以缩减或改判

① 林山田．刑法通论．增订6版．台北：三民书局，1998：797.

② 高仰止．刑法总则的理论与实用．3版．台北：五南图书出版公司，1986：583.

③ 新华词典编撰组．新华词典．北京：商务印书馆，1980：743.

较轻的刑种，或者可以免除从刑。意大利现行《刑法典》第174条亦规定，特赦和恩赦免除已科处的全部或者部分刑罚，或者将其改变为法律规定的其他种类的刑罚。此规定实际上包含了减轻罪刑的情况。我国宪法与刑法尽管对此问题未予明确，但法学理论界通常也认为，赦免既可以是对罪刑的免除，同时也可以是对罪刑的减轻。[①] 何况，从赦免的具体类型角度来说，赦免性减刑通常也被视为赦免制度的重要组成部分。[②] 而所谓赦免性减刑，当然便是针对"减轻"罪刑而言的。所以，又岂能将"减轻"罪刑的情形排除出赦免的范畴呢？不过，这同时也表明，对犯罪人的宽大与仁慈并不必然是全面的、无限度的，还需要根据案件的具体情况来确定究竟是免除还是减轻其罪刑。

2. 赦免是仅仅针对刑罚，还是也能指向罪责

上述第三种观点将赦免界定为"国家对犯罪人免除或者减轻其刑罚的一种制度"。该种观点认为赦免的效力仅及于刑罚，而不能涉及罪责。这一观点与其他几种观点存在较大差异。

诚然，有部分国家的宪法或者刑法明确将赦免局限于免除或者减轻犯罪人的刑罚。例如，瑞士联邦2003年修订的《刑法典》第396条即规定，所有因生效判决规定的刑罚，可经赦免而全部或部分被免除，或者将刑罚转为较轻刑种。此规定便将赦免限定为刑罚的免除或者减轻。但是，大部分国家的法律所规定的赦免既包括刑罚的免除或者减轻，也包括罪责的减免。例如，根据俄罗斯1996年《刑法典》第84、85条的规定，大赦、特赦均可以免除犯罪人的刑事责任、刑罚，甚至可以撤销前科。[③] 法国刑法中的"大赦性质的特赦"与大赦亦都具有免除罪责的功效。因为"大赦性质的特赦"可以使行为人的犯罪行为得到赦免，并且溯及既往，使该行为不再具有违法性质，从而使原来受到的有罪判决成为"不曾发生"[④]。大赦也可以溯及既往地使某些行为不再具有违法性质，从而使有罪判决自动过时。[⑤] 尽管我国现行宪法中只明确规定有特赦，但是理论界通常都认为，赦免既包括特赦，也包括大赦，而大赦区别于特赦的关键之处在于，其具有消灭罪刑宣告的效力。[⑥] 因此，赦免的概念应全面包容作为其诸多下位概念的基本特征，如果仅仅将其界定为刑罚的减免，而将罪责的免除排除出赦免的范畴，无疑是将赦免等同于特赦，显然不能准确反映其含义。

3. 赦免是仅仅消灭刑罚权的一部，还是也能消灭刑罚权的全部

上述第四种观点认为，赦免是通过国家权力放弃刑事执行权或刑事追诉权；第七种观点认为，赦免则是舍弃法律规定的刑事追诉与处罚；第六种观点则认为，赦免是消灭刑罚权的全部或者一部分。三种观点的分歧在于，赦免究竟是否仅限于消灭刑罚权的一部，其效力能否涉及刑罚权的全部。所谓刑罚权，包括刑罚创制权、刑事追诉权、刑罚裁量权和刑罚执行权。事实上，通过赦免既可以消灭刑事追诉权，也可以消灭刑罚执行权。而且，由于刑事追诉权是实现刑罚裁量权和刑罚执行权的前提和基础，因此，刑事追诉权的消灭

① 陈兴良．本体刑法学．北京：商务印书馆，2003：888．于志刚．刑罚消灭制度研究．北京：法律出版社，2002：481．马克昌．刑罚通论．武汉：武汉大学出版社，1999：692.

② 马克昌．刑罚通论．武汉：武汉大学出版社，1999：700.

③ 赵微．俄罗斯联邦刑法．北京：法律出版社，2003：302-303.

④ 斯特法尼等．法国刑法总论精义．罗结珍译．北京：中国政法大学出版社，1998：662.

⑤ 同④667.

⑥ 同②698.

也必然意味着刑罚裁量权和刑罚执行权的消灭。就此而论，仅仅将赦免限定为刑事追诉权和刑罚执行权的消灭，是不妥的。但是，刑罚创制权属于国家立法机关，这种权力当然不会因为赦免而消灭。因此，赦免不能消灭刑罚权的全部，其效力只能及于刑事追诉权、刑罚裁量权和刑罚执行权。

（四）赦免的对象

上述第五种观点明确指出，赦免所针对的对象是“已经确认为有罪的人”，而其余几种观点要么将赦免的对象表述为“犯罪人”，要么不予涉及。此处赦免适用的对象是否仅限于“已确认为有罪的人”？“已经确认为有罪的人”是否等同于“犯罪人”？

所谓“已经确认为有罪的人”，尽管论者未做进一步揭示，但顾名思义应是指已经过法院审判并被依法认定有罪的犯罪人。从此角度来界定赦免，显然对赦免含义的理解过于褊狭。因为从实施的时间而言，赦免固然可以适用于已经过法院审理被认定有罪的已决犯，但不能据此否定赦免也可以适用于虽未经法院审判，却已被司法官依相关法律和事实认定涉嫌犯罪的未决犯。而后者很难归诸“已经确认为有罪的人”。事实上，作为赦免重要类型的大赦，其基本特征之一就在于可以适用于判决确定前涉嫌犯罪的人。

此处的“犯罪人”，既不能仅仅理解为确实构成犯罪的人，也不能将其仅限定为“已经确认为有罪的人”。一方面，由于司法误判的客观存在，或多或少会有部分无辜者被错误认定为“犯罪人”。如果将赦免的所谓“犯罪人”仅局限于客观上确实构成犯罪者，对于那些无罪而被错误定罪者无疑是显失公平的。其实，现代赦免制度本来就具有救济司法误判的重要功能，倘若如此界定赦免的适用对象，就会丧失上述功能！另一方面，由于犯罪黑数的客观存在，总会有部分“确实构成犯罪的人”逍遥法外。对此等人给予赦免，应该说并不具有任何实际价值。

事实上，能否准确把握“犯罪人”的内涵，关键在于对“客观真实”与“法律真实”的关系是否有正确的了解。所谓“实际确实构成犯罪”是一种客观真实，但能否准确再现这一客观真实，还有赖于司法官根据相关事实和法律加以认定。不过，经司法官主观认定后所形成的事实，已并非“客观真实”，而是一种法律真实。司法官应通过与案件相关的事实和法律予以综合判定，力求使客观事实全面、准确地见之于主观，从而使法律真实与客观真实彼此吻合。但是，不可否认的是，由于诸多主客观因素的存在，“法律真实”有时很可能会与“客观真实”相脱节，这也是司法实践中存在误判现象的根本缘由。因此，作为赦免适用对象的“犯罪人”，只能是一种法律事实，亦即经由司法官依相关事实和法律认定有罪的人。具体而言，应该包括经审判而确认有罪的人和虽未经审判但被司法官从内心认定构成犯罪的人。就此而论，此处的“犯罪人”应包括“已经确认为有罪的人”，而不能将两者等同视之。将赦免的对象直接表述为“犯罪人”，似更为合理可取。①

（五）赦免的属性

上述第八种观点明确将赦免定性为一种行政处分，而第六种观点也把赦免权归结为行政权。其理由在于，赦免制度一般是国家元首或者行政首脑根据其行政权而命令实施。例如，美国宪法规定，特赦权属于总统和各州州长；日本宪法规定，内阁有赦免权，但是应

① 于志刚．刑罚消灭制度研究．北京：法律出版社，2002：480．

当经过天皇认证后才能实施。[①] 上述第一种观点则将赦免视为一种刑法制度。其理由在于，虽然现代各国的赦免制度多由宪法或者专门的赦免法加以规定（只有少数国家是在刑法典中规定的），但是，由于赦免的对象是犯罪人，赦免的结果总会导致刑罚权的某一具体权能的丧失，从而引起罪或刑的消灭，而且赦免命令往往要由司法机关来具体执行，因而各国都把赦免制度纳入刑法学的研究领域。[②] 也有学者对此进一步补充，认为赦免制度作为独立于刑法典之外的一种制度，是基于补充刑法典功能的不足而出现和存在的。赦免制度的适用以犯罪的存在为前提；赦免的适用对象是犯罪人的犯罪或其刑罚；赦免的结果是对刑罚造成实际影响；赦免制度所干涉的是司法机关刑事司法实践的各个环节，而不是行政领域；赦免在适用中的常用限制性条件和法律后果，都是刑法典设置的。因此，从实质上讲，赦免是作为一种刑罚消灭制度而存在的，属于刑法制度。[③]

赦免是否属于刑法制度与赦免权是否为行政权，似属不同层面的问题。不可否认，赦免制度是一种非常重要的刑罚消灭的事由。但是，不能据此认定赦免为刑法制度。刑罚消灭的事由可谓多种多样，有求刑权丧失导致的刑罚消灭，如免罪性赦免、缓期起诉等；也有量刑权丧失导致的刑罚消灭，如犯罪人死亡、前科消灭等；还有行刑权丧失导致的刑罚消灭，如缓刑、减刑等。[④] 但是，显然不能将各种刑罚消灭事由都当作刑法制度。而且，某些刑罚消灭事由也以犯罪人为适用对象，其结果是刑罚权中某一具体权能的丧失，虽然由司法机关具体执行，但并不能将其归诸刑法制度。比如，日本刑事诉讼中所存在的缓期起诉制度。[⑤] 其实，作为介乎刑法与宪法交叉地带的法律制度，赦免被纳入刑法学的研究范畴自无不妥，但并不能据此将其视为纯粹的刑法制度，更不能否认赦免制度的宪法价值。事实上，有很多国家如德国将赦免法视为宪法性规范。当然，赦免权是否完全为行政权也值得进一步研究。

综上所述，可以认为，所谓赦免应是指国家元首或者最高权力机关宣告对犯罪人免除其罪，或者虽不能免除其罪，但免除或者减轻其刑，进而消除刑事追诉权、刑罚裁量权或者刑罚执行权的法律制度。

这个定义的优点在于：（1）从赦免的主体角度讲，虽然各国采取不同的立法方式，但对赦免概念的界定似应从通常意义上进行。除日本等个别国家外，赦免的主体绝大多数为国家元首或者最高国家权力机关。具体到我国现行法律的规定来说，通常认为赦免权属于全国人大常委会。（2）赦免的适用对象为"犯罪人"，既包括已经审判被审判机关依法认定有罪的人，也包括虽未经审判但被审判人员根据相关事实和法律从内心判定有罪的人。（3）赦免的效力既可以是免除犯罪人的罪责，也可以是免除或者减轻犯罪人的刑罚。（4）从效果来说，赦免因国家主动放弃刑事追诉、刑罚裁量与刑罚执行等刑罚权权能，从而导致刑罚的消灭。（5）从性质上说，赦免作为一种具体的刑罚消灭事由，乃介于宪法和刑法之间的法律制度，而非纯粹的刑法制度。

---

① 转引自于志刚．刑罚消灭制度研究．北京：法律出版社，2002：477.

② 马克昌．刑罚通论．武汉：武汉大学出版社，1999：693.

③ 同①.

④ 同①55－75.

⑤ 菊田幸一．犯罪学．海沫等译．北京：群众出版社，1989：213－232.

第二节 我国赦免立法与实践

一、现行法律关于赦免制度的规定

(一) 现行宪法关于赦免的规定

我国现行宪法对于特赦的决定与颁行具有明确的规定。宪法第 67 条第 18 项规定，全国人民代表大会常务委员会可行使“决定特赦”的职权。同时，宪法第 80 条对国家主席的职权进行了规定，将“发布特赦令”的权力归属于国家主席。我国现行宪法没有明确规定大赦。

(二) 现行刑事法关于赦免的规定

我国现行刑法和刑事诉讼法中虽然没有赦免的专门规定，但是在规定其他刑事制度时，对赦免都有涉及。其中，1997 年刑法在总则第四章第二节关于累犯的规定中即有关于赦免的规定。刑法第 65 条第 1 款规定，被判处有期徒刑以上刑罚的犯罪分子，刑罚执行完毕或者赦免以后，在 5 年以内再犯应当判处有期徒刑以上刑罚之罪的，是累犯。第 66 条关于特别累犯的规定，同样以赦免为构成的时间条件。而 2012 年 3 月 14 日修订通过的刑事诉讼法第 15 条也规定，经特赦令免除刑罚的，不追究刑事责任；已经追究的，应当撤销案件，或者不起诉，或者终止审理，或者宣告无罪。不过，这一规定似与传统意义上的特赦仅免刑而不免罪的基本特征有些不符。因为传统意义上的特赦，只能是免除经确定判决业已宣告的刑罚，刑事诉讼法典中的这一规定，则可以免除罪责。这在一定程度上也为我们创设免除罪责的特赦制度提供了法律依据。

(三) 有关国际规约关于赦免的规定

在我国所签署或者加入的一些国际规约中，也有一些关于赦免的规定。例如，已于 1978 年 12 月 7 日对我国生效的《日内瓦四公约关于保护非国际性武装冲突受难者的附加议定书》第 6 条即要求缔约国对于参加敌对武装冲突者，在战事结束后给予“尽可能最广泛的赦免”。而我国于 1998 年 10 月签署的《公民权利和政治权利国际公约》第三部分第 6 条第 4 项明确规定：“任何被判处死刑的人应有权要求赦免或者减刑。对一切判处死刑的案件均得给予大赦、特赦或者减刑。”这一死刑犯的权利保障条款，不仅赋予死刑犯“要求赦免或者减刑”的权利，而且蕴涵着国家具有对一切判处死刑的案件给予赦免或者减刑的义务，是为防止死刑的滥用和错用而在死刑犯被执行死刑前所筑起的最后一道防线。

二、我国的赦免实践

尽管 1954 年宪法中曾有大赦的规定，但我国并没有大赦的实践，而只有针对战争罪犯、反革命罪犯等所施行的特赦。而且，自 1975 年特赦释放全部战争罪犯后，多年来我国再无特赦的实践。不过，2015 年 8 月 29 日全国人大常委会通过了《关于特赦部分服刑罪犯的决定》，国家主席习近平签署特赦令，决定在纪念中国人民抗日战争暨世界反法西斯战争胜利70周年之际，对2015年1月1日前正在服刑、释放后不具有现实社会危险性的四类罪犯实行特赦。这是新中国成立后的第八次特赦，也是在时隔40年后重新激活了长期沉寂的特赦制度，相信对于赦免制度的法治化重构及其常态化运作必定能起到非常重要的促进作用。在此基础上，国家主席习近平于2019年6月29日签署并正式发布了第九次特赦的特赦令，决定对正在服刑的九类罪犯予以特赦，旨在庆祝新中国成立70周年，凸显依法治国理念和人道主义精神。这是继2015年我国第八次特赦之后，特赦制度时隔四年得以再次启动，从而使之由静态的法律文本转化为鲜活的宪法实践，并使其正当性与合理性在实践中得到进一步检验。

（一）新中国成立后的七次特赦实践

我国以往的七次特赦，既不同于大多数国家的特赦，也不同于大赦，而是介乎大赦与特赦之间的一种形式。

1.1959年首次特赦

1959年9月14日，毛泽东主席代表中国共产党中央委员会正式向全国人大常委会提出建议，请求"在庆祝伟大的中华人民共和国成立十周年的时候，特赦一批确实已经改恶从善的战争罪犯、反革命罪犯和普通刑事罪犯"，并作出相应的决议。9月17日，第二届全国人大常委会第九次会议通过了该建议，并作出《关于特赦确实改恶从善的罪犯的决定》，决定在中华人民共和国建国十周年之际实行特赦。同日，刘少奇主席发布《中华人民共和国主席特赦令》。该特赦令不仅分析说明了实行特赦的原因和意义，而且明确列举了特赦的具体对象。其具体对象主要包括以下几类。

(1) 蒋介石集团和伪满洲国的战争罪犯，关押已满10年，确实改恶从善的，予以释放。

(2) 反革命罪犯，判处有期徒刑5年以下、服刑时间已经达到刑期1/2以上，确实改恶从善的；判处有期徒刑5年以上、服刑时间已经达到刑期2/3以上，确实改恶从善的，予以释放。

(3) 普通刑事罪犯，判处有期徒刑5年以下、服刑时间已经达到刑期1/3以上，确实改恶从善的；判处有期徒刑5年以上、服刑时间已经达到刑期1/2以上，确实改恶从善的，予以释放。

(4) 判处死刑缓期二年执行的罪犯，缓刑时间已满1年，确实有改恶从善表现的，可以减为无期徒刑或者15年以上有期徒刑。

(5) 判处无期徒刑的罪犯，服刑时间已满7年，确实有改恶从善表现的，可以减为10年以上有期徒刑。

根据上述特赦令，最高人民法院于1959年12月4日发布《特赦改恶从善的首批战犯》通告，对33名已经悔悟认罪并有改恶从善表现的战争罪犯予以特赦。其中，即包括伪满洲国皇帝爱新觉罗·溥仪。需要指出的是，首批被特赦的战争罪犯并不完全局限于上述决定所列举的蒋介石集团和伪满洲国的战争罪犯，还包括1名伪蒙疆自治政府的战犯。因此，从严格意义上说，这似有违反特赦令之嫌。此外，各省、直辖市、自治区还依据特赦令对反革命罪犯、普通刑事罪犯进行特赦，共特赦罪犯12 082名，并将389名判处死缓或者无期徒刑的罪犯分别减为无期徒刑或者10年以上有期徒刑。

2.1960年第二次特赦

1960年10月17日，时任公安部部长谢富治以公安部名义将第二批拟特赦名单呈报中央。11月15日，国务院全体会议第114次会议通过了国务院关于特赦改恶从善的战犯的建议。11月19日，周恩来总理向第二届全国人大常委会第32次会议做了《关于特赦战争罪犯问题的说明》，并提请全国人大常委会审核决定。经讨论，全国人大常委会决定“对于经过一定期间的改造、确实改恶从善的蒋介石集团和伪满洲国的战争罪犯，实行特赦”。根据该决定，刘少奇主席于同日发布《中华人民共和国主席特赦令》。其主要内容包括以下几点。

(1) 蒋介石集团和伪满洲国的战争犯罪人，关押已满10年，确实改恶从善的，予以释放。

(2) 判处死刑缓期二年执行的蒋介石集团和伪满洲国的战争犯罪人缓刑时间已满1年、确实有改恶从善表现的，可以减为无期徒刑或15年以上有期徒刑。

(3) 判处无期徒刑服刑时间已满7年，确实有改恶从善表现的，可以减为10年以上有期徒刑。

(4) 该特赦令由最高人民法院和高级人民法院执行。

根据该特赦令，最高人民法院于同年11月28日发布《特赦释放第二批改恶从善的战犯》的通告，宣布对50名战犯予以特赦，其中国民党首要战犯9名，非首要战犯36名，伪满战犯4名，伪蒙战犯1名；另有21名悔改表现较好的战犯被减刑。

3.1961年第三次特赦

1961年11月17日，国务院举行第105次全体会议，通过《关于特赦确实已经改恶从善的蒋介石集团和伪满洲国的战争罪犯的建议》，提请全国人大常委会审议决定。12月16日，第二届全国人大常委会第47次会议讨论了国务院的建议，并决定实行特赦。同日，刘少奇主席发布特赦令。12月25日，最高人民法院根据该特赦令发布了《特赦第三批改恶从善的战争罪犯》的通告，对68名战争罪犯实行特赦，其中国民党首要战犯13名，非首要战犯48名，伪满战犯7名。最高人民法院在宣布特赦的同时，还宣布准予康泽监外就医。另有16名罪犯受到减刑宽大处理。

4.1963年第四次特赦

1963年3月23日，国务院召开第128次全体会议，通过《关于特赦一批确实已经改恶从善的战争罪犯的建议》，提请全国人大常委会审议。3月30日，第二届全国人大常委会第91次会议讨论通过了国务院的建议，决定：“对于经过一定期间的改造、确实改恶从善的蒋介石集团、伪满洲国和伪蒙疆自治政府的战争罪犯，实行特赦。”同日，刘少奇主席发布特赦令。根据该特赦令，最高人民法院于4月9日发布特赦通告，共特赦战犯35名，其中国民党首要战犯5名，非首要战犯25名，伪满战犯4名，伪蒙战犯1名。

5.1964年第五次特赦

1964年12月7日，国务院召开第150次全体会议，通过了《关于特赦一批确实已经改恶从善的战争罪犯的建议》，提请全国人大常委会审议。12月12日，第二届全国人大常委会第135次会议讨论通过了国务院的建议，并作出《关于特赦确实改恶从善的战争罪犯的决定》，对于经过一定期间的改造、确实改恶从善的蒋介石集团、伪满洲国和伪蒙疆自治政府的战争罪犯，实行特赦。同日，刘少奇主席发布特赦令。根据该特赦令，最高人民法院于12月28日发布特赦通告，共特赦战犯53名，其中国民党首要战犯4名，非首要战犯41名，伪满战犯7名，伪蒙战犯1名。

6.1966年第六次特赦

1966年3月9日，国务院举行第161次会议，讨论并通过关于特赦确实已经改恶从善的战争罪犯的建议，提请全国人大常委会审议。3月29日，第三届全国人大常委会第29次会议讨论通过了国务院的建议，决定对于经过一定期间的改造、确实改恶从善的蒋介石集团、伪满洲国和伪蒙疆自治政府的战争罪犯，实行特赦。同日，刘少奇主席发布特赦令。根据该特赦令，最高人民法院于4月16日发布特赦通告，共特赦战犯57名（宣布特赦前病亡1人），其中国民党首要战犯5名，非首要战犯47名，伪满战犯4名，伪蒙战犯1名。

7.1975年第七次特赦

1975年年初，公安部所呈送的关于特赦战犯的报告中曾考虑对剩余战犯通过特赦、刑满释放、提前释放、保外就医和继续关押分别予以处理。其中有13名战犯因为现实政治表现不好，确无改恶从善表现，拟继续关押。但是，2月27日，毛泽东主席在看到公安部的《关于第七批特赦问题的报告》和准备给全国人大常委会的说明后，作了长篇指示。其核心是建议全部释放，并恢复公民权，给予必要的待遇。3月17日，第四届全国人大常委会第二次会议讨论了国务院根据毛泽东主席、党中央的指示提出的关于特赦释放全部在押战争罪犯的建议，并通过《关于特赦释放全部在押战争罪犯的决定》，对全部在押战争罪犯实行特赦释放，并给予公民权。根据全国人大常委会的上述决定，最高人民法院于3月19日分别在抚顺、济南、西安和秦城监狱召开了特赦释放大会，宣布了特赦名单，发放了特赦释放通知书。此次特赦共释放战犯293名。其中有国民党军官219名，党政人员21名，特务50名；伪满战犯2名；伪蒙战犯1名。至此，在押的战争罪犯全部释放完毕。

（二）新时期的第八次特赦

全国人大常委会通过的《关于特赦部分服刑罪犯的决定》明确规定，为纪念中国人民抗日战争暨世界反法西斯战争胜利70周年，体现依法治国理念和人道主义精神，根据宪法，决定对依据2015年1月1日前人民法院作出的生效判决正在服刑，释放后不具有现实社会危险性的下列罪犯实行特赦：（1）参加过中国人民抗日战争、中国人民解放战争的；（2）中华人民共和国成立以后，参加过保卫国家主权、安全和领土完整对外作战的，但犯贪污受贿犯罪，故意杀人、强奸、抢劫、绑架、放火、爆炸、投放危险物质或者有组织的暴力性犯罪，黑社会性质的组织犯罪，危害国家安全犯罪，恐怖活动犯罪的，有组织犯罪的主犯以及累犯除外；（3）年满75周岁、身体严重残疾且生活不能自理的；（4）犯罪的时候不满18周岁，被判处3年以下有期徒刑或者剩余刑期在1年以下的，但犯故意杀人、强奸等严重暴力性犯罪，恐怖活动犯罪，贩卖毒品犯罪的除外。

这一新时期的特赦无疑顺应了时代发展，反映了党和国家执政自信与制度自信，彰显了党中央依法治国与以德治国相结合的治国理政思想，体现了对宽严相济刑事政策的切实贯彻，既是重新激活宪法所规定的特赦制度的创新实践，也是在依法治国基本方略指引下对慎刑恤囚、怜老恤幼传统的理性传承，具有重大的政治与法治意义。据公开资料显示，在第八次特赦中，被特赦的第一类罪犯为50人，第二类罪犯1 428人，第三类罪犯122人，第四类罪犯29 927人，特赦总人数达31 527人。[①]

（三）新时期的第九次特赦

根据全国人大常委会《关于在中华人民共和国成立七十周年之际对部分服刑罪犯予以特赦的决定》（以下简称为《决定》），为庆祝中华人民共和国成立70周年，体现依法治国理念和人道主义精神，根据宪法，决定对依据2019年1月1日前人民法院作出的生效判决

---

① 特赦部分服刑人员工作圆满完成．法制日报，2016-01-26（1）.

正在服刑的下列罪犯实行特赦：(1) 参加过中国人民抗日战争、中国人民解放战争的；(2) 中华人民共和国成立以后，参加过保卫国家主权、安全和领土完整对外作战的；(3) 中华人民共和国成立以后，为国家重大工程建设做过较大贡献并获得省部级以上"劳动模范""先进工作者""五一劳动奖章"等荣誉称号的；(4) 曾系现役军人并获得个人一等功以上奖励的；(5) 因防卫过当或者避险过当，被判处3年以下有期徒刑或者剩余刑期在1年以下的；(6) 年满75周岁、身体严重残疾且生活不能自理的；(7) 犯罪的时候不满18周岁，被判处3年以下有期徒刑或者剩余刑期在1年以下的；(8) 丧偶且有未成年子女或者有身体严重残疾、生活不能自理的子女，确需本人抚养的女性，被判处3年以下有期徒刑或者剩余刑期在1年以下的；(9) 被裁定假释已执行1/5以上假释考验期的，或者被判处管制的。

同时，该《决定》明确规定，上述九类对象中，具有以下情形之一的，不得特赦：(1) 第二、三、四、七、八、九类对象中系贪污受贿犯罪，军人违反职责犯罪，故意杀人、强奸、抢劫、绑架、放火、爆炸、投放危险物质或者有组织的暴力性犯罪，黑社会性质的组织犯罪，贩卖毒品犯罪，危害国家安全犯罪，恐怖活动犯罪的罪犯，其他有组织犯罪的主犯以及累犯；(2) 第二、三、四、九类对象中剩余刑期在10年以上的和仍处于无期徒刑、死刑缓期执行期间的；(3) 曾经被特赦又因犯罪被判处刑罚的；(4) 不认罪悔改的；(5) 经评估具有现实社会危险性的。

总体而言，第九次特赦比第八次特赦迈开的步伐更大、影响更为深远，这一重大决策和举措利国利民，可以最大限度地达成赦免制度维护国家、社会整体利益之初衷，为国庆70周年增进了祥和喜庆的气氛。更为重要的是，四年之内的两次特赦无疑为我国特赦制度的常态化运作提供了极大的助力，而常态化的特赦运作必将促进我国特赦的制度化、法治化构建，进一步保证其规范、有序地运行。因此，以第九次特赦为契机适时推进我国特赦制度的常态化运作，既有经验可鉴，也有诸多合理缘由，可谓正逢其时。

(四) 我国现行特赦制度的特色

综观新中国成立后的九次特赦实践，可以勾勒出我国现行赦免制度的如下特色。

1. 关于特赦的对象

前七次特赦除第一次特赦包括反革命罪犯和普通刑事罪犯外，其余历次特赦所针对的对象均为蒋介石集团、伪满洲国和伪蒙疆自治政府的战争罪犯。这是因为，我国的战争罪犯的形成有极其复杂的政治因素，为了扩大爱国统一战线，早日实现祖国统一大业，需要争取国内外各方面的合作与帮助，而以特赦方式来解决战犯问题，正符合政治上的迫切要求。① 不过，在现今和平年代，如果仍将特赦的对象限定为战争罪犯，该制度就难免被虚置。鉴于此，应将普通刑事犯纳入赦免之对象范围。而新时期的两次特赦将对象调整为普通刑事罪犯，正是顺应了时代的要求并体现了特赦制度的本质。具体而言，第八次特赦的对象则主要为正在服刑的、在新中国成立前后参加保家卫国或反侵略正义战争的人员以及正在服刑的"一老一少"，其中未成年犯占绝大多数。对于前两类服刑罪犯的特赦，不仅与纪念抗日战争暨世界反法西斯战争胜利70周年之主旨契合，也表明党和国家永远不会忘记他们曾为反对侵略战争、维护世界和平、争取民族解放做出过积极贡献，充分凸显了对于他们曾经参加正义战争行为的高度认可和褒奖。对于后两类服刑罪犯的特赦，则体现了自

① 马克昌主编．刑罚通论．武汉：武汉大学出版社，1999：704．

古有之的“矜老恤幼”的传统，承续了刑事立法和司法实践亦已体现的对于老年犯和未成年犯予以从轻处罚的精神。鉴于我国2015年的第八次特赦取得了良好的政治效果、法律效果和社会效果，第九次特赦继续将2015年被特赦的四类人纳入适用对象范围，并在此基础上对适用对象进行了积极而适当的扩展。其中，对新中国成立以后为国家重大工程建设做过较大贡献并获得省部级以上“劳动模范”“先进工作者”“五一劳动奖章”等荣誉称号的服刑罪犯以及曾系现役军人并获得个人一等功以上奖励的服刑罪犯予以特赦。这与喜迎新中国成立70周年之主旨与氛围契合，表明党和国家对于他们既往重大贡献的认可和褒奖，也有助于彰显国家德政，昭示与民更始的节庆气氛。对于部分女性服刑罪犯的特赦，不仅是基于对妇女的特殊保护，也是为了纾解此类服刑女性罪犯所在家庭面临的实际困难，切实解决其未成年子女或者身体严重残疾、生活不能自理的子女的抚养与管教问题。对部分防卫过当或者避险过当的服刑罪犯予以特赦，不仅有助于鼓励人民群众与违法犯罪行为做斗争，积极参与抢险救灾等工作，树立见义勇为的良好社会氛围，也是考虑到我国司法实务对于正当防卫或者紧急避险的认定，一直存在限制过严的现象，动辄认定为防卫过当或者避险过当，甚至完全否认行为的防卫或者避险性质，借助特赦制度正可以发挥其所固有的补充法律不足、救济司法误判、缓和刑罚严苛的功效。对于部分被裁定假释的罪犯或者被判处管制的罪犯予以特赦，有助于他们尽快复归社会，真正融入社会，从而实现鼓励犯人自新迁善、促成刑罚目的之功效，可以在严厉打击各类犯罪、维护社会和谐稳定的同时，积极烘托祥和喜庆的氛围，增强人民的向心力、凝聚力。

2. 关于特赦的范围

九次特赦所针对的均系全国各地犯特定的罪、被判处特定刑罚的罪犯中的部分人，而非针对某个地区或者某一事件中的犯罪人实施，也不是针对某一特定犯罪人实施，更不是针对全国的所有犯罪人或者犯特定罪的所有人实施。

3. 关于赦免的实质条件

在前七次特赦中，除了第七次特赦释放了全部在押战争罪犯时，不考虑犯罪人的服刑时间长短和是否具有改恶从善的表现外，其余历次特赦都要求犯罪人“经过一定期间的改造、确实改恶从善”。通常认为，我国当时的特赦制度仍以教育改造犯罪人为宗旨，体现了惩办与宽大相结合及惩罚与改造相结合的刑事政策，符合我国的刑罚目的。至于“确实改恶从善”的具体内容，根据1959年9月17日中共中央发出的《中共中央关于特赦罪犯的指示》的精神，主要有两个方面的内容：（1）在服刑改造期间认罪服法，确有良好的实际表现；（2）表示拥护中国共产党的领导，拥护社会主义。而新时期的第八次特赦顺应时代的发展，将新中国七次特赦实践所确立的“确实改恶从善”之实质条件修改为“释放后不具有现实社会危险性”。所谓“不具有现实社会危险性”，即结合犯罪人的行为性质、所判刑罚、认罪悔罪表现、服刑改造情况等，可以判定服刑罪犯在被释放后不致再危害社会，给社会的稳定与安宁造成威胁。应该说，此次特赦既不要求服刑人“确实改恶从善”，也不如假释般要求以“确有悔改表现”为前提，故而从实质条件上对服刑罪犯的要求有所放宽。不过，这已足以有效化解人们普遍存在的特赦可能进一步恶化治安状况之忧虑。事实上，第八次被特赦罪犯的重新犯罪率是远远低于普通刑满释放罪犯的重新犯罪率的。同时，此次特赦还对罪犯的服刑期限做了一定的限制，即“2015年1月1日前人民法院作出的生效判决正在服刑”。这意味着2015年1月1日以后人民法院作出的生效判决正在服刑的罪犯，一律不得特赦。这一服刑期限的限定，不仅可以为判断罪犯是否“释放后不具有现实社会危险性”提供较为充裕的时间，是不可避免“刚判即赦”，适度维护了刑事判决的稳定性和严肃性。第九次特赦则通过排除特赦范围的设定，将其实质条件限定为“认罪悔改或者经评估不具有现实社会危险性”。这意味着，即便主观上认罪悔改，但客观上仍具有现实危险性，或者虽不具有现实危险性，但拒不认罪悔改的，均不在此次特赦之列。这实际上从主客观两方面确定了国庆特赦的实质性适用条件，即服刑罪犯主观上必须认罪悔改，且客观上经评估不具有现实社会危险性。我们认为，应将服刑或者社区矫正期间再次故意犯罪或者多次违反治安管理处罚法作为推断罪犯释放后具有“现实社会危险性”的基础事实。

4. 关于特赦的效力及法律后果

九次特赦的效力均只及于刑而不及于罪，并且只是使国家的刑罚权部分消灭，而不是全部消灭，更不是使宣告刑归于无效。换言之，九次特赦均是针对已受罪刑宣告并已服刑一定期限的犯罪人，免除其残余刑期或者减轻其原判刑罚。而且，被特赦者往往都恢复其公民权，并享受一定的政治、经济待遇。一般认为，我国的特赦制度既有利于维护法院判决的稳定性和严肃性，也有利于鼓励受赦免者继续努力改造自己，促使其不再重新犯罪。

5. 关于特赦的具体程序

通过新中国成立后对国内战争罪犯的七次特赦，我国赦免制度形成了较为固定的适用程序，即：首先由战犯关押地的省公安厅提出在押战犯的罪行、表现情况和处理意见，报公安部审查，经处理战犯领导小组同意后，再报国务院召开全体会议审议决定向全国人大常委会提出的具体建议。然后由国务院（除第一次由党中央提出外）提交全国人大常委会讨论决定。最后，由中华人民共和国主席发布特赦令[①]，并交由最高人民法院、高级人民法院执行。在具体执行时，由人民法院在监狱、劳改队（现已撤销）等刑罚执行机关的配合、支持下，综合审查犯罪人的犯罪性质、原判刑罚、已经服刑的期限乃至是否确实改恶从善。而最高人民法院会根据具体的审查意见发布特赦通告，确定特赦的具体名单，并最终向被特赦者发放特赦通知书。不过，新时期的两次特赦则在以往七次特赦的基础上，对具体的适用程序进行了一定的变革。主要体现为：首先由全国人大常委会通过特赦的决定，并由国家主席签发特赦令。随后，由刑罚执行机关依据特赦决定和特赦令，进行摸排、筛查工作，并根据摸排结果和罪犯申请情况，将符合特赦条件的罪犯名单移送地市级公安机关、国家安全机关，由公安机关、国家安全机关对名单进行筛查，对是否具有现实的社会危险性进行评估，并将书面意见反馈刑罚执行机关。对于符合特赦条件的罪犯，由刑罚执行机关依法公示后，报请该罪犯服刑所在地中级人民法院裁定，并提交特赦建议书等相关材料。报请机关在报请特赦前，应当征求人民检察院意见。对于特赦案件，人民法院应当依法组成合议庭进行书面审理，并在受理后7日内作出裁定。特赦裁定作出后，应在3日内送达罪犯本人、报请机关和同级人民检察院，并抄送原审人民法院。可以说，在第八次、第九次特赦中，相关部门各司其职、彼此制约，形成了较为成熟的操作流程和程序，为特赦工作的顺利开展提供了良好的程序保障。

由此可见，我国的特赦既不同于大多数国家的特赦，也不同于大赦，而是介乎大赦与特赦之间的一种形式。通常而言，特赦（pardon）在多数国家都是以受罪刑宣告的特定犯罪人为对象，被赦免者的姓名一般都要在特赦令中明确列举；我国的特赦则只是针对全国

① 1975年第七次特赦时，因当时未设国家主席，故直接由全国人大常委会发布决定。这也与前六次特赦有所区别。

各地犯特定的罪、判处特定刑罚的犯罪人中符合条件的那部分人施行，且特赦令并不注明被特赦者的姓名，具体特赦人员由人民法院依据特赦令所规定的条件以裁定的形式确定。此外，国外的大赦（amnesty）制度通常都是对全国范围或者某一地区的所有罪犯，或者某一类罪、某一事件的全体犯罪人普遍适用；而我国的特赦虽然大多数也是针对全国各地犯特定的罪的罪犯施行，但一般只是其中确实已经改恶从善或者释放后不具有现实社会危险性的罪犯，而非所有罪犯。何况，大赦通常是既赦其刑，也赦其罪；而我国的特赦只能赦免罪犯所受的刑，其效力不能及于其所犯的罪。因此，我国的特赦虽然同时具备通常所谓大赦和特赦的某些特点，但又有所不同。事实上，它是一种具有中国特色的较为特殊的特赦制度。①

第三节　我国赦免制度的完善

一、概述

自1975年以来，特赦制度长达40年再未启用。直到2015年为纪念中国人民抗日战争暨世界反法西斯战争胜利70周年，我国才重启了沉睡40年之久的特赦制度。不过，由于没有形成常态化、制度化的运作机制，特赦制度可能还会再度沉睡。赦免制度之所以长期处于备受冷落的尴尬境地，既与整个社会缺乏基本的宽容有紧密的关联，也与中国长期的犯罪态势密不可分。事实上，对于现代社会犯罪数量的增长，应当保持理性的认识。既要高度重视，采取各种合理措施防范、打击和控制犯罪，使犯罪率增长不能超过社会心理承受能力的限度；同时，也要沉着冷静，认识到犯罪数量的增长在某些情况下是不可避免的，是社会进步必须付出的代价，不能因噎废食，不能为了打击犯罪而忽视人权保障和社会发展。② 在这种情况下，应当树立鲜明的人权观、科学的犯罪观和理性的刑罚观，而不能一味盲目地施行严刑峻法。随着中国经济和社会的变革与发展，多元化的社会分层体系已经比较明朗，这是成熟社会保持活力与生机的必要前提，但是同时也必然导致社会诸多矛盾的凸显甚至激烈化。而现代赦免制度正具有调节利益冲突、衡平社会关系的重要刑事政策机能。在特定社会政治、经济、社会形势下，适当地运用赦免制度，可以很好地缓解社会矛盾、调节利益冲突，从而维护国家的安定和社会的稳定。因此，需要探讨如何完善中国的赦免制度的问题，这种完善可以从赦免制度的类型、程序、法规设置等角度进行探讨。

二、赦免的类型设计

尽管中国现行法律体系中只有特赦一种赦免类型，但是在新中国成立后的九次特赦中也曾涵括赦免性减刑、赦免性复权措施。在未来，理想的中国赦免制度应该包括多种赦免

---

① 马克昌．刑罚通论．武汉：武汉大学出版社，1999：705.

② 何显兵．论社区矫正的根据．广西政法管理干部学院学报，2005（2）.

类型。

（一）大赦

作为现代赦免制度的一种具体形式，大赦具有导致罪刑皆免的效力，它不只是免除刑罚执行，而且使罪和刑都归于消灭。进而言之，凡受到大赦的人，如果是已受刑的宣告者，宣告归于无效；如果是受到追诉而判决尚未宣告者，追诉权归于无效；如果是在侦查或在提起诉讼中的，应做不予起诉或撤销案件处理，追诉权也归于消灭。① 如果大赦未附加任何条件，那么在大赦时尚未发现的行为，大赦后不再追究；如果对行为已经提起追诉，有管辖权的法院不得再行受理这种追诉。② 在考虑是否构成累犯时，因大赦而归于无效的有罪判决不再作为累犯的第一时间限制。

另外，大赦应由赦免权人根据社会政治、经济、外交等各方面因素的综合考虑，而审慎地针对不特定犯罪人适用，以求保全社会的整体利益。因此，大赦的适用范围应该有所限定。意大利刑法学界通常认为，以下情况是适用免罪性赦免的前提：（1）根据事后的判断，行为属于不具备社会危害性的特殊情况，即所谓“正义的赦免”；（2）作为实施新的刑法或刑事诉讼法必要的过渡性措施，即所谓“工具性赦免”；（3）在一个社会斗争和冲突的时期刚刚结束时，作为缓解遗留问题的必要措施，即所谓“和解性赦免”③。这种观点有一定价值，大赦也属于免罪性赦免，这其实也就是大赦的适用前提。例如，我国 1997 年刑法取消了投机倒把罪，即可通过大赦解决过渡之际所存在的问题。再比如，对于所谓民营企业的“原罪”问题，其中很多行为根据事后的判断，虽然不符合“法制”，但符合“法治”的原则，故而也可以通过大赦的措施来解决。

（二）特赦

根据效力的不同，可以将特赦区分为两种。

（1）普通特赦。这是指仅仅免于执行所宣告的全部刑罚或者尚未执行的那部分刑罚，而不是使所宣告的罪刑都归于无效的赦免。普通特赦也正是传统意义上的特赦。普通特赦的效力通常并不及于前科，不能消灭前科。针对主刑的普通特赦，即便是全部特赦，并不必然引起对从刑或附加刑的特赦。只有在特赦令中明文规定对从刑或者附加刑也给予特赦时，才能免除执行这些刑罚。而且，普通特赦所产生的法律后果也不溯及既往。

（2）特别特赦。这是指使已受宣告的罪刑都归于无效的赦免。在这种情况下，行为人虽受有罪宣告，但若获得特赦，对其宣告的罪责和刑罚都归于消灭。特别特赦是传统特赦的变异形式。在此种情况下，如果犯罪人在特赦后再犯罪，则被赦免的罪不能成为累犯的条件。

特赦原则上应适用一切犯罪，犯罪的性质对于特赦的请求并不具有任何意义。而且，所有的犯罪人，不论是成年人还是未成年人，不论是初犯还是累犯，也不论是本国人还是外国人，都可以得到特赦。但是，要使被判刑人获得特赦，宣告其有罪的判决应当是最终确定的判决。也就是说，应当是不得再行提起任何上诉的判决。此外，还应当是具有执行效力的有罪判决，因为特赦的法律效果正体现在全部或者部分免除这种刑罚的执行。如果

① 高铭暄．刑法学原理：第 3 卷．北京：中国人民大学出版社，1994：676.

② 斯特法尼，等．法国刑法总论精义．罗结珍译．北京：中国政法大学出版社，1998：669.

③ 帕多瓦尼．意大利刑法学原理．陈忠林译．北京：法律出版社，1998：395.

刑罚已经执行完毕，或者刑罚已经完成时效，原则上都不能给予特赦。① 就适用的刑罚类型而言，特赦既可以适用于死刑，也可以适用于自由刑、财产刑乃至资格刑。

（三）赦免性减刑

赦免性减刑可以分为两种。

（1）一般减刑。又称为“全国性减刑”或者“普遍性减刑”，这是指对犯有一般的罪或者被判处特定刑罚的不特定犯罪人全部予以减刑的制度。一般减刑仅改变科刑判决的内容，而不足以使科刑判决的效力丧失。而且，它只能减轻犯罪人的刑罚，而不能免除其罪责，原有罪判决依然存在。对一般减刑者而言，被减刑的罪责可以构成累犯。

（2）特别减刑。又称为“个别减刑”或者“特定减刑”，这是指对犯有一定的罪或者被判处特定刑罚的特定犯罪人予以减刑的制度。从减刑内容角度说，特别减刑包括刑度的减轻和刑种的改变两种。在实践中，最常见的减刑实例是对死刑犯的赦免，即将死刑减为无期徒刑或者长期自由刑。在减刑效果上讲，特定减刑可以分为两种：一是刑罚的减轻，即对刑罚本身（即宣告刑）予以减轻；二是刑罚执行的减轻，即对刑罚的执行（即执行刑）予以减轻。

无论是一般减刑还是特别减刑，都可以在刑罚执行之前或者在刑罚执行过程中施行。而且，赦免性减刑既可以对某一犯罪人实行，也可以对数名犯罪人实行；可以对特定犯罪的犯罪人实行，也可以对被判特定刑罚的犯罪人实行；可以是减轻宣告刑，也可以是减轻执行刑。而且，赦免性减刑既可以附加具有实质内容的服刑条件或者悔过表现等前提性条件，也可以附加“再犯罪受有期徒刑以上刑的宣告”等撤销减刑的后续性条件。

（四）赦免性复权

赦免性复权可以分为两种。

（1）一般复权。又称为“全国性复权”，是指以赦免令形式恢复不特定犯罪人因受罪刑宣告而被限制或剥夺的权利或资格的制度。由于赦免的范围不仅限于主刑，还及于从刑，故而对于剥夺政治权利的赦免，也就是所谓复权。一般复权可以单独实施，也可以附随大赦、一般减刑而实施。

（2）特别复权。又称为“个别复权”，是指以赦免令形式恢复特定犯罪人因受罪刑宣告而被限制或剥夺的权利或资格的制度。复权的目的在于恢复犯罪人的公民地位，为犯罪人清除重新开始社会生活的障碍。因为犯罪人被剥夺政治权利后，不但使其丧失参政的机会，而且也因受到诸多法规的限制，在就业与其他社会生活方面存在困难。这些都可能阻碍其悔过自新，需要通过复权加以消除。

在法律效力上，赦免性复权只限于对被剥夺、限制的权利或者资格的恢复，而不存在溯及既往的效力。所以，犯罪人因为资格刑实施而导致丧失的地位、职位等权益，不会因为赦免性复权而得以恢复。

赦免性复权可以适用于特定人员或者特定犯罪，也可以适用于不特定多数人。赦免性复权并不需要犯罪人的悔改表现与罚期执行时间的最低限制。不过，赦免性复权须以实体刑的执行为前提条件。不管是一般复权还是特别复权，对于刑罚执行尚未终了者或者未获得刑罚执行免除者，不能实施赦免性复权。此外，赦免性复权所恢复的并不只是公权，而且包括作为刑罚的资格刑所剥夺、限制的所有权利内容。

---

① 斯特法尼，等．法国刑法总论精义．罗结珍译．北京：中国政法大学出版社，1998：658.

三、赦免的程序设计

在新中国成立后九次特赦实践的基础上，并借鉴外国的相关立法例，可以对中国未来赦免制度的程序设置，初步提出如下建议。

(一) 一般赦免的程序设计

一般赦免包括大赦、一般减刑和一般复权。根据立法法第8条的规定，有关犯罪与刑罚的事项只能制定法律。一般赦免令是与犯罪与刑罚相关的，因而一般赦免令应该具有法律性质，应参照通常的立法程序设计具体程序。

1. 一般赦免案的起草

可以考虑在全国人大常委会下设立赦免事务委员会（或赦免事务室）作为常设性机构，专门负责处理具体的赦免事务。赦免事务委员会的成员由全国人大常委会任命，并由法学专家、法律实务专家等组成。一般赦免案的起草工作则可以主要由赦免事务委员会完成。在一般赦免案的起草过程中，赦免事务委员会应广泛征求各方意见。

2. 一般赦免案的议决

一般赦免案完成后，可以交由全国人大专门委员会根据立法法第24条的规定向全国人大常委会提出，由委员长会议决定列入常务委员会会议议程。列入常务委员会会议议程的一般赦免案，通常应当经三次常务委员会会议审议后再交付表决，由常务委员会全体组成人员的过半数通过。但是，各方面意见比较一致的，可以经两次常务委员会会议审议后交付表决。全国人大常委会通过的一般赦免由国家主席签署主席令予以公布。

(二) 个别赦免的程序设计

个别赦免包括特赦、个别减刑和个别复权。个别赦免可以经由以下程序公布施行。

1. 个别赦免的启动

从外国立法例来看，个别赦免的启动往往采取自下而上的模式，由犯罪人本人或者其亲属提出申请，或者由有关司法机关提请。例如，在法国、德国等国家，特赦原则上是由犯罪人自己申请的，由司法机关逐级上报，最终由赦免权人决定是否可以实施特赦。以往中国的特赦启动从实质上讲，采取的是自上而下的模式。从新中国九次特赦的实践来看，或者由党中央提出，或者由国务院提出，犯罪人及其亲属或者有关司法机关则无权提出赦免的请求。鉴于此，中国个别赦免的程序可以考虑实行自下而上和自上而下并行的模式。一方面，可以由赦免权人根据赦免事务委员会的建议，主动对特定犯罪人予以赦免；另一方面，可以由犯罪人本人或者其亲属提出申请，或者由犯罪人服刑场所、有关检察机关等代为提请。当然，为了防止当事人滥用申请，也可以借鉴有些国家的经验，对其提出申请的时间、条件等加以限制。

2. 个别赦免的审查

当事人申请赦免或者有关司法机关依职权提请赦免的，赦免申请书及相关资料将被提交赦免事务委员会，由该机构负责调查和审查。赦免事务委员会在必要时，可以向原处理案件的法官、检察官调查，听取他们的意见，甚至还可以让公安机关等政府部门的职员进行调查并提交报告书。

赦免事务委员会在具体审查能否赦免时，主要应考虑如下因素：(1) 犯罪人自身方面的因素，如犯罪人的性格、悔改表现、再犯可能性、对社会是否仍有不满情绪以及社会生活有无障碍等；（2）社会对犯罪人的客观评价，如有无社会责任感、家庭责任感等；（3）原处理案件的法官、检察官的建议、意见；（4）被害人及其家属的意见；（5）是否存在错判、误判，有无救济的需要；（6）其他应当考虑的因素。在综合考虑上述诸多因素的基础上，赦免事务委员会确定向赦免权人所提出的具体报告书和建议书，对案件有关情况给予客观描述，并表明其同意或者反对赦免的具体意见。

3. 个别赦免的决定

尽管从外国立法例来看，个别赦免的决定权通常由国家元首行使，但是，中国现行宪法明确将特赦权授予全国人大常委会。因此，关于个别赦免程序的设计也应以宪法的这项规定为基础。赦免事务委员会应向全国人大常委会提交报告书和建议书。在接受报告书和建议书后，全国人大常委会应作出是否赦免的决定。如果决定给予赦免的，由国家主席以赦免令颁行。

4. 个别赦免的执行

从新中国九次特赦的实践来看，特赦均是授权人民法院具体执行。不过在设置了赦免事务委员会后，则应交由该委员会负责执行。国家主席发布赦免令时，应当将赦免状、减刑状、复权状送交赦免事务委员会。赦免事务委员会在接到赦免状、减刑状、复权状后，应经由有关司法机关送达当事人。

四、赦免的立法设计

（一）概述

赦免制度既不可能在高度纲领性、概括性的宪法中作出详细的规定，也不可能在原则、程序毫不相容的刑事诉讼法中加以明确。由于其原则、程序和内容不同于司法制度和行政程序制度，要在具有悠久成文法传统的中国实现赦免行为法治化，必须构建赦免制度，制定单独的赦免法。[①] 因此，在通过宪法解释确立现代赦免制度宪法地位的基础上，还应由全国人大常委会颁行专门的赦免法，从而系统构建现代赦免制度的详细内容。赦免法从性质上讲并非行政法，而是宪法性规范。同时，为适应赦免法的颁行应对现行刑事法进行相应的修正与完善。现行刑事法应在累犯的构成前提、特别假释的设置、对单位犯罪的赦免等方面作适当的修正。

（二）累犯的构成前提

中国1997年刑法第65、66条分别规定了一般累犯和特别累犯。根据这两条的规定，“赦免以后”可以成为构成两者的前提条件。但是，罪刑皆免的免罪性赦免是不能成为累犯构成的前提条件的。易言之，此处的所谓赦免，不能包括大赦和特别特赦。而且，中国累犯的构成采取的是执行完毕主义，只有执行一部或全部刑罚后，才能构成累犯，如果刑罚业已宣告但尚未交付执行，也不能构成累犯。就此而论，即便是普通特赦以后也不一定就构成累犯。因此，刑法第65、66条所谓“赦免以后”，并不是很恰当的。事实上，旧中国1928年刑法关于累犯构成的规定中，并未使用“赦免”一词，而是将“免除”与执行相并列加以规定，即刑罚执行完毕或者免除后，符合累犯条件的才能构成累犯。比较而言，用“免除以后”似比“赦免以后”更为确切。

---

① 邓华平，等．论中国赦免制度的法典化．西南政法大学学报，2004（4）．

（三）特别假释的设置

中国1979年刑法第73条规定，被判处有期徒刑的犯罪分子，执行原判刑期1/2以上，被判处无期徒刑的犯罪分子，实际执行10年以上，如果确有悔改表现，不致再危害社会，可以假释。如果有特殊情节，可以不受上述执行刑期的限制。而该条的后半段即确立了特别假释制度。在1997年刑法的修订过程中，曾对是否设置特别假释问题产生较大的争议。肯定说认为，该条文有利于国家利益的实现，即可以从政治、外交、军事、宗教、民族、重大经济利益等方面的需要出发，对一些不符合普遍假释条件的犯罪人提前予以释放。否定说认为，既然法律已经规定了假释前需要执行的最低期限，就应该毫无例外地执行，否则就是破坏法治的行为。此外，宪法中已经规定了特赦制度，如果确系国家利益需要，对于不具备假释条件的人，可以通过赦免的方式提前释放，这样既可以使特赦制度得到运用，又可以避免违反罪刑法定原则。[①] 而1997年和2011年刑法修正案（八）则在肯定说的基础上，对特别假释作出了更为严格的限制。其第81条第1款后半段规定，“如果有特殊情况，经最高人民法院核准，可以不受上述执行刑期的限制”。1993年4月10日最高人民法院颁布的《关于办理假释案件几个问题的意见（试行）》曾将此处的“特殊情况”解释为“罪犯家庭有特殊困难，确需本人照顾，请求假释”的情况。最高人民法院2012年《规定》第17条则将其解释为“与国家、社会利益有重要关系的情况”。特赦与假释之间具有明显的区别，两者在实施机关、法律后果、实质条件等诸多方面均存在差异。但是，就最高人民法院上述1998年的司法解释而言，其关于特殊假释所谓“特殊情况”的界定，已经突破了假释通常所要具备的犯罪人“确有悔改表现，不致再危害社会”的精神，转而综合考虑国家政治、国防、外交等方面的特殊需要。就此而论，特别假释与特赦的原因已经没有什么差别了。尽管假释在适用后还可能撤销，这一点也体现了假释与特赦之间的区别，但实际上特别假释基本不可能撤销。由此可见，特别假释虽然仍具有假释的形式，但从实质上讲其与特赦在法律后果上已是基本没有区别了。这就意味着，一些本该获得特赦的案件，可能会被最高人民法院堂而皇之地以特别假释的形式加以解决。姑且不论特别假释的规定是否有违罪刑法定原则，仅就该制度的设置而言，显然架空了全国人大常委会的特赦权，从而使宪法中的特赦制度处于被虚置的境地。因此，随着未来赦免制度的确立，应该废止特别假释的规定，恢复特赦制度的应有领地。

（四）对犯罪单位的赦免

中国1997年刑法已经明确规定了单位犯罪，但并没有涉及针对犯罪单位的赦免制度。事实上，犯罪单位不仅能够获得大赦、特赦，而且也可以得到赦免性复权。法国刑法理论与实务界便普遍认为，在法人受到刑罚处分时，大赦、特赦也可以适用于法人。法国《刑法典》第133—1条还明确规定，法人解散，除由刑事法院宣告解散外，特赦与大赦阻止或停止刑罚的执行，但仍可征收罚金或诉讼费用；法人解散后至清算活动终结，仍可执行没收。以此为鉴，在中国刑法典中也应确立针对犯罪单位的赦免制度，从而为犯罪单位获得大赦、特赦或者赦免性复权提供法律依据。

（五）解决刑事诉讼法第15条的缺陷

我国2012年3月14日修订通过的刑事诉讼法第15条规定，经特赦令免除刑罚的，不追究刑事责任；已经追究的，应当撤销案件，或者不起诉，或者终止审理，或者宣告无罪。

---

① 陈东升．赦免制度研究．北京：中国人民公安大学出版社，2004：273.

由于传统意义的普通特赦只能是免除经确定判决业已宣告的刑罚，刑事诉讼法中的这一规定则可以免除罪责甚至消灭刑事追诉权和刑罚裁量权，因此，此条的所谓“特赦”并非传统意义上仅免刑而不免罪的普通特赦。进而言之，即便是可以免除罪责的特别赦免，也只能是在罪刑宣告确定后而非审判之前获得。因此，此条规定不追究刑事责任、撤销案件或者不起诉等诸多情形，只有针对大赦令才显得恰当。如果是经普通特赦免除刑罚的，则不能导致有罪判决无效。如果是经特别特赦免除刑罚的，则可以导致有罪判决无效。因此，需要通过修改刑事诉讼法解决本条存在的缺陷。

此外，还有必要在刑法总则第四章“刑罚的具体运用”中，在第八节时效之后，以第九节规定赦免，从而通过原则性的规定来呼应专门赦免法的相应内容。

【问题与思考】

1. 结合新时斯的特赦实战，谈谈赦免的现实意义。
2. 什么是大赦，它与特赦有什么区别？
3. 我国现行赦免制度的特色是什么？
4. 如何完善我国现行赦免制度？

【推荐参考论著】

1. 阴建峰．现代赦免制度重构研究．北京：中国人民公安大学出版社，2011.
2. 陈东升．赦免制度研究．北京：中国人民公安大学出版社，2004.
3. 陈兴良．本体刑法学．北京：商务印书馆，2003.
4. 于志刚．刑罚消灭制度研究．北京：法律出版社，2002.
5. 马克昌主编．刑罚通论．武汉：武汉大学出版社，1999.

第十九章
刑释人员及其帮助

内容导读

刑释人员是指在监狱服刑期满后被释放的人员。从理论上讲，刑释人员及其帮助的内容不属于刑事执行法学的范围，因为这方面的工作已经不是刑事执行。但是，由于这方面的工作与刑事执行工作有密切的联系，属于刑事执行工作的延伸，同时，做好这方面的工作有助于刑释人员顺利回归社会和预防他们重新犯罪，因此，在刑事执行法学中加以探讨和论述。

第一节　概　述

一、刑释人员的概念

刑释人员是“刑满释放人员”的简称，是指在监狱服刑期满后被释放的人员。在一些文献中，也使用“出狱人”“归正人员”的概念。[①] 在过去，曾使用“劳改释放犯”等概念。[②]

① “归正人员”一词最初是在浙江司法行政系统开始使用的。后来，在当地逐渐流行开来，并且在一些地方性规定中被采用。例如，杭州市人民政府2003年印发的《杭州市城乡居民最低生活保障实施办法》中规定：“户籍在规定期限内不能迁入原户籍地的归正人员，可凭司法行政部门或公安部门出具的证明，向原户籍所在地的街道办事处或镇（乡）人民政府申请享受最低生活保障待遇。”（第30条）

② 就帮助从监狱出来的人们重新适应社会生活的角度来看，使用“刑释人员”的概念显得过于狭窄，因为具有类似情况的人还有被特赦出狱的人员、因冤假错案被监禁后出狱的人员等。所以，使用“出狱人”的概念也许更为恰当。出狱人是指在监狱服刑一定时间之后重返社会的人；不管这类人员的具体种类有何不同，他们出狱之后面临的不利处境往往具有相似性，为了帮助他们摆脱不利处境，需要给他们所有的人都提供类似的帮助。当然，出狱人中的主要部分是刑释人员，帮助这部分人解决了困难和问题，就等于帮助大部分出狱人解决了困难和问题。

刑释人员的主要特点有以下几点。

（1）刑释人员是已经被释放的人员。他们是经过合法释放手续从监狱释放的人，是已经生活在自由社会中的人。他们的法律身份是公民，而不是罪犯或者服刑人员。

（2）刑释人员是服刑期满的人。刑释人员是由于服刑期满而从监狱中释放的人。这里的“服刑期满”，既包括未经任何减刑而服完所有原判刑期的情况，也包括经过多次减刑后服完原判刑期的情况。

（3）刑释人员是从监狱释放的人。在这里，对于监狱要做广义上的理解。不仅包括由司法行政部门管理的各类成年犯监狱和未成年犯管教所，而且应当包括由公安机关管理的看守所。从看守所服刑之后释放的人员，也属于刑释人员。此外，虽然刑释人员帮助的重点对象是从监狱释放的人员，但是，那些一直在社区中服刑并且服刑期满的人员如果遇到困难的话，也应该得到必要的帮助。不过，一般而言，在社区服刑期满的刑释人员，由于一直生活在社区中，所遇到的问题和困难要远远少于从监狱中刑满释放的人员，因而他们不是刑释人员帮助工作的重点人群。

二、刑释人员的法律地位

刑释人员的法律地位是指刑释人员享受法律权利和履行法律义务的状况。尤其是指刑释人员享受法律权利的状况。

从理论上讲，刑释人员已经通过服刑接受法律惩罚而承担了对自己的犯罪行为的法律责任，刑满释放后应当具有和其他公民同等的法律权利。一些法律也进行了这样的规定。例如，监狱法第 38 条规定：“刑满释放人员依法享有与其他公民平等的权利。”

但是，在实际上，刑释人员不可能具有与其他守法公民平等的法律权利。刑释人员只能享有不完整的法律权利。

刑释人员享受到的法律权利有限的主要原因包括以下几点。

1. 一些法律和文件的明确限制

从目前的立法情况来看，一些法律明确规定刑释人员不能享有某些权利。很多法律都明确规定，“因犯罪受过刑事处罚的”不得担任某种职务或者从事某种职业。例如，1993 年 10 月 31 日颁布的教师法第 14 条规定：“受到剥夺政治权利或者故意犯罪受到有期徒刑以上刑事处罚的，不能取得教师资格；已经取得教师资格的，丧失教师资格。”（2009 年修正的教师法仍然保留这个规定）此后，很多法律都做了类似的规定。1995 年颁布的警察法第 26 条（现行警察法仍然保留这个规定）、法官法第 13 条、检察官法第 13 条、公务员法第 26 条都明确规定，“因犯罪受过刑事处罚的”不得担任人民警察、法官、检察官，也不得被录用为公务员。

律师法第 7 条第 3 项规定，“受过刑事处罚的，但过失犯罪的除外”。这条规定意味着，虽然相关的限制有所减少，即进行过过失犯罪的人可以获得律师执业证书和从事律师工作，但是，也规定对因故意犯罪受过刑事处罚的人不予颁发律师执业证书。

执业医师法第 15 条规定，“因受刑事处罚，自刑罚执行完毕之日起至申请注册之日止不满二年的”，不予注册为执业医师，不得从事医师执业活动。这意味着，刑释人员在 2 年内无权从事医疗活动。

司法部在 1999 年 8 月 2 日发布的《关于刑满释放人员不能从事基层法律服务工作的批

复》中明确要求，因故意犯罪受过刑事处罚的人员，不能从事基层法律服务工作；已领取基层法律服务执业证件的，应当认定其《法律服务执照》无效。

这些法律和文件的明文规定，大大限制了刑释人员享受法律权利的范围，使他们无法从事许多职业。

2. 实际存在的前科制度

所谓前科，是指曾经被宣告犯有罪行或者被判处刑罚的事实。[①] 我国刑法中虽然没有规定“前科”字样，也没有明确规定前科制度，但是，前科的刑法后果仍然是明显的，主要表现为：(1) 前科在一定范围内是构成累犯的必要条件；(2) 前科作为构成法定从重处罚情节——再犯的必要条件。这种实际存在的前科制度意味着，刑释人员如果再次犯罪，就有可能受到更重的刑罚处罚。因此，他们在刑法中的实际地位与其他守法者是不同的。

3. 社会公众的普遍歧视

受过刑罚处罚的刑释人员，会因其犯罪行为和服刑经历而受到社会公众的普遍歧视，这种歧视影响他们享受法律权利的实际情况。这种普遍歧视不仅涉及面广，而且持续时间长。刑释人员会在就业谋生、人际交往甚至家庭生活等各个方面，都有可能遭受到别人的歧视。这种社会歧视不可能在短期内消失，甚至有可能延续终身。社会歧视的存在，意味着刑释人员在谋生就业等各个方面，都会遇到更大的困难和更多的问题；他们的社会地位与普通守法者有很大的不同，他们必须付出超常的努力，才有可能获得别人所具有的社会地位。或许，这是犯罪人因犯罪行为而遭受的必然后果之一。

三、刑释人员帮助的概念

刑释人员帮助就是对刑满释放人员给予的物质支援和精神支持。

刑释人员帮助的主要特点有以下几点。

1. 多样性

多样性是指对刑释人员提供帮助的内容、形式等方面复杂多样的特性。由于刑释人员遇到的困难和问题是多种多样的，因而对他们提供的帮助也应当是多种多样的。内容和形式的多样性将在下文中专门论述。这里需要指出的是，对刑释人员的帮助包括物质支援和精神支持。其中，“物质支援”既包括给遇到困难的刑释人员一定数额的现金、实物等帮助，也包括给刑释人员一些物质性或者能够使刑释人员获得物质利益的帮助，例如，介绍工作和职业、进行职业技能培训等；“精神支持”既包括一般性的安慰、开导、劝说等工作，也包括比较专业性的心理咨询等工作。

2. 福利性

刑释人员帮助是一项社会福利性质的工作。所谓“社会福利工作”，简单地说就是帮助遇到困难的社会成员的工作。刑释人员帮助是给遇到困难的刑释人员提供帮助的工作，类似于慈善工作。根据监狱法第 38 条的规定，“刑满释放人员依法享有与其他公民平等的权利”。因此，刑释人员帮助工作的对象是已经恢复公民权利但是又遇到特殊问题和困难的公民，是社会福利工作在特殊人群中的体现。

---

① 马克昌．刑罚通论．武汉：武汉大学出版社，1999：709.

3. 自愿性

自愿性是指刑释人员帮助要在刑释人员自愿基础上进行的特性。典型的刑释人员帮助应当是在刑释人员自愿的基础上进行的。如果刑释人员不愿意接受这类帮助，那么，有关机构、团体和个人等，就不得采取任何强制措施迫使刑释人员接受帮助。既然刑释人员依法享有与其他公民平等的权利，那么，他们就有自主选择的权利，任何机关、团体和个人都无权强迫他们接受“帮助”或者任何冠以其他名称的措施。

不过，在过去很长的时间中，这类工作并不是纯粹的帮助，也不是在刑释人员自愿基础上进行的，而带有浓厚的强制性。这种对已经服完刑的公民进行人身和行动限制的做法，是特殊历史时期的做法。按照今天的法治精神来看，这种做法是不妥当的，是与法治精神相违背的。因此，在依法治国的时代，对于刑释人员的帮助工作，也必须依法办事，这类工作的性质只能是在刑释人员自愿基础上进行的真正意义上的帮助工作。

4. 通用性

通用性是指对刑释人员的帮助工作可扩展适用于其他有类似问题和困难的人员的特性。刑释人员出狱之后遇到的问题和困难，其他人员也有可能遭遇到。尽管人员的法律身份可能有所不同，但是，用于帮助解决问题和困难的途径和方法，应当是基本一致的。因此，对刑释人员的帮助措施等，也可适用于有类似问题和困难的其他人员。从帮助人们适应社会生活的角度来讲，被假释的人员、在监狱中被监禁了一定时间的冤假错案当事人等，都会面临同样的问题，需要给予同样的帮助。因此，本章论述的内容虽然是针对刑释人员的，但是，大体上也适用于假释人员和其他相关人员。

对于刑释人员帮助工作，有多种名称。其中，主要的有以下几种。

（1）“接茬帮教”。这是过去很长时期使用的名称，意思是由社会上的有关机构紧接着监狱机关而开展帮教工作。

（2）“安置帮教”，强调给刑释人员安排工作和进行帮助教育。

（3）“留场就业”。这是指将服刑期满的人员留在劳改农场就业的做法。其中，又分为两种：一种是“强制留场就业”，适用于符合特定条件和没有改造好的刑满人员；另一种是“自愿留场就业”，主要适用于已经改造好而有其他情况的刑满人员，“其他情况”包括劳改场所需要的科技人员、家住在城市但在刑满之后无家可归、因公致残而丧失劳动能力等。这是过去时代的名词和做法。

（4）“出狱人保护”和类似名称。包括“出狱人的社会保护”“刑满释放人员的社会保护”等。这主要是在一些早期文献或者学术性著作中使用的名称。

（5）“刑满安置就业”。这个术语强调给刑释人员在原居住地等安排工作，但是，不包括强行留场就业的情况。

（6）“更生保护”。这是一个日语外来语。从很早的时候起，受日语影响，“更生保护”的术语被用来称呼这方面的工作。例如，在民国政府 1936 年颁布的《监狱行刑法》第 84 条第 2 款，就使用了“更生保护团体”的概念。① 以后在我国台湾地区的多部立法中使用了这个概念。例如，1976 年 4 月 8 日，我国台湾地区发布了“更生保护法”（19 条）；2003 年 1 月 6 日发布了“更生保护会接受政府补助及向外筹募经费管理办法”；2003 年 1 月 8 日发布了“更生保护会财产管理办法”；2003 年 2 月 14 日发布了“更生保护法施行细则”；2003

① 中华人民共和国司法部．中国监狱史料汇编：下册．北京：群众出版社，1988：61.

年7月23日发布了"更生保护会组织及管理办法"。

这些名称带有不同时代的特征，重点也不相同，现在使用究竟是否恰当，值得进一步探讨。例如，对于刑释人员，国家和社会需要给予的是不同形式的帮助，目的是促使他们顺利地重新适应社会环境，过上守法生活。同时，这样的工作也可以起到预防他们重新犯罪的作用。但是，是否需要给这类人以特别保护、实际上能否给他们以特别保护、为什么要给他们以特别保护、给他们特别保护是否引起社会负面效果等，都是需要认真研究的。刑释人员是由于进行犯罪行为而受到法律处罚的人，有什么理由给他们以特别保护？给他们以特别保护是否体现了社会正义？虽然一些论著的标题是"社会保护"，但是在实际上论述的内容并不全是保护。此外，"刑满安置就业"是计划经济时代的产物，已经不符合市场经济社会。在市场经济社会中，各类经济主体具有自主经营权，任何机关、团体、个人都无权在企业中强行安置什么人，通过行政手段安置刑释人员的做法已经难以通行，也会侵犯企业的自主权。所以，这样的提法是不符合时代发展状况的。

本章使用了"刑释人员帮助"的名称，试图反映这方面工作的时代发展、法制观念进步和社会经济变化。

四、帮助刑释人员的重要意义

对刑释人员进行帮助，具有多方面的重要意义。

(一) 有利于帮助刑释人员适应社会生活

对刑释人员进行的帮助工作，有利于帮助他们顺利适应社会生活。刑释人员出狱之后，会面临很多的问题与困难，这些都会严重制约他们顺利地重新融入社会和开始守法生活。对他们提供必要的帮助，可以帮助他们克服困难和解决问题，有利于他们适应社会生活。

对于许多刑释人员来讲，特别是对于那些在监狱中服刑时间较长的刑释人员来讲，当他们从监狱释放之后，他们面临的情况可能是喜忧俱在的。"喜"的是，他们终于服完刑期，获得了人身自由，摆脱了痛苦的监禁生活。"忧"的是，他们在出狱之后会遇到很多的困难和问题。首先，他们会遇到吃住问题。对于有家庭的刑释人员来讲，吃住不是很大的问题，但是对于一些已经没有家庭的刑释人员来讲，吃住就是很大的问题。其次，他们会遇到重建家庭关系的问题。实施犯罪和在监狱服刑的经历，可能会在罪犯与家庭成员之间造成隔阂，甚至产生严重的矛盾冲突。一些家庭可能不愿意接纳刑释人员。在这些情况下，刑释人员需要通过多方努力，重建与家庭成员之间的和谐关系，修复存在问题的家庭生活。再次，刑释人员会遇到人际交往问题。他们出狱之后，不可避免地会遇到别人的歧视，也可能会遇到旧日的狐朋狗友的诱惑、拉拢甚至胁迫。因此，如何调整自己的心态、如何应对别人的歧视、如何重建适当的社会关系，也是刑释人员会遇到的重要问题。最后，他们会遇到如何求职生存的重大问题。在目前市场经济条件下，普遍存在劳动力过剩的问题，守法公民谋求一份职业都会遇到很多的问题和困难，刑释人员在求职中遇到的困难会更大。如果他们不能找到赖以谋生的职业，无法获得生存的经济来源，他们就必然无法重新融入社会，适应社会生活就难以实现。因此，在刑释人员遇到大量问题和困难的时候，如果得到有关机构和人员的帮助，就能够减轻他们的生活压力，有助于他们顺利适应社会生活。

（二）有利于预防重新犯罪和维护社会稳定

对刑释人员进行的帮助工作，有利于预防重新犯罪和维护社会稳定。刑释人员出狱后，不仅面临着大量的生活困难和问题，而且存在极大的重新犯罪的危险性。这是因为，刑释人员遇到的各种困难和问题，必然会使他们面临巨大的精神压力，产生不同程度的心理危机。在这种情况下，一些刑释人员重新开始新生活的信心就会受到打击，甚至会产生悲观绝望的心理。如果问题和困难仍然得不到解决，面临的困境持续存在，导致刑释人员感到自己已经无能为力、没有任何别的正当办法可以使自己过上正常生活，刑释人员很有可能在这种四面楚歌的困境下铤而走险，走上违法犯罪的老路，用自己曾经使用过的非法手段解决自己的生存问题。刑释人员的大量重新犯罪行为，就是在这种情况下产生的。多项研究发现，刑满释放或者解除劳教之后的1年内，是重新犯罪最为集中的时间阶段。[①] 21.2%的重新犯罪是在释放后1年之内发生的。[②] 之所以这样，是因为刑释人员开始重新生活可能遇到的问题和困难，都在释放之后的第一年聚集到一起，共同对刑释人员发生作用，使刑释人员感到前所未有的压力和紧张。如果他们能够顺利度过第一年，那么，以后就会进入平稳期，就会过上守法生活。因此，如果刑释人员在出狱后最困难的阶段中，能够得到有效的帮助，能够解决所遇到的迫切问题和困难，那么，他们重新犯罪的可能性就会大大下降。反之，如果没有来自外部的帮助，而他们使用完自己的资源还不能摆脱困境时，他们就很有可能走上重新犯罪的道路，社会也可能会因此遭受严重损害。所以，对刑释人员的有效帮助，特别是在他们最困难的时候给予的帮助，可以有效预防他们重新犯罪，从而有效地维护社会稳定。

（三）有利于巩固监狱改造罪犯的积极成果

对刑释人员进行的帮助工作，有利于巩固监狱改造罪犯的积极成果。尽管重新犯罪的重要因素，是刑释人员出狱之后的环境和生活压力，但是，这并不是说，刑释人员本身存在的问题与重新犯罪无关。实际上，引起刑释人员重新犯罪的因素中，不仅包括不良环境和生存困难的因素，也有自身的因素。其中，对犯罪和刑罚的不恰当认识，对刑事司法人员的敌视态度，对社会歧视与生存困难的偏颇心态，对社会生活过于乐观的预期，在监狱服刑生活中形成的一些心理特征和行为模式等，都有可能是导致他们重新犯罪的重要因素。尽管在监狱的改造活动中，监狱工作者试图改变罪犯的不恰当认识，为他们出狱之后的重新生活创造良好的条件，但是，这种改造的效果不一定都是很好的。而且，在服刑改造期间，也可能会使一些罪犯形成妨碍他们重新适应自由生活的问题，例如，习惯于服从、遇事不动脑筋、不加思考等。在他们出狱之后，这些问题如果得不到有效解决，就很有可能和不良环境、生存压力一起对刑释人员产生消极影响作用，促使他们再次犯罪。如果在刑释人员出狱之后，有关部门、个人等能够根据刑释人员的具体情况给予必要的帮助，帮助他们解决在监狱服刑改造期间没有解决的问题，纠正在监狱服刑期间养成的不利于社会适应的因素，就可以巩固刑释人员在监狱改造中已经获得的积极成果，避免他们重新犯罪。

另外，在监狱服刑改造的过程中，很多罪犯确实形成了很好的价值观念、行为方式、生活习惯等有助于过守法生活的个人特征。如果他们在出狱之后、在新的环境中能够继续

① 周路．当代实证犯罪学新编——犯罪规律研究．北京：人民法院出版社，2004：417.

② 朱洪德，吴宗宪，等．“重新犯罪的心理与对策”课题报告：上．犯罪与改造研究，1995（12）：22.

强化所形成的良好个人特征，那么，这些个人特征就会在刑释人员身上固定下来，他们就会成为一个真正守法的公民。相反，如果他们在出狱之后遇到巨大的困难而难以解决的话，他们所形成的良好个人特征就有可能在外界压力下变形，他们就有可能回到过去的不良状态，服刑改造的成果就有可能化为乌有，监狱改造的努力就有可能付诸东流。因此，在刑释人员遇到困难时如果能够给他们以有效的帮助，就可以使他们继续保持在监狱服刑期间形成的良好个人特征，使监狱改造的成果能够得到巩固和维持下去。

（四）有利于促进监狱罪犯的服刑改造

对刑释人员进行的帮助工作，有利于促进监狱罪犯的服刑改造。刑释人员在社会上的生活状况对监狱内的服刑人员有很大的影响。罪犯在监狱服刑期间，渴望早日恢复自由，过上自由幸福的生活。这种渴望是正常的心理，是支撑服刑人员服刑改造的重要心理动力。如果他们看到已经出狱的刑释人员在社会的帮助下，过上了他们所渴望的生活，那么，这种良好的生活状态就会继续成为鼓励他们服刑改造的重要动力。但是，如果他们看到通过积极服刑改造出狱的刑释人员，在恢复自由之后，生活困难重重，甚至可能处于食不果腹、生活无着的悲凉状态，除了有行动自由之外生活可能比在监狱时还要差，就会极大地打击服刑人员的改造积极性。监狱中的服刑人员在看到这样的情况之后，可能会产生即使出狱也没有好日子过的悲观心理，他们就会失去对未来生活的希望，就会丧失积极服刑改造的动力，从而会使监狱中的罪犯改造效果大大下降。因此，在刑释人员出狱之后，对他们给予帮助，帮助他们解决困难和问题，使他们过上正常的守法生活，也能够给正在监狱中服刑的罪犯树立一个好的榜样，使他们看到只要积极接受改造，就有希望过好的生活，这反过来有利于促进还在监狱中服刑的罪犯的改造。

（五）有利于体现人道主义精神

对刑释人员进行的帮助工作，有利于体现人道主义精神。人道主义（humanism）又称为“人文主义”，是高度重视人和人的价值观的一种思想态度。通常认为，这种思想态度在欧洲文艺复兴运动中得到发扬光大，是人类文明进步的重要成果。对刑释人员给予必要的帮助，也是人道主义精神的体现。刑释人员是曾经犯罪和受到监禁的人，遭受法律惩罚和社会排斥，是他们的犯罪行为带来的必然后果，也是社会正义的一种体现。但是，当他们在受到惩罚和接受改造的过程中知错改错，愿意转变为一个守法者的时候，人们应该以宽广的胸怀接纳他们，而不应该继续采取鄙视、排斥的消极态度。反对、鄙视、憎恨犯罪行为，但是，接纳因罪受罚和愿意变好的犯罪人，正是重视人的具体体现。

同时，刑释人员也是社会中的正常人。当他们在出狱之后遇到严重的困难时，给予适当的帮助，使他们能够把过上正常生活的愿望变为现实，使社会中有更多的守法者，使社会生活更和谐，也正是尊重人、理解人、关心人的人道主义精神的具体体现。

五、中国刑释人员帮助事业的历史发展

（一）我国刑释人员帮助事业的早期阶段

刑释人员帮助工作起源很早。根据文献记载，在中国古代就有这种制度。例如，据有的文献称，中国秦朝秦二世（胡亥）时的丞相赵高（？—前207）的家人就曾经受到过这样的帮助。当时，专门设立了“隐官”，这是政府设置于不引人注目处的手工作坊，用来安置刑满罪人工作。赵高的母亲有罪受过刑罚，赦免后，由于身体有受刑后的残疾，不便见人，

也不愿被人瞧见，就一直在隐官劳动生活。在秦代的等级身份规定中，在隐官劳动生活的人，其身份也叫隐官，用现在的话来说，相当于刑满释放人员，地位在普通庶民之下，所能占有的土地和住宅，只有普通庶民的一半。①

我国刑释人员帮助工作的法律规定，最早见于《大清监狱律草案》。② 这个《大清监狱律草案》是聘请日本法学家、监狱学家小河滋次郎于1908年主持起草的。③ 1930年2月5日，国民政府颁布《出狱人保护事务奖励条例》，该条例有5条，具体规定了对办理出狱人保护事务的人给予奖励的办法。1932年10月18日，司法行政部公布了《出狱人保护会组织大纲》，规定"出狱人保护会"的宗旨是保护执行期满及假释或者保释出狱的人，使他们有所成就；对贫困刑释人员所规定的保护方法包括介绍职业、资送回籍、资助衣食、调查品行等，并明确规定保护会为民间组织。④ 当时北平设有新民辅成会，上海有新民辅成社，山东烟台、广州等地都有出狱人保护会。1944年国民政府将《出狱人保护会组织大纲》并入《监所协进会组织规程》，依照规程，该会由所在地民意机构、商会团体等14种不同身份之人组成，法院院长为主任委员，本意是推动社会力量解决出狱人保护问题，但是更生保护事业却因此失去独立性，效果反而不明显。1946年1月19日，国民政府颁布《监狱行刑法》，在"释放与保护"一章（第13章）中，对刑释人员帮助事业做了原则规定，规定出狱人保护事业由当地更生保护团体负责办理（第84条）。但是由于战争不断，该事业终究多停留在纸上，未能付诸实施。

（二）新中国刑释人员帮助工作的历史

新中国成立后，刑释人员帮助工作有了新的发展。不过，由于不同时期刑事政策的差别和具体规定的不同，这些工作并不完全是纯粹意义上的"帮助"，还包括了对刑释人员的控制甚至强行安置的内容。

大体而言，新中国刑释人员帮助工作的历史可以分为四个阶段。

1. "多留少放"阶段

新中国成立之初，政权还不很稳定，为了巩固政权和维护社会稳定，曾经在较长时间中对刑释人员采取了"多留少放"的政策和做法。1953年12月召开的第二次全国劳动改造罪犯工作会议决定，采取"多留少放"的办法，将刑释人员留场就业安置。原政务院1954年8月26日发布的《劳动改造罪犯刑满释放及安置就业暂行处理办法》和9月7日颁布的劳动改造条例，对"多留少放"政策做出了明确规定，规定此项工作主要由劳动改造机关负责实施。

2. "四留四不留"阶段

从1962年开始，由于国家政治、经济形势好转，罪犯构成发生了变化，家居农村的普通刑事罪犯占了多数，因而国家及时对安置政策做了调整。在1964年举行的第二次全国劳改工作会议上，中央将对刑释人员的安置政策调整为"四留四不留"。其中，"四留"人员包括：（1）改造不好的；（2）无家可归无业可救的；（3）家住边境口岸、沿海沿边县以及

① 赵高．[2011-03-24]．http：//baike.baidu.com/view/36955.html？ tp=4_01.

② 王平．中国监狱改革及其现代化．北京：中国方正出版社，1999：195.

③ 金鉴．监狱学总论．北京：法律出版社，1997：247.

④ 中华人民共和国司法部．中国监狱史料汇编：下册．北京：群众出版社，1988：94.

靠近沿海沿边的县和大城市的；（4）放出去有危险和其他特殊情况的。“四不留”人员包括：（1）改造好了的；（2）家住农村的；（3）家中有特殊需要或本人坚决不愿留场的；（4）释放出去政治影响较大以及老弱病残、丧失反革命活动能力、危害不大的。

3. 安置帮教阶段

1978 年中国共产党第十一届三中全会以后，我国实行了改革开放，社会矛盾发生了变化，法制观念有了很大提高，在押的罪犯、收容的劳动教养人员的成分构成及对他们安置就业的形式也发生了新的变化。为此，中央从政策上进行了调整，总体上改变了原来由监所机关安置为主的格局，逐步向社会安置帮教为主转变。在 1981 年 9 月举行的第八次全国劳改工作会议上，提出今后犯人刑满释放，一般不予留场就业，均应放回捕前所在地或者直系亲属所在地，由当地公安机关予以落户，原工作单位、当地劳动部门、街道或者公社大队负责安置就业。1982 年 5 月 10 日，国家劳动总局在《关于刑满释放人员就业安置问题给贵州省劳动局的复函》中，肯定了这次会议的做法。1982 年 12 月 18 日，劳动人事部计划劳力局发布了《关于刑满释放人员就业安置问题的意见》，继续肯定了这种做法。

1984 年公安部、司法部在《关于加强对刑满释放和解除劳教人员教育管理工作的通知》（已废止）中，第一次提出安置帮教工作的开展应实行包管、包教、包思想转化的承包责任制。1994 年 2 月 14 日，中央综治委、公安、司法、劳动、民政部和国家工商行政管理局六部委联合下发了《关于进一步加强对刑满释放、解除劳教人员安置和帮教工作的意见》，要求把这项工作作为社会治安综合治理领导责任制的一项重要内容。同年 12 月第八届全国人民代表大会常务委员会第十一次会议通过的监狱法，在第三章第五节中对罪犯的释放和安置帮助问题做了明文规定；2012 年修改的监狱法仍然保持了这样的规定。至此，刑释人员安置帮教工作由原来的按照国家有关政策来调整的这一关系，变为由国家的法律来调整，安置帮教工作的开展从此走上了依法进行的轨道。

1999 年 2 月 3 日，公安部、司法部、民政部和中央社会治安综合治理委员会联合发布了《关于进一步做好服刑、在教人员刑满释放、解除劳教时衔接工作的意见》，要求做好监狱、劳教所（已废除）与社会有关部门的安置帮教衔接工作。随后，司法部于 3 月 5 日发布了《关于进一步做好刑满释放人员安置帮教工作的通知》，对监狱如何做好衔接工作，提出了具体要求。

4. 就业帮教市场化、社会化阶段

2004 年 2 月 6 日，中央社会治安综合治理委员会、司法部、公安部、劳动和社会保障部、民政部、财政部、国家税务总局、国家工商行政管理总局等八部门发布了综治委等八部门《意见》，提出了在市场经济条件下，要积极探索促进就业和社会保障工作的新途径，鼓励刑释人员通过灵活多样的形式实现就业，包括非全日制、临时性、季节性工作等，逐步实现就业市场化、社会化的发展方向。这样，刑释人员帮助工作就进入了一个新的阶段。

2010 年 1 月 21 日，中共中央办公厅、国务院办公厅转发了《中央社会治安综合治理委员会关于进一步加强刑满释放解除劳教人员安置帮教工作的意见》（中办发〔2010〕5 号），该文件对提高教育改造质量、落实衔接措施、提高服务管理水平、落实教育帮扶措施等做出了规定。

第二节　刑释人员帮助的内容和形式

一、刑释人员帮助的内容

目前的刑释人员帮助内容与过去有所不同。从目前的有关文件和实践来看，刑释人员帮助的内容主要如下。

（一）临时救助

对刑释人员的临时救助是指在刑释人员面临生活困难时提供暂时性救济帮助的活动。

当刑释人员出狱之后，特别是那些长期在监狱中服刑的刑释人员出狱之后，如果家庭发生很大变故，变成“三无人员”（无家可归、无业可就、无亲可投）时，政府有关部门和有关社会组织要提供临时救助，帮助他们解决在衣食住行等方面面临的紧迫生活问题，使他们能够在社会上安顿下来，开始新的生活。安置帮教工作经费中，应当包括这方面的费用。2010年安置帮教工作意见规定，对生活困难的刑释人员，民政部门应当按照规定给予最低生活保障或者采取临时救助措施。

同时，他们面临的急迫问题还可能包括情绪和心理方面的问题。例如，家人对他们采取排斥的态度，不愿意接纳他们回家等。在这种情况下，也要给他们心理上的支持，帮助他们克服心理危机。

（二）户籍登记

户籍又称为“户口”，是指户籍管理机关以户为单位登记本地区内居民的册子，专指作为本地区居民的身份。户籍制度是中国长期实行的人口管理制度，每一个中国人都有自己的户籍或者户口。在市场经济条件下，户籍虽然不像在计划经济时代那样重要，但它仍然是进行人口管理的重要措施。因此，让刑释人员进行户籍登记（俗称“落户”），据此正式纳入本地区，获得本地区居民的身份，具有十分重要的作用。

监狱法第36条规定：“罪犯释放后，公安机关凭释放证明书办理户籍登记。”因此，当刑释人员回到居住地之后，主管户籍工作的公安机关应当根据刑释人员的释放证明书，及时办理户籍登记手续。

根据公安部、劳动人事部、农牧渔业部、教育部、商业部1983年5月5日联合发布的《关于犯人刑满释放后落户和安置的联合通知》，刑满释放人员有下列情形之一的，放回捕前所在地：（1）本人直系亲属户口在捕前所在地，或在服刑期间直系亲属户口迁往捕前所在地的；（2）在服刑期间家庭发生变故，刑满时已无直系亲属，但本人在捕前所在地有自己的房产并有居住条件的；（3）原系捕前所在地的固定职工，服刑期满后，按规定可以回原单位安置工作的，或当地其他单位愿意接收安置的。凡不属于上述三种情况而又有直系亲属的，不论捕前是否与直系亲属同住，均应放回直系亲属所在地。“放回直系亲属所在地”是指：有配偶的，放回配偶处；未婚的，放回父母或抚养人处；丧偶或离婚的，放回子女处（包括曾由本人抚养的非婚生子女、养子女和继子女）。农村和城市都有子女的，尽可能放回农村子女处。如果农村子女无力赡养，也可放回城市子女处。

（三）社会保障

社会保障是国家和社会依法对社会成员的基本生活予以物质帮助和保障的社会安全制度。

如果城市和城镇户籍的刑释人员年老体衰，已经丧失劳动能力，家庭人均收入低于当地最低生活保障标准，不能维持最低水平的生活时，应当将其纳入当地最低生活保障范围，实现“应保尽保”。

城市和城镇户籍的刑释人员在服刑前已参加失业保险或正在领取失业保险金，其刑满释放后，符合条件的，可以按规定享受或恢复失业保险待遇。

对被判刑前已经参加企业职工基本养老保险的刑释人员，重新就业的，应按国家有关规定接续养老保险关系，按时足额缴纳养老保险费；达到法定退休年龄的，按规定享受相应的养老保险待遇。对被判刑前已领取基本养老金的刑释人员，可按服刑前的标准继续发给基本养老金，并参加以后的养老金调整。

（四）促进就业

在实行市场经济的条件下，由政府安置就业已经变得越来越困难，而且也不符合市场经济的要求。因此，比较可行的就业帮助，就是转变观念，通过多种方式促进刑释人员就业。政府部门通过政策调控等方式，积极探索促进就业和社会保障工作的新途径。注意总结新经验，不断拓宽渠道，鼓励刑释人员通过灵活多样的形式实现就业，包括非全日制、临时性、季节性工作等，逐步实现就业市场化、社会化。要在帮助和引导刑释人员依靠自身努力实现就业的同时，制定并落实积极的政策措施，使他们获得相应的社会保障或临时社会救济。

鼓励刑释人员自主就业，逐步实现就业帮助的市场化、社会化，是我国刑释人员就业帮助的新趋势，也是适合市场经济发展的新方向。

（五）解决田地

对于农村籍的刑释人员，在刑满释放回原籍居住地后，应及时落实责任田（山、地）。对于农村的刑释人员来说，获得一份责任田（山、地），是保证他们以后过守法生活的基本条件。各级政府部门特别是农村基层组织应当给刑释人员提供这样的基本条件，解决他们的谋生问题。2010 年安置帮教工作意见规定，农村户籍的刑释人员原有责任田（林）的，应当予以落实。

同时，也要帮助刑释人员解决其他生活困难问题。对于因无生活来源造成生活困难的，经本人申请、村委会出具证明、乡镇司法所和民政办报县（市、区）司法局、民政局审核同意后，可领取地方政府临时社会救济。对于无家可归、无房可住的刑释人员，要设法解决住所问题，使他们能够有栖身之地。对于具有农村户口并且符合“五保”① 条件的，应当纳入“五保”范围。

（六）帮助就学

帮助就学是指帮助那些处在学龄期或者愿意继续在学校学习的刑释人员入学的活动。

一般来说，刑释人员中就学问题并不突出，因为大部分刑释人员已经过了就学年龄，而且，相当多的刑释人员本来就存在厌学等问题，不愿意学习。经过服刑生活之后，他们

① “五保”是指中国农村中生活无着的人可以享受的保吃、保穿、保烧（燃料）、保教（少年和儿童）、保葬的待遇，这些待遇可以保障符合条件的人过上最基本的生活。享受“五保”待遇的人，被称为“五保户”。

可能更不愿意入校学习。但是，随着时代的变化，人们对于入校学习的观念、这方面的制度也在发生变化。入校学习不再被看成青年人专有的事情，接受高等教育的年龄限制已经基本消除，因此，如果刑释人员愿意继续入校学习的，有关部门应当帮助办理有关手续，积极促成他们入校学习。2010 年安置帮教工作意见规定，对于符合就学条件的刑释人员，特别是未成年人，教育部门和相关学校应当切实做好就学的有关工作。

（七）法律帮助

对刑释人员的法律帮助是指基层组织和有关部门、社会团体等帮助刑释人员了解有关法律知识和解决有关法律问题的活动。

尽管刑释人员在服刑期间已经接受了法制教育，懂得了一些法律知识，但是，如果他们在出狱之后遇到自己不理解的法律问题而进行求助时，有关部门要设法给予帮助。特别是如果他们在出狱之后遇到需要通过法律诉讼解决的重大问题，但是自己又无力聘请律师获得帮助时，有关部门要积极给刑释人员以必要的法律帮助，包括为他们申请法律援助，从而促使他们遇到的问题得到合理的解决。这些方面的法律帮助，不仅可以帮助刑释人员克服困难和解决问题，也有助于他们过守法生活。

（八）心理服务

心理服务是指帮助刑释人员解决他们所遇到的心理问题的活动。

刑释人员中的很大一部分人，可能有各种各样的心理问题。这类心理问题可能是引起他们进行犯罪行为的重要因素。在监狱服刑期间，他们也有可能形成不良的心理特征和行为模式，这又会影响他们出狱之后的社会适应。因此，当刑释人员感到有心理问题而寻求帮助时，有关人员应当及时设法提供心理咨询，或者联系社会上的专业心理咨询机构或从业人员给予帮助。

（九）其他帮助

除了上述各方面的帮助之外，刑释人员可能还需要其他方面的帮助。例如，结婚成家方面的帮助、教育子女方面的帮助等。对于这些方面的问题和困难，也需要有关部门给予关注和帮助。

二、刑释人员帮助的形式

对刑释人员重新适应社会生活方面的帮助，可以通过多种形式进行。这些形式主要如下。

（一）向前延伸

向前延伸是指对刑释人员的帮助要从他们在监狱服刑期间开始的做法。

在市场经济条件下，企业拥有完全的自主经营权，政府部门不能再像过去那样要求企业接受一定数量的刑释人员就业。由政府部门出面安置就业的办法，已经无法继续实行。因此，在未来社会条件下，刑释人员就业的根本出路在于提高自身的就业能力，掌握劳动力市场上所需的职业技能，利用过硬的职业技能在劳动力市场上与别人竞争。如果刑释人员掌握了过硬的职业技能，那么，不仅可以有效地解决他们的谋生就业问题，而且可以有效地保护社会的稳定与和谐。但是，刑释人员的过硬职业技能不可能通过社会上有关部门的短期培训获得，必须通过长期的培训和实践才能获得，这样，就产生了职业技能培训的向前延伸问题。

刑释人员职业技能培训的向前延伸，就是指他们在监狱服刑期间，监狱机关要开展卓有成效的职业技能培训活动，促使、帮助罪犯掌握对未来就业有用的职业技能，使他们在出狱之后可以凭借自己的职业技能自主谋生，而不必依赖别人的帮助。我国刑释人员就业成功的实践表明，只要罪犯在监狱服刑期间掌握很好的、适合市场需要的职业技能，他们出狱之后就比较容易就业。在一些省市，甚至出现了用人单位提前到职业技能培训搞得好的监狱招聘即将出狱人员的可喜现象。

为了帮助刑释人员顺利就业，为了国家的和谐稳定与长治久安，监狱机关必须转变狭隘的仅仅利用罪犯劳动力为自己牟利的做法，不仅围绕监狱自身的生产项目进行职业技能培训，还必须在兼顾监狱自己的生产项目的同时，用更大的力量、更多的精力，对罪犯开展面向未来释放后就业的需要而进行的职业技能培训，促使和帮助罪犯掌握未来就业市场需要的职业技能，从而为罪犯出狱之后的顺利就业创造条件。国家设立监狱的目的，并不是利用罪犯劳动力产生一定经济效益，更不是为了监狱自身的利益而利用罪犯劳动力，而是为了通过监狱更好地改造罪犯，更好地为罪犯释放后过守法生活创造必要条件。因此，对罪犯开展面向未来就业的职业技能培训，应当是新时期监狱工作最重要的任务之一，而且应当是监狱必须完成的硬性任务之一。

对于刑释人员职业技能培训的向前延伸，有关文件中已经提出了类似的要求。在综治委等八部门《意见》第 5 条中明确要求，监狱要大力宣传党和政府对刑释人员安置帮教的方针政策，教育服刑人员特别是即将刑满释放的人员掌握出狱后基本的就业和社会保障常识。要进一步加强对服刑人员的职业技能教育培训，不断提高培训质量。劳动和社会保障部门（已改为人力资源和社会保障部门）要支持和配合监狱管理部门，开展职业技能培训与职业技能鉴定，适当减免有关费用。

2010 年安置帮教工作意见规定，要加强对服刑在教人员①的职业技能培训。司法行政、人力资源和社会保障部门负责对服刑在教人员进行职业技能培训，并将其纳入全国劳动职业技能培训总体规划。要充分利用社会教育资源，按照国家职业技能标准和教学大纲组织开展职业技能培训，经技能鉴定合格的服刑在教人员，由人力资源和社会保障部门颁发相应的职业资格证书。服刑在教人员的职业技能培训要与监狱、劳教所的日常教育培训相结合，并与刑释解教后的技能培训、就业指导服务相结合。此外，还要重视对服刑在教人员的心理矫治、做好刑释解教前安置帮教政策的宣传教育等工作。

（二）完善立法

中国社会上有大量的刑释人员，而且每年还以巨大的数目在增长着。多年以来，中国每年出狱的刑释人员都在 30 万人左右。对于这样一个庞大的人群而言，他们能否顺利就业和过上守法生活，并不是一个小问题。可以说，刑释人员帮助工作的成效，直接关系国家的稳定与社会的和谐。但是，迄今为止，有关刑释人员帮助的内容，还没有比较详细的法律规定，监狱法中仅仅简单提到这个问题，很多内容只在有关部门的文件中加以规定，而且这些文件中规定的内容往往具有临时性，权威性也不够，这些都直接影响了刑释人员帮助工作的有效开展。因此，要积极争取通过立法解决这方面的问题，努力在法律中认真总结刑释人员帮助工作的经验，详细规定刑释人员帮助工作的内容和方法。

---

① 服刑在教人员是指正在监狱服刑的人员和正在劳动教养所中被劳动教养的人员的合称。

（三）设立专项救助基金

应当通过民政、财政等部门的协商，由国家出资设立对发生严重困难的刑释人员进行临时救助的专项基金，用来帮助刑释人员度过困难。同时，应当制定优惠政策，在有条件的地区吸收社会捐助资金，充实专项救助基金，更好地对发生困难的刑释人员实行临时救助。

（四）职业技能培训

在对刑释人员进行就业帮助方面，有关部门要重视对刑释人员开展职业技能培训，提高他们的职业技能和在劳动力市场上的竞争能力，从而为他们顺利就业创造必要的条件。

（五）提供就业指导

人力资源和社会保障部门要对刑释人员提供就业指导服务和就业岗位信息，刑释人员参加由各级人力资源和社会保障部门组织的再就业定点单位培训的，经考核合格并实现就业后，可根据当地政府有关规定减免培训费用。

（六）鼓励自主就业

根据综治委等八部门《意见》的精神，对刑释人员在 2005 年年底以前从事个体经营的，给予 3 年免征营业税、城市维护建设税、教育附加和个人所得税优惠政策。这个政策应当具有连续性和延续性。

2010 年安置帮教工作意见规定，鼓励刑释人员自主创业、自谋职业，工商行政管理部门（已改为市场监督管理部门）、人力资源和社会保障部门在办理证照、人员培训等方面给予政策扶持，金融机构按照国家有关政策给予信贷支持，符合条件的享受国家统一的促进就业税收政策。录用符合用工条件刑释人员的企业，按照规定享受国家普惠政策。

（七）发展社区就业

根据综治委等八部门《意见》的精神，在社区建设工作中，有关部门应将社区就业作为刑释人员就业的一个主要渠道。要鼓励刑释人员在社区服务业的岗位就业，特别是在政府开发的面向社区居民生活服务、企事业单位后勤保障和社区公共管理的就业岗位以及清洁、绿化、公共设施养护等公益性岗位上实现就业。

（八）建立过渡性安置实体

在对刑释人员的安置帮教工作中，已经进行了建立过渡性安置实体的尝试。中央社会治安综合治理委员会等六部门在 1994 年 2 月 14 日发布的《关于进一步加强对刑满释放、解除劳教人员安置和帮教工作的意见》中，要求司法行政部门和劳动部门继续按照中共中央〔1992〕7 号文件的要求，做好过渡性安置实体的试点工作。中央办公厅、国务院办公厅 1999 年 17 号文件《政法机关保留企业规范管理若干规定》中规定，对司法行政机关与劳动和社会保障部门共同开办的为刑释员作过渡性安置的企业，政府有关部门要扶持其发展，对刑释人员就业实体实行税收扶持。

2004 年，综治委等八部门《意见》中，再次提到要对“过渡性安置的企业”提供税收优惠，具体内容如下。

（1）对司法行政机关与劳动和社会保障部门共同开办或认定的刑释人员就业实体，安置刑释人员达到职工总数的 40%以上的，由安置企业提出书面申请，市（地）司法行政机关、劳动和社会保障部门审核，报同级税务部门批准，3 年内免征企业所得税。

（2）各市（地）刑释人员安置帮教工作领导小组办公室每年会同财政、税务、工商、司法行政机关对刑释人员就业实体实行年审。经年审合格的继续享受有关优惠政策，凡年审不合格的取消其实体的资格，不再享受优惠政策。

(3) 刑释人员就业实体应当接受司法行政、劳动和社会保障、财政、税务、工商管理等部门的管理和监督，按规定报送有关报表，禁止弄虚作假骗取优惠政策。

2010 年安置帮教工作意见明确规定，要通过政府投入、社会支持等多种方式，在有条件的大中城市试点，建立集食宿、教育、培训、救助为一体的过渡性安置基地，用于安置“三无人员”等重点帮教对象。

(九) 建立社会性帮助机构

除了过渡性安置实体之外，还可以考虑建立社会性帮助机构，利用社会力量开展刑释人员帮助工作。政府部门可以通过“花钱买服务”的方式，与这类社会性帮助机构签订协议，委托它们开展有关帮助工作。这也是刑释人员帮助工作社会化的具体形式之一。

在这方面，可以考虑由社区矫正部门建立的专业社会工作组织兼顾刑释人员的帮助工作，将社区矫正部门建立的专业社会工作组织，作为对刑释人员提供帮助的社会性帮助机构。

同时，在开展社区矫正试点工作的一些省（区、市），采取了让分管社区矫正工作的机构兼管安置帮教工作，或者将两个机构加以合并的办法。既然行政管理部门可以兼管社区矫正和刑释人员安置帮教，那么，所属的社会工作组织将其中内容和方法相同的工作（即对社区服刑人员的帮助与对刑释人员的帮助）合并进行，也应当是有可能的。

(十) 通过社会团体和非政府组织进行帮助

随着我国社会经济的发展，在政府机构之外的各种社会团体和非政府组织（NGO）必将增加和发展。其中的一些非政府组织可能会愿意从事刑释人员帮助工作。对于这样的非政府组织，政府部门应该采取支持鼓励、积极合作的态度，向他们提供有关信息，为他们提供必要机会，甚至可以给他们提供一部分费用，帮助他们开展相关工作。

在目前，要重视通过共青团、妇联等社会团体开展刑释人员帮助工作。

【问题与思考】

1. 什么是刑释人员？他们的法律地位如何？
2. 什么是刑释人员帮助？帮助刑释人员有什么意义？
3. 中国刑释人员帮助事业的发展历史如何？你认为在未来应该如何帮助刑释人员？
4. 刑释人员帮助的主要内容有哪些？
5. 刑释人员帮助的主要形式有哪些？

【推荐参考论著】

1. 吴宗宪．监狱学导论．北京：法律出版社，2012.
2. 吴宗宪主编．社区矫正导论．北京：中国人民大学出版社，2011.
3. 韩玉胜主编．刑事执行法学研究．北京：中国人民大学出版社，2007.
4. 王顺安．刑事执行法学通论．北京：群众出版社，2005.
5. 王平．中国监狱改革及其现代化．北京：中国方正出版社，1999.
6. 兰洁主编．监狱学．北京：中国政法大学出版社，1999.
7. 金鉴主编．监狱学总论．北京：法律出版社，1997.
8. 杨殿升主编．监狱法学．北京：北京大学出版社，1997.
9. 邵名正主编．监狱学．北京：法律出版社，1996.

主要参考文献

说明：(1) 本参考文献以作者姓名的汉语拼音顺序排列。(2) 同一作者的论著按出版时间由近及远的顺序排列。

一、中文（按作者姓名的汉语拼音顺序排列）

巴特勒斯．罪犯矫正概述．龙学群，译．北京：群众出版社，1987.
陈东升．赦免制度研究．北京：中国人民公安大学出版社，2004.
陈光中，徐静村主编．刑事诉讼法学．2版．北京：中国政法大学出版社，2002.
陈士涵．人格改造论（上，下卷）．上海：学林出版社，2001.
陈兴良．刑法哲学．3版．北京：中国政法大学出版社，2004.
陈兴良．本体刑法学．北京：商务印书馆，2003.
陈泽宪主编．死刑——中外关注的焦点．北京：中国人民公安大学出版社，2005.
戴艳玲．中国监狱制度的改革与发展．北京：中国人民公安大学出版社，2005.
杜菲．美国矫正政策与实践．吴宗宪，等译．北京：中国人民公安大学出版社，1992.
福柯．规训与惩罚．刘北成，杨远婴，译．北京：生活读书新知三联书店，2003.
高铭暄主编．刑法学原理：第三卷．北京：中国人民大学出版社，1994.
高贞主编．中国特色社区矫正制度研究．北京：法律出版社，2018.
高贞主编．社区矫正执行体系研究．北京：法律出版社，2017.
郭建安，郑霞泽主编．社区矫正通论．北京：法律出版社，2004.
郭明．中国监狱学史纲．北京：中国方正出版社，2005.
国务院新闻办公室．中国改造罪犯的状况．北京：法律出版社，1992.
韩玉胜主编．刑事执行法学研究．北京：中国人民大学出版社，2007.
韩玉胜主编．刑事执行制度研究．北京：中国人民大学出版社，2007.
何显兵．社区刑罚研究．北京：群众出版社，2005.
侯国云主编．刑罚执行问题研究．北京：中国人民公安大学出版社，2005.
侯绍臻，王有模主编．服刑人员心理健康教育读本．济南：山东画报出版社，1998.
霍金斯，阿尔珀特．美国监狱制度——刑罚与正义．孙晓雳，林遐，译．北京：中国人民公安大学出版社，1991.

金鉴主编．监狱学总论．北京：法律出版社，1997.

菊田幸一．犯罪学．海沫，等译．北京：群众出版社，1989.

兰洁主编．监狱学．北京：中国政法大学出版社，1999.

兰洁主编．监狱法学．北京：中国政法大学出版社，1996.

李成，刘居祥，张安民主编．罪犯心理矫治专论．北京：中国文联出版社，2001.

李伟主编．犯罪被害人学教程．北京：北京大学出版社，2014.

力康泰主编．劳动改造法学研究综述．北京：中国人民大学出版社，1993.

力康泰，韩玉胜．刑事执行法学原理．北京：中国人民大学出版社，1998.

连春亮，张峰主编．社区矫正概论．北京：法律出版社，2006.

梁国庆．中国检察业务教程．北京：中国检察出版社，2003.

林纪东．监狱学．台北：三民书局，1977.

林茂荣，杨士隆．监狱学——犯罪矫正原理与实务．台北：五南图书出版公司，1997.

林山田．刑罚学．修订版．台北：国立编译馆，1998.

刘强．美国社区矫正的理论与实务．北京：中国人民公安大学出版社，2003.

刘强．美国刑事执法的理论与实践．北京：法律出版社，2000.

刘强，武玉红．社区矫正制度惩罚机制完善研究．北京：中国人民公安大学出版社，2016.

刘强主编．社区矫正制度研究．北京：法律出版社，2007.

刘强主编．各国［地区］社区矫正法规选编及评价．北京：中国人民公安大学出版社，2004.

刘强，姜爱东，朱久伟主编．社区矫正理论与实务研究文集．北京：中国人民公安大学出版社，2009.

龙勃罗梭．犯罪及其原因和矫治．吴宗宪，等译．北京：中国人民公安大学出版社，2009.

鲁加伦主编．中国未成年罪犯改造研究．长春：吉林人民出版社，2000.

鲁加伦主编．中国罪犯人权研究．北京：法律出版社，1998.

马克昌主编．刑罚通论．2版．武汉：武汉大学出版社，1999.

莫洪宪．刑事被害救济理论与实务．武汉：武汉大学出版社，2004.

潘华仿主编．外国监狱史．北京：社会科学文献出版社，1995.

曲新久主编．刑法学．5版．北京：中国政法大学出版社，2016.

荣容，肖君拥主编．社区矫正的理论与制度．北京：中国民主法制出版社，2007.

邵名正主编．监狱学．北京：法律出版社，1996.

邵名正主编．中国劳改法学理论研究综述．北京：中国政法大学出版社，1992.

沈德咏主编．《刑法修正案（九）》条文及配套司法解释理解与适用．北京：人民法院出版社，2016.

沈渔邨主编．精神病学．4版．北京：人民卫生出版社，2001.

司法部监狱管理局编．监狱工作手册：第4辑．北京：法律出版社，2003.

司法部监狱管理局编．监狱工作手册（1993.4—1997.12）．北京：法律出版社，1999.

司法部劳改局编．毛泽东等老一辈革命家论改造罪犯工作．北京：法律出版社，1993.

司法部劳改局编．劳改工作手册（1987.3—1993.3）．北京：法律出版社，1993.

司法部社区矫正管理局编．全国社区矫正发展情况与统计数据．北京：法律出版社，2017.

司法部社区矫正管理局编．2012～2017年全国社区矫正工作统计分析报告．北京：法律出版社，2018.

宋行主编．服刑人员个案矫正技术．北京：法律出版社，2006.

孙力．罚金刑研究．北京：中国人民公安大学出版社，1995.

王承东主编．中国与欧盟社区矫正比较研究．银川：宁夏人民出版社，2006.

王利荣．量刑说理机制．北京：中国人民公安大学出版社，2013.

王利荣．信息时代的监狱管理模式创新．北京：中国检察出版社，2009.

王利荣．行刑法律机能研究．北京：法律出版社，2001.

王利荣主编．中国监狱史．北京：法律出版社，2002.

王明迪，郭建安主编．岁月铭记——新中国监狱工作50年．北京：法律出版社，2000.

王平．中国监狱改革及其现代化．北京：中国方正出版社，1999.

王顺安．刑事执行法学通论．北京：群众出版社，2005.

罗伯特·J·威克斯，H·H·A·库珀编．各国矫正制度．郭建安，许章润，吴宗宪．北京：中国政法大学出版社，1988.

吴宗宪．监狱学导论．北京：法律出版社，2012.

吴宗宪主编．未成年犯矫正研究．北京：北京师范大学出版社，2012.

吴宗宪．社区矫正比较研究（上、下）．北京：中国人民大学出版社，2011.

吴宗宪主编．社区矫正导论．北京：中国人民大学出版社，2011.

吴宗宪主编．中国刑罚改革论（上、下）．北京：北京师范大学出版社，2011.

吴宗宪主编．中国服刑人员心理矫治技术．北京：北京师范大学出版社，2010.

吴宗宪．西方犯罪学史（四卷本）．2版．北京：中国人民公安大学出版社，2010.

吴宗宪．罪犯改造论——罪犯改造的犯因性差异理论初探．北京：中国人民公安大学出版社，2007.

吴宗宪．当代西方监狱学．北京：法律出版社，2005.

吴宗宪．国外罪犯心理矫治．北京：中国轻工业出版社，2004.

吴宗宪主编．中国服刑人员心理矫治．北京：法律出版社，2004.

吴宗宪主编．中国现代化文明监狱研究．北京：警官教育出版社，1996.

吴宗宪，蔡雅奇，彭玉伟．社区矫正制度适用与执行．北京：中国人民公安大学出版社，2012.

吴宗宪，陈志海，叶旦声，马晓东．非监禁刑研究．北京：中国人民公安大学出版社，2003.

Б·С·乌捷夫斯基主编．苏联劳动改造教育学．沈齐，等译．北京：群众出版社，1989.

武延平主编．中外监狱法比较研究．北京：中国政法大学出版社，1999.

武玉红，刘强：社区矫正典型案例与矫正指要．北京：中国法制出版社，2015.

夏宗素．罪犯矫正与康复．北京：中国人民公安大学出版社，2005.

夏宗素主编．狱政法律问题研究．北京：法律出版社，1998.

夏宗素主编．监狱学基础理论．北京：法律出版社，1998.

夏宗素，朱济民主编．中外监狱制度比较文集．北京：法律出版社，2001.

刑法改革国际编．《联合国囚犯待遇最低限度标准规则》详解．于南，译．北京，法律出版社，1998.

许福生．刑事政策学．北京：中国民主法制出版社，2006.

许章润．监狱学．北京：中国人民公安大学出版社，1991.

薛梅卿主编．中国监狱史．北京：群众出版社，1986.

杨殿升，张金桑主编．中国特色监狱制度研究．北京：法律出版社，1999.

杨殿升主编．监狱法学．北京：北京大学出版社，1997.

杨建华．刑法总则之比较与检讨．台北：三民书局，1982.

耶赛克，魏根特．德国刑法教科书．徐久生，译．北京：中国法制出版社，2001.

阴建峰．现代赦免制度重构研究．北京：中国人民公安大学出版社，2011.

余静尧．刑事执行权机制研究．北京：群众出版社，2005.

余叔通主编．劳动改造法学．北京：法律出版社，1994.

于志刚．刑罚消灭制度研究．北京：法律出版社，2002.

袁方主编．社会研究方法教程．北京：北京大学出版社，1997.

袁其国主编．刑事执行检察工作重点与方法．北京：中国检察出版社，2015.

袁其国主编．刑事执行检察业务培训教程．北京：中国检察出版社，2015.

翟中东主编．自由刑变革：行刑社会化框架下的思考．北京：群众出版社，2005.

翟中东．刑罚个别化研究．北京：中国人民公安大学出版社，2001.

章恩友．罪犯心理矫治基本原理．北京：群众出版社，2004.

张金桑，张苏军主编．亚太地区当代矫正制度．南京：南京师范大学出版社，1999.

张明楷．刑法学．5版．北京：法律出版社，2016.

张明楷．刑法学．4版．北京：法律出版社，2011.

张全仁主编．监狱行刑学．北京：中国物价出版社，2003.

张绍彦．刑罚实现与行刑变革．北京：法律出版社，1999.

张绍彦．刑事执行法学．北京：中国人民公安大学出版社，1990.

张新民，刘远．中国社区矫正制度与立法研究．北京：世界知识出版社，2018.

张昱，费梅苹．社区矫正实务过程分析．上海：华东理工大学出版社，2005.

赵可主编．犯罪被害人及其补偿立法．北京：群众出版社，2009.

甄贞主编．1990～2001刑事诉讼法学研究综述．北京：法律出版社，2002.

郑杰．狱内冲突澄明与管控．厦门：厦门大学出版社，2017.

中国监狱学会，司法部监狱管理局编．外国监狱法规汇编（五）．北京：中国政法大学出版社，2002.

中华人民共和国司法部编．亚太地区矫正现状与展望．北京：工商出版社，2000.

中华人民共和国司法部编．亚太地区罪犯的矫正与管理——第十一届亚太矫正管理者会议文集．北京：法律出版社，1992.

中华人民共和国司法部编．外国监狱法规条文分解（上，下册）．北京：社会科学文献出版社，1990.

中华人民共和国司法部编．外国监狱法规汇编（四）．北京：社会科学文献出版社，1989.

中华人民共和国司法部编．外国监狱法规汇编（三）．北京：社会科学文献出版社，1989.

中华人民共和国司法部编．外国监狱法规汇编（二）．北京：社会科学文献出版社，1988.

中华人民共和国司法部编．外国监狱法规汇编（一）．北京：社会科学文献出版社，1988.

中华医学会精神科分会编．中国精神障碍分类与诊断标准（CCMD—3）．3 版．济南：山东科学技术出版社，2002.

周红梅．刑罚执行论．沈阳：辽宁人民出版社，1994.

周路主编．当代实证犯罪学新编——犯罪规律研究．北京：人民法院出版社，2004.

周其华．中国检察学．北京：中国法制出版社，1998.

最高人民检察院政治部，中国检察官协会．法律监督与公平正义．北京：中国检察出版社，2004.

左坚卫．缓刑制度比较研究．北京：中国人民公安大学出版社，2004.

二、外文（按作者姓名的英语字母顺序排列）

Alarid，Leanne Fiftal（2018）．*Community-Based Corrections*. 12th ed. Belmont，CA：Cengage Learning.

Alarid，Leanne Fiftal & Rolando V. del Carmen（2012）．*Community-Based Corrections*（9th ed. Belmont，CA：Wadsworth Publishing.

Albrecht，Hans-Jörg & Anton van Kalmthout（eds.，2002）．*Community Sanctions and Measures in Europe andNorth America*. Freiburg：Max-Planck-Institut für ausländisches und internationales Strafrecht.

Allen，Harry E.，Edward J. Latessa & Bruce S. Ponder（2010）．*Corrections in America：An Introduction*. 12th ed. Upper Saddle River，NJ：Pearson Prentice Hall.

Allen，Harry E.，Clifford E. Simonsen & Edward J. Latessa（2004）．*Corrections in America：An Introduction*. 10th ed. Upper Saddle River，NJ：Prentice-Hall.

Allen，Harry E.，Clifford E. Simonsen & Edward J. Latessa（2001）．*Corrections in America：An Introduction*. 9th ed. Upper Saddle River，NJ：Prentice-Hall.

Barnes，Harry Elmer & Negley K. Teeters（1945）．*New Horizons in Criminology：The American Crime Problem*. 2nd ed. New York：Prentice Hall.

Bottoms，Anthony E.，Loraine Gelsthorpe & Sue Rex（2001）．*Community Penalties：Change and Challenges*. Devon，UK：Willan Publishing.

Champion，Dean John（2008）．*The Juvenile Justice System：Delinquency，Processing，and the Law*. 6th ed.

Upper Saddle River，NJ：Pearson/Prentice Hall.

Clear，Todd R.，George F. Cole & Michael D. Reisig（2018）．*American Corrections*. 12th ed. Belmont，CA：Wadsworth.

Clear, Todd R., George F. Cole & Michael D. Reisig (2011). *American Corrections*. 9th ed. Belmont, CA: Wadsworth.

Clear, Todd R., George F. Cole & Michael D. Reisig (2006). *American Corrections*. 7th ed. Belmont, CA: Thomas/Wadsworth.

Clear, Todd R. & Harry R. Dammer (2003). *The Offender in the Community*. 2nd ed. Belmont, CA: Thomson/Wadsworth.

Cromwell, Paul F., Leanne Fiftal Alarid & Rolando V. del Carmen (2005). *Community-Based Corrections*. 6th ed. Belmont, CA: Thomas Wadsworth.

Cromwell, Paul F. & George G. Killinger 2002). *Community-Based Corrections*. 5th ed. Belmont, CA: Wadsworth/Thomson Learning.

Griffiths, Curt T. (2010). *Canadian Corrections*. 3rd ed. Toronto: Nelson.

Hamai, Koichi, Renaud Villé, Robert Harris, Mike Hough & Ugljesa Zvekic (eds., 1995). *Probation round theWorld: A Comparative Study*. London: Routledge.

Latessa, Edward J. & Paula Smith (2015). *Corrections in the Community*. 6th ed. New York: Routledge.

Latessa, Edward J. & Harry Allen (2003). *Corrections in the Community*. 3rd ed. Cincinnati, OH: Anderson Publishing Co.

McCarthy, B. R., B. J. McCarthy & M. C. Leone (2001). *Community-Based Corrections*. 4th ed. Belmont, CA: Wadsworth.

McShane, Marilyn & Wesley Krause (1993). *Community Corrections*. New York: Macmillan Publishing Company.

Mukherjee, Satyanshu & Adam Graycar (1997). *Crime and Justice in Australia* 1997. 2nd ed. Annandale, NSW: Hawkins Press.

Petersilia, Joan (2003). *When Prisoners Come Home: Parole and Prisoner Reentry*. New York: Oxford University Press.

Van Kalmthout, Anton, Jenny Roberts & Sandra Vinding (eds., 2003). *Probation and Probation Services in the EU Accession Countries*. The Netherlands: Wolf Legal Publishers.

Van Kalmthout, Anton & Peter J. P. Tak (eds., 1992). *Sanctions-Systems in the Member-States of the Council of Europe: Deprivation ofLiberty, Community Service and Other Substitutes*, Part Ⅱ.

Deventer: Kluwer Law and Taxation Publishers.

Van Kalmthout, Anton & Peter J. P. Tak (eds., 1988). *Sanctions-Systems in the Member-States of the Council of Europe: Deprivation ofLiberty, Community Service and Other Substitutes*, Part I. Deventer, TheNetherlands: Kluwer Law and Taxation Publishers.

Ville, Renaud, Ugljesa Zvekic & Jon F. Klaus (eds., 1997). *Promoting Probation Internationally*. Rome: UNICRI.

图书在版编目（CIP）数据

刑事执行法学/吴宗宪主编．—3版．—北京：中国人民大学出版社，2019.10
现代刑事法学系列教材
ISBN 978-7-300-27542-0

Ⅰ.①刑… Ⅱ.①吴… Ⅲ.①刑事诉讼-执行（法律）-法学-中国-高等学校-教材 Ⅳ.①D925.218.1

中国版本图书馆CIP数据核字（2019）第225736号

中国刑法学研究会推荐教材
现代刑事法学系列教材
刑事执行法学（第三版）
主　编　吴宗宪
Xingshi Zhixing Faxue

出版发行	中国人民大学出版社		
社　　址	北京中关村大街31号	邮政编码	100080
电　　话	010－62511242（总编室）		010－62511770（质管部）
	010－82501766（邮购部）		010－62514148（门市部）
	010－62515195（发行公司）		010－62515275（盗版举报）
网　　址	http：//www.crup.com.cn		
经　　销	新华书店		
印　　刷	唐山玺诚印务有限公司	版　　次	2007年6月第1版
开　　本	787 mm×1092 mm　1/16		2019年10月第3版
印　　张	28.5插页2	印　　次	2025年7月第5次印刷
字　　数	689 000	定　　价	58.00元

《　　　　　　》※任课教师调查问卷

为了能更好地为您提供优秀的教材及良好的服务，也为了进一步提高我社法学教材出版的质量，希望您能协助我们完成本次小问卷，完成后您可以在我社网站中选择与您教学相关的1本教材作为今后的备选教材，我们会及时为您邮寄送达！如果您不方便邮寄，也可以申请加入我社的**法学教师QQ群：83961183（申请时请注明法学教师）**，然后下载本问卷填写，并发往我们指定的邮箱（cruplaw@163.com）。

邮寄地址：北京市海淀区中关村大街31号中国人民大学出版社411室收

邮　　编：100080

再次感谢您在百忙中抽出时间为我们填写这份调查问卷，您的举手之劳，将使我们获益匪浅！

基本信息及联系方式：※

姓名：________ 性别：________ 课程：________

任教学校：________ 院系（所）：________

邮寄地址：________ 邮编：________

电话（办公）：________ 手机：________ 电子邮件：________

调查问卷：※

1. 您认为图书的哪类特性对您使用教材最有影响力？（　　）（可多选，按重要性排序）

   A. 各级规划教材、获奖教材　　B. 知名作者教材

   C. 完善的配套资源　　D. 自编教材

   E. 行政命令

2. 在教材配套资源中，您最需要哪些？（　　）（可多选，按重要性排序）

   A. 电子教案　　B. 教学案例

   C. 教学视频　　D. 配套习题、模拟试卷

3. 您对于本书的评价如何？（　　）

   A. 该书目前仍符合教学要求，表现不错将继续采用。

   B. 该书的配套资源需要改进，才会继续使用。

   C. 该书需要在内容或实例更新再版后才能满足我的教学，才会继续使用。

   D. 该书与同类教材差距很大，不准备继续采用了。

4. 从您的教学出发，谈谈对本书的改进建议：________

____

____

选题征集：如果您有好的选题或出版需求，欢迎您联系我们：

联系人：黄　强　联系电话：010-62515955

索取样书：书名：________

书号：________

备注：※ 为必填项。